谨 以 此 书

致敬伟大的改革开放

亲历沛县
改革开放40年

政协江苏省沛县委员会 编

中国文史出版社

致敬四十年　奋斗新时代（序）

郝敬彬

风雨中驰而不息，奋斗中砥砺前行。

1978 年 12 月 18 日，党的十一届三中全会胜利召开。实现了新中国成立以来党的历史上具有深远意义的伟大转折，开启了改革开放和社会主义现代化的伟大征程，开辟了中国特色社会主义道路。党的十八大以来的成功实践推动中国特色社会主义进入了新时代，证明这条道路是一条胜利之路，更是一条希望之路。

曙光升腾，万物生长，乘风破浪，冲关夺隘。中国共产党以坚定的改革决心、开放姿态，把一个历史悠久的古国，带上现代化轨道；把一个幅员辽阔的大国，带到世界面前；把一个饱经沧桑的民族，定格在复兴图景上。绘就了一幅波澜壮阔、气势恢宏的历史画卷，谱写了一曲感天动地、气壮山河的奋斗赞歌。中华民族迎来了从站起来、富起来到强起来的伟大飞跃！

美国《时代》周刊如此评价中国的改革开放：这是我们时代的伟大故事。

为中国人民谋幸福，为中华民族谋复兴，是中国共产党人的初心和使命，也是改革开放的初心和使命。2018 年，中国改革开放迎来四十周年。沐浴着改革开放的东风，追逐着共和国发展的脚步，沛县也发生了天翻地覆的变化，经济、政治、文化、社会、生态建设成就斐然。为补正史之不足，扬天地之正气，聚改革之合力，创复兴之伟业，经县委、县政府批准，县政协于 2018 年春天，全面开启文稿征集工作。在政协党组统一领导下，文化文史委科学谋划，精心组织，远近结合，内外联动，上下协作，整体推进，确保图书征编工作的有序开展。艰难困苦，玉汝于成，殚精竭虑，呕心沥血，爬罗剔抉，刮垢磨光。历时一年有余，终成此书，呈现给读者。

在这本书里，沛县改革开放的画卷被徐徐打开，人们在“光阴的故事”里，感受到时代前行的铿锵足音。从一辈子“面朝黄土背朝天”，到进入城市追逐梦想，从力求端上“铁饭碗”、吃上“商品粮”，到“互联网+”激荡创业潮，四十年改革走过的每一步，都不断打开着新的可能性……改革开放，为个人奋斗提供了更宽广的舞台、最有力的支撑。改革开放这股四十年不息的热潮雄风更劲，不仅催开无数梦想的花朵，更凝聚起广大人民共同奔向美好生活的磅礴之力。

致敬这个四十年，是致敬一个民族步履坚定的前行。

致敬这个四十年，是致敬一条道路艰辛探索的成功。

以人民为中心，是本书的价值旨归。广大作者与人民同呼吸，与时代共进步，纵挥凌云笔，独运工匠心，铁肩担道义，妙手著雄文……“一切为了人民，为了人民的一切”的殷殷深情力透纸背。主旋律昂扬，正能量强劲。一篇篇精彩记录时代变迁、弘扬时代精神的精品力作，一个个传得开、叫得响的优秀作品应运而生。这是一个需要优秀作品、产生优秀作品的时代。沛县政协守正创新，主动作为，没有辜负伟大的改革创举，没有辜负全县人民的时代重托。

本书的出版证明，文化文史工作只有以内容为王、导向为魂、创新为要、人才为根，才能高扬主旋律、传播正能量、打赢主动仗。文化文史工作者肩负着为党、为人民、为社会主义服务的光荣使命，必须努力做具有互联网思维、复合知识结构、专业本领能力的复合型人才，多征辑出版有思想、有温度、有品质的高水平作品，让重大主题出新，重要活动出色，重点工作出彩。

向这一个四十年致敬！向下一个四十年进发！改革不停顿，开放不止步！改革永远在路上，中国永远在前进。伟大祖国一定会有让世界刮目相看的新的更大奇迹，汉皇故里一定会谱就无愧于历史和人民的盛世华章！

谨以此书致敬这场伟大的变革！

谨以此书致敬这个伟大的时代！

2019年10月

目　录

决策篇

改 革 篇

实 干 篇

兴 业 篇

树 人 篇

惠 民 篇

决 策 篇

沛县的明天更美好

李荣启

为了纪念改革开放四十周年，沛县政协经县委、县政府批准，编辑出版《亲历沛县改革开放四十年》专题图书。接到约稿函，我觉得这是一件很有意义的事情，改革开放是当代中国最重要的大事件，国家因此走上了繁荣富强的道路。沛县是全国改革开放大潮中一朵明亮的浪花，值得很好地书写。我在沛县工作过九个年头，其中任县委、县政府主要负责人有六年，对沛县的发展变化算是“亲历”了。然而当我拿起笔来，觉得有些恍惚，毕竟离开沛县十八年了，好多事情虽有记忆，但已不是那么真切，查找当时的工作日记，都已残缺不全。为了完成县政协的约稿任务，只有凭我的记忆概述了。

我是1993年到沛县工作的，当时虽然改革开放已有十多个年头了，但沛县的发展并不快，经济基础比较薄弱，县财政刚刚一个多亿的收入，有时发工资都很困难。人们的思想观念也比较保守，与外面的世界接触不多。记得有一次徐州市委召开三级干部大会，沛县团住在宏达宾馆，我们有一个乡的党委书记第一次住这样的宾馆，晚上睡觉找不到被子，不知道把下边的毛毯拉开来盖，在床上晾了一夜感冒了。那时在县里基层干部中流传着许多类似的笑话，从一个侧面说明我们的干部多是农村出身，眼界不宽，信息不灵，对改革开放的新事物不太适应。经济实力不强，也导致社会矛盾多发，在农民负担、计划生育、矿乡关系、湖田纠纷等等方面经常酿成不稳定因素，有的还发展成群体事件。特别是微山湖边界纠纷自20世纪50年代以来，多次酿成命案，不但成为苏鲁两省关注的焦点还经常惊动中央和新闻媒体。这些不稳定的因素都是一个“穷”字造成的。那时老百姓的温饱问题尚没有完全解决，靠湖吃湖，争抢湖田、湖产可以维持生计。现在经济发展了，年轻人都进城打工、做生意，赚钱的门路多了，再也没有人为了两捆芦苇、二分湖田去拼命了。

1996年，我接任县长的时候，全县国民生产总值刚刚40亿元，财政收入约2亿元，农民人均收入2000元左右。当时2亿元的财政收入有一个多亿是大屯煤电公司提供的税收，县属企业都很困难，基本没有税收，有的企业连职工工资也发不出。能正常运转的企业只有棉纺厂、水泵厂、沛公酒厂等少数几家。乡镇企业数量不多，有点规模的是杨屯的七洲集团、龙固的机械厂、胡屯的干粉灭火剂和河口的皮鞋厂等数得着的几家。发展的压力、吃饭的压力、稳定的压力使我们加深了对小平同志“发展是硬道理”的理解，深刻认识到，不加快改革开放就没有出路，不抓好工业经济，富民强县就是一句空话，更谈不上建设小康社会和现代化。因此，全县上下必须解放思想，转变观念，加快改革开放的步伐，努力培育新的经济增长点。

县委、县政府组织开展解放思想大讨论，多次组织机关和乡镇干部到胶东半岛、苏南、浙江等沿海发达地区考察学习。走出去以后，我们许多干部第一次看到大海，第一次在宾馆吃到自助餐，第一次见识了经济开发区和现代化企业。通过参观考察和广泛的思想发动，开阔了眼界，振奋了精神，县委大张旗鼓地提出了“工业强县，项目兴县”的口号，并研究制定了鼓励招商引资和扶持企业发展的政策措施，规划建设了工业园区和江苏能源经济技术开发区。这些动作和措施很快见到了效果，发展有了较大转机。

首先在1998年底，我们把香港协鑫集团董事长朱共山先生请到了沛县，收购重启闲置了两年多的新城热电厂。这个电厂最先是鹿湾乡跑下来的项目，后因资金和技术方面原因成了半拉子工程。协鑫集团收购后，仅用不到一年的时间就建成运营。热电属于功能性项目，既增加了税收，又解决了企业用热和居民供暖问题。接着我们多次跑青岛，请来了青啤集团的彭作义总经理和李贵荣董事长，几经商谈，他们兼并了当时只有几千吨的沛县金波啤酒厂，计划扩建20万吨的规模，一期先建10万吨，也是不到一年就建成投产，打出了青岛啤酒的品牌，当年缴税超过了2000万元。同时还引进了浙江客商陈伟能，改造扩建了沛县纺织厂。我们还和当时敬安镇的书记刘广远同志一起“三顾茅庐”，请回了已在贾汪区建厂生产的钢铁企业家李绍云，来家乡敬安镇建起了一个规模较大的钢厂。

为了发挥煤电的优势，县委、县政府向徐州市政府汇报，由分管工业的副市长挂帅，与沛县和大屯煤电公司一起成立了专门班子，支持大屯煤电公司上马了10万吨电解铝项目，为沛县铝产业发展奠定了基础。由此，沛县的工业经济开始进入一个较快的发展期，每年都有一批项目开工建设，像吉川空调、金鑫建材、常鑫源板材等陆续建成投产。

在县域经济逐渐繁荣的同时，乡镇企业也渐成规模，涌现了一些有产业特色的乡镇。如龙固的机械工业、杨屯的铸造业、湖屯的石油化工、安国的造纸、沛城的编织袋生产等等，有的乡镇开始规划建设工业集中区，呈现了蓬勃发展的良好势头。

改革开放带来的经济繁荣，给精神文明建设和各项社会事业注入了生机与活力。县委、县政府提出“经营城市”的理念，通过盘活资源进行旧城改造和新城开发，开展城乡环境综合整治，使城乡面貌发生了很大的变化，提升了沛县干部群众的自豪感和幸福指数，也引起了社会各界的广泛关注。徐州市委、市政府在沛县召开了一次规模很大的现场会议，市各部委办局和各县（市）区主要领导都出席了会议。市委书记王希龙和市长于广洲分别在会上做了重要讲话，总结了沛县的发展经验，肯定了沛县的发展成就。最引人注目的是王希龙同志在大会上向全市发出了“远学大连，近学沛县”的号召。会议之后，徐州各县（市）区纷纷组团来沛县参观学习，也有外省、市的领导来沛县观摩考察。这次会议对我们来说，既有动力，更多是压力，我们深知沛县的发展仅仅有了良好开局，没有任何可以骄傲的资本。县委、县政府及时贯彻市里现场会议精神，研究了进一步深化改革、扩大开放、攻坚克难、乘胜前进的一系列措施。

1999 年 9 月，沛县被省委、省政府评为江苏省首批文明城市。这是江苏省在长江以北唯一的一个县级文明城市，含金量很高，对于树立沛县形象，改善投资环境起到了重要作用，再一次为沛县的发展注入了强大动力，激发了干部群众干事创业的热情，使沛县各项事业发展进入了快车道。

2001 年 8 月，因工作需要，我调到市委工作。虽然离开了倾注八年心血的沛县大地，但我对沛县的情缘永远难以割舍，始终关注着这里的发展变化。令人欣喜的是，沛县的领导班子虽然换了很多任，但坚持改革开放不动摇，他们一任接着一任干，团结奋斗的氛围一直保持了下去，发展的势头越来越好。特别是近几年来，新的一届县委班子在党的十九大精神指引下，践行新的发展理念，转变经济增长方式，务实创新，奋发有为，开创了由快速增长向高质量发展的新局面。据了解，去年全县地区生产总值已经超过了700亿元，财政收入超过了50亿元，农民人均纯收入达到了1.7万多元，综合实力进入了全国百强县，成为徐州市经济社会发展的排头兵。与我们当年在沛县任职时相比，无论是经济规模还是城乡建设的面貌都不可同日而语了。我们在沛县工作的那个阶段只能算是艰难的起步，是由农业为主体，向二、三产业发展转变的开始。

沛县的发展变化和取得的成就，足以让我们这些在沛县工作过的老同志振奋和自豪，衷心祝愿沛县的明天更加美好！

我在沛县五年间

李鸿民

1980年，地委机关要抽调一批年轻干部充实县委领导班子。新上任的地委书记李崇找到我，说经地委常委研究，报省委批准，调我去沛县任县委副书记、革委会副主任。县委书记徐振东身体不好，我去以后基本上由我主持工作。

接到任命的第二天，我便奔赴沛县上任。

入境先遇坎坷路

农村交通状况差，一直是沛县干群期待解决的首要问题。我下决心一定要全县修路。

民国时期，全县交通以陆运为主，客运多用人力、畜力代步，机动车辆很少，货运多用牲畜驮运和肩挑人抬，境内土公路在牛车大道的基础上形成。抗战前夕，简易公路通车里程仅109公里。20世纪50年代修建公路7条，计112.4公里。到70年代，大屯煤电公司所辖姚桥、孔庄、龙固、张双楼等煤矿先后投产，为解决各煤矿煤炭外运，国家新建徐沛铁路85公里在沛县境内，同时新建公路10条。

一个全境南北长60公里、宽30里、总面积为1114平方公里的县份，现有的公路是不够的。我挑选了刘道永担任交通局局长。

新城区共有主干道4条，次干道7条。主次干道将新城区划分成传统的城市道路网——棋盘式道路网。老城区拓宽鼓楼街，改造旧街巷，90%的路面铺设沥青，新建路向南延伸至汤沐路。同期，新城道路建设按照总体规划逐年实施。拓宽徐沛公路的老域区段，南与正阳路连接，形成南北主要干道。新建南路改为沥青路面，并与北段相连。农村修路与城市同时进行，整个沛县像是被翻个底朝天，工作难度可想而知。

修建市县一级公路的时候，在鹿湾公社遇到了阻拦，公社党委书记指责刘道永掘了老百姓的饭碗。因为这条路正好经过他们刚建起来的一个乡办企业，可是这条路是经过县规划的，不能改道，刘道永讲了小局服从大局的道理。

刘道永没有让我失望，很快全县修路、建路工程纷纷启动。到1983年已相继建成环城路、省道4条，二级公路9条，路、桥、涵道配套，晴雨畅通。各条乡村公路1470条，先后改建成柏油路，各乡镇通车，车程212公里，新城逐步形成。一条条宽阔的马路从新城区向四面八方伸展开来。

找上门来不如送上门去

沛县境内有丰富的矿藏煤炭资源，以大屯镇为中心，集中分布于龙固、大屯、安国等五个乡镇。

一开始大屯煤矿的进驻，无论是县政府还是群众都万分欣喜，因为无论从什么角度讲，大屯煤矿都会使沛县的总产值大大增加。70年代，大屯煤电公司所辖姚桥、孔庄、龙固、张双楼等煤矿先后投产。为解决煤炭外运，新建徐沛铁路85公里（沛境），新建公路10条，计49.1公里。进入80年代，要推行各种形式的经济责任制，运输管理，县内公路、铁路、水路都相继形成，并且有十个乡镇水路通航。煤矿发展了，给沛县老百姓带来了方便和无数的财富以及就业机会。

可是不久后，矛盾就陆续出来了，比如占地赔偿不对、就业安置不理想等。怎样才能使地矿关系融洽，我认为需要设立一个能够代表县委、县政府应付和处理日常事务的机构。这个机构是矿区办事处，派一位副县级干部担任主任，粮食、公安、商业等有关方面各派一名副局长专任其职，坐下来共同解决矿区的供给、治安、征地、家属安排、子女教育乃至纠纷处理等问题。一句话，我们首先做好我们该做的服务工作，为国家的经济建设服务，当好后勤。同时，梳理一下群众提出的合理要求，处理好双方的共同利益。我认为，处理这类矛盾，要送上门去，不要让人家找上门来。我提出的这个方案，立即得到常委们的支持。他们便紧张准备，条条落实到位。我带着这个方案和有关人员，去拜访大屯煤矿指挥部。

带着诚恳的态度，我谈到煤矿业进驻后给沛县带来的诸多经济利益，同时煤矿在沛县境内又离不开地方的服务与支持，双方是鱼水关系，是相互依存的关系。几位指挥听得连连点头，非常认同这个观点。在这样平和的气氛中，我把县委的方案说了出来。谈到设立办事处的问题，总指挥有些激动。我说："这样的机构是没有先例的，更多的是为矿区着想。过去的做法遇到一点小事就劳驾各位指挥进城协调，也让县委感到不安啊。"总指挥说："给明白人说一句，等于给不明白人说一万句，设办事处，我们提供房子，随便你们挑选。"

这次谈得非常投机，为以后的地矿发展奠定了良好的基础。

一锤定音

水利是我来沛县后最为关心的重点之一。因为在地区时干农村工作多年，对沛县的水利情况一点都不陌生。尽管如此，我还是用了几个月的时间跑遍全县的沟沟河河、大小闸坝。在我的印象中，沛县的水利成绩是很大的，尤其是东部的沿湖地区更为突出，已经发展起来的35万亩水稻，基本集中在这片。全县南北走向的河流有五条，其中大运河、顺堤河、东北堤河、徐沛河集中在这一带。西边有一条靠近丰县的大沙河，时而有水，时而干涸，水源没有保障。东西走向的有鹿口河、沿河、杨屯河和大沙河龙固入湖湾道，初步形成了河网化。按水利部门的说法，实现了"梯级河网""三水并用"。"三水"指的是河水、雨水和地下水。地下水都集中在西部地区。因此，沛县形成了水稻、旱谷两种地区，两重天。

在我四处奔波勘察水利的日子里，县水利局局长姚念礼，副局长张尊训、朱继荣、武进达，总工程师孙庆斌等分批形影相随，给我提供情况，介绍经验，直言不讳地说出自己的想法。

这一年正逢大旱，东边用水吃紧，西边基本没水可用。大沙河沿岸井水下降，禾苗枯萎。我心急如焚，把水利局一班人召来开会，先让他们提提如何解决徐沛河与大沙河之间的水利规划问题，而这个问题正是沛县水利工作的软肋，水利局的人自然是心知肚明。这个问题尚未立项，也是一大难题，大家何尝不想大干一场。

所以发言非常热烈，最后终于达成一致，从北向南再开挖一条干河。具体说就是在龙固公社大沙河入湖段，向南经安国、朱寨、阎集、王店、栖山到南端河口，穿过七个公社，将湖水提升4.5米，形成三级翻水，来解决这一大片久旱死角问题。听了大家的议论，我真是喜出望外，我的想法竟然和大家不谋而合。这是一个大胆的设想，在座的都知道，这个方案的实施是有巨大困难的，可是大家仍然敞开心扉，畅所欲言。

这件事就在这种情形下定了下来。我让水利局尽快将工程方案做出来，然后召开常委会讨论，统一了思想，大家便紧锣密鼓地行动起来。水利局一班人都看出我急切的心情，不仅用最快的速度把方案制订出来，还别出心裁地做了一个谁都没想到的实施方法，即在麦收前把线放好，收完麦子立即开工，实行旱地架桥，十八座桥梁一气呵成。这样做一是不毁麦苗，二是进度提前，三是方便施工，四是节约开支。诸多的好处真是使大家群情激昂，信心百倍。秋收后农闲时开挖土方工程，做到河成路成，还不影响群众通行。

工程指挥部设在中间河段的马元村，梁洪瑞、姚念礼和水利局其他同志在马元安营扎寨，现场指挥，千万民工队伍涌进工地。我亲自上阵督促检查。一时间工地上红旗招展，劳动的号子声此起彼伏。由于是举全县之力，土方工程十五日按时完成。土方一完成，原来埋藏在地下的十八座农桥凌空而起。桥下清流如注，似有一泻千里之势。上百里河道两岸立即欢声骤起，鼓乐齐鸣，久旱地区的农民看到了丰收的希望。

枪一定要收

提起湖田纠纷，可以说有着很长的历史了。

从1959年到1983年共发生纠纷400多起，影响较大的就有280多起。发生械斗27起。在多次械斗中，双方都有伤亡，仅沛县一方受伤群众就达373人，死亡16人。因纠纷造成的财产损失难以计算。

一次械斗在曹庄，因割芦苇发生了矛盾。当场死亡1人，重伤19人，轻伤16人。我与翟居忠副县长连夜赶往南京，把划分湖田的事再次向省长顾秀莲做了汇报。

当时我同所有县委书记一样兼县人武部党委第一书记、第一政委，所以对武装部这一块非常重视。我提出改变训练形式，建造民兵训练基地，由过去乡镇分散训练统一为县集中训练。这在全市乃至全省都是没有的。

不仅如此，我还在全省率先建立了“一地多用”民兵训练基地。民兵不训练的时候，基地可以征兵体检、会议接待等综合利用。沛县武装部利用民兵训练基地的做法，终于被省军区发现了。他们立即组织省、市、县、乡武装部来沛县参观学习，并在全省表彰。

民兵的武器弹药库原来都是各生产大队民兵营分散保管，因此在每年的湖田纠纷中，村民们都有枪支互相射击。村民去弹药库抢枪，然后挖战壕，也因此每次的纠纷都有人死伤。我要求枪支弹药全部收起来集中管理，责令武装部迅速建设安全牢固的武器库。

可是在收缴武器的时候，受到了严重的阻挠，村民们组织起来保护他们的武器，执行人员进村就受到围攻，甚至谩骂。时任县长朱继荣、武装部部长苏允正便亲自带人利用晚上在村边的水沟里蹲守，等到夜深人静的时候，他们悄悄进村，找到大队书记和民兵营长，反复做工作，耐心讲道理，他们的思想通了，便将武器连夜拉走。

沿湖村庄的农民对收缴枪支很不满意。我跟他们说：“你们还想继续死伤人吗？乡亲们的生命不重要吗？枪不同于棍棒，枪是致命的啊！不光我们收缴枪支，他们也在收缴。请大家放心，我们不会让老百姓的利益再受到损失。我们已经向省里汇报，县委和地市委也正在研究解决的办法！”

这番话让吵嚷的人群安静下来，他们没有理由再闹下去。我继续做工作：“农民兄弟，发生这样的事还是因为穷。如果我们富了，有钱了，那些芦苇还算什么，恐怕到时候叫谁割，谁也不肯去割，更别说拼命打斗了。咱们的眼光一定要放远一些，现在我们一边修建公路发展工业，一边大兴水利发展农业，目的就是让我们农民过上好日子。”

好消息很快传来了。1984 年 4 月 30 日，中共中央、国务院批转国务院赴微山湖工作组《关于解决微山湖争议问题的报告》，文件指出：‘凡近三年来发生纠纷和械斗地段的群众，以居住的自然庄为单位，连同以湖产为主要生活来源的群众和土地，一并划归微山县管辖……”

在达成双方协议的一周前，我调离沛县。改革开放以后，农村逐渐富裕起来，湖产纠纷便成为历史。

有人说我是教育局局长

沛县师范学校的马培封老师想找一找我。

马老师毕业于南京师范大学中文系，是一位学问很好的老师，除了教学，常被教育局请去编排教材和一些学习资料。除此之外，他还经常在省级以上刊物发表诗歌、散文、评论等。他的嗓子坏了，说话很费劲，想调离学校。我了解到情况后，让他到史志办工作，去整理我们沛县的历史。

马培封简直不敢相信自己的耳朵。“是啊，这个工作不要说多少话，却需要渊博的知识，还要耐得住寂寞，你可以吗?”我对马培封说，“沛县修志始于明景泰五年（1454），明清至民国先后五次续修。旧志已成孤本，且受时代和阶级的局限，虽不失为重要的文化遗产，但体例和内容多因袭相沿，杂芜零乱，很难为现实服务。为继承和发扬盛世修志这一民族文化传统，使中断七十余年的《沛县志》编修工作得以延续，我们要组织人力，将《沛县志》重新整理出来。”

马培封去史志办公室不久，县委常委便组织人力成立编志小组。我亲自抓这个工作，成立了领导小组并任组长，撰写前言，请了郝广修、郝允尧两位资深退休教师，以1900年修的一部旧县志为蓝本，对照参考其他版本，译白加注，繁体字竖排线装，决定由扬州古籍出版社印刷。全套志书共6册，约30万字，共印3000册。这在当时是极为少见的。

我来到沛县的第一个中秋节，便来到数十里外的老教师毛作良家里。毛作良已退休多年，退休后的建房补助费一直没有领到，三间破屋墙上裂着一条大缝，没钱修理。毛老师见到我很激动，我了解情况后问教育局局长贾益众，为什么不发退休教师的建房补助费?贾益众回答道：“没有钱。”

“一共拖欠多少?”

“四十万元。”

“你们马上写个报告。”

贾益众不敢相信自己的耳朵，多么愧对退休老师啊！他问：“县里有钱吗?”我表示：“再难也不能拖欠退休教师的钱!”退休老教师们很快拿到了建房补助费，他们奔走相告，使在职教师受到鼓舞。

在一次教育局局长的汇报中，我得知全县民办教师占到百分之六十九，其中不到初中文化的占百分之三十八。听到这个汇报，我心中像有块石头重重地压着。接着又发生了一些意想不到的事情。杨屯公社的一个小学校的操场被生产队长种上了庄稼，魏庙公社的一位老人去世，听风水先生说学校的风水好，要葬在学校操场等等。这些事情令我目瞪口呆，立即召开常委会，专门讨论教育问题。

这次会上决定，全县六百九十所农村学校要一次实现“一无两有”，就是校校无危房，班班有教室，人人有课桌凳。后来又演变成有门窗、有玻璃、有院墙的“四有”和“五有”。利用一个暑假的空闲，全县的学校都焕然一新，变成了“进了村，有记号，高墙大院是学校”。沛县的教育工作由此进入了教育先进行列。省教育厅和财政厅专门在沛县召开了学校改造现场会议。三位厅长到会讲话，对沛县县委的做法给予了高度评价。与此同时，对全县 3988 名民办教师进行两次考试，坚决辞退不合格民办教师 137 人，清理代课教师 258 人。通过公开招考录用合格教师 530 人。

沛县的教育工作上了一个新的台阶。

有人说我是文化书记

我多次在县委会上表示：“刘邦之所以能安邦治国平天下，就是因为他识才、爱才和善于用才。‘安得猛士兮守四方’就是反映了刘邦求才若渴的心情。我们共产党人，要有比刘邦更远大的目光，更宽广的胸怀，为培养和造就一大批各行各业的专门人才，为他们花点学费，解决一点困难。这对我们的四化大业是有利的，是值得的，也是应该的。”

文化馆的王智和周节文拿着县里拨给他们的钱，去了黄山、雁荡山和长江三峡等名山大川写生、作画。前后六十多天，王智和周节文都画了三百余幅速写，并有数幅上了省级报刊和国家级刊物。周节文的《湖草青青》在江苏省文化厅举办的美术书法展览中获得铜奖，《阎古古先生像》在《美术报》举办的中国画展获金奖。

春节临近，我想找几个搞书法的同志组织一支“春联服务队”，到街头为老百姓写春联。

大年三十这一天，古沛街头张灯结彩，办年货的人们熙熙攘攘，喜炮声此起彼落。那时央视的春节文艺晚会还没有开播，大家还把家人的团聚和办年货当作大事办。成群结伙的年轻人在街上逛，平时见不到面的亲戚家的小孩子，欢天喜地地在街上放炮。“春联服务队”活跃在县城几个最热闹的街口。大约10点钟，在县人民会堂门前摆上桌子，铺上桌布，摆上笔墨。人们从四面八方纷纷围拢上来。一个年逾七旬的老大爷也闻讯挤过来，手里准备了裁好的几张红纸。我挤到人群中，先把老大爷手中的纸接过来，放到桌面上，展纸挥毫。老百姓把春联拿回去，贴在自家的门上、墙上。

我想恢复元宵花灯会，要把民间已绝迹的“拉鞭”“碰花”“拉花”等传统节目挖掘出来，还老百姓的欢乐权。我把这个想法提出来，常委们非常支持。是呀，沛县已五谷丰登，六畜兴旺，应该让百姓乐和乐和呢。

灯会这天，全城万盏灯火齐明，五彩缤纷的礼花直射天空，古沛街头群情沸腾，真是彩凤舞龙戏花灯，火树银花不夜城。

在这期间，沛县文学艺术界出现了繁荣的景象。一个个表现真实生活的小剧目、文艺节目，甚至大型戏剧都搬上了舞台，同时也有许多活的思想表现出来。

很多人说我偏爱艺术，有些不务正业，不按常规出牌。我丝毫没因为一些流言而改变自己的初衷。丰富人们的精神生活，改变人民落后的意识形态，也是一个领导义不容辞的责任。我发现剧团里的大部分老演员要退休了，一部分演员改做他行了，剧团呈现青黄不接的状态，便建议剧团招收一些学员进来，传统剧目一定要发扬光大。剧团在农村招了一批新学员，专门搞培训班，很快第一批毕业生上台演出了。

这些成功对我来说，是顺理成章的事。无论做什么事情都要把良心放在天平上，对得起良心，对得起百姓，对得起为之奋斗的新中国。这些原则就是我的底线，就是我想要成功的基础，还有比看到老百姓安居乐业更高兴的事吗？

风光旖旎歌风台

刘邦的《大风歌》已经流传两千多年，沛县也因此名扬两千多年。大风歌碑传说出自蔡邕手笔，是重要的历史文物，碑上镌刻着汉高祖刘邦

“大风起兮云飞扬，威加海内兮归故乡，安得猛士兮守四方”的千古绝唱，让世代的沛人感到骄傲。

可是中华人民共和国成立前，在沛城东南角河边的大风歌碑亭破旧不堪，十分简陋。虽然之后政府在文化馆内又建了一间方形平房，取名歌风台，存放歌风碑，但仍然没有展现出历史文物的风采。大风歌碑受到如此的冷落，我感到十分郁闷和纠结。

扩建歌风台义不容辞。繁忙的工作之余，我在灯火下审定扩建汉皇遗迹的图纸，到文化馆同美工、铁笔工人一起研究施工方案，我还与从乡间请来的铁笔石匠促膝谈心，合影留念。

最后决定，将现代甲子碑作为第三通“歌风碑”。立碑那年是甲子年，故名“甲子碑”。原存“歌风碑”为残碑上部，高170厘米，宽123厘米，以元代摹刻碑衡量，相当于全碑的十分之六。下部缺九个字，这九个字查了多少年，都没查到。沛县文博工作者下决心查到，他们潜心研考，从《金石大字典》《四体大字典》《重订六书通》《金石索》等文献中，终于把“歌风碑”所缺九字悉数查出。

县政府拨专款购买石料，请本县书法家孟昭俊摹写，聘羊山老石匠雕刻，使千年古碑恢复原貌。台后面新增一院，建瓦房五间，名为“鸿鹄轩”，存放刘邦另一首名诗《鸿鹄歌》石碑。请北京书法家苏士澍先生用大篆书写，碑阴为邑人夏传贤作记，孟昭俊书丹。两块碑互相辉映。歌风台两边，新建射戟亭，放置射戟台古碑一通，同时布置出展览室两间，形成一定规模。

1982年2月，江苏省人民政府将歌风台、大风歌碑公布为江苏省重点保护文物。此后在此基础上又扩建，始成现在规模。同歌风台同时建设的“泗水亭公园”，后经两次扩建，亦成为沛县人民游览、休闲活动的好去处。

歌风台扩建后，重新展示出《大风歌》的魅力。泗水亭也已亭亭玉立，何不把从沛县走出去的名人大家请来，让他们重新把这个千古传唱的早已渗透沛县书法艺术内涵的《大风歌》再展雄风呢？1984年4月，徐州市文联和丰、沛县委联合举办的“大风笔会”在沛县进行。我是这次活动的发起人，责成县委办公室和宣传部，调查在全国各地工作的沛县籍知名人士、专家、学者。摸清情况后，亲自去拜访或专门函邀，请他们回故乡参观游览并指导。

来自全国各地的丰、沛籍艺术界知名人士和专家、学者四十余人欢聚一堂，谈文论艺谋发展。这次笔会对沛县来讲是空前盛大的。我为大家详尽生动地介绍家乡的发展变化，并陪同参观访问，让这些离家多年的游子激动不已，纷纷表示要为家乡出力、献策。

苏北的秋天，景色迷人。1984年10月，在这个收获的季节，我接到通知，调去淮阴市，任市委常委、组织部部长。很快，还没来得及和沛县人民告别，和机关里的职员们告别，便奔赴新的岗位。我没有让任何人送行，轻车简从，一如五年前来到沛县任职那样。

美哉沛县

冯兴振

大明才子唐伯虎曾作《歌风台》画，高台崔嵬，风云飞扬，草木恣肆，水流激荡，苍凉雄奇的格调写尽了沛县特定的历史时空。

因为走出了汉高祖刘邦，沛县千百年来一直被英雄豪杰、文人学士所追捧。今天，我们循着泗水古道来探访这片古老的土地，她的风韵、她的神采、她的魅力更加令人赞叹不已。

走进水润的县城，走进绿映的村落，走进五彩的原野，走进汉风泽被的空间。美如画卷，是这片印着龙的标记的土地，留给我们的最真切的印象。

沛县之美，美得大气，美得淳厚，美得自然，美得耐人品味。

沛县美，美在环境。

沛县古称沛泽，因为有水，自古以来就是植物生长的沃土，游鱼飞鸟的天堂。今天，烟波浩渺的微山湖、滔滔奔流的京杭大运河、宽广清澈的大沙河以及遍布城乡的河网水系，纵横交错，一脉相连，日夜滋润着这片美丽的土地。

作为中国北方最大淡水湖，微山湖有着一千二百六十多平方公里的水域。沛县辖微山湖区四百多平方公里，湖岸线长达六十二公里。经过数百年的沧桑变化，滩涂上蒲苇丛生，菱荷蔓长，鸟类繁衍，形成了万物竞发、千渚争秀的特有湿地景观。沿微山湖西岸，自南向北排列着“神龙水街”“农耕湿地”“千岛湿地”等一批自然风景区。芦荡深处的一声声鸟鸣，碧波之上的点点白帆，无不编织着画意诗境。红日出水，渔舟唱晚，还有那绿草浅滩之中，鲤鱼穿梭的“哗啦”声，乌鱼翻身的“泼刺”声，这一切的美妙，一切的安谧，都是大自然给予这方百姓的恩赐！

穿越沛县东部百里之长的京杭大运河，覆盖着泗水故道。商贾集聚，汽笛鸣响，南来北往的船只逶迤而行，击起的波浪拍打着堤岸，壮阔之中显现出浓郁的人文风情。

纵贯沛县西部七十里的大沙河，水流清澈，河床宽广，两岸林带丰茂，绿浪千顷，熏风花雨，果蔬飘香。黄河故道上昔日飞沙漫天、荒凉贫瘠的景象已经一去不返。

近绿亲水，引湖入城，沛县人的浪漫城市之梦正在成为现实。一条条宽阔平直的道路在绿荫掩映之中，一幢幢拔地而起的楼厦在绿水环绕之中，一座座辉煌古老的人文景点在绿风吹拂之中，霓虹闪烁于夜色楼宇，生态、人文、现代，融合为沛县个性鲜明的城市风光。

位于沛县新老城接合部的滨河公园，是穿越沛城东西、连接沛城南北的一条玉带、一脉灵泉。她的水系西接大沙河，东连微山湖，两岸花木葱茏，河中碧波荡漾，一年四季绿风红雨，水声鸟啼，消融着噪声废气，散发着清新芬芳。

沿着沛县城区南北轴线，汉城景区、汉之源景区、大风歌广场、沛公园一字排列，形成独有的汉文化生态景观。沛公园与微山湖水陆相通，是在荒滩泥淖之上依势建起的一座湿地公园。起伏的岗峦上绿树成林，芳花烂漫；交错的河汊中，鱼儿自由穿梭，芦荻花随风飞扬。在这个快速崛起的现代化城市心脏部位，沛公园以自然的美、原始的美，陶冶着人们的身心，浸润着城市的性灵。

轻风拂动的晚上，来到这里徜徉漫步，你会看到清新透明的空气里，闪烁的星光、迷人的月光、柔和的灯光和草坪上流动的萤光相映生辉；你会听到万籁共生的空间里，蛙声、虫声、绿叶与枝蔓的私语声相互交织。倘若是白天，游人还可以在这里泛舟载酒，洞箫踏歌；可以临水垂钓，缘木捉蝉；可以带领全家老少欢宴聚餐，也可以独自一人坐在开满蒲公英花的土坡上回想一些童年旧事；甚至可以在不经意间，发现一株已经几十年未见的野草，听到一声久违了的鸟鸣……

在乡村，早不见了满村弥漫的炊烟，不见了漫天飞扬的黄沙，不见了人力板车在泥泞小道的艰难挪动，不见了枯树昏鸦、土壁茅檐。

春天的乡村，溪边路旁杨柳含烟，家前屋后桃李璀璨。细雨中农人种瓜，紫燕衔泥，田野上油菜花黄，麦苗葱葱，给了人们多少生长的渴望和青春的畅想！初夏，浪漫大气的梧桐开放成一天云霞，槐花的甜香浸透百里平野；仲夏，黄金铺地，云雀高唱，青纱帐起，蛙声如潮，又给了人们多少张扬的激情和成长的力量！秋天，在辽阔的原野之上，一层层稻浪浮光跃金，一座座果园飘香溢彩，蟋蟀在草丛里浅唱低吟，年轻人在月色里歌声飞扬，赋予人们多少劳动的慰藉和丰收的喜悦！冬天的田园则别有一番美丽，当风寒霜浓，黄叶飘尽，大雪铺地，冰封池塘，无际的原野呈现出苍凉辽阔之美，而一栋栋太阳能温室里，红的番茄，绿的芹菜，紫的茄子，青的辣椒，顶着黄花的黄瓜，一簇簇，一丛丛，大自然又给了人们多么美妙的视觉享受！

微山湖畔，黄河故道，一座座农民新村正在废墟上崛起，一所所农民公园花木扶疏，一排排农民新居整洁宽敞，一个个清清水塘恰是一面面明亮的梳妆镜子，映着村姑们的笑靥，照着乡村美丽的容颜。

沿着已经黑色化了的乡间小路走进田野深处，你会看到遍布东西南北的一所所休闲农业园，这些供城市人观光旅游和农事体验的植物园，已经突破传统农业的内涵。这些菜蔬禾木，不再是纯物质意义上的财富，已经变成了现代人回归自然的精神港湾。

沛县美，美在生活。

沛县沃野百里，自古就有“丰沛收，养九州”的俗语。而历史上多次黄泛肆虐，使这块土地民生维艰。如今的沛县人民，远离了贫困，跨越了温饱，已步履坚实地走进了先民们世世代代心仪神往的小康之中。从男女老幼那一张张洋溢着幸福的笑脸上，我们可以看到这个美好时代的标签。

不久以前，人们还在为苏南城乡一体化的社会格局惊叹不已，如今广袤的古沛大地已超越了曾经的梦想。中心镇建设，新农村、新社区建设除了量的扩张，更有质的不断提升。在栖山胡楼模式的内涵还未充分展示的时候，曾经以穷困落后在全省出了名的胡寨草庙新村已以独特的风姿展现在世人面前。在人们心中还持守着固有的城乡差距理念的时候，沛城镇任庄社区忽然改变了千百年村庄的固有模式，以其社区化建设格局、服务化功能体系的确立和集教育、卫生、社区养老为一体的崭新姿态悄然来到千家万户农村居民身边。社区内悠扬的歌声和悦耳的鸟啼传递着自然和谐的信息，高低错落而又楚楚有致的行道树荫里透露着斑驳的阳光，“人行图画里，禽鸣竹木间”的诗境从中国文人的笔下真真实实地走到沛县百姓的生活里。

就是一个再普通不过的农家小院，也早已寻觅不出“茅檐低小”的踪影，取代它的是整齐宽敞的高大瓦房，整洁的院落，明亮的窗户，在充溢着瓜果香味的轻风中和明媚的阳光里，充满了温馨与吉祥。乡村通畅交织的水泥道路平坦宽阔，房前屋后的四季花木婆娑生姿。荒僻残破的农村印象，蔓延了几千年的沧桑岁月，早已成为老人们尘封的记忆。

以绿色和文化为主格调的城区公园，是城市人休闲的港湾。每天晨曦初露和暮色降临的时候，所有的公园都热闹起来。悠扬的乐曲声里，一群群身着运动衣的市民有的打太极拳，有的练健美操，一招一式，极具韵致；茶香飘溢的凉亭中，戏迷们在引吭歌唱，梆子戏，拉魂腔，有板有眼，有滋有味；树影摇曳的林荫道上，红男绿女们骑着高档的跑车，呼朋唤友，朝气蓬勃。青春与活力，亲密与和谐，弥漫于这座城市的每个空间。

有规律有节奏的生活使这儿的老人感受着晚年的幸福。每天一大早，他们提着鸟笼子在城区树林中散步，中午跑跑菜场，挑选新鲜菜蔬，有时自己动手，按照菜谱，为儿孙做上一顿可口的饭菜。下午到文化活动中心读书看报，下棋品茶，晚上喝它二两小酒，再约个把老友出来转转，快快乐乐地享受着晚年生活。有的老人加入了“夕阳红艺术团”，把新事新风编成段子，走街串巷演唱。近年来，沛县城乡相继建立起一批敬老院，全县所有五保老人都可以在这里安度晚年。敬老院环境优美，房舍整洁，统一装配了电视机、老年体能监测仪，四季开放的热水淋浴和热情周到的服务，让每位孤寡老人感受着家的温馨和亲人的呵护。

少有所教已从多少代人的理想中走进了沛县的现实，遍布城乡的教育机构、优良的师资、现代的设施和优美的环境，成为孩子们学习成长的乐园。幼儿园里一声声稚嫩含娇的儿歌，中小学校园里一组组数字的巧妙组合、一个个英语字母的神秘变幻，都在描绘着沛县未来的美好蓝图。

信息化改变着人们的观念，也改变着人们的生活方式。在沛县城乡，网上种植、网上销售、网上谈天，再不是什么天方夜谭，已走进寻常百姓家。曾被人们神往的“笔记本”，不再是奢侈和身份的象征，它悄悄低下了曾经高昂的头，虔诚驯良地为市民、为百姓接收和传达生活的喜怒哀乐与油盐醋茶。

在这块土地上，新潮已成了人们的审美标准和生活追求。名牌服装穿在了打工仔身上；明星照再不是贴在小伙子们床头的偶像，而是穿着婚纱脉脉含情的新娘；名车奔跑在城乡，电动车取代了主宰沛县半个世纪的自行车。流行、时尚已遍布大街小巷，成为社会生活的一道多彩风景。旅游也成了新时尚，乡下人农闲时进北京，赴上海，领略城市繁华；城里人节假日游河湖，下田园，尽享自然之美。走进微山湖，走进大沙河，走进充满希望的乡野，面对扑面而来的田园之风和青山秀水的自然神韵，人们会将内心荡涤得像蓝天一样清澈平静，将生活的绚丽释放在亘古永恒的时空里，这是何等潇洒脱俗的人生！

沛县美，美在心灵。

沛县自古民风淳厚。这个当年哺育了汉高祖刘邦等一代豪杰的地方，遗风古韵历久不衰，每个人身上都继承了先人处世创业的大气、勇气、正气和豪气。

不能断言这片每天都有萌芽、每天都在清理着垃圾的日新月异的土地，已是一尘不染的净土，然而，这里的大多数人始终坚守并保养着美好情操的植被，他们心中有辽阔的永远不能被沙化的绿洲。他们以当代沛县人操守和风貌的个体展现，组成了这片土地上的道德生态。

在北京人民大会堂的聚光灯下，被评为全国道德模范的八十多岁的农民妈妈张公兰，是濡染着沛县习习民风的一朵女儿红，让整个中国都闻见了她的芬芳。三十多年前，丈夫不幸病故，她用孱弱的身躯支撑起一个老弱贫困的大家庭。十年前，九十岁高龄的婆婆下身瘫痪，完全丧失生活自理能力，年过七旬已经成为老人的她，面对婆婆的任性和焦躁，悉心照料，无怨无悔，使百岁老人安享着幸福的晚年，用责任和坚持，谱写了中华民族尊老孝亲的颂歌。每当面对张公兰老人慈祥的面孔上道道岁月的留痕和满头的白发，泪水会刹那间模糊我的双眼，就如看到了我的亲生母亲。

2010 年，沛县两名普通干部孙沛丽、刘庆超以大爱大孝荣登“中国好人榜”。2011 年 9 月，沛县儿女再次登上“中国好人榜”，十四岁的女孩谢长玉成为全国年龄最小的“中国好人”。谢长玉出生在偏僻乡村一个贫困家庭，幼时失去母亲，父亲精神失常，奶奶年迈多病，她从九岁起就肩负起家庭生活的重担，2009 年被评为沛县首届道德模范。面对政府和邻里的关怀资助，她以一颗火热的心报答着社会，闻知青海省玉树地震，谢长玉将政府资助她的两千元钱，毅然地捐给了灾区。

年轻的幼儿教师王平，几年前失去心爱的女儿。在骨肉离别时，这位善良的妈妈与女儿达成默契——献出女儿的眼角膜，把爱心化作别人生命里的光明。

大沙河畔，一位老人二十七年义务守望在为国捐躯的抗日烈士墓园。二十七年，几乎是人生的一半，这位宽厚善良、淡泊物欲的农民汉子，一直与英烈为邻。在清明的霏霏细雨中，在月朗星稀的寒冬，在万家团圆的除夕之夜，他默默拔除着墓前的荒草，清理落叶和杂物，擦亮墓碑上的文字，劝退骚扰英灵宁静的喧闹，寒来暑往，痴痴相守，深切抚吊着长眠的忠骨。如此高风亮节，如此大情大义，怎能不令人肃然起敬！

在沛县还传诵着这样的故事：一位八十多岁的老人多年来身挎相机奔走在沛城各景区之间，为外地游客免费拍照兼做导游。一位家境贫寒的清洁女工拾到万元现金，伫立在寒风中等待失主认领，整整站了三个多小时。汶川大地震时，一位在街头拉胡琴卖唱的盲人，用竹竿探路到县民政局去捐款。一名机关干部，坚持义务献血三十年。一位热心公益的老农民，从20世纪80年代初，便开始扛着把铁锨村前村后义务补路，现在老了，又把这件事交给了儿子。还有一批头脑活络的基层党员，看到乡亲们收入少，毅然放下自己挣钱的机会，回村带领老少爷们儿搞养殖、种植……

就是这样一群普通百姓，用善良和爱心打造了古沛大地的新名片。

千千万万个沛县人，正以自己的善行义举完美着自身，扮靓着家乡。道德之美将成为沛县最亮丽的风景，人心之美将形成帝王之乡最厚实的底蕴。

美哉沛县！

行走在古沛大地百里平畴，满眼都是生机，处处都是图画。美在生长，美在升华。看，那轮曾经照亮过历史、照亮过昨天的红日，在微山湖边广袤的田野上再一次喷薄而出，送来一个崭新的黎明，腾起一个崭新的希望，照耀出一个更加美丽的明天。

写好“中国梦”的沛县篇章

李晓雷

2017年10月29日，党的十八届五中全会在北京闭幕。这是在我国全面建成小康社会进入决胜阶段召开的一次重要会议，对于布局“十三五”、实现“两个一百年”奋斗目标、实现中华民族伟大复兴的“中国梦”，具有十分重大的现实意义和深远的历史意义。沛县干部群众高度关注、热情领会全会精神，纷纷表示要把全会精神思深吃透，认真贯彻到工作之中去。

党的十八届五中全会是在中华民族走向民族复兴关键节点上召开的一次重要会议。以“四个全面”战略布局为指导思想制定的“十三五”规划的《建议》，深刻分析了“十三五”时期我国发展面临的国内外环境，明确提出了“十三五”时期经济社会发展的目标任务、重大举措，具有很强的战略性、前瞻性、科学性，是指导我们当前和今后一个时期经济社会发展的纲领性文件。沛县以深入学习贯彻十八届五中全会精神为动力，准确把握中央“四个全面”的重大决策，以“加快现代化步伐、建设美好沛县”统揽全局，求真务实，真抓实干，协调推进“四个全面”，统筹推进新型工业化、城镇化、农业现代化、信息化和绿色化，在实力沛县、活力沛县、宜居沛县、美丽沛县和幸福沛县建设上迈上新台阶，实现经济强、百姓富、环境美、社会文明程度高，奋力谱写中国梦的沛县绚丽篇章。

首先，以转型发展为主线，推动实力沛县建设迈上新台阶。坚定不移推进转型升级。借力国家“互联网+”战略，做强铝加工、煤盐化工、农产品加工三大支柱产业，大力发展新兴产业和现代服务业，重点发展现代金融、信息服务、电子商务、现代物流等新型业态，推动产业链、价值链高端攀升，打造沛县经济发展“升级版”。全力突破重大项目。全面梳理排定优势产业建链、补链、强链的关键环节、目标客户，有针对性地招引一批投资强度大、科技含量高、带动能力强的龙头项目，完善产业配套，加速产业裂变，延伸产业链条，带动重点产业的集聚发展。大力发展现代农业。积极探索多种形式，推进农业适度规模经营，大力发展“家庭农场”、农业专业合作社等新型经营主体，提高农业规模化、社会化服务水平。加快转变农业发展方式，着力构建现代农业产业体系、生产体系、经营体系，不断提高农业质量效益和竞争力，加快推进农业现代化。深入实施创新驱动战略。强化企业主体作用，坚持以产业化为导向，深化产学研合作，不断加强产学研合作的深度和广度，推动优质科技资源与沛县产业需求有机衔接、深度融合。

以深化改革为抓手，推动活力沛县建设迈上新台阶。坚持问题导向，抓好各项改革工作落实，最大化释放改革红利。深化农村综合改革。推进农村产权制度改革，加快培育新型农业经营主体，完善现代农业支持保护体系。完善土地流转平台，逐步实现农村集体土地全县统一政策、统一调控、统一监管。深化经济体制改革。突出增强市场主体活力和竞争力，加快完善现代市场体系，积极推进财税体制改革，促进金融创新发展。深化行政管理体制改革。全面落实“五张清单、一个平台、七项相关改革”等举措，全面清理行政审批中介服务项目，积极探索建立具有地方特色的政府治理模式。深化社会体制改革。加快构建现代公共文化服务体系，深化教育体制改革，探索建立现代医院管理制度，完善“第三方”社会稳定风险评估机制，规范稳评程序，健全问责机制。

以城乡一体发展为统领，推动宜居沛县建设迈上新台阶。坚持以人的城镇化为核心，推进城乡规划、产业发展、基础设施、公共服务、就业社保、社会管理六个一体化。科学规划，夯实基础。按照多规合一的要求，修编沛县主城区及新城区控制性详细规划，做好五个重点中心镇和八个管理示范镇总体规划、一百个新型农村社区规划的实施工作，提升城乡规划整体水平，确保一张蓝图绘到底。完善设施，提升功能。突出抓好徐沛快速通道、湖西航道二期、沛县港迁建等重点工程建设，积极争取大微路、沛微路等重点交通工程列入省计划盘子。加快城乡公共交通发展，扩大公交覆盖面，加快客运线路改造步伐，提高城乡公共交通服务水平。建管并重，优化秩序。推进城乡管理一体化，强化城乡共建共管，以“城更靓”

环境综合整治9333行动为抓手，不断拓展“大城管”体系，推动城市管理的职能向农村延伸、服务向农村覆盖。

以绿色发展为路径，推动美丽沛县建设迈上新台阶。坚持走绿色化民生态发展之路，积极创建国家生态文明示范区，擦亮“生态沛县”品牌。狠抓环境综合治理。大力推进全域生态建设，严查重处违规排放、偷排偷放等行为，努力做到源头严控、过程严管、恶果严惩。积极推进绿色发展。积极发展低碳经济和循环经济。加快推进生态修复，加大安国湖国家湿地公园建设力度，积极创建国家级绿色矿业示范区。严格落实环境保护制度。强化环保制度导向，完善长效监管机制，落实源头保护、损害赔偿和责任追究。

以社会建设为根本，推动幸福沛县建设迈上新台阶。加快构建长效多元的富民增收体系。深化全民创业，建立健全创业培训、创业政策、创业载体、创业服务和创业氛围“五位一体”新机制，最大限度激发“大众创业、万众创新”的热情。持续加大扶贫攻坚力度，扎实推进精准扶贫，全方位推广“朱乔模式”，实现贫困家庭增收致富。加快构建普惠公平的社会保障体系。稳步推进社会保障扩面提标，完善社会养老服务体系，深化社会救助，努力提高慈善工作水平，持续加大困难群众帮扶力度，提高社会综合救助能力。加快构建均衡优质的公共服务体系。优化调整城乡中小学布局，推进集团化办学，推动学前教育和义务教育优质均衡发展、高中教育特色发展、现代职业教育对接产业发展和社会需求，办好人民满意的教育。优化公共卫生资源配置，推动医疗卫生工作重心下移、医疗卫生资源下沉，完善城乡公共卫生网络布局和服务体系，提高公共卫生服务水平，解决人民看病难问题。完善公共文体设施建设，让群众更方便、更快捷地享受公共文化服务，丰富群众文化生活。加快构建公平正义的社会治理体系。深入推进平安沛县、法治沛县建设，进一步提升信访化解、事件处置、治安防控、打击犯罪的能力和水平。深化领导约访和每周有约制度，不断提高基层矛盾纠纷化解成功率，提升社会治理法治化水平，提高人民群众满意度。

立高处者行健远

李淑侠

沛县资源枯竭，产业滞后，环保倒逼……传统的优势项目风光不再。面对系统性的产业升级压力，在“舍与得”的选择面前，我们高格局定位产业发展思路，三年时间，从“煤炭为生”到“光能之城”，从“散乱弱小”到三级园区、五大中心，从“采煤塌陷地”到生态产业长廊……生活在这里的沛县人和来沛的外地人都有一个共同的感觉，沛县变了，变得越来越美、越来越好。

站高处者方能望远行健，我们以更高的发展理念，以“壮士断腕”的勇气对原有产业淘汰、转移、改造，摆脱对传统制造业的依赖，重点打造光伏光电、轻量化新型铝材、纺织新材料等高新技术产业。发展“四新经济”、总部经济、创意文化等新兴产业，推动产业迈向价值链中高端，初步实现了县域经济的产业再造。

思想引领，更高定位产业发展新格局

针对沛县产业整体上仍处在中低端向高端迈进，开放不够、规模不大、层次不高等问题，我们必须破除跟随发展理念，更高更远地谋划定位产业的发展方向，主动作为。

破除梯度发展思维和“苏北意识”，把沛县的发展放到徐州、江苏、淮海经济区格局中来谋划，站在时代发展的新高度来开阔眼界、创新思维、探索路径，推动旧的行业产业与新的技术、模式、业态相结合，让传统产业焕发生机，成为沛县在产业发展定位上的共识。

跳出沛县看沛县，以顶层设计的理念系统谋划产业转型。三年来出台十余个文件，在资金、人才、土地等要素供给上为项目建设、为产业发展提供政策支持。在徐州市率先出台《关于加快工业经济创新发展的若干政策意见》，坚持“工业兴县、产业强县”不动摇，把产业转型升级作为“主引擎”，把各类园区作为“主战场”的发展思路逐渐清晰，加快构建结构布局优、创新能力强、开放程度高、更加可持续的现代产业体系。

创新驱动，尖端项目实现新的增长极

在坚持传统产业改造升级的同时，新兴产业培育壮大为沛县产业升级注入了强大的新活力，高科技大项目已经形成集聚效应突出的现代产业体系。

光伏产业是我县近年重点培育的新产业板块，在产业链延伸，形成上下游关联度高的全产业链。目前，我县光伏产业集聚二十七家企业，形成16GW 产能，成为具有全国影响力的县域光伏光电产业基地。传统的煤炭能源产业基地已经彻底转型成为全国知名的“光能之城”。

我县积极转型打造新型铝材产业集群。沛县新型铝材产业园是全省唯一新型铝材加工产业特色园区，全力打造亚洲最大的轻量化新型铝材产业基地。江苏珀然是国内最具规模、最具产能、行业第一的锻造车轮专业企业。产业定位就是引领行业标杆，形成全球自动化程度较高的锻造铝车轮生产基地、全球锻压机压力最高的锻造铝车轮生产基地。

依托“中国粘胶纱线生产基地县”，招引落地年产 30 万吨金荣泰新材料及高端纺织制造基地项目，全部投产后可超过目前全世界总产量。项目的引进对于沛县纺织产业是一场裂变式革命。大大提高产品附加值，将倒逼沛县纺织企业更新设备，引进先进技术和高端人才，促进产业聚集升级。培育壮大高科技龙头企业和新兴产业，不断拓展做强上下游，从产业链和产业集群中赢得发展优势。

思想引领新发展。全国高端装备制造特色产业基地、全省绿色建筑产业基地，恒辉编织、徐工高端零部件产业基地、淮海经济区 5D 智能制造谷、新格灌排、江苏大汉集团、千禧杭萧钢构……一批重点产业基地和龙头企业为沛县支撑起“江苏省高端装备制造业特色产业基地”的称号。

系统思维，产业平台建设形成集聚力

“筑巢引凤”，产业平台建设是形成产业集群的必要保障和营商环境的重要载体。沛县“园区＋中心”，强势做好三级园区和五大中心建设，打造高端产业集聚载体。

我县从完善园区发展政策、创新园区管理制度入手，强化基础配套，着力提升资源集约利用水平，构建形成“1＋1＋8”的园区发展新格局。全县近两年建设标准厂房300多万平方米，沛县经济开发区规划面积52.6平方公里，入驻工业企业327家，在全省89家省级开发区中，科学发展观综合评价列第18位。

我县沛北经济开发区于2018年年底获批省级经济开发区，形成新能源、新材料、机械制造等一批高新技术企业为主的产业体系。其中，赛福纳米科技公司的高纯晶须碳纳米管生产技术国际领先，填补国内空白。

在大屯、张庄、敬安、安国等八个镇级集聚区，实现错位发展，为全县产业转型升级提供有力支撑。其中，大屯高新技术产业集聚区正在建设的总投资15亿元的润康医药健康产业园项目，投产后将实现年产值30亿元，创利税3亿元。三级园区和五大中心的建设将重新定位沛县的产业布局，形成点面结合的产业体系，各具特色，优势互补。我县打造科创中心、金融中心、跨境贸易大数据中心、总部经济中心、区域现代物流中心等五大中心，推动资源、要素、项目向园区集中，最大程度提升产业要素集聚，承接产业转移和新经济布局。

城乡共建，生态优先发展成为主旋律

推进产业转型升级不仅要加快新旧动能转换步伐，还要统筹推进工业化、信息化、城镇化、农业现代化同步发展。我县坚持“四个靠近，三个融合”的发展理念，靠近城区、镇区、园区和景区，把城乡融合、地矿融合、产城融合放在新时代的大背景下去谋划，着力为加快产业转型提供支撑和保障。

我县大沙河和徐沛快速通道两大现代农业产业带，着力建设绿色稻米、优质果品、养生牛蒡等八大产业集群。以蓝城湖西小镇为引领，突出做好“农业＋生态＋文化＋旅游”文章，打造融合发展示范区。大力推进农村人居环境整治三年行动，开展“美在镇区”“美在村庄”“美在庭院”“美在田园”“美在河湖”等“五美”创建活动。

为全县发展做出重大贡献的采煤塌陷区成为我县生态发展最好的典范。我县科学编制《沛县采煤沉陷区避险移民搬迁安置专项规划（2018—2022）》等三个县级规划，聚焦杨屯城镇一体化片区、安国文化生态片区、大屯城郊融合发展片区、汉兴和开发区产城融合片区、沛城滨湖片区等三大片区建设，全县改善农民群众住房条件的32个在建项目顺利推进，总建筑面积约428万平方米，涉及119个自然村9.8万人。

依托沛县独有的汉文化发源地的文化基因，规划建设一个公共文化设施集群，汉文化景区、沿微山湖生态旅游带、沿大沙河黄河故道休闲农业观光带“一区两带”旅游产业格局初步形成，拥有各类旅游景区（点）三十余个。其中省级旅游度假区一个、省级生态旅游示范区一个、省级湿地公园两个；4A级景区一个，3A级景区四个，2A级景区五个；省四星级乡村旅游区四个，省级特色景观旅游名镇两个。旅行社及门市部二十余家。

建设以汉文化为主题的国际时尚创意产业园，创作一批文艺精品，做好历史遗迹保护和景区提档升级，把汉代历史融入现代生活、把汉代文化活化为生活用品，让文化为高质量发展集聚动能，沛县把汉文化新城打造成为淮海经济区中心城市文化交流会客厅、淮海经济区的文化地标。

以“三园建设”深化新时代乡村振兴沛县实践

苏 伟

党的十九大以来，沛县坚持把乡村振兴战略作为新时代“三农”工作总抓手，紧扣土地集约化、居住集中化、产业园区化、服务均等化、管理社区化“五化”目标，加快建设“农村大公园”“农业大花园”“农民大乐园”，聚力推动农业农村的产业振兴、人才振兴、文化振兴、生态振兴、组织振兴，在决胜全面建成小康社会、加快农业农村现代化征程上迈出了坚实步伐。

以人居环境改善为牵引，搬迁集聚与整治提升并举，“农村大公园”展现现实模样

长期以来，村庄布局分散、农村基础配套欠缺、农业经营方式粗放、农民致富渠道少是沛县“三农”工作的突出短板，城镇化加速发展缺钱、产业集聚缺地、城乡统筹缺抓手是推进乡村振兴的突出制约。2018 年以来，省委、省政府把加快改善苏北地区农民群众住房条件作为乡村振兴的标志性工程，做出了一系列部署安排。沛县紧抓这一机遇，把推进搬迁集聚、提升农村人居环境作为深化农村改革、释放农村活力、活化农村发展的“先手棋”，统筹推进城镇集聚发展区、北部矿地融合发展区、东部滨湖生态发展区、西部生态田园发展区、南部现代田园发展区五个片区建设，走出了一条以集中居住拓展发展空间、以环境提升促进乡村转型、以美丽农业催生美丽经济的新路子。一是以三种模式推进“三个集中”。按照生态城镇和田园乡村相得益彰的原则，推动人口向城镇和社区集中、产业向园区集中、土地向规模经营集中。对一般村庄，采取“庭院式住宅 + 微田园建设 + 股份合作经济”模式，利用土地增减挂钩政策和群众自筹，建设以庭院小楼为主的新型集中居住小区，户有小花园、留有小菜园、公共配套设施齐全，在植入完善公共服务的同时，保持农村风貌。对于复垦新增耕地，由村集体牵头流转组建土地股份制合作社，实行土地规模经营、收入按股分配。目前已经基本成型的任庄村、千秋集村就是这种模式的典型代表，鹿楼镇正全域推进集中居住区建设。对于历史资源遗存丰富、具备旅游资源优势的村，采用“乡土化改造＋乡村旅游＋民居食宿”模式集聚提升。我们把微山湖畔的安庄村、汉文化底蕴丰厚的刘邦古村作为重点，放大生态和文化优势，打造滨湖生态休闲村、历史文化传承村。对于涉煤涉矿避险搬迁的村，采取“集中安置＋有产权住房＋社区化管理”模式，推动人口向城区、镇区和园区集聚。截至2019年5月，杨屯、安国、龙固三个镇已完成30个行政村1.83万户的搬迁安置工作。预计到2020年底，沛北三镇近60%的行政村将搬迁进镇，形成十五平方公里城镇建成区、十五万人口集聚、十五平方公里开发区（2018年底获批省级开发区）的产业新城。二是以“三村建设”引领整治提升。立足村庄的区位条件和基础，按照整治达标村提升村容村貌、美丽宜居村实现“五美”标准、特色田园村达到六项引领的原则，分类引导、全域推进，形成农村人居环境长效整治、纵深拓展的态势。集中精力大干两年，一千个整治达标村重点推进道路户户通、厕所革命、绿化亮化、庭院美化、安全饮水、垃圾分类、污水治理等基础工作，营造干净清爽的人居环境。一百个美丽宜居村突出提升功能品质，重点向科学规划美、生产发展美、创业富民美、村容村貌美、乡风文明和谐美“五美”的要求发展。十个特色田园村更加凸显浓郁乡土气息，尤其注重公共空间、重要节点空间、建筑景观的相融相生、天人合一，打造形成“一户一品味、一树一景观、一花一世界”的视觉效果，充分体现生态优、村庄美、产业特、农民富、集体强、乡风好的示范引领作用。五段镇正全域推进美丽乡村示范镇建设，预计到2019年底全面完成。三是以三项机制会聚各方力量。围绕推进“农村大会战”建设，我们探索建立了系统谋划、协同推动、广泛动员的工作机制。坚持从全面推进农业农村现代化的角度，系统谋划激活“地、水、绿、产、居”要素的现实路径，实现居住区建设规划、产业发展规划、土地利用规划和生态保护规划的有机衔接，最大化发挥农村人居环境整治的牵引性作用。坚持从发挥市场决定性作用的角度，探索构建政府引导与市场化运作有机结合的工作机制，形成了财政涉农资金与耕地占补平衡、增减挂钩等余指标交易资金撬动、金融和社会资本进入、农民自筹资金自主补充的多元投入渠道。坚持从引导农民发挥主体作用的角度，构建共创美好人居环境的动员机制，鼓励农民对直接受益的基础设施建设投工投劳，让农民更多参与建设和管理。2019年以来，我们通过广泛评选、财政资金奖励的方式，动员每家每户发挥自主创意，在前庭后院建设小菜园、小果园、小游园，既刷新了小村庄的颜值，又增添了农户投身美好家园建设的情趣和热情。

以乡村经济发展为支撑，特色产业与优势资源融合，“农业大花园”形成清晰脉络

农业有资源不代表有产品，有产品不代表有产业，有产业不代表有效益。2018年以来，沛县针对农业规模不大、效益不高、品牌不响等问题，坚持以农业供给侧结构性改革为主线，以农村集体产权制度改革、农村产权流转交易标准化、农村承包土地经营权抵押贷款三个国家级改革试点为动力，确立“百万亩良田、百亿元产值”目标定位，精细化实施农业“2811工程”，按照“强一接二连三”的总体思路，构建有效益、有品牌、有风景的现代农业产业体系。“强一”突出特色高效，致力打造美丽农业。按照“特色成块、基地成片、产业成带、集群发展”的基本思路，以黄河故道和微山湖片区两大现代农业产业带建设为引领，做大做强绿色稻米、优质果品、养生牛蒡、高效芦笋、辣椒制种、设施西瓜、生态肉鸭、特色水产八个产业集群，推动特色产业向优势区域集中，分散土地向专业大户集中。沛县是全国最大的牛蒡种植基地，牛蒡种子曾搭乘神舟飞船经历了太空“一月游”。2018年以来，我们坚持高标准提质扩面，全县种植牛蒡12万亩，产品远销日本、韩国等地。2019年上半年，“沛县牛蒡”荣获国家地理标志证明商标。敬安镇依托辣椒制种院士工作站和辣椒科创小镇建设，发展推广新品种268个，种植面积超过3万亩，亩均产值2.5万元，产销总量占据全国辣椒制种市场的半壁江山。“接二”突出品质品牌，着力拉长产业链条。立足资源禀赋，集聚多元要素，以工业理念提升农业经营水平，以工业发展带动农业提质增效，以工业生产拉长产业链条，形成肉鸭、果蔬、稻米等初加工与精深加工合理匹配、协调发展的农业产业格局。全县县级以上农业龙头企业260余家，其中，国家级龙头企业7家，省级以上龙头企业14家。肉鸭形成以忠意、桂柳等为龙头的集孵化、育雏、饲养、宰杀、分割、加工、销售一条龙的全产业链，蔬菜形成以淮通、天顺等为骨干的集研发创新、种苗繁育、应用推广、精深加工、物流配送于一体的创汇特菜产业体系。健全产业链利益联结机制，普遍推行“龙头企业+基地+新型经营主体”模式，建设直属式、契约式订单生产基地，形成稳定购销关系，实现龙头企业发展壮大与农民致富增收双赢。2018年以来，全县新增村企对接基地30万亩，联结农户户均增收一万元以上。“连三”突出文化体验，着力培育美丽经济。围绕汉刘邦、微山湖、黄河故道“一帝一湖一河”人文生态资源，讲好人文故事，培育新型业态，推进农业与休闲旅游、文化传承、健康养生深度融合，重点实施汉文化景区、沿微山湖生态旅游带、沿黄河故道休闲农业观光带“一区两带”三条线，规划建设了汉源三景区、生态三湿地、帝相四古村、休闲八景点的“3348”重点项目工程，精心打造大汉之源寻根游、生态休闲体验游等旅游线路。让游客在“刘邦故里、帝王之乡”的滨湖古城住农家屋、吃农家饭、干农家活、享农家乐，不断导入人流，聚集人气，实现美丽经济效益。2018年以来，新增全国休闲农业和乡村旅游五星级示范企业一家，省四星级乡村旅游点六家，旅游特色名镇两家，全年接待游客量达一百万人次。

以小康成色提升为根本，政府推动与共创共享结合，“农民大乐园”呈现祥和景象

习近平总书记多次强调，“小康不小康，关键看老乡”。农民群众对收入、生态、乡风等方面的满意度，直接决定乡村振兴工作的成效，影响全面小康社会建设的成色。实践中，我们坚持从农民群众的操心事、烦心事入手，深入开展“推进重点、破解难点、疏通堵点”攻坚行动，走出了一条富民强村、生态修复、文明提升的乡村转型之路。一是着力破解“眼前”生态难题，让农民群众更放心。作为全省仅存的县域煤炭生产基地，沛县的生态负担和转型压力相对沉重，“一层煤灰一层土”一度是部分矿区乡村生态环境的真实写照，全县PM2.5浓度也一度在全省排名靠后。2018年以来，沛县下大力气规划再造“两湖三廊多片区”大生态系统，加强微山湖水源地保护，加快安国湖国家级湿地建设，打造京杭大运河、黄河故道、徐沛快速通道生态造林和景观廊道，形成点线结合、片区融合、布局合理的生态涵养区。实施采煤沉陷区生态再造，按照基本农田整理、沉陷地复垦、生态环境修复、湿地景观开发“四位一体”治理模式，启动3000亩龙湖湿地、7600亩洪福湿地建设，真正把采煤沉陷区“历史包袱”变成生态财富。按照雨污共治、改水改厕、垃圾分类、生态提升同步推进的原则，系统解决乡村生态治理瓶颈问题，守牢农村生态安全底线。二是着力拓展“家门口”就业空间，让农民群众更顺心。同苏北大部分农村一样，乡村振兴人才支撑乏力，乡土人才回不来、留不住，是沛县乡村振兴最大制约，留守老人、留守儿童更是外出就业农民最大的牵挂和无奈。近年来，我们从优化城乡资源要素配置入手，努力为各类人才在农村发展创造条件，促进乡土人才回流，让更多农民实现就地就近就业创业。研究出台了支持返乡创业的政策措施，从金融支持、税收优惠和配套服务等方面，鼓励支持返乡人员领办创办企业、发展农村新型经济组织、参与精准扶贫项目建设，让更多群众在家门口实现增收致富梦想。三是着力加强“乡土间”文明建设，让农民群众更舒心。在城镇化加快推进的历史背景下，我们认真研究农民市民化、居住社区化给乡村社会结构、组织结构带来的新变化，以社区治理创新和各类配套服务要素融合，促进农民社区的居住融合、经济融合、组织融合。建强村级文化阵地，把文化讲习所纳入村级文化活动中心的“必选项目”，大力开展理论学习、文化宣教、农技指导活动；开展文明创建活动，选树最美邻里、最美家庭、乡村好人等身边典型，弘扬文明乡风、良好家风、淳朴民风。拓展集体经济发展增收空间，保证村集体、村社区有人办事、有钱办事，全面推进阳光村务建设，搭建涵盖阳光扶贫、三资管理、产权交易、信息公开、廉政监督＋村务卡的“5＋1”阳光村务平台，把村务全面置于群众的监督之下。根据农民集中居住的特点，优化村级政务服务功能，推行全要素网格化管理，发挥“新乡贤”化解矛盾、解决问题的突出优势，形成以自治为基础、法治为保障、德治为提升的乡村社会治理新格局。

实施乡村振兴战略是一项长期而艰巨的任务，考验的是政治定力、战略定力和实干定力，需要我们始终从群众需求和意愿出发，从发展阶段和基础出发，从动机和效果的一致性出发，遵循乡村建设规律，科学把握乡村差异性，发挥农民主体作用和首创精神，加快实现五大振兴。要突出产业振兴，核心是拉长产业链、提升价值链、完善利益链，推动一、二、三产业深度融合，实现美丽资源向美丽经济转变；要突出人才振兴，重点是政策给力、农民努力、社会各界出力，激发“三农”人才队伍活力，实现“逆向流动”向“双向流动”转变；要突出文化振兴，本质是加强思想引领、传承优秀文化、培育文明乡风，激活乡村文化活性因子，实现“以人化文”向“以文化人”转变；要突出生态振兴，关键是树牢绿色理念、筑牢生态屏障、优化人居环境，增强村庄吸纳和承载能力，实现“村容整洁”向“生态宜居”转变；要突出组织振兴，根本是筑牢基层堡垒、深化阳光扶贫、织密全要素网格，构建现代乡村社会治理体制，实现“管理民主”向“治理有效”转变，高质量完成事关全面建设社会主义现代化国家的全局性、历史性任务，不断促进农业全面升级、农村全面进步、农民全面发展。

沛县政协招商引资回顾

吴天英

1978 年党的十一届三中全会确定了党和国家工作的重心转移到经济建设上来，并实行改革开放的伟大决策，就此，中国特色社会主义经济建设的大幕拉开。作为人民政协机关，在履行职能的过程中，自觉服从服务于经济建设这个中心，既是党中央的部署，也是新时期中国特色社会主义建设的必然要求。

我于 2001 年 1 月开始任沛县六届、七届政协主席。此时的沛县经济建设也和全国一样，日新月异，突飞猛进，特别是全县开展的“三区两带”建设，更是如火如荼。这一时期的政协工作，主要是围绕新城区、开发区、商贸区建设和沿大沙河、微山湖经济带建设，开展调研视察、协商议政、建言献策。我和几位副主席按照县委分工，分别包挂了县重点项目建设的帮扶工作。2004 年，全县经济工作的重点是突出抓好招商引资和项目建设。2004 年春节刚过，县委、县政府召开了全县三级干部大会，明确提出了“经济工作是第一要务，项目建设是第一要事”的指导思想，要求全县广大干部群众把思想统一到招商引资和项目建设上来。全县除了政法、教育等少数单位外，县直机关各部门、各乡镇都有招商引资任务。从此，全县迅速掀起了全民招商的热潮。

为了完成县委、县政府下达政协机关 2 亿元的招商引资任务，我作为政协主席，带领政协机关干部职工，迅速行动起来，在做好政协履职工作的同时，全身心地投入到招商引资工作中去。一是加强了对招商引资工作的领导。为了落实全县三级干部大会精神，政协党组于 2004 年 2 月 24 日召开了扩大会议，研究成立了政协招商引资领导小组，我任组长，副主席陈立元、王素真任副组长，各专委会主任为领导小组成员。下设招商引资工作办公室，冯景民任办公室主任。二是进行了广泛动员。为了动员政协机关干部职工和全体政协委员积极投身到轰轰烈烈的招商引资工作中去，县政协于2004年2月25日专门召开了七届七次常委会议，认真传达学习了县委〔2004〕8号、12号文件，协商通过了《沛县政协关于大力开展招商引资工作的意见》，形成了沛县政协〔2004〕6号文件，并列为2004年工作重点。2月26日，政协召开了全体委员参加的招商引资动员大会。三是走出去招商。动员会之后，政协机关首先行动起来，立即走出去招商。2004年3月9日，我和陈立元副主席带领政协机关专委会主任燕守华、邓益山、李爱红等同志赴无锡工业园、江阴市政协等考察联谊，召开招商恳谈会。3月14日至16日，王素真副主席带领专委会主任邓益山、常委黄绍峰等赴苏州工业园、昆山政协考察联谊，介绍沛县的投资环境和优惠政策，请昆山政协和沛籍同乡帮助搜集投资信息，介绍投资商到沛县投资兴业。四是利用亲友关系进行招商。发动政协委员和机关干部职工与在发达地区工作、经商的亲朋好友进行联系，请他们帮助搜集投资信息，介绍投资商来沛投资。五是以商引商、以商引资。发动客商界的委员，向他们有投资意向、有经济实力的亲友介绍沛县优越的投资环境、本人在沛发展的成就和人脉关系，现身说法，鼓励他们来沛投资。六是坚持每周一调度。对确有诚意投资的客商，责任到人，紧盯不放，搞好跟踪服务。经过一段时间的努力，由河南郑州爱馨养老集团与陈淑芹合作投资建设沛县爱颐老年公寓，香港荣信集团来沛投资地表水厂，曹厚朴投资建设润丰纺织厂，河南华英集团帮助朱敦奎建设肉鸭繁育养殖加工项目（徐州森磊农产品发展有限公司），山东宏信化工有限公司收购沛县石化厂生产苯酐等，一批投资项目进入了实质性的洽谈和实施阶段，后来这些项目大都成功落地、建成运营。但也有几个好的项目，虽然付出了最大的努力，但由于种种原因，最终告吹，至今仍感惋惜。我就几个重点项目招商和建设情况做一简要回顾。

沛县爱颐老年公寓项目

2004年4月初，政协机关职工张敬波在与朋友陈瑞打听投资信息时，得知其姐姐陈淑芹前几年一直在山西搞建筑工程，经过几年的打拼，拥有了一定的经济实力，现在想和郑州爱馨养老集团董事长、河南政协委员豆雨霞合作投资老年公寓项目。张敬波向我汇报后，我立即带领办公室主任冯景民和张敬波到陈淑芹家做工作，与她认真分析了我县老龄化发展的趋势，又咨询了民政部门的一些扶持政策，认为建设老年公寓、发展老年服务业是一个正确的方向，前景较为广阔。我还表态，政协机关将会给予大力支持、搞好服务，使她进一步坚定了投资信心。意见统一后，4 月 19 日，冯景民代表政协办公室与其签订了老年公寓项目建设服务协议。

由于陈淑芹常年在山西搞建筑工程，平时很忙，再加上沛县还没有可借鉴的经验，因此筹备工作比较缓慢。为了推进项目进展速度，我与时任河南省政协常务副主席、沛籍老乡张洪华取得联系，请其帮助做一下豆雨霞的工作，尽可能搞好该项目的合作。2005 年 3 月 17 日，我又带领冯景民、张敬波、陈淑芹、陈瑞等，驱车赶往郑州爱馨养老集团进行考察洽谈。郑州爱馨养老集团规模很大，经营管理规范，收费合理，服务周到，深受当地群众和老年人的欢迎。对于建设沛县老年公寓项目，他们考虑到两地距离较远，不想在经费上过多地投入，但在业务指导和人员培训等方面，将会给予大力支持与合作。通过实地考察和豆雨霞的诚恳表态，陈淑芹更加坚定了投资老年公寓项目的信心。我从郑州回来后，立即与规划局局长张兴海联系，仔细询问了关于项目建设的手续办理问题，3 月 21 日，张兴海给予了详细的答复。3 月 22 日至 31 日，我又多次与张兴海、杜海鹏、陈淑芹共同对项目选址问题进行实地考察，最后项目定点在沛城镇南门口村（现在的九龙城南部、樊哙路北），并由规划局负责报县政府研究审批。6 月 20 日，县政府批准了这个定点规划。随后，我又多次协调发改委、规划局、国土局、建设局、工商局、供电局、沛城镇等单位，在办理立项、注册、征地、规划设计、建筑设计、施工许可、供电、协调村组关系等方面给予大力支持。政协办公室在每个环节上，都有专人跟踪服务。在项目的实施过程中，有的环节是曲曲折折、反反复复，记不清跑了多少路。功夫不负有心人，2005 年 12 月 28 日，沛县爱颐老年公寓举行了隆重的奠基仪式，我和县四套班子领导孟铁林、冯兴振、胡成彪、赵裕宇、苏允轩、陈立元、王素真，河南郑州爱馨养老集团董事长豆雨霞、业主陈淑芹，沛城镇杜海鹏出席奠基仪式，并为老年公寓培土奠基。县直机关和各镇负责人、民政助理等，也都参加了奠基活动。徐州市民政局副局长王健还专程赶来祝贺，参加奠基活动。老年公寓在施工过程中，我们又协助业主克服了各种困难，终于在2007年8月竣工，9月室内外设施配套完毕，总投资达2000多万元。10月19日，沛县爱颐老年公寓举行了隆重的开业庆典。

润丰纺织有限公司项目

2004年7月底，文史委主任李爱红了解到其同学曹厚朴有投资纺织项目的想法，只是资金上还有些缺口。我得知这一情况后，马上把他请到政协来，一起分析纺织业国内外市场行情，认为纺织业在当时是一个很不错的投资方向。我根据他的自有资金情况，建议他在资金不足的情况下，可以租赁厂房，先把自有资金用在设备购买和安装上，流动资金可以贷款。厂子建成投产后，根据效益情况，还可以逐年扩大规模，政协将会给予大力支持。曹厚朴很受鼓舞，当即就拍板定了下来。当得知开发区张桥村酒厂停产多年，准备向外租赁厂房的信息后，8月2日，我带领李爱红、曹厚朴等人到实地进行了考察，我们认为两个空置的大厂房很适合开展纺织项目，于是选址就定了下来。8月22日，我又主持召开了项目建设洽谈座席会，发改委、工商局、环保局、工业园、供电局等单位的负责人和项目经理曹厚朴参加了会议，几个职能部门的负责人一致表示，将在项目建设的各个环节上给予大力支持。8月24日，曹厚朴与张桥村正式签订了租赁合同。8月27日，发改委完成了项目的立项审批，企业定名为“徐州润丰纺织有限公司”。9月1日，完成了环评审批手续。9月中旬，供电设备改造全部完成。11月中旬，150台织布机和全套浆线设备陆续进厂安装、调试。12月，企业开始投产。当时产品主要是出口，十分畅销，效益可观。2005年，又新上了一批设备，规模、效益不断扩大。年底，经目标办考核，固定资产投资达到1000多万元。

徐州森磊农产品发展有限公司肉鸭繁育、养殖、加工项目

2004年，全县政协委员招商引资动员大会召开后，政协常委朱敦奎在大会精神和全县政协委员创业热情的感召下，决心在农业养殖加工方面创

一番事业。得知他的想法后，9月下旬，我和陈立元、王素真两位副主席亲自到他家进行商谈，鼓励他坚定创业信心。我们一起分析了全县养殖业发展趋势，认为当时肉鸭养殖虽然发展迅猛，但缺乏种鸭繁育基地，如果创办种鸭繁育、养殖、加工项目，不仅前景广阔，而且还能带动群众致富。另外，附近煤矿塌陷区大面积的拉坡荒地、坑塘水面，也为种鸭养殖、设施建设提供了理想的场地。思想统一后，我们在河南潢川政协的帮助下，于10月20日，由王素真副主席带领吴允瑞、朱敦奎、常胜平、张建等，赴潢川华英集团进行考察学习。在考察过程中，潢川政协和华英集团给予了热情接待，对肉鸭繁育、养殖、加工等方面的技术给以详细介绍，并表示愿意在技术和业务方面加强合作，还赠送了有关技术资料。考察回来后，我们又积极帮他搞好项目审批、规划、征地、筹建工作，专门聘请政协常委、退居二线的农业局副局长常胜平（畜禽业专家）作为技术顾问，常年驻场指导。2005年春，占地2万多平方米的标准种鸭饲养场舍全部建成竣工。3月中旬，第一批5万只父母代樱桃谷种鸭进场养殖。接着，我又亲自到省市有关部门，帮助申请国家专项扶持资金660万元，赶在种鸭产蛋前建成了标准孵化厂房，购置了200台孵化设备，并在12月产出了第一批商品苗鸭，市场供不应求。从2006年开始，在种鸭数量、孵化能力、加工、销售等方面，规模不断扩大，到2007年，总投资达到3000多万元，为我县肉鸭产业的发展做出了积极贡献。

沛县地表水厂项目

改革开放以来，由于我县城市化进程不断加快、工矿企业数量规模不断扩大、地下水资源开采过量等原因，原来依靠地下水作为水源的县自来水厂，远不能适应人民生产生活的需要，急需建设地表水厂。

2005年8月3日，在李恩长副主席和七洲集团张勇的共同引荐下，香港荣信集团有限公司董事长胡兴荣、李恒等、王日彩等来沛考察，洽谈地表水厂项目，政协给予了热情接待。我和李恩长副主席向县政府主要领导做了汇报后，决定由县政协办公室协助发改委、煤电公司共同洽谈。通过友好协商，初步形成了由沛县人民政府、大屯煤电公司、香港荣信集团共同投资建设沛县地表水厂的意向。8月27日，受荣信集团的邀请，在副县长王达的带领下，政协办公室主任冯景民，发改委重大项目办主任陈世跃，煤电公司发展部部长李信，七洲集团郭迎新、张勇等一行十七人，赴上海洽谈地表水厂建设协议。县政协副主席李恩长作为引荐人，也在同一时间从深圳赶往上海参加洽谈活动。通过两天友好而又紧张的协商，最后形成了《沛县荣信水务有限公司合资经营合同》《合资公司章程》《特许经营协议》等三个文件。其间，还参观考察了由荣信投资建设的扬州开发区污水处理厂、上海石化三万吨地表水厂运营情况。

9 月 29 日，香港荣信集团董事长胡兴荣等来沛，对水厂项目建设中的征地、县自来水公司改制、职工安置、申请国债资金等问题进行协商，并对水厂选址进行了考察，最后达成了共识。10 月 18 日上午，地表水厂签约仪式在歌风宾馆东一楼会议室举行，县长孟铁林、大屯煤电公司物业总公司李经理、荣信集团董事长胡兴荣分别代表合资方在协议书上签字。我和冯兴振、杨烈武、赵立群等县领导及县有关部门负责人出席了签约仪式。10 月 28 日，地表水厂作为全县五十五个重点工程之一，与其他工程同时举行了隆重的开工奠基仪式。12 月 18 日，沛县荣信地表水厂有限公司第一次董事会在扬州召开，我和揭月华、冯景民、陈世跃等参加了会议。会议分析了水厂建设中的有关问题，研究确定了具体的推进措施。

根据扬州会议精神，荣信公司作为控股方，于 12 月中旬派出以林建辉为经理的项目班子进驻沛县。为了方便工作，政协还专门为他们提供了两间办公室，并指定专人协助他们开展工作。

2006 年初，煤电公司又提出已奠基过的水厂选址存在压煤问题，必须重新选址。2 月 27 日，副县长赵立群主持召开了水厂重新选址协调会，政协办公室、发改委、国土局、规划局、大屯镇、荣信水务等有关单位负责人参加了会议。会议根据事先调研勘察的实际情况，决定水厂选址定在郝寨村三组（大屯面粉厂南），取水口选址在丰乐村东 800 米运河上。重新选址确定后，项目便进入了紧张的征地、勘探、规划、设计、审批阶段。由于水厂建设不同于其他项目，牵涉上级部门审批的事项较多，有的还要经过淮委等国务院部门审批，直到 11 月，开工前必需的各种审批手续才办理下来。12 月 18 日，举行了隆重的开工仪式，县四套班子主要领导参加了活动。至此，地表水厂建设全面展开。

2007 年底，县政协换届，组织上安排我退居二线。此后，我依然关心、关注着水厂建设，因为它作为政协引进的重大项目，不仅凝结着同志们两年多来辛勤的汗水、深深的情感，而且也充满了对它早日建成、造福全县人民的期待。到2008年底，地表水厂厂区土建工程全部完工，取水管线铺设完成3.5公里，新城区供水管线铺设8000米，完成投资一亿多元。但由于原计划争取的2000万元国债资金一直无法落实，再加上融资困难，造成了后期水处理设备的配套、老城区管网改造、剩余1000米取水管线的铺设等工程进展缓慢。后来，经合资公司三方协商，由政府整体收购，转其他公司完成施工，并投入运营。

招商引资工作和其他工作一样，不可能一帆风顺，也有付出十分的努力而最终一无所获的情况。如在2004年初，我们引进的山东宏信化工收购沛县石化厂（湖屯苯酐厂）项目，他们计划收购后进行技术改造，继续生产当时市场畅销的苯酐产品。这个项目如果成功，不仅可以救活沛县石化厂，而且每年还能为政府提供可观的财政税收。因此，我和陈立元副主席下了最大的决心，紧盯不放，与投资方来来回回谈了半年多的时间，虽然达成了协议，但由于当时全国的投资热、原材料价格迅猛上涨，再加上破产组要价高，最终投资方放弃了收购计划。再如荣信集团投资亿元建设御廷大酒店项目，不仅签了约，而且项目也已经奠基，但由于后来荣信集团内部发生股东撤股去国外发展，造成资金链断裂等原因，致使该项目无法继续进行。这些好的项目最终没能落地建设，至今仍感遗憾。在那个全民招商，投资热情空前高涨的年代，我们接待了许多前来洽谈投资的客人，有些是有一定实力的客商，但也不乏一些空有热情而无实力的客人，有的甚至临走时还要我们为其充电话费，现在想来真是不可思议。

由于招商引资工作成绩突出，政协机关连续多年被评为全县招商引资工作先进单位，受到县委、县政府表彰。

回顾我在政协主席任上开展招商引资工作的那几年，既有成功的喜悦，也有失败的苦恼，但为了沛县的改革发展，我们努力了。

满载汉风的文化之旅

——回顾“刘邦文化万里行”活动

胡成彪

2010年3月，在县委、县政府主要领导支持下，我作为县委常委、宣传部部长，带领文化、文联和刘邦文化节、节庆文化研究会负责人，联合著名文化策划人欧阳国忠先生，策划、筹备并组织开展了一次满载汉风的文化之旅——“刘邦文化万里行”。活动取得了圆满成功，受到各方一致好评，推动了我县汉文化的研究利用，强化了沛县作为汉文化研究的中心地位，为塑造沛县形象，推动沛县发展，注入了正能量。

2010年3月28日至4月2日，近百名由联办城市领导、汉学专家、主流媒体记者、书法家、演职人员等组成的团队，历经六天，跨越四省六县市区，行程近万里，边走边解读，边走边报道，边走边演出，边走边交流，一路生动演绎、传播博大精深的汉文化，完成了一次“文化行走”的新超越。被专家和媒体誉为“一次传播文化的文明之旅，一次区域合作的联谊之旅，一次跨越时空的心灵之旅”。最终达到了加强文化交流，扩大城市宣传效应，增进区域友谊合作，实现互惠多赢的目的。

这个被称作“刘邦文化万里行”的活动，是沛县实行开门办节，把刘邦文化推向全国的一项创新举措。其目的是利用刘邦文化资源，加强区域文化交流，增进区域友谊合作，促进以汉文化为主题的旅游业的发展。

这项活动选择了与刘邦一生有重大影响的沛县以及河南省永城市、荥阳市，陕西省咸阳市渭城区、汉中市汉台区，山东省菏泽市定陶区等六个县市区联合举办。这是对刘邦建立大业具有决定意义的六个节点。沛县是刘邦的老家自不必说。刘邦在河南永城斩蛇起义、释放役徒，之后活动于芒砀一带。河南荥阳是楚汉战争长期相持之地，后以鸿沟为界，中分天下。刘邦入关后在陕西咸阳约法三章，其长陵也建在了这里。陕西汉中市是刘邦做汉中王建都的地方，他在此发展生产，积蓄力量，为剪楚做好了准备。山东定陶则是刘邦登基之地，也是戚夫人的娘家。在这六处地方，每处都是赫赫有名的历史故地，恰似一个刘氏宗亲文化的经典游走线路图，亦是刘氏文化中兴的重要转折之地。

除了隆重热烈的启动和欢迎仪式，专家发言，领导讲话，这次活动的主要内容有六项：一是主办城市与联办城市互赠文化礼品；二是“刘邦文化万里行”万人签名；三是观看专题文艺演出；四是沛县书法家与联谊城市书法家现场交流；五是参观当地刘邦文化古迹；六是两地汉文化研究专家现场讲解刘邦故事，解读刘邦文化。

行前，沛县专门为活动创作排练了特别节目《千古大风万里情》。刘邦一生充满了传奇，也为文艺工作者留下了源源不断的创作话题。这台节目既有大气磅礴的歌舞《大汉刘邦》、根据刘邦原词创作的男声独唱《大风歌》、将诗朗诵与剑术表演相结合的《剑魂》，还有根据刘邦与樊哙故事编写的快板书《鼋汁狗肉美名扬》、将汉字书法表演与舞蹈相结合的《汉韵》等。整台节目最后在充满深情的歌舞《这片土地》中达到高潮。在一个多小时的节目里，虽然没有大牌明星，没有华丽的舞美灯光，却深深吸引了现场数千名老百姓的目光，赢得了他们一阵又一阵的热烈掌声。在山东定陶，当地电视台还现场直播了整台节目。《千古大风万里情》的演员全部是沛县各单位临时抽调的工作人员，所有的节目也都是当地人自编自演的原创内容，以其朴实无华的表现形式让刘邦文化走进人民大众。

这次活动涉及的六个县市区，无一例外地都在坚守着汉文化主题，都在坚守着刘邦文化的精神，无一例外地都把汉文化和刘邦文化的遗存作为本地历史文化最宝贵的资源和财富。其实汉文化和刘邦文化早就把大家紧紧地绑在了一起。

因此六家单位都对这次活动予以了高度重视，表示了极大的热诚，做了充分的努力，而且都专门准备了带有刘邦符号、意义深远的文化礼品，为这次活动留下了永久的纪念。永城市的文化赠品是“汉兴源陶”。该产品主题图案是一条腾飞的巨龙，与朱雀、白虎、玄武、灵芝、祥云组成一个大气磅礴、气势恢宏、灵动飞扬的大写意，透射出吉祥升腾之气。该图案原作绘于公元前100年左右，比敦煌壁画早六百多年，专家称其为“敦煌前之敦煌”，是“历史最悠久、篇幅最宏大、保存最完整、艺术水平最高”的稀世国宝，现存于河南省博物院。汉兴源陶将芒砀山的传统陶瓷技艺、大汉文化之精华和民间麦秆工艺巧妙地组合在一起，栩栩如生地再现了两千多年前的艺术珍宝，是永城汉文化的高品位艺术珍品。

荥阳市的文化赠品是纯银象棋。公元前205年开始，楚、汉在荥阳展开了长达两年多的拉锯战。在此期间，形成了一段极为特殊的战争景象。楚占据东广武城，汉占据西广武城，中间隔着鸿沟相持未决，谁也无法逾越鸿沟一步。最后双方以鸿沟为界，中分天下。《史记》记载“鸿沟而西者为汉，鸿沟而东者为楚”，鸿沟便成为“楚河汉界”。后人以此创造出中国象棋，荥阳也成了象棋之乡。

咸阳渭城区的文化赠品是蟠螭汉并天下盘。该礼物是以汉并天下瓦当为模型制作而成的。在盘的正中，绘有刘邦登基后的画像。蟠螭是龙属的蛇状神怪之物，是一种没有角的早期龙。相传刘邦为赤帝子转世，于芒砀山中斩白蛇起义，这个蟠螭正好影射出了刘邦天之骄子的神奇身世。公元前202年，项羽兵败援绝，自刎而死，刘邦取得胜利，建立汉朝，“汉并天下”就是对这个结果的纪念。当天，渭城区还与沛县签订了友好县区协议。这份礼物表达了渭城区和沛县携手重振大汉文化雄风，深入挖掘汉文化资源，加强合作，增进友谊，共同发展的美好愿望。

定陶的文化赠品是《刘邦登基图》和《戚姬像》。《刘邦登基图》描绘了公元前202年刘邦战胜项羽，回师定陶，在官堌堆举行登基大典，建立大汉王朝的景象。戚夫人是山东定陶人，汉高祖刘邦的爱姬。戚夫人能歌善舞，深受刘邦的喜爱，也遭到吕后的妒忌。高祖临终前，欲废太子刘盈，改立戚夫人之子赵王如意，这更为吕后所不容。刘邦只能为其作《鸿鹄歌》留念。公元前195年刘邦去世后，戚夫人遭到吕后的残酷迫害。《戚姬像》为定陶国画院画师所绘，工笔细腻传神，具有较高的收藏价值。

汉中市汉台区的文化赠品是《石门颂》拓片。《石门颂》是东汉时的摩崖隶书，原来镌刻在古褒斜道的南端，现移藏于汉中博物馆。内容为汉中太守王升表彰杨孟文等开凿石门通道的功绩，刻字书写较随便，在不刻意中流露出恣肆奔放、天真自然的情趣，为后世书法家所珍爱。《石门颂》的艺术成就，历来评价很高，素有“隶中草书”之称，对后世影响很大。

沛县赠送给五个联办城市的文化赠品是古代击弦乐器“沛筑”。公元前196年，汉高祖刘邦平定英布反叛后，途经沛县，置酒沛宫，邀宴父老，酒酣，击筑而歌，吟诵出千古绝唱《大风歌》。而后筑一直被称为“沛筑”。“沛筑”在宋代以后失传。沛县乐器工艺师郝敬春经过长时间探索研究，将失传千年的筑恢复研制出来，为沛县人民政府专制六架，一架留在沛县汉之源景区展厅内，另五架作为这次“刘邦文化万里行”活动的珍贵礼品，馈赠给友好县市区的人民。

这些礼品目前都陈列在沛县的世界刘氏总会会馆内，作为饱含刘邦文化精神、象征六地人民友谊的物质文化产品，它们将在刘邦文化的传承中熠熠生辉，成为永远的纪念。

“刘邦文化万里行”活动不仅是沛县与另外五地的一次文化大交流，而且也是沛县与中央和省市强势媒体的一次大合作。这次采访宣传采取的是各方媒体统一计划、统一方案、统一指挥、统一行动、统一发稿的联合作战的运行方式。由沛县县委宣传部提供统一平台，由中国环球网统一组织各方记者和联络各类媒体即时报道传播。这种合作在沛县宣传工作中虽属首次，投入经费很少，但传播效果极佳。活动开始前，县委宣传部就与合作媒体一起成立了专门的新闻宣传组，做了比较详细的操作方案。从3月23日开始，新华网、中国网、环球活动网等二十二家国内大型网站就纷纷以“‘刘邦文化万里行’即将从刘邦故里沛县启程”为题，开始了大规模的宣传造势。3月28日上午，“刘邦文化万里行”活动在沛县正式启动，当晚各高端参与媒体和地方媒体都以较大篇幅报道了启动仪式盛况。从活动开始到活动结束，各级各类媒体围绕万里行稿件达到三百多篇（条）。新华社、中新社、中央电视台及《人民日报》《环球时报》《中国旅游报》《大公报》等上百家媒体对活动进行了报道。网上搜索显示的信息统计数据达到七万多条。

媒体是个放大器，节庆活动通过跨媒体传播，可以将影响力成千上万倍地放大，从而滚动吸引更多人关注和参与其中。“刘邦文化万里行”采取电视、报纸、网络跨媒体整合方式，充分发挥网络媒体及时性、互动性、表现力强的特点，做到全过程、全方位、图文视频等多种表现形式的立体化传播，使活动盛况成为各地干部群众的热门话题。中国环球活动网和典盛传播创始人、央视特邀专家欧阳国忠先生是这次活动媒体的领队人，他率领的一线记者只有几个人，但是后方平台广大。活动的六天中，欧阳先生和随行的记者都以极高的效率工作，表现出强烈的责任感。沛县随团的新闻工作者更是全身心投入其中，成稿迅速，回传及时，使沛县老家的干部群众心随万里行而动，情为万里行所牵，同时沉浸在热烈隆重的氛围之中。这次采访宣传，不仅营造了新闻媒体的轰动效应，而且留下了大量的文字音像资料。

附：“刘邦文化万里行”筹办侧记

一次机缘巧遇生发的活动主题

关于“刘邦文化万里行”这样的活动，早在2008年初我们就有过这样的打算。那时县内的几个文化人提出要沿着刘邦生活奋斗过的足迹，做一次采风，但一直未能成行。也在那一年，我具体负责筹办了“中国沛县第七届刘邦文化节暨经贸洽谈会”。沛县是汉高祖刘邦的故里，这里人敬重刘邦，汉文化的氛围浓厚。刘邦文化节暨经贸洽谈会从1996年开始，每两年在这里举办一次。前几次文化节，都是立足于自己办节，与外面的节会交流很少。这次我们汲取外地经验，规模和结构做了较大改革，获得了圆满成功。2009年10月，“中国沛县第七届刘邦文化节暨经贸洽谈会”被亚洲财富论坛暨中国节庆年会组委会评为中国十大节庆品牌。我带朱勇、张晨、焦传坤等文化节组委办的同志往杭州领奖，有了一个结识欧阳国忠先生的机缘。这次机缘催生了“刘邦文化万里行”。当时我作为嘉宾被安排访谈，即席讲了几句话：大汉王朝是中华民族共同的历史，大汉文化是汉民族共同的文化。刘邦文化节以汉文化为主题，自然也是汉民族共同的节会。从台上下来，许多同志主动与我交流，其中就有欧阳国忠先生。他表示有意合作，为第八届刘邦文化节宣传造势。于是我们把欧阳先生请到沛县，谈了沿着刘邦足迹搞些活动的意向，请他策划。十天后，欧阳先生再次来沛，带来一个策划案，主题是：龙行天下——刘邦文化万里行。我们组委办的同志认真讨论后认为，“龙行天下”应是当年的概念，这次活动还是叫作“刘邦文化万里行”文化联谊活动为好。同时对活动安排做了适当调整，其中之一就是增加一台文艺节目。然后我们就万里行的路线开始征求地方专家意见，定了六个节点：沛县、永城、荥阳、咸阳、汉中、定陶。这是对刘邦建立大业具有决定意义的六个节点。还有两个地方在历史上很有影响：灞上和乌江。为什么没有列入，主要考虑这两个地方都有些英雄落魄的成分。一个酝酿多年的文化活动意向，就这样破题了。方案提交县委常委会研究，当时就通过了。

一台体现汉风沛韵的文艺节目

这次活动一个非常重要的内容就是随行的文艺演出。因为这台节目将展现沛县的文化艺术水平和外部形象，必须具备两个基本条件：独具一格的创意和良好的演出班底。我们请来沛县文艺界的“四大元戎”——吴广川、张让、孟宪同、王宝红对这台节目进行设计：汉文化的基本内涵，汉风沛韵的基本元素；沛县的原创节目，沛县的演职人员；轻骑兵式的演出团队，随机应变的演员结构。这对沛县的演出队伍是一次实战考验。接下来宣传文化系统又承办了两场文艺演出：春节文艺晚会和慈善捐款晚会，这台节目一直被搁置到2月底才着手筹办，距原定出行时间只有二十多天，有关人员有点手忙脚乱了。结果定下九个节目，五个在过去原创节目上进行再创作，加上四个新创作的节目，凑在一起基本符合我们原来的设计理念，但质量问题画了个问号。后来因为领导时间安排不开，活动改在3月底，使我们有了一个认真加工的空间。我又进一步提出，整台节目要有一个贯通的台词和背景音乐，使之成为一个有机整体。台词由吴广川同志临场受命，只两天时间就形成了初稿，送我审阅。我看了不错，以我的《大汉刘邦》歌词头两句开首：两千年岁月峥嵘，一万里江山纵横。接下来，沿着一个英雄的足迹，我们走进历史深处，使整台节目开宗明义。然后每个节目之间都以散文诗和背景音乐过渡，形成一个完整的大篇章。背景音乐交给孟宪同、高志同志去处理，要求有历史沧桑的厚重之感，原创已经来不及了，于是选择大漠敦煌的音乐为主体，进行了部分创作。接下来是集中排练。选定了三十名演员。沛县没有固定的演艺团体，每次演出都是临时抽调。为了在短时间内保证效果，我要求所有演员一律实行点名制度，宣传部副部长、文联主席朱茂东同志坐镇指挥，我则亲自督阵。排练很辛苦。特别是舞蹈演员，由于精减人数的要求，需要重复出场。几位男舞蹈演员是在公安防暴大队抽调的干警，没有舞蹈基础，一切从头开始，强化训练，自然吃了不少苦头。3 月 28 日，万里行启动仪式，首场开演，这支队伍果然不负众望。节目以《大汉刘邦》震撼开场，以《这片土地》激情结束，赢得一片赞许。此后的永城、荥阳、汉中、定陶专场，一场更比一场发挥得好。更值一提的是，遇上倒春寒天气，有几位演员一出沛县就感冒发烧，在演出间隙打点滴，但登场亮相依旧精神抖擞、意气风发，受到高度评价，为万里行添了彩。

一次令人难忘的前期沟通

万里行的策划案经县委常委会讨论通过之后，执行交给了第八届刘邦文化节组委办。作为组委办主任，我手下有四大金刚——朱茂东、朱勇、焦传坤、张晨，都是得力助手。我们一起商量，要想这次活动成功，必须使之成为六地的联谊活动，沛县发起，六地联办，共享成果。沟通已成为当务之急。策划这次活动时，欧阳先生打算由他发动其余五地，因为他可以借助媒体和他作为策划名人的优势。这之前，欧阳先生曾经策划了“超女”、飞机穿越天门山天门洞等著名活动，可信度较高。但到了跟前，欧阳先生因事难以脱身。我们也考虑，这样的大型活动，涉及各地党委政府，仅靠欧阳先生只身往说似难大奏功效，还是以县委、县政府之间沟通为宜。于是经请示批准，以县委名义向其他五地发了商请函，相约举办万里行活动。很快各地均回函表示积极响应，共做此举。我们收到回函，非常兴奋，感到时机正好，决定立即出访，与各地政府面对面商定有关事宜。实际上也是先走一步，为万里行踩点探路。2 月 26 日，留下张晨在家看守门户，我率朱茂东、朱勇、焦传坤等先期踏上万里行的旅途。一路受到的热情接待，使我们及早感受了刘邦的遗风逸范，汉文化的豪放包容，及早感受了汉风汉韵的遗存和风采。突然感到，汉文化让我们在民俗民风、风格性情上是如此相近相似。永城是离沛县最近的一站，也将是万里行活动离开沛县的第一站。接待我们的是市委常委、宣传部部长崔振华和副市长骆本京等一班人马。他们拿出了已经准备好的对接方案，拉开了大碗喝酒、大口吃肉的接待阵势，这和沛县没什么两样。那天，我酩酊大醉。非我贪杯，性情太真，易受感动，酒量极小之故也。此后在荥阳，幸识康宁部长和刘建峰副市长，在汉中幸识张宝林部长和徐亚平副区长，在定陶幸识陈宝华副书记和周福举部长等，每次均以谈笑风生开始，酩酊大醉结束。尤其定陶一醉，醒来已回到沛县家门口了。在咸阳渭城区，我们结识了文物局局长许光生。这是一位典型的西北黄土高原长成的汉子，性情爽快有加。渭城区接到我们的商请函后，以为是一次普通的旅游文化交流，没有引起重视，批转给文物局阅办。许局长不知区里意图，又不敢贸然做主，直对我们解释区里有重大接待，领导无法脱身等等。然后看着商请函的内容抓耳挠腮地打转转，忽然从文件夹中拿出一张拓片送我，继而跑到仓库抱来一堆文化礼品，以解尴尬之局。我们甚解其难，匆忙告辞，准备改变这里的活动方案，再行沟通。然而当我们3月30日大队人马走进渭城区的时候，却受到了渭城区高规格的接待，并签订了两县区友好协议。可以想到，许局长做了卓有成效的工作。

一次让世人瞩目的文化行走

这次万里行活动，原定沛县出行人员不超过七十人。但到出发时，排定的人员已达到九十多人，其中演职员和新闻媒体的人员就已经接近六十人。考虑各地的接待负担，我们将部分人员剥离出来，由前站人员单独安排，自行负担。出行的队伍有三大特点：四套班子主要领导齐备，青春朝气的演出队伍，标志鲜明的考斯特车队。万里行的徽标由沛县图书馆馆长马培银同志设计制作，六地共同使用，用一个龙飞千古、六地连心的圆底托出一辆汉车马。车队一字排开，所到之地引人注目。在歌风台前举行的启动仪式上，沛县四套班子领导全体到场参加，并有崔振华、周福举、徐亚平等联办地领导及欧阳先生、文史专家田秉锷先生一起登台发言。礼炮首次使用七彩烟雾，甚是隆重。特别令人感慨的是，各地欢迎仪式之隆重，出乎我们的意料之外。在永城市人民广场，五千多人的观众队伍整整齐齐，会场组织紧凑有序。从书记互相致辞、县市长互赠礼品，到两地互相渗透的文艺演出，一切按照既定方案进行。此后，在荥阳的象棋广场、汉中的拜将台以及定陶的演播大厅，均达到了隆重热烈的预期效果，各地主要领导毫无例外地参加了欢迎仪式，把整个活动不断推向高潮。县委书记冯其谱和县长冯兴振对这次活动高度重视，十分满意，其间赶上市里有会，但都请假坚持到了最后。在家的四套班子领导也都十分关注此次活动情况，从网上了解到了活动的盛况。大队人马回到沛县时，他们已在汉源宾馆列队欢迎。这次沛县赠送各地的礼品是筑，就是刘邦邀宴家乡父老唱《大风歌》时弹的那种乐器。该乐器已经失传千年，有秦筑和汉筑之分。秦筑是五弦，汉筑及以后的筑是十三弦。沛县汉之源礼品公司郝敬春同志根据相关资料进行了研究复原，打造了六台五弦筑，一台留给沛县，其余送给五个县市区。

一场不可多得的文化盛典

在沛县举行的欢迎晚宴上，县委书记冯其谱总结了三个好：策划好、组织好、效果好。县长冯兴振将其称为文化之旅、友谊之旅、创新之旅。两人都感慨：汉文化魅力无穷，文化的力量博大无边。我在发言时概括，天好、路好、车开得好、对方接待好、节目演出好，一路天遂人愿。就我的感觉而言，这是一场不可多得的文化盛宴。何以见得？其一，万里行活动突出文化主题，达到了文化联谊的目的；其二，文艺演出所体现的文化内涵，让人们共同感受了汉文化的博大精深；其三，这次活动我们目睹了各地的汉文化氛围，让我们学到了不少新的东西；其四，这次行走将四省六地的文化资源做了展示，进行了链接，形成了一个汉文化旅游圈。各地互赠的礼品，更将成为六个县市区永久的文化纪念。这里我特别感动于欧阳先生和他的新闻团队。这次行走，让我认识了欧阳先生的敬业和智慧。六天下来，欧阳先生没睡一个囫囵觉，整个人都憔悴了。随行的陈记者、杨记者、徐记者、刘记者均是如此。他们不仅营造了新闻媒体的轰动效应，而且留下了大量的文字音像资料。至今打开网络媒体，依然是铺天盖地的消息和评论，让我们沉浸在那个隆重热烈的氛围中。回到沛县，我和欧阳先生再度交流，万里行活动只是一个积累素材的过程，大量工作还在后头。

百年恩怨化和谐　微山湖上静悄悄

郝敬彬

微山湖位于鲁南苏北交界地区，与昭阳湖、独山湖和南阳湖合称“南四湖”（一般以微山湖代指南四湖），是中国北方最大的淡水湖之一。京杭大运河纵贯全湖，物产丰富，湖内各种鱼虾等水生物近百种，菱角、藕等水生植物四十余种，水禽、鸟类达八十余种，素有“日出斗金”之称。抗战期间，是当时延安和山东、华中等革命区联系的必经之路，两岸百姓相互合作，曾护送刘少奇、陈毅、罗荣桓等一批老一辈革命家安全过湖，为抗战胜利做出了卓越贡献。然而就是这样一个流金泻银的玉带泽国，一百多年来，冲突不断，硝烟弥漫，给碧玉般的微山湖留下了不和谐的音符。

一、百年恩怨

据清光绪年间侯绍瀛《沛县志》记载：咸丰元年（1851），南宋时期夺淮南行的旧黄河在江苏丰县蟠龙集（今梁寨）决口，江苏丰县、沛县一片汪洋，由于当时无力治理，决口堵而复决，丰、沛两县几近荒废，成为无人之境。咸丰五年（1885），黄河在河南兰仪铜瓦厢（今河南兰考）再次决口，改道向北从山东入海，淹没了山东巨野、郓城等地区。由于黄河改道，丰、沛两县得以摆脱水患，山东灾民来到沛县沿湖新露出的土地上耕种生活，为了自卫，灾民组结成团，故又被称为“团民”。《唐氏族谱·清国史馆传》记载“官已出示招垦”，江苏沛县县令也允许山东灾民耕种无主荒地，以充银饷，给予了山东移民合法居留权。但随着沛县原住民逐渐回迁，认为团民霸占土地，团民则称自己耕种的都是荒地，土地纷争持续升级。直到中华人民共和国成立以前，微山湖湖田大部分被地主、恶霸控制，出租给农民种植。南四湖中北部的独山湖、南阳湖全属山东管辖，南部的微山湖、昭阳湖由山东、江苏两省分管，但分管的具体界线没有明确划分，湖区群众为争夺湖产常常引起纠纷或械斗。

为解决历史遗留下来的边界问题，1952 年 11 月 15 日，中央人民政府通过了《关于调整省、区建制的决议》。1953 年 1 月 20 日，山东省民政厅副厅长王子彬与江苏省人民政府代表向明、陶逸飞就调整鲁苏省界问题做了商讨。1953 年 4 月 19 日，山东省人民政府代表范光一等与江苏省人民政府代表陶逸飞等再次进行商谈，决定将昭阳、微山两湖全部划归山东，建立微山县，统一管理四湖。具体划界为：一是以湖田为界，将湖区纯渔业村庄、半渔半农村庄和湖中全部公田全部划归微山县，如纯渔业村庄和半渔半农村庄有突出于湖田以外的则以村庄为界；二是将江苏省铜北县所属阎大庄、阎小庄、后八段、七段、后五段、前四段、袁庄、后四段、周庄、高庄、林庄、权场、后场、房村、孙庄等十五个村和沛县所属的王楼、高楼、刘楼、小闸、小四段、程子庙、十三欢、水围子、官庄、甄王庄、聂庄铺、东丁官屯、东陶官屯、张楼、北丁官屯等十五个村，共计三十个村划归山东省滕县专区的微山县领导。1953 年 8 月 22 日，中央人民政府政务院批复同意山东省以微山等四湖湖区为基础，将湖内纯渔村及沿湖半渔村划设为微山县。

由于苏鲁两省边界村庄犬牙交错，微山湖边界纠纷调处更加困难。据统计，自 1953 年山东省微山县成立以来，苏鲁微山湖地区发生较大规模械斗近 400 起，死亡 31 人，伤近 800 人，其中沛县、铜山县群众被打死 23 人，伤 721 人。特别是 20 世纪末 21 世纪初的几年间，纠纷更是错综复杂。2002 年湖区“4·14”持枪杀人案和“11·12”聚众斗殴致人死亡案两起恶性案件的发生，几乎将两岸人民的矛盾纠纷推向了极点。矛盾纠纷从群众的饮水用水、湖田湖产发展到政府间的煤炭资源及社会管理的方方面面，严重影响了这一地区的经济发展、社会稳定和人民群众的生产生活。中央、省、市对此高度重视，江苏省委、省政府仅 1980 年以来，就先后七次向中央提出关于请求合理调整苏鲁微山湖地区行政区划的请示，其中仅 2003 年一年就三次向中央进行请示。

二、和解稳定

我于 2003 年 2 月调到大屯镇任党委书记，因为我从小在湖区长大，对湖区、对两岸的群众都有着深厚的感情，对两县湖区人民生命财产安全无时无刻不挂在心上。到任之后，我了解到，2002 年秋收秋种期间，微山县付村镇大卜湾村群众强行耕耙大屯镇安庄村等湖内第二道围堰内的小麦，耕掉安庄村小麦 700 多亩、挖工庄村小麦 100 多亩、挖丰乐村小麦 100 多亩，然后持械强行播种。由于大屯镇镇村干部极力劝导我方群众，当时事态得到控制，没有发生大的流血事件。2003 年 5 月，眼看夏收夏种即将开始，为避免流血事件的发生，我通过公安等渠道和微山县付村镇党委书记於炜玉同志沟通之后，决定联合进湖区现场查看，商定解决办法。当时，很多同志劝阻，不同意我进湖区，原因是：当时两岸居民只有在抢收抢种的时候才算有交往，任何时间任何一方进入湖区都有被打冷枪的危险。但不实际查看，根本不知道种植的实情如何，也根本没办法解决收种的实际问题。我和微山县付村镇党委书记於炜玉同志协商组织带领镇村班子相关人员和两地派出所工作人员及双方群众代表，约定时间现场查看湖田种植区。等到了湖田种植区域才发现，两岸居民种植的小麦边界犬牙交错，小麦既有耧播的，又有撒播的，只要收割便肯定会有接触，只要接触便肯定会引起纠纷。通过我和於书记现场商议，我们一致认为，要解决小麦的收割问题，就必须弄清各地块权属问题，双方的村干部和群众代表均没提出异议，但在认定地块权属时互不相让，争执很强烈。为避免矛盾激化，我和於书记商定，先各自回镇做通工作，再来现场酌定。由于双方矛盾很大，多年积怨很深，我和於书记带领双方干部群众代表连续进湖五次都没能达成共识，我和於书记等几个人干着急没办法。但在双方争吵中，我发现了一个问题，就是双方种植习惯和方法不一样。微山县付村镇大卜湾群众受传统种植习惯影响，一直还是沿袭历代用耧耩麦的耕作方式；而我县大屯镇丰乐村和安乐村的群众由于发展水稻种植业，在种植小麦时，形成了一套新的种植方式，也就是先将小麦育种，至水稻收割前撒播，到水稻收割时，小麦已出苗，既保证了水稻正常收割，又确保小麦提前播种、提前出苗，所以撒播的就是丰乐村群众种植的。通过询问各村村干部和群众代表，这一判断得到确认。由此，双方地块权属问题就明确了大部分，就是凡是耩播的是大卜湾村的，凡是撒播的是丰乐村或安庄村的，剩下的既有耩播又有撒播的就是争议地块了。为了尽快解决问题，我们在第六次组织人员进湖确认前，我镇和付村镇双方各自召开本镇、村及群众代表会议，充分酝酿协商，最终达成一致，即对耩、撒交织的地块各分一半，丈量面积，合成总数，现场协商解决办法。达成一致意见后，两镇相关人员和群众代表第六次进入地块，丈量面积和现场协商，大家决定，为避免冲突，由镇村组织统一收割。对有争议的部分由付村镇收割，并按我方应摊面积和所收小麦总量，按小麦市场价，折价付款给我方，再由我方拨付给群众。达成共识后，因有十几天相处的感情基础，双方干部群众协商时都能心平气和地进行，我方干部群众坦诚相待，最终又达成协议：先让付村镇群众收割完后，我镇群众再收割。第二天，双方各自报请县委、县政府批准后，分别组织人力实施。在付村镇收割时，我方组织抽调60余名警力和100多名镇村干部控制进湖码头和各进湖收割地块的出入口，确保我镇其他人员不得入湖干扰对方收割或引起误判发生矛盾，激化事态发展，确保对方收割顺利安全进行；同样，在我方收割时，微山县付村镇也采取相同措施保障我方收割顺利安全进行。最后，由于是第一次达成共识和统一由镇村收割，再加上农机手对地块不熟、干部群众代表掌握不准等多种原因，对方多收割了安庄村100多亩小麦。经双方友好协商，付村镇通过派出所对我方赔偿人民币一万元，交给我方大屯派出所，由我镇组织兑付给受损失的群众。这是双方几十年来第一次不用械斗解决经济利益问题。

划界收割、错时收割只是暂时解决了眼前收割的问题，夏收后，为避免今后再次发生纠纷以及避免今后再像当年那样组织人力、物力保障和收种，造成政府包袱过重，经双方村干部和群众代表协商，决定在双方争议地区，由双方共同出资，从中间挖一条长1500米、宽6米、深2米的大沟，作为生产界沟，大家相互遵守，互不侵犯，安全收种、耕作，平安相处。经双方镇村协商并报请各自县委、县政府同意，2003年6月27日下午，由我们大屯镇组织了挖掘机，双方镇领导现场指挥，派出所派出人员维持秩序，仅用一周时间就全部完成。项目总投资2.8万元，我方本着友好的原则，对微山县付村镇应分摊的1.4万元也没有收取。从此以后，双方约定，各自严格约束自己的群众，不得越界进行生产经营活动，双方百姓也都自觉遵守，最后，该沟被双方百姓高兴地称为“和谐沟”，该沟至今仍在。但由于付村镇大卜湾村已搬迁，加之十几年来，双方百姓交往培养出的新感情，原有的大卜湾村的土地有一部分包租给我方群众耕种。

为把群众的眼光从紧盯湖田转移到在陆地上来，把群众对微山湖湖田湖产的依赖转向陆地农业和工业项目上来，我镇一方面进一步加大农业投入，大力发展设施农业、外向型农业等；另一方面，加大招商引资力度，大力发展纺织、铸造、新型墙体材料、塑编加工、裘皮加工、农产品加工等项目，并积极加强与我镇接壤的微山县湖西沿湖四镇的合作。随着工业项目的不断增多，两岸居民有很多成为工人，就连湖区妇女的月工资都达到1500余元，随着工资性收入和经营性收入的不断增加，湖区居民对湖田湖产的依赖性也越来越小。有了和谐稳定的基础，2003年苏鲁两省接边地区的各级干部终于打破坚冰，互相伸出友谊之手，紧紧握在一起，“台上领导多握手，台下群众少动手”，群众间的争斗终于逐渐归于平静。由此，一个由党政主导、社会各界积极参与的友好互动局面逐渐形成，产生了良好的社会效益。

三、融合发展

2004年7月，沛县与微山县结成了友好县，建立了两县党政主要负责人定期会晤、互通信息、协商解决问题的良好机制，相继签订了《加强联防联调，维护边界地区社会稳定工作协议》《关于加强友好交流合作的协议》，进一步深化了两县的交流合作。双方县镇村三级之间定期开展互访联谊活动，畅通沟通渠道，随时掌握双方矛盾纠纷动态，共同制定预防处置措施；对发生的各类纠纷，实行首问负责制，由第一时间受理方进行处理，另一方配合，不拖延，不推诿。为方便两岸群众的交通往来，沛县将连接微山县的重要通道——沛县16K至二级坝地段，投资近千万元进行了拓宽改造、桥梁修复。2005年，国家淮委根据南水北调工程计划，需拓宽微山湖二级坝以南的京杭大运河段，将占用沛县大屯镇小营村、山东微山县张楼镇的湖田，部分群众因占地不均而意见纷纷。沛县与微山县立即成立了京杭大运河拓宽维稳办公室，两块牌子同挂一起，联合办公，做各自群众的思想工作，确保了大运河拓宽工程顺利施工。沛县县委、县政府高度重视湖区稳定发展工作，为进一步推动湖区的稳定和发展，沛县进一步加强了与微山、鱼台两县的沟通协调、合作联谊，湖区在稳定的基础上逐渐走上融合发展之路，中央电视台对此进行了专题报道。同时，沛县还面向湖区镇村出台了《关于维护湖区稳定的奖惩意见》，把经济社会发展同维护湖区稳定同部署、同安排。2007 年，沛县又专门成立了沛微接边地区联防联调工作委员会，与微山县接边的七个镇分别成立了接边地区维稳工作领导小组，为把这项工作做得更实，坚持实体化运作，在大屯镇率先建成苏鲁微山湖维稳中心，明确专人负责湖区维稳工作，并创新建立了湖区矛盾纠纷联防联调制度，完善了维护稳定联责、重大问题联商、情报信息联通、矛盾纠纷联调、刑事犯罪联打、社会治安联防、困难问题联助等七联机制，把湖区接边地区一切不稳定因素关进制度的笼子，为确保湖区长治久安奠定了基础。沛县先后在湖区接边地区建设农村中心警务室十七个，每个警务室配备一名民警和八名保安，并配备了巡逻、办公、监控等设备。为充分发挥有关职能部门在维护湖区稳定中的职责，防止出现管理上的真空和无序状态，沛县还创新了调解机制，在县社会治安综合治理服务中心设立"湖区维稳工作办公室"，以镇维稳中心为依托，村设维稳工作室，警务室设维稳工作站，建立三级工作平台，负责湖区维稳工作的接待受理、信息传递和便民服务等工作；沿湖七镇通过社会管理信息平台及时报送湖区各类不稳定信息，实现了矛盾纠纷收集上报、分析处结、汇总归档信息化管理；县社会管理信息研判中心定期对湖区矛盾纠纷的规律特点和发展趋势分析预测；把湖区 43 个行政村划分成 216 个网格，明确维稳责任人化解纠纷；在湖区组建"红袖标队伍"43 支，强化了群防群治力量；成立"平安理事会""维稳合作社"等民间自治组织，切实发挥群众力量在平安湖区建设中的重要作用；在接边区域主要干道建立省际边界卡点 2 个，建立中心警务室 24 个，安装高清电子监控探头 94 个，实行全天候监控。

湖区越来越牢的平安基础，助推了湖区各项事业的融合发展。2004 年新年刚过，投资 1200 万元的微山县泰丰纺纱有限公司开业，这个坐落在微山湖西岸西平乡驻地的外向型企业就是由大屯镇企业老板投资兴办的。据统计，2004 年到 2006 年，在微山县落户的江苏沛县、铜山区的企业已达 60 余家，总投资达 8.5 亿元，实际资金到账 6.6 亿多元，投资项目涉及煤炭加工、运输，水产养殖、加工、销售，房产开发、服务等多个行业，这既拉动了微山湖东岸的经济发展，也推动了微山湖西岸经济的攀升。沛县视湖区微山县群众为一家人，努力帮助他们解决医疗、教育、交通、就业等方面的实际问题。仅2007年以来，沛县新型农村合作医疗共补偿湖西微山县群众4071人次，沛县各类中小学校免费接收微山县中小学生1200余人；湖西微山县有1800多人在沛县的各类企业打工，有200余户进沛县沿湖集镇居住；沛县先后投资3200余万元修建了入湖公路89.98公里，投资1200余万元对通往微山县高楼镇的12座危桥进行了改造。

融合不仅推动了两岸经济社会的发展，更促进了两岸群众的兄弟之情。2005年10月1日，突降大雨，沛县五段镇2000亩已收割但还没来得及运的稻谷面临灭顶之灾，临近的微山县渭河村党支部组织20艘船、50余人，冒雨连续干了15个小时，将300余吨稻谷安全送到五段群众手中。同样，当微山县部分群众房屋被淹时，沛县村民也纷纷腾出房子，拿出新棉花套的被褥，帮助微山受灾群众渡过难关。像这样互帮互助的兄弟情谊在两地群众中传为美谈。

四、文明繁荣

2015年1月，我转任沛县县委常委、政法委书记分管湖区稳定时，微山湖两岸关系经过上几任领导的努力，已经从和解发展到了融合发展的阶段。特别是微山湖西岸的微山县群众在很大程度上已经算得上半个沛县人，因为很多人生活在沛县，工作在沛县，亲人也在沛县。为保障湖区长期稳定和谐，持续发展繁荣，在牵头处理湖区事务的时候，我们始终坚持用法治思维和法治方式来推动工作。积极推进湖区法治文化阵地建设，建成法治文化游园，大力宣传《水法》《土地管理法》《渔业法》等法律法规；针对湖区存在的突出治安问题，和微山县政法委联合，组织两地公安机关开展了打击非法电鱼、炸鱼、毒鱼等渔业“三害”行为，打击“渔霸”“湖霸”等专项行动；组织两地质监部门协作配合，整治并取缔了接边区域的劣质地条钢生产厂、违规燃气站点和非法生产水泥场所；建立了“法律地图导航”系统，在接边的镇设立工作站，在村设立联系点，积极为边界地区群众提供法律援助、解答法律咨询。畅通民意表达渠道，对湖区群众开通“12345 政府服务热线”“百姓办事零障碍”“12348 司法公共服务”三大平台；创新“阳光办访”机制，依托网上信访办理信息平台，涉及边界稳定的信访案件得到有效化解；对湖区所有重大决策和项目开展“第三方”社会稳定风险评估，从源头上预防和减少矛盾产生。积极营造优美环境，加大边界村庄综合整治力度，实现布局优化、村落绿化、庭院美化、道路硬化、环境洁化、沟渠净化，湖区村容村貌焕然一新。沛县投资建设了18.3平方公里的沛县微山湖千岛湿地。组织开展好人好事评议活动，专门设立好人文化基金会，建设好人广场为好人树碑立传，以“好人建设”促进边界和谐。沛县有一个全国道德模范、十二个“中国好人”，被接边的山东县镇当成自己学习的榜样，多次组织队伍前来参观学习。沛县利用盐煤化工的优势，开办多家厂矿企业，吸收山东湖区大批农民工前来就业，既解决了湖区群众就业难的问题，又推动了沛县经济的快速发展。通过各种活动的开展，谦逊礼让、互帮互助、争相致富的现象在湖区已蔚然成风。微山湖终于散尽了百年争斗的硝烟，迎来了平静祥和的美好明天。平安、法治、文明，让“日出斗金”的微山湖更加繁荣富裕。

工业化是沛县发展的强引擎

揭月华

我1981年参加工作，1983年11月任共青团沛县县委副书记，分管青工部、学少部等方面的工作，开始接触青年工人，了解企业发展，认识全县工业经济状况。20世纪80年代，全县工业经济蓬勃发展，县属工业和乡镇企业齐头并进，形成了县属工业为龙头、乡镇工业为基础，县、乡、村和个体私营工业多层次有机结合的工业体系，产业涉及冶金、化工、机械、建材、食品、纺织、服装、皮革、鞋帽、造纸、煤制品、文教用品等门类。20世纪90年代，我在粮食系统工作，亲历了粮油工业的兴衰。2000年，我调到县计划和经济委员会工作，直接参与规划了全县工业经济的转型发展之路。在县政府工作的十多年时间里，亲历了县委、县政府推动工业发展的滚滚浪潮，感受过重大项目开工投产的喜悦，也体会过补不齐短板的沮丧。三十多年来，从全县工业经济的发展历程，可以看到工业经济规模从小到大，产品竞争力从弱到强的巨大变化；可以看到传统产业成功转型，新兴产业集聚发展的良好状态；可以看到历届县委、县政府坚持改革开放不停步，坚持工业立县不动摇的坚强定力。回顾过往，可以说故事多多，思虑再三还是从以下四个方面做个记录吧。

建园区，搭建平台

1992年，为了加快改革开放，促进经济发展，县委、县政府规划设立了沛县工业经济技术开发区。当时规划主管部门提出了三个方案供县委、县政府决策。一是铁西工业区就地向南扩大开发；二是新城东侧（那时汤沐路以南为新城区），即红光灌渠以东（现红光路为原红光灌渠）；三是沛城北侧即沛屯公路西侧，铁路以东。第三方案获得批准，当时初步规划6平方公里，从毛庄村北由南向北逐步开发建设，沛屯公路西为工业经济技术开发区，沛屯公路东为生活服务设施，即居住、商业服务业、学校、文体等。从此全县工业经济发展的新平台搭建起来。

进入新世纪的2001年，县委第十一届党代会提出五年奋斗目标，以“三区两带”为总抓手，建成招商引资的新载体，创新投入新机制，全面推进我县经济跨越发展。“三区两带”，即江苏能源经济技术开发区、沛县工业园区、沛城中心商贸区、沿微山湖经济带、沿大沙河经济带。当时江苏能源经济技术开发区主园区选择在沛城至大屯煤电公司中心大道西侧，规划面积约8平方公里，主要布置能源利用、煤电铝、煤化工高新技术项目。附园区由龙固、大屯、杨屯、安国区域内七个矿区组成。形成一主多附，由南向北的扇形结构和鲜明的产业特色。以煤电资源利用产业为主，以新兴流通业、高新技术孵化为辅，建成江苏能源加工基地。沛县工业园区，东起铁路河，西到西外环路（现在的汉润路），南至丰沛公路，北依丰沛运河，规划面积约7.8平方公里。以沛县坑口环保热电有限公司为依托，吸引外资为主，建设香港协鑫工业园区；以青啤（徐州）有限公司为依托，建设青啤三十万吨啤酒生产基地；利用民间资本及土地优势，建设沛城民营工业园，利用现有纺织基础，建设纺织工业园；以吉川空调有限公司为基础，建设家电工业园。

为加快工业发展，推进园区建设，2001年，县委、县政府决定成立沛县工业园区管理委员会和江苏能源经济技术开发区管理委员会。分别作为县政府派出机构，实行三块牌子一套班子，即园区党工委、管委会、发展有限公司，为正科级机构，并设立内部机构，办公室、招商局、国土规划建设局、财政局等均为副科级建制。县公安、国税、地税、工商、环保等相关部门在园区设立专门的分支机构，履行相应职能，实行园区与部门双重管理。同时对园区的职能定位、权责义务给予明确。孟光、刘广远同志分别担任了工业园区和江苏能源经济开发区的第一任主任。

2003年4月，市政府在江苏能源经济开发区和沛县工业园区基础上，批准设立徐州能源经济开发区和徐州世界华商园（沛县经济开发区）两个市级开发区。徐州能源经济开发区地处沛城镇与大屯镇之间，规划面积12.5平方公里，范围东起沛屯中心大道500米，西至徐沛铁路河，南起沣城北环路，北至大屯中心区七号路，其中起步区面积4平方公里。徐州世界华商园（沛县经济开发区）规划面积7.8平方公里，范围东起徐沛铁路，西至西环路（现在汉润路），南起沛丰路，北至沿河，其中起步区面积4.2平方公里。

2004年，随着协鑫集团龙固矸石电厂两台6万机组的建成投运，县委、县政府决定设立沛县龙固产业园。2005年5月11日发文成立沛县龙固产业园管理委员会，三块牌子一套班子，即中共沛县龙固产业园工作委员会、沛县龙固产业园管理委员、沛县龙固产业园发展有限公司。这个时候全县有三个工业园区，工业发展空间不断扩大。我有幸兼任了龙固园区的第一任主任。

2006年4月，省政府批准沛县经济开发区为省级开发区。批复的规划分两个片区。片区一为：东起郝寨村，西至电解铝厂东侧、大张庄西，南至郝寨村，北至天津路（七号路）。片区二为：东至中心大道东300米至550米，西至铁路，南至北环路，北至深圳路。2007年，市编委批准成立沛县经济开发区管理委员会为正处级全额拨款事业机构，隶属县政府。核定编制20名，其人员参照国家公务员制度管理。核定了开发区内设机构六个，党政办公室、社会事业局、招商局、经济运行局、规划建设局、财政局，均为正科级建制。

2008年8月26日，县委、县政府下发了《关于举全县之力加快开发区发展的意见》38号文件。定位开发区是全县新型工业的聚集区，城市建设的新城区，改革创新的试验区。调整了开发区的行政区划，把两个市级开发区合并，沛县工业园纳入开发区行政区管辖。开发区行政区划四至范围调整为东起汉源大道，西至西环大道，南起樊哙路、沛丰路南1000米，北至天津路。上述范围内的行政村、居委会、自然村，均纳入开发区的行政管辖范围，沛县龙固产业园纳入开发区总体规划，独立运行。调整后江苏沛县经济开发区行政管辖面积约39平方公里，同时修编开发区规划，面积扩大到65.5平方公里，其中开发区55.5平方公里，龙固产业园10平方公里，为一区五园结构，下辖新型铝材产业园、外向型农产品加工园（沛县工业园）、现代制造业产业园（宜兴沛县工业园）、煤化工产业园和盐化工产业园（沛县龙固产业园）。

2010年，县委、县政府为了加快工业经济的发展，规划“一区五园”

的新空间。一区：沛县经济开发区；五园：敬安镇冶金铸造产业园、杨屯镇粮棉加工产业园、张庄镇中西乐器产业园、安国镇塑编产业园、沛城镇轻工业集聚区。随着工业经济的发展，2016 年，县委、县政府将全县工业园区布局做了调整，即“1 + 2 + 8”园区布局。“1”是沛县经济开发区；“2”是沛县大屯高新技术产业开发区、杨屯沛北经济开发区；“8”是龙固循环经济产业园、张庄产业集中区、敬安产业集中区、魏庙产业集中区、安国产业集中区、鹿楼产业集中区、五段产业集中区、张寨产业集中区。2018 年 12 月，省政府批准了杨屯沛北工业园为省级工业园区，我县成为苏北唯一一个有两个省级开发区的县，形成了“1 + 1 + 8”园区布局。“1 + 1”是县经济开发区、沛北经济开发区；“8”是大屯高新区、龙固循环产业集聚区、安国产业集聚区、张庄产业集聚区、敬安产业集聚区、魏庙产业集聚区、鹿楼产业集聚区、张寨产业集聚区。

搞改制，激发活力

1993 年 12 月 29 日，全国人大常委会首次通过了我国的《公司法》并于 1994 年 7 月 1 日实施。由于国家宏观政策调整，金融部门银根抽紧，全县工业企业的资金、市场、产品、管理都出现新情况。面对新形势，1994 年县委下发了《关于加快发展乡镇企业的意见》，组织领导干部去山东学习“诸城模式”，召开动员大会，以朱王庄酒厂和沛县电机厂为试点，以“先售后股”为主要内容的企业产权制度改革工作在全县推开，拉开了企业改制的大幕。截止到 2000 年 10 月，全县 175 家乡镇办企业、389 家村办企业以产权制度改革为重点，以资产重组为手段，以集体资产保值增值为原则，通过多种形式的改制、改组、改造，盘活存量资产，转换经营机制，促进企业成为“自负盈亏、自主经营、自我约束、自我发展”的市场经济实体。乡镇企业改制工作全部结束。

县属工业的改制工作经历了两个阶段，第一个阶段为 1994—2005 年，重点是促进国有资产流动和重组，推动企业跨行业、跨所有制兼并和联合；第二个阶段为 2005—2018 年，成立专门机构，统筹国有企业改革和国有资产管理。

随着《公司法》的贯彻实施，县委、县政府加大改革力度，1995 年，由徐州水泵总厂兼并徐州排灌机械厂、徐州发电机厂，组建江苏七洲集团。1996年，由徐州炭化厂兼并徐州华盛服装有限公司、徐州新盛制呢有限责任公司、徐州源盛毛精纺织厂，组建江苏阳洋集团。1997年，由沛公酒厂、沛县啤酒厂组建沛公集团。在推进产权制度改革的同时，因厂制宜，一厂一策，落实改革措施。对资不抵债的县毛纺厂、水泥厂依法实施破产，对地处城中心的印刷厂实施“退二进三”，对扭亏无望的塑料厂实行公有私营，对严重亏损的帆布厂实行租赁经营，对长期停产的皮鞋厂实施分块突围。按照产销衔接的要求，改变了县化肥厂、县水泥制品厂、县兽药厂的隶属关系，企业生产经营的被动局面得到扭转。1998年，江苏七洲集团引进战略合作伙伴水利部中灌公司，将全部经营性资产出售给中国排灌技术开发公司，实现了国有资产的跨地域、跨部门流动和资源的优化配置，提高了企业整体管理水平，增强了生产能力和驾驭市场能力。1999年到2001年，先后依法对啤酒厂、织布厂、皮鞋厂、棉纺厂、沛公酒厂、罐头厂进行破产重组，引进战略合作伙伴，有效资产得以盘活，企业焕发了新的生机，工业经济呈现了新活力。

2005年，县委、县政府决定成立沛县国有资产管理办公室，统筹国有企业改革和国有资产管理。到2005年底，县属国有企业仍有58家，职工近2万人，资产总额3.4亿多元。负债17.6亿元，资产负债率高达477%，企业亏损面达到100%。这些企业大都建于20世纪七八十年代，设备老化，技术落后，产品无市场竞争力，生产经营难以为继，职工生活困难，上访不断，影响社会大局稳定。根据国资办统计，到2005年11月底，上述企业欠职工工资、集资、抵押金、养老金、失业金等超3亿元，可变现资产不足7000万元，破产受偿率极低。县委、县政府本着对历史对人民高度负责的态度，果断决策，在财力十分紧张的情况下，决定每年筹集部分资金作为改革成本，分期分批解决改制资金缺口问题，确保产权改革到位，职工身份置换到位，经营机制转换到位，改善了全县工业经济运行质量，最大限度维护了企业职工利益，推动了全县经济社会的和谐进步。

抓招商，引进资本

1997年，县政府发出第一个以“招商引资”为主题词的文件——

《县政府关于招商引资的意见》，吹响了招商引资的号角。县委、县政府在全县干部中开展思想解放大讨论，把思想统一到“不加快改革开放就没有出路，不抓好工业经济富民强县就是一句空话”上来。县委、县政府发出了“工业强县、项目兴县”的号令，全县招商引资掀起了高潮，县委、县政府主要领导带头走出去，机关和乡镇干部去苏南、赴浙江、到胶东，认识了经济开发区，见识了大企业，结交了新朋友，开阔了眼界，振奋了精神。一批批客商来沛考察，一个个项目签约落地。招来了香港协鑫集团，盘活了新城热电厂；招来了青啤集团，兼并了沛县金波啤酒厂；招来了浙江客商，改造扩建了沛县棉纺厂。金虹钢铁、大屯电解铝、吉川空调、金鑫建材、常鑫源板材相继建成投产。

2002年，县委、县政府为了进一步扩大对外开放，加大招商引资工作力度，加快三区两带建设步伐，下发了沛委发〔2002〕33号文件，建立了招商引资工作新机制，明确了奖惩激励新措施，县里成立招商管理局，与外经贸合署办公。各镇、区、县直经济部门都有招商任务。建立了每月考核实绩，季度观摩讲评，流动红旗黄旗激励，年终末位淘汰的招商引资奖惩机制。在2003年的招商引资考核中，栖山镇招商引资工作处于落后状态，镇党委书记、镇长两位同志被免职。在强烈的正反激励机制下，全县招商引资工作又掀高潮。天成氯碱、龙固电厂、观茂焦化、大丰食品、中意食品、桂柳孵化等一批项目建成投产。

2006年初，我到县政府工作，分管工业经济和招商引资工作。县委、县政府为了加强对招商引资工作的领导，决定成立沛县招商局，为正科级事业单位，隶属县外经局管理。经费全额拨款。招商引资工作走上了规范化的道路。2007年，为了稳定招商队伍、扩大招商范围、培养锻炼干部，县委、县政府决定开展驻点招商，组织部会同招商局制定了驻点招商管理办法，抽调政治素质好、有开拓精神、责任心强的优秀干部，分布二十二个发达城市，开展驻点招商，每一组都有副科级干部带队。外出驻点招商，扩大了视野，广交了朋友，增加了信息，引进了资本，锻炼了干部。第一批外出招商的二十二名副科级干部有十四人被提拔为正科级干部，有的还担任了单位的主要负责人。全县外出驻点招商的形式从此坚持下来并不断完善。

2008年，外出招商再次掀起高潮。2月22日，县委、县政府举行

2008年全县招商引资工作启动仪式，欢送一百一十二名专业招商队员奔赴招商一线。4月18—20日，县委、县政府分别在广东东莞市、深圳市、佛山大沥镇和江门市举行投资环境说明会。4月23—26日，县委、县政府分别在烟台、威海、济南、天津举行投资环境说明会。高频次的活动，宣传了沛县，结识了朋友，拓宽了视野，引进了客商，落地了项目。是年，我县开发区产业集聚功能明显增强，荣获第二届“长三角最具投资价值开发区最具投资潜力奖”“中国十大诚信开发区”“江浙企业家投资中国首选开发区”等荣誉称号。新型铝材产业跻身“中国县域产业集群竞争一百强”。农产品加工产业园获得“首批全国农产品加工基地”“江苏省现代农业高科技园区”称号。

上项目，振兴产业

全县“十五”规划，确定了“三区两带”发展平台，提出了依托资源发展产业的总要求。全县上下抓招商上项目，工业经济有了新突破。2002年，大屯煤电公司发挥电力资源优势，新上五万吨电解铝项目，随着电解铝项目的投产，奠定了全县铝产业发展的基础。江苏华昌铝厂项目、华丰铝板带、大地铝业、丰源铝箔、大屯铝板带、珀然铝轮毂等一批项目的落地，使铝加工产业成为全县的支柱产业之一。记得在引进华昌铝型材项目时，招商局孔德兵同志驻点广州，他深入中国最大的铝型材生产基地佛山大沥镇，走访铝行业龙头企业，拜访铝行业商会，得知华昌铝厂有扩建意向时，多次登门拜访，介绍沛县市场优势、政策环境，取得潘伟深董事长对沛县的认可。在项目洽谈的过程中，因南北口音差异，电话交流易产生歧义，我和招商局张复俭局长先后十余次去大沥镇与潘董事长面谈具体合作事宜，最终达成一致。潘伟深董事长千里迢迢开车拉着七十多岁的老母亲来沛县察看工厂选址，他投资决策的精细与慎重让我们从心底里佩服。

2003年，龙固矸石电厂的开工建设，标志着我县的产业从卖煤到卖电的转变。龙固电厂项目，从提议到确定可以说一波三折。协鑫集团1999年投资的沛县坑口环保热电厂2×1.5MW机组，建设顺利，投运快速，效益明显。沛县煤炭资源、水资源丰富，激起了协鑫集团董事长朱共山先生的投资热情，他提出要在龙固合资建设2×60MW机组发电厂。在办理电厂前期手续时，需要大屯煤电公司提供铁路接入手续，煤电公司积极响应派出办公室主任毛中华同志和发展部长李信同志跟我联系，要求入股合作建电厂。记得是2003年年初的一天上午，毛主任和李部长来到我办公室表达公司有合作投资建电厂的意愿。我感到事情重大，一是担心协鑫集团不同意增加股东；二是担心如不让大屯煤电公司入股，公司能否出具铁路系统接入证明。当时县委、县政府两位主要领导都在省里开会，我冒雨赶赴南京汇报，两位领导认为煤电公司进入合资公司，实现强强联合、优势互补，对合作各方都有益，并安排我立即联系协鑫集团通报情况。朱共山董事长得知消息后欣然接受，第二天带二十人队伍来沛县共商合作建大电厂的事宜。县政府、大屯煤电公司、协鑫集团、江苏天能集团经友好协商，形成共识，决定成立合资公司，在大屯镇安庄村选址新上2×60MW发电厂，并成立工作机构开展项目前期工作。但投资大电厂项目的路不平坦，做报告、搞论证、上报国家审批，近一年时间，审批在路上。朱共山董事长着急了，依据当时省里审批权限，他又提出在龙固新上2×13.5MW电厂的想法，以便尽快取得投资收益。我们发改委又和天能集团协商组成项目前期工作小组，跑上海电力设计院，跑上级审批部门。记得有一次，一周时间我坐车跑了两趟上海、一趟南京，上报资料完成了，我的腿痛得不能上车了。

好景不长，在等待项目审批的过程中，国家政策又调整了，13.5MW机组改由国家发改委审批，省发改委只能审批5MW以下电厂项目。前期的工作和同人的辛苦付之东流。国家审批政策调整，投资人的决策跟着调整，朱共山董事长又决定在龙固改上2×5MW小机组电厂，一边建设小电厂，一边等大电厂的审批。我们前期工作小组又走上了2×5MW电厂的审批征程。做可研、搞评审、等批复，为尽快得到项目批复文件，当时县委主要领导要求我，拿不到批文不要回沛县。在督促项目批文的过程中，我在南京住了三周的时间，几乎成了省发改委能源处的工作人员，看到批文的那一刻，百感交集，沛县终于有5MW机组的电厂了。随我去的驾驶员得知消息后，高兴得竟在床上跳了起来。项目在建设帮扶小组的努力下，快速建设，十个月的时间，总投资约8.3亿元的2×5MW电厂项目的第一台机组就并网发电了。因国家政策调整，2×60MW机组电厂项目暂停审批，大电厂筹备组也解散了。

2004年，徐州天成氯碱和徐州观茂焦化项目的落地，标志着煤盐化工产业的开启。2004年春，一天，招商局长张复俭同志电话通知我去无锡，共同洽谈煤盐化工项目。我从南京赶到无锡，招商小组的徐龙彬、张长缨等同志已经把前期工作做得很细，项目介绍人约好早上8点在无锡益多集团公司董事长办公室面谈。为了满足谢菊宝董事长不是县长不见面的要求，张复俭同志连夜给我印制了县政府县长助理的名片，我们如约而至，但董事长不在办公室，办公室人员也不知道董事长的去向。啊！失约了？项目悬了。正感无望的时候，在益多集团二楼大厅见到了谢菊宝董事长，双方互相介绍情况，可以说一见钟情，一拍即合，董事长当即安排公司唐国栋老总率队考察投资环境和条件。从煤盐石到水电热，从资源配置到市场条件，完全符合项目要求，公司立即决策投资沛县。从此，总投资10亿元的煤盐化工项目落户沛县。谢菊宝董事长曾经诙谐地说："如果第一次见面，你们再晚到五分钟，我们就见不上面了，这个项目可能就选其他地方了，真是天意，公司的名字就叫'天成'了。"

2010年，沛县草根企业家龙大强在龙固镇党委书记甄文杰同志的感召下，从贸易行业转向实业投资，回家乡投资建设光伏电池片工厂。江苏中宇光伏科技公司的落地，开启了沛县新能源产业的先河。龙大强在决策投资中宇项目时，正是光伏行业效益比较好的时期。项目投产后，市场发生重大变化，产品价格直线下降，公司连年亏损，但龙大强先生逆势而上，调整管理团队，不断扩大投资规模，生产能力从300MW扩大到600MW，又从600MW扩大到1.3GW。2018年，实现销收25亿元，公司扭亏为盈。同时又考察新技术，再扩大2GW生产规模，做光伏行业中的专业电池供应商。随后中辉光伏、润丽光能、拓正茂源、鑫宇光伏、中核新能源、嘉宙新能源等一批光伏新能源项目相继落地，一个产值过百亿的新能源产业在沛县形成。

2018年春天，在与新疆泰昌公司董事长李延杰先生的一次闲谈中说起"天丝"项目，就是生产莱赛尔纤维，我们立刻兴奋起来。我跟李董事长讲我十年前做发改委主任时就去过北京，通过中国纺织协会与奥地利兰精公司洽谈合作，投资建设"天丝"纤维生产工厂。我对"天丝"纤维的生产工艺、建厂条件比较了解，从市场、人才到原料进口条件，从热、电配套到投资环境，说服李董事长应该邀请朋友回家乡投资，并在第一时间从投资团队拿到项目建设书。县委、县政府主要领导非常重视这个21世纪绿色纤维项目，亲自带队洽谈，开发区帮办团队跟踪服务，使项目快速落地，总投资过百亿，年产30万吨。莱赛尔纤维项目一期6万吨工程当年开工，当年投产。为做大做强纺织产业，实现全面转型升级，打造千亿级纺织产业基地，奠定了基础。

经过改革开放四十年的发展，全沛县工业实现了华丽蝶变，综合实力大幅提升，先后荣获“中国工业百强县”“综合实力百强县”“全国科技创新百强县”“国家知识产权强县工程示范县”称号，正在全力打造“淮海经济区最具竞争力的新型工业化基地”。工业兴则产业兴，产业兴则县域强，工业经济的发展，有力地推动了城市发展和乡村振兴，工业化是沛县发展的强引擎。

我与政协的不了情

王素真

时光荏苒，见证芳华。改革开放四十年，我与沛县人民政协结缘二十八年，见证了改革开放不断取得的新成就，也见证了沛县政协一步步发展的历程。

沛县政协于1980年筹备，1981年成立。1990年，我被推荐为政协委员，1993年换届当选为政协常委，1997年兼任政协副主席，2003年元月任政协文史委主任，兼任政协副主席，2005年任政协驻会副主席，一干前后就是六届。政协工作几乎占据我人生工作履历的三分之二，感情可谓深矣。在政协丰富了我的人生阅历，也促使我在沛县政协二十八年工作的脚步更加坚定。

在政协的长期工作中，我受到历届老领导的关怀，也得到了许许多多政协委员的支持，对政协有深厚的感情，这也促使我在工作中时刻保持着高度的责任感和使命感。如果要为这份使命与责任做一个最佳诠释，那就是：二十八年履职的生动实践，彰显了政协人心系沛县、情牵百姓的感人情怀。

1990年，我时任龙固镇副镇长，分管多种经营。对工作有热情有激情，每天带领相关工作人员，深入田间地头，走村串户，摸民情察民意，分管工作取得了一些成绩，得到了领导的赞赏，同时也被推荐成为一名政协委员。

政协委员的角色开始让我感觉很新鲜，但还没真正懂得身负的责任，只是有时参加一下例会，再就是跟随领导到基层考察和调研。但经过几次大型的政协会议之后，尤其是一些涉及民生民意的提案得到落实，看到人民群众得到了实惠，长期得不到解决的问题通过提案的办理，迅速得到解决，从群众开心的笑容和信任的眼神里，我感受到了政协委员的责任重大。《关于湖塘开发整治的建议》是我作为政协委员提出的一份比较满意的提案，当时的龙固滩涂地面比较多，再加上矿区塌陷地，造成淤积泥泞，养殖种植物产量偏低这一状况。我根据当时的具体情况，实地考察调研，向政协提交了《关于湖塘开发整治的建议》，采取挖塘抬田的办法，对湖塘进行整治。在得到领导的重视后，全镇成功推广，对废弃的湖塘重新开发。挖塘抬田共8000亩，其中鱼塘3000亩，抬田5000亩，全镇人均收入增加200元。此举得到省农业厅的充分肯定，全省农业现场会在龙固召开，当时分管农业的省委副书记许仲林出席并对挖塘抬田做法连连称赞。1993年至1998年，我当选为江苏省第八届人大代表。

1996年12月，我调任到监察局。1997年2月，政协第五届五次全体委员会议召开，会议通过了政协沛县五届五次会议选举办法，与会委员根据选举办法，增选我为政协沛县第五届委员会副主席。这时的我对政协工作有了更深入的了解，同时对前景充满了新的希望。

一份调研深入、思路清晰、建议可行的提案就是政协委员最好的履职报告。在政协工作期间，我带领委员在协商中献计献策，在监督中提供支持，“参”在前“谋”在先。在政治协商方面，根据不同情况，采取不同形式，对经济和社会发展战略进行重点协商，对人民群众关心的社会热点问题与有关部门进行对口协商。共完成调研视察课题多项，形成调查报告数篇。其中，对硬化城区多条小街小巷提出的关于居民道路铺设的建议、企业所有制结构调整的建议、关于小城镇建设的建议、关于加强私营企业党建工作的建议、健全发展个体经济激励机制的建议和意见，被县政府有关部门采纳并付诸实施。围绕沛县“十五”计划纲要，一些具有综合性、战略性和前瞻性重大问题的调研，取得重要成果。为全力配合我县发展规划，对县西部资源进行有效开发利用，政协组成三个调研组对沛县西部大沙河农村产业结构调整进行全面调查，提出了依托大沙河的自然资源和产业基础，建设苏北优质农产品加工出口贸易中心的建议；同年9月，调研六家私营企业，提出了对全县私营企业大户实行挂牌重点保护的建议。2002年7月，在听取县政府领导“三区两带”建设情况通报后，我带领常委们冒雨视察“三民”工程推进情况并提出可行性的建议。

政协人才荟萃，智力密集，是党政部门“寻计问策”的重要对象，也是政协组织发挥作用的重要优势所在。但所言是不是党政部门所需，关键在于能否抓住党政部门关心的问题，议得深、讲得透、有新意。我带领大家积极建言献策，定课题拉方案，紧紧围绕全县大力实施“新型工业化、农业产业化、推进城市化、经济国际化”四大战略，就加快民营企业发展、科技创新、发展职业教育和创大提优促新型农业快速发展等问题，带领相关政协委员深入调研，考察摸底，提出许多建设性意见和建议，共完成调研视察课题多达几十项，形成数十篇高质量调研报告。其中，《关于加快推进沛县城镇化进程的调研报告》《关于新型农业经营主体培育情况的调研报告》《关于赴滕州、兖州、沂水、邳州学习考察民营经济发展情况的报告》《关于加快电子商务发展情况的调研报告》《关于沛县旧村改造工作的调研报告》等调研报告有事实有分析，可操作性强，体现了人民政协围绕中心、服务大局的意识，体现了人民政协参政为公、议政为民的真诚愿望，不仅受到县委、县政府的重视，而且得到社会各界的好评和支持，收到良好效果。

经济工作是第一要务，项目建设是第一要事。在经济建设快速发展的当下，我县明确提出了紧紧围绕招商引资、做大做强项目建设的指导思想，要求全县广大干部群众要把思想统一到经济大发展上来。为了完成县委、县政府下达的政协机关2亿元招商引资任务，我紧跟政协主席指挥，带领政协机关干部职工迅速行动起来，在做好政协履职工作的同时，全身心地投入到招商引资工作中去。带领专委会主任邓益山、常委黄绍峰等赴苏州工业园、昆山政协考察联谊，介绍沛县的投资环境和优惠政策，请昆山政协和沛籍同乡帮助搜集投资信息，介绍投资商到沛县投资兴业。同时发动政协委员和机关干部职工利用电话等各种通信手段，与在发达地区工作、经商的亲朋好友进行联系，请他们帮助搜集投资信息，介绍投资商来沛投资。以商引商、以商引资，也是我们采取的一项有效举措。我们发动客商界的委员，向他们有投资意向、有经济实力的亲友介绍沛县优越的投资环境、本人在沛发展的成就和人脉关系，现身说法，鼓励他们来沛投资。对确有诚意投资的客商，责任到人，紧盯不放，搞好跟踪服务。徐州森磊农产品发展有限公司就是招引无锡客商朱森来沛投资的一个项目，为了使项目顺利落地开工，我带领吴允瑞、朱敦奎、常胜平、张建等，赴潢川华英集团进行考察学习。在考察过程中，潢川政协和华英集团给予了热情接待，对肉鸭繁育、养殖、加工等方面的技术给予详细介绍，并表示愿意在技术和业务方面加强合作，还赠送了有关技术资料。考察回来后，我们又积极帮他搞好项目审批、规划、征地、筹建工作，专门聘请政协常委、退居二线的农业局副局长常胜平（畜禽业专家）作为技术顾问，常年驻场指导。2005 年春，占地 2 万多平方米的标准种鸭饲养场舍全部建成竣工。3 月中旬，第一批 5 万只父母代樱桃谷种鸭进场养殖。接着，我们又亲自到省市有关部门，帮助申请国家专项扶持资金 660 万元，赶在种鸭产蛋前建成了标准孵化厂房，购置了 200 台孵化设备，并在 12 月产出了第一批商品苗鸭，市场供不应求。从 2006 年开始，规模不断扩大，逐步发展成为集养殖、孵化为一体的总投资达到 3000 多万元高科技农业项目，并以“一富带百富”惠及了百姓，带动了全县养殖业的快速发展。沛县汉邦景城小区建设也是我们招商引资来的一个项目，该项目占地 138.64 亩，总建筑面积 29 万平方米，计划投资 7.5 亿元，分三期开发。项目为高档园林级水景社区，拥有“一河三园”城市稀缺环境资源，在社区配套设施上，全城首创低碳节能体系，以创新品质引领科技居住风潮。这个项目能够顺利落地开工，我们付出了诸多的心血，但每当看到晨辉中或夕阳下进进出出的居民，看到小区里一派其乐融融的景象时，我由衷地感到高兴。

数届政协人，终生政协情。不知不觉中，二十八年的时光转瞬即逝。回首历程，心潮澎湃，感慨万千，从一名普通的政协委员，到六届连任政协副主席，这是我人生历程中不平凡的一段，更是我人生道路上浓墨重彩的一笔。洒下的汗水，让我迎来了收获的幸福，同时也见证了政协 1990 年以来的发展与壮大。二十八年来，县政协坚持与时俱进，开拓创新，不断改革，政协内部机构逐步完善，由原来的五个专委会发展到现在的六个专委会，并增设一个研究室，政协委员也由 1990 年的 149 人发展到现在的 345 人，各项工作稳步推进，并按照“懂政协、会协商、善议政”和“守纪律、讲规矩、重品行”的要求，深入开展创“五型”机关，做“六讲”委员活动。以“提高履职能力、提高工作质量、提高服务水平”为重点，深入推进“学习型、研究型、服务型、高效型、廉洁型”机关建设，不断提高协调服务水平。我相信，在新世纪新阶段，沛县人民政协事业必将迎来更加辉煌的未来，而我也将一如既往地通过政协这个舞台，为全县经济建设快速发展献计出力！

永远的丰碑

——亲历筹建沛县革命烈士陵园

贺 伟

2018年清明节，我再次来到了沛县革命烈士陵园，站在庄严肃穆的纪念碑前，心绪难平，陷入了沉思……

扩建陵园

鸳楼烈士陵园主要是为了纪念1941年抗日战争时期在张堤口战斗中牺牲的七十二位先烈。1941年1月22日凌晨，丰县日伪军和驻沛县龙固的日伪军计七百余人，汽车十五辆，坦克三辆，将我东进抗日讨顽的八路军115师教导四旅特务连合围于张堤口村。连长韩少营带领全连指战员，在当地群众支援下，奋勇抗击，打退日伪军多次进攻，毙敌一百余人。战至中午，终因寡不敌众，除两位战士成功突围外，其余七十二人全部壮烈牺牲。当年，乡亲们满含热泪将烈士们安葬在村南高地，收尸时战士们与敌人搏斗抓握着的手指掰都掰不开，有的紧抱敌人同归于尽，有的弹药耗尽后用石头砸、用大刀劈、拳打口咬，有的嘴里还咬着日伪军的半个耳朵，手榴弹上沾满了脑浆……英勇悲壮，气贯长虹，场面极为壮烈。

为了纪念在张堤口战斗中献身的八路军指战员，1965年，原黄河支队警卫营排长胡玉岭同志，身抱残疾，仗义执言，为牺牲的老战友立碑奔走呼号。在这位湖西老人的提议下，1967年8月，沛县革命委员会划地4.5亩，修建了鸳楼烈士陵园，为七十二名先烈修建了公墓。1996年被徐州市政府命名为“徐州市爱国主义教育基地”。

随着时间的推移，陵园规模小，档次低，陈展内容少，布局不太合理，原有建筑早已破旧不堪，无论从规模上还是在规划设计上都大大落后于时代需要，已不能适应凭吊、拜谒者的需求，亟须重建改善。同时响应国家号召，实施“慰烈工程”，将散葬在全县田间、地头、路旁的烈士统一迁移到烈士陵园进行集中安葬，着力改善以往烈士墓散葬凌乱的状况，以此来“告慰烈士英灵，安慰烈士亲属，教育革命后代”。2008 年底，县委、县政府决定扩建鸳楼烈士陵园，将其纳入 2009 年为民办实事项目，列为沛县当年重点工程。

陵园扩建时，我任县政府副县长，被县委、县政府指派具体负责该项目。县委、县政府当时提出把打造市级甚至更高级别的爱国主义教育基地、党员教育基地作为沛县革命烈士陵园的基本定位，更加突出陵园的教育功能，真正把陵园建设成为缅怀先烈、忆苦思甜、鼓舞干劲的重要平台。接到任务后，根据县委、县政府对陵园建设的定位和要求，我们围绕如何丰富陵园内涵、提升陵园承载能力进行了认真思考和讨论。我和县民政局、县党史工委、县志办、鹿楼镇等单位的负责同志，梳理关键环节，商讨实施方案。我们聘请了清华大学设计团队进行规划设计，很快拿出了建议方案。2009 年初，县委常委会通过了我们的扩建方案，并拨专款 600 余万元用于建设，要求我们全力以赴，抓好落实。

陵园建设

2009 年 8 月，县委、县政府正式启动扩建鸳楼烈士陵园工程。扩建陵园工作得到了县内外各方面老领导、老革命、老干部的全力支持和全县广大干部群众的积极响应。鹿楼镇专门召开了鸳楼烈士陵园扩建工作动员会，时任党委书记王伟亲自做了安排部署。但也有少数群众不理解、不支持，刚开始建设时，当地个别村民还有些抵触情绪。王伟书记亲自在现场做群众的工作，最后说道：“大伙想想，如果没有他们，我们有今天现在的幸福生活吗?”他说完后，村民自发默默地离开现场，第二天按时顺利开工。陵园建设过程中，县委、县政府十分关心，县委书记冯其谱多次听取工程进展情况汇报，多次亲临建设现场，指导督促工程建设，对发现的问题提出具体整改要求。记得有一次，冯其谱书记在现场看到碑面大理石的色差太大，要求重新贴挂，施工方换了三次才符合要求。我们经常到现场查看，并及时研究解决工程建设过程中出现的新情况新问题，确保工程按照时间节点，保证质量加以推进。县民政部门成立了主要领导牵头的专门工作班子，分管领导带领相关股室的负责同志常驻工地，加强质量监督，加快建设进度，力争尽快建成投入使用。

2010年4月，经过大家的共同努力，鸳楼烈士陵园扩建竣工，更名为沛县革命烈士陵园。陵园占地14.5亩，正门园名“沛县革命烈士陵园”由前国防部部长迟浩田上将亲笔题写，木制挖刻棕底描金。陵园正门两旁有两间乳白色的门卫房，门卫房两侧松柏掩映。进入正门，是一条宽25米、长60米的青石坡道，直通巍峨的烈士纪念碑，中间一条石阶道将坡道分开，坡道两侧是一米多高的青石护栏，青灰色的大理石纪念碑高16.1米、宽11.5米，碑基座离地平面4.1米，碑文正面镌刻着中国人民解放军原国防大学校长朱敦法上将亲笔题写的“沛县革命烈士纪念碑”九个镏金大字，碑身背面镌刻着沛县县委、县政府碑文，略述了革命先烈功绩及扩建陵园情况。纪念碑的正后方是用金黄色大理石镶嵌的圆顶形的七十二烈士墓，安葬着七十二位烈士。顺石阶而下，迎面是青石浮雕和“著名战斗”“革命英烈”两个展厅，向后人昭示着先烈们的光辉事迹。浮雕展现的是革命先烈英勇杀敌的战斗场景。浮雕的背面是英雄谱，镌刻着沛县籍革命烈士名单，构成了一堵英烈墙。纪念碑的东西两侧和浮雕的后面是一片墓园，安葬着沛县革命先烈的忠骨英魂。其中孟昭珮烈士墓位于纪念碑的东侧，孟昭珮是沛县第一个党支部的首任书记，1927年加入中国共产党，从事革命活动。1932年6月在一次任务中不幸被捕，英勇就义，时年三十岁。如今，整个陵园松柏掩映，鲜花绿树，庄严肃穆。

将军题词

园名、碑名是陵园的门面，代表着陵园的规格，由谁为陵园和纪念碑题名成为陵园建设过程中要解决的重要问题。经县委、县政府研究后，确定由沛县籍上将、国防大学原校长朱敦法题写纪念碑名，陵园名争取由更高级别的军界领导题写。纪念碑题名较为顺利。沛县人民政府原副县长朱广海和朱敦法老将军很熟，朱县长不辞辛苦带着我和民政局的欧正海局长南下广州，拜访了朱敦法将军。我们来到老将军的家，看到老将军鹤发白眉，身体硬朗，对我们一行来访很是高兴。其间，老将军不断询问家乡的事、家乡的人。年逾八旬的长者，思维敏捷，精神矍铄。听闻家乡扩建烈士陵园，老将军怀着对家乡的热爱之情，欣然题写了碑名，并设宴款待了我们。席间给我们讲了很多他小时候的趣事和他经历的大事，我们也听得津津有味，不知不觉两个多小时过去了，以至于他的警卫员多次提醒他该休息啦，他还一直在讲，并说有机会一定回家乡看看。老将军平易近人、和蔼可亲，给我们留下了深刻印象。园名题写一路艰辛，一波三折。我带领有关人员多次到首都北京，通过各个方面的人脉资源寻找关系，最终通过北京走进崇高研究院的贺茂之院长（解放军装备指挥技术学院原副院长、少将）找到已经退休的中共中央政治局原委员、中央军委原副主席兼国防部部长、上将迟浩田，老将军听完来意后，也很高兴地为陵园题写了园名。这充分体现了两位老领导对陵园的关心和重视，也为陵园增加了厚重，增添了光彩。

陵园建设时，我县共有将军级别的领导六人，分别为国防大学原校长、上将朱敦法，原南京军区后勤部部长、少将王传武，原南京军区联勤部副政委、少将耿广义，中国工程院院士、少将张涵信，原经济军事学院副院长、少将赵洪昌，解放军报社总编辑、少将孙临平。为诚邀六位将军为陵园题词，我带领有关人员北上南下，分别向他们当面汇报我县经济社会发展情况，特别是陵园建设的有关情况，邀请他们回家乡走一走、看一看、指导工作，并以县委、县政府的名义邀请他们为陵园题词。几位将军全部欣然同意为陵园题词，题词陈列在陵园展厅内展出。工程院院士张涵信将军让我尤为感动。当时，我去拜访张涵信将军，请他为陵园题词。我到他家时才知道，他的身体正处于偏瘫康复期，右侧肢体活动受限。听说要为家乡革命烈士陵园题词，张涵信将军很兴奋，他不顾病痛的折磨，一气和我谈了一个多小时，很兴奋地问了很多问题，特别关注家乡的变化，并答应一定好好练习，尽早恢复，尽快题词。让我们没想到的是二十多天题词就寄了回来，还附了一封感谢信，真让我们感动。赵洪昌将军还特意自己创作了一副挽联：“日月行天忠魂芳留百世，江河流地英雄功存千秋。”挽联悬挂于东展厅门两侧。

迁移安葬

七十二烈士遗骨迁移是扩建陵园非常重要的工作之一。七十二烈士墓规划在陵园的中心位置。在陵园刚开始扩建的时候，先在规划好的位置建好新墓穴，然后由民政局专门成立一个迁坟队，为了防止意外和遗漏，由熟悉情况的张悍华老人带领迁坟队的同志们，用了近五个小时的时间，才把七十二烈士的遗骨取出，非常郑重认真地把烈士的忠骨迁移到新建好的墓穴中，仔细加以保护起来。同时积极主动开展散葬烈士墓迁移工作。这项工作看似简单，却很复杂。据统计，目前沛县在册革命烈士共1610名，且不说有的无名、无坟、无碑，难辨难寻，就说调查摸底、迁坟动土、集中安葬等工作，涉及的环节就很多，具体情况更是千差万别，有些还十分敏感，稍有不慎，就有可能引起负面影响。为确保迁葬工作顺利、优质、高效实施，让烈士家属满意，社会各界认可，县民政局成立专门队伍，冒着酷暑，进村入户，对全县所有的散葬烈士墓进行核实，摸清零散烈士墓的数量、分布状况、管理现状及迁葬条件等基本情况，并一一记录造册。经几个月的摸查统计，全县境内计有散葬烈士762名，其中抗日战争期间牺牲579名，解放战争期间牺牲121名，中华人民共和国成立后牺牲62名。民政局依据《散葬烈士墓迁葬工作方案》，认真细致地开展散葬烈士的集中安葬活动，工作人员注重人文关怀，体谅烈士亲属的心理感受，逐一与烈士亲属签订了迁葬协议，并严格按照迁墓习俗，把握好烈士墓动土迁移中的每一个细节，确保了烈士墓迁移工作的顺利推进。2010年10月底，散葬烈士墓搬迁工作全部结束。762名散葬烈士在陵园内集中安葬的有744名，另外18座烈士墓根据烈士遗属意愿，就地进行了整修。至今仍记得，革命烈士相兴法之女相秀真送父遗骨时，自带两班喇叭送葬，八辆轿车，家属亲朋好友一百多人送行，在场群众上千人，极为壮观。灵柩登穴入土时，烈士女儿悲痛万分，致悼词说："爸爸，您好！您为革命，您献出了宝贵的生命，党和人民没有忘记您，在此建立了雄伟的陵园，您老人家安息吧！"

开园典礼

2010 年 7 月 1 日，县委、县政府隆重举行了沛县革命烈士陵园开园典礼暨党员教育基地挂牌仪式，县四套班子领导、各镇及各部委办局主要负责人共二百余人参加了仪式，整个活动一直都在瓢泼大雨中进行。徐州军分区副司令员魏文出席仪式，并和时任县委副书记、县长冯兴振代表全体人员向革命烈士纪念碑敬献花圈，冯兴振为沛县党员教育基地揭牌，时任县委常委、宣传部部长胡成彪带领参加仪式的全体共产党员重温入党誓词。

冯兴振在讲话中说，沛县革命烈士陵园的落成是沛县德育和精神文明建设的一件大事，为教育干部群众和子孙后代继承先烈遗志、弘扬革命传统提供了良好载体，开辟了爱国主义、集体主义等德育教育的新阵地，必将成为弘扬革命传统的重要场所，必将成为精神文明建设的重要基地，必将激发全县人民学习先烈精神，继承先烈遗志，奋勇争先、顽强拼搏的斗志和热情。他要求，全县广大党员要继承和发扬革命先烈坚韧不拔、英勇不屈的革命精神，前仆后继、不怕牺牲的进取精神，不求索取、一心为民的奉献精神，坚定信心，乘势而上，努力把沛县的明天建设得更加美好，为奋力实现苏北率先，全面建设美好沛县做出新的更大的贡献。

随后，全体人员向革命烈士纪念碑三鞠躬，然后步入展厅了解了沛县革命斗争史，并瞻仰了革命烈士的丰功伟绩。当时一宣布典礼开始，鸣炮奏乐，现场就大雨滂沱，电闪雷鸣，仿佛上天在为逝去的先烈们悲恸号啕，感天动地！参加典礼的干部群众任由大雨淋透了全身，没有任何怨言，完全融入庄严肃穆的气氛当中。

呵护凭吊

在筹建沛县革命烈士陵园时，我结识了一位老人，他叫张悍华，沛县鹿楼镇高彭庄人，今年八十八岁高龄。1995 年以来，他主动义务作为鸳楼烈士陵园管理员，承担着陵园的守护责任，沛县革命烈士陵园建成开园后，一直坚持守护陵园，至今已有二十三年。

守护陵园二十三年来，张悍华精心呵护着陵园里的一草一木。

最初，陵园里面除种植了一些松柏外，大片土地闲置，杂草丛生。张悍华主动承担起了陵园的绿化工作，清除杂草、垃圾，开荒种植花木。由于陵园地势低洼，每年雨季，烈士陵园内常常有大量积水，园内的许多花草植被会遭到破坏，每次遇到这种情况，张悍华总是自掏腰包花钱买来苗木补上。房屋砖瓦毁坏了，他就从自家搬来梯子，然后慢慢爬上屋顶，仔细检查修补。2009 年 8 月，沛县革命烈士陵园建设以来，张悍华老人每日在工地上奔波，几乎参与了其中大大小小的工作，我们看到的他总是满头汗水、满脸欣慰。最让人感动的是老人不顾八十多岁高龄，自告奋勇全程参与了七十二烈士遗骨的迁移工作。当烈士墓打开墓顶后，他下到墓穴里，亲自把七十二烈士的遗骨取出，生怕落下遗骨，他口中念道，我帮助移过一回，我最熟悉情况。为此还累得大病一场。

2010 年 7 月 1 日上午，在沛县革命烈士陵园开园典礼前，县委副书记、县长冯兴振专门走到张悍华老人跟前，紧紧握住他的双手，感谢他十五年如一日默默守护革命烈士陵园，并要求新闻部门大力宣传老人高尚的爱国主义情怀和无私奉献精神……

张悍华老人说，七十多年前，他目睹了发生在张堤口村那场激烈、残酷的战斗场面，在他心里刻下了深深的烙印。他和大人们去掩埋烈士忠骨的时候，看到牺牲的烈士，年龄大多十八九岁。那些鲜活的生命，如果活到后来，活到现在呢？张悍华不止一次这样对我说，可他们为革命牺牲了。就是这样，凭着对先烈们独特的感情，几十年来一直默默无闻地义务守护着烈士墓，并为前来瞻仰烈士陵园的社会各界人士义务讲解，讲张堤口战斗，讲烈士们的英勇事迹，最多一天讲解达十四场。2012 年 1 月，张悍华入选“中国好人榜”，其事迹在全国广为传播。张悍华以自己的实际行动为我们树立了爱国拥军的榜样，值得全社会学习和尊重。

“已经七十年啦，他们静悄悄地躺在这里。我这辈子时间不多了，得抓紧时间寻访烈士的姓名和家乡，给烈士们一个交代。”张悍华老人不止一次地这样说。是的，祖国没有忘记英雄们！人民没有忘记英雄们！相关部门的同志走访了全国很多地方，查阅了大量资料。根据相关文献资料记载，这支部队由原黄河支队第二团与丰县、沛县、鱼台、藤县、铜山五县游击大队组成。1942 年 12 月，与湖西军区合编为冀鲁豫军区第六军分区，原番号撤销。不过在徐州党史办了解到，七十二烈士中除了连长韩少营有名字外，还有一位司务长叫贾瑞福。是的，为了寻找烈士姓名，很多同志也一直在默默自发地努力着。沛县大屯煤电公司孔庄矿通风科退休工人王金让老人（现住在鹿楼镇鸳楼村），原在24军工兵营一连服役。退休十余年来，一直在为1941年1月22日在沛县张堤口战斗牺牲的七十二位烈士寻找姓名、籍贯、事迹，好让烈士的家人知道自己亲人的安葬地，让后人受到教育。功夫不负有心人，经过十几年的努力，终于找到了一位叫李景胜的烈士。李景胜为山东郓城县李集镇张庄村人，从小立志报国，誓将日本鬼子赶出中国。在部队扩编时，跟随抗日义士李建忠组成的一个连奔赴抗日战场。李景胜后来又被编入八路军115师教导四旅特务连。后来联系上了他的侄子，了解到他们家庭享受着烈士待遇。他的侄子得知伯父安葬在沛县革命烈士陵园后感到非常欣慰，并说一定去拜祭。

一个没有英雄的民族不会是一个伟大的民族，一个不尊重英雄的民族也不会是一个伟大的民族。沛县革命烈士陵园扩建开园以来，每年清明节、建党节、建军节、国庆节等重要时间节点，都有数以万计的学生、党员干部、烈士亲属等分期分批前往瞻仰、凭吊，或向先烈敬上花篮，或重温入党誓词，或接受历史洗礼。2011年3月11日，国家民政部部长李立国来沛县视察零散烈士纪念设施建设管理保护工作，并向沛县革命烈士纪念碑敬献花篮。李立国拉着张悍华老人的手，饱含深情地说："老人家，敬佩您啊！"李立国叮嘱随行的省市县领导要好好保护和管理，充分发挥革命传统教育基地作用；要继承和发扬老一辈的革命精神，想方设法改善人民生活，让人民共享改革发展成果。一位沛籍老领导来到陵园动情地说："看到陵园，就有一种无限的敬仰和无限敬畏。烈士们抛头颅、洒热血换来我们今天的幸福生活，我们能忘记吗?!"

县委、县政府扩建沛县革命烈士陵园主要目的是缅怀先烈、教育后人。作为沛县革命烈士陵园建设的直接参与者和见证人，回顾这一段经历，心情难以平静，也让我倍感荣幸和光荣。一位伟人说过："评判一个国家的品格，不仅要看她培养了什么样的人民，还要看她所培养的人民向什么样的人致敬，对什么样的人追怀。"这些先烈们在干革命时，没有想到让后人记住他们。他们付出了宝贵的生命，换来我们今天的幸福生活。当我们享受胜利果实的时候，不要忘记我们的先烈们。要永远记住他们！

见证沛县中学“九连冠”

李令军　李丕超

1992年的1月18日至2月21日，改革开放的总设计师邓小平的南方谈话，似一股巨大的洪流席卷全国，渗透于各行各业各个角落。作为沛县教育“龙头”和“窗口”的江苏省沛县中学（简称“沛县中学”或“沛中”），更是顺应时代发展，立身潮头，发挥其引领作用，为全县树立起“标杆”，把全县教育工作推向纵深。其中最为突出的就是自1995年至2003年的高考“九连冠”（高考本科上线人数居全市重点中学第一位）。如此瞩目的成绩，使得当时的沛中产生了轰动效应，在全市乃至全省和周边地区掀起一股沛中热，一时间，来学校参观交流学习者络绎不绝，有的干脆把沛中领导请过去现身说法，做经验推广……作为百年老校（始建于1923年）的沛中雄风大振，再现了昔日辉煌！

见其果必究其因。短短的十几年间，沛中取得了如此辉煌的成就，究竟靠的什么呢？其间，我有幸在办公室工作，目睹并参与了学校的各项工作，见证了从低谷走向高峰的历程。

1980年9月，孙伯英同志走马上任，开始了他的二十年校长生涯。那年他四十岁，这是他人生中的成熟期，也是收获季，是他埋头苦干，拼命大干，实干巧干，带领一班人把沛中从低谷推向高峰，从困境走向辉煌。

孙校长上任伊始，围绕邓小平同志提出的“三个面向”（“教育要面向现代化、面向世界、面向未来”）培养“四有新人”（有理想、有道德、有文化、有纪律）的核心教育理论，全面推进学校工作。经县委、县政府前后五次会议研究决定，由于原校舍为省文物保护单位，不可毁掉重建，确定在新城区兴建高中部，初步规划为八轨制二十四个高中班，计划投资400万元左右，于1986年5月30日破土动工，五年完成。同时，因老校舍破旧，多年失修，多为危房，县政府又多次拨款达 78000 余元，把几十个教室修缮一新。又通过校办工厂、出租门面房、办高考补习班等方式自筹资金，筹建了实验室，配备了相应的仪器仪表，建立了图书室，购买了大量的教学设施设备，添置了大量的图书等。各项设施、设备满足了教育教学的需求，使得学校各项工作开始走向正轨。

1986 年 11 月，第一栋教学楼竣工，随之建成了相配套的教学与生活设施。1987 年 9 月，高二年级搬进新校址上课。新校工作由甄兆民副校长分管。其后，一边施工建设，一边陆续搬迁。至 1991 年 8 月，新校主体工程全部竣工。先后建成了教学楼三栋、实验楼一栋、学生宿舍楼一栋、食堂楼一栋，以及与教育教学相配套的基础设施。

1991 年 9 月，高、初中开始分设。初中部留在原址，独立为“沛县初级中学”；高中部搬至新校（正阳南路 34 号），沿用原校名。

沛县中学新校在建筑设计上注重了古典与现代建筑的有机结合，并融入了地域文化特点。核心建筑为三栋古典式教学楼——依次为揽月楼、折桂楼和撷秀楼，自西向东“一”字排开，雕梁画栋，飞檐斗拱，空间广阔，煞是壮观！实验楼、宿舍楼、食堂楼则采用西式建筑，简单而明快，整洁而清爽。所有设施错落有致，布局合理，全部建筑显得各具特色又浑然一体，实现了教育性、实用性和人文性的高度统一。

在配套设施建设上，新校兴建了四百米标准跑道的大型操场、四个高标准的篮球场、两个排球场，配备了可供体育教学、比赛和运动会所必需的体育器材。学校还投入 100 余万元，新建了国家规定标准的物理、化学、生物、劳动技术实验室和仪器室。相继配备了图书室、阅览室、阶梯教室、电化教室和多媒体教室等现代教学设施。

至 1997 年，沛县中学相继新扩土地 34 亩（包括原职业中学和操场东新征土地），总占地 95.1 亩。加上 1992 年建成的一栋高标准餐厅和 1998 年建成的一栋女生宿舍楼，学校建筑总面积达 18000 平方米，总投资 500 多万元。

在努力抓好硬件建设的同时，孙校长下大功夫着力打造一支结构合理、专业性强、能吃苦肯奉献的干部队伍、教师队伍和后勤队伍。在干部的培养和任用上，一改过去论资排辈的传统做法，采取能者上、平者让、庸者下的方略，并考虑到老中青合理搭配的方式，结合组织考查，先后选任了甄兆民、王书堂、张士珍任副校长，分管教学、政教和后勤工作，高、初中分校后又大胆起用青年干部李静同志担任副校长，主抓政教工作。几位副校长各司其职，各显其能，尽心尽责，把各自的一块抓得有声有色，卓有成效。

教师是学校的中坚力量，是整个学校队伍的主体，建设一支道德高尚、专家型、学者型、勇于拼搏乐于奉献的教师队伍是学校一贯的追求。为了使这支队伍长盛不衰，不断补充新鲜血液，由孙校长牵头，甄兆民副校长主抓，大力开展了“青蓝工程”，包括“结对子”，让师德高尚、业务精良的老教师与青年教师结成师徒对子，实行一对一传帮带；“搭台子”，创造条件让青年教师参加各种教学公开活动，通过这些平台展示他们的才华，锻炼能力；“压担子”，敢于起用青年教师“挑大梁”，让他们在重托下前行，带着“压力”工作，以锻炼其抗压能力，加速成长的进程；“铺路子”，学校拿出专项资金，支持青年教师外出学习、交流和深造。一系列措施的实施，使得一大批青年教师迅速成长起来。同时，学校也在实施“名师工程”，为骨干教师创造条件，搭建平台，为他们出书、学术研究、开设高级别公开课、外出考察交流等提供条件，让骨干成名师，名师更有名，达到名师托名校的效果。值得称道的是，孙校长还千方百计不遗余力地从外地“挖”来了刘升灿、傅道华、梁乃新、王训田、朱邦兆等名师，为学校教师的队伍优化组合锦上添花。孙校长逢人便说：“有了这帮实力干将，我们不怕任何的压力，敢于迎接任何的挑战！”

事业靠纪律，纪律体现于制度。制度即规矩，无规矩不成方圆。沛中历来重视制度建设，做到一切工作有章可依，有规可循。制度出台，即为定规，制度面前，人人平等，任何人不得超越制度之上。随着时代的发展，学校各项制度不断更新，日臻完善。而进入20世纪90年代之后，随着改革开放的不断深入，打破“大锅饭”、敲碎“铁饭碗”的提法越发响亮，引进竞争与激励机制，已成为人们的共识。

在各项制度建设中，重点推行的是岗位责任制。孙校长带领大家周密思考，全面细化，反复讨论研究，制定了《沛县中学岗位责任制》，总制度之下再细分，各部门根据自身功能制定各自的岗位职责；而且制度细化到个人，对各部门的每位同志，均根据所在岗位的特点和要求，制定明确的岗位职责。制度一经制定，立即遵照执行，并且严格检查，违者必究。

为了提醒大家有效遵守，所有制度、职责均成文上墙，悬挂于醒目位置，作为“座右铭”，随时警醒。

孙校长自上任到高、初中分校的十几年间，和他的团队一直在两条线上作战，一头是新校建设，一头是教学工作，建校、教学一起抓，南跑北奔两头忙。在教职工的大小会议上，他常说的一句话是：“建校教学两手抓，两手都要硬，绝不能顾此失彼。”1986年，学校实验仪器室及其管理工作，被评为徐州市第一名。高考，四个毕业班录取本科81名，大专56名，录取总人数及录取率均在全市重点中学中名列前茅，这算是小试牛刀，也使得沛中人信心大增。

但是，老虎也有打盹时，毕竟两副担子还是太重了点，对大家的力量还是分散了些，使得教学成绩时好时差，波浪式起伏前进着。在1991年分校前，高考成绩一度落入低谷。虽然有胡明沛、李居然两位同学分别考上了清华、北大，但全校高考本科上线人数只有区区47名。这是一次重大打击，一时间，全县上下一片哗然。全校大部分教职工也都蒙了。那段时间里，大家形象尽毁，都不好意思出门上街，羞于见人，特别是在一些重要场合，当别人问起学校今年的高考情况时，大家都难以启齿。

知耻而后勇。在所有教职工中，孙校长是最清醒的一位。他知道问题的症结所在，一番深思熟虑后，也找到了解决问题的办法。他知道，当务之急是让大家走出阴影，重拾信心，再展宏图。在分校工作完成后，在他的新办公室召开了“诸葛亮会”——校领导班子扩大会，他首先为大家卸包袱，这是一次成功的会议，大家踊跃发言，集思广益，最后整合会议精神，达成共识，确立近期目标：一年盘底，两年爬坡，三年走出低谷。

说干就干，绝不含糊。

领导班子身先士卒，率先垂范。学校一班人也立即行动起来，结合外地经验和自身特点制定了各项评比、竞赛制度，在学校各部门红红火火开展起来。在德育领域，开展的是“三八工程”：制定八项措施，实施八项检查，进行八项评比。在教学领域，坚持“教学五认真”的前提下，广泛开展“四杯”“两评比”活动。“四杯”为“育人杯”班级赛、“烛光杯”备课赛、“园丁杯”一堂好课赛、“创新杯”教研教改赛；“两评比”为评选学科优秀教师和青年教学能手，评比优秀教研组和教研组长。一石激起千层浪，此类机制的引入让教师们认识到新时代的来临，躺在成绩簿上睡大觉的时代已经过去，不去参与改革，不去创新，就会落伍，为时代所淘汰，从而在全校掀起了一股你追我赶、争先创优、千方百计提高质量的热潮。

在学生中实施学生干部轮岗制，学校确定校学生会、团干部和各班班委会若干岗位，确定竞选资格和任职期限（一般为一年），并颁发实施细则，然后实行竞选。整个竞选过程包括学生自荐、他人推荐、竞职演说、民主选举和公示上岗。方案公布之初，同学们踊跃报名，积极参与，公平竞争，参与竞选者充分展示了自己的能力，选举者为自己认定的人选投上神圣的一票，有做一回主人的感觉。此项活动，一改过去任命制的沉闷压抑气氛，激活了学生的参与意识、民主意识和竞争意识，并且提高了能力，增长了才干，为今后走向社会奠定了基础。

在全体教职工中实施结构工资制。在多劳多得的基础上实施优劳优酬的分配原则，首先在教职工中定岗定量，在个人基本工资不变的前提下，对超过工作量的同志给予工资适当上浮，而对于成绩突出者给予适当奖励工资，对于为学校做出特别贡献者，比如所教学生在国家举行的大型竞赛中获得大奖，所教班级成绩特别突出、在全市名列前茅者，则予以重奖。

虽然通过物质方面的刺激激活了学校全盘工作，但孙校长仍然强调精神层面的巨大推动作用，也就是他一贯强调的拼搏与奉献精神。

不久，省里下发通知，所有重点中学都要通过检查验收，验收不合格者摘掉重点中学的帽子。沛中的验收时间定于1993年10月。时间紧迫，头绪繁多，短短两年时间内完成几十条验收标准，殊非易事。为此，沛中又连续召开各级会议，宣传发动，分析研究，然后分工布置，限期完成。

大家真的拼了。

孙校长一如既往地上下班，听课，督察，调研，与教师探究教法，与学生探讨学法，召开不同层次的座谈会，听取师生的呼声，发现问题，及时纠正。榜样的力量是无穷的，自觉的行动就是无声的召唤。

分管教学的甄兆民副校长和教师打成一片，不管再忙，他都亲自代课，按他的话说，“春江水暖鸭先知”，管教学的领导必须代课，才能掌握到教学的动向，避免瞎指挥。认真踏实是他的一贯作风，他是大家公认的实干家。正是在他的带领和指导下，沛中的教学才一步一个台阶，完成了盘底、爬坡，走向高峰。分管政教的李静副校长被大家称为“拼命三郎”，他仗着自己年轻力壮，精力旺盛，属于工作起来不要命的那种。在他的带领下，组成了以政教处、团委为核心，以班主任、团委会、学生会为主体的德育队伍，对学生进行全方位管理。他精心编制的《沛县中学学生一日常规歌》，深入浅出，通俗流畅，易学易记，成为每位同学的座右铭。分管总务后勤的张士珍副校长精明强干，“办法总比困难多，缩回的拳头有力量”是他挂在嘴边的一句话。他一贯主张根据学校的特定环境，后勤服务要和育人结合起来，做到服务、育人双管齐下。校领导如此兢兢业业，埋头苦干，教职工自然不甘落后，全力以赴，奋战在自己的三尺讲堂，并奉献勇拼搏成为当时的主旋律。

数年辛苦没白忙，汗水带来丰收果。在誓师大会后的几百个日日夜夜里，沛中就像一匹快马，风雨兼程地奔跑着。万众一心，众志成城，不断刷新着自己的历史。爬坡的第二年就有了明显起色，1992 年的高考，本科上线 61 人，比上年增长了 30%，算是跨了一大步。1993 年高考，谭立彦同学考入清华大学，全校本科上线 89 人，比上年增长了 46%，已经居全市重点中学前列，走出了低谷。骄人的战绩给全县人民带来了惊喜，也让兄弟学校刮目相看。沛中上下信心更强了，群情振奋，摩拳擦掌，向更高峰冲击！

高考成绩固然喜人，前景值得期待，但是，沛中人没有忘记，前进的道路上还横着一项考验——江苏省重点中学评估验收。大家放弃了暑假休息，加班加点，按照验收标准，健全各项制度，加快环境整饬，购置相关设备，强化校本培训，加强校园文化建设，突出办学特色，形成了男女老少齐上阵，全力以赴迎验收的创建氛围。当时，我在材料组，负责统揽全部验收材料。评估验收分三大块：看材料，听汇报，看现场做调查。学校工作成绩主要反映在材料上，看材料是当门炮，这一炮如果哑火，那可是致命的。因此，学校发出通知，每位同志都是材料员，要把所做的成绩充分反映在材料上，而且要无条件提供材料组所要的材料。大家深知这一点，当我们下发索要材料通知单后，都能按质按量按时提供。其中王福占老师的一份班主任工作经验总结竟然洋洋洒洒写了几千字，奋战几个昼夜方才完成。当时，大家加班是没有报酬的，每天也就发给十元钱，刚好够吃两顿便饭。炎夏酷暑，挥汗如雨，谁也没有抱怨。

成功总是青睐有准备的人，顺利通过评估验收是水到渠成的事。10

月，省专家组进驻校园，经过一周严格检查评估，一个多月后，信息反馈，沛中通过了评估验收！喜讯传来，大家欣喜若狂，奔走相告。

之后的沛中人没有在成绩面前停下脚步，而是乘势而进，继续攀登。除了继续内部挖潜之外，还采取了“请进来，派出去”的开门办学方针。他山之石，可以攻玉。学校不但外出参观交流，还邀请了一些教育专家来校讲学、开设专题讲座，对学校教育教学大有裨益，使沛中整体办学水平不断提升。

十年磨一剑，一朝试锋芒。接下来的沛中，便进入了收获季，各项工作均取得重大突破，重点反映在高考屡创佳绩。1994 年高考，路福清考入北京大学，本科上线 131 人，比上年增长了 47%，居全市重点中学第二位，并向全市第一吹响冲锋的号角。1995 年高考，李巨浩考入北京大学，韩兆兵考入清华大学，本科上线 156 人，比上年增长了 19%，跃升为全市重点中学第一位。

沛中考了全市第一的消息传来，一下轰动了全县，从城里到乡村，人们纷纷传诵着，分享着喜悦，赞扬着沛中。当年的高考总结会上，县四套班子主要领导到场祝贺，并鼓励沛中上下戒骄戒躁，百尺竿头，更进一步。会上，学校领导和教师代表纷纷表态，决不辜负全县人民的重托，扬长避短，再立新功。自 1996 年至 2003 年，学校高考成绩直线上升，本科上线人数每年均居徐州市重点中学首位，加上 1995 年，创下了“九连冠”的佳绩，且先后有 16 位同学被清华、北大录取。2000 年，世纪之交，有四位同学——滕飞、吴焱、侯群、高立虎考入北大、清华，创下了沛中考入两校的纪录。2002 年高考首次突破千人大关，2003 年本科上线 1126 人，又创下一项历史纪录。如此辉煌的成绩，是沛中八十多年办学史上出现的一个高峰，时任市教育局局长的赵立伯同志亲自来校祝贺，他伸出大拇指，称为奇迹。

沛中还充分发挥“全国武术之乡”的地区优势和学校优越的人才优势，大力开展了飞行学员早期培训。自 1989 年招飞工作开始，沛中就大力开展了此项工作的“选苗、促苗、保苗、育苗”工作，取得了突出成绩，引起国家空军部门的重点关注，终于在 1998 年 3 月的空军葫芦岛会议上，沛中被确定为创建飞行学员早期培训基地。初次创建全国仅三所，沛中位列其一；次年创建二十所，江苏省仅沛中一所。创建之后，沛中投入了大量人力物力，对苗子班学员进行了科学训练，取得一项又一项佳绩，十年间共为空军输送了78名飞行学员，输送飞行学员总人数连续十年位列全省首位，学校先后十次被评为“江苏省招飞先进单位”，2002年获得中国人民解放军“空军飞行学员早期培训基地先进单位”的嘉奖。

十年间，沛中先后两次被评为江苏省文明单位。

以上所记为自己工作于沛中的所见所闻。这段经历，在沛中近百年的办学史上也只是其中一段，有低谷，也有高峰，有鲜花，也有泪水，而那一个个美丽瞬间是我终生难忘的。尤其是那一个个鲜活的人物，当他们再次浮现于眼前时，显得那么清晰，那么亲切。回想自己当年有幸和大家朝夕相处，为了一个共同目标——振兴沛中，以校为家，共同奋斗，顽强拼搏，积极奉献，是多么幸福，那些相处的分分秒秒，又是多么珍贵！

绘制城乡发展新蓝图

李法伟

我2010年11月到沛县规划局工作，2017年3月离开规划局到沛县政协，有六年多的时间从事城乡规划编制与管理工作，经历了我县一些重大项目规划方案的设计与审查。根据沛县经济社会事业发展形势的变化，对关系我县发展方向目标的《沛县城市总体规划》进行了几次修编，修编后的总体规划与时俱进地指导我县城乡建设得以顺利进行，一座现代化的滨湖城市正崛起在江苏北大门。回顾在规划局的经历，我深刻认识到：规划工作是城乡建设的龙头先导，科学和前瞻性规划能够起到引领城乡发展的作用，相反，规划的败笔将严重影响城市的品位和形象。

修编总体规划　引领城乡发展

为适应我县经济社会和城乡建设事业跨越发展的新形势，按照省政府关于做好新一轮城市总体规划修编的要求，我县2011年聘请北京清华规划设计研究院着手编制《沛县城市总体规划纲要（2011—2030）》，2012年2月完成了《沛县城市总体规划纲要（2011—2030）》的编制及论证工作。本次规划期限为2011—2030年。县域规划范围为沛县行政辖区。城市性质为：江苏省重要的新型能源工业基地，徐济之间最大中心城市，以汉文化和微山湖为特色的滨湖旅游名城。城市发展总目标：在规划期内实现转型跨越发展，综合经济实力迈入全国县域经济五十强，打造“滨湖之城、帝王之乡、绿色之都”，建设城乡一体、生态和谐、民生幸福的可持续人居家园。县域总人口和城镇化水平预测为：规划到2030年，县域总人口约131万人，城镇化水平达到75%，其中城镇人口约99万人，农业人口约

32 万人。县域城乡居民点规划形成“中心城区—镇—村庄”三级城乡居民点体系结构，将全县 1329 个自然村调整缩并为 13 个建制镇、100 个农村新型社区。

习近平总书记 2014 年 1 月在北京考察城市建设时指出：“城市规划在城市发展中起着重要引领作用，考察一个城市首先看规划，规划科学是最大的效益，规划失误是最大的浪费，规划折腾是最大的忌讳。”为落实习近平总书记讲话精神，适应我县城乡快速发展的新形势，我县 2015 年聘请北京清华同衡规划设计研究院对《沛县城市总体规划（2011—2030）》进行了修编，2016 年年初在完成《沛县城市总体规划（2016—2030）》编制、专家评审、社会公示、县人大审议的基础上，按照法定程序规划方案报送市人民政府审批。2017 年年初将总规文本上报徐州市规委会进行审查，3 月 7 日由徐州市人民政府予以批复。总体规划的实施将加速推进我县城乡规划、产业发展、基础设施、公共服务、就业社保、社会管理“六个一体化”进程。本次规划期限为 2016—2030 年。其中，近期为 2016—2020 年，远期为 2021—2030 年，规划远景为 2030 年以后。规划范围为沛县全部行政辖区，总面积约 1806 平方公里。城市性质为：江苏省重要的新型工业基地，徐州都市圈北翼中心城市，以汉文化和微山湖为特色的文化旅游名城。城市主要职能为：江苏省重要的新型能源、新型材料和高科技精细化工生产基地；徐州都市圈北翼中心城市，传统产业转型升级示范城市；苏鲁地区区域商贸物流集散地，现代服务业基地；以汉文化为代表的文化名城；以微山湖为特色的滨湖生态旅游城市。县域总人口和城镇化水平：近期 2020 年，县域总人口约 136 万人，城镇化水平达到 65%，城镇人口约 88 万人；远期 2030 年，县域总人口约 142 万人，城镇化水平达到 75%，城镇人口约 108 万人。中心城区人口规模：近期 2020 年，中心城区人口规模约 55 万人；远期 2030 年，中心城区人口规模约 68 万人。中心城区城市建设用地规模：近期 2020 年，中心城区城市建设用地控制在 63.3 平方公里以内，人均建设用地指标控制在 115 平方米以内；远期 2030 年，中心城区城市建设用地控制在 77.9 平方公里以内，人均建设用地指标控制在 115 平方米以内。

近年来，在《沛县城市总体规划》的指导下，沛县城乡建设进入快速发展期，围绕“北连西优东进南扩”的城市化发展战略，规划改造老城区，做优做美新城区，提升完善开发区，精心打造绿色城市、特色城镇、优美乡村，一座现代化的中等城市框架已经拉开，次级中心城市的地位初步确立，城市功能日益完善，品质日益提升，沛县对周边地区发展的辐射力、影响力显著增强。

规划中心城区　打造滨湖汉城

中心城区是一个地区、一个城市发展的关键支撑，也是一个地区、一个城市对外形象的重点展示区域。在2011年、2015年总体规划修编过程中，我多次与设计单位进行沟通协调，及时反馈规划方案中的不足与问题，科学编制中心城区规划，引领中心城区科学布局、有序建设。《沛县城市总体规划（2016—2030）》确定中心城区面积约124.4平方公里，中心城区范围北至屯北路（西）—杨屯镇界（东），南至孙洼南路，西至西环路，东至东部沛县界（北）—徐沛快速通道（南）。中心城区建设用地规模：近期到2020年，中心城区建设用地控制在63.3平方公里以内；远期到2030年，中心城区建设用地控制在77.9平方公里以内。中心城区发展方向为：南北相连，西优东进。中心城区总体布局为：形成“一心一轴两翼”的空间结构。“一心”是指中心城区的生态绿心沛公园。“一轴”是指中心城区南北向发展主轴，串联大屯片区、新城区和沛城片区的服务核心。“两翼”是指西翼传统产业发展轴和东翼运河生态产业发展轴。功能结构：形成四大片区和十大组团，包括沛城片区、大屯片区、新城区和开发区。沛城片区：包括老城组团和滨湖组团两个组团。老城组团规划居住人口17.8万人，用地规模约12.0平方公里；滨湖组团规划居住人口5.1万人，用地规模约3.0平方公里。大屯片区：包括大屯北组团、大屯南组团、高新技术产业组团和临港产业组团四个组团。大屯北组团规划居住人口5.2万人，用地规模7.5平方公里；大屯南组团规划居住人口12.3万人，用地规模7.9平方公里；高新技术产业组团规划用地规模1.6平方公里；临港产业组团规划用地规模3.5平方公里。新城区：包括一个新城组团，规划居住人口16.5万人，用地规模12.1平方公里。开发区：包括低碳冶金产业组团、战略性新兴产业组团、绿色食品产业组团三个组团。低碳冶金产业组团规模约6.0平方公里；战略性新兴产业组团规划人口

5.2万人，规模约14.5平方公里；绿色食品产业组团规划人口5.9万人，规模约9.8平方公里。

在中心城区规划的引领下，我和同事督促沛城、大屯、开发区、新城区做好规划法律法规和规划方案的实施工作，指导中心城区严格按照批准的规划进行建设，在项目建设过程中做好规划定点、测绘放线、地质勘探等技术服务工作，推动中心城区快速扩展、亮丽崛起。近年来中心城区规划建设发展的成就概况为“六个一”：1. 一批产业发展平台快速成长，产城整合度日益提升。坚持举全县之力建设开发区，着力构建“一区多园三中心”布局，推动资源、要素、项目向园区集中，沛县光伏科技产业园获批省级科技产业园，沛县科创园集聚带动力日渐增强，沛县经济开发区创建国家级开发区稳步推进；沛县高新技术产业园高点起步，润康医药产业园快速推进；杨屯沛北经济开发区产业集聚量质双提升，有望获批省级开发区；张庄、敬安、鹿楼、安国等八个镇级集聚区定位日渐明晰，全县“1+2+8”平台错位发展，特色发展格局逐步形成。2. 一批商贸设施投入使用，现代服务业日益繁荣。围绕大商贸大物流发展目标，近年来规划建设了城投国际广场、汉城国际商业步行街、汉城中路地下商业街、龙城国际广场、九龙城、雨润广场等商业服务设施，新、老城区商圈逐渐形成，促进了商贸流通业的快速发展；规划建设的领创国际广场、洲业汽车国际广场、淮海经济区智慧物流园正加速推进，物流业发展已初具规模。3. 一批重大交通项目相继实施，“双向开放”格局日益彰显。围绕构建大交通格局，改善对外交通不畅、城区道路狭窄及断头路多的现象，近年来规划建设了徐沛快速通道、东环路、西环路等对外交通道路，规划建设和规划改造了正阳北路、红光北路、樊哙路、东风路等城区道路，规划的大微路改造工程也将启动建设，通过一批道路工程的竣工通车，我县道路等级进一步提升，道路出行进一步通畅。随着徐沛快速通道的全面贯通，半小时从沛县直达徐州，我县将融入徐州半小时城市圈，真正成为徐州的后花园。4. 一批功能性项目相继完成，城市承载力日益增强。围绕改善政务办公环境，近年来规划建设了县行政中心、县政务中心、公安局、法院、检察院、县综合治理服务中心等一批行政办公场所，为方便百姓办事、改善办公环境、提升政务服务水平提供了良好的硬件设施，一个新的行政服务中心已经形成，沛县的影响辐射力日益攀升。围绕城市功能提升目标，近年来相继规划建设了新城客运站、沛县文化中心、新城人民医院、新城实验学校、树人小学扩建工程等一批功能性项目，汉源小学新建工程等一批功能性项目也将陆续启动建设。随着一大批功能性项目的建成使用，新、老城区的综合功能将得到大大提升，综合承载能力将得到大大增强。5. 一批民生项目及生态惠民工程加快推进，市民居住条件和城市生态环境日益改善。围绕改善民生环境，近年来加大了对棚户区的改造力度，启动棚户区改造170多万平方米，相继规划改造了中江国际双靛池地块、中央御景地块、盛世珑珽地块、中江国际新实小地块、歌风小学东地块等二十多个棚户区改造地块，李园地块、三里河地块、朗诗·熙悦府等棚户区改造地块和碧桂园凤凰公馆新建民生工程也正在规划实施，后续杨彭庄、汽车站等十八个棚户区地块也将实施改造；相继对明珠园小区、江南山水小区、鑫达园小区等十二个老旧小区进行了规划整治。通过改造整治，群众的居住生活环境得到大大改善，群众的幸福感、获得感得到明显提升。围绕生态环境改善目标，编制完成《沛县城市绿地系统规划》《新城区河道景观设计》，规划实施了正阳北路两侧、樊哙路两侧等一批道路绿化工程，东环路景观绿化工程正在实施，规划加速的沛城闸北侧游园及滨河公园景观工程也将启动实施，城市公园绿地十分钟服务圈建设成效初步凸显。6. 一个以汉城路为轴线的汉文化轴逐步形成，城市文化内涵日益提升。围绕文化旅游发展目标，近年来我县充分利用东临微山湖、西傍大沙河自然生态良好和“千古龙飞地、帝王将相乡”历史文化丰厚的特点，着力规划打造“一城好水、两汉源头”的生态园林、文化旅游城市新形象。相继规划建设了大风歌广场、沛公园、汉之源公园、千岛湿地、安国湖湿地、滨河公园二期、安国三诸侯广场等一批旅游设施，为游客探寻访古、休闲踏青提供了多处旅游好去处。以汉城、汉之源、滨河公园、大风歌广场、鸿鹄园、沛公园为串联，一个以汉城路为轴线的汉文化轴逐步形成。

编制镇村规划　服务乡村振兴

2010年11月担任规划部门负责人之后，在抓好中心城区规划建设的同时，我把工作重点放在如何统筹推进城乡一体化发展上来，把心思始终用在服务乡村振兴乡村上来，带领部门工作人员精心编制镇村规划，不断提升镇村规划编制水平，推动城乡一体化发展。围绕“生产发展、生活宽裕、乡风文明、村容整洁、管理民主”的目标要求，完成了龙固、敬安、张庄、安国、魏庙五个重点中心镇和朱寨、张寨、河口、鹿楼、朱寨、栖山、胡寨、五段等八个管理示范镇总体规划、控制性详细规划和镇区主要街道、重要节点的综合整治规划编制工作。目前五个中心镇、八个管理示范镇总体规划方案已分别通过市政府、县政府审批实施；完成全县一百个新型农村社区规划的编制工作，目前新型农村社区规划方案已经通过县政府审批实施；完成了杨屯写字楼、龙固卫生院、魏庙卫生院和省试点村沛城镇任庄村、潘阁村及胡寨镇草庙村、栖山镇胡楼村、朱寨镇马元村、张庄镇姚楼村等镇村重点项目的规划建设任务；规划建设了草庙、任庄万亩精品农业示范园、张寨万亩休闲农业观光园及朱寨、鹿楼、栖山万亩生态种养科技示范园等“一区九园”；为全县1329个村庄进行环境整治提供了规划技术指导服务。

强化规划管理　依法科学决策

城乡建设，重在管理；三分建设，七分管理。担任规划部门负责人以来，我牵头制定长效规划管理制度，切实做到依法管理、规范管理、科学管理，在维护规划权威性和严肃性的同时，推动城乡建设健康有序进行。建立科学决策机制，不断提高规划管理水平。建立并完善了公众参与、专家评审、政府决策“三位一体”的规划审批机制和规划方案的审查、公示制度，确保了规划的权威性和可操作性。实行规委会集体决策。2011年推动成立了由县主要领导为主任，各相关部门主要负责人为成员的沛县城市规划委员会，制定了《沛县城市规划委员会议事规则》，凡属城乡规划和建设中的重大问题，都由县城市规划委员会进行集体审议决策，最大限度地减少了规划决策的随意性和失误，保证了决策的科学性和民主性。实行专家组决策。充分尊重专家意见，聘请县内外知名专家成立了沛县城市规划建设专家组，在决策中，充分尊重专家组意见，充分发挥他们在城市规划建设决策方面提供的智力支撑作用。形成公众参与的规划监督机制。在规划编制过程中，将城市重点项目的规划面向社会公开展示，广泛征求市民意见，集思广益，保证了规划方案的科学性。为了增加规划工作透明度，规范规划行政审批行为，聘请人大代表、政协委员、服务对象、基层群众作为行风监督员纠正行业不正之风，通过他们的建言献策，把规划各项工作置于社会监督之下。

担任规划部门负责人的六年多时间，我亲历了我县城市建设的快速推进，看到了新城区的拔地而起，经历了老城区的亮丽蝶变，见证了开发区的产业繁荣，阅历了副城区的产城融合，觉察到了美丽乡村的全面振兴，感到能为我县城乡建设的发展尽一份力、做一份贡献，既是我的荣幸，也是我的责任。在新的岗位上，我将继续关注城乡规划工作，积极参与到我县重点工程的规划建设过程中去，推动我县城乡建设做到科学规划、有序建设、依法管理，为建设“大汉之源、刘邦故里、龙城水乡、生态沛县”和徐济之间现代化滨湖城市而尽心尽力、再做贡献。

沛县“三民”工程记

吕继明

2002年4月至2004年1月，沛县实施“三民”工程。

按照中央、省、市部署，2002年4月，沛县村级和镇各站所（即全国农村第二批）“三个代表”重要思想学习教育活动结束。

为把农村“三个代表”重要思想学习教育活动不断引向深入，进一步巩固和扩大学教成果，努力形成“让干部长期受到教育，使农民长期得到实惠”的机制，切实提高农业经济的市场竞争力、农村经济增长的长久支持力和农村经济社会发展的政治保障力，推动农村经济发展和社会全面进步，开创农业和农村工作的新局面，县委决定，在全县实施富民、强民、安民三项工程。同时决定，从2002年开始，利用三年左右的时间，分三批从县、镇机关政治觉悟高、思想素质好、年纪轻、文化高、有培养前途的干部中抽调一千名，组成“三民”工作队，深入农村第一线，帮助基层落实富民、强民、安民措施。

2002年4月11日，县委召开“全县农村第二批‘三个代表’重要思想学教活动表彰暨‘三民’工作队动员会议”，同时发布县委《关于选派“三民”工作队的实施意见》。县成立“三民”工作队领导小组，县委书记黄继鹏任组长；下设办公室，县委常委、组织部部长胡世明任主任，组织部副部长张玉车、县委办副主任吕继明任专职副主任。同时从县委组织部、县目标办等部门抽调二十多名工作人员，组成业务指导组、政工宣传组、考核督察组、后勤保障组，集中于县政府招待所后五楼，在办公室的直接领导下开展工作。

县委这一决策持续执行两年。2003年10月，邹徐文继任县委书记，原定于2004年的第三批“三民”工作队未再组织下派。

2002年度第一批“三民”工作队员计290人，于2002年4月11日分驻15个镇、45个行政村。2003年度第二批“三民”工作队员计298人，于2003年4月6日分驻15个镇、46个行政村。两年间，每镇每年各选择好、中、差不同类型三到四个行政村派驻工作组，时间一年。“三民”工作队初定的任务主要是狠抓“三个重点”，达到“三个确保”。“三个重点”是：第一，富民强村，大力发展农村生产力，实现全年农民人均纯收入增长5%以上的目标；第二，提高广大农民群众的科学文化素质和思想道德素质，大力发展先进文化，切实提高农村经济发展的长久支持力；第三，村级领导班子建设，巩固一类班子，提高二类班子，转化三类班子，使之成为维护农村稳定、带领群众致富的坚强战斗集体。“三个确保”是：第一，确保党的方针政策和县委、县政府的重大决策及工作部署在农村得到全面贯彻落实；第二，确保领导班子的创造力、凝聚力和战斗力进一步增强，使党群、干群关系进一步改善；第三，确保干部作风进一步转变，树立新时期干部的公仆形象。次年，按照中共十六大精神，县委把“三民”工程具体化为农业产业化、“两带”基础设施建设、劳动力资源开发、个私经济发展、农村信息网络、计生教育卫生合格村创建、现代农民教育、文明村镇创建、城镇社会保障、农村基层组织服务体系配套“十项重点工程”。5月21日，在张寨镇付庙村召开村级服务体系建设现场会，着力推进以农村基层组织、生产经营、科教文卫、社会治安、社会保障五大体系配套建设为主要内容的村级综合服务区，以进一步增强村级组织在政治上、经济上、文化上的服务功能，全方位地为农民服务，为农村经济发展服务，全面建设小康社会。

县委在工作运行中构建了镇、村、县直部门、工作队（组）“四位一体”、齐抓共管的运行机制。各镇党委书记是“三民”工程的第一责任人；工作队长兼任驻镇党委副书记，各镇分管政工的副书记兼任工作队指导员，同工作队长一起对本镇的“三民”工作负直接责任；驻各村工作组组长作为村党支部第一书记，同村级班子共同形成实施“三民”工程的责任主体；县有关部门把对应的镇村作为本系统、本部门工作的联系点。各工作队（组）按照县委要求，结合镇村实际，拟定五年规划和近期目标，全力以赴，狠抓落实。以富民为中心，以发展为主题，为农村经济发展注入新活力；以提高农民素质为根本，促进农村经济持续快速发展；以加强基层党组织建设为保障，完善农村基层组织体系；以密切党群干群关系为核心，为群众办好事实事。

据统计，两年间，“三民”工作队共协调资金1440万元。帮助所驻村整修道路271公里，修建校舍827间。改造农电线路4.6万米，修建农田水利设施487项，修水泥渠、灌溉渠2.9万米。调整产业结构2万余亩，引进新品种366个，推广新技术270余项，建立各类经济组织98个。援助电脑、变压器、农业机械及办公设施等价值19万元。协助所驻镇村新上私营个体企业140个，总投资近6000万元。组织劳务输出11960人次。帮扶贫困户2130家，帮助困难家庭学生717人，捐钱、捐物折款101.2万元。化解村级债务150万元。改水1600户，改厕100余户。工作队（组）所驻的91个行政村，全部办起了千册图书室、党员电教室、文体活动室和农民学校，配备了彩电、VCD机和涉农科教光盘，有的还建起了集“三室一校”为一体的村民活动中心。200多个行政村开通了有线电视。为群众提供法律咨询610余场次，化解民事纠纷450多例。建立健全付庙、范庄、潘阁、刘元、胡楼、巩楼、马寺、马元、魏营、梅村等农村综合服务区39个。培养入党积极分子87名、村级后备干部360名。在工作队的影响带动下，基层党组织的凝聚力、战斗力和影响力进一步增强，给当地留下了不走的工作队。村民们高兴地称工作队帮助新修的桥为“连心桥”，称新修的路为“富民路”；称工作队驻地为“三民之家”；称工作队员是老百姓实用技术的传播人、扶贫济困的贴心人、勤劳致富的带头人、小康建设的领路人。“有困难，找三民工作队”成为当地干部群众的口头禅。大屯镇马寺村的十多名妇女商议着到徐州买来金线，精心绣制了一块“金匾”，上书“‘三个代表’好”五个大字，在村党支部的带领下，敲锣打鼓，送到工作队驻地。工作队在年终撤离时，驻地干部群众执手相挽，十里相送，景象动人。

工作队驻村期间，县委、人大、政府、政协的主要负责人多次视察“三民”工作，看望“三民”工作队员。中组部副部长李景田、省委书记李源潮和省党建协会会长、原省委组织部副部长孙付中及中央办公厅机关党校干部理论进修班赴江苏学习调研组等分别到沛县调研视察工作，对“三民”工作给予高度评价。2003年4月23日上午，省委书记李源潮到沛县视察，在张庄镇姚楼村同“三民”工作队员一一握手，观看了反映沛县驻村帮扶工作的电视纪实片，查阅了有关资料，关切地指出：“沛县组建工作队下到基层帮助搞好工作的做法很好，很有新意，一定要把好事办实，重点发展镇村经济，致富农民，让老百姓得到更多的实惠。”县委先后于2002年6月29日、2002年11月4日、2003年7月1日举办三次“三民”工作队先进事迹报告会、两次年度总结表彰会。《人民日报》《新华每日电讯》《新华日报》《光明日报》《农民日报》《中国纪检监察报》《群众》《徐州党建》杂志暨中央电视台、江苏卫视等纷纷报道宣传沛县“三民”工作的做法与成效，并刊载县委书记黄继鹏的有关文章。2002年10月9日，《人民日报》刊发的长篇通讯《民心为天》、2003年4月20日《新华每日电讯》刊发的《原来“三个代表”就在咱身边》、2004年1月8日《光明日报》刊发的《徐州沛县“三民”工程初显成效》以及2002年4月1日《新华日报》刊发的黄继鹏署名文章《实践“三个代表”，推进“三民”工程》等，在县内外产生了广泛影响，如皋市、微山县等地纷纷到沛县参观学习。

“三民”办公室编发简报113期；编发《富民项目指南》（3册）；编纂《使命》（纪实卷）、《民心为天》（文学卷）2本；创作歌曲3首、电视纪实片1部。县各媒体跟踪宣传、重点报道，形成了强烈的舆论氛围；形成了人们公认的“不怕吃苦，克己奉献”的工作队精神，成为沛县历史上一笔宝贵的精神财富。

2011年秋，沛县县委书记冯兴振到河口镇驻村调研，他在调研“纪事”中感动地记下了当地群众对当年“三民工作队”的赞誉与怀念。

时隔近十年，公论口碑中。

大风起处写华章

——沛县创建全国卫生县城工作巡礼

秦　芳

“大风起兮云飞扬……”

一曲大风歌，千古帝乡情。大汉龙兴地，中华梦首航。

这是一片英雄的土地，让每一个踏上这片土地的人筋强骨壮，血脉偾张；

这是一座大气的城市，让生活在这座城市的人民永远意气风发，壮志飞扬。

两千多年前，三千沛县子弟在刘邦的率领下南征北战、灭秦剪楚，开创巍巍大汉。文景之治、汉武大帝、光武中兴，两汉风云四百年，激奋中华两千载。

2018 年，沛县百万干群在中共沛县县委的坚强领导下，全面打响创建国家卫生县城、国家生态文明建设示范县城、全国文明城市提名城市“三城同创”攻坚战。

大幕新启，集结号响。辉耀古今的沛县，携千年豪气，书盛世华章，阔步跻身全国百强县，在全国县城经济基本竞争力百强县中腾飞到第 45 位，在全国科技创新百强县中跃升到第 58 位，在全国工业百强县中上升到第 68 位。

攻坚克难，守正创新。城区基础设施建设迈上新台阶，环境卫生综合管理能力再上新水平，市民居住环境和精神面貌发生了巨大变化，促进了全县经济社会快速发展。国家级卫生县城、国家生态文明建设示范县城、全国文明城市提名城市，三驾马车，统一指挥，在高质量发展的征途上，争先恐后，并驾齐驱，奋蹄扬鬃，狂飙突进。

一、确立“一个中心”

习近平总书记高屋建瓴，“人民对美好生活的向往，就是我们的奋斗目标”。

面对创建国家级卫生县城的时代考题，沛县县委、县政府牢固确立“以人民为中心”的创建理念。把人民利益摆在至高无上的位置，全部精力用在抓落实、优服务、解民忧上。号召全县党员干部牢固树立以人民为中心的发展思想，把创建的责任扛在肩上、抓在手中、落到实处。坚持创建工作优先考虑、创建事项优先落实、创建投入优先保障。

把群众期盼的事变成政府要干的事，使政府在干的事成为群众支持的事，使政府干成的事成为惠及群众的事。创建工作方方面面、时时刻刻，都为“人民至上”的价值理念写下生动而温暖的注脚，也让“为人民谋幸福”的初心愈加闪耀。

为民爱民的声音，胜过激昂的乐章。民心所向，民意所盼，成为制定政策的依据、衡量得失的标准，成为创建工作的风向标。顺应人民更高期待，最大范围地凝聚共识，最大限度地激发力量，最大努力地满足人民对美好生活的向往。

二、落实“两大保障”

一是组织保障。沛县县委、县政府在组织、人员、制度、机制等方面进行了周密规划和强力部署，设立了有独立编制、经费单列的县爱卫办。

进一步加强县爱卫会组织领导，及时调整县爱卫会职能，由县长任爱卫会主任，卫健、城管、街道办主要领导任成员。教育、市场监督、生态环境等四十个部门为成员单位。

为加强集中统一领导，优化整合创建力量，沛县把“国家卫生县城创建”“国家生态文明示范县创建”“全国文明城市创建”，融合成一个高效运作的有机整体，县委、县政府成立“三城同创”指挥部。县委书记任政委，县委副书记、县长任总指挥，县政协主席任常务副总指挥，具体负责创建工作的部署和实施。形成了党政一把手负总责，县委、县政府、人大、政协四套班子齐抓共管的组织架构。

指挥部下设办公室，办公室下设综合协调、督察考核问责两个工作组和十八个专项工作组，协调全县四十多个部门人员集中办公，实体化运作。压实压紧各级党组织的责任，做到创建标准不模糊，任务落实不马虎，属地管理不虚乎，责任追究不含糊。

二是经费保障。为让创卫工作的高标准"看得见、摸得着"，2018 年，县委、县政府大手笔、大投入、大建设、大见效。投入资金 3 亿多元，全力推进 30 类标准工程、40 项建设工程，着力解决 40 个突出问题。在资金并不宽裕的情况下，2019 年又投资 5170 万元，新增四大类 22 项重点项目。

三、确保"三个到位"

一是领导到岗到位。每季度主要领导召开一次指挥部全体组成人员会议或根据需要不定期召开推进会；指挥部每周主持召开一次创建办工作例会，部署工作；县主要领导亲自召开全县"三城同创"工作会议，研究制定下发实施意见、工作方案等规范性文件。卫健委充分发挥总牵头、总协调作用，城管局、市场监管局、住建局、园林局、商务局等单位全力以赴。十八个专项工作组根据各重点单项工作具体推进。各部门、街道和社区均健全了组织网络，强化了工作领导。

二是宣传发动到位。构建多层次、立体化的宣传网络，借助新技术手段，完善政务信息智慧平台，打造低成本、高效率、零障碍的工作流程，扩大覆盖面。首先，抓好媒体新闻宣传，喊响做实"沛县是我家，三城同创我参加"的创建口号。报纸、电视、网站、公众号、自媒体全面出击，全方位高密度宣传报道，刊发创卫相关稿件 300 余条，印发"三城同创"工作简报 46 期，刊发创建工作动态、图片 2400 余条，媒体发表专题稿件、信息 300 余条，人民网、新华网、《徐州日报》等主流媒体重点报道 60 条。其次，广泛开展社会宣传。在主要街道、公园、车站、公交站台、景区及居民小区等场所设立固定的宣传展牌和公益广告，充分利用电子屏幕、LED 广告屏、公益宣传栏、公交车、出租车、建筑围挡等各类宣传阵地开展宣传。组织县剧团和民间演出团队开展卫生城创建专题演出 120 场次。建立“三城同创”志愿者服务站点，常态化开展创卫志愿服务活动。再次，营造整体宣传氛围。在县城进出口、主要接口和繁华地段，设立了大型创建宣传公益广告100处，建立高标准宣传栏1200多块，立体宣传小景200余处。设立了健康教育专栏5600余块，印发了健康教育宣传册220万余份。创建工作和谐融入街头巷尾日常生活，转化为多数人内心的一种自觉力量，渐渐演绎为一座城市的行动，升华为一种人人参与奉献的城市精神。

三是任务落实到位。干在前头，走在前列。在创建中创新，在创新中创建。研究新情况，解决新问题，做到精准识变、科学应变、主动求变。提标准，升标杆，补短板，树样板。明责任，限时间，卡节点，保质量。形成任务具体、责任到人、环环相扣的“责任链”，以责任制促落实、保成效，形成一级抓一级、层层抓落实的工作格局。细化目标，量化指标，挂图作战，倒排工期，形成更加科学、公平、有效的监督考核和推进保障机制。抓落实、善落实、落得实，不断增强创卫工作的原则性、系统性、预见性、创造性，保障创卫工作往深里走、往心里走、往细里走、往实里走。

四、夯实“五个责任区”

一是社区属地责任区。社区主要负责人为本辖区创建工作第一责任人，对本辖区内创建工作负总责，分管负责人按照分工负实责。二是街道（镇、场）属地管理责任区。强化党工委书记第一责任人责任，落实街道抓社区、镇（场）抓村居的工作机制。三是网格单位包挂责任区。网格包挂单位主要负责人为包挂区域创建工作责任人。要坚持条块结合，与责任单位、包片所在街道社区一起，共同研究制订包挂社区创建工作计划和具体任务。四是职能单位职能责任区。各职能单位的主要负责人为本单位创建第一责任人。按照职责分工，加快重点工程、重点项目、重点任务、突出问题的组织实施，确保每项任务有人管、责任有人担。五是专项工作组责任工作责任区。十八个专项工作组充分发挥牵头带动作用，统筹协调各相关单位抓好各项创建工作落实。

五、创新“八项机制”

县委、县政府出台了创卫考核细则和奖惩办法，推行“党政同责”“一岗双责”。创新实践了八项机制：一是市场化运作机制。实施“五位一体”市场化保洁，建立以“政府购买服务、管干有效分离”的保洁市场化运作模式。二是例会推进机制。每周三下午由“三城同创”指挥部组织召开创建工作例会，及时调度工作进展，安排下一步工作任务。三是会商会办机制。通过会商会办，突出重点、紧抓难点，解决了农贸市场整治、黑水体治理、小区环境改造等一批突出问题、难点问题。四是创新活动开展机制。各单位结合自身工作特点创新活动载体、形式和方法，在全县开展系列质量提升月、卫生单位、卫生村镇等各类创建工作。目前，创建国家卫生镇一个，省级卫生镇两个。五是巡查督办机制。县领导开展现场督办，解决重、难点问题，创建办实行“交办单”“督办单”和“催办单”工作制度，高密度督办，高强度整改，许多创卫重难点问题迎刃而解。六是缴纳押金机制。十八个专项工作组各牵头单位部门上缴抵押金五万元，一般责任单位上缴抵押金一万到五万元，各镇、街道、场上缴抵押金五万元。年度综合考核优秀的给予双倍返还，合格的按原押金返还，创建不合格的没收押金。七是考核奖惩机制。创卫考核按照县委、县政府重点经济工作目标考核要求执行，考核结果折算计入全年考核总成绩中。实行创建工作加减分制、抵押金制度、红黄黑榜考核办法。八是责任追究机制。对落实创建责任不力、督办整改不到位、重复反弹现象突出、季度考核排名靠后、考核验收失分严重等情形的责任单位和责任人，严格问责。先后三批共免职3人，诫勉谈话6人，通报批评26人，警告体系单位132批次。

同时，实行网格化创建，由“三城同创”指挥部作为一级网格，街道、镇、场、区作为二级网格，各村（居）作为三级网格，实行网格包挂。其中，建成区104个网格区域由县直机关单位逐一对口负责。

创卫没有旁观者，人人都是主力军。从党员干部到普通群众，从城市机关到农村村居，“众人拾柴火焰高”“众人划桨开大船”的工作格局全面形成，创卫工作全面展开。

六、开展“九大行动”

全面发力，重点出击。2018年下半年，统一部署，统筹开展宣传教育引导行动、基础设施全面提升行动、市容秩序综合整治行动、社区小区综合整治行动、基本公卫服务提升行动、农贸市场综合整治行动、厕所改造提升行动、镇村环境综合整治行动等九大行动。19个棚户区改造，34个老旧小区改造，新建4个农贸市场、8个老旧小区、3万吨/日污水处理厂工程、10万吨/日深度处理的第二地表水厂等重点工程等一大批民生项目落地，及时解决了金凤凰装饰城、温州商贸城管理混乱，大屯农贸市场设施简陋，东风路东延长段河沟黑臭水体等问题，有效改善了群众的生产生活环境。

针对城市管理方面存在的薄弱环节，2019年又相继开展“创卫双月攻坚”和“质量提升月”等一系列专项整治活动。集中时间紧盯重点区域、重点行业、重点地段、重点部位的整治。以社区为单位，发动单位职工、社区居民、创卫志愿者持续开展整治“十乱”现象；同时开展背街小巷、城中村、城乡接合部、居民小区、商业街区、农贸市场、“六小”行业、主次干道等质量提升活动，有力助推创卫工作的深入开展。涉及9个城中村、16个城乡接合部、153个居民小区、12个商业街区、10个农贸市场、116座公厕。与此同时，还协同开展了18家医疗卫生机构、33家学校、2700余家“六小”行业、30余处主次干道的专项整治。

七、打造标杆亮点

榜样引领，示范带动。沛县还重点打造了高起点、高质量的创卫标杆工程，大大激发了全县创卫工作的活力。

“标杆”立竿见影。卫健委选定医院、宾馆、美容美发等20家单位积极打造标杆工程。城管局开展示范街道、小区创建活动。市场监管局开展“明厨亮灶”工程，扎实推进小餐饮规范店建设。满汉全席、人民医院、汉城中路商业街、侨城中央公园小区等已成为创建工作示范点、规范店在全县观摩推广，全县创卫工作高质量推进。

“治脏”首当其冲。全县更新垃圾收集容器近3800只，分类垃圾桶1100只，覆盖率100%；主城区现有垃圾中转站7座，新建4座，改建2座，在垃圾清运“市场化运作结合政府监管”的模式下，全县每日640吨垃圾日运日清，城区生活垃圾无害化处理率达到100%。而“公厕革命”更是立竿见影，取缔旱厕，主城区二类以上公厕达39座，在建10座，水冲公厕比例达100%。

“治小”全面开花。针对“六小”行业小旅店、小理发店、美容店、小商店、小浴室、小歌舞厅，进行超前力度的卫生整治，逐个达标。街道、社区和小区集中开展清理楼道杂物活动，对背街小巷、城中村、城乡接合部、自管居民小区等市容环境卫生死角进行彻底清理整治；同时，着力解决乱贴乱画、乱扔乱倒、乱扯乱挂、乱搭乱建、乱停乱放等影响环境卫生的“十乱”突出问题。

沛城街道制定村居环境整治每日任务清单，由151人组成的街道网格责任工作组，对照进行拉网式创卫整治。

汉源街道创新实施精准创卫，坚持“溜墙根、钻胡同、查四周”三字经，不放过任何工作短板。

“聚焦”不留死角。创卫工作加强了对小餐饮店、小食品店的清理整顿；对七彩街、汉城商都农贸市场、大屯矿区中心市场等进行了集中综合整治，并坚持“每天两次普扫、全天候巡回保洁”的清扫保洁制度，不间断地对主城区约200万平方米的道路进行吸尘清扫、雾化、冲刷。

“创卫”没有盲区。沛县高标准推进农村户厕改造，卫生厕所普及率达到100%，村庄环境综合整治率达到100%。如今，沛县已创建国家卫生镇一个，省级卫生镇两个。

“联动”不分内外。心相连，手相牵，同呼吸，共命运。沛县还协同邻县进行了空气治理“蓝天保卫”工程和河道治理“碧水绕城”工程。对微山湖、京杭运河和全县2783条县乡村级河道和1633个村庄坑塘，全面实施了河湖公共空间治理，创造出了“河畅、水清、岸绿、景美”的生态水环境。在创建活动中创立的“边界五联工作机制”，被国家水利部在全国推广。

“健康”以人为本。“创卫”与基本公共卫生服务、家庭医生签约服务深度融合，被国家卫健委评为优秀典型案例。在各类公共场所，沛县还实施了历史上最为严格的禁烟措施和食品安全措施。“吸烟有害健康”从口号变成全面行动；食品安全如利剑在悬，连续十五年无食物中毒事件发生。特别建立六处健康主题公园、五条健康步道，推动全民健身成为风尚。同时，创卫工作抓好病媒生物防治，推进专业化、市场化除“四害”运作模式，为沛县人民打造出了一个“安全、卫生”的生活环境。

“天蓝、水清、地绿、景美、城靓、人好。”人与自然和谐共生，城市与人相得益彰。秋水共长天一色，城市与人文齐飞。一个清新亮丽崭新的沛县，一座可以让人深呼吸的美丽城市，如芙蓉出水，脱颖而出。

八、六点启发

一是党委领导和业务指导相结合。党政军民学，东西南北中，党是领导一切的。工农商学兵，党员是先锋。坚持党建引领，实现资源整合。党政是领导主体，也是创建主体。我们要以政治生态的青山绿水，打造自然生态的绿水青山，引领卫生城市建设的清风正气。创卫是“一把手”工程，必须发挥党的领导优势，统筹安排，科学运作，形成县、镇、村三级联动，横向到边，纵向到底，覆盖全县的创建网络。进一步细化县四套班子领导和机关单位挂点指导以及责任分工，社区（村）党支部与广大群众积极配合的工作机制。打通行政壁垒，实现从“单打独斗”到“协同作战”，从“自我封闭”到“开放共享”，有效推动区域创建融合互通。

二是政府主导和群众参与相结合。注重统筹协调、整合资源、精细管理，构建权责清晰、分工合理、权责一致、运转高效的职责分工体系，相关职能部门之间、上下级之间多通气、多协作、多补台，加强协调配合，形成工作联动。把握坚持问题导向，提出精准执行的思路和实施方案。变“做群众工作”，为“群众做工作”。自上而下，自下而上，双向发力，汇成合力，形成全民动员、人人参与的生动局面。

三是顶层设计和主流民意相结合。从顶层设计上理顺领导体制和运行机制，为建设上下合力、互联互通、整体推进的创建体系打下坚实基础。运用现代科技手段，整合各方资源，优化综合效能，强化现有优势，发掘潜在优势。创优公共服务，提升服务品质。老百姓关心什么、期盼什么，就抓什么、推什么，尽最大努力把老百姓最关心的事情办好，切实使群众增强获得感、幸福感、安全感。

四是规定动作和自主创新相结合。按照“内容设计标准化、方案制订公开化、责任落实项目化，经费保障优先化、积分考评数字化、督导检查制度化、过程管理可视化、结果运用刚性化”的思路，严格标准，自提标杆，创造性地开展工作。抓重点，补短板，强弱项，提质量。将创建的痛点、难点、堵点变成工作的亮点、特点、闪光点。

五是集中整治和长效机制相结合。创卫没有完成时，要及时把实践中形成的管用、有效办法及时确立为机制，以科学机制保障和促进抓落实。规范固化考核、考评、问责等制度，以精细化管理为手段，以效能化服务为目标，探索建立长效机制，确保创卫制度化、常态化、长效化。

六是共创共建和共治共享相结合。为人民服务，让人民阅卷。创建为了人民，工作依靠人民，成果惠及人民。创建是系统工程，更是民心工程，需要汇集群众智慧，发挥人民战争伟力，形成共建、共享、共商、共赢的创建格局。只有唱响主旋律，掌握主动权，锻造主力军，建强主阵地，才能唱好大合唱，掀起新高潮，打好主动仗，决胜主战场。

千古龙飞地，创卫展风华。一代帝王乡，整装再出发。

中天有序，斗柄三星常指北；大浪淘沙，黄河九曲自朝东。国家因英雄辈出而强大，民族因精神挺立而兴旺；社会因正气浩荡而温暖，城市因品质卓越而清新。当今世界，万物互联，“网”络天下，“星”光频现。曾经的距离不断消失，新的距离往复产生。唯创新者强，唯卓越者胜。

我们坚信，中共沛县县委一定会不忘初心，牢记使命，永葆抓铁有痕、踏石留印的干劲，弘扬奋发有为、实干担当的作风，带领130万沛县人民一环紧着一环扣、一锤接着一锤敲、一步接着一步走。善作善成，决战决胜。不达目的不罢休，不获全胜不收兵。在创建全国卫生城市的时代大考中，集聚“沛县智慧”，创造“沛县模式”，贡献“沛县方案”，谱写“沛县篇章”！

从“紧跟时代”到“引领时代”

张开昱

四十年在时代发展的潮流中微不足道，四十年在人类历史的演进中渺如尘埃。改革开放，已成为中国革故鼎新的重要阶段，也是沛县跨越发展的最好时期。党的十一届三中全会做出改革开放的重大历史性决策，县委、县政府带领全县人民，乘着改革开放的强劲东风，开创性地推动了一系列改革。2018年，全国县域经济基本竞争力百强沛县列第45位，中国工业百强县居第68位，首次入选全国科技创新百强县列第58位，获评国家生态县、首批省级生态文明建设示范县。10月8日，《人民日报》刊发公告，2019年中国中小城市高质量发展指数研究成果发布，我县上榜2019年度全国综合实力百强县市和2019年度全国科技创新百强县市，分列第65位和第57位。

改革开放之初，沛县工业企业以国有和集体为主，仅有县属工业20家、集体工业13家、社队企业132家，主要涉及化肥、塑料、食品、纺织等20个门类，企业体量规模小、设备简陋、技术人才匮乏是普遍现象，工业总产值不足7000万元。县委、县政府深刻领会小平同志解放思想、实事求是，团结一致向前看的讲话精神，科学提出“因地制宜、自力更生、群策群力办企业”的战略构想，各企业以工业学大庆为榜样，开展“比、学、赶、帮、超”活动，掀起生产建设高潮，用生动实践成功检验了“解放思想、实事求是”的正确论断。

近年来，沛县依托丰富的电解铝、煤炭、初级农产品等资源起步，全力打造全市传统产业转型升级示范县区，“十二五”末成功实现了铝加工、煤盐化工、农产品加工三大主导产业“三个50%”转化，总产值占到规上工业产值的半壁江山。党的十八大以来，县委、县政府认真贯彻落实新发展理念，更加注重提升发展的质量和效益，确立了“工业兴县、产业强县”的工作导向和“工业开票超千亿”的发展目标，大力培育和壮大光伏光电、新型铝材、纺织新材料、高端装备制造、绿色食品、绿色建筑等六大产业集群，鑫宇光伏、中宇光伏、嘉寓电池组件、珀然铝轮毂、丰源铝业、华昌铝厂、鹏翔纺织、华晟纺织、鑫福纤维、远大包装等一大批骨干企业为政府创收、为群众创业做出了突出贡献。2017 年，纺织新材料产业实现开票收入 80 亿元、产值 180 亿元，成功获批“中国粘胶纱生产基地县”，成为全省第一家以纱线生产命名的国家级基地。总投资 120 亿元、年产 30 万吨的天丝新材料及高端纺织生产制造基地项目开工建设，2020 年，纺织新材料产业有望达到 300 亿元产值。

1977 年，全国高考得以恢复，一批年龄悬殊、职业多样的青年才俊重新拿起书本，兴奋地走进考场，他们的命运由此发生变化，尊重知识、尊重人才的春天再次到来。1985 年，县委、县政府出台中小学管理体制改革意见，开始对县直和乡镇中小学实行分级办学、分级管理，有效解决了学校办学条件参差不齐、教育教学管理低效粗放等问题，较短时间实现基本扫除青壮年文盲目标。1999 年实施教育体制改革试点，分别在龙固、崔寨等乡镇推行办学体制多元化，探索打破办学统一化和单一化模式。2001 年，全县民办中小学和幼儿园达到 80 所。2000 年以后，县委、县政府认识到“经济要发展、教育要先行”的重要性和紧迫性，持续加大教育投入，按照“三新一亮”和“六有”要求，改造提升校舍危房，配套建设电化教育设施，优化调整学校布局，基础教育的“硬件”和“软件”都得到很大提升。2002 年以后，县委、县政府按照“三民”（富民、强民、安民工程）工作要求，大力开展农业技术和农村劳动力开发转移培训，农业富余劳动力开始向城市转移，教育培训促进了农民非农收入快速增长。党的十八大以来，县委、县政府把更多的资源要素用到发展教育上，组建中小学教育集团，引进如皋先进教育理念、科学教学方法、优质师资团队，认真办好人民满意的教育。2018 年高考本科上线率达 70%、中考均分位居徐州市县区第一名，教育现代化进入快车道、群众对教育的满意度节节攀升。

县委、县政府牢牢把握方向，大胆实践探索，引领改革探索前进。以工业体制改革为例，“七五”时期沛县经历了以经营体制、领导体制、内部分配机制和发展横向联合的全面改革，“九五”时期经历了县属企业租赁、兼并、转让、出售等资产重组改革，“十五”“十一五”时期经历了县属工业全面改制、国有资本退出、乡镇工业向民营经济和个体私营经济转型的改革。党的十八大以来，在国家供给侧结构性改革的大框架下，县委、县政府以更大的决心、智慧、力度全面深化改革，扎实推进“两权”抵押贷款改革试点、农村产权流转交易服务标准化国家试点、农村集体产权制度国家级改革试点、政务服务“一张网”“放管服”“一地一策”牵引性改革等国家和省市改革事项。特别是在服务实体、支持创新方面精准施策、主动发力，县政府主导成立五支产业基金，加大对成长型、科技型、潜力型中小企业扶持，发挥苏科贷、苏微贷、企业应急转贷等资金池作用，支持实体经济发展。县委、县政府制定打造区域性人才资源集聚高地、高新技术企业培育等政策文件，加大人才招引和研发经费投入，支持企业进行清洁化、智能化设备工艺改造；政府主动优化营商环境，搭建创新载体，支持企业与科研院所联合构建产业技术创新联盟，协同开展关键技术研发、科技成果转化等工作。

作为苏北县城，沛县对“开放”的认识比较滞后，20 世纪 90 年代中期开始进行外贸自营出口、进口、劳务输出等工作。“十一五”时期，全县对外贸易扩大到二十多个国家和地区，主要出口铸件、农副产品、纺织服装等低附加值产品，进口主要是外贸自营出口企业生产所需原材料。2007 年，县委、县政府提出“项目向开发区集中、园区向专业化发展”的招商思路，研究出台加强和利用外资的工作意见、考核办法，先后组织经济部门和企业负责人参加徐州（东莞）投资说明会、江苏省第九届农洽会、徐州第十届投资洽谈会等招商推介活动，解放思想，开阔眼界，拓宽外商投资渠道，当年协议利用外资突破 1. 6 亿美元，实际利用外资 3260 万美元，对外开放取得了阶段性成效。20 世纪 90 年代开始参与国际技术合作，采取公司化运作形式拓展海外市场和业务空间。2000 年以后，出国务工、工种范围迅速扩大，由单一劳务输出发展为劳务、技术并重，主要输出到韩国、巴基斯坦、苏丹、俄罗斯、新加坡等国家和地区。党的十八大以来，县委、县政府加快“走出去”步伐，积极培育外向型企业，发展专业型外贸服务公司，招引供应链式服务平台，创新和培育外贸新业态，成功打造平台式、聚集式和吸附式跨境电商生态圈，龙工场（淮海）跨境电商产业园提供跨境仓储物流、报关、结汇、退税等一站式服务，直接把县内和周边地区的产品摆上海外零售商的货架。目前入驻企业 200 多家，2017 年实现出口额 2 亿美元，这一商业模式已成为沛县外向型经济的重要组成部分。

沛县城乡发展经历了“从无序到规范、从盲目到科学、从粗放到集约”的喜人变化。城区老旧小区改造、棚户区改造使城市焕发青春活力；大型商业综合体、高品质住宅小区为城市居民生活增光添彩。镇村道路拓宽整修，沟塘河道清淤，垃圾集中收处，供排水联网等基础设施不断改善。近年来，沛县全面融入省“1 + 3”功能区战略布局，高标对接徐州淮海经济区“四个中心”建设，加快构建“中心城区—中心镇（小城市）—特色镇—新型社区—美丽乡村”城乡发展格局，中心城区注重发挥磁铁效应和辐射功能，中心镇注重发挥联系县城和村居纽带作用，特色镇注重突出文化传承、彰显特色风貌，美丽乡村注重体现生态、生活、生产、行为“四美”要求，打造徐济之间最具带动力的宜居宜业福地。近期，省委娄勤俭书记在徐州调研时提出，要把沛县作为“全省采煤沉陷区居民搬迁试点”，沛县第一时间学习贯彻娄书记“采煤沉陷区既然不适宜居住就要搬出来”的指示精神，迅速成立由县委主要领导任总指挥的工作指挥部，制订出台工作方案和规划方案，健全完善政策体系、考核督察体系，明确时间表、任务书、路线图，挂图作战，全力推进采煤沉陷区居民搬迁试点工作。目前《沛县乡村振兴总体规划》《沛县采煤沉陷区避险移民搬迁安置专项规划（2018—2020）》《沛县采煤沉陷区综合整治总体规划（2018—2020）》等规划方案已基本编制完成，杨屯镇、安国镇六个自然村试点压煤村庄搬迁工作，村居人口向县城和镇区集中加快实施；非压煤村庄按照“搬迁撤并、集聚提升、城郊融合、特色保护”四个类型，分类推进集中居住、改造提升和环境整治工作，沛县乡村振兴战略迈出了坚实步伐。

1990 年学校环境教育委员会成立以来，沛县开始把加强环境保护工作作为贯彻落实基本国策、提高全民尤其是青少年环境意识的基础工程，扎实开展环境保护全民渗透教育。1995 年，县委、县政府启动“生态示范区”创建工作。2001 年 6 月，被国家环境保护总局批准为全国第六批生态示范区建设试点地区。党的十八大以来，沛县积极践行绿色发展和“两山”理念，把生态文明建设纳入“五位一体”发展总体布局，纳入县级重点工作考核范围，依托东靠微山湖、西有大沙河的生态水系优势，大力发展沿湖、沿河文化旅游和生态水产养殖。同时高标准规划建设环保基础设施，城乡污水处理体系实现常态化运营，污水收集和处理率达80%以上，污水处理厂日处理能力达16.8万吨；“组保洁、村收集、镇转运、县处理”的垃圾收运体系高效运转，“三个1元”收费机制有效解决垃圾收处资金不足问题，垃圾收集和处置率达到100%；农村环境整治不断巩固提升，宜居宜业环境基本形成，2015年7月，在全市率先通过国家生态县考核验收。坚持“生态优先、重点保护、合理利用、持续发展”的原则，大力实施湿地保护与修复工程，着力构建生态保护屏障、生态旅游景观体系，推动经济社会协调发展。切实把彩色化、珍贵化、效益化“三化”创建融入江淮生态大走廊建设，集中资源优势，实施农田林网、道路林网、水系林网“三网合一”绿化工程和“一网、一区、三廊道”建设工程，扎实推进沿线道路、河流、湖泊两侧绿化带建设，大规模发展京杭大运河、故黄河区域生态林和经济林，京杭大运河沛县段39.33公里、故黄河33公里分别打造东、西部地区纵贯南北的绿色生态走廊。精心开发省级湿地公园、水上会都、湖西文化园、休闲会所、龙湖码头、旅游快速通道、旅游航道和旅游集散中心等旅游项目，着力打造湖上运河生态景观名片、铁道游击队红色文化名片、四鼻孔鲤鱼渔家饮食名片，真正让生态旅游变成绿色富民产业。

我与刘邦文化节的情缘

焦传坤

"千古龙飞地，一代帝王乡。"两千多年前，就在沛县这块英雄辈出的热土上，诞生了中国第一位农民皇帝汉高祖，开创了泱泱四百年大汉基业，开启了中华民族的空前盛世。为传承中华民族的优秀文化，为促进沛县经济、文化、旅游等各项事业的发展，县委、县政府自1996年开始举办第一届中国沛县刘邦文化节暨经贸洽谈会，截至2018年已经成功举办了十二届。在这二十二年的时间里，我以多种身份参与其中，与刘邦文化节结下了不解之缘。既为文化节的成功举办做了一些具体工作，也和全县父老乡亲一起分享了节日的快乐。

普通观众 分享快乐

1996年5月18日，第一届中国沛县刘邦文化节开幕式在沛县汉城文化广场隆重举行。县直各单位派员参加，我当时在沛县职教中心工作，有幸得到了一张入场券，目睹了首届文化节开幕式和文艺演出的盛况。记得是上午9点，中央电视台新闻播音组组长、著名播音员李瑞英和县委副书记、"96中国沛县刘邦文化节"暨经贸洽谈会组委会主任李荣启共同主持开幕式，省市县领导和嘉宾在主席台就座。中国人民解放军总政歌舞团团长杨洪基、相声大师马季与来自全国各地的客商和来自北京大学、清华大学等二十余所大专学校、科研单位的四十多位专家应邀参加活动。9点20分，县委书记肖俊宣布"96中国沛县刘邦文化节暨经贸洽谈会开幕"，二十一响礼炮震天响起，数千只信鸽在广场上空盘旋，五彩缤纷的气球飞向天空，鼓乐轰鸣，掌声四起，广场上一片欢腾。

开幕式之后，与会者在汉城公园汉魂宫前观看了中国第一部以广场艺术演出表现历史人物业绩的大型音舞诗剧《大风赋》，该剧再现了汉高祖刘邦叱咤风云、波澜壮阔的人生历程。

记得当时沛县县城节日氛围很浓，大街小巷干净整洁，单位门前摆放鲜花，张灯结彩，制作了节旗、节徽、吉祥物等。这届文化节还有多项经贸和文化活动，如物资交流会、经贸洽谈会、花灯会、民间工艺展等。

当好助手　搞好服务

1998 年 5 月 18 日，第二届中国沛县刘邦文化节暨经贸洽谈会开幕式在沛县职业教育中心举行。当时的沛县职业教育中心是一所建成不久的省重点学校，环境好，有围墙，体育场带看台，无论从观众的容纳量，还是从安保的层面来看，选择在这儿开幕都是十分合适的。

我当时任学校党委委员、工会主席兼办公室主任。因工作性质，自然要做好配合和服务工作。先是提前半个月搭建舞台的施工队伍进驻，然后是会场环境的营造，再后来是会场观众席的布置。

观众席需要 10000 多张凳子，那时候还没有专门的桌凳租赁公司，这些桌凳要从城区的学校调集。我们学校更是责无旁贷，最大限度地提供一切支持。5 月 17 日下午，桌凳运送基本到位，但是要在一夜的时间里摆放到位、固定、张贴座位号，工作量是相当大的。当时负责桌凳摆放任务的是文体局的一位副局长，他找到我们学校要求给予支援。我按照校领导的安排，组织教职工和学生奋战一整夜，圆满完成了观众席布置任务。

5 月 18 日上午 9 点 30 分，第二届中国沛县刘邦文化节暨经贸洽谈会隆重开幕。省市县领导分别致辞讲话。原国务院研究室主任、国务院发言人袁木到会并讲话。开幕式结束后，与会者观看了由陈铎、鞠萍主持的名为“相聚龙飞地”的大型文艺演出。这届节会举行了为期三天的经贸洽谈活动和物资交流大会，成立了沛县汉文化研究会并举行了首次学术研讨会，中国东方歌舞团在县人民会堂进行了专场演出。

参与筹备　尽心尽力

第三届中国沛县刘邦文化节暨经贸洽谈会开幕式于2000年5月18日在沛县职教中心举行。为了筹备本届刘邦文化节，2000年初，县委、县政府成立了刘邦文化节组委会。组委会下设办公室，县委副书记周凡和县委宣传部副部长、县文明办主任高兴华任负责人。八位成员从有关单位抽调，我有幸成为其中的一员。组委办的主要工作是策划活动，起草总体节会方案，负责整个节会期间城乡环境的整治和氛围营造，与各个活动组、工作组沟通与协调，重点策划制订开幕式的实施方案等。我主要参与节会总体方案、开幕式实施方案的制订和环境宣传等方面的工作。在近半年的时间里，我按照要求，和组委办的同事们一起努力工作，比较圆满地完成了任务。

印象最深的是5月17日下午，天气阴沉，由于开幕式主席台是露天的，担心下雨，不敢提前布置。晚上我们都没有回家，就在二招大厅沙发上休息待命。凌晨3点，高部长带领我们去布置会场，出了招待所大门浓雾团团，冷风习习，能见度极低，车不能开，我们就步行。明天天气怎么样？会不会影响大会的正常举行？大家嘴上不说，但心里直犯嘀咕。到了18日早上6点，我们布置好主席台，又检查了整个会场的准备情况，奇迹出现了，天空豁然晴朗。

5月18日上午9点，开幕式准时开始，中央电视台著名节目主持人朱军和池艺璇主持。除中央有关部门负责人、省市领导及部门负责人之外，还有二十四个国家和地区的一百三十余位嘉宾出席开幕式。开幕式由江苏卫视现场直播。

2002年，为筹备好第四届中国沛县刘邦文化节暨经贸洽谈会，年初就成立了组委会办公室，我这时已经从县职教中心调到县文明办，这次又被抽调到组委办工作。按照领导所有筹备工作都要精益求精的要求，我请丁辉老师设计节旗图案并报领导审定，核算所需节旗的数量，到路段、场地丈量尺寸，预测沿街单位所需数量，联系制作厂家，谈价格，签协议，联系广告公司，制订节旗悬挂方案，最后检查验收。我基本上一夜都没休息，各路段的宽度不一样，需要分别发放，还要到路段巡视悬挂情况，以防出现差错。还有拱形门、空飘气球摆放位置的设计，标语口号的拟订与送审，联系广告公司制作，与有关单位协调拱形门的用电等工作。

第五届中国沛县刘邦文化节5月18日在沛县人民会堂举行开幕式。本届节会比较低调，没有成立组委会，也没有组织专门的筹备班子。我按照部领导和文明办领导的要求认真做好有关工作。本届节会期间举行了重点产业重点项目推介会、科技成果交流会、汉文化开发利用研讨和商品交易会，汉城公园里举行了斗鸡、斗羊等民间娱乐活动。由于县人民会堂的容纳量较小，这次节会邀请的领导、嘉宾、客商比较少，会议和活动留下的资料也比较少。

2006年初，县委、县政府成立了由县委书记邹徐文任主任的第六届中国沛县刘邦文化节组委会。组委会下设办公室，由县委副书记冯兴振任主任，县委常委、宣传部部长刘广远，县政府副县长胡成彪任副主任。办公室下设七个专业组。

为了扩大沛县以及本届刘邦文化节的影响，5月10日，县委、县政府与新华日报社在南京新华大厦联合举办了第六届中国沛县刘邦文化节暨经贸洽谈会新闻发布会。

5月17日上午，中国沛县国际民间艺术节开幕式暨大型文艺演出在沛县职教中心隆重举行。同日，举行了科技专家讲座暨科技成果发布会。

5月18日上午，在县职教中心举行了第六届中国沛县刘邦文化节暨经贸洽谈会开幕式暨大型文艺演出，央视主持人张政和我县电视台主持人范琳琳共同主持。著名导演胡玫、冬奥会冠军韩晓鹏与大家见面。

第七届中国沛县刘邦文化节暨经贸洽谈会于2008年5月如期举行。根据领导的安排，我全程参与了与江苏电视台大型活动部就本场文艺演出的沟通协调、考察座谈、策划设计、节目确定、谈判签约、舞台搭建、场地布置、演职人员的食宿安排等事项。

2009年，我离岗退养。宣传部领导动议成立一个社会团体，名字叫沛县节庆文化研究会，主要职能是协助组委办搞好节会活动，节会前后做好有关的沟通协调、调研策划工作，弥补县里文化节没有常设机构的不足。我任秘书长、法人代表，在刘氏会馆为节庆文化研究会设立了办公室。

2010年初，县里成立了第八届中国沛县刘邦文化节暨经贸洽谈会组委会。这届刘邦文化节大型活动多，前后战线拉得长，工作量也最大，其中刘邦文化万里行活动难度也很大。

为了保证刘邦文化万里行活动的圆满成功，在经过前期公函往来及电话联系之后，2010 年 2 月 26 日，胡部长带领组委办的朱茂东、朱勇和我，按照万里行活动设计的路线踩点探路，进行前期沟通。河南省永城市、荥阳市，陕西省汉中市汉台区、咸阳市渭城区，山东省菏泽市定陶区，连同江苏省沛县，四省六地，没有任何交往，素不相识，凭着对汉高祖刘邦的崇敬之情，凭着大汉文化的一脉相承，看到我们真诚友好的态度和周密的整体安排，很顺利地达成了“沛县发起，六地联办，共享成果”的共识。

3 月 28 日，在沛县歌风台前举行了刘邦文化万里行启动仪式。随后，九十多人的万里行队伍乘着六辆考斯特和两辆指挥保障车向河南永城出发。按照既定的方案，每到一地，当地举行欢迎仪式，双方领导致辞，两地互赠文化礼品，举行一场双方共同参与的以弘扬汉文化为主题的文艺演出，参观汉文化遗迹，并由当地的汉文化专家解读，两地的书画家交流切磋。

为了保证各项工作的衔接，确保万无一失，胡成彪部长安排两组人马打前站。我和两办副主任、接待办主任赵士鹏为第一组，朱茂东和县委接待办副主任付强为第二组。我们第一组提前到达永城，把准备情况了解一下，存在问题随时解决。然后和永城方面一起迎接我们的大部队，陪同大部队活动。29 日下午，在永城的行程进行完毕之后，我们就直接到第三站的咸阳渭城区。第二组人员 29 日直奔荥阳，等 30 日荥阳的活动结束后直奔第四站汉中市汉台区。我们在渭城结束后，就赶到最后一站定陶。长途跋涉车辆颠簸不说，所到一地要沟通联络，听取并实地查看现场准备情况，等大部队来到，全程陪同活动，我们到达的当天晚上，还要接受当地的宴请招待，工作的强度和疲劳程度可想而知了。

3 月 31 日上午，万里行成员在当地的领导陪同下拜谒长陵。在一阵鞭炮声之后，刘氏宗亲代表刘洪川司仪喊道：“汉高祖皇帝之灵在上，您的老家沛县百官黎民的代表专程拜谒您来了。”全体人员行三鞠躬礼。不一会儿，天空下起雨来。当地的一位老人连声叫了起来：“奇了，奇了，我们这儿已经有百天没见滴雨了，不想你们沛县老乡一来，雨也就来了，有灵呀。”

从 3 月 28 日的启动仪式，到 4 月 2 日万里行全体成员返回沛县，历时六天，行程近万里，完全按照既定的方案进行活动，没有出现任何差错和问题。中央电视台、新华社的记者全程跟踪，连夜发稿报道，整个活动圆满结束。

第八届刘邦文化节结束之后，胡成彪部长任总策划，文史专家田秉锷、马培封任顾问，我和县文明办主任吴瑞云做统筹，周沛生、黄清华、胡正夫等人做编辑，以沛县节庆文化研究会的名义编辑出版了《让历史照亮未来——中国沛县刘邦文化节回眸》一书。在《淮海经济》出了一期特刊，比较详细地介绍了刘邦文化万里行的情况。

第九届中国沛县刘邦文化节暨微山湖千岛湿地生态旅游节2012年5月17—19日举行。主要活动有开幕式暨大型文艺演出、汉高祖皇帝祭祀大典、汉文化研究暨文化产业发展专题讲座、焰火晚会、民俗文化展演展示、江苏省第六届全民健身运动会传统武术比赛、大风歌景区开园仪式暨微山湖千岛湿地景区旅游形象大使颁奖典礼、百家旅行社沛县行、投资环境说明会及签约仪式、重大项目集中奠基典礼、参观考察等。

本届刘邦文化节的开幕式在沛县汉源中学举行，大型文艺演出又一次委托江苏广播电视总台承办，晚会的名字是《汉风·水韵》。有了一次合作的基础，应该说本届文化节与江苏广播电视总台的合作比较顺利。为了收集、保存资料，征得王部长的同意后，节后搞了一个第九届刘邦文化节摄影作品比赛。

节会转型　勇于担当

中央八项规定对各地办节有了新的要求，县里决定第十届刘邦文化节由沛县节庆文化研究会、沛县汉文化研究会和世界刘氏总会主办，系列活动由相关的社会团体和民间组织承办。县里成立了文广新体局、公安局等有关部门参加的指导保障小组，对节会活动的正常开展起到了关键性的作用。节会以品牌节庆为平台，以文化活动为主线，以广大群众为主体，秉承“民办民享、文化惠民、节俭务实、简朴热烈”的办节理念，采取“社会参与、市场运作”的模式。

第十届中国沛县刘邦文化节从5月13日开始热身，5月18日开幕，5月22日圆满结束。

第十一届中国沛县刘邦文化节于2016年5月如期举行。本届节会基本沿袭上届的办节理念，仍由上届的三家社会团体和民间组织主办，县有关单位做好指导和保障工作。

第十二届中国沛县刘邦文化节于2018年5月举办。本届节会提出的办节理念是传承、创新、融合、共享。办节原则是文化与经济同台唱戏，惠民乐民与亲商营商相得益彰，历史文化与现代文明交相辉映，文化凝聚力与形象传播力相融相生。办节方式是政府引导、社团主办、市场运作、社会参与。节庆主题是“弘扬大汉文化，唱响大风新歌”。主办单位是沛县节庆文化研究会、沛县刘邦文化研究会、沛县汉文化研究会等。

从1996年沛县举办第一届刘邦文化节到现在的二十多年里，沛县政通人和、风调雨顺，政治、经济、文化各项事业如火如荼、蒸蒸日上。二十二年弹指一挥间，我已从中年人步入了老年人的行列。怀着圆满完成领导交办的任务、对一代杰出帝王的无比崇敬、虔诚为沛县人民祈福的初愿，我为刘邦文化节做了一些微不足道的工作，但却因此得到了许多荣誉，在2011年全县宣传思想工作会议上，我是县委、县政府表彰的十位“有突出贡献的文艺工作者”之一。2017年，在吉林省延吉召开的全国节庆交流大会上，我是中国会展经济研究会、中国节庆旅游大会颁发的“中国当代节庆事业奖”七位获奖人之一。

我衷心地感谢各位领导给我这样一个平台，让我得到了磨砺，让我的人生价值增加了一些厚度。感谢各位领导对我的信任和厚爱，既放手又放心，让我从主人翁的角度去思考和处理问题。感谢张让、孟宪同、吴广川、付重阳等师长们的关爱和指导，感谢参与筹备历届刘邦文化节的同事们对我的支持和包容。盼望着中国沛县刘邦文化节一届一届地办下去，一届更比一届好。让沛县父老乡亲分享改革开放的成果，分享节日盛会的欢乐。

第一届刘邦文化节纪事

纪 明

1995年，县委确定的城市建设十项重点工程，迅速地成为全县人民政治、经济、文化生活中的亮点，也同时展示着县委、县政府高起点、大手笔“改造沛城，建设沛县”的新思维、新气魄。

在原来小巧玲珑的汤沐公园原址上，由南京市园林局设计、承建，占地503亩的汉城公园，以典雅的建筑、恢宏的气势，成为沛县城市建设异彩华章的点睛之笔。同时兴建的还有歌风台、高祖原庙、汉城商都、汉街和沛公大酒店等，由此形成浑然一体、交相辉映、占地989亩、建筑面积达15万平方米的综合性汉文化景区——汉城。

按照合同，这些新建的工程将于1996年上半年全部竣工，其中汉城公园于4月20日竣工并交付使用。县建委的负责同志未雨绸缪，在紧张施工的同时，召开县内知名人士座谈会，恳请各位献计献策，为公园充实内容，为开园做些准备。1995年12月，县委主要领导人拟将汉城公园的开园庆典活动放大为一个“节”。县建委杨军主任、秘书张守民约请我（时任沛县重点工程建设指挥部成员、县财办副主任）商议，初步设想节名为“沛县汉文化艺术节”；又初步拟出了组委会及办公室，拟出了基建、布展、文化宣传、秘书联络、经贸洽谈组、后勤接待、安全保卫组等几个工作组及其主要职责等，拟出了各工作组的牵头单位、牵头人，拟出了抽调人员的建议名单。

1996年1月2日下午，县委、县政府在县政府一楼会议室召开筹备会议，宣读了办“节”的组委会及各工作组人员名单。1月7—12日，县委副书记李荣启带领沛县赴外地考察学习组一行十五人先后赴兴化市、南京市园林局、潍坊市、曲阜市考察学习。兴化市是郑板桥的故乡（也是时任沛县县委书记肖俊的故乡)。1993年11月22日，在郑板桥诞辰三百周年的时候，兴化市举办了首届“郑板桥艺术节”。自此，每两年一届。沛县去考察学习时，他们已举办了两届，对当地的经济文化发展产生了很强的影响带动作用。潍坊市自1983年以来，已成功地举办了十二届“国际风筝节”，使这座偏远的鲁东小城在国际上名声大振。

1月15日，我起草的《关于赴兴化市等地考察学习的情况及我县办节的总体构想的汇报》报送县委。1月16日晚上，县委召开常委扩大会议，听取了赴外地考察组的汇报和建议，讨论决定了节庆名称为“96中国沛县刘邦文化节暨经贸洽谈会”，时间为5月18日，每两年一届。文化搭台，经贸唱戏。同时决定，召开全县动员大会，形成共识，并书面报告市委。1月27日，县委在歌风宾馆四楼会议室召开常委扩大会议，原则通过了《“96沛县刘邦文化节”总体方案》，确定成立文化节组委会；县委副书记李荣启任组委会主任，杨军任办公室主任（主要抓基建工程），我任副主任（主持工作）；各工作组在组委会及其办公室的指导下，紧张有序地开展工作。县政协文史委主任马培封牵头的布展组，可谓是人才荟萃。赵传龙、徐培光、周节文、季传民、王洪震等县内名角都集合于他的麾下，各展其长，各显绝活。“刘邦生平展”（后改为“刘邦胜迹展”），很大气，又很厚重，既展示了刘邦的帝王伟业，又展示了沛县的时代风貌。

2月初，《沛县报》发布《关于征集“96沛县刘邦文化节”节旗、节徽、吉祥物、纪念章（图案）、节歌（词）、楹联的启事》。社会各界积极响应，踊跃投稿。至3月10日止，共征集节旗、节徽、吉祥物、纪念章（图案）、节歌（词）96幅（首），楹联1183副。

3月13日上午，在汉城公园东南隅的欧式小楼上，组委会办公室举行征集作品评审会。当时的评委有马培封、张守民、吴广川、孟昭俊、季传民、丁可、梅法坤、周节文、赵传龙等10人。会上，参评的节旗图案7种，节徽图案9种，吉祥物图案6种，纪念章图案4种，节歌（词）6首，楹联106副。凡图案类，均编号挂在墙上，节歌和楹联均打印成册，评委们人各一份。所有参评作品均不显示作者姓名、住址，当场计票。1996年4月12日在《沛县报》公布了评选结果，并选载了11副楹联向社会公示。如县林牧副业局局长许怀周撰写的一副长联，上联是：“黎庶仰庄严宫阙重构中华锦绣春风丽日思高祖”；下联是：“风云乘际会浪潮再涌大地繁荣碧海青山招汉魂”。沛县华佗医院中医主任医师蔡敬民撰写的《汉魂宫赋》洋洋千言，荡人心魄，歌古而颂今，华美而大气，刊载于《沛县报》上。

关于节歌的创作，《沛县报》发布启事以后，来稿不多。我即发动同在办公室工作的吴广川、丁可、梅法坤等每人创作一首。我起初创作了一首《古沛的风》，主要受《亚洲雄风》的影响，以女独的演唱方式撰稿。成稿后，组委会办公室张守民建议此曲作为电视纪实片《大风潮》的主题歌，再另写一首作为节歌，这样雄壮、大气。我又草拟了《龙的故乡》一稿，后改为《沛县出了个汉刘邦》。送审时，县领导李荣启、陈宝德对个别字句提出了修改意见。

为了把歌曲唱响，做成精品，组委会决定请名家谱曲，并多请几位，多谱几稿，以供选择。把《古沛的风》歌词寄给了南京军区前线歌舞团的著名作曲家龙飞，他是《太湖美》等名曲的作者。又与全国音协秘书长晨枫联系，并把《古沛的风》《沛县出了个汉刘邦》两首歌词寄上。晨枫即把两首歌词分别呈送给了生茂、羊鸣、胡俊成三位全国著名作曲家。这样，连同龙飞在内，四位名家在一个月内共写出了齐唱、独唱六首曲子，以供选用。羊鸣是空政文工团的著名作曲家，歌剧《江姐》的作曲之一，《我爱祖国的蓝天》等名曲的作者；胡俊成是原铁道兵歌舞团团长，《铁道兵战士志在四方》等名曲的作者；生茂是《马儿啊，你慢些走》《学习雷锋好榜样》等名曲的作者。曲稿寄来后，即邀请县内文艺界的知名人士品评和试唱。大家一致认为，到底是名家之作，各有特色，皆为精品。但因经费所限，最后只选定了胡俊成谱曲的男声独唱《沛县出了个汉刘邦》和龙飞谱曲的女声独唱《古沛的风》到南艺录制磁带。同时录制的还有张守民谱曲的领唱、合唱《大风歌》。

在整个征集活动中，给人印象很深的是节徽和吉祥物图案的作者刘运苏。他当时三十岁左右，略瘦，大眼睛，上唇有一层毛茸茸的小胡子，衣着不整。“征稿启事”见报后的一个中午，刘运苏来到组委会办公室。他微笑着，谦恭地把他创作的节徽图案和吉祥物图案展示出来，办公室的同志们眼睛为之一亮，当即认为这是两幅佳作。评审会后，节徽图案由赵传龙、周节文、张守权稍做修改，作为大节旗的图案，同时作为装饰性小节旗和纪念章的图案之一。吉祥物图案迅速制作出了实物，分别放置在一进沛城的农行大楼前的十字路口和汉城公园门口。这个与真人大小相同、名为“沛沛”的活泼可爱的小龙人，为沛县县城立时增添了些许鲜活的喜庆色彩。

文化节为沛县的文化艺术界搭建了一个展示的平台，同时也为文坛的雅士们提供了一次施展才华的机会。张让，这位沛人皆知、自学成才的文化能人，胸中好像有用不尽的智慧、流不完的才气。他具体负责的文化宣传组把全县城乡、十里县城作为一个大舞台，导演了一出“一文一武一皇帝”的活剧。大约在 4 月，办公室荐举县档案局局长周脉华应急出场，担当起了“中国沛县展”的布展重任；同时由王洪震鼎力相助，在短短一个多月的时间内，高标准地完成了布展任务。

开幕式在新落成的汉城公园北门对过的汉城广场举行，中央电视台《新闻联播》著名播音员李瑞英主持。二十一响礼炮震天，数千只信鸽飞翔，上百只气球飘彩……鼓乐齐鸣，万众欢腾。中共徐州市委书记王希龙讲话，江苏省副省长王荣炳、河南省副省长张洪华等分别致贺，内外嘉宾和沛县人民共同沉浸在喜庆与幸福之中。开幕式后的文艺演出在汉城公园内举行，沛县初级中学教务主任刘小宁主持了演出活动。汉魂宫前，依势搭建的舞台别致而壮观。由市文化局及巨涛编剧、张继德导演的大型音乐舞蹈《大风赋》史诗般地再现了刘邦的辉煌，展现了那个“风起云飞”的时代，激发着人们再创“雄图伟业”的豪情壮志。整个演出融广场艺术和民乐、歌舞、武术于一体，气势宏大，场面壮观。与此互动的还有县城内的串街演出，县剧团和各乡镇组织的高跷、唢呐、舞龙、舞狮、彩车、旱船等接踵过市，热闹非凡。在省市电视台的指导下，县电视台全程录像并现场直播开幕式及其演出，全县城乡都沉浸在浓郁的节庆气氛中。

为了切实把文化节办成沛县人民自己的节日，进一步增强节庆的喜气、人气，在县城区同时举办了为期一周的“高祖庙会”，把往年常在春夏之交举办的物资交流会，融进了文化节的整体活动中，既丰富了节庆内容，同时也适应了春夏之交的季节农时及民众所需，放大了高祖原庙落成后的社会效应。

第一届刘邦文化节，既借鉴了外地经验，也有沛县特色；既隆重热烈，又朴实厚重；是沛县人风采的一次展示，沛县精神的一次张扬。它的效应，它的回味，会在相当长的一段时间内，存留在沛县大地上，存留在人们的记忆中。

大爱长歌

——沛县百万干群支援抗震救灾全记录

季忠义

一震成殇九州巨痛，孤鸿梦断五月悲寒。

历史将永远牢记这个时刻——2008年5月12日14时28分。一场八级强震撼动中国、震惊世界，缤纷的花蕾瞬间消逝，数万生命顷刻陨落。

历史将永远铭记这个坐标——北纬31度，东经103.4度。四川汶川，血泪之地，生民之痛，家国之难。

这是一场震惊全球的大灾难——新中国成立以来破坏性最强、波及范围最大的地震，汶川、北川、青川、绵竹……这些名字牵动了世人关切的目光。

这是一曲气壮山河的大集结。地不分南北，人无分老幼，万众一心，众志成城，以最快的速度、最大的努力、最短的时间凝聚起一个民族无坚不摧的滚滚铁流。爱的传递、力的汇集，浇铸起顶天立地的精神长城，谱写出战天斗地的英雄战歌。

国之殇，民之瘼。灾难无情，人间有爱。面对灾害，沛县百万人民充分发扬中华民族“一方有难，八方支援”的传统美德，积极踊跃捐款捐物，用爱心点燃生命的激情，用善举托起生活的希望。

灾情牵动着县委、县政府，牵动着全县人民。县委书记冯其谱，县委副书记、县长冯兴振等县四套班子领导带头捐款献爱心，并号召全县干群为灾区奉献一份爱心。5月16日组织捐款8.63余万元，5月18日县政府专门拨款100万元资助灾区。

当听说灾区有很多伤员急需血液，我县群众立刻到采血点献血。由于每天只限93人献血，许多献血的群众在遗憾之余，纷纷进行募捐。义务献血现场变成了募捐现场……

大爱无疆，真情无限。悲痛化为力量，深情变成善举。广大农村基层群众纷纷捐款捐物，为灾区人民尽自己的心意。全县各镇平均捐款20余万元，其中杨屯镇、沛城镇、龙固镇捐款均超40万元。全县15个镇捐款总额达350万元。

在沛投资的外商也掀起了捐资热潮。其中，徐州金虹钢铁集团捐款20万元，徐州天成氯碱有限公司捐款10万元，徐州芭田生态有限公司捐款6万元，福润集团捐款4万元。

5月18日，我县部分中小学生利用周末自发走上街头，高举“抗震救灾献爱心”的横幅，捧着“奉献爱心”等字样的募捐箱，在十字街头等人流密集处向过往市民分发为汶川等地震灾区募捐的倡议书。

在汉城公园的一个募捐点上，一位靠拉二胡为生的盲人，把自己讨要来的80枚一元硬币放到了募捐箱里。

在大屯煤电公司的一个募捐点上，一个精神病患者把身上仅有的5元钱投进了募捐箱。

栖山镇胡楼村七十多岁的张界荣老大娘一家老弱病残，常年吃救济，拿出了从牙缝里省出来的40元钱。

龙固镇果园村七十多岁的五保老人杜明山捐出了100元钱，三里村八十多岁捡破烂的段誉洲捐出了50元钱，七十多岁的五保老人左哑巴捐出了皱皱巴巴的10元钱。

八十三岁的老人武凤州看到地震带来的苦难，他立刻带着平时省吃俭用的2000元钱来到县农村信用合作社汇款，为灾区人民奉献了自己的一片爱心。

一位八十八岁的离休老同志带着10000元钱来到大屯煤电公司离退休职工管理中心，向灾区捐款表达爱心，却不愿意留下名字。

5月19日，国旗低垂，汽笛长鸣，山河齐哀，举国同悲。为表达全国各族人民对四川汶川大地震遇难同胞的深切哀悼，各部门、各单位及各镇举行哀悼仪式。14时28分，全县上空防空警报长鸣，汽车、火车同时鸣笛，冯其谱、冯兴振等县四套班子全体领导及全县人民共同默哀三分钟，沉痛哀悼四川汶川大地震遇难同胞。

没有动员，没有数额要求，县国土资源局干部职工自发地在募捐箱前排起队伍，为灾区人民奉献爱心，不到半个小时的时间里就募集善款18250元，后来又缴纳特殊党费10400元。全系统总体捐款68000余元。其中鹿楼国土所副所长李凯个人捐款1000元。

县药监局干部职工捐款18500元。其中驾驶班班长李宗君向灾区人民捐款6000元。

湖西农场党员干部和职工在近50个月没领到一分钱工资的情况下，迅速行动，踊跃捐款，先后捐款500余人次，捐款4.8万元。

县人民医院广大医务工作者倡议：少吸一包烟，少买一件衣服，把省下来的钱捐给那些正在受苦受难的同胞们，并把2万余元送到相关部门。

县金龙种鸡场厂长李明瑞在养殖行情不好的情况下，单位捐款10000元，又动员职工捐款2000元。

县个体工商户燕山华联超市总经理燕晓军个人捐款10000元。

魏庙恒润华工厂厂长高广杰个人捐款10000元。

县中健体育用品公司经理郝超捐款10000元。

县薇薇新娘婚纱摄影店经理、残疾人韩方坤个人捐款2000元，组织职工捐款3500元。

……

爱如潮水逐浪高，无数的溪流终于汇聚成爱的海洋。全县赈灾捐赠资金达1280万元，居全市前列。其中，“特殊党费”缴纳180万元，县慈善会接受捐赠895万元，县红十字会接受捐赠20万元，驻沛煤炭企业捐款185万元。一笔笔捐款，带着130万古沛儿女的深情厚谊，正在为灾区群众送去希望和力量。

二十多年前，一位汶川的藏族女儿走出大山，成为沛县的媳妇。当得知家乡地震的消息后，她把家中仅存的15000元钱寄到了灾区；镇里组织捐款时，她又拿出1500元；听到徐州四家医院接受灾区伤员的消息时，她又前去陪护，为家乡的亲人们献上一个远嫁女儿的拳拳孝心。

她叫陈立芳，家住五段镇夹堤子村，是村小学退休老师。从身高相貌和衣着打扮上，我们看到的是憨厚和纯朴，感到的却是崇高和伟大。对捐款一事她总是躲躲闪闪、支支吾吾。住的是三上三下的楼房，房间里也没有几件像样的家具，值钱的东西更是无从谈起。穿得极其朴素，甚至有点寒酸。16500元钱，对这个家庭来说，应该是一半的家当。

她不愿接受采访，更不愿意宣传。她一再说："人家都捐几百万几千万的，咱捐点钱不算啥，不值得一提。"谈起家乡的亲人，她止不住地流下了热泪。她的家乡汶川县草坡乡是重灾区，地震中姐姐、三个孩子和嫂子共五位亲人遇难。

短短几分钟的家常，让我感受到了平凡中的伟大，质朴中的崇高。回去的时候，透过车窗看到她越来越远的身影，我的眼睛也湿润了。我想起了一位著名诗人的诗句："为什么我的眼中常含泪水，因为我对这土地爱得深沉。"

一位九十四岁的老人徐传道，拄着拐棍步履蹒跚地走到村委会，抖抖索索地双手递过20元钱，连连说："钱不多，是我的心意。"家住沛城镇鹿湾村的徐传道老人，经历过民国、日伪、新中国三个时代，深知社会主义的好，深感共产党的恩。在电视上看到地震的消息后，连续两三天吃不下饭、睡不着觉。"灾这么重，地面这么大，得毁多些人，得吃多大苦、作多大难啊。"老人天天念叨，撵着儿子媳妇打听捐钱的地方，为灾区尽点心。

得知村里募捐的消息后，他不由分说，拄起拐棍，一步一晃地向村委会挪去。不到两里路他走了将近20分钟。当他把20元钱交到村支部书记于怀华手里的时候，在场的人都感动了。他们知道，老人家在三个儿子家轮流吃饭，一个月也就30元的零用钱。他还动员三个儿子："一家捐100块钱，国家遭这么大的难，帮一下忙，穷不了咱。"

于支书连忙在广播里播发了老人积极捐款的善行义举。一石激起千层浪，在他的感召下，全村捐款的热情空前高涨。于支书当场捐出2500元；村民彭金山送来1000元，后来听说交纳特殊党费，又送来1000元；村民柴德安送来1000元，弟弟柴德华送来500元；村民林凡勇四兄弟每人送来100元；腿脚不好的张在学把卖三趟韭菜的100元钱送到村里；村民孟治以公司的名义到县民政局捐款10000元后，又到村里个人捐款1000元；村民李茂敏夫妇家里没钱，就赶到县人民医院献血，被告知血库已满，两人就连夜到河里摸鱼，次日一早就把还带有鱼腥味的三张10元、三张5元和五枚1元硬币送到了村里。短短两天的时间，村里就募集善款38800元。

灾情就是命令，灾区就是战场。耳畔没有冲锋的号角，眼前没有猎猎的军旗，八位对越自卫反击战的英雄再度集结，再度冲锋。不是为了歼灭，而是为了拯救。连续九天九夜，以激情和勇气，用无私和忠诚谱写人间大爱，唱响了“脱下军装，我还是一个兵”的惊天浩歌。

用行动捍卫誓言，用血汗演绎忠诚。英雄曾经是百姓，英雄如今是凡人。无情的岁月虽然剥蚀了他们的青春和记忆，但热血和激情不减，使命和责任仍在。

连续不断的抗震救灾的报道，一幕幕惨状，一个个壮举，尤其是胡总书记的亲自指示，温总理的亲临现场，使他们逐渐感到了事态的严重性。黄广金坐不住了，张修亮坐不住了，独士勇坐不住了。国家有难，匹夫有责。蹲在电视机前光流泪顶啥用，咱当过兵的人说啥也得顶上去。独士勇提议：“国家又到用得着咱们的时候了，咱们这些戴过军功章的老兵不能在家里干着急，得冲上去，立功证书不能揣一辈子，我们还要在新的战场再立新功。”一呼百应，说走就走。5月15日凌晨2点，他们分头和其他战友约定：下午4点在县汽车站集合，费用自理，过时不候。

下午4点，黄广金、张修亮、独士勇、李法纪、李祥、孟宪明、史志德、吴登春八位来自我县四镇八村的战友重新形成了战斗序列，组成沛县抗震救灾老兵突击队，推选黄广金任班长。时间不等人，他们迅速和徐州观音机场联系航班，没有最近的班机。他们又和济南机场取得联系，转道徐州，于当晚9点赶到济南。在候机的间隙里，他们连夜购置食品、药物和纯净水。

一夜无眠，16日上午9点飞抵成都双流机场。出站后他们就奔到四川省红十字会请战。11点左右，他们接到任务到机场物资总库，负责押送救灾物资。起初大家不理解，纷纷请战：“我们是老山前线参加过战斗的老兵，一不怕苦，二不怕死，有丰富的实战经验，还是派我们到前线去吧！”

“哪里最需要，就到哪里去；哪里最困难，就往哪里冲。当前争的是时间，不能挑工作，军人就要以服从命令为天职，按上级的指示办。”黄广金一锤定音。当晚8点，张修亮、吴登春就押运物资赶赴彭州一线。17日上午11点，黄广金和其他五名同志于下午2点在彭州小鱼洞镇与张、吴会合。

山崩地裂，桥断路阻。墙倒屋塌，断壁残垣。废墟片片，余震连连。灾情远远超出了他们的想象。三天里他们没黑没白地跑，和镇村里的干部一道发放物资，转移伤员，抢救财产。李法纪心有余悸地说："本来山清水秀的好地方，巨石当道，山跟刀劈的一样，加上余震不断，随时都有塌方的可能，运输太难了。"

20日，他们转战到都江堰市白沙镇虹口乡。当他们正在帮助一户张姓人家往外清理搬运家具时，突然发生六级地震，八间配房早已化为平地，四上四下的主屋也摇摇欲坠。但他们临危不惧，稍稍安定之后又冲进屋内，帮助转运财物，感动得一家老小说不出话来。

23日，他们接到上级通知，迅速撤离，明天部队就要开赴这里。当天晚上8点，他们又连夜装好四车物资送到前线。24日当天，也就是他们返乡的日子，又押运十车物资到灾区。连续九个昼夜，他们没有睡过一个好觉，吃过一顿好饭。当时饮用水很紧张，每人一天只供应一瓶水，而解放军战士两天才供应一瓶水。他们押运的物资难以统计，但他们再渴再饿也没人打过救灾物资的主意。

返程时，他们又把身上剩下的7000多元钱捐了出来。尽管如此，他们仍然流露出遗憾的神情，总觉得为灾区人民做得实在太少，还有很多战友因时间和经济问题未能一道赶赴灾区，并肩作战。他们的事迹在战友中间传开后，远在内蒙古打工的战友刘昭文赋诗一首表示祝贺："挥师南下飞四川，志愿抗震去抢险。面对生死何所惧，不是当年胜当年。昔日杀敌冲在前，今朝救灾走在先。人生路上多豪迈，英雄本色永不变。"

让我们记住这八位勇士的名字吧：

黄广金，二等功、三等功各一次，河口镇李集村村主任，供销社下岗；

李法纪，二等功，河口镇燕湾村人，供销社下岗；

李　祥，一等功，河口镇黄庄村人，下岗工人，打工；

孟宪明，三等功，三等甲残，河口镇吴河村人，打工；

史志德，二等功，鹿楼镇团结村人，农机站下岗；

独士勇，二等功，安国镇独庄村人，水泥场下岗；

吴登春，二等功，安国镇程庄村人，水泥厂下岗；

张修亮，二等功，三等甲残，敬安镇敬安村人，供销社下岗。

五十名建筑铁军发扬“特别能吃苦、特别能战斗、特别能奉献”的精神，战胜了一个又一个困难，取得了一项又一项成绩，充分展示了汉皇故里遍地英雄的沛县形象，在绵竹大地唱响了抗震救灾的《大风歌》。

5月21日，省委、省政府对支援四川德阳过渡安置房建设做出部署，要求建筑施工行业充分发挥自身的优势，全力帮助四川灾区做好应急救援工作。我县迅速成立赴川援建工作指挥部，在近千名志愿者中选拔一支由五十人组成的突击队。选派十名队员参加全市赴川援建技能培训，县建管局也对突击队员进行了必要的技能和安全培训，配备一流的装备。

5月28日，县人民会堂前，彩旗招展，鼓乐喧天。县四套班子全体领导和建设系统的数百名干部职工代表列队为支援四川地震灾区建设突击队送行。县委书记冯其谱为突击队授旗。县委副书记、县长冯兴振勉励大家，要牢记家乡人民的重托，以高度的责任感和使命感，把百万人民的深情厚谊化作支援灾区重建家园的强大力量，为灾区建设交上一份满意的答卷。

五十名突击队员在第一时间奔赴建设一线——四川绵竹东北镇观明村，开展过渡安置房建设工作。当时无水无电，无任何作业面，缺少大型机械，无法进行安装工作。队长卫荣勤、副队长宋欣当机立断，全队昼夜加班，分工合击，白天组织安装过渡安置房，夜晚突击浇铸混凝土。混凝土跟不上就派人对混凝土车进行导引，想方设法加快浇铸速度，提高施工的效率。

绵竹这块曾经留下汉高祖刘邦足迹的地方，让来自高祖故里的突击队员的心与这块土地贴得更亲更近。从6月1日到6日，连续工作五天五夜，夜幕下，发电机微弱的灯光中，白天里，炽热烤人的阳光下，大家你争我抢，忘我地忙碌着。浇铸地平等工作成效显著，为兄弟县丰县队和常州市大队安装打开了工作面，同时安置房建设也大部完成。

无论是白天，还是深夜，队长、临时党支部书记卫荣勤一直在现场指挥调度。他及时召开会议，细心做好思想工作，还在小队之间开展了竞赛。6月9日一下午，三个小队板房立墙24间。卫荣勤患有糖尿病，稀饭和绿豆汤都不能喝。蚊虫叮咬，皮肤溃烂很难愈合，痛痒难忍。儿子正在高考，他却不能顾及。

副队长宋欣，为迅速打开工作面，和队员连续加班五天五夜。从6月1日到9日，全队突击浇铸混凝土6615平方。在过渡房安装中，创造了一个队员一天完成10平方的纪录。16日，接受下水管网窨井施工任务后，他带领队员在大雨中坚持作业，浑身被雨湿透了也全然不顾，仅用一天，就全部完成，被队员们誉为“巴顿将军”。

大队抽调李峰等技术骨干进行定位放线，他就扛着定位仪和战友们定位每一块场地，脚上打起了血泡，三四天磨破了一双崭新的军用鞋，两三天就喊哑了嗓子，他却连药也想不起来吃。他出色地完成了定位放线任务，确保了整个大队施工快速有序地进行。他的事迹先后在今日绵竹、四川新闻网刊发，成了焦点人物。6月12日，在距离汶川大地震整整一个月的日子里，他成为我县突击队员中火线入党第一人。

二十多个农机跨区作业队视灾民为亲人，视为灾区收麦为己任，宁愿自己倒贴钱，也要为灾区群众抢收回丰收的粮食，用心血和汗水诠释了中华民族国家有难、匹夫有责的感天动地的大爱情怀。

地震发生后，县农机局立即通过移动、联通两大短信平台，向正在四川进行跨区作业的沛县农机手及时发去了慰问短信，提醒农机手要时刻注意人身安全，防止人员受伤及财产损失。同时，积极号召沛县的农机手参加当地的抗震救灾活动。

当时，刘元农机专业合作社社长刘玲沛正带领由七台联合收割机和三十二人组成的作业队，为四川彭州市彭镇灾民免费收割。5月20日，联系县农机局和福田雷沃重工，主动向绵竹市抗震救灾指挥部请缨，以徐州沛县刘元农机专业合作社与福田雷沃重工名义赶赴绵竹参加小麦抢收抗震救灾。

为了不给灾区政府和人民增加安置困难，从5月20日至6月1日，他们靠吃方便面、睡道路旁的方法自行解决吃住，全身心地投入帮灾区群众抢收小麦的工作，共在绵竹市的汉旺乡、香山镇、九龙镇等地为灾民抢收小麦2000余亩。虽然当地政府已承诺为灾民机收小麦埋单，但在完成作业后，他们没有向当地政府收一分钱，所有的油料消耗及机收费用均由合作社与福田重工协商承担。

克服丘陵地区的艰险，不怕疾病的感染，默默无闻地为当地“三夏”工作做出无私奉献，他们的行动感动了当地的农民，只要到达一个小麦收割地点，老百姓就会主动给他们送水、送饭。为了方便灾民存粮，农机手们还想灾民所想，免费将粮食送到指定地方存放。他们的事迹不仅深深地打动了当地政府和灾民，也受到了新闻媒体的广泛关注，中央电视台5月23日《新闻联播》报道了他们的义举。在映秀镇的小麦收割现场，农机手班守勤说：“我们是沛县农机局组织的农机服务合作社，跨区收割小麦，现在看到四川地震造成这么大的损失，我们只是尽自己的能力，利用手中的机具为四川的抗震救灾贡献力量，我们不为名，也不为利，只是尽力抢收粮食。”

救灾农机手朱信跃算了一笔账：免费收割九天，一台机收二三百亩不等，按当地机收价是两万多块钱，全部免费。刘玲沛无限感慨地说：“我们走的时候，当地老百姓站在路两边给我们送行，感谢我们，祝我们一路平安，我们感到很值。”他手中还珍藏着灾区人民的感谢信。

沛县刘元农机合作社：

刘玲沛师傅，您于2008年5月20日参加由我公司组织的“抗震救灾‘三夏’抢收队”，在四川绵竹的汉旺、香山、九龙等地为当地农民收割小麦，为抗震救灾贡献自己的力量。在此感谢您在这次抗震救灾行动中对灾区人民做出的贡献。

特此感谢！

德阳市农机局

德阳市吉峰农机公司

2008年5月30日

据统计，沛县近200台联合收割机在当地政府和农机部门的指挥下，在汶川、绵竹、九龙等重灾区为农民收割小麦2万余亩。有52台高性能收割机坚持免费收割，免费收割面积在15000亩左右。

一个人的长征。高迎军看到灾区惨状，他只身奔赴成都，以一名志愿者的身份出钱出力，孤军作战。他累倒在救灾一线，为跟家人有所交代，他发出了“短信遗书”。

5月13日晚，大屯煤电公司发电厂的一间宿舍内，高迎军一家三口正在吃晚饭。电视里在直播四川汶川大地震的有关情况。“老婆，我准备去灾区做志愿者，明天就走。”三十一岁的高迎军突然说出一句话。原来他已向单位请了假，说是要办私事。临行前，他撂下一句话：“如果有人问我，就说我出差了。”

16日晚上，高迎军到达成都火车站，随后和其他志愿者会合。大家确定了第二天的目的地——受灾较为严重的什邡市红白镇。

17日上午，高迎军发给老婆的短信中称：“这里到处是废墟，凄惨的情景鞭笞着我们不能有丝毫松懈，大家只有快点再快点地干活。”在红白镇，高迎军承担了搬运救灾物资、清理废墟等耗体力的活。有时，他还要和其他志愿者一起消毒防疫，分发食物。

为节省话费，高迎军每天只给老婆发一个短信报平安。他唯一一次打电话是让老婆给他汇2000元钱。他把带去的钱全捐给灾区了，但还想再捐些钱。为尽快让老公收到这笔钱，李利荣在家中没钱的情况下，借钱打到他的银行卡里。

5月18日，他和几位带着几十斤煎饼赶来的山东志愿者商量如何去红白镇附近一处叫“欢乐谷”的地方救援仍被围困的灾区群众。

5月19日中午，高迎军和消防官兵一起在什邡市红白镇金河磷矿家属区进行尸体埋葬区消毒防疫时，一个男子发疯般扑向高迎军，左手死死卡住他的脖子，右手拳头雨点般落在他脸上：“谁让你埋我娘的？我七个亲人都埋在底下了，我想多看我娘几天都不成吗？”高迎军被打得满脸是血，但没有去责备他，更没有还手。

当接到20日可能发生六级左右强余震的通知后，高迎军没有走。每天超负荷的工作和无时无刻映入眼帘的惨状，使他的身心受到了巨大的打击。他感觉自己病了。深夜，又一次强余震降临，地动山摇中，他流着泪写下了“遗书”短信：“爸妈，保重！也许我再也不能孝敬你们了。老婆，保重！晨晨，我亲爱的儿子，保重！长大以后，你一定要做地震专家，就是死，也要死在第一线！”他还给《重庆晚报》的一名记者发了一条短信：“如果我真的出不去了，请你将这条短信内容转给我的父母和家人，让他们不要哭，因为我是真心来救灾的。救灾就难免有牺牲。非常遗憾的是那么远来了，我并没能为灾区做点什么……即使生命长眠于此，但我无怨无悔……我家住江苏徐州大屯煤电公司发电厂20号505室。我老婆的名字叫李利荣……”

次日，灾区环境继续恶化，其他志愿者陆续撤下山，唯有高迎军独自一人留在什邡市灾民安置点，继续帮助灾区干活。当天，他将自己身上的2000元钱捐给了受灾群众。终于，劳累过度的高迎军倒下了。

22日夜，接到当地派出所和志愿者的通知，在成都市第四人民医院，李利荣见到了躺在病床上的老公。成都市第四人民医院被高迎军的精神感动，免除了他的所有费用。当地市民和志愿者常来探望高迎军。为了更好地治疗，李利荣决定带高迎军回到徐州。

25日下午，高迎军带着一身的疲惫和病痛，在亲人的搀扶下踏上了回家的列车。28日早上回到家。想起在四川抗震救灾的事情，他连续多天晚上都睡不着觉，一入睡就做噩梦，有时还会惊叫，也没有食欲，只好走进南湖医院接受心理疏导。

十一个小时前，失去了父母，失去了亲人，失去了校舍，灾区孩子受伤的心灵如何得到抚慰？今后的人生之路该怎样走好？沛县汉城国际学校的董事长李红旗决定每年投入50万元，接收30名汶川灾区孤儿免费就读。

在沛县的学校中，他们第一个为灾区捐款。作为一名教育工作者，李红旗眼里更多的是孩子们。重建工作即将展开，怎样为灾区的孤儿出把力？“把更多的灾区孤儿接到学校来，提供免费教育、食宿，直到把他们送进大学。”李红旗的建议，得到学校董事会的一致认可。学校马上成立专门小组，进行细致的规划：成立一个“爱心班”，接纳30名汶川地震孤儿，配备专职的生活教师、营养师、医师，为孤儿安一个新家，让他们早日走出阴影，健康茁壮地成长……

江苏沛县汉城国际学校是一所集幼儿园、小学、初中、高中十五年一贯制的国际化、特色化、现代化的寄宿制民办学校，十五年下来，抚育30个孩子的投入是个不小的数目。“为了孩子们的幸福，再多钱我们也花得值!”李红旗坚决地说。

李红旗向四川省有关部门咨询成立“爱心班”的具体事宜。并呼吁国内的民办教育机构应该倾情资助灾区孩子，奉献爱心，为灾区孩子营建一个温暖的家。

消息公布后，无锡、南京等地有几所学校做出响应，也打算在当地设立“汶川班”。市教育局很赞赏这一善举，支持他们资助灾区孤儿，奉献爱心，为灾区孤儿营建一个温暖的社会家庭。

6月10日上午，沛县汉城国际学校迎来绵竹市九龙镇三名初一女生就读，而陪同孩子来的家长则被安置在校后勤工作。学生费用全免，家长提供就业的做法，使他们分外感动，感激地说：“你们想得太周到了，我们可以安心开始新的生活了。”

在他的带动下，全县其他学校也向灾区的孩子敞开了怀抱。

5月25日，歌风小学幼儿园迎来了四川省绵阳市安县沸水镇桥木村的小朋友张毅。四天时间里，幼儿园全体师生为张毅捐款2500元。

同时，五段中心小学一年二班接收了来自四川广元灾区的学生张佳琪。学校为她购买了书包、文具等学习用品。

5月27日上午，沛县第三中学、县歌风小学师生迎来了四川省绵阳市安县沸水镇中学和沸水镇小学的学生张倩娥、刘浩、张毅。免收一切费用，免费为孩子提供教科书、书包、校服等学习用品和必要的生活用品。

6月2日，郝寨中学迎来了绵阳灾区的两名女生赵竹和张菊，她们被安排到初一年级就读……

行动的力量虽不磅礴，意义的凸显却蔚为壮观。

这段不平凡的日子，因为牵挂和被牵挂，因为需要和被需要，因为奉献与被奉献，爱心和真情赋予我们以纯粹和高尚，让我们对生活和生命也有了新的感悟和认知。

逝者如水映月色，生者如山自巍峨。

灾难终将过去，伤痛渐埋心底，日子归于平常。唯愿这段激情燃烧的岁月催生的精神，永远伴我们前行。

恩格斯说过："没有哪一次巨大的历史灾难不是以历史的进步为补偿的。"我们坚信，汶川大地震是一个悲壮的过去，更是一个伟大的开始。

"胜利一定属于英雄的中国人民。"

附记：铭记历史　永怀感动

汶川大地震，无疑是一场规模空前的历史浩劫，在中国母亲的胸膛上撕开了一个巨大的裂口。猝不及防的灾难突如其来，山川秀丽的巴蜀大地顿时山崩地陷，桥断路阻；美丽富饶的天府之国瞬间废墟一片，哀鸿遍野。

汶川大地震，更是一场感天动地的民族精神的大考。从天而降的大灾难吹响了一个伟大民族的集结号。万众望汶川，举国克时艰，生死大营救，千里大驰援，爱心大奉献。伟大的行动催生了伟大的精神，这就是"万众一心、众志成城、不畏艰险、百折不挠、以人为本、尊重科学"的伟大的抗震救灾精神。

地震爆发以来，灾区的一切都牵动了我的目光，纠缠着我的心。在单位组织的救灾捐款和特殊党费缴纳活动中，我都是义无反顾，倾其所能，给他们以最大的帮助。然而这仍然没给我带来多大的心理安慰。作为一名文字工作者，作为当地文学创作团的一名成员，我想我有义务，更有责任，用自己手中的笔记录这段不平凡的历史，留下一个民族的精神记忆。虽然我不能亲临灾区，统览全国，但我可以以一己之力追逐、记录我们这块土地上发生的支持抗震救灾、重建家园的历史。于是在百忙之中，我挤出几乎所有的业余时间踏上了采访别人、考问心灵的历程。

在将近一个月的采访时间里，我的心一直处在感动和感奋之中。一个个叫人肃然起敬的名字，一件件鲜活生动的事例，让我深切地感受到了，我们这方古老而又英雄的土地上的人民的大灾大恸、大爱大义、大智大勇、大善大美。为帮助灾区毅然捐出半个家的汶川藏族女儿、沛县媳妇陈立芳；拄着拐棍去捐款，引发全村自发捐款高潮的九十四岁老人徐传道；亲赴灾区自费参加抗震救灾的对越自卫反击战的八位英雄；视为灾区收麦为己任，宁愿自己倒贴钱也要为灾区群众抢收回丰收的粮食的农机跨区作业队；“特别能吃苦、特别能战斗、特别能奉献”的五十名援川突击队员；一个人的长征，在灾区发出短信遗书的高迎军；免费接收灾区儿童就读的民办学校校长李红旗……

我走访着，感动着；我感动着，走访着。一个个活生生的事例，不止一次地让我情不自禁地流下泪水，我的心灵也受到一次次的震撼和洗礼。我的泪在流，我的心在抖。将近一个月的时间里，我不知道自己流了多少次泪，也记不清自己跑了多少里路，打了多少个电话，采访了多少人。一次次的感动，一次次的洗礼，使我的心灵得到了净化，灵魂也得到了升华。我感动于他们的善举，敬佩他们的精神，一个个有名人和无名者的付出共同铸就这人间大爱，一起唱响抗震浩歌。

山摇地动，废墟上挺起不屈的脊梁；生死较量，危难中彰显坚强的意志。无数普普通通的人用自己的实际行动诠释了天塌地陷时的大爱，定格了山河破碎后的美丽，谱写了催人泪下也催人奋进的乐章。也就是在这种伟大精神的感召下，我把深情与感动倾注笔端，在一个晚上的时间里写就了长达万字的报告文学《大爱长歌》。次日便被县报连续分两期刊发，紧接着又在《徐州日报》全文刊载，在社会上引起了强烈的反响。

灾难让人奋起，泪眼见证了一个民族的伟大；困难孕育希望，血汗将印证一个民族的崛起。记下一段悲壮的历史，记下一种伟大的精神；记住我们共同的经历，记住我们曾经的感动；记录一个民族的大爱，记录一段国家的记忆。我尽力了。

我自豪，我见证了这种伟大的精神；我欣慰，我记录了这段特殊的历史。

改 革 篇

从传统农业到现代农业

徐　伟

沛县农业生产历史悠久，但在中华人民共和国成立前夕，农村经济衰败不振，农业生产力水平很低，1949 年全县粮食总产量仅 9.13 万吨，亩产 43 公斤。经过土地改革，调动了农民的生产积极性，农村经济开始复苏。1958 年，成立了人民公社，人民公社组织形式是工、农、商、学、兵五位一体，农、林、牧、副、渔五业俱全，政社合一的农村大集体。

1978 年 12 月，党的十一届三中全会把改革的春风吹遍神州大地，土地实行大包干，农民有了自主权，发挥出潜能。1984 年，全县粮食总产量达到 56.6 万吨，比 1978 年翻了近一番，解决了长期“供应短缺”的问题。养殖业大发展，猪、牛、羊、鸡、鸭等饲养量和水产品产量快速发展，农产品的市场供应量大大提高。1984 年，农民人均收入达到 427.2 元，比 1978 年增长了 7.2 倍。农业、农村、农民发生了可喜的变化。1992 年，南方谈话解决了市场经济姓“社”还是姓“资”的问题，更激发了农民种地的积极性，我县市场农业驶向了高速发展阶段。

随着温饱问题的彻底解决，农业发展开始向调整产业结构、增加农业收入、帮助农民奔小康方向发展。2002 年 11 月，党的十六大提出统筹城乡经济社会发展，建设现代农业，发展农村经济，增加农民收入，全面建设小康社会的发展目标。2006 年，国家正式取消了农业税。我县贯彻中央指示精神，把“三农”工作当作重中之重，实行“工业反哺农业、城市支持农村”和“多予、少取、放活”以及“改变城乡二元结构”等一系列方针政策。全县的农民收入增加了，农业综合生产力提高了，社会主义新农村建设起步了。随着农业产业结构战略性调整的强势推进，我县农业进入新一轮高速发展期，农民人均纯收入从 2003 年的 3880 元提高到 2008 年的6706元，标志着我县农业迈上了现代化的高速路，广大农民在绿色的田野里正收获着憧憬，收获着希望。

近年来，沛县农业坚持稳中求进的工作总基调，树立质量第一、绿色发展、效益优先“三个导向”，以沛县乡村振兴战略为总抓手，深入推进农业供给侧结构性改革，以“2811”工程为重点，按照“二横五纵”的产业布局，不断壮大绿色稻米、高效瓜菜、优质果品、生态肉鸭、特色水产等主导产业。先后被批准为国家现代农业示范区、国家农业产业化示范基地、全国粮食生产先进县、全国标准化示范县、全国秸秆综合利用试点县、江苏省农业现代化试点，连续七年获批全省高效农业先进县，连续七年农业现代化监测综合测评苏北第一，位居全省第一区间。

坚持以集群建设为重点，优化产业布局，产业规模不断扩大。围绕主导产业，以大沙河现代农业产业带和徐沛快速通道现代农业产业带“两带”建设为核心，突出绿色稻米、优质果品、生态肉鸭、养生牛蒡、辣椒制种、设施西瓜、高效芦笋、特色水产八大特色产业集群，着力打造我县“十三五”的“二横五纵”产业布局。目前全县耕地面积121万亩，承包土地面积94万亩，其中小麦60.1万亩、水稻45万亩、玉米18万亩、大豆5万亩，平均单产491公斤，总产6.7亿公斤，是全国标准化水稻示范区；高效蔬菜复种面积110万亩，总产量200万吨，总产值50亿元，是名副其实的江苏省特色蔬菜种植第一县；优质果品总面积10万亩，主要优势生产区集中在黄河故道大沙河沿线，是江苏省最具潜力的果品生产基地；生态肉鸭年孵化、饲养、加工超过亿羽，实现肉鸭孵化、养殖、加工三个全国第一，是“中国肉鸭之乡”；特色水产养殖面积6万亩，其中标准鱼塘面积2.7万亩，设施渔业面积1.3万亩，稻渔综合种养面积2万亩，是省级现代渔业建设先进县，湖西农场成功获批国家级稻渔综合种养示范区；全县高效设施农业总面积达到37.8万亩，占比达到30%以上，占比全省第一；全县产业布局上形成沿微山湖30万亩优质绿色稻麦基地及5万亩特色水产基地、中部沛丰路沿线0.4万亩生态肉鸭养殖基地、西南部30万亩高效设施菜菌基地、西部5万亩高效果品基地等五大产业基地。

坚持以绿色发展为导向，狠抓生态修复，乡村环境不断改善。全县共推广测土配方施肥面积95.6万亩，覆盖342个村居，涉及农户16.8万户；大力推进“三化”绿化工作，年新增造林面积1万亩，森林覆盖率达到

23.41%；夏秋两季大力推进秸秆全量还田，在各镇区场建设秸秆收储中心草场26个，全县秸秆还田量88%以上，秸秆综合利用率96.5%以上；配合“263”，全县完成畜禽污染治理设施改造的规模养殖场（户）262家，完成总任务数的76.2%，禁养区内完成关闭、拆除养殖场（户）485家。以安国湖国家级湿地公园工程建设为主线，严格相关标准，全面修复湿地植被，维护生态功能完整，带动全县湿地公园、湿地保护区等湿地生态保护建设工作，全县湿地保护面积达到1255公顷，保护率达到52%以上。

坚持以品牌强农为核心，严格质量监管，品牌效益不断提升。荣获“国家级绿色农业示范区建设单位”“全国绿色食品原料（小麦、水稻）标准化生产基地”“国家级肉鸭标准化示范县”等称号。目前建成国家级和省级农业标准化示范区5个，省级项目“无公害肉鸭、生猪、果品、蔬菜质量安全示范基地”6个，示范镇2个，农产品质量安全追溯示范单位7个。全县无公害、绿色、有机农产品“三品”生产基地96万亩，累计“三品”认证886个，“三品”基地占比达到90.2%，配合省对我县产业基地例行抽检连续三年合格率均达到100%；近年来积极打造一批有影响力的“沛”字号区域公共品牌、知名企业品牌和名特优农产品品牌，努力形成全国知名的品牌农产品生产基地。至2017年，“沛县狗肉”获农业部地理标志；云雪面粉公司被评为全国百家绿色食品示范企业；敬安4万亩辣椒小镇是黄淮海地区最大的辣椒制种基地；“广勤”系列米、“龙飞地”牌肉鸭、“建强”芦笋、“契旭”系列米获江苏名牌产品、名牌农产品称号；徐州农垦湖西有机大米获2016年度江苏省首届稻米博览会“江苏好大米”优质农产品称号；“韭韭”牌黑木耳、“汉露”牌黄桃、“鑫升”牌粳米、“草庙”牌长茄等7个产品获徐州市名牌农产品；“洪福渔”获批江苏省水产品质量安全追溯产品；“沛公酒”自1992年起连续七届被评为江苏省著名商标，在此基础上又获得9个省优、2个部优、2个国际金奖；“陈油坊”葡萄、沛县沙河“印象”果品、“沛公”蔬菜、“沛县红喜蛋”、“沛县大米”等一大批区域品牌市场知名度不断提高，市场不断扩大，品牌效应不断显现。

坚持以“互联网+”为载体，发展新型业态，产业融合不断紧密。以计算机大数据应用为中心，按照不同产业类型，全面推广生物集成栽培、无土栽培、物联网、水肥一体化、智能育苗等技术，朱寨镇农管家淮海绿谷智能育苗、杨屯镇水产科技示范园物联网应用、河口镇航天育种培育、大沙河优质果品基地可视点建设等一批先进技术成熟应用，全县农业的可控性和智能化水平不断提升。全省首家电子商务类合作社沛县“大农合”电商平台注册人数超过5万人，建立“县域运营服务中心+镇服务站+村服务点”三级电子商务运营服务网络，2017年全县电子商务交易额突破30亿元。全县省市县三级龙头企业发展到258家，其中国家级龙头企业4家，省级10家，市级46家，年销售收入达到460亿元。完善“龙头企业+基地+家庭农场”等经营模式，全县产销对接基地30万亩，带动农户10.6万户，户均增收8000余元，实现龙头企业发展壮大与农民致富增收双赢。沛县拥有规范的农产品加工平台。目前，10平方公里的农产品加工产业园基础设施配套完善，集聚中粮集团、中国雨润、浙江海通、中意食品、广西桂柳等国家、省、市级农业龙头企业76家，总投资超百亿元。肉鸭形成以忠意、桂柳等为龙头的集孵化、育雏、饲养、宰杀、分割、加工、销售一条龙的产业链；蔬菜形成以海通食品、天顺公司等为骨干的集研发创新、种苗繁育、应用推广、精深加工、物流配送于一体的创汇特菜产业体系。优质稻米形成了以微山湖米业、广勤米业为龙头的集生产、加工、销售于一体的优质稻米产业体系。

坚持以科技兴农为关键，打造服务平台，支撑能力不断夯实。围绕特色产业发展，加强产学研联合，先后与南京农业大学、省农科院、扬州大学、市农科院、徐州生物工程学院等科研院校建立了长期合作关系，与中科院等各地院所近70名专家签订了科技服务协议，实现了科技创新与产业发展需求的有效对接。加快信息资源整合，充分利用沛县农业网、“12316”短信平台等信息手段推进成果转化和应用，推进农业技术推广服务信息化，目前全县“12316”短信用户增加到7700人，惠农短信已发送70余条，合计50万余次。不断推进我县镇级农技推广体系建设，全县拥有镇级农业技术推广机构18个，益农社191个，益农社覆盖涉农村80%，全县职业农民5.7万人次，占比达到34%。大力推进“三新”工程建设，大幅提升全县农业生产科技水平，目前全县共实施农业科技成果转化项目130项，带来直接经济效益240亿元，新增经济效益50亿元以上，带动农民年人均增收6000余元。

为了璀璨的晚霞

徐安伯

老干部工作是我党、我国的一项特色工作，是组织、人事部门的重要工作内容之一。近四十年来，我县的老干部工作，从无到有，从小到大，从大到优，不断克服困难，完善制度，取得了很大成绩。党的老干部政策得到落实，党和政府的形象得到维护，社会和谐稳定的局面得到巩固。

中华人民共和国成立后，很长一段时间，老干部工作由各级组织部门管理。20 世纪 80 年代初，随着国家干部人事制度的改革，各级专门从事老干部工作的部门应运而生。我县于 1982 年成立了县委老干部局，首任局长为李世斌。第二任和第三任局长分别是张基贵、吴广生。1987 年 11 月，县委调时任鹿楼镇党委书记的赵本科任第四任局长，九间平房、十几个人，服务全县三千多名离休干部。

当时摆在赵本科他们面前的有两大难题：一是和兄弟县相比，县里还没有老干部活动中心；二是绝大多数单位不能及时发放老干部的生活费，不能及时报销老干部的医药费。离休干部是党和国家的宝贵财富，他们在战争、革命和建设时期为党和人民立了功，作为人数越来越少的一个特殊群体，保障他们的晚年生活体现了党和政府对这部分人的特殊关心。为使沛县的老干部工作跟上时代步伐，赵本科积极向县委领导请示汇报，促使县委下定了建设老干部活动中心的决心。为办征地手续，赵本科等人徐州、南京跑了不下十次，终于在今汉城公园东门对过征了地。建设资金则采取财政拨一点、自己“化缘”等方式一点点解决。1990 年动工，历时两年，耗资百万，一栋局部四层的老干部活动中心拔地而起。里面规划了棋牌室、乒乓球室、书画室等，建设了门球场，初步满足了工作需要。为解决老干部的生活费、医药费问题，老干部局全体干部职工分片包干，到有老干部的单位反复宣讲政策，商讨解决办法，使老干部的生活费、医药费问题得到缓解，钝化了社会矛盾。硬件设施具备后，为使老干部老有所为、老有所乐，老干部局又牵头成立了老干部门球协会、钓鱼协会、花鸟协会、书画协会等社团组织，让老干部根据自己的爱好加入进来，丰富晚年生活。

赵本科1994年12月卸任，张守法、张景谦分别为第五任、第六任老干部局局长。

前人栽树，后人乘凉。在老干部活动中心投入使用的二十多年里，这里始终是全县老干部活动的主阵地，他们在这里学习娱乐、谈古论今，享受着愉快的晚年生活。一茬又一茬老干部工作者在这栋楼里默默奉献，任时光如水，从青丝到白发。

如今已是县老龄办主任的华大鹏曾在老干部局干了十年副局长、三年主任科员，经历了第七任踪素玲、第八任苏莎莎、第九任魏翠三任老干部局局长。他善协调、会总结，是最熟悉沛县老干部工作的人之一。他向笔者回忆了在老干部局工作的有关情况。

离休干部分布在全县各行各业、各个乡镇，有的在行政，有的在事业，有的在企业，工资发放途径不同、标准不同，最主要的是受制于经济发展的低水平，在十多年里，老干部的生活费、医药费问题都没有从根本上得到解决。主要表现在生活费不能按时发放，医药费不能及时报销，矛盾有时还比较尖锐，这些问题都集中反映到老干部局。老干部局一面积极向县委、县政府反映，争取政策支持；一面到相关单位督促协调，动之以情，晓之以理；还要苦口婆心做好老干部的思想工作。

2002年，老干部生活费、医药费问题的解决迎来转机。这年，县委、县政府根据上级精神，制定下发了《关于转发〈关于建立健全离休干部离休费、医药费保障机制的意见〉的通知》《关于转发〈沛县离休干部医疗保障办法〉和〈沛县离休干部医疗管理实施细则〉的通知》，建立健全了离休干部离休费、医药费保障机制和财政支持机制，史称老干部“两项经费统筹”和“三项机制建设”。2003年起，县财政拿出78万元解决了离休干部拖欠医药费、三项经费问题。2004年、2005年共拿出124万元解决了拖欠离休干部国标工资问题，并对破产、改制企事业单位离休干部的医药费实行减免补贴。2002年全县离休干部医药费统筹时标准为每人每年6500

元，2005 年提高到每人每年 8000 元，2008 年提高到每人每年 14000 元，2012 年提高到每人每年 20000 元。

老干部的政治待遇得到切实保障。每年都组织享受地市级待遇和任过县级实职的离退休干部参加县委、县政府召开的春节团拜会、情况通报会、老干部座谈会、全县三级干部大会等重要会议和参观工农业生产等重大活动。该看到的文件能看到，该订阅的报刊得到订阅，向县委、县政府建言献策的渠道始终是畅通的。

为丰富老干部的精神生活，老干部局充分发挥各涉老社会组织的作用，使全县老干部活动丰富多彩，有声有色。目前，我县有老区开发促进会、关工委、老年大学三个老干部组织，有书画、摄影、门球、乒乓球、网球、象棋、麻将、钓鱼、桥牌、夕阳红艺术团等十个老干部协会，它们都卓有成效地开展了各类活动。县关工委在全县范围内开展了创建关心下一代“四有五无”村试点活动，创办了小海燕记者团，在全县老干部中倡导开展了“十个一”的“五老”关爱活动，多次受到省市关工委的表彰。县老区开发促进会、扶贫协会，紧紧围绕县委、县政府的中心工作，“拾遗补缺、抓点带面、牵线搭桥、传递信息”，为全县农村脱贫致富做出了重要贡献。县老年大学常年开办十多个班级，高峰期在校学员五百多人。县老干部门球队在徐州市比赛中取得过四连冠的成绩，并代表江苏省参加过全国的老年门球赛事。县爱鸟协会每年都举办春季鸟鸣大赛。老干部书画协会、摄影协会每年都举办多次采风活动，切磋交流技艺。夕阳红艺术团自编自演群众喜闻乐见的小节目，足迹遍及城乡。

一个个平台的搭建，为老同志奉献余热提供了舞台。他们以青春的姿态、火一样的热情回报社会，在人生的暮年奏出了生命的强音。

县国税局离休干部武凤洲，离岗不离党，拖着病体坚持参加组织活动，时刻不忘党员身份。自己虽然住在只有六十多平方米的旧房里，却把省吃俭用的四万元钱用来资助贫困大学生、为敬老院老人改善伙食、帮助家乡修路等，受到国家税务总局的表彰，被评为“全国离退休干部先进个人”。

县建委离休干部王世晶，以宣讲党史、国史，宣传国家建设成就、教育青少年为己任。他跑遍全县城乡，拍摄两万多张反映经济社会发展的新闻图片，多次在省市县媒体上发表。他自费整理一千多幅关于沛县抗战的历史图片，深入乡村、学校、企业，并结合亲身经历，讲述日寇暴行和中国人民顽强不屈进行抗争的故事，直接受教育者达六万多人。王世晶老人先后被评为“沛县道德模范”“沛县十佳好人”“徐州市儿童慈善人物”“徐州市关心下一代先进个人”“全国离退休干部先进个人”等。

中学教师退休的张悍华老人，情系忠魂，主动请缨到县革命烈士陵园守陵。他二十多年如一日，吃住在陵园，擦洗墓碑、拔除杂草、维护设施，为前来祭扫的各界群众、青少年讲述烈士们的事迹。他用一腔热血执着地守护着一片崇高的精神家园，为我们树立了一个不忘初心的老共产党员的高大形象。2012 年，张悍华老人入选“中国好人榜”。

2018 年，我县老干部工作的接力棒传到了第十任局长张婧手里，为加强对老干部工作的领导，按照上级要求，她还兼任县委组织部副部长。到任不久，即上门拜访县内部分离休和高职级老干部，同他们促膝谈心，嘘寒问暖，征求对老干部工作的建议和意见，迅速拉近了同老干部之间的心理距离。

随着时代的变迁，老干部工作也在不断地注入新的内容。2016 年 1 月，中共中央办公厅、国务院办公厅印发了《关于进一步加强和改进离退休干部工作的意见》的通知，省市委也出台了相应的《实施意见》。要求各级要积极稳妥推进离退休干部工作转型发展，激励广大离退休干部为全面建成小康社会，实现“两个一百年”奋斗目标和中华民族伟大复兴的中国梦贡献智慧和力量。根据文件要求，各县要成立县委领导下的离退休干部工作委员会，各基层党委、党组、总支要成立离退休干部党支部。由于多种原因，我县的离退休干部党组织建设工作开展得不够平衡。张婧同志向县委主要领导和分管领导汇报，在她的推动下，2018 年 3 月，县委批准成立“中共沛县县委离退休干部工作委员会”，正式在县委老干部局挂牌。接下来，县委老干部局会同县委组织部，向全县各基层党委（党组、总支、支部）下发了成立离退休干部党支部的通知。经过努力，全县成立离退休干部党支部五十个，涵盖所有的镇（场）、街道及县经济开发区。县委办公室向全县各级党组织下发了《关于全面加强离退休干部党建工作的实施意见》，成为全县离退休干部党建工作的规范性文件。尤其是县委、县政府把“构建全县离退休干部党建工作机制”列为 2018 年全县重点改革事项予以推进，使全县离退休干部党建工作进入全县整体工作的大盘子，有力地保障了这项工作的开展。为全面加强离退休干部党支部规范化建设，推动离退休干部党支部争先创优活动扎实有效开展，离退休干部党工委和县委组织部按照“六有一提升”的标准制定了《创建“六有”离退休干部党支部考评办法》和《“六有”离退休干部党支部考评细则》，使各基层支部有章可循。

沛城街道是县城驻地，离退休干部比较集中，张婧同志经常会同街道办负责同志深入社区调查研究，共同搞好活动。在香城社区开展了“老干部关爱周”“夕阳红活动周”和“增添正能量，共建新沛县”主题实践活动，展现了县委离退休干部工委的凝聚力，也在全社会营造了尊老爱老的浓厚氛围，受到老同志的一致赞誉。

为跟上时代发展的步伐，张婧同志又创办了老干部局工作微信群、老干部工作微信公众号和“白首青云”沛县老干部服务群，在县政府网站实现了链接，使全县老干部工作在网上网下交流互动，与时俱进。

在很多人看来，老干部工作是微不足道的“小众”工作，既无关大局，也容易做好。但是，县政府原顾问翟居忠老人却说，老干部工作“责任如山”，老干部工作者须“勤奋如牛、心细如发、始终如一”。华大鹏同志也深有感触地说，从事老干部工作要“用心、务实、尽力，大处着眼、小处着手”。当老干部把他们叫到家里，品尝自家树上结的石榴时，当他们把慰问金送到老同志病床前，听到他们含混地说着感谢组织时，这些年轻的“老年工作者”心里是满足的。

目前，由于城市建设的需要，县老干部活动中心划入征迁范围。我们有理由期待，不久的将来，我县老干部工作会迎来一个崭新的发展天地。让我们记住这样一群为让晚霞更璀璨、为让夕阳更火红而默默奉献的人！

亲历1996年沛县党政机构改革

魏裕前

我是1984年12月选调到县人事部门工作的，先是任县人事局办事员、县编制委员会办公室（以下简称“县编委办”）秘书，1989年9月，提任县编委办副主任，后兼任县人事局副局长。长期从事机构编制管理、人事管理、人才资源开发、公务员管理工作。尽管分管业务工作不断调整与变化，可一直没有离开机构编制管理工作岗位，其间有机会了解了全县编制管理工作沿革和历次机构改革工作情况，近距离接触了时任党、政领导在机构改革工作中咨询、决策、督促落实的过程，参与了机构改革组织实施工作的一些情况与细节，很高兴在改革开放四十周年之际，谈谈自己的亲身经历与感受。

改革的历史背景和指导思想

每次机构改革都是在不同的政治、经济基础环境和时代背景下进行的，沛县党政机构改革也不例外。源于计划经济体制下形成的行政职能的配置，因国家大局下经济基础的发展变化，需要调整、变动与转移，机构、人员编制精简势在必行。

1996年1月31日，全市人事编制工作会议在徐州召开，时任市长王希龙强调：要紧紧围绕全国经济体制由计划经济向市场经济体制转变和经济增长方式由粗放型向集约型转变的精神，把适应计划经济的人事管理体制调整到与社会主义市场经济体制相配套的人事管理体制上来；把传统的人事管理调整到整体性人才资源开发上来。中央和省、市的部署，为县、乡党政机构改革工作指明了方向。这一时期，县委提出“改革改造、开发开放、创业创新，大干大上”号召，全县上下，各个领域、各行各业出现了风正气顺、人心思进、聚力思干的良好局面，党政机构改革的政治、社会基础正在逐渐形成。学习、贯彻上级关于党政机构改革的一系列文件精神，深刻领会落实上级对县、乡党政机构改革工作的部署，紧迫而又艰巨的任务摆在了县委、县政府领导，全县广大干部职工以及我和同事面前。

前期准备和调研工作

1996 年 6 月 2 日下午，时任县委常委、组织部部长朱启彬主持县人事局全体人员会议，宣布了县委决定：陈立元调任县人事局局长。从此在陈立元局长直接领导下，我和他融洽相处，合作共事达八年之久，一起经历了这次机构改革的全过程。6 月 16 日，县委下发了《关于调整县编制委员会组成人员的通知》，时任县委副书记、县长庄华平任主任委员，陈立元局长兼任县编委办主任。这次县编委主任调整任职后，我作为县编委办副主任，开始与庄华平县长，以及后来继任县编委主任的李荣启县长等县领导有了多次的面对面接触，常常向他们汇报编制与改革工作，一方面增加了他们对我的了解，另一方面也从领导身上学到了驾驭全局、善于谋划、勇于改革的精神和担当。

按照县委、县政府领导要求，组织抽调专门工作人员，开始前期准备工作。为减少改革阻力，要求各级各部门、各乡镇严格管理，严格程序，冻结审批，缺岗不补，自行调节。市编委办副主任刘杰来沛检查机构改革准备工作，庄华平县长参加并专门介绍了沛县情况。刘杰副主任肯定了沛县县委、县政府、县编委趋前思考、主动而为、稳定大局、有序展开的改革策略，以及在机构编制冻结之前已实施减少审批次数、优化审批程序、增加经费投入所采取的积极措施。赞赏沛县在编制管理和机构改革前期准备工作中能够切实领会中央、省、市精神，思路清晰，严密组织，并先行撤销县建材、轻工、机电、化工等行政性公司，为改革工作减轻压力的做法。改革前期工作得到领导认可，市、县满意，我和同事们心里只有短暂的轻松。

改革方案的制订与形成

学习领会中央、省、市精神，做好前期准备、调研工作，为讨论修改、研究制订改革方案打下坚实基础。经过大家认真研讨，决定结合自身实际突出县域特点，考虑历史、未来发展与周边因素，兼顾县委、县政府宏观决策、协调指导、引领把握的科学性以及各职能部门在咨询、执行、调节、反馈、监督等方面运行机制的建立等。

县委、县政府及时决策，为机构改革在原则、程序、政策、工作措施等方面把握了正确方向，稳定了机关干部职工的思想情绪，也给我和同事们增添了工作动力。为进一步加强对机构改革工作的领导，建立了以庄华平县长为组长，时任县委副书记李荣启、县委常委常务副县长周凡为副组长，县委办、县政府办、组织、人事、编委办、劳动、计划、财政、审计、纪检监察部门负责人参加的县党政机构改革工作领导小组。肖俊书记强调，改革班子加紧开展工作，这段时间，工作量较大，编制控制较严，焦点集中，矛盾突出，但反过来说，为改革减轻了负担，县编委办的同志做了很好很有成效的工作。

为了使改革内容能够切合全市各县（市）区实际，从而达到改革目标，市编委办及时组织各县（市）区对呈报的改革方案，在全市业务工作范围内组织实施前的研讨论证。6 月 27 日，在徐州市财政培训中心，时任市编委办副主任刘杰主持召开了各县（市）区人事、编制负责人参加的县（市）区机构改革方案研讨会。会议从编制业务工作的要求出发，对各县市机构改革方案做了进一步修改完善，并对组织实施的时间、步骤做了安排。之后，我和编制工作组的同事们期待着机构改革实施工作的到来。

组织实施与“三定”工作

组织实施与“三定”工作紧密相连，组织实施的过程，就是实施“三定”的过程。“三定”工作是实施机构改革方案的关键步骤，是实施工作的核心内容；“三定”工作的质量将直接影响组织实施的成效与改革的成败。

为了确保“三定”工作任务落到实处，从9月2日开始，我们有计划、分层次地分别与分管县领导，各部门党政负责人，政工、人秘干部，业务专家骨干，法制、法律工作者等，就各部门上级政策要求、法律依据、机构设置建议、职能转变具体内容、涉及配套政策措施等，广泛听取各部门意见、建议。至11月20日止，共召开各类型讨论会、座谈会、专题会会议八十余次。县委下发了《关于调整县机构编制委员会组成人员通知》，李荣启任主任委员，时任县委常委、组织部部长朱启彬，县委常委、副县长姜朝福任副主任委员。陈立元局长继续兼任县编委办主任。领导干部的调整，使得组织体系进一步完善，循序推进机构改革工作有了保障。

11月22日，在县政府礼堂，全县党政机构改革动员大会召开，县委副书记韩大俭主持会议，李荣启县长就全县党政机构改革的指导思想、基本原则、改革内容、实施步骤和办法等做了重要部署。李荣启县长要求按照“宣传动员、组织实施、检查验收”几个阶段的任务，抓紧抓好机构改革工作。庄华平书记出席会议并做了重要讲话，他强调：按照改革要求，理顺关系，抓好部门职能转变，该下放的权力必须下放到位，该移交、合并的职能要界定清楚，确保提高工作效率；要做好动员宣传工作，通过机构改革，促进机关作风、干部作风的转变；要精心组织，强化领导，严格纪律，确保圆满完成机构改革工作任务。11月23日，县编委组织印发了庄华平书记、李荣启县长分别在党政机构改革动员会上的讲话材料，要求各级各部门认真学习，积极贯彻，严格执行。同时，县委及时调整了涉改部门领导班子，党、政主要负责人就任履行新职务。至此新旧机构平稳过渡，新机构开始运行，工作秩序如常。

全县党政机构改革动员大会的召开，标志着机构改革组织实施工作迈开了实质性步伐，“三定”将成为下一步工作任务的重中之重。为贯彻落实好“三定”会议部署的工作任务，我和编制工作组的同事从12月5日到18日，利用近半个月时间，分别与各部门主要负责人共同讨论修改部门“三定”方案草案。“三定”方案审批下去，听取各部门情况的反映，收集有关情况和问题，继续听取各部门及有关人员的不同想法、意见、建议，以利于对今后机构改革工作的进一步完善，完成县级部门“三定”工作任务。我和同事们迅速行动，组织审核、草拟各部门“三定”方案的批复文件。经过积极努力，至1月30日前，党委、政府各工作部门“三定”方案陆续审批结束。而后，县人事部门按照国家公务员职位分类工作要求，依据批复的政府各部门“三定”方案，下发了《沛县国家公务员职位分类工作实施意见》，组织开展了县政府各部门编制《职位分类说明书》的合格验收批复工作，为推进全县行政机关实行国家公务员制度提供了管理依据。

机构改革组织实施工作得以有序推进，伴随改革前后进程中，县委、县政府决策及时调整，完善了部分机构设置和职能，合理划分了一些工作职责，理顺了工作交叉的关系，从而减轻了改革压力。县级党政机构改革工作基本完成的同时，我和县编制工作组的同事们也马不停蹄地转入到乡镇机构改革工作中。

以点带面推进乡级机构改革

乡镇机构改革是全县党政机构改革工作的重要组成部分，乡镇作为基层政权建设的前沿，情况复杂，涉及面广，政策性强，改革与干部职工、与广大农民群众的切身利益休戚相关，改革与农业和农村经济的发展密不可分，改革任务同样繁重而艰巨。为了加快乡级改革的步子，县里专门开会研究如何抓紧做好乡镇机构改革工作，原则同意乡镇机构改革工作明年元月启动部署。随后县编委办对比各乡镇情况，初步建议，选择不同规模、不同地理位置、不同经济状况的敬安镇、崔寨乡、朱寨乡作为试点乡镇。

1月19—22日，县委组织、县人事、编制部门，敬安镇、崔寨乡、朱寨乡党委负责人，参观考察山东曹县庄寨镇、郑庄乡机构改革工作，学习他们优化组合、稳妥分流富余人员及通过改革签订目标责任状的先进经验。时任县委组织部副部长蒋正顺带领的工作组负责指导敬安镇试点工作，配合时任敬安镇党委书记吴爱民、党委副书记兼镇长龚逢运、党委副书记张李、组织委员李兴堂等领导小组成员，组织开展敬安镇机构改革研讨和方案制订工作；陈立元局长带领的工作组负责指导崔寨乡试点工作，配合时任崔寨乡党委书记闫淑琴、党委副书记兼乡长马立凯、副书记欧正海、组织委员赵玉光等领导小组成员，组织开展崔寨乡机构改革研讨、方案制订工作；我参与的工作组负责指导朱寨乡试点工作，配合时任朱寨乡党委书记刘广远、副书记兼乡长朱明月、副书记吴瑞云、组织委员张训龙组成的领导小组，组织开展朱寨乡机构改革研讨、方案制订工作。通过查资料、摸情况、召开座谈会等，提出适合试点乡镇机构改革工作措施、实施办法的初步建议，然后召开乡镇党政班子及有关部门、人员参加的研究会议，进一步征求意见；在修改、补充、完善的基础上，拟订试点乡镇机构改革初步方案。

3月29日，试点乡镇分别开始进行部署机构改革，经过宣传动员、组织实施、定岗定责、优化竞岗，至4月3日，试点乡镇机构改革工作结束。敬安镇清理清退镇自有资金开支临时人员58人，优化落聘10人，分流（含退休、退居二线、转入经济实体等）29人；崔寨乡清理清退乡有资金开支临时人员23人，优化落聘3人，分流（含退休、退居二线、转入经济实体等）32人；朱寨乡清理清退乡有资金开支临时人员20人，优化落聘6人，分流（含退休、退居二线、转入经济实体等）5人。

经过试点乡镇探索路子，为全面推开乡镇机构改革打下基础，我和县组织人事、编制工作组的同事们也有了底气，增强了信心。4月12日下午，全县乡镇机构改革实施动员会议召开。会前陈立元局长主持召开了乡镇分管政工的副书记、组织委员、指导联络员培训会议，对乡镇机构改革县乡（镇）工作衔接、联系、督促、落实、指导提出要求。为便于工作指导协调，稳妥推进，剩余22个乡镇实施分两批进行，第一批与第二批错时两天，即第一批11个乡镇4月13日启动部署，第二批11个乡镇4月15日启动部署。指导联络员共分11组，每组两人，分别负责两个乡镇。动员会议由时任县委常委、副县长姜朝福主持，县委、县人大、县政府、县政协、县纪委领导出席。试点工作的敬安镇、崔寨乡、朱寨乡领导做了典型发言，县委常委、组织部部长朱启彬传达了县委、县政府《关于印发〈乡镇机构改革实施意见〉的通知》。会上，县委书记庄华平强调：要妥善分流人员，要坚持严格掌握政策，严肃改革纪律，强化领导，确保4月底完成乡级机构改革任务。

乡镇机构改革工作全面铺开后，我和组织人事工作组、编制工作组的同事立即分头下到各乡镇开展座谈，了解、帮助协调有关情况，解答疑难问题，督促改革进展。4月17日下午，陈立元局长主持第一次指导联络员调度会，了解进展情况，各乡镇按照县委、县政府部署，已经陆续宣传发动，组织实施工作在积极推进。陈立元局长要求，加强督促，正确处理当前工作与改革的关系，认真组织，稳妥实施，保证改革质量。4月23日上午，召开第二次指导联络员调度会，各乡镇已经部署组织实施工作。

验收总结与巩固成果

验收总结，是机构改革实施步骤的最后环节，也是检验机构改革工作是否走过场，能否保证改革成效的重要措施之一。通过验收总结回头看，系统梳理改革全过程，修正完善改革措施，为建章立制、巩固成果提供重要依据。

1997年5月6日上午，市委组织部组织“沛县机构改革与推行国家公务员职位分类制度建设”专题调研，认为沛县机构改革思路清晰，组织严密，措施得力，工作扎实，达到“干部顺心、群众称心、组织放心”的效果。5月8日上午，市委常委、组织部部长汪为群考察沛县，听取沛县县乡两级机构改革工作情况汇报，充分肯定沛县县委、县政府积极贯彻上级精神，主动而为，勇于担当，妥善处理改革、发展、稳定的关系，严格执行改革政策，严密组织改革程序，严肃改革工作纪律，为全市机构改革工作提供的先行经验十分可贵。5月10日，县乡镇机构改革领导小组研究下发了《关于组织开展乡镇机构改革工作检查验收的预备通知》，明确提出了检查验收的内容、方法、步骤、时间安排、工作要求，并制定了检查验收提纲；各乡镇对照自身机构改革情况，进行自查与小结，同时完善了双文明目标考核实施办法，健全了各项工作制度。而后县乡镇机构改革领导小组成员、组织人事、编制工作组与指导联络员组织开展检查验收，5月13日，检查验收圆满结束。

7月22日，省委办、省政府办下发传真电报，督促全省机构改革工作进程。7月24日，市编委办组织向各县（市）区编委办主任传达学习，并提出贯彻意见，确保8月25日左右全面完成改革任务。8月10日，县编委办整理《关于沛县县乡两级机构改革及贯彻省两办传真电报精神汇报提纲》，向市编委办呈报了沛县机构改革进展情况。8月26日，庄华平书记主持县委常委会，研究同意县委办批复县人大、县政协、县法院、县检察院机关、县总工会、团县委、县妇联、县科协、县工商联、县文联机关机构改革方案并组织实施“三定”工作。至此，全县县乡两级党政机构改革实施阶段工作任务全面完成。

回顾1996年沛县县乡党政机构改革，我深深地感到，改革之所以大局稳定、组织有序、措施得力、成效显著，是因为有省、市部门及领导指导，有县委、县政府及县领导高度重视，更是因为各级各部门相互配合，广大干部职工顾全大局、踊跃参与，各乡镇党委、政府精心组织、积极进取、稳妥推进。还有在改革的背后领导干部的高瞻远瞩、深谋远虑以及同事们并肩协作、敢打硬仗的辛勤付出和积极努力。

织牢就业“经纬线”

刘胜峰

我出生于20世纪60年代末，正值经济社会发展相对困难的时期，兄弟姐妹六人，父母都是地地道道的农民，面朝黄土背朝天，一个汗珠子摔八瓣，生活的艰辛、人生的苦闷、饥饿的感觉常常伴随着我。吃饱穿暖，走出这片黄土地，找到一份谋生的职业是我人生最初的执念。庆幸的是，我们终于赶上了改革开放的好时代。1992年春夏之交，我进入张寨乡政府，从事秘书工作。先后历任宣传委员、组织委员、副镇长、副书记、人大常委会主席。2005年，通过竞职，担任张寨镇镇长，2010年走上胡寨镇党委书记岗位，2012年2月担任鹿楼镇党委书记，2017年8月到人力资源与社会保障局任局长，彻底实现了从为个人找工作到为全县人民谋就业的梦想，绞尽脑汁、全力以赴织牢就业“经纬线”。

党的十一届三中全会以来，政策体系和就业服务日趋完善，彻底改变了计划经济体制下“统包统配”的就业模式和就业活力不足的局面，逐步形成了适应社会主义市场经济要求的就业体制机制。按照劳动者自主就业、市场调节就业、政府促进就业和鼓励创业的就业方针，坚持就业优先战略和积极就业政策，使沛县就业工作取得历史性成就、发生历史性变革。实现了劳动就业制度由“统包统配”计划体制向市场就业体制的转变，就业总量持续增长，就业结构不断优化，就业政策与就业服务体系日趋丰富完善，城乡劳动者就业更充分更高质量。

我县有130万余人，适龄劳动力约78万余人，劳动力人口众多，经过长期努力，基本实现了比较充分的就业。至2018年上半年，全县就业人员达67万人，比1978年增加34.5万人。党的十八大以来，城镇新增就业、新增转移农村劳动力人数再上新台阶，年均分别保持在9000人以上、6000

人以上。累计帮扶 55843 名失业人员和建档立卡贫困劳动力实现就业增收。离校未就业高校毕业生实名制登记率和服务率均达 100%，高校毕业生年末总体就业率保持在 92% 以上的较高水平。城镇登记失业率始终控制在 3% 以内，低于全市控制线 1 个百分点。

从城乡结构看，城镇就业人员规模不断扩大，由 1978 年的 6.35 万人增至 2018 年上半年的 24.8 万人，占全县就业人员的比重由 18.4% 上升至 37%；大量农村劳动力转移就业，至 2018 年上半年，全县累计转移农村劳动力 35 万人。从三次产业结构看，第三产业成为吸纳就业的主体，就业人数由 1978 年的 3.2 万人增至 2018 年上半的 17.88 万人，占全部就业人员的比重由 9.8% 上升至 26.7%。从不同经济类型看，随着私营和个体经济从无到有、从小到大，2018 年上半年私营企业和个体从业人员达 9.4 万人，占到城乡就业人员的 14.03%。

随着改革不断深入，计划经济时代“统包统配”的就业制度发生根本转变，全县就业工作按照国家就业方针不断与时俱进。从 20 世纪 80 年代初的劳动部门介绍就业、自愿组织起来就业和自谋职业相结合的“三结合”就业方针，到 90 年代“劳动者自主择业、市场调节就业、政府促进就业”的就业方针，再到党的十八大以来“劳动者自主就业、市场调节就业、政府促进就业和鼓励创业”的新时代就业方针，市场导向的就业机制逐步建立并不断完善。1980 年前，沛县实行全民单位招工制度，从 1983 年沛县改革用工制度，试行劳动合同工，设立县劳动服务公司和乡镇劳动服务站，全县共建立乡镇劳动服务站 27 个，采取介绍就业和自谋职业相结合的方法，广开就业门路。

从 2002 年开始确立积极就业政策体系的基本框架，市场就业制度逐步形成。从早期开办劳动服务公司和乡镇劳动服务站，到劳动力市场、人才市场向人力资源市场整合发展，我县逐步建立起覆盖县、街道（乡镇）、社区（村）的三级公共就业服务网络，确立了免费提供政策咨询、信息发布、职业指导、职业介绍、创业服务等的基本公共就业服务制度，覆盖城乡的公共就业服务体系基本形成。目前，我县有基层公共就业服务平台 400 个，1 个五星级人力资源市场，夯实“15 分钟公共就业服务网”。各级公共就业服务机构每年办理劳动者求职登记 6000 人次，提供职业指导 9200 人次。面向全体劳动者的职业培训制度不断发展，职业培训规模不断扩大，劳动者就业能力普遍提高。目前，全县有培训机构17家，“十二五”以来，共开展城乡劳动者职业技能培训69330人，享受政府补贴性培训的劳动者达31860人次。

贯彻党和国家有关就业工作方针政策，先后解决了回城知青失业问题、下岗职工和企业离退休人员生活保障问题，使老百姓的收入越来越高、生活越来越好。同时，改革“统包统配”的就业制度，坚持劳动力资源配置的市场化改革，广开就业门路，推动组织起来就业和自谋职业，改革固定工制度，实行劳动合同制，搞活企业用工机制。推动统一开放、竞争有序的人力资源市场体系建设，支持鼓励大众创业、万众创新，以创新创业带动就业，形成了供求双向选择、劳动者自主就业创业新格局。

我县劳动力众多，就业总量压力和结构性矛盾将长期存在，解决好就业问题是我们长期面临的一项重大战略任务。实行更加有利于促进就业的政策，完善促进就业的综合政策体系。健全强化政府投资和重大项目建设带动就业机制，在推进战略性新兴产业发展中开拓就业新领域，在经济结构调整中拓展就业空间，形成经济发展与扩大就业良性互动的长效机制。加快发展以生产服务、人力资源服务、金融服务、贸易服务、家庭服务等为重点的新兴服务业，大力发展劳动密集型产业和小微型企业，千方百计扩大就业规模，为经济发展提供人力资源支撑。

落实全民创业各项优惠政策措施，努力降低创业门槛，强化部门联动机制，切实形成政府推进创业的强大合力。出台各项政策措施，引领推进各类创业主体自主创业；发挥从县到村三级创业服务平台功能，拓展各类创业载体培训（实训）、孵化和服务功能，提供项目开发、开业指导、融资服务、跟踪扶持等服务。发展众创空间，创建一批功能完备、服务配套的众创空间，力争创建国家级大学创业示范基地；健全创业服务体系，积极开发带动就业能力强的创业项目，进一步做好项目信息、政策咨询、开业指导、融资服务、人力资源服务和跟踪扶持。

健全完善税费减免、岗位补贴、培训补贴、社会保险补贴、技能鉴定补贴等各项就业扶持政策，支持劳动者自谋职业和自主创业，鼓励企业吸纳重点群体人员就业，强化对高校毕业生、农村转移劳动力、城镇就业困难人员、去产能职工、退役军人等重点群体的就业扶持。立足于富农增收、精准扶贫工作要求，针对“建档立卡低收入农户中的劳动力”群体，推行“人社精准扶贫行动计划”，加快推进农村劳动力转移就业。

破题“结构性矛盾”，提升劳动者的就业素质。从“市场需求、百姓渴求、企业愿求”角度出发，健全以就业技能培训、岗位技能提升培训和创业培训为主要形式的培训制度体系，组织实施系列培训行动计划，全面提升劳动者就业创业能力、岗位工作能力和职业转换能力。面向我县各类有培训意愿的城乡劳动力，尤其是新生代农民工、高校毕业生和企业在岗职工，大力推行职业培训意愿采集制度，掌握真实的、动态的、个性化的培训需求信息，有针对性地缓解技能与岗位需求不匹配的问题；贯彻落实习总书记徐州考察时“大力弘扬劳模精神和工匠精神”的指示，将工匠精神培育作为职业教育培训必修课程。

树立服务发展品牌，打造人力资源高地。发挥县人力资源市场作用，为全县广大企业、园区和求职者提供更为便捷、高效、优质的服务，积极打造徐州所辖县域内最具活力、最受欢迎的人力资源市场。同时，推进基层平台标准化建设，实现服务范围全面覆盖，服务项目全面下沉，服务流程全面规范，使更多的农村居民能够接受到及时、方便、高效的“零距离”就业服务。用三年的时间，全面建成覆盖城乡的“15 分钟标准化人社服务圈”，实现服务设施有效改善、服务功能全面拓展、服务能力显著提升，彰显沛县人社基层平台的“四零服务”品牌（基层服务零距离，热情服务零障碍，精心服务零差错，优质服务零投诉）。

路桥无言

姜 川

我生在农村，长在农村，常年在基层工作，经常会面对百姓求发展、改变贫穷现状的热切目光，对发展交通、振兴农村有切身的体会。特别是我到交通运输局任职后，重点对我县农村公路、农民出行、公路港航运输发展蓝图进行了规划，期盼在新一轮发展热潮中，带领交通人能锐意进取，续写大风余韵、猛士壮歌。

公路旧貌换新颜，迈上发展快车道

建设交通强国是建设社会主义现代化强国和实现中华民族伟大复兴的中国梦的内在要求。纵观人类文明史，发达的交通始终是综合国力强盛的重要标志。“要想富，先修路”朴实而又深刻地揭示了交通与经济发展的规律。沛县地处苏、鲁、豫、皖四省交界，东濒微山湖，西枕大沙河，是四省五市经济辐射交会点，历史悠久，土地肥沃，文化、资源得天独厚。

中华人民共和国成立初期，全县仅有不到30公里土公路，道窄弯多，崎岖不平；50年代前期，县委发出了“铺筑公路，实现石子化”的号召，动员全县人民收集砖瓦石块，成立筑路连，将沛龙新线、郑沛线、沛丰线、沛李（集）线由土路改建成碎砖石渣路。1962年，全县拥有碎石路171公里；1964年，修建了县城至敬安的县乡公路，紧接着又接通了龙固至谷亭、大屯至微山的跨省道路；1972年，将郑沛龙、大微、徐丰等干支线改建成柏油路，路面拓宽到11—12米。截止到1978年，我县共有公路23条，通车里程268公里。

改革开放四十年，是公路交通大发展的四十年。四十年间，沛县完成了从交通闭塞到连接全国的变迁，如今，我县公路总里程突破2700公里，是1978年的10倍之多。国省干线宽阔平坦、四通八达，桥梁纵横交错、便捷通畅；农村公路干净整洁、通达村组……公路的变迁正是四十年来我县各项事业蓬勃发展的缩影。

从“解决通达”到“畅安舒美”，从“拖后腿”到“先行官”，我县公路发展大致经历了改革之初的起步阶段、90年代的提升阶段、21世纪初的高速发展和“十三五”时期的高质量发展几个阶段。

改革开放初期，我县仅有少数干线公路为柏油路，县内公路虽然基本实现乡乡通，但路面仍以沙石路、土路为主，晴天路面到处扬尘，雨天路面坑坑洼洼。那时候，对于百姓来说，走出乡镇，就意味着要“出一趟远门”了。

90年代初，县委、县政府大力发展交通基础设施建设。县道、乡道公路从沙石路面改建拓宽成等级水泥路或6米宽柏油路面，公路从“线”变成“网”。1993年，将徐沛路、徐丰路按一级公路标准改建，路面拓宽到23米。沛县迎来了一级公路时代，百姓到徐州更加畅通便捷。截至“九五”末，全县一级公路共有67.5公里、二级公路160公里。

进入21世纪后，随着社会经济的发展，人们对公路的要求日益提高，不仅要走得通畅，还要公路安全、舒适、美观、环保。沛县抓住国家加大基础设施建设投入的机遇，大力实施交通优先发展战略，对公路基础设施进行总体布局和战略规划，以点带面，促进公路发展迈上新的台阶。

2000年，我县交通要道——沛龙公路拓宽改建为双向四车道公路。2010年，济徐高速公路沛县段通车，沛县人的出行也随之进入了“高速路时代”。

2003年开始，我县实施了农村公路“村村通”联网畅通工程，以农村公路新、改建工程为重点，加大交通基础设施建设力度。经过五年的农村公路大会战，2008年，我县实现县道、乡道农村公路灰黑化、等级化。截至2013年底，全县建成农村公路2144公里，其中1489公里为2003年以来新建公路，县到镇、镇到镇和行政村及行政村之间全部通达了等级公路。

2011年至2015年（“十二五”期间）是干线公路迅速发展的五年。我县相继实施了沛丰线改建、新东环、西北绕城公路、环湖西路、徐沛快速通道等一批市、县“三重一大”工程，累计投资6.6亿元，新建（扩建）一级公路51公里、二级公路57公里。“十二五”末，沛县境内公路总里程达2729公里，其中省道112公里、县道282公里，二级以上公路14.9%，公路网密度达到169.8公里/百平方公里，位居徐州第二位，高于全省平均水平。一张覆盖城乡、便捷高效的公路交通网络初步形成，在为沛县这片热土铺就腾飞跑道的同时，也使交通区位优势更加明显。

“十三五”以来，沛县公路全面落实创新、协调、绿色、开放、共享五大发展理念，以质量效益为中心，以供给侧结构性改革为主线，建设、管理、养护、服务并重，由“规模速度型”向“质量效益型”转变，从“有”向“好”迈进，从“大”向“强”迈进，努力实现高质量工程、高水平养护、高效率监管、高品质服务、高科技支撑、高能力保障。

2016年6月，我县西部动脉——沙河西路提前半年完工，创造了沛县公路交通建设新纪录。2018年1月1日，市、县“三重一大”工程、“两路两河”重点城建工程——徐沛快速通道沛县段通车，沛县离融入徐州半小时交通圈又近了一步。

随着历史的车轮滚滚向前，沛县公路建设依旧在阔步向前：427省道改扩建工程正在加快建设，518国道改扩建工程即将开工，近两年内我县还将升级改造龙河路、杨欢路、五崔河路、张唐栖路，新建沛公路西延、沛微路、屯北路、五何公路，与现有道路形成“六纵八横”公路网。新一轮的交通大变革正在演进，为沛县新一轮大发展提供坚强的保障和支撑。

加速城乡公交一体化，实现百姓绿色出行

城市交通拥堵是一个世界性难题。随着城市化进程的加快，交通拥堵已不只是大城市的“专利”，不少中小城市也开始患上拥堵的“城市病”。公交车是一个城市的名片，同时更是一个城市流动的文明载体。

为优先发展公交事业，积极推进城乡公交一体化是贯彻落实科学发展观和建设节约型社会的重大举措。2014年12月，县政府出台了《加快推进城乡一体化的实施意见》，与徐运集团合资，将原沛县公交公司、沛县汽车运输公司、沛县汽车客运代理服务中心三家客运企业进行整合，成立了国有控股的沛县公共交通发展有限公司。从2006年的42辆公交车、7

条公交线路，发展到 2018 年的 561 辆公交车，日发班次由 256 班增加至 1423 班，日均客运量由 2600 人次增加至 5.26 万人次，公交出行分担率由 2.6% 增加至 26%；公交线路已增至 62 条，其中城市公交线路 35 条，城乡公交线路 11 条，镇村区域公交线路 17 条，公交和城乡公交共覆盖 361 个行政村，覆盖率达 96%。该公司成为主营城市公共交通运输，公共旅客运输，道路货物运输，设计、制作、发布、代理国内各类广告业务，出租客运，太阳能发电，电力供应，汽车零配件批发、零售，汽车修理与维护等综合型企业。

2015 年是沛县公交稳步飞速发展时期，也是沛县公交加快改革、建设现代化公共交通服务体系的重要时期。其间，沛县公交不断更新观念、加快发展，最大限度地优化、改造老线，新增车辆，开辟新线，向建设现代化城市公共交通迈出了坚实的一步。在加快车辆更新的同时，沛县公交加快了应用先进科学技术的步伐，扎实推进智慧公交建设，建设智能调度中心，对域内公交车进行统一组织，利用智能调度平台可以实现公交车辆的实时监控、实时信息，查询车辆的历史轨迹、历史相关数据，实现对公交线路发车时间排班的调度管理及统计车辆里程、公交车准班准点率、是否超速、日里程月里程、速度分析报表等功能，形成信息化、智能化、社会化的新型公交系统。推出手机 App，市民在手机上下载名为“公交看看”的软件，即可查询到各线路公交车的实际营运情况，车辆进站时间，周围站点、线路及可以换乘线的路线，随时掌握所乘车辆距您的位置及时间，以便更合理地安排乘车时间，提高出行效率。自 2016 年 1 月起，为让群众享受优质服务，新增特殊人群乘车优惠措施，截至目前为止共办理特殊群体卡 20115 张，其中学生卡 3105 张、老年优惠卡 3817 张、老年免费卡 11435 张、爱心卡 1758 张，大大减轻了特殊人群的经济负担，给广大群众创造了实惠。为给广大群众提供更加便利的公共出行服务，公司开通江苏省公共交通一卡通，全省一卡通卡片可在全省 13 个城市的公交车上使用。公司 261 辆公交车升级刷卡机具，后台软件与售卡系统全面升级，验收完成。

从拖着“黑尾巴”的老旧冒烟车到舒适环保的纯电动公交车，从乘务员人工售票到如今的电子支付，从蜂拥挤车到文明乘车，从城区内几条单一的线路到如今的城乡公交全覆盖……一次次鲜活的改革，沛县公共出行与时代变迁、城市发展同频共振。

贯穿水运大通道，港航旧貌换新颜

水运航道作为社会基础设施，建设投资大、见效慢，但是其发展带动的经济效益及环境的改善效果是不容小觑的。改革开放之后，国家先后颁布施行了《中华人民共和国航道管理条例》《航道法》，将航道规划、建设、保护和管理全面纳入法制化轨道。各项法律法规的进一步健全和完善使航政管理做到了有法可依，航政管理工作也得到了进一步制度化和规范化。同时，政府也出台了一系列的政策，改善了港航人的工作环境，提高了工作效率。

沛县港航经历了从无到有、从有到强的发展历程，行业管理、航道基础设施、交通设备、办公条件、人员素质都发生了巨大变化。

改革开放初期，我县拥有的驳船和挂桨机多在30—50吨位，且都是水泥或木质结构，每个船队的载货量为400—600吨。改革开放后，私营航运企业如雨后春笋般新增，船舶数量也随之增加，现在每个船队的平均载重量为7000吨，有的大型船队甚至能装载12000吨左右。在京杭运河中航行的水泥质挂桨机也已成为历史，取而代之的是钢质货轮，平均每艘在800吨左右。

在新时期看到新成绩的港航人，借助改革开放的东风，铆足干劲，为改善航道通行技术状况，先后进行了十余次的航道清淤整治工程，航道里程由原来的100公里增加到现在的180公里，航道技术状况等有较为明显的改善。

但在2011年之前，苏北运河苏鲁两省交界处的湖西航道，情况则令人担忧。该河段有11公里仍为六级航道，船舶航行困难，每到枯水期，船舶拥堵、搁浅等现象便时有发生。不仅如此，航道上“拦路虎”横行——河面渔网丛生，部分无主沉船（废船）和非法采沙船乱停乱放，挤占航道，加之多处人车通行的浮桥横卧河面，让本已通而不畅的航道雪上加霜。

为建设真正意义上的“黄金水道”，我县按照分期实施原则，于2010年12月启动京杭运河湖西航道沛县段整合整治一期建设工程。沛县段全长11.2公里，总投资2.7亿元，全段按照二级标准实施，航道底宽61米，航宽 74 米，保证水深 4 米。并在三段处建设了一座桥梁，解决了湖区群众的出行问题。2015 年，沛县段整治二期工程二级坝下游至房村段 15.7 公里开工建设，整治标准和一期工程相同，并在李集、湖西农场、土楼处建设三座桥梁，总投资约 3.3 亿元。该段航道整治工程已于 2017 年底竣工通航，三座桥梁正在建设之中。

目前，整治贯通后的湖西航道沛县段可以通行 2000 吨级的船舶，从而彻底消除了京杭运河沛县段最大的“瓶颈”制约，使其真正成为贯通南北的千吨级水运大通道。同时，湖西航道作为“南水北调”工程东线方案输水线路之一，充分发挥了防洪、排涝、灌溉等综合效益。这项工程不仅增强了内河航运特别是“北煤南运”能力，而且对于促进周边及沿线地区经济发展都具有十分重要的意义。

为进一步加速我县的对外贸易的发展，做好连接我县公路、铁路、水路运输的纽带，我县于 2010 年 10 月在微山湖二级坝下游 3 公里处，京杭运河湖西航道右岸兴建东原港码头。该项目于 2013 年 12 月经江苏省环境保护厅核准试生产，建设规模为 1000 吨级，泊位 20 个并配套相关设施，年通过能力 1200 万吨（其中一期 10 个泊位吞吐能力 811 万吨）；仓储面积 25 万平方米，利用岸线长 2000 米，强有力地带动了我县对外经济发展。

把改革开放的轨迹镌刻在史册上

白晓蕾

回首沛县发展史，从单纯依托自然资源优势到挖掘培育自身比较优势，从注重规模速度向注重质量效益转变，从渐进式积累发展到跨越式高质量发展，凝聚着代代沛县人的不懈追求，反映了刘邦故里的发展变迁，镌刻着奋斗者难以磨灭的集体记忆。每一份成就，每一项记录，每一段奇迹，都将永载史册，成为沛县精神的生动写照。作为我县档案工作的负责人，展望档案工作，信心满满。

沛县解放以来，随着县委、县政府办公场所的几次迁移变更，档案馆也一起变换着工作地址，先后经历了东风路10号老县委院内、歌风路10号老县委院内、沛公路2号新城行政中心内三个时期。这三个时期，不仅是办公场所的变化，更是沛县档案事业从无到有、从小到大、从纸质目录到电脑机检、从纸质档案到电子档案的与时俱进的巨大变化。

1948年11月10日，沛县革命斗争取得了彻底胜利，建立了人民政权。在县委、县政府的领导下，土地革命、抗美援朝、镇压反革命、“三反”“五反”、农业合作化等各项工作取得了辉煌成就，逐步形成了大量的文件材料。但是，由于档案机构没有建立，文件材料没有专人管理，大量文件档案散失或被销毁。

1953年，县委建立了档案室，县政府成立了收发室，对县委、县政府形成的文件材料和上级机关的文件进行收集。但因文书处理和归档立卷制度不健全，已收集整理的文件材料，按年按级用卷皮分包保管，既不装订也无案卷目录和卷内目录，无专橱专室存放，无专人保管，丢失现象严重。

1955年下半年，根据《中共中央、省、市级机关文书处理工作和档案工作暂行条例》，对历次运动中形成的文件材料按照统一的格式整理、立卷、归档，开始扭转过去文字处理和材料保管的混乱现象，这是沛县文书档案工作的起点，但文字材料仍不完整。

1959 年 1 月，党中央发布了《关于统一管理党政档案工作的通知》，确立了集中统一管理档案工作的原则，明确了档案机构的设置。同年 2 月，开始筹建沛县档案馆，对县委、县人委档案室的 6000 多个案卷进行系统整理，编排上架。县直各机关全面清理了积存文件，立卷归档，做好向档案馆移交的准备。4 月 4 日，中共沛县委员会 590112 号文件通知，成立“沛县档案资料馆”。沛县档案资料馆隶属县委办公室领导，由县委办公室主任兼馆长，配备了 4 名专职干部。办公地点在东风路 10 号老县委黉学正殿内，有库房 6 间，办公室 3 间，阅览室 4 间，建筑面积 70 平方米，后由黉学正殿迁到县委办公室西侧一栋平房内，建筑面积增加到 200 平方米。馆藏 9 个全宗，10800 卷档案，6000 余册资料。编制了案卷目录、专题目录、存放索引、资料目录等 15 种检索工具。制定了档案馆工作暂行办法和借阅、保密等制度。档案资料馆的建立，是沛县档案资料工作的一个重大转折点，为沛县档案工作的发展壮大奠定了基础。

1964 年 4 月，沛县档案资料馆更名为“沛县档案馆”。1980 年成立沛县档案局，局馆合署办公，一套班子两块牌子。

“文革”中，部分档案资料污损、丢失，档案业务工作被迫停止。

1986 年 9 月 16 日，档案馆由老县委院内搬迁至歌风路 10 号新建的档案楼。新楼库房三层，办公部分四层，建筑面积 1369 平方米，库房 18 间，面积 900 平方米，隔热防湿、抗震避光、防火安全等项基础设施齐全，基本符合国家档案局规定的县级档案馆库房建设标准。

1987 年 9 月 5 日颁布了《中华人民共和国档案法》，它标志着我国档案事业将走上依法治档的新阶段。遵照中央关于开放历史档案的通知精神和《中华人民共和国档案法》关于开放历史档案的规定，档案馆一手抓档案资料的征集，一手抓档案的开放。为丰富馆藏，采取了接收现行机关档案、搜集各部门散存档案和征集历史档案三管齐下的方法，将 1983 年前县直机关及 14 个乡镇场的文书档案、统计档案及地名、工业普查，非在职干部等专业档案共 8000 余卷接收进馆，并且派人赴山东济宁、滕县等地征集沛县建国初期的档案，组织力量整理了馆内散存的零散档案和省档案局转来的沛县中华人民共和国成立前的诉讼档案。对1957年前的23个全宗、1400余卷档案划控解密，抄制了8400余张文件卡片。

1997年6月购铁质档案箱三十套，同年5月安装防盗报警器一台。1994年9月购金星彩电一台。2000年5月购进电脑三台，复印机一台，打印机一台，空调器一台。2001年购入密集架一套，空调器两台。较大地改善了档案的保管、利用条件，档案馆工作由传统的手工检索向现代化管理手段——机检转变。

经过增设和调整，截止到2013年4月，县档案馆整体迁入新城区沛公路2号行政中心西楼前，馆藏全宗186个，馆藏量72351卷、66931件。

2013年4月，县档案馆整体迁入新城区沛公路2号行政中心西楼。新档案馆楼房三层，一层办公，档案业务和技术用房9间，人员办公6间，对外服务用房1间，建筑面积541平方米。二层、三层库房，共18间，建筑面积1104平方米，通过楼梯、电梯出入。库房安装了消防设施、中央空调、监控设备、门禁，出入库房专人专锁，达到了国家二级档案馆的标准，办公条件比歌风路10号又有提高。

自县档案馆整体迁入沛公路2号行政中心以来，共接收并整理、规范县政府、人大、政协、组织部、纪委、审计局、民政局、财政局、地税局、司法局、建管局等单位及沛县39家破产企业文书、业务、会计、婚姻等档案40415卷、169948件，并完成了消毒、入库上架、施药等工作，使其投入正常的使用之中。并配合县农工办报送各镇农村土地确权档案交接进度，代存13个镇、街道约132000余户土地确权档案和172家镇村级综合档案。

到目前为止，馆藏档案门类齐全，馆藏全宗186个，馆藏量113366卷、176641件，资料17426册。

从2015年开始，县政府拨专款启动馆藏档案的数字化工作，先后分两批共完成8万余卷常用档案的数字化工作，数字化率达到80%。

现在到档案馆查阅档案，软件检索、电脑阅卷、微机打印，一般不再需要进出库房，提高了效率，方便了群众。

展望未来，沛县更现代化的档案中心即将在县行政服务中心南面破土动工，网上办公档案征集归档的网络化操作即将实施，沛县档案事业将迎来更加辉煌的未来。

变生态短板为城市名片

孟庆凯

踏上沛县这片土地，给人的第一印象是天蓝、地绿、水清，生态优美，充满活力的滨湖城乡。近年来，沛县先后获得国家生态县、全国文明县城、国家园林县城等十多项国家级荣誉称号，江苏省文明城市、江苏省省级生态县、全省首批创业型城市等十多项省级荣誉称号。

2005 年是迎来新收获和改革的元年，沛县正式被批准成为全国生态文明建设试点地区。县委、县政府做出建设生态文明新沛县、争当科学发展示范县的决定，从工业文明迈向生态文明，并以“生态优先”作为发展的新坐标，促进人与自然和谐，坚定不移地走生产发展、生活富裕、生态良好的文明发展道路。2011 年开始创建国家生态示范县，2015 年创建国家生态文明示范县，2018 年获得国家生态县命名，申报完成国家生态文明示范县工作，2019 年 10 月荣膺第三批国家生态文明建设示范县。

2013 年 10 月，我调入环保局工作，2017 年 8 月任局长。长期从事环保工作，使我对我县得天独厚的地理资源非常了解。我县拥有我国北方最大的淡水湖——微山湖，水脉纵横，地下蕴藏着丰富的煤炭资源，自然禀赋优越。“环境美”是生态文明建设的关键点，我们加快建设和完善各项基础设施，打造宜居宜业的城乡生态环境。保清水、提水质、治污水体系常态运营，按照集中式饮用水源地达标建设要求，落实“化、立、治”管理机制，划定水源地保护区，建设保护工程，设立保护区标志，完成一、二级保护区内所有污染源和排污设施整治，建立健全水源地长效管理机制和制度，水源地水质达标率 100%。全面推行河长制，对全县 183 条大沟级河道统一标准、集中整治，基本消除污水废水直排河道，沛沿河李集桥国考断面和丰沛运河张桥、大沙河龙固桥省考断面全面达到考核要求。

按照建制镇污水处理设施全覆盖的规划要求，完善城乡污水处理设施和配套管网，实现机关单位、学校、医院、农贸市场、商场超市、新建居民小区、沿街商铺污水“七个必接”。2018年县级、镇级污水厂全面委托第三方运营，建立排污口及在线监测监控体系，有效提高收水率和运行效率。目前，全县污水处理厂运行率100%，城镇污水处理率100%，日处理污水能力达16.8万吨，出水水质达到一级A标准。

“户分类、组保洁、村收集、镇转运、县处理”收运和处理体系完备，全县27个压缩式垃圾中转站正常运行，日处理能力1600吨以上。同时，“三个1元”的筹集模式保障垃圾收运体系正常运行，收集和处理率均达到100%，城乡生活垃圾日产日清，全县农村“户分类投放、村分拣收集、镇回收清运、有机垃圾生态处理”的运作模式已初步形成。2017年6月，沛县被住建部确定为全国农村垃圾分类和资源化利用示范县。大屯街道成为省农村生活垃圾分类试点镇，在大屯街道安庄村建设了第二代太阳能堆肥处理设施，辐射四个行政村（安庄、徐庄、丰乐、关庄），服务人口约10000人，日处理可堆肥垃圾约0.8吨。目前，该模式在大屯街道等十个镇（街道）进行推广，形成具有特色的“沛县模式”。

坚持疏堵结合、标本兼治，积极探索农作物秸秆禁烧和综合利用新机制，因地制宜开展肥料化、饲料化、基料化还田，秸秆综合利用率96%，机械还田率80%，秸秆收储4.5万吨，真正有效解决了秸秆禁烧难题，连续四年实现秸秆“零焚烧”。

130项环保重点工程完成76.2%。天安化工、观茂焦化的脱硫脱硝、熄焦废水处理、物料大棚封闭等省市环保督察反馈问题全部整治完成。24家砖瓦企业关闭取缔20家，停产整顿4家。城区建筑工地落实围挡设置、喷雾降尘等防控措施，城区主次干道机扫覆盖率达85%，接近80%的燃煤小锅炉已完成拆除改燃任务。2017年，全县优良天数272天，优良率77.7%，优良天数同比比例上升3.9个百分点，PM2.5浓度下降23%，大气污染减排目标任务超额完成。高标准开展25个试点村农村环境连片整治，年底前全面完成项目建设。

2018年，改革开放四十周年之际，我们认真执行中央建设“美丽中国”号召，把“生态第一”“绿水青山就是金山银山”的理念进一步完全融入经济、社会、文化、政治发展的进程中，真正让“青山绿水就是金山银山的”绿色发展理念落地生根。实施城市空间格局优化、产业绿色转型升级、山水林田湖保育、环境质量领跑、城市“软实力”提升等五大行动；重点构建环境治理、生态文明绩效评价考核和责任追究、资源有偿使用和生态补偿、生态环境保护市场化、资源总量管理和节约、国土空间开发保护、自然资源资产产权、国土空间“一张图”管理等八项制度；开展水环境污染防治、大气环境污染防治、土壤环境污染防治、生态环境监测网络构建、生态文明软实力提升、产业绿色转型升级、生态红线管控、城乡人居环境提升等八大工程。努力建成国家生态文明建设示范县标杆，并成为全市生态文明建设的窗口。

回顾沛县粮食流通体制变革历程

王高飞

1978 年 12 月 18 日至 22 日，党的十一届三中全会做出了把党和国家的工作重心转移到经济建设上来，实行改革开放的历史性决策。那一年我八岁。又过了十年，1988 年高中毕业后，我在鹿湾粮管所“待业”，后又转到敬安粮管所“待业”。1991 年转正为沛县粮食系统一名正式职工，在敬安镇粮管所担任保管员、统计员职务，后来又调到县粮食局，主要负责单位文字材料工作。从我在粮食系统“待业”到现在的三十一年间，我几乎经历了沛县粮食流通体制由计划经济转轨为市场运营的改革全过程。

我父亲也是粮食系统的“老人”。从他老人家那儿得知，1978 年改革开放初期，全县只有 26 家粮管所。1983 年底，粮食系统开始进行粮食体制改革试点，实行政企分家，设立粮油购销储运公司、粮油工业公司、粮食议购议销公司和饲料公司，直属于县粮食局管理。1985 年 5 月，粮油购销储运公司合并到县粮食局。那时全县粮食系统单位较多，共 43 个，包括 26 个粮管所、2 个粮店、6 个公司（包括局属 2 家劳服公司）、5 个加工厂、1 个直属库、1 个转运站、1 个汽车队和 1 个粮食学校。

1988 年前后几年里，全县粮食各单位在立足粮食主业做好主营业务的同时，都成立了附营工作队伍，专门开展“走出粮食谋发展”的多种经营活动。全县粮食各单位（主要是 26 个粮管所）有经营馒头加工的，有经营稻米面粉加工的，还有养鸡养猪的，每个单位都是一派红红火火、欣欣向荣的景象。

说句实话，在计划经济年代，粮食系统最红火时，谁要是能进粮食系统那是很有面子的事。我记得那时，一个小一点的粮管所有八九十人，大一点、效益好点的粮管所都有一百多号人，全家都在粮食部门上班的不在少数。说来也怪，越是难进越是有人想进，好多人都想尽一切办法往粮食系统“挤”，最后导致人满为患。

我刚开始“待业”的时候，记忆中粮食系统的主要业务就是在抓好日常粮油计划供应、粮食安全保管、粮食调运和两季国家“公粮”征购工作的同时，抓好多种经营。当时敬安粮管所在全县粮食系统可算是小有名气。多种经营搞得有声有色，先后开办了原粮和成品粮兑换、馒头加工、豆腐加工作坊、面粉厂、饼干厂、挂面厂、养殖场等附营项目。项目多了，本单位职工人手根本不能满足生产经营所需，有劳动能力的本单位职工家属也临时招进来还是不够用，就向社会公开招聘临时工，招工启事基本上都是我写的。

记得敬安粮管所当时投资最大的经营项目就是饼干厂了，大概投资了近200万元，很可惜没经营多久，就因负债累累倒闭了。我认为敬安粮管所饼干厂的倒闭不只是因为管理不善，盲目上项目也是企业倒闭的主要原因。我记得当时全县已有大大小小近200家饼干厂，恶意竞争加速了企业倒闭速度。其实敬安粮管所就是当时全县粮食系统的一个缩影，像敬安粮管所一样，其他粮管所的多种经营项目都由于种种原因纷纷倒闭，给粮食经营管理带来了较重的负担。1997年到2004年那几年，由于市场的变化与体制的僵化，粮食经营管理中的矛盾日渐突出，粮食系统职工工资和经营费用出现了较大的困难。粮食经营机制改革已刻不容缓。

对于粮食职工来说，从计划经济到市场经济转轨期间，是一段极其艰难的日子。由于单位管理不善，效益不好，人员又多，连工资都发不出来。记得当时我每月也就能领三百块钱，企业困难时期，一连好几个月都开不出工资的情况也不稀罕，全县粮食系统基本上都是一样的情况。为了养家糊口，我和其他职工一样纷纷自找门路，各想各的办法，有停薪留职出门打工的，有自己做生意的，平时很少有职工正常在岗坚持上班。甚至两季“公粮”征购期间用人时都很难召集到位，当时的粮食部门就形同一盘散沙。

1996年是我国实施第九个五年计划的第一年。“九五”计划实现具有全局意义的根本转变：经济体制从传统的计划经济体制向社会主义市场经济体制转变。随后没多久，我经历了全县粮食系统由计划经济向市场经济转轨变革的整个过程。

2000 年年末开始，县粮食系统实施了企业经营机制转换和置换职工身份为主要内容的改革。2001 年 2 月，大屯矿区八村粮店、城区东风粮店、鼓楼粮店、新城粮店、东城粮店、粮油贸易公司、养殖公司种鸡场等企业全面改制，参与改制职工共计 464 人，与企业解除劳动合同关系，全部一次性兑付补偿金，进入县再就业中心。同年 12 月，县植物油厂、粮油食品厂、饲料工业公司三家企业因亏损严重，长期停产，经县人民法院裁定破产，依法破产终结后，488 名职工与企业解除劳动合同，进入了县再就业中心。2002 年 5 月，县政府制定出台了《关于加快我县粮食购销企业改革的实施意见》，按照文件要求对全县 26 个粮管所进行改制，依法调整职工劳动关系，分流职工 1980 人，占在册职工的 80%，全部进入县再就业劳动中心。企业改制后，人员实行定岗定编定员并返聘部分职工。通过公开招聘考试、考核，择优录用 463 名下岗分流人员返聘上岗，工资待遇打破分配制度上的档案工资制，实行效益工资制度。2003 年 4 月又对粮油运输公司进行改制，并与 134 名职工解除了劳动合同。2007 年，面粉一厂、二厂，对城区粮油供应公司、转运站、米厂、金穗粮店六家单位依法破产和关闭清算，431 名职工下岗进入再就业中心。2000 年到 2002 年三年期间，粮食系统的企业改制重点放到了各粮油加工厂、公司、城区粮店等，改制力度较大，影响较广。改制的时候，有夫妻共同下岗的，还有全家都下岗的。现在看来，当时的改革、改制是非常有必要的，为沛县粮食系统后期的健康持续发展奠定了基础。

由于生产力的解放，我国粮食生产实现了连年增产。2006 年，国家废除了农业税，沿袭两千多年的传统税收终结，标志着中国进入了改革开放转型发展的新时期。同年，国家在粮食主产区实行最低收购价政策。为了适应新形势、回应新期待、应对新变化、满足新要求，为了改变因企业经营小而散，管理体制不健全现状，我又经历了粮食系统一次规模较大的体制改革，这次改制重点是基层粮管所。

2009 年 2 月，通过整合国有资产，取消 24 家粮管所法人资格，成立了沛县沛丰粮油购销有限公司，下辖魏庙、张庄、河口、安国、龙固、徐州苏鲁粮食现代物流中心六个国有控股粮油购销子公司，每个子公司下设四到六个收储库点，形成了“总公司 + 子公司 + 收储库点”的经营模式。至此，沛县粮食系统已全面进入市场化运作，粮食企业已经步入了良性运营的轨道。

此次改制，遵循“不唯文凭，不唯阅历，不唯年龄，竞争上岗”的原则，向社会公开、公平、公正选拔管理人才。在全社会 300 多个应聘者中间，通过笔试、面试、公示等选聘程序后，选聘了各公司管理层和中层业务骨干。改制后，工资待遇打破了原来的档案工资制度，重新按照“基础工资 + 工龄工资 + 岗位津贴 + 技术津贴 + 绩效工资”的模式，切实体现了多劳多得的分配制度，极大地激励和调动了广大职工工作的积极性，各公司效益逐年稳步增长。同时，我和其他企业员工一样，薪酬待遇较改制前有了显著的提高。

2009 年改制后，我被聘为河口粮油购销有限公司统计员，后又兼任公司办公室主任。由于我工作勤恳认真，得到了粮食局领导的充分肯定和认可，2013 年被县局聘为局信访室办事员，后又被聘为沛丰粮油购销总公司办公室副主任、粮食局办公室副主任。

展望未来，路漫漫其修远兮。面对新形势、新要求、新挑战，我将坚定理想信念，一如既往做好本职工作，为沛县粮食事业美好的明天做出自己最大的努力。

我经历的两次机构改革

王海峰

职场生涯占据了一个人生命中清醒时60%—70%的时间和空间，这几十年里，每个人都在用自己的方式诠释着职业的精彩。蓦然回首，我的职业生涯已经超过年龄的一半了。

时钟拨回1996年3月，我第一次走进唐楼工商所，完成从学生到上班族转变的地方。当时的工商所就六个人，六间老房子，低矮且没有院墙，更没有大门，走在街上就能看到办公室。墙面斑驳，露出红砖，破旧的木门两旁挂着两个长方形木质牌子，分别写着“沛县工商行政管理局唐楼工商所”和“沛县唐楼消费者协会”，右边墙上挂着一块小黑板，是一周的值日表。黑板上面挂着一个举报箱，一块展示所里活动照片的相框挂在门左旁。

去办公室的小路两旁被我们开辟成菜园，也是花园，种着大葱、辣椒、茄子等时令蔬菜，四周则种上月季、蔷薇等。最怕的就是下雨天，特别是暴雨，因为几间房屋全是漏雨的，一下雨就是锅碗瓢勺齐上阵，到处噼噼啪啪作响。

那时工商部门还是归地方政府管理，全县有二十九个乡镇，也有二十九个这样的工商所。工商所的主要职能是办理营业执照、收取管理费和执法办案。当时的营业执照内容是手写的，办照提交的材料也较少。一张申请表、两张一寸照片，由所里字写得比较好的同志负责填写营业执照内容。后来，县工商局配置了电脑，所里收集好资料到县局统一核打。说到这儿，不得不提当时的唐楼状况。唐楼当时是全县最大的一个乡，人口也最多。刚上班时，唐楼市场仍是马路市场，从王林到李庙大约一千五百多米，隔天一个大集，各类商品交易异常繁荣。1997年，唐楼农贸市场建成后才结束了马路市场时代，个体工商户管理也逐渐走上正轨。

诸葛亮说过：“君子之行，静以修身，俭以养德，非淡泊无以明志，非宁静无以致远。”历史舞台上，总有那么一些人，默默奉献着。由于面积大，个体户多，又比较分散，我们就骑着自行车到农村商店检查、收取办证材料。每个月，全乡都要跑一遍。记得一次是临近春节，下着大雪，路滑，我和侯旭林、王立保几个扛着自行车，卷着裤腿，深一脚浅一脚地走在麦田埂上，回到家，天也黑了，脚也冻僵了，第二天仍是照样哼着歌去上班。那时的苦和累，让我学会了坚强，脚踏实地，也更加懂得珍惜今天。2005年底，惊闻刚退休的原工商所指导员蒋西福老人去世的消息，不能自已。他是一个让我特别敬佩的老人，一辈子任劳任怨，兢兢业业，我曾写过一篇他的先进事迹材料《夕阳无限好，何叹近黄昏》，受到县领导的好评。在我遇到人生困境时，他就讲一些励志的故事，包括他自己当民警时的办案故事，耐心开导我，说再大的苦也只是一阵子，坚持一下就过去了。在我印象中，他身体硬朗，总是笑眯眯的，还想着有时间去看望他老人家，想不到成为遗憾，也明白了有些事不能等。

一直以为日子就这样过下去了。2002年9月，工商机构改革，省以下实行垂直管理，基层工商所被撤销了。我所在的唐楼所和张寨、栖山、王店四个所合并组建张寨工商分局。于是来自不同工商所的十位同志组成新的集体，平均年龄三十多岁。

一切都是新奇的，新落成的办公楼，落地玻璃大门两旁是“秉公执法、文明管理”八个大字，横幅是“为人民服务”。那时已经配备了执法车，是一辆白色的朗逸轿车，大家早上7点左右一起到单位，中午单位有小食堂。由于成立分局后，业务繁忙，分局雇了一名厨师，也不用我们自己做饭了，我在这里一吃就是十年，直到2012年我离开分局到县局工作。说到这里，还挺怀念那个小食堂的羊肉白菜和小鱼汤。办公条件也是以前工商所不能比的，每人一间宽敞明亮的办公室，下队有执法车辆。最令人兴奋的是每人配置了一台电脑，在分局就可以登记办照了，既方便了自己，也方便了百姓，个体户、企业登记数量大幅提升。各分局刚成立，网络监管已成大势所趋。但是，由于基础太差，很多人都不会拼音，同志们是从开机、关机开始学习，到最终全局信息化考试顺利通过。随后所有手工档案也经由我们十几个“70后”之手，录入电子档案管理系统，形成今天的江苏工商电子政务信息管理系统的基础数据。一本本学习笔记、培训记录默默书写着这段人生经历。

记忆中仍保留着那时亢奋的学习劲头，县局也经常组织办公自动化培训和法律法规考试。一有时间，无论年龄大小，大家就会聚在一起学习电脑知识，每次考试我们分局成绩总是遥遥领先。2014年，我曾代表徐州市工商局参加全省“红盾杯”法律知识竞赛并取得优异成绩。虽然成立了分局后人数增加，但是辖区也变大了，管理的范围更广了，一个人仍然要承担多种业务。比如我身兼会计、法制员、注册员、信息员多种身份于一身，还要负责案件和市场信息的录入。虽然辛苦，但看到几位老同志为工商事业艰苦奋斗，奉献了青春，而改革的红利却是我们年轻的一辈在分享，我仍然充满前进的动力。2015年，我把当年的成长经历写进了文章《两张特别的全家福》，在《中国工商报》发表，引起各地同时期参加工作的工商同行共鸣。

改革是没有经验借鉴的，一切都在摸索中前进，我们不是圣人，也没有先知先觉，当大家都在稳妥的工作中习惯于当前时，面临再一次变化必然会引起人心骚动。2014年底，工商取消垂管的消息传到基层，这时同志们听到改革的心情和十四年前相比是有变化的，那时的兴奋变成了焦灼、茫然，大多数人思考的是年龄偏大，如何适应新形势，不知道未来何去何从，大有山雨欲来之势。2015年3月，原工商行政管理局、质量技术监督局、食品药品监督管理局三局合一，组建沛县市场监督管理局一锤定音。这次的机构改革可谓是从量到质的变化。单位名称的改变，职能的调整，人员的增加，办公地点也迁入沛县行政中心新址。

印象深刻的一天是2015年4月27日，星期一，全局几十个办公室陆续开通内网，工作在变化中保持着正常运转，一切疑问也随着新岗位的落实而烟消云散。

孙子曰：“上下同欲者胜。”只有大家同心同德，为共同的目标而努力，一份份热情相加，一颗颗汗水凝聚，才能打造优秀的队伍。三局合一加上食盐监管职能划归，最大的变化就是，生产领域、流通领域都在监管职责范围内了。在新的形势下，机构如何上下衔接，人员如何实现无缝对接以及每个人如何做好本职工作，都成为摆在现实面前的核心问题。随着社会经济结构的调整和区域经济的快速发展，食品药品产品质量越来越受到政府和人民群众的关注。张三、李四等来自不同业务部门的人如今坐在同一个办公室，食品、药品、餐饮、特种设备、食盐监管等，一个个陌生的业务，从原本的不熟悉到后来的游刃有余。潮平两岸阔，风正一帆悬。近三百人的市场监管队伍不分年龄大小，不分来自何处，毅然接下改革的接力棒，用自身过硬的政治素养和业务素质，扛起市场监管的大旗和沉甸甸的责任，继续前行。

从2016年6月起，我县开启了全县餐饮业综合整治工作，由县市场监管、公安、城市执法、环保、卫计委等职能部门组建一百余人的联合执法队，集中办公，统一指挥，统一调度。我负责新闻宣传组，对整治动态进行报道。三年间，可以说自己亲眼见证了我县城区一千多家餐饮业服务单位经营场所环境从最初的脏、乱、差，到透明厨房和视频厨房的建设。全县城区餐饮单位建档率完成100%，网格化监督责任落实覆盖率100%，动态监管实施率达到100%，有力推进了餐饮业许可、服务业量化分级管理、文明餐饮示范街区创建、餐饮服务业动态监管等工作，打开了全县餐饮业长效监管新格局。

改革如火如荼，2018年4月10日，国家市场监督管理总局正式挂牌。2019年初，全国各地省、市市场监管局相继挂牌成立，盐业、物价、知识产权等完成机构改革职能划转，人员转隶，公章更换，标志着原工商局已彻底成为历史。今天，市场监管局在放宽市场准入、激发市场活力、优化产业结构方面下大力、出实招，推动监管体制和监管模式创新发展，从“门槛监管”向“事中事后监管”和“信用监管”转变，为企业进入市场提供更加便利的服务，助力营商环境持续优化。如：新版营业执照和税务登记证等多证合一，营业执照号码演变成统一社会信用代码。在“互联网+”大趋势下，打通信息化融合瓶颈，全面推行“马上办、网上办、就近办、一次办”，让数据多跑路，让企业群众少跑路，全面推广“全链通”软件系统，进一步压减企业开办时间，实现“不见面审批”。登记注册从手写营业执照到机打营业执照，火速进入电子营业执照时代。全县个体工商户、企业和各类经济实体数量猛增，2019年初，全县市场主体突破86000户。

人生如棋，落子无悔。一晃二十三年飞过，时间做旧了白墙，银丝爬上了鬓角，没想到从工商到市场监管两次机构改革，我都赶上了，既是磨难也是荣幸。经过这些年的锻炼，虽然没有取得傲人的成绩，但感觉无愧于自己的工作，无悔于自己的青春。即使是最基层的普通岗位，我也是对自己高标准，严要求，思想常新，与时俱进。多年来，我在国家级刊物等发表理论调研文章十余篇，多次荣获市级优秀论文和调查报告一等奖，省、市、县新闻宣传和政务信息先进个人，市“三八红旗手”等荣誉称号。2016年，我当选为政协沛县第十届委员会委员、提案委委员。

浓墨写骨，淡墨写意，浓淡相间，方显真实人生，没有谁能留得住时光，但每个人却可以把握自己的岁月。无论以后还会不会再次面临机构改革，无论以后走到哪个岗位，愿我和同事们都能记起曾经共同奋斗的日子，心存感激，温暖灵魂。站在新起点，不忘初心，牢记使命，展现新气象，创造新业绩。

二十七年报业情

——我与《沛县报》的因缘

黄清华

1991 年 10 月 1 日，伴着祖国四十二岁生日的欢快旋律，沉寂了三十多年的中共沛县县委机关报——《沛县报》复刊了，历经时代磨砺，重新走到一百多万沛县人民面前。

《沛县报》的复刊与大沙河的综合治理相关。1990 年，沛县打响大沙河综合治理的攻坚战，全县上下几十万人活跃在长达十多公里的大沙河畔。为了鼓舞干群士气，推动工程进展，县委宣传部办起了一张四开四版的《大沙河水利工地报》，有消息，有通讯，还有言论、图片，间或发些诗歌散文，已经具备了新闻报纸的基本元素。可以说，《大沙河水利工地报》催生了《沛县报》的复刊。那时我在沛县中学教书，偶然见到这张小报。因为我的家乡就在大沙河东岸，那里有我童年的身影，更有对昔日大沙河为害乡野的斑驳记忆，虽然离开了它，但大沙河的影像一直在我心中盘旋，挥之不去。看到民工们日夜忙碌的身影，看到大沙河一天天“旧貌换新颜”，我为之心跳，为之动容，也曾经想写点杂感什么的，由于一直忙于高三毕业班的教学，这样的意愿终于还是定格在愿望上。事隔三十多年，到今天，心中还总是觉得对那些水利人有些歉疚。

1990 年，县里要编写一本书，用来展示沛县厚重的历史文化和沛人的气质禀赋，书名叫作《沛县魂》。我被暂时抽调到写作组，担任几个章节的撰稿。同时被抽调的还有周沛生、徐正冲、石洪、谢冰清等人，因为这些人后来都与《沛县报》有交集，故而一并提及。负责这本书规划运作的是宣传部部长田质林，具体执行的则是副部长徐沛。为了《沛县魂》的写作，与两位部长接触得多了，与撰稿的几位友人熟稔了，这成为我后来调到《沛县报》工作的潜在因素。

这一段时间里，《沛县报》的复刊工作也在紧张地进行。到了1991年的夏天，在考虑编辑人员的时候，我的名字进入了领导们的视线。可就在这个时候，我调往县教育局的事也已尘埃落定，所以宣传部到教育局征求意见的时候，知道了我工作调动的事，让我到报社做编辑的事也就搁置下来了。我与《沛县报》的复刊失之交臂。

1991年，中共沛县委员会决定恢复《沛县报》的出版发行，同时建立沛县报社。新建立的沛县报社为全民事业单位，正局级建制，列属县委直属机构。沛县报社内设要闻部、经济部、政文部、副刊部、总编办公室，核定全民事业编制十五名，田质林兼任报社社长，徐沛兼任总编辑。编制虽然核定十五人，但一开始真正属于报社编制的仅仅四五人。

1991年9月20日，《沛县报》试刊号出版。在以“本报编辑部”名义刊发的《致读者》中，对办报宗旨进行了定位：“作为中共沛县县委的机关报，《沛县报》紧紧围绕县委、县政府的中心工作，通过生动、丰富的新闻报道，大张旗鼓地宣传党的方针、路线、政策，真实、准确地反映人民群众的呼声和要求，使之成为县委、县政府联系群众的纽带，鼓舞人民的号角。”这一定位，成为二十多年来《沛县报》一直秉持和坚守的律条，从不动摇。

10月1日，复刊后的第一张报纸如约而至。一版刊发了县委书记《办好沛县报，为我县“两个文明”建设服务》的署名文章，配发了社论。报纸为四开四版，周一刊，采用激光照排，那是对传统排字印刷工艺的彻底颠覆，这一新技术刚刚进入印刷行业不久，实在是件新鲜的事。

复刊伊始，沛县报社在东风路原老县委院内，社长和总编辑都是兼职，具体负责编务的是时任《徐州日报》驻沛记者站的康明超。版面编就，康明超负责审读，初步定稿后交由总编辑审定发排，由沛县印刷厂印刷，印数一万册。

1992年，魏玉海调任《沛县报》总编辑，周沛生、李开剑调任副总编辑。1993年，《沛县报》改为周二刊，增设总编办公室和摄影部，配备专职摄影记者一人。最初是胡传松，后来增加了吴圣前，版面、栏目设置没有大变化。也就是在这个时候，报社印刷厂成立。报社印刷厂是隶属报社的全民企业单位，负责《沛县报》的稿件输入、激光照排和报纸印刷，实行财务独立、自负盈亏的运营方式，主要业务是承印《沛县报》，对外也经营印刷业务。

周沛生是从鹿楼乡党委副书记岗位上调来的，他曾经在县教育局工作过一段时间，平时也喜欢舞文弄墨。周沛生特别善于运筹与擘画，比如读书会、歌风笔会、文学创作茶话会这些不太容易组织的活动，一经他的策划，便有声有色起来。我就是常被他“策划”的人之一。我人虽然不在报社，但与报社同人确实有“一家人”的感觉。大概由于周沛生也是教师出身，有些惺惺相惜的缘故吧，他到报社分管编务以后，心不忘教育，希望能在报纸上给广大教师和学生留一块园地，准备在三版上开辟一个“教育园地”的版面，由沛县报社和县教育局合办。他的这个设想得到了报社同人的赞同，于是他与时任编辑部主任的徐正冲到教育局商谈。当时我任教育股长，与学校直接打交道，教育局就把这事交给我，算是连接报社和教育局的一个中间环节，报社通过我跟下面学校联系组稿、写稿的事。因为“教育园地”，我与报社打交道多了，加上与沛生、正冲原本就有编写《沛县魂》时的一段交谊，为我从《沛县报》的朋友到主人埋下了伏笔。

1995 年 10 月，我调到报社工作。当时总编辑仍然是徐沛，副总编加上我共有三位。我分管编辑部和记者部——这是报社的两个主要业务部室。我从熟悉版面开始，认真阅读《沛县报》刊发的各类体裁的新闻稿件，每天择要阅读《人民日报》《新华日报》和《徐州日报》，还有反映徐州周边地区经济社会生活的《经济新闻报》，从这些大报中寻找新闻采编的规律。

报社的生活有规律又无规律，枯燥呆板之中又有紧张，从采访到编写到上版，基本处于一个动态而又有节奏的运行中，像一架高速运转的机器，“张”多“驰”少。早上半个小时的编前会，短平快，当班总编分配工作任务，提出要求，便各自行动。记者下去了，编辑梳理稿件，等候当天新闻。下午最紧张。记者先把稿子赶写出来，交给版面编辑，版面编辑迅速把稿件编好，交值班总编签发后进入照排车间。那时候，印刷厂只有两台电脑、一台照排机，编辑们要等待着打字员一字一字敲出来，不像现在办公无纸化，编辑记者每人一台电脑，随写随改，方便而快捷。一般来说，三、四两版上午基本上确定版面，一、二版特别是第一版要闻版，主要刊发当天新闻，且县委、县政府的重大活动都要反映出来。有时会议下午开，记者听会后才能写稿。这还不算，县里重要会议特别是两个“一把手”参加的会议、活动，记者稿子写就，经编辑和值班总编初审后，还要送到“两办”审核，有的还要经两个“一把手”审阅签字后才可进入编辑程序，所以一版到半夜完工是司空见惯的。

为了适应市场经济的需要，沛县报社于1995年成立广告公司。广告公司作为报社内设机构，从事商业性广告和非商业性广告的刊载和宣传。2000年10月26日，江苏省县市报广告代理网成立，沛县日报社成为首批代理网成员单位，可以代理《常熟日报》《江阴日报》《通州日报》等二十七家报纸广告业务。

1996年1月起，《沛县报》改为周四刊，报社决定成立通联部，主要职责是建立全县新闻宣传通讯员队伍，加强与县外兄弟报社联络。沛县报社的通讯员约三十余人，由各乡镇和县直单位（包括企业）选派，每单位一至二名，负责本单位新闻稿件的撰写，或提供新闻线索，报社根据需要选派编辑、记者采访。为不断提高全县通讯员整体素质，沛县报社先后组织县级培训二十余次，乡镇级培训五十余次，单位培训七十余次。同时，组织通讯员采风活动，分别到工业、农业、社会事业建设第一线，开展调查研究，按照统一要求撰写新闻稿件，组织评比，择优刊用。

通联部还担负着与各地沛县名人的联系任务，建立“沛籍专家学者库”和通信网络，定期为沛籍专家、学者、政界名人寄送家乡报纸，向他们通报家乡经济建设和社会发展的信息。通联部先后与一百多名外地沛籍人建立了巩固的联系，接待数十人次，较好地向他们传递了沛县经济社会发展的新消息。报纸开设“天南地北沛县人”栏目，介绍他们在祖国建设事业中取得的成就。先后介绍了中国著名力学专家、中科院院士张涵信，著名音乐指挥家胡德风，著名考古专家王恺，以及张咸恭、谢祥皓、姜葆夫、鲍延毅、黄立振、麻凡、姜舟、俞小平、蔡敬民等数十位专家、学者和艺术工作者，引起社会的极大关注，在县委、县政府与“天南地北沛县人”之间架起了一座桥梁。

1997年起，《沛县报》增设星期刊，变成形式上的周五刊，申报日报提到议事日程上来。为了申报日报事宜，报社积极向县委申请，筹建新的报业大楼，这些都作为申请内容之一。报社向省新闻出版局提交书面申报材料后，我与周沛生、王苏豫等曾两下南京，向出版局汇报，与有关人员交流沟通。记得省新闻出版局陈处长和徐州市新闻出版局曹处长曾专程来沛县报社考察，对报社基础设施、报纸编印等提出意见和建议。1999 年 9 月，经过江苏省新闻出版局审核，批准出版发行《沛县日报》，批准文号：JSXB10—003。12 月 12 日，《沛县日报》刊出试刊号，2000 年 1 月 1 日正式出版发行。那时，我已经调离沛县报社一年多。

为了拓展读者层面，凸显媒体服务民众功能，《沛县日报》还增加了“星期刊”四开八版，每期一版右上角辟有本期导读，向读者介绍本期看点。版面内容分别是健康、家庭、星期文摘、社会写真、新影视（五、六两版）、时尚消费。星期刊刊发了大量生活气息浓郁、贴近社会文化心理的沛县风物、民间艺术等。如《沛县小喇叭六进南京》《沛县百姓这样过春节》《老实人程涛的幸福生活》等“百姓故事”。

1995 年起，沛县报社先后参加了江苏省县（市）报研究会和全国县（市）报研究会，积极参与新闻研究机构组织的年会、研讨会，以及各种形式的新闻评奖活动。至 2000 年，沛县报社有五十多篇消息、三十多篇通讯、二十多篇新闻言论（包括社论、大风论坛、本报评论员文章、经济随笔）、十二个新闻标题、四个新闻版面分获江苏省县（市）报、全国县（市）报和江苏好新闻评选设置的相关奖项。二十多篇文学作品在副刊作品评选中获奖。1996 年，沛县报社总结多年加强农业、农村、农民报道的经验，撰写了新闻论文《为了一个大写的“农”字》。1997 年，此文作为重点论文在中国县（市）报研究会第十三次年会上交流后，被《中国县市报研究》杂志录用，并获年会优秀论文奖。1997 年，全县提出“放胆放手，开发开放，改革改造，大干大上”的“十六字方针”。围绕县委这一中心，沛县报社连续在第一版刊登了四篇本报评论员文章，从理论与实践的角度阐释了这一方针对全县经济社会发展的引领和指导作用，分别获得全国和江苏省县市报研究会一等奖。

1997 年的县属工业改制是牵动全局的大事。为了使县属工业尽快走出低谷，健康步入市场经济的轨道，县里提出“退二进三”“兼并联合”“租赁经营”等改制措施。报社由我牵头，进行了为期一个月的市场调查，县计经委、工业局的同志全程参与，组织了专题报道组，编发了“县属工业巡礼”四篇系列报道，全面报道了几家主要工业企业的改制之路以及产生的经济效益和社会效益。这组报道在《沛县报》刊发后，《徐州日报》

和徐州《经济新闻报》都在头版头条位置予以转载，并编发了按语，向全市推广沛县经验。那时，企业改制是一个热门话题，它牵涉政治、经济和思想领域，触及计划经济向市场经济转轨中许多现实而又敏感的问题。这组报道在全国县市报“好新闻”评奖中获一等奖，在江苏省和徐州市“好新闻”评奖中获得二等奖，并收入人民日报社山东分社编辑出版的《新闻作品获奖集》中。

《沛县报》复刊以来，一直重视对外宣传工作，组织精干力量，深入农村和企业内部，挖掘有“亮点”的新闻素材，集思广益，精心加工制作新闻稿件，向国家和省、市新闻媒体传达沛县“两个文明”建设的思路、做法和典型经验，受到上级新闻媒体的好评。据不完全统计，由《沛县报》采写的新闻稿件有一百余篇（件）被《人民日报》和《求是》杂志、《新华社每日电讯》《农民日报》《经济参考》等国家级报刊采用。上述报刊记者采写的关于沛县经济社会发展的新闻稿件六十余篇（件）在全国各大新闻媒体上刊用。二十多年间，《沛县报》有四百余篇（件）在《新华日报》等省级报刊上刊载，两千余篇（件）在《徐州日报》《经济新闻报》《淮海文汇》等市级报刊上刊载，且大多在重要版面和重要位置上刊发。

1997年《沛县报》复刊六周年，报社选编了发表在“歌风台”上的诗文二百余篇（首），汇成《岁月》一书，由江苏文艺出版社出版，程大利先生作序。《岁月》分“故土之恋”“亲情故事”“梦中情物”“往事漫忆”“人生百味”“青春琴心”等六部分，二十六万字，一次印刷发行六千册。

这一时期，是全国县市报发展的黄金期，作为江苏省和全国会员单位的沛县日报社，以拥有一支能打能拼能干实事的采编队伍和个性化的办报风格在全市、全省乃至全国同级报纸中赢得了良好声誉。1998年9月9日，由江苏省新闻出版局举办的江苏省第五届报纸质量评比活动在南京揭晓，《沛县报》荣获三等奖，综合质量全市第一，是徐州市唯一获奖者，受到省市新闻出版管理部门的肯定。

2002年1月1日起，根据国家新闻出版总署通知精神，撤销县市报，集中力量办好地市级报纸，《沛县日报》并入《徐州日报》，以《徐州日报·沛县新闻》形式出版发行。《徐州日报·沛县新闻》为对开四版，周三刊。2003 年 12 月，根据省市新闻管理部门统一规定，沛县县委决定撤销沛县日报社。《徐州日报 · 沛县新闻》停止发行。

2004 年 2 月，《徐州日报 · 沛县新闻》更名为《今日沛县》。10 月，编发《沛县信息》。《今日沛县》和《沛县信息》以信息传播形式，动态反映全县经济建设和社会事业发展进程，作为内部资料向全县免费赠阅。11 月，沛县新闻中心成立，县委宣传部副部长、《沛县日报》原总编辑周沛生任新闻中心主任，仍然编发《沛县信息》。2005 年 10 月，经上级新闻主管部门批准，《沛县信息》更名为《沛县新闻》。2008 年取消《沛县新闻》，恢复《沛县日报》，周四刊，四开四版，仍为中共沛县县委机关报，向全县乡镇和机关企业单位免费赠阅。这一格局一直延续到 2018 年。

真情记录传承文明

——我的广播电视采编工作

孔祥明

春节期间，我照例要到沛县好人广场看看，切身体验一下春节的气氛，再买点过节物品。除夕上午，我来到广场，看到有几位民间书法家在广场写春联，我下意识地掏出手机，从不同角度拍了几段视频，顺带拍了几个能表现气氛的红色调的插镜头。半个小时之后，一条《写春联迎新春》的短视频就出现在我的微信、微博和优酷账号里。

今天，我的许多同事和同行都有自己的社交媒体账号，每天发布着内容更丰富、节奏更快的音频、视频和文字内容。世界变化很快，令人眼花缭乱，作为一个曾经受过专业教育和训练的传统媒体记者和编辑，不应改变的就是自己的职业操守和初衷：忠实记录和反映现实生活，真情传播世间的真善美。

转眼我从事广播电视媒体工作已经超过三十五年了，从20世纪80年代初到现在，历经广播电视的潮起潮落，亲身融入，亲身参与，历经兴衰。几十年的变化翻天覆地，但我和我的许多同事都可以自豪地说，作为新闻工作者，我们以自己勤奋的工作、专业的能力和严格的职业操守，参与、见证了媒体技术、内容制作、传播方式的巨大变化，我们见证、记录了这个社会的快速发展，参与和融入了这个时代的伟大进步，我们为有这样一个工作平台而感到自豪。

走进广播的世界

1983年，朋友告诉我的一条招考信息，改变了我的人生道路。这年7

月，我走到了梦寐以求的话筒前，成了沛县人民广播电台的一名播音员。在四周挂着隔音地毯的播音室里，每天随着“上海 601”盘式录音机的转动，我心绪飞扬，一种神圣的职业自豪感不断在心头涌动。

每天清晨，一段庄严嘹亮的国歌之后，我就开始了一天的播音。

“沛县人民广播站，现在播送新闻节目。”声音在还没有多少高楼的小县城里回响，当时老人民会堂西隔壁的广播站大院里，有一座高三十米左右的简易铁塔，上面安装了几组高音喇叭，广播的声音通过高音喇叭，响彻县城的东西南北、大街小巷。为了检验我的工作成果，我常常起早到当时离城中心很远的沿河边和南京矿（现沛城矿）等地听我主持播音的节目，那时的工作热情和执着现在想起来自己都很感动。

当时的县委主要领导非常重视广播工作，财政每年都给予充足的经费保障，不断有广电部、省厅、市局等部级、厅级、处级和部门领导来台视察调研，沛县广播工作走在了国家、省、市的前列。每当有重要宣传任务，县主要领导的北京“212”吉普车都会来接采访记者。

时任广播事业局局长的李直同志，十分关心年轻人的学习和成长，我从教师岗位上调来不久，就安排我除了播音外，兼任新闻、专题节目的编辑，同时还要经常下乡采访新闻，制作录音报道。我采制的录音配乐通讯也受到听众的好评。

1987 年，我与同事谭泽智下到张庄乡采访，了解到该乡有七百多亩玉米由于使用了假种子面临减产或绝收，我们立即下到受害村户调查，写出了《张庄乡七百多亩玉米错用假种农民受坑害》的新闻报道，刊发在 1987 年 8 月 21 日《中国农村经营报》头版，《徐州日报》同时刊发并配发了短评，在当时起到了积极的舆论监督效果，促进了问题的解决。

在新闻、专题栏目得到锻炼后，领导安排我多次参加省厅的专业培训和学习，在全省文艺编辑培训班，我系统学习了文学、音乐、戏曲、曲艺、广播剧等文艺专业知识，为后来的文艺编辑工作打下了理论基础。1985 年，我开始独立负责广播文艺编辑工作。

对文艺的爱好让我在文艺编辑岗位上看到了一个更为广阔的创作空间。我采编制作的《文化生活》节目，广受听众欢迎。在节目中我经常自己制作文艺专题，当时工作环境十分简陋，没有独立的节目制作机房，我就将几台笨重的“653”开盘录音机搬到广电单身宿舍楼，又找来电唱机和盒带机用于节目的转录和编辑。人民会堂来了专业团体演出，我常常带着笨重的“653”录音机现场采录文艺节目。就是在这样简陋的环境和条件下，我制作了几百期专题节目，有人物专题、艺术家介绍、电影录音剪辑、音乐作品欣赏、戏曲曲艺集锦等节目，每年春节，我都会制作春节文艺专题系列特别节目，备受听众喜爱。

进入80年代，各种进修学习蔚然成风，师范毕业的我更加渴望得到专业系统的学习和提升。1988年，我考取北京广播学院新闻学专业，三年的专业学习为后来的新闻宣传工作提供了强劲的专业动力，和我一样被送出去学习的同志有五六位。

广播集新闻宣传、信息传递、文化娱乐、知识传播等各种功能于一体，作为快捷方便、覆盖范围广的传播方式，广播顺应时代潮流迅速发展起来。80年代的广播内容比之前更加丰富，新闻、专题、文艺、戏曲、实用信息、经济信息、广播课程等一大批广播节目样式如雨后春笋般发展起来。由于当时电视技术还不成熟，电视机还没能普及，广播繁荣的局面持续了很久，广播的春天一直持续到90年代初中期。

当然，现在的多媒体时代又赋予了广播新的内涵。如今以音频制作和发布为传播形式的广义广播又有了新的发展，各种调频专业电台和网络个人电台方兴未艾。广播的样式、形态、内容和传播方式更加丰富多彩，广播又进入了一个新的蓬勃发展期。

初识电视的魅力

20世纪80年代，电视机对于一个普通家庭来说是需要几年的积蓄才能添置的奢侈品。那时的电视节目也很少，常常几十人围聚在一台电视机前看电视剧，《霍元甲》《射雕英雄传》《西游记》《红楼梦》等剧也因集体观看而家喻户晓。1990年，电视连续剧《渴望》播出，《好人一生平安》的歌声飘荡在文化生活还不太丰富的街区小巷，电视开始成为那个年代新的娱乐方式，作为广电人也感同身受。

1990年10月，沛县在徐州地区率先成立了县级电视台，我与其他两位曾在电台采编岗位工作过的同志被调来，创建了电视新闻编辑部。我除了播音之外，还做了大量的新闻和专题节目的采编工作，与全台十六人共同开创了沛县电视发展的新阶段。

新成立的电视台设备简陋，没有字幕机，《沛县新闻》节目片头是请书法家孟召俊在一张粉红色的纸上书写的，拍摄剪辑十五秒就算片头了。1991 年 1 月 3 日，中央电视台《新闻联播》节目播出沛县台摄制的新闻《沛县十万民工综合开发治理大沙河》，这是沛县台成立以来在央视播出的第一条新闻片。

1991 年 3 月，花红柳绿，草长莺飞。张寨乡桃沃村的千亩桃园分外妖艳，远近闻名的桃沃村在这里举办了首届“农民桃花艺术节”，十里八乡的人们在这里踏青游玩、赏花作画。我撰稿拍摄的新闻片《沛县张寨乡举办农民桃花艺术节》获得了当年徐州电视台“好新闻”一等奖，这是沛县第一次参加市级电视作品评奖并获奖。

1992 年，长篇通讯《东方风来满眼春》发表，中国又迎来了一个改革开放的春天，我与同事谭泽智、杜慧民采访拍摄了述评《盯住市场巧决策》和新闻《沛城“门前雪”愁煞行路人》。在这两篇作品中我担任了撰稿和策划，作品立足现实生活、紧扣时代的脉搏、引导思想、针砭时弊，获得徐州市 1992 年度“好新闻”二等奖。

我参与拍摄的电视专题片《留住晚霞暖人间》介绍的是著名老中医魏以伦老先生退休后义务行医、著书立说的故事。1994 年 9 月 29 日，该片在中央电视台一套《夕阳红》栏目播出，这是我县第一部在中央台播出的专题片。

《东方时空》开创了中国电视早间节目的先河。1993 年 5 月 1 日开播的《东方时空》与次年开播的《焦点访谈》《新闻调查》拉开了电视新闻改革的大幕。1993 年 3 月至 5 月间，我有幸到北京广播学院电视系学习电视编导专业知识，为电视创作打下了专业基础。

1993 年 6 月，国家广电部批准沛县电视台成立。1994 年 7 月 1 日，沛县电视台正式对外播出栏目《沛县新闻》《今日龙飞地》和电视剧等文艺节目，每天播出大约五个小时。沛县电视台自办频道的播出，标志着我县电视节目制作逐渐步入正轨。

用真情拍有内涵有故事的电视片

1996年是一个具有标志性的年份，当初谁也想象不到，正是从这一年开始，沛县深厚的文化宝藏被挖掘，引起世人的注目。这一年沛县成功举办了第一届中国沛县刘邦文化节，今天，“5·18”也已经成为文化节的品牌象征。

围绕汉文化的研究和开发，1996年我与社教部的同事们共同创作了一批文化专题节目，其中有电视艺术片《大风潮》《中国沛县》等。也正是从这一年开始，电视专题片、纪录片的创作开始把视角和镜头对准了文化资源的挖掘和传承，电视成为多层次、多角度记录历史、传播知识、传承文明的艺术载体。

江苏卫视《江海潮》是一个名牌外宣栏目，应江苏卫视对外中心之约，1997年7月，我带领社教部的同事们开始策划《江海潮——沛县篇》，11月底完成了栏目内的五部专题片的创作。1998年新年伊始，节目在江苏卫视播出。其中，《汉皇故里歌风台》讲述了《大风歌》的故事与歌风台两千年来的沧桑变迁；《稀世珍果——冬桃》演绎了沛县冬桃与湖北襄阳提督沛籍人士吴凤柱的美妙传说，以及桃农们种植冬桃发家致富的故事；《唢呐艺人张体亮》讲述了张体亮在传承和发展传统艺术过程中的困惑与矛盾。

1998年2月，以上三部专题片被江苏电视台推荐到美洲中文卫视等多家海外媒体播出。同年3月24日，欧洲中文卫视开播，开播仪式当天选播了这三部专题片。这档节目还获得了中国广播电视学会组织的1997年度全国社教节目二等奖。

见证社会前进的足迹，记录明天回望的历史。在挖掘地域文化、记录社会发展的同时，电视专题节目开始更多地关注普通人的生活。社教栏目《今日龙飞地》自1996年开始相继播出了大量人物专题片，如《养牛能手王欣荣》《扑火英雄李善银》《拥军模范李玉平》《漫画作者杨继承》《学艺——杨天川的故事》以及十集系列片《今日沛县人》等。《今日龙飞地》栏目也多次在国家、省、市级优秀节目评选中获奖，成为我台获奖节目最多的栏目。

用新思维实现媒体发展潜力的新提升

进入21世纪，电视节目制作更加多样化，节目内涵更趋多元。一批文化、经济、文艺类栏目应运而生，大型文艺类节目成为电视制作的亮丽风景。

策划举办大型活动，提升媒体亲和力。2002年11月，沛县电视台举办了首届播音主持及朗诵大赛，这次比赛开启了沛县具有电视特点的文艺活动节目制作的先河，在接下来的几年中，大型活动相继举办。大型电视文艺活动的策划举办为电视节目制作积累了经验，锻炼了队伍，丰富了电视荧屏。近年来我台每年都要举办二十多场大型活动，电视转播车的运用为节目制作提供了技术保障，大型活动的策划、运营、组织能力不断增强，节目质量有了进一步提高。

运用电视专题节目，扩大地方文化传播。从1996年第一届刘邦文化节到2018年的第十二届，每届都离不开电视的参与与推动。2006年第六届刘邦文化节期间，我撰写了反映刘邦文化节盛况的纪录片《舞动的汉风》的脚本，江苏电视台著名导演徐铮将其拍摄成纪录片，在江苏卫视多次播出后受到社会各界好评。二十多年来，围绕汉文化的挖掘和发展以及文化节活动，电视台相继创作了一批有影响的电视片，电视的参与延伸了地域文化的传播。

工作创新效果突显影响深远。2008年，第七届刘邦文化节开幕式大胆创新，与江苏卫视合作采用大型电视文艺晚会形式，“地方风情浓郁馨香，绚丽舞台倾情演绎”。沛县电视台同步直播，放大了开幕式演出的现场效应，运用电视传播手段扩大了活动整体效果，在当时的媒体传播格局下，电视传播发挥了较强的影响力。我作为文化节组委会成员，有幸参与了晚会的创意和策划，并起草了大量文案，创作了晚会的各种宣传片、推广片，从电视传播的角度，扩大和拓展文化节的影响力和传播范围，改变了以往“在自家院内办节”的局限，对后来文化节的举办方式的变革带来了积极的影响。

电视工作需要新的理念。沛县电视台有三个电视频道，其中新闻综合频道是电视台的主频道，经济生活和文艺影视两个频道分属另外两个节目部门运营，部门经营的频道由于缺乏系统的管理和专业人员，导致整体节目质量不高、编排随意、管理不规范，极大削弱了沛县电视台的整体品牌形象和竞争力。2005年，针对当时的状况，我提出要优化节目资源，彰显频道形象，加强频道资源共享、专业包装、统一编排、整体运营的理念，并撰写了专业论文《优化节目资源，彰显频道形象》，该论文在由《人民日报》市场版、《中国新闻出版报》、《中国作家杂志》等六家全国性新闻文化出版单位联合举办的“新世纪之声”中华颂歌征文活动中获得银奖。2007年，我在全国新闻核心期刊《视听界》第三期上发表文章《县级台整体运营策略》，阐述频道运营理念，人民网和人民网海外版予以转发。对电视运营理念的思考，促进了沛县台几年之后进行的频道资源整合。

模式的变革极大地提升了电视的影响力。2009年是电视播出方式发生根本改变的一年，这年9月，沛县电视台实现了电视硬盘播出，改变了一直以来播出机房人工播放磁带的模式。硬盘播是由节目制作、上载、存储、编单、播出等单元组成的全台联网的自动播出系统，是由计算机实现的，它不仅改变了播出模式，丰富了节目内容，也为频道的资源共享，实现沛县台三个频道的节目、栏目统一管理、统一编排播出，实现频道整体运营提供了技术支撑。在硬盘播出实施的过程中，我参与了方案的制订，总编室相关业务的规范和管理，硬盘播出规范性文件的制定以及部门间的协调和联调联试。在以后的几年中，电视台由原来节目、栏目部门化的小规模运营管理，向频道整体运营改变，管理方式的变革，实现了频道形象和品质的大幅提升。

业务拓展是媒体实力的体现。2011年5月8日，沛县电视台与北京星邦传媒有限公司合作拍摄的电影《湖西秘密交通线》举行开机仪式，我与邢浩同志共同担任了影片的制片主任和副导演。2013年11月24日在央视电影频道播映，开启了沛县拍摄制作电影的新篇章。

新思维推动下的频道整体运营，让媒体传播力、影响力和经营能力极大提升。为了加强频道统一包装，树立频道新形象，2011年初，沛县电视台向全国征集新台标，我全程参与组织并策划了新台标启动仪式。2011年12月，沛县电视台首次举行媒体资源推介会，在实现资源共享、频道整体运营的背景下，提出“以节目创新提高传播品质，以品牌建设提升媒体价值，以时间资源管理实现多方共赢”的频道经营理念。2012年新年伊始，随着新台标的启用，蕴含新的节目编排理念，规范化、板块化突显的新节目时间表开始实行，整合改版后的三个频道全新亮相。一批内容鲜活，知识性、教育性、实用性更强的节目全新登场；引进的最新国产优秀影视剧在黄金剧场首播。改版之后，加大了频道品牌建设，科学编排节目，以优质的编排创造了更高的时段价值；加强了频道包装，树立了良好形象；举办了多场大型活动，提升了媒体价值。频道品牌建设提升了频道的影响力和经营能力，2012 年，电视广告经营收入首创新高。

坚守初衷传承文明迎接新挑战

近年来，广电媒体受到巨大冲击，在网络媒体、新媒体、自媒体影响下，人们获得信息的渠道发生了根本性的改变。人们不再是被动地接收信息，而是成为信息的制造者和传播者，移动网络的发展改变了传统的信息发布和传播的模式，信息的采集和传播变得异常容易和方便，主动性、互动性、及时性、便利性、实用性极强。面对技术进步带来的巨大挑战，适应新时期的传播方式，成为广电传统媒体转型发展的当务之急。

2018 年 5 月，沛县广播电视台实行新的运营体制。新体制以频道为核心，以团队为运营主体，以提高节目制作质量为重点，以新媒体业务拓展为主要方向，着力提高频道传播力、影响力，最大限度提升节目传播价值、频道时段价值，以此带动频道经营能力的提升。经过一段时间的运行已初见成效，一批年轻记者、编辑和经营管理人员的创造力、创新力得到发挥，呈现出良好的融媒体发展态势，拓展了未来发展空间。

在看到媒体技术、制作能力和传播方式巨大进步的同时，我们也应该注意到，广播电视、新媒体等既是新闻信息的传输工具，又是文化艺术的载体。如今的电视等视频类节目娱乐性更强，功利追求明显，粗制滥造的节目、格调不高的晚会、从内容到表现都不够真实的影视剧、内容低俗的音视频作品对受众精神世界的侵蚀日益明显。新媒体、自媒体在人们便利接收、传播、使用信息的同时，正以舆论暴力和海量垃圾信息影响受众的真实判断，蚕食人们的业余文化生活，甚至扭曲人们的价值观和道德观。这些现象应该引起从业者和管理者足够的重视，主动摒弃并加以约束和规范。

技术日新月异，内容更加丰富，但技术和内容的巨大变革所带来的负面影响也值得我们深思，是否我们走得太快以至于丢掉了灵魂？面对现实，未来健康的广电传媒和新媒体的内容制作，应当倡导责任意识、精品意识，倡导人文精神的回归，重塑内容制作的艺术品格、文化品格、思想品格。以真情记录历史，让思想传承文明，客观真实地反映生活，传播先进的价值观和生活中的真善美，不仅是传统媒体的责任，更应该成为当下新媒体、自媒体必须坚守的基本准则。媒体内容制作的表现形式可以千变万化，但追求高尚的精神永远不能改变。

今天更多年轻有志的同伴加入广电和新媒体队伍，他们活跃而不乏思想，睿智又富有激情，有了他们的参与，未来的广电以及与他们同时代产生的新媒体会更加精彩。

老骥初心

王苏豫

与报纸打交道，能当一名编辑、记者，这是我年轻时梦寐以求的。那时，我在沛县一家集体企业——徐州水泵总厂办公室工作。因工作关系对企业发展规划、企业生产经营情况、职工福利及业余生活等信息了解较多，便根据这些信息有选择地撰写新闻稿件，经常给《新华日报》《江苏工人报》《徐州日报》《中国环境报》和徐州人民广播电台、沛县人民广播电台等省、市、县级媒体投稿，文稿不时地变成铅字见于报端或在电台播出。每当看到自己的劳动被认可，汗水没白流，心中便窃喜，并梦想着自己能够真正成为新闻战线上的一员。

令我没想到的是，这个记者梦真就成为现实。1990 年，沛县县委、县政府决定开挖拓宽位于县西部地区的大沙河，以解决长期制约这一高亢地区的水利灌溉问题。这是一个巨大的水利工程，也是历任政府想解决而未能解决的问题。为此，沛县县委、县政府投入了大量的人力、物力和财力。为配合大沙河水利建设，县委宣传部创办了《大沙河报》，虽然它是一个临时性的报纸，但它的成功创办，以及它发挥的引导作用，客观上催生了《沛县报》的再生。

为全面反映改革开放以来沛县经济建设和社会发展的真实面貌，全面反映全县人民的精神风貌，记录历史，再现历史，沛县县委决定恢复停刊三十年的《沛县报》。1991 年 8 月，经报请江苏省新闻出版局批准，中共沛县委员会下发了《关于〈沛县报〉复刊的通知》，决定恢复《沛县报》的出版发行，同时建立沛县报社。经时任《徐州日报》沛县记者站站长展明超的推荐，县组织、宣传部门的审核，我有幸成为沛县报社选调的第一批编辑、记者。为了不影响工作，在报社成立之前，王清堂、聂恒顺、徐正冲，还有我，我们四个被选调的编辑分两批先行到铜山报社跟班学习，每批为期两周。两周时间虽然不长，但我们却学到了不少东西，掌握了编辑工作流程，知道了如何选稿改稿，学会了编版划版。回来后，我们就着手《沛县报》试刊号的编辑工作。当时没有办公地点，我们就挤在《徐州日报》驻沛记者站的一间办公室里。对于编辑来说，除了改稿，划版也是一项非常精细的工作。修改好的稿件、选用的题花或图片放在什么位置，需要占多大面积，头条、二条及其他各条内容怎样做到错落有致，标题字号、字体如何选定，等等。由于都是新手，我们自己对自己的要求也都很严格，稿件一遍一遍地改，划版一遍不成就划两遍，两遍不行再划三遍，直到满意为止。因为当时技术还比较落后，用铅字排版和印刷，如果划版不准确，改版是相当麻烦的，那真是一字动百字摇。我们从下午上班着手，一直忙活到凌晨2点。

1991年9月20日，《沛县报》试刊号面世，10月1日《沛县报》正式复刊，并发行到县直机关、各部门单位，各乡镇机关及村委员，各学校、医院等，总发行量为一万份。

《沛县报》复刊面世，我虽小有成功的喜悦，但更多的却是忐忑，担心读者能否接受这株新苗，担心能否将这株新苗培育成茁壮的大树。

能有机会将爱好和工作结合起来，对我个人来说，这是一种幸运、一种幸福，更是一种乐趣。话虽这样说，但是真要做好编辑工作，实在不是一件容易的事。记得在1992年3月的一天，县里召开墙改工作会，报社派我去采访。会议结束后，我立即赶回报社写稿、编版。由于自己工作不细心，把墙改办主任报成了副主任，报纸发行后，墙改办主任即将意见反馈给时任总编，总编随即找我了解情况，我当时还很自信地说没写错，是根据县里的文件写的。总编让把文件找出来核对一下，经认真阅读，确认还是我写错了，文件里标明是“沛县墙体改革委员会副主任、墙改办公室主任×××”。后来在另一次活动中遇到该主任，他开玩笑地说：“小王，你比组织部还厉害，不说一声就把我降职了。”实践的过程中，我慢慢感受到，这是一份责任大于乐趣的事情，是一份清差事重担子的工作，它需要淡泊名利的平常心和不求回报的艰苦付出。

做报纸编辑，改稿子是基本工作，也是一项辛苦的工作，更是极为慎重的工作。曾任沛县县委书记的肖俊同志在调研新闻宣传工作时说过：

“报纸，白纸黑字，铁证如山。因此，不能有一丝一毫的马虎。”而在很多人看来，编辑不就是改改文字吗，谁不会？其实，改文章有时比写文章还要费力。你要尊重作者的原意，遣词造句要符合报纸定位和规范，更重要的是改后的文章要准确，要增色生辉，让作者认可。这既是对作者劳动成果的尊重，也是对自己工作、对这张报纸、对读者甚而对社会的负责。

由于作者或通讯员的水平参差不齐，稿子质量也差别很大。有时一篇几十上百字的新闻简讯，要改到自己满意又符合标准，往往也得动半天脑子，费时又费力。因此，碰到这样的情况时，工作效率很低，八小时之外加班加点成为家常便饭。

尽管做编辑有种种苦，但其中的乐趣并不少。在这种充实满足的工作中，自己也学到了更多的知识，拓宽了思维，提升了人生境界。没做编辑、记者之前，还有些虚荣心，对不懂或不明白的事情不好意思开口，而经过在编辑、记者岗位上的历练，可以做到不会就学、不懂就问。有一次，县里在当时的鹿湾乡召开农业生产现场会，时任农工部部长蔡承印在讲话中要求，各乡镇都要抓好“大中小、毛腰丰”农田水利工程，我虽然记在了采访本上，但不知这“大中小、毛腰丰”指的是什么。会后，我主动找农林局的技术人员请教，才知道“大中小、毛腰丰”原是田间六级水利配套工程，是大沟、中沟、小沟、毛沟、腰沟、丰产沟的简称。类似这种在工作实践中学知识、长见识的事例还有许多。

每当编稿时读到优秀的文章，享受到文章带来的智慧、知识与愉悦，便可废寝忘食；每当看到经过自己精研细琢后发表的文章，便会有一种参与的快乐和收获的幸福；每当看到我们的辛苦变成一张一张精美的报纸时，就会有一种与农民朋友丰收一样的充实。更让我难以忘怀的是，通过编辑这项工作、报社这个平台，我结识了一大批良师益友。

《沛县报》从创刊至今已经二十七年了，虽然中间经受过挫折，但在县委、县政府的支持下，坚持走到了今天，我怀着与广大读者同样喜悦的心情祝贺它的不断成长。由周一刊发展到日报，由黑白版变为彩色印刷。如今的《沛县日报》已经根深叶茂、枝叶参天，伴随着《沛县日报》手机报的推出，其影响力不断扩大，覆盖面日益加宽。作为内部发行的刊物，《沛县日报》不仅成为广大读者、作者的交流平台和学习园地，而且也成为我们共有的精神家园，得到了读者的厚爱和领导、上级主管部门的赞许。

目前，随着时代的进步，各种新兴媒体对平面媒体的影响很大，但平面媒体仍然有其他媒体不能替代的功能与作用，我们要继续探索新形势下平面媒体的发展之路，让其继续前行，打造新的辉煌。

从新媒体到融媒体

范琳琳

改革开放四十年，沛县广播电视事业不仅走过了一段艰苦创业的历程，也发生了翻天覆地的变化。广播电视是我国改革开放的宣传者、记录者，也是改革开放的推动者、实践者，广播电视本身也发生着巨大的变化。从大喇叭到调频广播，再到广播电台；从黑白电视到彩色电视，再到高清液晶电视；从差转台到卫星接收站，再到有线传输。可以说，我目睹了广播电视时代的技术变迁。从业二十年，作为沛县广播电视发展的见证人，回顾广播电视发展的历程，感慨万千。

1978 年 1 月 1 日，沛县区域内传来了播音员清晰洪亮的声音，沛县人民广播站的广播节目《沛县新闻》首次开播了。同年 9 月 28 日，沛县人民广播站在院内建起 10 瓦电视差转台，开始收转无线电视节目。当时的设备功率有限，收五个频道，转七个频道。就当时而言，电视是人们可望而不可即的奢侈品。1985 年，沛县电视转播台成立，投资 21. 9 万元建设电视发射塔，塔高 100. 3 米。可发射 7 频道、10 频道、24 频道、34 频道电视节目和调频广播节目。1993 年 6 月 25 日，经国家广电部批准，沛县电视转播台升格为沛县电视台，使用 10 频道 1000 瓦发射机播出自办节目。电视播出时段逐渐增长，节目形式内容日趋丰富，全县电视事业进入新阶段。1992 年 7 月，沛县开办有线电视。经过多年的建设与发展，到 1998 年，已经具备传输高质量电视节目能力，成功传输北京、黑龙江等地区电视节目。2007 年，对沛城区电视网络实施升级改造工程，建设管道网。至 2009 年，沛县沛城区已传输讯号优质清晰节目 43 套。此后，沛县有线电视步入了发展快车道。2009 年初，沛县城区已全部开通数字电视信号。到 2013 年，沛县农村也开通了数字电视信号。数字电视共传输 150 套节目，互动付费节目61套。目前，已经实现了有线数字电视村村通。

从20世纪90年代开始，沛县的广播电视事业进入一个新的发展时期，在使用有线传输以后，各地都能接收到清晰的广播、电视节目，使广播电视节目质量大幅度提高。有线电视发展迅猛，近年来网络电视、手机广播逐步兴起，昔日历久得见的精神盛宴，今天成为寻常百姓日常佐餐；向来局限城镇居民的特殊待遇，如今已是城乡共享。改革开放四十年，沛县广播电视事业发生了深刻的历史变革，听广播、看电视已经成为广大人民群众精神文化生活的重要组成部分，成为改革开放给百姓带来的最显著、最愉悦的实惠之一。随着人民精神文化生活日益丰富，沛县电视台也从单一的新闻播报，逐渐演变为集时政民生新闻、文艺影视、生活服务、教育娱乐等为一体的多业态综合媒体平台。

我是1998年9月参加工作的，通过层层面试、考试，进入沛县电视台担任节目主持人工作。那时候全台仅有一个播音室，狭小紧张，录节目都得排着队，这档节目录完了，下一档节目的主持人才可以进入播音室进行录制。设备也是很落后的，主持人头顶的光源是高功率的热光源，每个2000瓦，前后左右共有十多个。冬天室外下着大雪，零下几度，但是我们在播音室里穿着薄西装，还是满头大汗，为了录音质量还不能开空调，到了夏天情况可想而知。二十年后的今天，我再坐在镜头前录节目，播音室宽敞大气，虚拟抠像技术可以把节目主持人放在任何一个场景当中。设备都是最新的，头顶以及身后几十个灯光都是冷光源，室内恒温25度，有词语提示器、电脑、数字化播音编辑设备等。可以说，仅仅是新闻播音这样一个工作岗位，我就深切感受到了改革开放的成果。近年来，广电传媒中心在县委、县政府的正确领导下，在县委宣传部的直接指导下，全体干部职工团结奋斗，开拓进取，紧紧围绕县委、县政府的中心工作，坚持“三贴近”原则，牢牢把握正确的舆论导向，以新闻宣传为中心，以事业建设为基础，以经营创收为保障，突出行业管理，狠抓队伍建设，全面完成了半年工作目标，为我县经济社会又好又快发展提供了有力的舆论支持和精神动力。

合着时代节拍，沛县广电一路创新向前，如今，在融合探索之路上越走越宽。观念的更新，激活了转型升级与融合，实现了数字化，进入了全媒体时代。近年来，沛县广播电视事业迅猛发展，在节目质量、队伍建设、人才引进、创新创优等方面突飞猛进，无论是县内宣传还是对外宣传，无论是设备引进还是栏目包装，都始终走在改革的最前端。新增购高清数字摄像机、大疆无人机、JVC 直播摄像机等设备，对原有的直播车系统进行了设备的更新改造，以完成高清数字信号下的节目录制以及从直播车推流信号进行微信等新媒体网络上的直播。基础设施的改造有效提高了广播电视摄录编设备的技术性能，保证了节目的制作顺利完成和播出。沛县电视台《沛县新闻》《曼婷在现场》《农村科苑》等节目已成为品牌栏目，在观众中有着很高的口碑。沛县人民广播电台的《行风热线》《香城春潮》等节目也是深受听众的好评。近几年，沛县广播电视台举办的房展会、车展会等活动，不仅为商家营造了销售氛围，大大增加了他们的销售额，而且广电传媒也收获了良好的经济效益和社会效益，每次活动现场都人气爆满。

四十年里，沛县广电记录了我县改革开放发展的每一段历程，围绕县委、县政府的中心工作，今后广电人会继续为改革开放鼓与呼，更好地服务全县改革开放的大局，服务于经济社会的全面发展。

老头儿也有影视梦

王德荣

我的文学艺术梦已做了半个多世纪，这是一个神奇的、美丽的梦，一个给我希望和追求的梦。这个梦激励我勤奋读书，笔耕不辍，让我写下一行行文字，为平凡的人生增添绚丽色彩。

我在读小学时作文成绩就很好，老师常把我的作文油印成范文发给同学们阅读。读初中时我爱上文学，如饥似渴地阅读中国四大名著和当代小说，同时萌生写小说的念头。写啥？就写村上农民的苦难故事吧，还是长篇，起名《水深火热》。写了二十多章，后来因从军搁浅，但半部《水深火热》手稿依存。1958 年，见有《沛县新农村报》，我尝试着写了一篇《模范饲养员王锡坤》，见报后给了五角钱。第一次发表文章，心情可想而知。从此便与写作结缘，至今已五十多年。

写作可不容易，特别是业余的。农村环境差，夏天热，蚊虫叮咬，冬天冻手冻脚，这些不说，哪有时间写？要抓工分挣口粮，后来种六亩责任田，还有当民办教师的教学任务，拉土盖屋，娶妻抱子，孝敬老人等，整天忙得不可开交，但为了文学梦，也要见缝插针地写上几行文字。

写什么？就是见啥写啥，想啥写啥，需要写啥就写啥，有感而发，随心所欲，还有求必应。写诗歌、散文、小说、故事、唱词、相声、小品、戏剧等，还写史志、通讯，为村里红事写贺词、祝酒词，白事写丧简、悼词，还修家谱，因此村上人夸我啥都会写。可是广而不精，啥都没写出名堂来，偶尔在报刊上发个豆腐块而已。还有些作品获奖，如《妈妈，我错怪了你》在《法制日报》获奖，《我那饥肠辘辘的爱情》在《青年时代》获奖，《我与书，家与书》在《解放日报》获奖等。另外还参与《沛县沧桑五十年》《沛县志》《沛县年鉴》《沛县地名志》等书的编写，曾任《百家》《沛县风光》《沛县当代人物选》《青啤徐州公司志》《沛县体育中学志》《沛县税务志》等书刊编辑。

因为孜孜以求文学艺术梦，我先后被吸收为中国通俗文学研究会会员、中国文学研究院研究员、徐州市作家协会会员、徐州市戏剧文学学会会员。看到音像作品更具群众性和影响力，我退休后便致力于影视作品的创作，已完成小品脚本一百余本，《凤还巢》《二女追夫》等电视剧剧本七本，以及电影剧本《这一片土地》《汉子》《北风秋雨》《农家乐》等，计二百余万字，特别是《农家乐》已搬上荧屏。文学艺术梦让我的日子过得充实有劲。

记得20世纪50年代，我正读小学。一天下午，县里电影放映队来了，拉着一辆平板车，上面放满了发电机、放映机、银幕、行李等。老师说今天播放电影《南征北战》，很好看，票价一角钱。同学们欢蹦雀跃，放学回到家吃过晚饭返回学校，和大人一起，买了票进入学校观看。那时候别看是一毛钱，不少家里也没有。老师给想了个办法，拿两个鸡蛋，就可以换张票。

为了使更多的人看上电影，电影院实行跑片子。片子晚上7点在甲地放，放完有人拿了片子跑到乙地，9点在乙地放，以此类推，丙地在11点放，丁地在深夜1点放。人们要等大半夜才能看上一次电影。

80年代中国农村才有了电视机，先是黑白的。一个庄上只有两三家买得起。天黑后大家搬着凳子都到一家院子里看电视剧，主人都很热情。记得琼瑶的作品来到大陆，特别是青年人最爱看，故事里的男女主人爱得死去活来，让人唏嘘不已。

2006年，我产生了创作一部农村题材电视剧的念头。因为我生在农村，长在农村，工作在农村，对农村和农民有着深厚的感情，特别是改革开放以来，农村翻天覆地的巨大变化，让我感叹不已。农村空气新鲜，景色优美，农民勤劳朴实，心地善良。我要歌唱，我要颂扬新时期、新农民、新思想、新生活、新文化。一改过去几十年用诗歌、散文、小说、曲艺等表现形式，转为用受众广、影响大的电影电视剧。我把这种想法跟县委宣传部的领导说了一下，他很支持，一下子给我拿了一大摞稿纸，于是我开始了漫漫创作之路。由于工作和家里事情繁多，白天不能动笔，大都在凌晨4点左右开始，写到6点左右，再准备上班。直到2010年，形成了六十六集情景喜剧《农家乐》，计四十多万字。宣传部花了两千三百元在周氏印务社打印成稿。文稿发到省广电局，耿乃凡局长亲自给我回信，让我找徐州电视台拍摄，徐州电视台直管的江苏光线文化传媒公司王海波总经理看了剧本，对剧本给予充分肯定，想拍成电视剧，但由于资金问题未成。

2012年，我向时任宣传部部长的胡成彪汇报，他很赞成，欣然命笔题写了片名“农家乐”。我打了个报告，胡部长签批，同意拍摄，请有关领导和单位支持。我找到了江苏建德华硕文化传媒公司老总孙西建先生，正好一位文友在，这事被他接手了。

我既当编剧，又当制片人。2012年5月6日，在沛城镇任庄村举行了简单的开机仪式。

摄制人有了，演员哪里来？公开招聘，在网上、报纸上、电视上发布信息，有三百多人报名，经过筛选留下了七十多名，他们来自机关、学校、县剧团、夕阳红艺术团等。经过几天的短期培训，便开始拍摄。在拍戏过程中，《农家乐》剧组形成一个温馨快乐的大家庭。大家在一起拍戏，在一起唱歌、跳舞，在一起吃饭、闲聊。出于对剧组的热爱，有人从家里拿来桌子、板凳等道具，拿来自家种的菜，大家在一起快快乐乐每一天。

经过一百天的紧张拍摄，电视剧终于在8月11日封镜，进入后期制作。可是怎么也没有想到，原定2013年元旦播放的计划被打破，进入漫长的等待。终于熬到了2014年春天，由于我的坚定和执着，沛县电视台领导同意为我播出。经过多次修改后，于2014年3月13日晚7时20分开始播放，终于圆了我多年的电视剧梦。

回顾四年来的艰苦创作和艰难筹拍，其中的酸甜苦辣难以言表。由于当时设备差，自然拍出的效果差；由于演员们水平有限，自然表演得不到位。但是内容是好的，喜庆热闹，积极向上，宣传了正能量。原文化局副局长朱迅翎说，沛县有不少搞影视剧的，只有王德荣成功了。为了更好地发展影视事业，我于2013年6月成立江苏农家乐文化传媒有限公司，依法注册，并取得合法从事电影电视剧制作、发行的资格。

为宣传沛县好人，打造好人沛县，2013年春，我策划拍摄大型电视纪录片《中国好人》《沛县好人》，得到了县领导和有关部门的支持。成功摄制中国好人十二名，其中张悍华、孙沛丽、张兴亚三部片子在江苏卫视放映，并获得沛县县委组织部奖励。“沛县好人”有六人已摄制成功，在电视台播放，发送到互联网，留下音像史料，昭示后人。还有几名沛县“中国好人”，几十名“沛县好人”待拍，我决心继续拍摄下去。

从“见字如面”到万物互联

高雪梅

墨绿色的大杠单车，驮着鼓鼓囊囊的帆布挎袋，伴随着一声呼喊，轻握手刹，车上的邮递员下来，将一封家书递来。曾经，“带个话”“捎个信”“拍封电报”，是我们沛县好几代人的记忆。

儿时的我在沛县一个小村庄长大，跟随妈妈住在姥姥家。在我的记忆中，这种方式的通信传送持续了好多年。记得每到星期一、三、五，就有镇上的邮递员骑着墨绿色的大杠单车，车梁上搭着两个大兜，兜里放满书信报刊，村里的高音喇叭就会准时响起来，先是唱着《朝阳沟》《红灯记》等著名唱段，村干部就清清嗓子开始广播了，“×××、×××，听到广播后赶快到村大队来取信”。这时候，姥姥就会喊我和姐姐到外面听广播，让我们听听有没有远在山东的舅舅和表姨们来信。那个年代，由于舅舅和表姨们离家远，再加上工作的原因，每隔好久才能回老家看姥姥一次。但是书信还是常有，每隔一段时间就会来信报平安，姥姥收到信后总是第一时间让我们念给她听，她一面听信一面脸上露出惬意的笑容。那时候，年少的我们很难体会到一位老人的思儿心切。奶奶与舅舅表姨们的书信往来就这样一直持续了好多年，直到后来条件好了接去同住。

80年代，爸爸妈妈工作调动，我们一家搬到了镇上，我们兄妹三人都入读了初中和小学。从这时起，人们的通信工具已悄然发生了变化，书信来往一统天下的局面已被打破。由于爸爸的工作需要，我们家安装了第一部电话，红色的手摇式电话，电话没有按键，需要手摇后告知总机接通哪里，总机接通后我们才可以通话。记得那时，每当电话铃声一响，我们总是异常兴奋，飞奔着跑去接，虽然知道来电都是找爸爸的，但也图个稀奇好玩，总趴在桌子一角静静地看着爸爸接打电话。再后来市面上开始有了

BP机，BP机分为两种，一种是中文显示的稍大一点，一种是外形小一点的数字显示的，一般都别在腰上。记得1996年我读大学时，哥哥送给我一台小小的BP机，当时我们那个年代的大学生，在与父母和高中同学交流时，还是喜欢用书信，而手机与BP机仍属于奢侈品，只有少数家庭经济条件好的学生才能享用。不过，在每个宿舍里都有一部磁卡固定电话机，如果有急事，同学们就会输入很长的一串200、300电话卡卡号和密码打电话。因为我有BP机，所以同宿舍的都借来用，告知家人有急事可以传呼我的这台，这样就方便了很多，也不用和同学排队挤着等一部磁卡电话了。

我们家第一部手机，购买于1996年的冬天。那天，哥哥从外面带回来一部摩托罗拉手机，也拥有了全家第一个移动手机号码。对于第一次见到可以移动的电话，我和姐姐很是好奇，围着绿色外壳的小手机左看看右瞧瞧，这里按一下，那里触一下，觉得这个走到哪都能打电话的小东西真神奇，于是梦想自己也能有一部手机的念头在心中生根发芽。而真正拥有属于自己的第一部手机，还是在大学毕业后回到沛县工作，在父母的资助下买的一台三星手机。现在我对那台小手机仍记忆犹新，黑色的外壳，小巧的按键，像一枚刚刚成熟的玄色果实，甚是可爱。从此，有事了，发个短信，打个电话，就能搞定，不用再穿梭般地枉跑。那时候啊，满足着呢！信息通过这个神奇的物件儿传来传去，顿觉世界大了许多。

很快，只能简单通话发个信息的通信方式已经远远不能满足人们日益发展的生活需求。由此，集人类智慧和时代科技于一体的智能手机横空出世。用了几年的传统手机尚在服役，购买智能手机已在计划之列。在移动大厦琳琅满目的柜台前，我几番比较、筛选，选定了一部摩托罗拉智能手机。粉红、淡蓝、乳白三种颜色随意搭配，典雅素朴，确为女性所喜爱。紧接着QQ的出现，开启了网络通信的新天地。自从用上智能手机，下载了QQ软件，我和朋友的距离无论多遥远，也只是隔着一道屏幕。我想跟谁说话了，Q她就行，连电话费也省了。有一段时间，“偷菜”游戏盛行，我心劲儿十足，半夜里爬起来，打开手机，去偷人家菜园里的菜，感觉好玩又刺激，获得一种心理上的满足感。

斗转星移，转眼，通信的滚滚车轮碾压过2G、3G、4G时代，5G在新时代的春风里正呼之欲出。我们全家人使用的通信工具也从最初2G时代的直板机、翻盖机，3G时代的半触屏手机到现如今的高清大屏智能4G手机。当然手机的功能也在逐步升级，从开始时的只能接打电话、发短信，到听歌、拍照，再到后来微信聊天视频、网上购物。可以说是工作、生活、社交都离不开它，就像一句广告语：一部手机走天下。

这期间，我们与父母间的沟通交流方式也在与时俱进。三年前，为了能和爸爸妈妈微信视频聊天，我们兄妹给他们每人配备了一部智能手机，并帮忙注册了微信号和支付宝账号。记得爸爸妈妈看到我们送给的智能手机时，连连摆手，直呼自己不会用，我们兄妹开始轮流手把手地教他们操作，一遍又一遍，爸爸妈妈学得也很认真，他们准备了一个小本子，专门做笔记，并且互相探讨，那段时间，我们家的话题全是围绕智能手机操作展开的。在我们的共同努力下，很快，两位老人加入“微信大军”，建群、语聊、发朋友圈、看视频，玩得不亦乐乎。老年生活，因为智能终端的介入，越发变得有声有色起来。现在，每天还没起床，老两口就会窝在被窝里，通过智能手机客户端收看早间新闻、视频直播。这里还得要好好表扬一下妈妈，她不但掌握以上内容，而且就连出门买菜去超市全是手机支付，一位超市售货员称赞妈妈是个赶潮流的老太太。妈妈也常常感慨地说：“感谢党和国家改革开放给我们带来的巨大变化，手机给我们带来的巨大便利，这是多年前不敢想的。”

2018年4月，首届数字中国建设峰会和数字中国建设成果展览会在福州举行。数字政务、数字医疗等等数字化成果，向人们展示了智慧福州的魅力。过去人们未曾预想的智能通信生活，现在已经触手可及。这则新闻不仅向社会彰显了通信工具的飞跃发展，也成了我家茶余饭后的热聊话题，全家人憧憬这个高科技智能化大发展时代的快速到来。

改革开放四十年，现代化的智能交通、教育、医疗等行业应用的集合，从电子政务到民生工程，信息通信技术改变着我们的衣食住行习惯。随着技术的不断进步和成熟，智能化的综合网络遍布社会各个角落。数字化的生产工具与消费终端广泛应用，人们已经生活在一个被各种信息终端所包围的社会中。信息逐渐成为现代人类生活不可或缺的重要元素之一，人们已经无法离开电话、手机、电视、互联网。

3G无线上网、可视电话、无线局域网、4G、5G……这一连串的通信技术名词让我们的生活更快捷。而伴随新型智能终端加速普及，以及人工智能、物联网、大数据、云计算等技术的蓬勃发展，连接服务的内涵正在从人与人通信，延伸到人与物、物与物的智能连接，万物互联。

现在，“互联网 +”、“万物互联”、物联网概念风靡全球，现代通信科技更将“信息共享”应用到了社会和民生工程中，“通信”的概念已不再是我们曾经的“见字如面”。从车马邮递到如今的万物互联，都像历史的经纬线如流水般诉说着改革开放四十年的伟大变化。回顾往昔，展望未来，这是改革的成果，也是我们幸福生活的印记，我相信，未来会更加美好，一代更比一代人幸福。

幸福来敲门

谢祥健

每天上下班，我行走在沛县高速路连接线——十里多长的沛丰路段，与其说是走在路上，不如说是在画中行。宽阔的路面好似黑色的缎带，绵延不绝，坦荡如砥。无论骑车、步行，还是乘坐机动车，大家都会感觉到心旷神怡。路两边的绿化带，一步一景，四季不同。春有樱花璀璨，夏有石榴花艳，秋有枫树红霞，冬有白雪压枝。苍松翠柏，怪石嶙峋，翠竹掩映，错落有致，十里路程，十里画廊。夜晚，又是一番景象。路灯高悬，交相辉映，花影婆娑，似真似幻。此时此刻，幸福感油然而生。

路宽了，环境美了，物质丰富了，人们的生活质量提高了。没有对比，就感觉不到甘苦。我不由想到过去的岁月，那些如黑白照片一样成长的经历。

20世纪70年代，不要说农村没有水泥路、柏油路，就是县城也是很稀罕的。我的家乡沛县汉兴街道马庙村，就是那个时代农村的缩影。那时人们走的路，都是祖祖辈辈行走的土路，千百年没有变化。晴天一身土，雨天一身泥，大家出行相当困难。在生产队时，人们的交通工具是马车、平板车。小青年娶媳妇时，都是驾几辆生产队的胶皮轱辘马车。人喊马嘶，红旗飘飘，喜气盈门，甚是热闹。只是土路上车辙纵横，坎坷不平，人坐在马车上一颠一颠的，把心都颠得生疼。晴天还好过，遇到雨天，那土路车辙沟的水能养鱼。要是有谁家阴雨天遇到红白喜事，那真是客人进不来，村人出不去，标准的“水泥路”。村民只有仰天长叹。小时候，我与伙伴在庄头路边看牛拉车的情景印象最深。有几辆机动三轮车，拉东西经常陷在土路上的车辙里，弄得车直冒黑烟也开不走。司机无奈下来，借个铁锨在轱辘前后挖土，吭哧吭哧半天，上车发动油门，还是烟筒直冒黑烟，不论司机怎么挂挡加大油门，那车就是岿然不动。车越发动越开不出来，司机只得把车厢的砖瓦等物卸下来再开，还是开不出去。有时太阳刚露红车陷住，太阳到正南了还没有挪动半步。司机急得脸上汗珠子直淌没有办法，有人想到去生产队求援。生产队队长觉悟高，愿意帮忙。他从饲养场牵头带犄角的大水牛来支援。队长把牛套履好，用铁链子拴挂在三轮车的前杠上，然后他再娴熟地指挥那头老水牛，里“咦”外“喔”，老道地命令着那牛。水牛入了套，队长又熟练地把肚带系好，挥舞长鞭，一声“驾”，老牛得了将令，瞪圆铜铃一样的大眼，鼻孔直喷热气，把头低下，全身肌肉隆起，牛蹄使劲碾出一个个盛开的泥土花。深陷车辙的机动三轮车不由车身一震，司机顺势挂挡，终于从土路的沟壑中突围。司机下车双手敬烟，感激不尽，那场面一片欢腾。

农村当年物质贫乏，买辆自行车、缝纫机都要凭票。开代销店的大力哥凭关系买了辆“永久”牌的自行车，在村里迅速传开。他是村子里第一个买自行车的人，那排场与风光绝不亚于当今买奔驰轿车的。他又用五颜六色的彩条细心地把车把、大杠缠上。花花绿绿的自行车行走在村庄里，就是一道亮丽的风景，煞是好看，引来不少羡慕的目光。大力不骑时，他就把车擦洗干净，悬空挂在梁头上。没有事时，他就瞅上两眼，非常惬意。一天，有人给他堂兄弟黑娃说媳妇，黑娃来找大力，准备借大力的自行车骑一骑，黑娃也想摆摆阔，增加点说媳妇的成功率。开始大力见黑娃来，以为他是来欣赏自行车的，满脸的得意。黑娃说，大力哥，俺想借一借你的自行车去相媳妇。大力一听，手摆得像荷叶一样，立马说，这样吧黑娃，我还是背你去吧！别的说啥都行，就是别提借自行车，摔坏了怎么办？一传十，十传百，大家都知道大力宁愿背别人，也不愿意借给人家自行车骑。大力爱车如命，但村人更要尊严，谁不爱面子呢？大力的自行车再没有人去借。

1984 年元旦，我们是在河工的工地上度过的。当时，我白天与村民一起，在十里外的晓鸣寺村挖鱼塘，傍晚便到化肥厂对过的县进修学校去上夜校，听老师讲哲学、历史、地理等课程。我如饥似渴地遨游在知识的海洋里。那天晚上上课时，天降瑞雪，搓棉扯絮般下得正紧，银装素裹，白茫茫一片。夜深放学，我骑上自行车回家，路面高低不平。不知怎么，在行到拐弯处时，自行车滑倒了，但我依然手握车把，在雪地上滑行了三四十米远，好在雪厚，自己并没有摔坏。我心中盘算，通往村中的大路平时难行，现在加上雪封，骑车那是绝对不行的，可谓举步维艰。于是我改变方法，推着自行车趔趄着，沿着干渠一侧的田间小道，一步一滑地回家。天地浑然一体，唯有风吹雪飘，大地默然，似乎草木皆兵。荒郊野外，我归心似箭。夜幕中，飘舞的雪花毫无顾忌地扑打在我的脸上。我步履匆匆，能够听到自己的心在跳动。离家还有三四里远，为了给自己壮胆，我吹起了口哨。那口哨声像长了翅膀，鼓舞着我向前。正在匆忙赶路，突然，我感到有个强有力的声音在向我逼近。我不由停下了脚步，辨别周围的动静。果然，在前方雪地上迎面有个黑影扑来，我不由倒吸口凉气。那黑影气喘吁吁，我定睛细看，原来是我家喂的那条大黄狗，它一定是听到了我的口哨声，冒雪前来迎驾。黄狗摇头摆尾，我慌忙用手去拍它被雪花润湿的狗头，为狗的忠义而感动，至今不忘。

穷则变，变则通。改革开放后，人人抢抓机遇，大家都在努力工作。勤劳致富，已是大势所趋。不知不觉间，幸福在向我们走来。1988年元旦，我与女友的恋情终于修成了正果。结婚时，我们买了台十七寸的黑白电视机，那时，我感到很幸福。1992年春天，我在老宅基上翻建了两层新楼房，依然命名它为“土堡堂”，书法名家赐以墨宝，我精心装裱后，悬挂于小楼中堂，以纪念曾在风雨飘摇中的土屋。2005年，我家新买了液晶大彩电、冰箱、洗衣机。2008年，家里配置了电脑，在家可以写作、发稿。我在网络上建立了自己的博客，有了遍布全国的网友，可以与亲朋在网上聊天，可以视频，不论朋友在千里之外还是远隔重洋，都能够近距离无障碍地进行交流。村里几乎家家都有了电脑，电脑成了村民科学种田、了解国家政策、学习文化知识、开阔视野的重要工具。去年我出版了个人散文集，今年又投资十余万元为儿子新建了一栋乡野别墅。

现在，我们这里村村通了水泥路，家家都购买了电车、摩托车，小轿车也进入了寻常百姓家。现在自行车已经不是大家出行的代步工具了。如果有谁骑自行车，人家一定会认为他是在休闲、在锻炼身体呢。

没有事时，我就与孩子们讲述我们村庄的变迁、我们家庭的变化、我们国家的进步。三十多年，我们的脚下由土路到矸石路，再到石子路，直到现在村村通水泥路。路，就是我们社会进步的有力证明。从“点灯不用油，耕田不用牛”，到“楼上楼下，电灯电话”目标的实现，从种田纳税缴公粮，到国家开始免去“皇粮国税”，不仅不让农民上缴款项，反而运给农民种粮补助。我们的国家有了自己的航母，有了捍卫海疆的大型现代化平台。四个现代化的逐步实现，中华民族走向伟大复兴已势不可挡。当我给孩子们讲改革开放后国家取得的辉煌成绩时，孩子们唏嘘赞叹不已。我们更要加倍珍惜现在来之不易的幸福生活。

实 干 篇

乘一湖碧波筑梦水文学

许崇育

我出生在微山湖畔的五段镇后六段村，那是一个河流纵横、草木葱茏、良田肥沃、鱼米飘香的小村庄。我就从这里走出，成为一名国际水文学家。

“世界再大，大不过生我养我的家。”每年必回老家探亲两次，这对工作异常忙碌且生活在挪威的我来说实为不易。一方水土养育一方人，是汉文化的雄浑豪迈，微山湖的烟波浩渺，滋养了我的性情和成就。

受父亲的影响，我从小喜欢读书，记忆最深的一次是，上厕所时看到地上有一张被污染了的纸，但载的内容自己很感兴趣，便下意识地拿起来看。当时的条件很艰苦，吃饱、穿暖还是问题，有书看，那是多么幸运的事，自当珍惜。再则，在农村，读书是最好的出路。

一寸光阴一寸金，寸金难买寸光阴。青春年少的我与书籍为伍，与智慧同行。1978 年，我考上了南京大学。自己努力是一方面，老师的培养也很重要。我高中的数学老师、语文老师等都是名牌大学毕业生，知识水平高，对学生亦十分负责，可谓“黑发积霜织日月，粉笔无言写春秋”，直到现在，我还时时想念他们。

大学第一堂课，老师的一句话：“机会是留给有准备的人，准备要一直有，就说明要一直努力。”给我留下了深刻印象，一直影响着我的未来。实践出真知，四年的大学生涯，我没有一头钻在书海里，而是更热衷于在户外实践与实验室之间穿梭，通过雨水收集、地质环境监测等对水文与水资源进行深度研究。“天下之事，闻者不如见者知之为详，见者不如居者知之为尽。”我很喜欢陆游的这句话，做学问要理论联系实际。

大学毕业后，我以优异的成绩进入水利部，从事水文模拟研究。1986

年，我被单位推荐出国深造，到比利时布鲁塞尔自由大学。出去以后，遇到的最大困难是语言，因为学的英语都是背出来的，真正和外国人面对面交流、听课、做作业、考试、写报告等，压力很大。还有一个困难是，作为发展中国家的学生，知识底子薄，但想得到特殊照顾是不可能的。

当时我所在的国际研究生班一共有二十四个人，来自二十个国家，作为中国留学生，我用加倍的努力克服了语言难关，游刃有余地开启专业领域的钻研，用优异的成绩证明了自己，也向世界证明了中国留学生的实力。硕士毕业后，我所在的班选了两个人继续读博士，其中一个就是我。秉承着为国争光的信念，我在国际水文与水资源领域的舞台上不懈耕耘。1993年，成为首位获“世界气象组织杰出青年科学家奖”的中国科学家；2000年，应邀担任中国科学院海外评审专家；2002年，获“中国科学院海外杰出学者”称号；2013年，成为中组部“千人计划”专家（B类）；2016年，成为挪威皇家科学院院士；2018年，成为挪威工程院院士……

有志者，事竟成，我的艰苦努力换来了一系列耀眼的荣誉。在成为挪威皇家科学院院士时，推荐评语是这样说的：“教授是气候变化与水文模拟领域，特别是在开发和应用水文模型预测气候和环境变化对区域和全球水资源影响方面的领军科学家之一。”近年来，我在SCI检索杂志上发表论文二百五十余篇，于2017年获Web of Science评选的世界最高（TOP 1%）被引用科学家证书。现担任国际水文SCI期刊《水文研究》主编和《水文学》等多个专业一流期刊的副主编或编委，同时还担任了IPCC（政府间气候变化专门委员会）第五次评估报告第一、二工作组报告评审专家。

我所建立的不同气候区域和时空尺度的水量平衡模型被应用于世界许多国家的几百个研究流域。在国外多年，我内心始终律动着一颗爱国心。2000年左右，有了一定的积累，在国际上和国内被同行认可后，我回到祖国，与中国气象局国家气候中心、中国科学院地理科学与资源研究所、武汉大学水文与水资源系、河海大学水资源与环境学院等科研单位和高校开展不同形式的合作研究。

我针对长江流域气候变化与水循环的科学问题，与中国科学院南京地理与湖泊研究所一起研究，要把国外水文与水资源发展的先进理念和技术带给祖国。在去年的江苏发展大会上，我发表了题为“全球气候变化与江苏未来可持续发展”的主旨演讲，除分析了气候变化可能对江苏带来的影响，还为管理不断变化的极端气候和灾害风险提出了建议，如加快构建沿海生态防护网、完善平原洼地区土地利用和防洪抗旱整体规划等，为江苏高质量发展助力。

作为一位有民族责任感和自豪感的中国学者，我正在国际舞台上，以水为媒，为中国梦而奋斗。四十年过去了，我的普通话仍带着浓浓的地方口音，用我自己的话说，我是沛县人，当然说沛县话。很直白质朴的一句话，映射出了我对家乡浓浓的爱。长期以来，我一直注视着沛县的发展。每次回家看到城乡都有新变化，心里说不出的高兴。道路越来越宽，楼房越来越高，树木越来越多，环境越来越美，给人的感觉就两个字：幸福。我的母亲今年已八十一岁，身体健朗，精神矍铄，在老家生活。谈起自己的儿子，她脸上满是自豪：“老二爱岗爱家，我们以他为骄傲。”

作为水文学家，我对沛县的水环境建设格外关注。我县水资源丰富，濒临微山湖，京杭大运河穿境而过，境内有杨屯河、沿河、鹿口河等，地下水储量约22.19亿立方米。多年来，县委、县政府积极对接省江淮生态大走廊建设，大力开展区域水环境综合治理，消除黑臭水体，加强饮用水源地保护，建设碧水绕城工程，完善污水处理体系，等等，实现了水更清河更美。更让人高兴的是，微山湖湖西水源地被评为首批“中国好水”水源地。

政府管理，工程跟进，全民参与，我认为这是比较科学的水环境建设模式。与挪威等发达国家相比，我县前两项已做得很好，如能引导更多群众参与到其中，更好地提升大家的环保意识，会取得更显著的成效。

一口家乡水，一世故乡情。作为沛县人，为家乡发展出力是义不容辞的责任。虽然不能直接参与家乡的发展建设，但是推荐沛县、介绍沛县，成为我回报家乡的一种特殊方式。把家乡的变化、家乡的现状记在心里，走出去的时候，一有机会就宣传家乡的美好，让更多的人能到家乡来看看，到家乡来投资。此外，我还将充分发挥自身优势，积极帮助家乡引进人才、资金，让沛县在高质量发展道路上快速奔跑。

我与恒辉三十年

韩百峰

我是沛县龙固镇桃园村人，1963年出生，于1986年创办恒辉编织公司，距今已有三十多年的历史。从当初靠自家兄弟姐妹为主的十几个人、几台破旧机床的家庭作坊，发展到现今拥有四个生产厂区，占地两百余亩，员工六百余人，各类数控自动化精密加工设备三百余台，总资产超亿元，成为目前国内乃至亚洲最大的编织机械生产研发基地。追昔问今，我创业成功靠的是什么？

总结三句话：靠党的改革开放政策引领；靠县、镇各级政府的指导帮助；靠“产、学、研”科技创新持续驱动。

1983年，我高中毕业后，凭着自己的爱好和业余学习积累的机电知识，开办了一个电机变压器修理门市部。经过二三年的经营运作，有机会结识了当地一些工矿企业及沛县水泵厂、滕州水泵厂、徐州电机厂等一批较大机械制造厂家，业务经营范围逐步从单一的机电维修扩大到了零配件协作加工。我动员几个兄长共集资十余万元买了四台旧车床，利用自家的住房当加工车间，在村头个人责任田边自造了一台小型化铁炉。于1986年9月创立了沛县机电配件厂，就是现在恒辉编织公司的前身。

公司自创建以来秉持“做人重品德、做事重品质”的理念，通过自身的奋力拼搏，以良好的产品质量、合理的价格取得客户的深度信任。货源稳定，货无积压，企业运作十分红火。但工厂规模毕竟太小，效益也就十分有限，想扩大生产规模就需要有稳定的市场。1987年，我利用到徐州电机厂办理业务的机会，租住当时二十块钱一天最便宜的旅店，租用两块钱一天的自行车，不分寒暑跑市场。头晚抱着电话本查工厂地址，第二天逐一挨门推销产品。功夫不负有心人，终于在徐州东南角的骆驼山下，产品得到了徐州光学设备厂和徐州红旗机械厂这两家专业生产编织机企业的认可。这两家企业在计划经济时期是国家定点生产编织机的专业厂，市场影响大，业务量广，需要编织机零部件外协加工业务。我借此机会扩大生产规模，增加设备、人员及厂房，企业实现了从作坊到工厂的转变。

随着我国编织行业的快速发展，市场对编织机械的需求量急剧增加。在经过认真的市场调研论证后，我果断决定要开发出自己的主打产品，不能长期依靠给别的厂家配套加工来求生存。没有自己的产品研发创新，工厂永远没有发展后劲。1996 年初，我想方设法筹集借贷一百万元，添置购买了生产编织机所必需的铣床、磨床、滚齿机、大型车床、注塑机等配套设备，在县、镇政府的支持下增建厂房，引进数名专业技术人员，开始了编织机械产品的研发生产事业。随着对客户使用的市场深度调研，我发现编织机的市场太深广了。编织机的用途十分广泛，涉及行业广，使用范围大。像汽车、造船、电线电缆、服装、鞋帽、健身器材、石油化工、工艺制品、军品、民品等几百种行业、几万种不同材料的编织产品均需使用编织机生产，这更加坚定了我开发编织机产品的信心。经过几年的不懈努力，随着党中央提出大力发展民营企业的政策落实，2005 年，我们已发展成为年产“恒辉”牌普通编织机三万台左右，成为国内最大的编织机生产研发基地。

2006 年，随着我国纺织业、电线电缆行业、绳缆编织行业、通信等行业的快速发展，对编织产品提出了更高的要求。我们原来生产的编织机是传统的“8”字形普通编织机，体积大、耗材多、转速慢、噪声大、工效低，编织出的产品质量不稳定，而且对环境和操作工的身心健康造成很大影响。此时欧美一些国家已研发生产出先进的高速编织机，节能、省材、高效，编织产品质量稳定。而我国当时的一些编织机生产厂家正处于初级的模仿阶段，但在各种重要指标性能方面仍有较大差距。尤其在高新技术成果的应用方面仍处于摸索阶段。而从德国、意大利、西班牙等国家进口高速编织机，不但价格昂贵，而且对关键技术的特种编织机产品实行技术封锁，限制对华出口，致使我国的编织产品质量性能远远落后于世界水平。在此情况下，我看到了我们的编织机与国外高速编织机之间的巨大差异，同时也看到了存在的巨大商机。为了能使我国的编织机尽快赶上世界先进水平，我们果断决定研发生产高科技的高速编织机产品。

我把办厂近十年所有积累全部拿出来作为研发资金，添置最先进的各类大、中、小型数控自动化加工设备，确保高精度的产品需要。我们又和中国矿业大学、哈尔滨工业大学、上海东华大学联合成立了“产、学、研”研发基地，高薪引进硕士、博士等高级技术人员，成立了“江苏省企业技术中心”和“江苏省特种编织机研发中心”，走访调研十余个国家，历经十余年不懈努力，经过反复试验，终于完成了各类系列高速编织机和各类系列特种编织机的创新研发，并实现了产业化。其中，特种编织机技术在2017年4月通过由中国纺织工业联合会组织的科学技术成果专题技术鉴定，由四名院士参加组成的七人鉴定委员会一致认为：该项研究成果填补了国内外特种编织装备空白，技术达到国际领先水平。

在加大技术创新开发的同时，我们也加大了全面企业管理的力度，既保证了产品质量，也大大降低了生产成本，提高了产品的市场竞争力。主要产品在国内市场不但取代了进口产品，更是打破了国际上的技术封锁。目前，我们的编织机产品在国内市场占有率达70%左右，同时产品外销欧、美、亚、非几大洲计六十余个国家和地区。2019年，我们的销售收入实现1.94亿元，利税2000万元，出口创汇720万美元。在取得巨大经济效益的同时，我们获得了非常自豪的社会荣誉和信誉。我们的创新研发成果累计获国家授权发明专利27项，实用新型专利18项，外观专利1项；获江苏省科技厅“高新技术企业”和“高新技术产品”称号；获ISO9001:2015质量管理体系认证、ISO14000:2004环境体系认证和欧盟CE认证；获国家工商局“守合同、重信用”称号；“恒辉”品牌获“江苏省著名商标”和“徐州市知名商标”认定及“徐州市名牌产品”认定；荣获“江苏省质量信得过企业”称号。我们研发的“直插式智能系列高速编织机”荣获沛县第十五届科技进步一等奖，“自动分体式智能高速编织机”荣获2017年徐州市科技二等奖，“高性能特种编织物编织技术与装备及其产业化”项目荣获国家科学技术进步二等奖，“特种编织技术与装备”项目2018年获江苏省科技成果转化专项资金审批认定，并荣获上海科学技术二等奖、中国纺织工业联合会科技进步一等奖。2019年，公司被中共徐州市委授予2016—2018年度“徐州市先进集体”称号。另外，我本人也获得了各种荣誉，先后当选党代表、人大代表、政协委员和中国纺织品行业协会副会长。2016年，被沛县龙固镇人民政府评选为“先进党支部书记”；

2007 年，被沛县龙固镇人民政府评选为“项目引进功臣”，被沛县县委宣传部评选为全县“三创之星”；2012 年，被中共江苏省委宣传部等八部委联会评选为首届江苏省“百名诚信之星”；2014 年，荣获“徐州市职工十大科技创新成果奖”称号；2016 年，被山东省绳网产业技术创新战略联盟评选为“联盟专家技术委员会委员”。

回首过往，我从个体户创业开始到现在已经三十三年了，其间取得的成绩令我欣慰。我特别感谢改革开放好时代、好政策，感谢政府部门的鼎力帮扶。在今后的工作中，我将继续走“产、学、研”科技创新、校企合作之路，不忘初心，牢记使命，在编织行业中当好领头羊，引领行业赶超国际先进水平，为实现振兴中华强国梦而努力奋斗。

我愿做矢志不渝的阳光工匠

龙大强

在素有“千古龙飞地，一代帝王乡”之称的江苏沛县，一家新型光伏企业——江苏中宇光伏科技有限公司正飞速崛起。我就是这家成立于2010年的企业创办人。企业主要从事太阳能电池及组件的研发、生产及销售，年销售收入达56亿元。

我在创业中务实奋进、勇于担当，带领企业实现从无到有、从传统工业向高新产业转型升级，通过持续的技术创新和扩大生产规模，不断降低太阳能电池的制造成本，从而使太阳能这一取之不尽、用之不竭的绿色能源走进千家万户。

自主创业的生活放到二十年前，我不会想到这会和自己有关。1974年出生的我高中毕业后进入沛县供销联社下属的物料公司，成为一名旱涝保收、风光体面的“体制内”职工。随着国家经济体制的改革和市场经济的发展，几乎是在一夜之间，我失去了“铁饭碗”，轰然的失落与四顾茫然让我不知道未来的路该怎么走。

不甘于被命运摆布的我心里憋着一口气，我想，公家给的饭碗烂了，那就自己做一个更大的更好的，原来不就是个单位职工吗？自己要当老板，干出一番事业来，让所有的人刮目相看！凭着这股豪情和敢想敢拼的性格，我走向了自主创业之路。

靠借来的五万块钱，我在沛县建材市场开办了第一家属于自己的企业——钢材贸易公司。当时建材市场生意清淡但竞争激烈，找货源、寻客户、跑贷款，起早摸黑，惨淡经营，其中的艰难可想而知。但是，我以农民子弟固有的质朴、诚信的品质，逐步获得了消费者的信任，人脉越来越旺，生意越做越大，几年后，我的钢材贸易公司也从沛县迁到了徐州市区，在商场创造出属于我的一片小天地。这期间，我结交了中能、协鑫等一批光伏企业高层管理者，在与他们的相处中，我时刻做有心人，虚心好学，敢想敢干，从此走上了光伏之路。

2010 年 5 月，我创办了江苏中宇光伏科技有限公司。但事与愿违，2011 年企业投产之初，即赶上美欧对中国光伏双反调查，光伏行业走进了严冬期，银行停止对光伏行业的一切贷款，中宇光伏面临着前所未有的挑战。很多人对企业绝望了，认为企业不久就会垮掉。但我从没有退缩，坚信光伏行情总会有反转的一天，我把自己的房产或抵押或出售，保住队伍不散、人才不走，一直维持正常的生产，培养自己的生产、研发团队。经过两年苦苦打拼，企业终于度过了最困难的日子。2013 年 8 月，国家出台了《关于发挥价格杠杆作用促进光伏产业健康发展的通知》，光伏产业终于迎来了春天。中宇光伏步入了高速发展期，从最初的 2 条生产线发展到 2017 年的 20 条生产线，规模从 200MW 到 1300MW，同时还有拓正茂源铸锭、润丽光能切片、中宇电池片三个企业。销售收入由 2014 年的 3.8 亿元上升到 2017 年的 35 亿元，四年增长了近九倍，2017 年利税过亿元大关。

习总书记来徐州视察时指出：“必须始终高度重视发展壮大实体经济，抓实体经济一定要抓好制造业。”我感到自己遇到了一个千载难逢的好机遇，心中有了一根定海神针。要多调研多走访，多提有针对性的高质量建议，为经济发展把好脉，不断把实体经济做大做强，巩固徐州制造业基地的龙头地位。

企业技术进步助力产业升级，其中关键的推动力量是人才。从 2014 年开始，江苏中宇开始着手多渠道选拔、引进高端人才。近三年的时间，公司引进博士 7 人、硕士 15 人、本科毕业生 137 人，一大批富有经验的高层次管理人才会聚于此。入职后，公司积极为他们创造条件，营造环境，搭建平台，做好服务。高层次人才不断加盟中宇光伏，形成了持续的技术创新和扩大生产规模的动力，促进了光伏产业链向价值链高端延伸。

以中宇为核心，我利用人才、科技、电价等优势让产品不断向上下游延伸，先后创办了生产多晶硅片的润丽光能和生产多晶硅铸锭的拓正茂源公司，并与央企苏美达合作兴建了光伏电站。围绕光伏产业，先后引进了协鑫、苏美达、鑫宇、协和等十多家企业来沛投资建厂，他们的到来也极大地提升了沛县光伏产业在行业中的竞争力，为沛县的新型工业化注入了巨大活力。同时，我还通过视察、调研，发现沛县大多数工业企业技术人才短缺，技术研发团队不强，极少企业设立研发机构，致使产品科技含量不高，没有核心竞争力。于是我提出了“关于加快引进和留住优秀科技人才的建议”“关于推进企业建立研发机构，加快科技成果研发和转化的建议”。我的建议受到县委、县政府的高度重视，先后研究出台了《关于聚力创新深化改革打造具有国际竞争力人才发展环境的意见》《沛县高层次创新创业人才引进计划实施办法》等十多个政策意见，对科技载体建设、高层次人才引进给予支持。另外，县政府还投资十六亿元建设科技创业园，目前一期已投入使用，极大地促进了沛县人才的引进和科技成果的转化。

为加快“放管服”改革，推动企业困难和问题解决，创造良好的营商环境。我通过调研发现，许多部门的核心业务都在纵向专网上运行，没有横向互联互通，如公民的户籍、教育、就业和企业的税务、工商等基本信息分散在各个部门，形成“信息孤岛”。部门之间权限下放协同性也不够，导致部分政策在执行过程中遇到困难。我建议县委、县政府要精减审批程序，减少办理环节和办理时间，进一步提升行政审批效率；要做好监管工作，强化督察问责，要通过制度管理、创新管理引领服务管理工作；要整合民生服务、投资项目和工程建设等重点领域关联事项，推动“全链条”下放。很快县政府加快“放管服”专项改革，推进放管结合，持续优化服务，不断打通改革管理“最后一公里”，实现“放管服”改革从数量速度到质量效益转变。

我冲锋在助推脱贫致富的第一线，或帮助贫困村引进项目资金，或送技术送物资，或提供就业务工机会，或投身公益献爱心，成了沛县脱贫攻坚的生力军。

“我非常珍惜现在的工作，不仅工资待遇比其他单位好，还给我们交保险，这全得感谢您给我的帮助。”职工王阿姨见到我时激动地说。王阿姨是物资公司下岗工人，下岗后她给人打扫过卫生、干过饭店服务员，但一直都干不长，工作不稳定，生活也没着落。听说中宇光伏大量招收下岗职工，王阿姨心想：“我一个妇道人家，一没技术，二没力气，人家能要我吗?”抱着试试看的心理，王阿姨报了名，没想到还被录用了，这让她喜出望外。经过培训，王阿姨顺利上岗，现在已经是个熟练工，再也不用为生计发愁了。

中宇光伏整个公司共有1500多名职工，其中有1/3的员工都是下岗工人再就业，不仅工资高于其他企业的平均标准，而且还为员工全部办理了五险一金，目的在于尽量帮助他们渡过经济难关，让他们未来生活更有保障，安心努力工作，共同创造和谐幸福新沛县。

今年以来，我先后出资20余万元为家乡修建4公里的两条通村水泥路，修通了600余米的联户步道、6.8公里的机耕路。开展结对帮扶，我多次走进农家小院帮困解难，为龙王庄村特困户修缮房屋，开展技术指导，帮助脱贫致富。捐资10万元给家乡用于脱贫攻坚，出资5万元用于捐资助学……

我们不仅要把清洁能源送到千家万户，还要把党的脱贫政策宣传到位、执行到位，我们有责任带领群众脱贫致富奔向小康。

今后我将立足沛县这方沃土，不断追逐创业梦想，力争为家乡的经济社会发展和民生提高做出更大的贡献。

小小红喜蛋孵出产业大格局

杨须跃

我是江苏香道（天恩）食品有限公司董事长，我的成长是新生代的典型代表。把卤制品小作坊打造成专业的生产企业，把大众化产品打造成文化传承的红喜蛋，显露了我独特的商业禀赋和敏锐的商业嗅觉。

“乡巴佬”是浙江温州苍南县卤制食品的代名词。我初中毕业后决定要自己创业，初始入行，便是借着家乡的“乡巴佬”卤蛋，迈出了创业的第一步。可以说我创业以来都在跟“蛋”打着交道。

文化需要传承，传承需要载体。作为非物质文化遗产传承人，我把红喜蛋生产基地建在了“大汉之源，刘邦故里”——沛县。在这片汉文化热土的承托下，香道成功举办徐州红喜蛋民俗与非物质文化遗产研讨会以及三届红喜蛋文化节，深度诠释文化产业化的理念。

市场经济为了品牌经济的崛起提供强大的推动力。在“品牌消费”的时代，我从1999年就开始积蓄力量，用“香道”“尚吧”“随便”三大实力品牌，在卤制品行业辟出了自己的商业蓝海。

企业旗下产品通过了ISO22000食品安全管理体系认证，并取得一百多项国家专利，获得江苏省名牌、江苏省著名商标、红喜蛋非物质文化遗产名录产品等殊荣，被授予江苏省民营科技企业、江苏省工业旅游示范区、江苏省博士后工作站等称号。今年，我又成功组织了中国卤制品联盟，致力于整合整个卤制品上下游资源。

一生只做一件事，结缘就是一辈子。

逐利是商人的天性，然而我不同。我总是说，人这一辈子不长，应当专心做好一件事。在我看来，做生意要经历三个阶段：第一阶段是想赚钱；第二阶段是做品牌；第三阶段是做文化。

1998 年的金融危机让我认识到，做生意简单，但把生意做好不容易。学会经营企业，企业才有生命力。那个阶段，我意识到企业家是有责任的，要对企业负责，对行业负责。

谈到生意的三个阶段，我认为，自己目前应该是做品牌的阶段。以自己的红喜蛋为例，无论是产品商标、形状，还是吉祥物、外观图案，都申请了商标或专利保护，并首创了国内的连体商标“喜团喜和喜囡喜”。

我在沛县的公司名为江苏香道食品有限公司，旗下产品有红喜蛋、鼋汁蛋、学生蛋、情侣蛋、休闲蛋、蒸个蛋等近 20 种，其中红喜蛋是徐州公司的主力产品。

香道品牌成功的关键是我前瞻性地把品牌和文化有机融合。每次交流，我谈及最多的是“文化”两字。以前吃喜面都送鸡蛋，现在很多都送蛋黄派了，照此下去，可能以后会送巧克力。下一辈人可能就不知道吃喜面有送红蛋的民俗，这就是文化的断层。

流行的东西都会淡出，唯有文化越沉淀越厚重。“传承‘非遗’，吃喜面就用香道红喜蛋”，这句简洁明了的广告语涵盖了香道红喜蛋的初衷和发心。我认为，文化是企业的灵魂，文化植入到产品中，产品也就有了生命力。我要在产品上做足文化，做好每一个细节，抓住地方特色，让人们在吃的时候感受到文化的味道，这就是我们温州人对文化的重视。

文化是旅游的灵魂，旅游是文化传承的载体。现在的香道食品企业已发展成为一家集科技、文化、旅游于一体的创新型现代化企业。香道红喜蛋文化创意产业园的游客参访络绎不绝，来访的有食品专家学者，也有政府领导和社会各界人士。在以文化为宗旨、科技为依托、市场为导向的发展中，香道陆续获得江苏省工业旅游示范点、江苏省首家民俗节庆研发基地、江苏省民营科技企业、徐州市级农业产业化龙头企业等诸多称号。

取得阶段性成功的我，并没有停止思考。“仁德创富，成己惠人”，我说，这是香道企业的宗旨文化。当一名企业家取得事业成功后，未来的路在何方？是挣更多的钱吗？我觉得，再多的钱对于有限的生命来说没有意义，唯有给社会留下什么才是真的。

仁为追求，德为底线，这是我一直以来做人做事的操守。我从商以来，无论生意好坏，每年都捐钱捐物赞助沛县的教育事业，积极参与社会公益活动。

秉承合作才能共赢的理念，由我倡导，卤制品行业的家人们共同成立了“卤帮人家联盟（群）”，仅二十余天就有近千家业内企业参加，携手致力于中国卤制品的发展，共筑卤制品的常青基业！

互联网的快速发展让我看到电商是未来发展的大趋势，我关注着平台的转型和提升。温州商人都是善变的。顺应变化，抓住变化，才能跟得上时代的发展。从十年前开始，无论是“翘动我心”“跑腿”还是“脖客江湖”，天恩和香道在新产品开发之前，总会首先考虑一个问题：这款产品适不适合电商？我看到，电商未必是产品销售的主渠道，但却是必须重视的一个环节，利用它或将打造出一个崭新的零售模式，企业若想在市场的大潮中立足，就必须顺势而为、应势而动、乘势而上。如今“随便”“尚吧”的天猫旗舰店不断升级，公司也在陆续开发适合“90后”和“00后”的产品。

身为上一代的企业家，如何把控下一代消费者的心理，这是至关重要的。随着“90后”和“00后”成长为主力消费群体，以红喜蛋为代表的传统产品要如何与他们做沟通？我认为民俗产品在完成传统习俗传承的同时，更需要深刻洞察新生代的需求，了解他们的媒介习惯，包括包装、文案等都要和他们在同一个频道。要知道现在企业家需要学习的内容和十年前截然不同，消费者心态也不同以往，如何不与新的消费者产生代沟是我常常思考的。我认为未来是个信息共享的时代，不仅行业之间信息沟通，同时还要加强政府信息沟通，最大化减少企业内耗，用最大精力跟上时代的节奏。

下一步，公司希望通过网络，让更多的人认识我们的企业和产品，了解徐州的汉文化，接下来还要用微电影的形式宣传产品。今后还将筹建一座大型红喜蛋民俗文化博物馆，以观光、体验为载体，深入挖掘文化的内涵，提升产品的品牌影响力。

天恩和香道今年定位为科技年、创新年。我做过业内的多次创新，进行了卤蛋从黑色蛋到原味蛋的历史变革，产品卖点的提炼和包装的设计始终在业内处于领先位置。目前与江南大学、南京农业大学等高校有着深入的产学研合作，品牌建设、科技研发、市场拓展都在有条不紊地推进。

结缘沛县，有幸成为新沛县人，我深感自豪和荣耀。2016年，面对徐州市委市政府评选出的“徐州市年度经济人物”，这是社会和政府给予企业家的最好回馈，这些才是真正成功的企业家，我们还一直在路上。

沛县近两年调整产业结构、优化旅游环境、力推科技创新，为企业发展提供了良好的空间，可以说是政企一家亲。沛县经济开发区迎难而上，为企业保驾护航的智慧和决心增加了企业家创业的激情。

爱上一座城，留下一颗心，商业无国界，唯有赤子心。

在江苏沛县，香道食品沐浴了汉文化的雨露。我将不断深挖有汉文化地域特色的产品，通过产业化传承汉文化，实现我造福社会的梦想。

我的创业史

李　侠

20世纪80年代，我没有考上理想的大学，于是和千千万万的农村女孩一样，步入了结婚生子的行列。那一年，我不甘心面朝黄土背朝天的生活，和爱人商量，承包了村里废弃的院落，做起了化肥农药等农资销售。

时光进入90年代，改革开放给农村带来了巨大的变化，国家富了起来，我的小家也一天一个新气象。县政府大力推广牛蒡种植，我开始做农产品经纪人，收购牛蒡每斤提成2分钱。就这样，2分钱2分钱地积累，赚到了我的第一桶金，也逐渐拥有了和我签约的牛蒡种植基地。进入21世纪以后，我的家随着我的国日益强大，我也在创业的路上越走越有劲，越走越自信。

21世纪初，我已经是周边地区小有名气的跨境农产品经纪人，客户扩展到韩国、日本。诚信双赢，不让客户吃亏，不让农户吃亏，一直是我不变的经营理念。我的客户越来越多，对我的乡亲们帮助也越来越大。记得有次做一个洋葱的外销单，每斤洋葱剥皮8分钱，全村乡亲全家总动员，老人孩子齐上阵，干得热火朝天，每户每天都有100元左右的收入。虽然不多，但却带动了全村的创业热情。

怎样带领乡亲们挣更多的钱，是我每天都在思考的问题。经过多方调研论证，我认准了牛蒡产业是带动村民一起致富的好路子。2007年，我和爱人拿出家里所有的积蓄，加上贷款，投资1000万元创建了徐州福中福食品有限公司。公司占地面积13000平方米，建有粗加工车间、精加工车间、包装车间、化验室、培训室、冷库等，还有一些相应的深加工设备及设施，我和牛蒡就此结下不解之缘。

改革不是一帆风顺，我家的企业发展也是一波三折。初期因为管理经验少，技术含量低，抵御市场风险能力较低，因为一个出口订单出现小纰漏，差一点面临无法经营的窘况。我也曾数次萌发退缩放弃的念头，但父老乡亲和家人那一双双热切鼓励的目光始终给我力量。我不断调整自己，坚定信心，坚持再坚持，一方面从失败中吸取教训，一方面开始学习科学的企业管理模式。就这样，我走一步学一步，学一步想一步，白天做的事情晚上细细领悟，一步一个脚印地带着我的企业走到今天。

目前，我的企业已逐步走向成熟。以严格的管理体系和优质的产品成功打入国际市场，牛蒡产品的速冻、保鲜、制茶以及为出口企业代加工，产品销售到全国各地和日本、韩国以及东南亚各国，年销售额达到3500多万元，年创利润330多万元，带动全镇4000多户农民种植牛蒡6000余亩，直接经济收入2000多万元。

公司充分利用了牛蒡基地原料的充足和附近留守妇女、困难妇女、闲置人员多的特殊劳动力资源，目前我公司的资产已接近3000万元，安置260名（生产旺季时多达400名）留守妇女就业，人均年收入近3万元。每年我还会给村里的孤寡老人、困难儿童慰问物资万元以上。

除了物质上给予员工关照，我还特别注意精神上的沟通和共鸣。我从没有把自己当成老板，很多时候都是穿着工作服在车间里和姐妹们一起劳动，一起探讨技术上的革新，一起聊天说笑。我帮她们维权，教她们用微信，上淘宝，认识互联网，让她们随着社会的发展去前进。管理企业的间隙，我还在沛县妇联组织引导下，发起成立了“沛县生命树家庭教育公益协会”，并且担任副会长，关注推广母教运动，普惠家庭，推及公益，在县内外引发广泛关注。

回顾我的创业路，微不足道的付出却让我赢得了很多荣誉，企业被评为市巾帼来料加工基地、市大学生创业基地、市巾帼电子商务创业示范基地，我先后被省市妇联授予“农村妇女经济带头人”“农村妇女致富能手”“巾帼创业之星”荣誉称号，光荣入选省十二次妇代会代表。去年，在沛县妇联的积极组建下，“沛县女企业家商会”成立了，我很荣幸地当选为商会秘书长，同年当选为徐州市第十六次人民代表大会代表。

回首创业历程，我从一个普通的农村妇女到现在的出口创汇企业的总经理，在创业的路上最大的感受就是和四十年改革开放的历程同频共振，可以说是“一路艰辛一路歌”。“家是最小国，国是千万家！”改革的途中总有波折，创业的路上总有风雨，只要咬定青山不放松，风雨过后就是晴天。

眼下，企业正在扩建新厂房，准备上一套新的农产品深加工设备。眼前，是即将落成的厂房；身后，是万家璀璨的灯火。我从来没有像今天这么自信，这么自豪。

让“非遗”文化搭上时代快车

魏素莹

我来自江苏沛县的一个文化大家庭，在幼年、童年的记忆中，身边的生活环境非常传统古朴，包括长辈们言传身教的人文关怀和教育。这些点滴细节潜移默化塑造了我个性要强、特立独行的个人风格以及从骨子里热爱中国传统文化的基因。

力争第一，上舞台就要站中央

寻常孩子不喜欢坐第一排，不喜欢站第一个，成为抢眼的焦点人物，总觉得不自在。而我不一样。上一年级的时候，我个子娇小，坐在第一排，排队做操、跑步，也总是排在第一个，学习成绩当然也是第一的，“第一”成了我的一种习惯。凭借着这种“力争第一”的精神，我考取了南京大学中文系，毕业后成了一名老师。往讲台上一站，理所当然是全班的 No. 1。我那时候还特意买了一根教鞭，可伸可缩，可挥可舞，还能震慑不太听话的学生，顿时有了指点江山的感觉。挥舞了三年多教鞭，我突然发现，做教师虽然很高尚，但那并不是我想要的 No. 1。这两年有一句流行语：“世界很精彩，我想去看看。”

特别是 20 世纪 90 年代，借助邓小平南方谈话的春风，全国的改革开放浪潮一浪高过一浪。所以对于当年的我来说，稳定安逸、循规蹈矩的生活完全不能满足我那颗悸动的心了。于是，我递上辞职书，揣着八百块钱，拎着一个柳条箱登上了从家乡开往广州的绿皮火车，辗转来到了深圳。

南徙深圳，赶上改革开放的快车

我清楚地记得，我是1997年6月28日上午到达的深圳。一出火车站，热浪扑面而来，我站在白花花的太阳底下打了战。通过对公交车站牌的研究，我决定去上海宾馆，因为上海宾馆是那时候深圳的市中心。

上海宾馆当然不是我的目的地，我当时身上只有八百块钱。我也不知道八百块钱在深圳能撑多久，也不知道自己要多久才能找到工作。但要强的我心中有一条底线，绝不能混到可怜巴巴地给父亲打电话要钱的那一步，所以，我连常规的招待所都不敢问津，只能考虑在高楼大厦的夹缝里去寻找十元店。

大概住了差不多一个星期的十元店之后，我凭着中文专业出色的文字功底，选择到TCL设在深圳著名的华强北的深圳办事处做了企划文案。半年之后，凭借出色的工作表现与业绩，晋升为营销策划总监。

在TCL上班，让我掌握了计算机自动化办公技能，做营销策划总监，经常需要对接外部的品牌广告公司、设计公司、国际4A传媒公司等，接触的领域更加广泛。结合自己的文案专长，在考虑换工作转型的时候，我就直接考虑要做自己擅长且喜欢的广告创意工作。所以我又一次走进了人才大市场，目标明确。

那天我在一家名不见经传的小广告公司的招聘摊位前停下了脚步。招聘者就是老板本人，是一个年龄和我相仿的姑娘。看她职业素养不错，我就和她聊了几句，越聊越投机，对方立马就要和我签约。我那时候确实是需要再考虑考虑，就告辞了。

就这样我碰到了人生的第一个合伙人，共同创业。我们那时候虽然是初创公司，但是就像山涧溪水，本能地往低处流，汇聚成大江大河，呈澎湃之势，迅猛发展。

后来，我们那时候的公司与另一家传媒公司进行了整合发展，作为操盘手，在不到三年的时间里，我将整个团队从十几个人迅速发展到了将近一百五十人的规模。

商场征伐，成就自己的商业集团

2006年开始，我离开了那时候的TOM传媒集团，创建了深圳卡拉扬策划公司。鉴于与TOM传媒集团的“竞业禁止协议”，我新创建的公司没有做与我以前有任何关联的客户，一切从零开始，专注于和做房地产、金融产业服务以及海外大品牌进入华南市场的国际客户合作。

商场征伐，酸甜苦辣咸五味俱全。在商场上，我几乎永远都是冲在第一线。员工加班，我会陪着熬夜；员工在夜场活动，我肯定会巡场到后半夜两三点。那些年，我经常是身着迷彩服、足蹬马靴，前后一班小兄弟，进出各种商业场合，俨然深圳商界一位“大姐大”。

回想过去，创业初期那些年为企业生存，为事业发展，完全处于忘我和工作痴迷的一种状态，这种搏命三郎的创业精神成就了我今天的天赢集团。

游走探访，寻找文化的根

从小就受到家族的耳濡目染，加之自己中文专业的双重影响，这些对我在深圳打拼、创业以及事业选择，乃至于为今天我在打造非物质文化遗产传承保护的创新工作方面奠定了良好并坚实的基础。

在大都市里穿越商海的惊涛骇浪，更多时候只想在家里静一静，品茗、读书、写字，或者出去走一走，走到现代文明还来不及入侵的乡野，去寻找自己梦中的桃花源。

“出去走一走”，如今流行的说法叫旅游，我叫游走和探访。有一种习惯，我从不去买门票的地方，常去的是大西南、大西北的那些乡野与民间，那些连最强悍的越野车都不能抵达的“穷乡僻壤”。

最初的行走，只为了远离都市，去乡野民间释放工作压力，边走边看。偶然看到一把老茶壶，一件老绣片，一件百年的老物件守着一位年迈的老人家……一种古道热肠与怀古情结和文化情怀便油然而生。这，也基于我的古汉语文学专业和个人成长的基因而产生的一种对古老文化思想探秘的兴趣和敏感。潜意识中，甚至觉得那些才是生命的根源。所以，探访与游走便成了我的寻根之旅。

传承守护，践行家国使命

2005年，国务院第一次提出要进行非物质文化遗产保护，“非物质文化遗产”这一名称正式进入人们的视线。原本出于热爱而收回来的老物件，几乎全在保护之列。不经意之间，我成了中国保护非物质文化遗产的先行者。

那些过去因感动而帮扶、因敬畏而收来的宝贝，成了“非物质文化遗产”，我肩头多了几分使命感。于是我开始更加频繁地走访，大量地收集、整理，做数据分析，做各种巡展，通过物证向社会传播，向媒体宣导，希望我对中国传统文化的守护能够得到社会更多的关注与对文化的敬畏。我这样的举措，让在贫困山区挣扎的百姓喜出望外，让生活在苗疆腹地的村民用自己的语言淳朴真实地向我表达并唱道：“我们的命怎么那么好，让我们遇到您，您是我们的恩人，您是我们的贵人，您是我们苗家的女英雄，您是我们的大救星！”他们的心声唱得让人无限酸楚，我恨不得把钱包掏空，把所有值钱的东西都扒拉出来，送给这些淳朴善良的村民。

对“非遗”的投入原本只是我工作之余对文化的研究与挚爱，而对于“非遗”产品化运营、品牌化运作的跨界投入则完全是基于我个人对我们民族文化的守护与做一位企业家的使命和责任。

这二十多年来，为寻访非物质文化遗产，我走访全国二十多个省市，四十多个民族，拜访传承人三百多位。在亲身经历如此众多的传承人的传承难之后，我为此深感忧虑。我认为，当一家企业发展到了一定的阶段，必然要担负一定的社会责任！所以我想，如果我创建一个品牌，让这个品牌带动我们的文化附加值，通过产业化扶贫，也许这是更可持续发展的，而且能够引起社会更广泛的关注，能够更大力度增加社会性的保护和推动中国传统文化和传统工艺，从而使得我们博大精深的文化更好地传承与发展，这就是我做这件事情的初心和缘起。

2015年，经过多年的积累和深思熟虑，一个志在用产业化模式保护传承非物质文化遗产的“深圳非遗生活文化产业有限公司”在深圳天赢集团架构下问世。

扬帆出海，让世界感受“非遗生活”的极致美好

目前，“非遗生活”已然成为中国“非遗”产业化、品牌化运营的引领者，不仅是深圳对外国际文化交流的代表企业。同时也是国家文化部中外文化交流中心指定对外国际文化交流代表企业，能作为中国文化的代表，将我们中国的文化带到国际进行文化交流和展示，是我和“非遗生活”最大的骄傲。

2017年以及2018年连续两年，“非遗生活”在意大利米兰时装周成为国际媒体及国际社会最为关注的品牌，成为从始创到亮相国际时装周所经历时间最短、最年轻的国际品牌；同年，作为中国文化部指定的代表中国的十家参展企业之一参展2017里斯本工艺博览会，“非遗生活”承办的“中国映像·深圳传承——非物质文化展”也在荷兰海牙亮相。

2018年4月，非遗生活“鱼跃龙门”女士手包作为国礼赠送给喀麦隆总统夫人尚塔尔·比亚（Chanta Biya）。目前，“非遗生活”已经成为中国非遗产业的代表性品牌。2018年9月，继非遗生活“鱼跃龙门”赠送给“非洲戴安娜王妃”之后，“蝴蝶妈妈”被选中赠送给赤道几内亚共和国第一夫人——康斯坦西亚·曼格·德·奥比昂。2018年9月，中国贸促会重点推出“非遗生活”登上法国（巴黎）展，“非遗生活”再一次将一流的设计、高超的工艺和卓越的品质呈现在国际舞台上，向世界诠释了极致美好的东方文化精神。2018年9月，“非遗生活”在中国慈善展上再一次得到各级政府和社会的高度评价和认可，并引起国家级各大媒体的联合报道和持续关注。

“非遗生活”不仅是中国传统文化、“非遗”文化的传承与守护者，更是全人类优秀文明的守护与传承者。顺应潮流时势，假以时日，“非遗生活”必将打造成为中华民族的一个重要品牌。“非遗生活”正砥砺前行，为推动中国特色社会主义伟大事业，实现中华民族伟大复兴的中国梦汇集力量！

四十年，村部旧貌换新颜

卫宏伟

我是改革开放的同龄人，1978年出生在鹿楼镇，生在农村，长在农村。大学毕业在乡镇工作近十年时间，即便是后来调到县委组织部工作，工作服务的对象还是离不开广大农村群众，因此我对农村一直怀有深厚的感情。四十年改革，四十年风雨，我亲身经历了农村经济社会发展中的各项变革，目睹了乡容乡貌发生翻天覆地的变化，这从村级组织阵地建设上就能充分体现出来。

党的十一届三中全会后，农村开始实行家庭联产承包责任制，打破大锅饭，分田到户，吃不饱穿不暖的日子慢慢远离。儿时的记忆中有这样一幕：每到饭点，家中长辈总不忘在餐桌上忆苦思甜，感恩吃饱穿暖的日子，感激共产党的恩情……这个时期农民的日子并不宽裕，但对从困难时期、饥饿状态走过来的他们来说是幸福充实的，对孩子们来说则是简单快乐的。村部四周敞亮，没有围墙，屋前一大片空地，是我们儿时玩闹的乐园。那时的村部简陋又破败：三间低矮的平房，几张破旧的桌子，高低不平的长条板凳，还有抽屉里磨亮的算盘、翻得卷边的记事本……每逢雨天，屋顶四下漏水，外面下大雨，屋内下小雨，这时村干部就得到村支书家办公议事。

村里经常召集党员到村部开会，研究部署上级安排的工作，商议村里兴修农田水利、发展农业生产的事情。遇到天气特别好的时候，村干部也会把凳子往屋外一摆，就在外面热火朝天地商量起工作来。住在我家东边的本家叔叔是党员，经常去村部开会。“老卫，要出门啊？”“去村部开会。”每次他都回答得意气风发。能参与村里大事小情的决策，在村集体决策上有发言权，这在农村是了不起的事情。这时村部的意义不再是几间房子、几张桌子，而是党的基层组织议事决策的场所，在老百姓的心里是极为神圣的。

“1992 年，又是一个春天，有一位老人在中国的南海边写下诗篇……”改革开放的总设计师邓小平的南方谈话，让中国经济的发展迈入新的阶段：农业科技不断推广，粮食产量大幅提高，农民手头开始有了积蓄，集体经济也有了一些原始积累。2000 年，走出大学校门的我参加公务员考试，被分配到栖山镇党委工作，当时领导看我文笔还行，就把我留在办公室从事文字材料工作。为掌握第一手资料、充分了解村情民意，我经常下村调研，这期间和栖山镇胡楼村党总支书记王吉永熟悉起来。当时栖山镇经济在全县的排名位于中下游，镇里叫得响的牌子除了“熊胆酒”，就是王吉永了。

王吉永出名是因他作为胡楼新村建设的“开路人”，带领村民将昔日贫穷落后的小乡村变成了富足文明的幸福宜居地。2006 年，经过近两年的商讨论证，胡楼新村在蹒跚中起步。面对建房筹资难题，王吉永将自己经营多年的窑厂关掉，连同家里积蓄一共拿出 50 万元，作为新村建设的资金。在他的带动下，村干部又筹集了 10 万元，这 60 万元成了胡楼新村的启动资金。胡楼新村配套建设了 300 平方米的村部，设有办公室、阅览室、调解室等活动阵地，电脑、打印机等现代化办公设备也一应俱全。老百姓没事的时候都会到村部转转，看看书，下下棋，锻炼一下身体，聊一聊村里的变化。功能齐备、设施完善的村部切实成了党员活动的阵地、民主议事的平台、为民办事的窗口。

随着改革开放的持续深入，党的十八大、十九大相继出台各项惠农政策，对基层党建工作也提出了更高要求。经过党的群众路线教育活动、“两学一做”学习教育的洗礼，基层党建工作落地更细更实，党的基层活动阵地实现了全面提档升级，党支部的战斗堡垒作用日益强化，党组织的凝聚力、向心力日益强化。

前几日下午，我和同事一起到胡楼新村调研。调研结束后发现外面夜幕已深，而新建的胡楼村综合服务中心娱乐广场却是灯火通明、热闹非凡：白发苍苍的老者随着音乐打起了太极，年轻的姑娘、小伙在羽毛球场挥洒汗水，儿童你追我赶、嬉戏打闹……王吉永告诉我们，4000 平方米的村综合服务中心硬件设施及内部装修工程全部完工，“八室两超市一栏一广场”中的文化健身广场已率先投入使用，今年11月底将全面使用。刘运元是20世纪80年代胡楼村的老支部书记，面对即将投入使用的村综合服务中心，他感慨地说：“卫部长，现在的办公条件和我们那个年代相比真是云泥之别啊！”

胡楼新村村级综合服务中心建设是我县农村基层活动阵地高标准建设的一个缩影。近年来，我县以强化为民服务为目的，以村级活动阵地建设为抓手，着力改善村级办公活动条件，不断夯实了基层组织基础。全县陆续投入4000多万元对村级综合服务中心进行提档升级，打造了一批坚实有力的村级党组织阵地，进一步提升了农村基层组织开展活动及服务发展、服务群众的水平和能力。目前，全县已有87个村的综合服务中心达到示范水平，118个村达到省定标准。按照上级指示精神，综合我县村级党组织阵地建设实际，现又将全县99个村（社区）的综合服务中心列入市建设任务，计划用三年时间（2018—2020）分三批实施完工。此外，支持建设27个示范性村级综合服务中心，加速推进村（社区）综合服务中心建设。

四十年弹指一挥间。我们坚信，乡村振兴定会在基层党组织的振兴中，在全县人民持续不断的奋斗中，早日变成现实。

土地改革与我眼中的农村

张洪艳

随着土地改革的推进，农村在一步步发生着变化，三十年前包产到户使农业得到了较大发展。2004 年发放粮食直补，2006 年免除农业税，到 2013 年的土地登记确权，隐性的土地增值潜力开始显现。2014 年，习近平总书记提出实行土地“三权分置”（所有权、承包权、经营权）改革。此次改革可以说是农业质的变化，先是鼓励农民进城务工，城镇化建设、新农村建设等改革措施，一切均为这次土改打下了良好的基础。今天农民几乎不种地了，而是把土地成片成区块流转给大户。大户获得合法的土地经营权后，种地已不再像包产到户时吃饱肚子那么简单，而是要形成农业市场化、规模化、专业化、品牌化、机械化、智能化经营格局，最终是为出品质出效益。农村的生活比以前有了翻天覆地的变化。

农民的收入赶不上社会发展的脚步，“辛苦劳作一年不如打工一月”，这是我在农村常听到的一句话。很多年轻人出去打工了，以家庭联产承包责任制为单元的农村土地实际上已经没有三十年前的火热。农村随处可见的是留守的老人及儿童。我国农村的现状是，种地的人平均年龄都是五十岁以上，而且年轻人大多不会种地，未来农村谁来种地的问题可以说是全民关注的一大焦点。

从目前国家政策的支持方向和农村土地使用情况来看，未来的农村土地最有可能是“新型职业农民”来耕种。其次，农村土地集约整合化、规模化是未来的必然趋势。而这种趋势在接下来还会持续上升，土地流转市场也将越来越活跃，最终使用权流转出租到上述新型职业农民主体手中，形成规模经营的基础。土地流转以后，农民的生活发生了很大改变，农民收入得到很大程度的增加。

“以前，我自个儿种地，几乎没什么收入。现在，我把家里的田地全流转给了村委会，不仅每年可以拿租金，还能腾出工夫在村里干些活，这样一来，我的年收入就翻了好几番。”近日，谈起土地流转给自己带来的好处，沛城街道李集村五十八岁的李建国高兴地说道。

李建国是该村的一个普通村民。我第一次见到他时，他正在村子里搬石头铺道路，美化村庄环境。李建国告诉我，从2012年开始，他将家中的四亩田地陆陆续续流转给村里，每年可以拿到四千元左右的租金。土地流转后，他的时间就空了，村里、附近农场哪里需要劳工，哪里就有他的影子，种植、修路、绿化……这些活儿在他看来都是再简单不过的。然而，就是这些简单的活儿让他的年收入突破万元。“帮村里、农场干活，一天可以拿到一百元的工资，一个月平均能做二十多天，一年下来就是三万多元，再加上租金，这日子过得也越来越好。”李建国掐着指头算着自己的年收入。据了解，李建国只是李集村土地流转后，农民实现增收的一个缩影。

“发奖金啦!”敬安镇裕农家庭农场群里发出了这样一条信息。来到农场办公地点发现人头攒动，好不热闹，现场农民的脸上洋溢着满满的幸福。细问之下才知道，原来是裕农农场正在根据农户上交辣椒种子的数量和纯度发放奖金。村民王桂花数着刚发到手的八千元奖金，脸上绽放着灿烂的笑容。她是一名普通辣椒种植户，丈夫常年在外打工，因家里有老人和小孩需要照顾，所以她一直在家务农。2012年以前自己种植蔬菜，好的情况下每亩年均纯收三千到四千元，碰到行情不好时本钱都挣不回来。2012年，她将自家四亩土地流转给村里的裕农农场，农场统一规划盖好大棚后，王桂花根据自己的管理能力，从农场承租了三亩大棚（大棚租金与土地流转租金相等），跟着农场统一种植辣椒，农场提供种苗、技术并签订收购协议，由农场统一制种销售，一般年景每亩地纯收入七八千元，上半年种植辣椒，下半年再种秋季蔬菜，这样又能增加大概两千元收入，再加上发的奖金，一年算下来三亩大棚能给王桂花带来三万多元的收入，还不耽误照顾老人和小孩。

我县共有承包土地94万亩，承包农户24万户，承包人口76.5万人，全县流转土地68.77万亩，占全县承包耕地面积的72%。我县土地流转以委托流转为主。村委会在农民心中有威望，农民自愿把自己的承包地委托村委会流转。对外发包，农户有固定的土地租金收入。村委会和农户签订土地委托流转协议，由村委会和流入方签订土地承包经营权流转合同。在租金支付方式上，由支付方每年初兑现一年的租金给村委会，村委会分发给土地承包人。土地租金因地力差异而不同，水田一般在900—1000元/亩，旱田一般在800—900元/亩，园艺蔬菜地在1000元/亩左右。有不少农民甚至专家认为，规模农业并不能解决中国农村根本问题，最终流转出去的土地还能不能回到农民的手中，农民的收入保证能否落实到位等都是需要解决的问题。总体来说，规模经营还是要把握住“适度”原则，并且做好相应的风险防御才行。所以为引导农村土地经营权规范有序流转，建议从农村土地确权颁证，建立健全土地规范流转，构建新型经营主体政策扶持体系，深化相关改革等方面做好土地流转相关工作，落实集体所有权。农村土地为农民集体所有，是农村基本经营制度的根本，必须得到充分体现和保障，不能虚置。土地集体所有权人对集体土地依法享有占有、使用、收益和处分的权利。开展农村集体产权制度改革，进一步明晰和细化农村产权，盘活农村沉睡资产。严格保护农户承包权。农户享有土地承包权是农村基本经营制度的基础，稳定现有土地承包关系并保持长久不变。围绕“确实地、赋真权、准登记、颁铁证”目标，为土地流转和开展经营权抵押贷款奠定坚实的基础。

总之，土地流转是实现农村土地资源合理配置的重要措施，也是必经之路。因此，我们要对当前出现的问题进行深刻的分析，并制定有效的措施对问题进行解决，不断推进农村经济发展工作。

喜看乡村美如画

蔡东亚

1978年，我国高举起改革开放的大旗，农民的生活发生了天翻地覆的变化。人民从吃不饱饭，到吃饭讲究营养搭配；从补丁摞补丁衣衫褴褛，到光鲜亮丽；从住土墙屋茅草房，到砖混框架楼房；从出行靠双腿，到街上车水马龙；从落后的技术力量，到上天入地的高科技发展。小到家庭，大到国家，真是天翻地覆慨而慷！作为一名国土工作者，我感到非常自豪，我把自身耳闻目睹的二三事与大家共同分享。

“麻将村”的变迁

1978年以前，在苏北有个偏远的乡村，人们习惯于小农经济的生活，农闲时候，邻居就闲聚在一起，东聊西侃，不敢出去做生意，计划经济时代，怕割资本主义尾巴。大人小孩都会打麻将，风气非常不好，外边都叫它“麻将村”。村内空闲宅基地多，一户人家一亩多地，没有正式的道路，而且混乱闭塞，谁家有个红白喜事，要是不熟悉道路的，根本出不来。集体土地，别的村一亩地667平方米，这个村以888平方米为一亩，但是生产经营管理不善，麦苗子很稀，亩产不到300斤。因为庄穷人懒，很多姑娘都不愿意嫁到“麻将村”，“麻将村”又成了“光棍村”。

一提这个村，乡里领导都头痛。改革开放后，乡领导对村班子进行调整，让部队转业回来的复员军人当大队书记。孟支书从那时开始挑起了担子，他中等身材，寡言少语，善于思考。1996年8月，我毕业分配到乡土地管理所工作，对他村里的情况也是听老领导和老同事们说的。我参加工作的时候，在改革开放的大好形势下，“麻将村”在全乡已经不能算是落后村，全村响应党的号召，进行“一村一品”种植蔬菜大棚，我就是在长势喜人的大棚里和孟支书见面的。

孟支书说，现在老百姓有钱了，村容村貌也该改观了。村里谁家孩子结婚，路都不通；结婚的多了，好房子也多了，再拆迁非常困难，老百姓拆迁费用越来越高。想请乡国土所帮助规划规划，让党员代表讨论方案，报镇人大实施划排房。

每家每户按照政策安排宅基地，面积大小统一。他做好了打硬仗的准备。旧村址改造，修路要拆房子，宅田合一要清理树木。要想干成事，就要扒掉干部的“护心油”，村里干部以及在外工作的干部带头刨树拆迁。一年规划，数年实施。不知道村里干部做了多少工作，基本上做到了人平路通，由“麻将村”一跃成为全乡乃至全县远近闻名的致富村。

“闭塞村”的通达

宋庄村非常偏僻，村内混乱情况比“麻将村”有过之而无不及。东边离沙河很近，但是没有道路。西边闭塞，农民赶集也要多绕几公里路。村庄房屋多为六七十年代建造，多数破烂不堪，加上道路不通畅，群众生活及出行极不方便，迫切要求改善生产生活条件。2013 年 10 月，鹿楼镇何庄村宋庄组向沛县人民政府提出整村退出申请，县局经现场勘测，核实该村集体建设用地面积 227.6 亩，涉及退出拆迁农户 125 户 408 人，经批准将该村作为集体建设用地退出工作试点村，纳入 2014 年度挂钩复垦库，启动实施退出复垦治理，入库建设用地规模 227.6 亩，项目实施后可新增耕地 189.8 亩，按照每亩 12 万元退出补偿标准，已累计拨付退出补偿资金 2088.7 万元。2014 年底，该项目已通过省、市验收。

该村旧村拆迁安置采取就地安置方式，新村建在原村庄旧址南部，建设占地 37.8 亩，节省土地 189.8 亩，大大节约了土地资源。新建七栋“2 +1”楼房 122 套及 20 套一层小院老年房，总建筑面积 19000 平方米，建有红白理事中心和便民购物超市，中心活动广场占地约 2000 平方米，基础设施配套齐全，安全饮水、有线电视、宽带通信户户接通。内外道路宽敞明亮，绿化、亮化赏心悦目，雨水、污水管道分流，村庄面貌焕然一新，真正变成了温馨、和谐的社会主义新农村。

“黄河故道”的新貌

鹿楼镇黄河故道二次开发项目总面积11248.2亩，总投资2204万元，项目实施完工后，预计新增耕地面积104.9亩，项目区内主要种植旱作物，现在玉米刚刚收完，趁小麦还没种植的短短几天里，抓紧做好土地平整工程。鹿楼镇是黄泛区，大沙河是黄河故道决口冲刷的一条河，黄沙漫漫，吃完饭的碗根上会残留些许泥沙，在沙土路骑自行车，稍微一转动车把方向就会摔倒。项目区在实施前，到处是“龙腰地”“低洼地”“网兜地”，在蒋庄南地块里面竖立着一块石牌，石牌上刻着“禹王到此镇”的字眼。据当地村民介绍，以前这块地地势较低，一下雨就淹，老百姓没办法，就在石头上刻上“禹王到此镇”，希望大禹能保护百姓风调雨顺，有个好收成。村民边说边指着身边弯弯曲曲的路：“你看着这是路，晴天是路，阴天就是沟，要是连阴雨，人就得蹚水过，一下雨，你看吧，地里可热闹了，越下雨，人越往地里跑排水。共产党比禹王好，不要一分钱，还给平地修渠修路，能浇能排，再也不要为浇不上地、排不出去水吵架劳神，旱涝保收多好，这是打着灯笼难找的好事。听说西庄上人家平整得早，原来浇地要半天的，现在个把钟头就浇好，哎！这可是给子孙千秋万代做的大好事。”今年8月18—19日，沛县经历了百年一遇的大雨，项目区的村民说，多亏党的政策好，多亏黄河故道开发项目，否则今年收成就没有指望了。

1978年，党的十一届三中全会做出了把党和国家工作中心转移到经济建设上来的历史性抉择，开启了中国改革开放的新纪元。四十年来，中国共产党无惧风高浪急，无畏艰难险阻，聚精会神搞建设，铆足干劲谋发展，中国经济社会发生了翻天覆地的巨大变化，取得了改革开放和社会主义建设的历史性成就。我们中华民族迎来了从站起来、富起来到强起来的历史性飞跃，开创了中国特色社会主义事业新局面。作为一名普普通通的国土工作者，我们将在平凡的岗位上做出新的贡献！

蝶变新胡楼

王吉永

“对标全面建成小康社会任务，扎实推进脱贫攻坚和乡村振兴。坚持农业农村优先发展，加强脱贫攻坚与乡村振兴统筹衔接，确保如期实现脱贫攻坚目标，农民生活达到全面小康水平。”这是“乡村振兴”第二次被写入政府工作报告，也是我第二次到北京参加两会，我所关注的话题也正是乡村振兴。我作为全国人大代表、徐州沛县栖山镇胡楼村党总支书记，对乡村振兴战略的实施大大提高了农村的居住、生活条件，让老百姓拥有了更多的获得感和幸福感深有感触。

近年来，胡楼村通过建设新村、发展现代农业、培育富民产业等，一步一个脚印践行“乡村振兴”，不仅让这个“不近城不靠矿”的村庄摘掉了“贫困”的帽子，还先后获得“江苏省新农村建设先进村”“江苏省民主法治示范村”“省级三星级环境综合整治示范村”“徐州市新农村十佳示范村”“徐州市十大魅力乡村”等一连串的荣誉。

美环境，让村民们住得更舒适

胡楼村位于徐州沛县栖山镇西北部，交通不便、区位不优、资源不好、环境脏乱……这是以前。如今的胡楼村，一排排整齐的楼房，干净整洁的村内环境，公交、学校、医疗、娱乐等配套设施一应俱全。这一切的改变，要从 1998 年我开始担任村党支部书记时说起。

当时的我正经营着两家企业，资产过百万元，走南闯北，在村里算是见过世面的人。正逢胡楼村党支部换届，经过全村党员的选举，三十岁出头的我挑起了胡楼发展的重担。在做生意的时候，我曾经到过全国各地很多地方，南方干净整洁的生活环境给我留下了深刻的印象，而苏北农村落后的面貌也成了我的一个心结。上任后，我反复思考，认为造成这种差异的根本原因是经济发展的落后。经过一番分析，我决定从环境整治入手，首先改变村庄面貌，增强村民对未来发展的信心。

刚开始遇到的困难就是缺少资金。当时我毫不犹豫地从自己厂里拿钱垫资，四年间仅在环境整治、桥涵闸站的修建等项目上就垫付了20多万元。这期间，村庄环境有了很大的改善，也得到了村民的初步认可。但由于胡楼村的六个自然村分布分散，村民环保意识差，整治效果难以保持。如何才能彻底改变胡楼面貌，让村民真正过上和城里人一样的生活？

2006年，恰逢国家开始推进新农村建设，通过走访农户，深入调查，倾听民意，我初步有了自主拆迁建设新村的想法。而后，我自掏50万元作为启动资金，村干部和党员们也一起凑了10万元，并在规划设计、资金管理、施工建设、项目监理、旧村复垦上实行“五个统一”，建起了占地300亩的胡楼新村，让全村800余户、近3000居民住上了新楼房。

胡楼新村在逐步完善配套水、电、路、污水处理、垃圾收集等设施的基础上，还先后建设了5000平方米的社区综合服务中心、1000平方米的幼儿园、4000平方米的村民文化健身娱乐广场等，给村民营造了一个清新、舒适、健康、安逸的生活环境。

强农业，让老百姓钱包鼓起来

乡村振兴离不开强村富民的产业。我的思路是，腾地聚人，集聚资源，发展现代农业，实现共同致富。

经过多次考察，针对全村土地零散、农户松散、市场分散、资金闲散、组织软散等问题，我提出，必须抓住县委、县政府实施农村集体建设用地有偿退出，推进新型农村社区建设的重大机遇，通过创新土地置换、资金管理、设施配套、建设监管等方式，进行有计划的建新拆旧，这样既可降低村民的建房成本，又可通过集体建设用地置换解决公共基础设施的资金投入，真正实现腾地聚人、集聚资源。而新村建起来、旧村拆迁后陆续腾出来的千亩土地，自然也就成了胡楼发展的新“抓手”。

2010年，韩店池旧村拆迁复垦后，为最大限度地提高土地效益，村支部决定利用拆迁复垦的土地发展食用菌产业。当年9月，占地500亩、总投资1000余万元的胡楼村食用菌产业园开工建设，园区以种植黑木耳为主，并实现了菌种自育和食用菌初加工。食用菌生产以农作物秸秆、木屑、棉籽壳等为原料，既可降低生产成本，又能改善人居环境。黑木耳单棚年纯收益在2万元左右，实现了当年拆迁、当年复垦、当年见效，仅这一个项目就带动了200多农户致富。

从2014年开始，我又带领胡楼村抢抓各级政府支持发展现代农业、推进农业规模化发展的机遇，带领村民“走出去”参观学习考察，“请进来”能人技术资金，带动全村发展致富。流转土地1000余亩，扶持桃丰家庭农场建成了集赏花、采果、农家乐于一体的千亩桃园，这也是周边地区最大的桃园。村里以200多亩集体用地入股，可以年增五六十万元的集体收入，村民们通过土地流转和在这里打工赚钱。随着桃园渐成规模，今后还准备发展深加工，让桃树带来更多收入，托起村民的增收梦。

兴工业，让乡亲们在家门口上班

环境美、农民富、农村强是乡村振兴的重要表现。如何才能实现胡楼可持续发展，让村民有保障增收？我决定从进一步挖掘胡楼发展潜力入手，广泛动员全体村民开展二次创业，以“突破工业”来实现胡楼工业强村，走出一条产业留人、就地兴业、富民强村的新路子。

为了激发村民的积极性，我提议从村“两委”成员做起，发动党员干部带头创业，每人至少创办一个年收入超3万元的产业项目，或经营一个不低于10亩的高效农业示范田。同时，组织开展支部班子成员、党员致富能手与农户结对帮扶，每名党员干部至少帮扶十户，带动全体村民共同致富。先后涌现了种鸭养殖、服装加工、猪鸭宰杀、板材加工等“小微企业”十几家，吸纳胡楼及周边村300多名村民务工。此外，胡楼村还规划建设了占地500亩的胡楼工业集聚区，投资1000万元建设高标准厂房2万余平方米，以此为基础进行招商引资。

与千亩桃园一路之隔的胡楼工业集聚区内，如今连片的标准厂房鳞次栉比，数家劳动密集型企业已经挂牌入驻投产。目前，落户园区的有纺织材料、塑编材料等加工生产企业，可提供近千个工作岗位，解决了村里不少年轻人的就业。在家门口工作创业，村民才能“看护好小的，照顾好老的”，过上幸福体面的生活。今年的政府工作报告中提到，“务工收入是农民增收的大头，要支持返乡入乡创业创新，推动一二三产业融合发展”，对此我深有感触。我认为，胡楼村还要继续做大做强工业集聚区，招引更多强村富民的产业，让更多的村民和附近的乡亲能在家门口快乐地上班。

村支书是最了解基层百姓需求的“父母官”，也是美丽乡村振兴战略的践行者，胡楼村的二十年“山乡巨变”，我们看到的是当下中国农村的发展和变化，农民的愿景和期盼。乡村振兴，必将让农村实现高质量的发展，我的目标是不仅要让村民富裕，更要让村民过得体面幸福，让城里人也羡慕我们的生活。

当好群众的领头雁

孙守则

2013 年 8 月 27 日上午，沛县魏庙镇佟场村党支部会议室内座无虚席，来自上海、山东、徐州等地的本村党员正在这里进行佟场村新一届党支部换届选举工作。全村九十八位党员除一位因病住院无法到会外，经过投票选举，全票通过我继续担任佟场村党总支书记，会场里响起雷鸣般的掌声。此时，五十八岁的我眼睛湿润，略显苍老的脸黑中透红，我知道这是村民对我的信任，也是对我任村支书十六年来的肯定。《农民日报》《新华日报》《徐州日报》分别报道了佟场村和我的先进事迹，我被当地人称为“老黄牛式的村支部书记”，2013 年 12 月当选“中国好人”。

从贫困村到富裕村

“这次要是把俺家老孙选下去，俺就大摆宴席请大伙吃饭。”针对此次换届选举，妻子事前打了“破头楔儿”，“他成天忙工作，家里的活一点帮不上，还自己掏腰包‘倒贴’，不如早点让他退下来!”村民们笑着说：“你的话不起作用，村民们心里都有一杆秤，选谁不选谁，党员说了算。”

我是土生土长的佟场人，从 1973 年做记分员开始，先后任会计、生产队长、村主任，1997 年接任村支书后，我将佟场村从一个贫困村发展为富裕村，从富裕村发展为小康村，从小康村发展为文明村，佟场实现“三级跳”。这其中的酸甜苦辣虽在磨砺中淡化，但刻骨铭心的往事我仍记忆犹新。

佟场村地处微山湖西畔，辖佟场、孙大庄、共和村三个自然村，人口 4005 人，耕地面积约 3200 亩。当年村里有个民谣：“佟场是个贫困村，住着草房烧苇根，雨天泥泞别出门，黑天出行绊倒人。”为让村民发家致富，割除“穷根”，我带领村民先从割芦苇开始，组织村民搞草苇编织、开垦湖边地、发展种养殖，鼓励有条件的村民搞草苇运输。农闲时节，草苇编织成为佟场村的一大特色，男女老少齐上阵，忙得不亦乐乎。为扩大草苇编织规模，增加农民收入，我带头跑销路，并成立了村草苇编产销协会，搞活市场流通，全村70%的农户从事草苇编织，产品销往山东、河南、安徽等地。

为带动村民搞好种植，我将村开垦的200亩拾边地承包给村民，自己到离家40多里的山东省微山县渭河村租了20多亩湖田搞水稻种植。作为村干部，要带着群众干，做给群众看。当时我不承包本村的土地，主要是免得让人说闲话。我这样想也是这样做的，当时在湖里种地很苦，来回近百里路，渴了喝湖水，饿了啃干粮，累急了就枕着“坷垃头”睡觉，一年骑坏一辆自行车，却挣了2万多元。我一年“暴富”，在村里引起了连锁反应，很多村民跟着效仿，第二年全村种植水稻2000多亩。我义务为村民当技术指导员，每天早上五点起床，骑着车子到田间地头进行察看，每逢落谷、打药、灌溉时，我就用大喇叭在全村广播。随着水稻面积的扩大，村里又催生了稻米加工业和运输业的发展。

村民孙守军、孙同伟交往广泛，头脑活络，从事苇编业多年，有一定的经济基础。为帮助他们扩大生产规模，我经常到生产现场了解情况，帮助协调资金。在我的帮助下，孙守军、孙同伟的苇编生意越做越大，带动了全村苇编业的发展。我还协调资金，扶持村民发展建筑、养殖、特色种植及运输业。

这几年村子发展很快，除了传统的水稻加工、草苇编织外，村支部还带动大家积极发展运输业、建筑业，并利用村资源招引来了鑫源生态园，不仅增加了集体经济收入，还安置了一批村民进园务工。为帮助村民发展企业，跑贷款，搞土地流转，我挨家挨户做工作，整天忙得团团转。现在我们生态园养了4000只蛋鸡，每天用养殖的蝎子、蝗虫、大麦虫辅以科学配方喂饲，一只鸡一年能下250多个蛋，主要供给上海等地的客户。俺靠养虫，不但解决了闺女上大学的难题，还盖起了小楼房。

佟场村人人思富、人人有路，搞物流运输、从事建筑行业、在本村米厂上班、到镇上做生意，村民致富路上可谓“八仙过海，各显神通”。全村拥有“自卸王”“大解放”等大型车辆100多辆、中小型运输车辆200多辆，每年为村民带来2000余万元的经济收入；村里拥有日产“苏北王”微山湖大米100吨的徐州广勤米业有限公司，年销售90吨绿壳鸡蛋、出口180吨黄粉虫系列产品、创汇百万美元的鑫源生态园……村民的腰包鼓了，个个脸上露出笑容。

从富裕村到小康村

为了建设新农村全面奔小康，我引导村民致富的同时，积极做好公益事业，实现精神文明和物质文明共同发展的良好局面。

建设新农村关键是资金，特别是公共设施建设有资金缺口。我身先士卒带头捐款，再把村里在外地做生意的能人请到村里，开玩笑说是“鸿门宴”，大家伙说是“佟场村红红火火的开门宴”。佟场村“一事一议”会议瞬间化解了资金缺口，出现了特别感人的场面。

6万、8万、10万，在外务工的朱敬、张秀山、朱建等一大批村民纷纷认捐。一份心情、一份回报，百万元捐款像涓涓细流融进佟场村。我为确保这些善款落到实处，组织村“五老人员”专门保管使用每笔开支。村里开工了，党员村民齐上阵，全部义务工。这下，前前后后、里里外外村里的路面全铺上了水泥路，再也不是晴天是灰、雨天是泥的局面了。路铺好了，理财小组找到我说：“支书，你看看账。”我说：“张贴出来让群众看，群众说行就行。”

我每天起五更睡半夜挨家做群众的思想工作，忙着铺设下水道，整治废旧坑塘，硬化道路，整天嘴上挂着血泡。

佟场村先后硬化道路10公里，铺设下水道1800米，整治废旧坑塘6个，栽植苗木5000余株，新增绿地6000平方米，安装路灯40盏，新建沼气池21个，改厕768户，全村自来水入户率100%。同时，建设了4排32户总面积10000平方米的农民别墅和建筑面积1500平方米的村级综合服务区，绿地、花园、健身场地等配套设施齐全，新村建设让佟场村村容村貌焕然一新，村民生活品位明显提升。

从小康村到文明村

文明村建设内容丰富，组织村民开展文化娱乐活动，提升村民的文化素质，对富裕起来的佟场村来说，各项工作开展得如火如荼，广场舞、运动会、文明礼仪赛一场接一场。

多年来，我一心想着群众，我不仅支持一部分人先富起来，更多的是帮助孤寡老人和特困群体同享文明新风，让全村人一起享受小康生活。

申广华是村里五保户，我经常去探望，送米送油送盐是常有的事。申广华的房子成了危房，村里想给他盖房子，可是申广华坚决不同意。我多次找他谈心，了解老人的心思，一是自己没有钱，二是花大家的钱心里不安。我劝他说，你住这样的危房大家都不安，现在我们都富了，不用你花钱，大伙心甘情愿帮你盖新房。新房盖起来，申广华本来孤寂的小院变得热闹了。在佟场村像申广华一样的五保户有九户，他们都像申广华一样，搬进了一人两间居室的新房。

我对五保老人关爱有加，其中我有一个心结。原来佟场村有一位张姓五保老人，由于没人照顾，村里派了一名村民定时给老人送饭，伺候了六年。2005 年春天，有一次村民发现老人的门紧关着，认为他睡觉了，等到第二天送饭时发现老人已去世，身上散发着臭味。我顾不得多想，像操办自己老人的事一样，买了寿衣亲自为老人穿上，送葬到地里。张姓五保老人的亲戚感动万分，他们戴着孝跪拜在我面前感激地说："要不是你们照顾，老人早就去世了。"但是，我觉得五保老人的事更不能轻视，我要让他们老有所养、老有所依。为了照顾好老人，我在一事一议会上提议让五保户的近亲义务照顾他们，并享受房产优先继承权，化解了五保户老人无人照顾的后顾之忧。

我对老人如此，对困难群众也是如此。村民孙守民因一次车祸返贫，他想贷款搞运输还债，然而亲戚们不愿担保，他找到我说明情况。我心想担保固然有风险，但是不担保他很难翻身。我便到村里的另一位党员家做工作，共同担保贷款 4 万元，帮助孙守民继续做运输生意。现在，孙守民不仅还清了欠款，还盖起了三上三下六间小楼房，过上了小康生活。

郑广勤原有一个家庭作坊式稻米加工厂，当我得知郑广勤想扩大生产规模时，主动找到郑广勤问有什么困难需要村里帮忙。郑广勤深为感动，说资金和场地都有些难度。我二话没说，联合村民帮助郑广勤贷款 50 万元，又利用村头 7 亩低洼地帮助郑广勤建起徐州广勤稻米加工厂。如今，徐州广勤稻米加工厂每天生产“苏北王”微山湖大米 100 吨，带动周边 200 余家稻米运输户发展运输业，安置近百名农民工在厂内就业。今年，在我的帮助下，广勤稻米加工厂一期流转土地 3000 亩，建设了有机大米生产基地。我还通过土地流转组建了佟场村土地股份合作社，以特色产业种植、销售为主，首批设立股份 548 份，入股农户达 160 户，管理经营一个中草药种植示范基地和一个设施蔬菜种植项目区，较好地保障了村民获得长期稳定的土地承包经营权和收益权。

我一心为民，百姓的事在我看来都是自己的事，也是天大的事。谁家闹矛盾，我要去调解；谁家有红白事，我要去帮忙；谁家生活有困难，我要去接济；逢年过节我还要去看望村里的五保老人和在外务工人员家的留守老人……

多年来，我记不得我在村里跑过多少路，帮助过多少户村民，我只知道自己一共骑坏了十辆自行车、两辆电瓶车。我舍小家顾大家，赢得了村民的信任，也得到了党委政府的认可。佟场村先后获得“江苏省文明村”“江苏省民主法制示范村”“徐州市文明村”“五好村党支部”等称号，并通过全县达小康验收；我连续三次被市委授予五星级村党组织书记，被县委、县政府评为“五星级村支书”“十佳村支部书记”“十佳好人”等二十多项荣誉称号。

牛蒡种植“牛”起来

魏垂敬

改革开放以来，以特色农产品兴起的经济区域日益增多，并在我国农村经济中越发显出其重要性。特色农产品经济发展过程的曲折复杂，更显示出对其记录为史并进行研究的必要性。牛蒡作为特色农产品，在特定的历史环境中，于20世纪90年代初被引进丰县的范楼镇和沛县的河口镇、敬安镇并种植成功，对农民收入、农村产业结构、农村生活方式等等产生重要影响。牛蒡种植业的演变从一个侧面反映着社会的变迁，成为当代经济史研究中重要的又被忽视的课题。

为真实记录牛蒡种植业的发展状况，我依据在老家河口镇生活多年的所见所闻，并采取了查阅档案、召开座谈会、采访个人、问卷调查等多种方法进行调查，先后走访了丰县的范楼镇、华山镇、大沙河镇和沛县河口镇、敬安镇、栖山镇（大面积种植牛蒡的六镇处于丰县和沛县的交界区，为简洁表述，下文简称为“丰沛县交界区”），采访了牛蒡种植户、经纪人、企业主、领导干部、技术人员等大批相关人员，获取了大量第一手实地调查资料。

牛蒡（burdock），又名大力子，为菊科类二年生肉质根草本植物，原产地是中国。五代后晋天福五年（940），牛蒡被传到日本，后被改良为食用蔬菜。因其营养价值高，牛蒡在日本享有“东洋之参”的美誉。

20世纪三四十年代，日本侵华战争期间，日本侵略者曾经在上海浦东和徐州的奎山附近种植过牛蒡。中国抗日战争胜利后，牛蒡只是作为中药材在中国有少量栽培。到了20世纪90年代初，中国又从日本引进菜用牛蒡，丰沛县交界区六镇为最主要的种植地区，生产的牛蒡从整体外观到内在品质都远远优于在日本种植的牛蒡，从此，日本每年从中国进口大量牛蒡。目前中国已成为世界上最大的牛蒡生产和出口国。丰沛县交界区为中国大陆最大的牛蒡连片种植基地（山东省苍山县也有种植，但面积小于丰沛县交界区），已形成较大规模。从那时起，牛蒡这一特殊的农作物及其相关产业在丰沛县交界地区农村经济中发挥了重要作用，并对社会变迁产生了深刻影响。

1991年早春，丰县金陵乡（现隶属于范楼镇）齐阁村的农民汪允华从日本株式会社（农产品贸易公司）驻青岛办事处购得菜用牛蒡种子0.1公斤，种在自家的山药沟（原本用于种植山药进行人工挖的深1.5米的沟）垄上约100米（折合土地0.15亩），当年秋季收获109公斤，以1.00元/公斤的价格，卖得109元，折合亩收入727元。去除生产成本（不计人工费用）折合亩净收入427元。1991年，齐阁村小麦、玉米复种亩净收入为负35元（即农民种一年粮食要倒贴35元），比牛蒡低462元；山药种植亩净收入260元，比牛蒡低167元。汪允华种植牛蒡带来较高收益的消息不胫而走，一传十，十传百，本村农户和附近村民纷纷学习种植。到1993年，丰、沛二县的牛蒡种植面积达850亩。丰、沛二县农民种出的牛蒡令日商十分满意。因为日本种植的牛蒡长度仅40—50厘米，而丰、沛二县的牛蒡一般长度在70厘米以上。当时齐阁村的一位村民种出的牛蒡最长的一棵竟然达到1.8米，令前来参观考察的日本商人——日本株式会社的社长志摩文言先生（此人后来多次到齐阁村考察并收购牛蒡）啧啧称赞，并以100元一棵的价格购回到日本展览。

丰、沛二县牛蒡不仅肉质根长，须根少，表皮光滑，外表美观，而且肉质根脆嫩，有一股清香味。所以从整体外观到内在品质都远远优于日本种植的牛蒡，因此也吸引了日商纷纷前来参观考察并收购。

那么，丰、沛二县生产的牛蒡为什么质量如此高呢？一是独特优越的气候。牛蒡喜温暖湿润的气候，耐寒、耐暑力较强，而丰沛县的气候条件恰是如此。二是适宜的土壤。丰沛县交界区的土质多为pH7左右的中性沙壤土，土层深厚，土壤疏松，排灌两便，这正是牛蒡作为深根茎类蔬菜所喜欢生长的土壤类型。三是廉价的劳动力与精细种植。丰、沛二县农民的牛蒡种植技术优于日本。日本由于劳动力成本高，所以种植上采取粗放式种植。种植前用一种耙地深度只有40—50厘米的耙机来耕地，所以产出的牛蒡也只有40—50厘米长，且须根多、易发杈。而丰、沛二县的农民在种植牛蒡时，先挖深度1.2—1.3米的沟，精耕细作，沟中的土壤已被整碎，使牛蒡肉质根能深扎下去，故生产出的牛蒡长而须根少，光滑且直。

牛蒡的种植效益之高吸引了大多数农户种植，但面积都不大，每户平均种植不超过一亩地，一般只有几分地。主要原因在于牛蒡种植前的挖沟太费时间。而且此种体力活劳动强度大，所需工序较多，至少需要挖沟、碎土、填土、踩实、封沟、拉小浅沟六道工序。由于人工挖沟低效，严重制约着牛蒡种植业的发展。为了克服瓶颈，相关机械的研制成为生产力发展的必然，被提上议事日程。丰县金陵乡的李善文就是牛蒡打沟机的研制者。1993年5月，牛蒡打沟机研制成功，1994年发展到180台，牛蒡面积扩展到18000亩，面积是1993年的21.1倍。1996年打沟机增加到410台，牛蒡面积扩展到38600亩。正是由于牛蒡打沟机的使用，使牛蒡的大面积扩种成为可能。1994—1996年，牛蒡种植面积不仅在逐渐扩大，而且售价也比较高，蒡农的收入也逐年提高，每亩毛收入1994年为1290元，1995年为1568元，1996年猛升为3600元，令蒡农十分喜悦。

由于牛蒡打沟机的普遍推广，再加上1997年之前牛蒡生产效益远远高于小麦等粮食作物，人们的期望值较高，所以1997年牛蒡被大面积种植，由1996年的38600亩扩大到1997年的79100亩。因为供大于求，1997年秋季出现了中国牛蒡种植史上的第一次“烂市”，蒡价从几年前一直走高的价格“坐滑梯”而猛跌为0.42元/公斤，不及1996年的1/8。相当一部分蒡农因后期太便宜卖不够力气钱，便抛弃在地里不拔出，用手扶拖拉机把原来的牛蒡地耙耕平整（与此同时，牛蒡上部基本上被耙齿切断）后播种上了小麦。受1997年低价格的影响，1998年牛蒡面积大幅度缩减，只有56300亩，比1997年减少了28.8%。

到了1998年小麦收割季节，也是一年一度的牛蒡开始收购的时候，牛蒡价格由1997年的0.42元/公斤升至6.00元/公斤。“物以稀为贵”“好货不如好行市”，当时农民在收割完小麦后，便到麦茬地里专挖去年秋季抛弃在地下没拔出的牛蒡。因为此期间地下温度很低，所以牛蒡被拔出时还没有腐烂且能食用，只是牛蒡上部被耙齿切断了一截，在出售时价格比较低一些，一般在3.20元/公斤。单是这个价位也比往年高出七八倍。往年废弃在地下的牛蒡，今年又能卖好价钱，真是“歪打正着”，令蒡农喜出望外，这也是中国牛蒡种植史上的新鲜事。1998年7、8月份出现了涝灾，牛蒡大幅度减产，到了10月价格节节攀高，骤升为最高价14.40元/公斤。总体上1998年牛蒡平均价格为9.10元/公斤，此价格超过了当时猪肉的价格，是至今牛蒡种植史上价格最高的一年。同样的情况，受期望值高的影响，1999年牛蒡面积又是很大（为79420亩），但价格猛降为0.44元/公斤，不及上年价格的1/20。蒡农亩毛收入也很低，只有656元。

进入21世纪，牛蒡种植面积和价格波动依然很大，同期蒡农的毛收入也呈现出大起大落的现象。2000年、2001年和2003年价格都较高，农民收入也高；其余年份牛蒡价格较低，农民收入也低。

随着改革开放的不断深入，从中央到各级政府对于农村、农业、农民的政策进行了一系列重大调整，推动了特色农产品经济的不断前进。首先，政策调整给予亿万农民相应的自主权，如基本生产资料使用的自主权、选择生产品种的自主权、选择生产组织形式的自主权等等。其次，政策调整将亿万农民与市场经济相联系，市场成为农民组织生产的主要依据，效益成为农民选择品种的主要动力。再次，政策调整将农民从封闭的交往范围中解放出来，开始同世界相联系。开放使农民看到国内外市场的需求，使农民能吸取先进技术。

在新的制度安排下，原本被压抑的农民的聪明才智汹涌而出。他们的创新胆略得以发挥，敢于引进新品种，发明新技术（牛蒡打沟机、牛蒡播种机等等），敢于走向新市场（国内外市场）；他们的勤劳精神得以强化，承担了艰苦的工作，承担了复杂的贸易。

甘做乡村振兴的守望者

王景光

2019年4月30日，江苏省纪念五四运动一百周年座谈会召开，我作为一名基层工作者，能参加此次会议，光荣又自豪。在座谈会上，我发表了自己的感想：五四精神的传承，需要青年人坚持理想；五四精神的践行，需要青年人实干兴邦。乡村就是青年人奋斗的广阔舞台，作为青年村官，一定会以“青春永远心向党，建功发展高质量”的奋进姿态，把更多的青春梦想放飞在希望的田野上。

1988年12月，我出生在宁夏固原，中共党员，汉族，2012年毕业于南京晓庄学院。2012年7月，江苏省委组织部选聘大学生村官，我任徐州市沛县张寨镇张庙村党支部书记，徐州博源农业示范园党支部书记，共青团徐州市委副书记，徐州市青联委员、常委，江苏省青联委员，江苏省第十三次党代会党代表。我曾获得“第三届全国道德模范提名奖”“江苏省青年道德先锋”“江苏最美基层共产党员”“感动南京2010年度人物”“感动宁夏2010年度人物”等多项荣誉称号。2017年入选江苏省“两学一做”先进典型群英谱，2017年又被评为江苏省优秀大学生村官。

我读初中的时候，就开始利用假期挣钱，但是挣来的钱却不是自己花，大多捐给了贫困学生。我读高中的时候，省吃俭用资助了两位成绩优异的同龄人。后来，我走出高原，成为南京晓庄学院的一名大学生。进入大学后，我每年资助的学生都在递增，大一上学期时有三个孩子，大一下学期时有四个孩子，到大二增加到了七个孩子，大三增加到了八个孩子。我到张寨镇任村官后，不忘初心，资助的孩子从八个增加到了十一个。我定期给这些孩子汇款，并筹建沛县大学生爱心协会，开展一系列公益活动。

我扎根乡村，致富百姓，甘愿将美好的青春无悔地奉献在异乡的土地上。2012 年 7 月，我接受组织安排，到张寨镇张庙村担任村支部副书记，主要职责是辅助老支书做好村里的工作。

张庙村在张寨镇算是一个大村，共有七个村民小组，人多事杂，想要做好村里的工作，对于刚刚走出“象牙塔”的我来说，不是一件容易的事。于是，我拿着村民的花名册，挨家挨户地走访。很快，哪家人品好，哪家是刺头，哪家需要特殊照顾，我摸得一清二楚。

该村班子集体涣散积病已久，集体收入为负数，老百姓没有致富门路。面对 7 个自然村、12 个村民小组、2400 多口人，一踏进张庙村，我就有些挠头。老百姓也对我产生质疑：以前的支书一年到头见不到人影，这个外地的小青年能好到哪里去？

晚上，我彻夜未眠。第二天一早，我便召集村里所有的党员，开了一个党员代表大会。会上，我连鞠了三个躬。我说，这第一个躬，是晚辈对长辈的敬重；第二个躬，我到沛县来，没一个亲人，但我会尽自己最大的力量，哪怕为村里做好一件实事也行；第三个躬，我没有任何支持，今后全靠大伙儿帮忙开展工作。

表态发言环节，大家都表示支持，这让我很是欣慰。但两个月过去了，我发现事情并没有自己想象的那么简单。我思前想后，不断总结，最后决定“智取”。每个人有每个人的脾气性格，只要掌握了这个人的脾气性格，晓之以理，动之以情，工作自然就会顺利地开展起来。为此，我慢慢琢磨，对什么人，说什么样的话，用什么样的方式，很快村班子集体越来越团结，工作也越来越好开展。

对于村民，我则按照一个村选一个代表的方式，亲自拜访。过年过节，提一箱奶，买几盒烟，称几斤水果，给他们讲自己的过去，读书四年多么不容易，很多村民都被我的话语深深感动。

我认为，要想让老百姓信任自己，光靠表面上的工作是远远不够的，只有真心为他们着想，为他们办实事，他们才能打心眼里认可自己。

程姚庄是个大庄，有五六百户人家，一直没有一条正式的路。我思前想后，决定尽自己所能，协调资金，为村里修一条像样的水泥路。一个多月的时间里，我每天从早忙到晚，终于，程姚庄历史上第一条水泥路被打通了。从此，在张庙人的眼里，这个千里迢迢来自外地的大学生支书心里还真的想着老百姓。

接下来的几年间，我又多方协调资金和有关部门，为村里新增了1台变压器，修铺了2.4公里的矸石路，建了2座翻水站，清洗了12眼老井，打通了14眼新井，修建了21座桥涵，村里的老旧小学也在我的协调下，重新改建。

现在的张庙村，班子强，人心齐，干劲足，全县唯一一家省级支部书记工作室就建在了这里。但是，要想真正搞好农村工作，仅仅靠这些那是远远不够的。我认为最重要的，是能够带领群众土里刨金，共同致富。

初到张庙村，我便将眼光瞄向了村东的100多亩大土坑。由于常年荒废，当年修建徐济高速公路挖土遗留下来的三方坑塘已是荒草遍地，如果能在它们身上做做文章，或许会产生不错的效果。

强烈的创业冲动，很快让我做出决定。最终，我以每亩120元的价格和村委会签下了租期30年的合同。

虽说有干劲儿，但要真正种起蔬菜瓜果，搞起产业来，我还真的没有把握。首先，怎么种出来都是个问题。为了掌握种植技术，我专门跑到新华书店，买来了《莲藕栽培与莲田套养技术》《虾和蚯蚓养殖新技术》等农业书籍，彻夜苦读。后来听说有一位叫孙广超的老人种菜技术水平很高，于是便托人四处打听，并上门拜师学艺。现在，一遇到难题，我便会跑到师父师娘那里，寻求帮助。

当年10月，在组织部门和镇政府的大力支持下，我和别人一起成立了大学生村官创业园。一个集鱼虾垂钓、散养鸡鸭、瓜果采摘、蔬菜花卉种植于一体的农业生态园很快呈现在人们面前。

随后，我又组织村民成立了汉源采摘农业合作社，引导村民抱团发展。2013年6月，我带头注册成立了沛县鼎耀生态园。同年12月，我通过招商引资的形式，联合徐州博源农业示范园成立了沛县大学生村官创业实践基地，组织建立了示范园党支部。一排排钢架大棚整齐划一，一垄垄蔬菜鲜翠欲滴。现在，最多的时候一天有上百人在示范园里打工赚钱。如果村民种植两茬粮食作物，一亩地一年最多有2000元的收入。现在算上土地流转的租金，加上打工的劳务费，再加上技术提成，一亩地能产生15000元的效益，自己的园子也成了上海蔬菜供应的外延基地，这在沛县还是第一家。示范园成立党支部，博源也是第一家。

昔日落后的张庙村，如今一跃成为先进村，最为难能可贵的是，村民的人均收入一下子增加了 1100 多元。付出不求回报，只是希望村民记住我这个从西北来的大学生村官。

大沙河的前世今生

谭大海

黄河故道在丰、沛两县之间的分洪道被称为大沙河。它源自丰县的二坝村，经沛县境内流向东北方向的昭阳湖，全长61公里，沛县境内32.6公里。它是沛县西部的一条大河，沿岸有6个乡镇，近100多个自然村，25万人，流域面积28万余亩。大沙河是由黄河故道决口泛滥冲刷而成的。历史上黄河多次泛滥肆虐沛县地区，在黄河泥沙的填积下，沿线地区不断淤高，渐渐形成高出沛县城6米的地上河流。大沙河承担着苏、鲁、豫、皖四省边区1658平方公里的来水。黄河水自西南方向压来，造成很多决口，形成大面积的扇形平原。因此，大沙河就像一把利剑悬在沙河地区人民群众的头上。大沙河自形成至今已有168年的历史，其间给两岸人民制造出无数灾难。中华人民共和国成立后，尤其是在改革开放以来，沛县人民在党和政府领导下对大沙河开展了不断的治理、开发，变害为利，使贫穷落后的沙河两岸变成幸福乐园，旧貌换新颜。

大沙河的前世

说到大沙河的形成，要先说说沛县早年的地形和生态环境。沛县在秦朝之前称为沛泽，直到南宋之前还是一个多泽的地方。东有沂蒙山区西延的山地，北有泰山余脉的南倾，西有隆高的地势，南临悬在地面上的黄河。也就是说，沛县是一个比较低洼的地方，从南到北形成一道洪水走廊和四周客水的汇集处。因此，一旦位于沛县南面悬于地上的黄河决口，黄水势必直扑沛地。这就是黄河于1851年在蟠龙集决口后直奔沛地的原因。黄水挣脱束缚，像条巨龙，以雷霆万钧之力，以万马奔腾之势，由高向低，浩浩荡荡俯冲而下，在丰、沛两县之间低洼处，冲荡开一条60多公里长的大沙河。

自从大沙河形成以来，沛县就经常遭受到上游洪水的侵害。事实上，沛县承担着来自南面安徽北部、西南面河南东部6000多平方公里以及北面、东面山东12000平方公里的泄洪任务。本地区历史上曾发生过当地无雨的晴天，顺大沙河而来的西南客水竟漫过河堤进入田地淹毁庄稼的稀奇事。

据沛县县志记载，从宋到清，沛县共发生水灾70多次，其中比较大的就有10多次。每遇洪水必遭大灾，大水所到之处，庄稼淹没，村村房倒屋塌，饿殍塞道，瘟疫肆虐。由于黄泛带来的大量泥沙渐渐地抬高大沙河河床，使其成为一条地上河，沛泽也逐渐被沉淀淤积起来的黄土细沙填充成为1576平方公里黄泛冲积平原。由于西部地势的慢慢抬高，这个几百万年前由于地质结构塌陷形成的有众多小湖塘存在的古泗水系沼泽洼地，在明朝的万历年间形成了微山、昭阳、独山、南阳四湖，统称微山湖。湖水面积约1100平方公里，水势烟波浩渺，是我国北方最大的淡水湖。

大沙河自形成以来，对沛县地区的害大于利，尤其是沿岸的鹿楼、鸳楼、朱寨、安国、朱王庄、龙固等乡镇深受其害。大沙河是条季节河，每逢冬春就河床干涸，大风一刮，黄尘弥漫，遮天蔽日，天昏地暗。当地人用碗喝水有用手指抹一下碗沿的习惯，那是在清除落下的尘土，喝完水后碗底要沉下一枚硬币厚的泥土。有人说生活在沙河岸边的人，活到六十多岁，一辈子要吃下一块土坯，此话一点不夸大。当地过去曾流传着这样的民谣：

冬春白茫茫，夏秋水汪汪。
只闻蛤蟆叫，沙飞不收粮。

沛县的沙河岸边也成了贫穷落后的代名词，积重而难返。这里每年的冬春两季外出逃荒要饭的多，到了婚龄的大姑娘嫁到外地的多，年轻小伙子打光棍的多。如再遇上灾荒年，夏粮吃不到秋，秋粮吃不到冬，漫长的冬春两季，老人和妇女孩子不能到外地逃荒要饭，只能靠野菜充饥。野菜挖完就只有扒树皮，到河滩上刨茅根了。把刨下来的茅根洗净切成二指长的段段，晒干后放到锅里用沙土炒焦，再用碓窝捣碎做成茅根面。灾年里茅根面不光能充饥，而且是馈赠亲友的礼品。当年，一首反映当地老百姓生活状态的民谣《刨茅根》广为流传：

亲亲娘，好狠心，把俺嫁到沙河村。
抓钩子把磨手心，天天河滩刨茅根。
糠菜馍馍吃不饱，糊涂汤子灌死人。

民谣哀怨悲伤，一声“亲亲娘”喊得人揪心落泪。

新中国成立后，人民获得了解放，但贫穷落后的中国百业待兴，一时难以摆脱贫困。县政府曾于1957年大水灾过后对大沙河的河道进行了疏浚，因财力所限，其作用不大，因为暄松的沙土河床，一见水就像稀粥一样，没多久就淤平了。第二次紧急防汛是在20世纪60年代末，又一次结合河道疏浚，筑起了两道防洪大堤。以上对沙河的治理都是因财力所限，进行的治标不治本的治理，不能从根本上改变大沙河状况。

大沙河的今生

沉睡了一百三十多年的大沙河终于在改革开放的惊雷声中醒来，迎来了它的青春期。大沙河的第三次治理始于1989年，这次县政府动员了10万民工，浩浩荡荡开赴大沙河工地，在全长30公里的河道上展开了会战。这次开挖治理大体上取直了沙河的南北中弘道，开挖出河口宽100米，两边河滩各150米，两岸大堤间距500米的新沙河。并通过河滩统一种植苹果、桃、梨等果树，河堤上种植杨柳，形成一道南北生态防护林带。这次治理大沙河基本上控制住了风沙洪涝两大灾害。第四次治理，始于20世纪末，县政府全部使用机械化施工，主要以鹿楼区域内的丰沛公路沙河桥为中心地带。把中弘河道开挖150米宽，目的是建成一座带状水库，用于沿岸的鹿楼、鸳楼干旱缺水地区的农田灌溉，提升这里的地下水位，涵养这里的生态环境。

最后一次彻底开发治理大沙河始于2015年的夏季，这次搭上了国家开发治理黄河故道的班车，不光是对大沙河进行治理，还要开发。一句话，就是要彻底改变大沙河地区的贫穷面貌，使之跟上时代发展步伐，与时俱进，让人民群众迈上富裕路。此次对大沙河开发治理，充分显示了国家经过改革开放的经济实力，投资约6亿元，规划把沛县境内的32.6公里的河道全部进行分段开宽，在郭庄、李庄、大沙河入湖口处分别建节制闸，使大沙河成为一座阶梯形的带状水库，蓄水量达5000万立方米。还分别在西大堤上修筑一条南接丰县、华山，北连龙固的一级旅游公路；东大堤修筑一条水泥公路，彻底改变沙河两岸交通闭塞的局面，使之在沙河每一处，都能直通县城、徐州和高速公路入口，为沙河地区的经济快速发展插上了腾飞的翅膀。

大沙河通过开发治理，显示出如下几个方面的功能：

一是使河道排涝标准达到十年一遇，防洪标准达到二十年一遇；二是增强了水库的调蓄能力，改善沿岸农田的灌溉条件；三是改善了交通环境，有利于地区的经济发展和整合打造沿大沙河旅游线路的形成；四是建成了一道绿色林果经济带，彻底改变大沙河地区的生态环境；五也是最主要的，建成带状水库的主要目的是使鹿楼、鸳楼两大地下水急速下降的漏斗区有所回升，涵养当地的生态环境，向着可持续的好的方向发展。

当年规划中的所有美好愿景，现在都一一实现了，人们从四面八方纷至沓来，不管是驾车在西大堤上旅游，还是在东大堤的林荫大道上散步，或者在河滩花海果林中观赏采摘，在岸边柳荫下垂钓，都被大沙河的美丽风光吸引，流连忘返。

现在的大沙河果林经济带，已经成了沛县的一张亮丽名片，远近闻名。这里的风景一年四季各有不同，各具特色。春天，这里是花的海洋，最先迎春绽放的是灿若云霞的桃花，映红了天，映红了地，把大沙河的水都映染成了粉红色。难怪有人说，每逢春天花季，大沙河里流动的不是水，是胭脂。桃花热情奔放，最招蜂引蝶，看，花丛中身着艳丽服装的美女摆出各种姿势争相拍照留影，与花争艳，与蝶媲美。每逢清明，桃花谢，梨花开，沙河大堤内外，万亩梨花香雪海。一年一度的鹿楼镇梨花节在沙河岸边的果都园如期举行，吸引周边县市的观花人接踵摩肩，车水马龙，人流如潮。梨花没有桃花热烈，但在素洁淡雅中显示出一种非凡的神韵和高贵的气质，更像一位品德高尚的谦谦君子，不卑不亢，不高傲不媚俗。梨花过后是苹果花，花花相接，接连不断，花期持续一个多月。

夏季的沙河岸边最具有吸引力，河边沙地里最适宜种西瓜，个大、皮薄、糖分高、沙瓤，备受苏鲁豫皖周边地区消费者的欢迎。每到收获期，前来拉瓜的汽车排成长龙，日夜不断。西瓜市场交易正忙，又迎来了金蝉的上市。金蝉近年来逐渐形成一种产业，它以绿色无污染、蛋白含量高备受消费者青睐。沛县大沙河金蝉已形成全国最大的市场，每天交易量高达几十吨。这是一种有着广阔发展前景的新兴产业。在金蝉购销正兴旺时，早熟的桃子又开始上市了。不管白天黑夜，沙河岸边的公路上，拉西瓜的、收购金蝉的、运鲜桃的，来来往往不断，使得整个夏天都是一派繁荣景象。

秋到大沙河，太阳把各种果实都涂抹上了颜色：红色的苹果、米黄色的梨、紫色的葡萄、胭脂色的桃。秋天的太阳是有味道的，各种果实在它的照射下都散发出浓郁的香甜，充满整个河谷，并向四面八方飘散。闻到香甜的游客络绎不断地前来采摘；采购水果的客商看到信息后纷纷带车前来，争相收购。秋季是收获的季节，也是最繁忙的季节，更是最有成就感的季节。

冬季对早年的大沙河来说是荒凉萧条的，是没有生气的。现今的大沙河整个冬天都是充满活力的，处处呈现出繁荣昌盛的新气象。接连不断的庙会，丰富多彩的民俗表演，斗鸡、斗狗、斗鹌鹑、斗羊，魔术、杂技、武术，吹糖人的、演木偶的、踩高跷的，舞狮、舞龙、跳广场舞的，在旅游景点轮番表演。再加上沿线的红色文化景点、汉文化景点，以及休闲娱乐餐饮相配套的功能齐全的服务业，形成了具有地方特色的大沙河旅游产业链，使得原本的冬闲季节变得繁忙起来。风生水起的旅游业除给当地带来了相当可观的经济收入外，同时也对外宣传了沛县大沙河，提高了大沙河地区的知名度。

改革开放四十年的历史就是大沙河发生巨变获得新生的历史，它正以自身的经历告诉世人，两岸百姓是怎样真正摆脱贫穷、走向富裕、过上小康生活的。

为产业振兴“加油”

白　宇

我的家乡在安国镇朱王庄村，坐落于沛县西北部，地处微山湖西畔，素有“瓜果之乡”之美誉。朱王庄村种植大棚西瓜已有近三十年的历史，这里的西瓜以甜和沙闻名遐迩，这里既是苏北最大的西瓜生产基地，也是全国很有影响的西瓜生产基地。而成就朱王庄“西瓜之乡”品牌之路和产业链的，除了这里天时地利人和的人文地理环境，还有家乡人情系深远、引以为豪的好帮手——沛县农村商业银行，家乡人创业致富兴农的金融管家。

我出生于20世纪80年代，记得小时候，村里人都是小规模、小范围种植西瓜，大部分为了供自家食用，个别种植规模大点的村民才拿到菜市场去卖点零钱。那个年代，朱王庄农村信用社也刚成立不久，业务范围也主要以吸收存款业务为主，绝大多数村里人还对银行不是那么信任，生怕辛辛苦苦省吃俭用存下的钱存在外处不见了踪影。直到后来，村里出现几家“钱藏来藏去找不见了”“被老鼠咬坏了”“被小偷偷了去”等诸如此类让村里人着急上火的事，而目睹那些敢于第一个吃螃蟹的，钱不但安安稳稳地保存在银行，竟还涨了利息，村里人这才恍然醒悟，原来把钱存入银行才是最保险最明智的做法。小时候，最高兴的事莫过于跟妈妈去银行存钱，喜欢隔着玻璃窗口看柜台里的工作人员熟练迅速地点着钞票，喜欢听拨拉算盘珠子的“噼里啪啦”的响声，有时候，妈妈还能将一些缺角不完整的破旧纸币换成崭新的面额等值的纸币。银行传统的几项业务——活期储蓄、定期储蓄、定活两便、零存整取，还有信汇、电汇……实实在在给我们这些普通老百姓提供了便利。

后来，政府振兴“三农”，加大农业扶持力度，村里的西瓜种植规模越来越大，销售量也逐年递增。看着村里一部分人因为西瓜种植销售口袋越来越鼓，率先盖起了新楼房，开起了小轿车，村里的那些贫困户可坐不住了，也想着靠扩大西瓜种植规模奔小康，赶超那些先富的乡亲，但又苦于没有本钱投资。正一筹莫展时，朱王庄农村信用社犹如“及时雨”，给那些有致富梦想的村民送来了福音。依然记得那是在一个绿意盎然、生机勃勃的春季，朱王庄农村信用社的工作人员不仅给乡亲们宣传了国家支持“三农”的金融政策，优先为那些自主创业的村民提供小额低利率贷款，还专门从外地请来西瓜种植专家，免费给村民们讲解种植技术，解决了乡亲们缺技术缺发展资金的后顾之忧。姑姑也是农业小额贷款的获益者之一，姑姑申请到西瓜种植贷款时那喜悦的表情，还有对未来幸福生活充满自信和期待的眼神，那美好的一幕，我至今都记忆犹新。

2013年5月18日，沛县农村信用合作联社正式更名为沛县农村商业银行，它的挂牌成立让朱王庄农村信用社也更名为沛县农村商业银行朱王庄支行。名字虽变更，但新农商行认真履行服务“三农”的神圣使命和初心丝毫未变。沛县农商银行始终坚持“围绕县域、扎根三农、拓展社区、培植小微”的市场定位和“支农、支小、支散”的发展思路，从惠农、利农、便农做起，把服务农村、耕耘幸福落实在行动上。一方面，通过推广“普惠金融授信”阳光信贷工程，加大涉农、小微企业贷款信贷投入，支持特色农业发展等措施，带动了农民就业；另一方面，通过创新信贷品种，推出“农村新型经营主体贷款”和“妇女创业贷款”。通过组建小微贷款中心，推出了“小微新易贷”“致富新易贷”“惠农新易贷”，解决了农民“贷款难”和“贷款贵”问题。同时，沛县农商行把高科技的农行电子产品“扎根”在农村，在广大农村地区建立“三农”金融服务站，在农村村委、超市、卫生室等布设的POS机、转账电话等设备，通过手机银行、电话银行等扩大服务“三农”覆盖面，使农商行电子网络通达乡村，农民足不出村就可享受小额存取款、缴费、转账汇款、看病拿药、刷卡消费等现代金融服务。

再后来，随着西瓜嫁接换根、瓜菜间作套种栽培等技术的示范推广应用，早春大棚西瓜种植规模不断扩大，成为高效规模农业中的一大主导产业。家乡朱王庄孙圩子村率先成为沛县最大的西瓜生产基地，孙圩子万亩示范基地也为沛县的发展做出了巨大贡献。

现如今，家乡朱王庄孙圩子村家家户户都住上了小洋楼，铺上了水泥路，开起了中高档小轿车，用上了智能手机，学会了金融理财，面对琳琅满目的金融产品，村民们进银行就像逛超市一样便利。缴纳电话费、水电费、税款、保险费可以通过银行自动转账，买车购房可以到银行按揭贷款，炒股可以借用“银证通”，汇款可以乘“汇款直通车”“全球快汇”，还有银行卡、保管箱、基金等，村民们真切体会到了金融理财的妙处。21世纪，我可以自豪而欣喜地说，家乡的父老乡亲真正成为追梦田园的新农人。

沛县农商行让农业插上了科技金融的翅膀，让我的家乡旧貌换新颜让乡亲们切实感受到金融服务给生产生活带来的新变化。

感谢时代赋予我的幸运，让我有缘走上了农商行的工作岗位，目睹金融产业带给家乡旧貌换新颜的巨大变化，带动家乡产业振兴的繁荣景象以及由此给父老乡亲生活所带来的巨大影响。我深信，在我国改革发展大潮的推进下，沛县农村商业银行的明天将会更加迷人，家乡的明天将会更加绚丽！

沃野里的农机

葛　宇

四十年前的1978年，我十岁。那年的麦收之季，田野里突然出现了一个红色的庞然大物，在成熟的麦田里缓慢地向前移动。它轰隆隆地吼叫着，冒着黑灰色的浓烟，把面前的麦子吞进大嘴巴里，麦瓤从它的屁股后面喷撒出来。当它停下来从一侧吐出金褐色的麦粒时，队长紧张地指挥着社员用麻包去接。地头上围着好多社员，他们停下割麦的镰刀，兴奋而又惊奇地观看着、赞叹着。

这个庞然大物就是“康拜因”，是省城特意调拨过来支援小麦收割的。

家乡的这片土地，是在清朝年间因黄河决口冲积形成的地势低洼的平原，紧靠微山湖的西岸，湖泊物产丰富，土地广袤肥沃，有“日出斗金”之说。在此栖居的人民，湖上作渔，湖畔耕种，世世代代繁衍生息。

1957年，这儿遭遇了罕见的涝灾。1958年7月中旬，特大暴雨又再次肆虐，给这片伤口还没愈合的土地，造成严重的洪涝灾害。村庄上的房屋几乎全部倒塌，牲畜大批死亡，农具丢失，群众外流，生产力遭到严重破坏，经济损失重大。

洪灾过后家乡一片沼泽，野草丛生，满目荒芜，景象凄凉。1958年底，江苏省农林厅负责同志来此检查工作，目睹此情此景，提出筹建农场的规划。至此，我们家乡的国营湖西农场便在群众的积极响应中很快成立了。

那时农具简陋稀少，挖河疏浚，开荒造田，全靠人力，抓钩子、铁锨、锄头、镰刀、扁担、条筐齐上阵。农场最初有八个自然村，八百多亩耕地。牲畜十八头，木板车三辆，双轮犁铧十四部，耙十四个。后来，为了开发土地资源，增加土地面积，农场又扩大了辖区范围和种植面积，增加了十几个自然村和三千多亩耕地。牛、马、骡一百多头，大小农具九百多件。农田水利规划整齐，使这片土地渐成繁荣之势。

1959 年，农场农业生产和农业机械靠国家计划投资。省农林厅无偿拨给农场农业机械轧链式“东方红”三台，胶轮式 50 拖拉机六台，牵引式“康拜因”收割机三台，排灌柴油机四台。1962 年调入“东方红”拖拉机一台。1965 年再次调入“东方红”拖拉机两台。到了 1970 年，全场机械总动力已达到一千六百多马力，其中耕作机械五百多马力，收获机械近三百马力，运输机械近二百马力，排灌机械五百多马力，大大提高了农业生产水平。

1978 年，机械化的农场已初步形成。全场有七个生产大队，每个大队都有农机站，农机停放、修理、保养一应俱全。每个大队部的农机人员都经过认真学习和严格培训。农忙时，他们不分昼夜，加班加点开着农机或耕作、或收割、或播种，以机务队为家，以农田为他们的战斗阵地。睡在田间，吃在地头。抢收抢种、安全而高效地完成收割耕种是他们的信念。他们常常是满身油腻，面庞黢黑，身体消瘦，声音沙哑，不能顾及家庭和孩子，完全忘我地战斗在农业生产第一线。农闲的时候进行农机保养，参加学习、培训和交流，不断地提高专业水平，丰富自己的理论知识，不论把他们放在哪儿，他们都是让群众和上级信赖的农机高手。他们看似平凡，却为农场的农业发展奉献着自己的热情与热爱，他们在这片土地上、在农机的运作中挥洒着汗水、泪水甚至热血，换来的是粮食的增产、农业机械化的进步和广大群众生活水平的提高。1978 年是农场农业发展的良好开端。

1978 年至 1980 年，农场借助河网密布、水源充沛的优势，大力提倡种植水稻和稻种繁殖，全场建造电灌站二十多座，水泵近一百台。每座电灌站农忙时都有一两名专门看管人员轮流值班。麦子收割完毕就开始灌田、泡田。电灌站的屋后有粗大的钢铁抽水管道伸进河边石头砌的深水池里，室内机器轰鸣。电灌站的前面，从钢铁管道抽出的河水喷涌到通向水渠的石头砌的池子里，清澈的河水泛着雪白的浪花，一路欢歌，沿着沟渠向着农田流去。每一朵浪花、每一滴流水，都仿佛是饱满的庄稼的穗粒。农场收获的粮食大批地交到县城、省城，优良的稻种走向全国各地。农场丰收的战果捷报频传。

改革开放的前夕，农场因土地多农机少，人民的生活还处在温饱动荡之间，有的家庭甚至出现人口多粮食少的饥馑状况。当时虽然有了农机，但因经济条件和政策的限制，并没能普及，生产队也多是养着农业的帮手牛和骡马。收割的主要工具依然是镰刀，运输工具是马车和平车，场间脱粒也多是人或牲口拉石磙碾轧，生产效率极低，进度缓慢，影响最佳的收割、耕种时间。有时正在收割着小麦遭遇连雨天，场间和道路泥泞不堪，根本无法收割、拖运和脱粒，就眼睁睁地看着粮食在地里或场里发霉或发芽了。那时全靠人工栽插水稻，稻苗几乎都打了穗包还没栽插完毕，水稻产量无法提高。秋收的稻子到了初冬还没收割完，从而影响了小麦的播种。

1983年，农场率先迎来了改革的春风，把土地化整为零，实行土地承包到户，农场的农民也有了新的身份：场职工。农场的土地按人口分配，有的家庭可分几亩，有的家庭可分十几亩，农场依然统一规划布局播种农作物。拥有属于自己可以支配土地的农民，一改吃大锅饭的依赖心理，丢掉懒惰，干劲十足，大家都在田野里大显身手，粮食产量直线上升。除去交公粮，每家都有很多余粮，而且能够自由买卖，农民向着富裕的道路迈开了步伐。

那时生产小队的牲畜全部分给个人或变卖，生产大队的农机依然为集体服务，统一耕田，但是已满足不了人们抢收抢种的紧迫心情了。另外，大型农机在小块田地里不好运作，灵便的小型农机便大批地出现了。有的农户独立购买农机，有的是两三家联合购买农机。可以用来耕地和运输的手扶拖拉机和小四轮拖拉机很受大家的青睐。当时运输工具平板车几乎普及家家户户，只是一些老式的农具已被淘汰，田野因出现了大量便于操作的小型农机而显得热闹非凡、生机勃勃。又因种植结构的调整，不仅粮食产量节节攀升，而且又统一规划种植了麦种、水稻繁殖制种，田野发生了前所未有的变化。

大型的农机在湖田开发中派上了用场。那时湖西农场境内大运河的东岸、微山湖的西畔是一望无边的芦苇荡和荒草滩，农场在那儿组建了农机大队，大型的农机在那儿开垦、翻耕、播种，开发了上千亩肥沃良田。紧接着开挖河道，建桥修路，把土地承包出去，建起了新村，曾经的荒凉，在大型农机的驰骋和承包田地者的劳动中变得欣欣向荣、丰富多彩。

1983年之前，农场七个大队、五十三个生产小队，共有手扶拖拉机七十多台，有8P、12P、18P的，也有少量的小四轮拖拉机20P和22P的。1983年之后，农机陆续进入了千家万户，为了更好、更快地耕种、收割、运输、脱粒，购买农机是每个家庭必要的选择。1984年，购买手扶拖拉机一百二十多台。1986年，购买手扶拖拉机四百多台。至1995年，平均每年购买手扶拖拉机三十多台。到了1997年，全场拥有手扶拖拉机及小四轮拖拉机六百五十多台，动力一千五百多马力，场间联合脱粒机七百多台。还有后来出现的手扶拖拉机组装的割晒机，虽然只能收割不能脱粒，但也大大减轻了人工用镰刀收割的沉重劳动。

分田到户后，粮食作物基本都是以小麦、水稻或水稻制种繁殖为主，大豆、玉米、棉花等作物已退后。大型机械统一翻耕后，再由农户自主整田、插种、收割。那时，我和我叔家除了田间管理、收割、粮食储存等农活不需要合作，庄稼运输、脱粒等多是联合起来的。我家男劳力少，但插秧时却大显身手，还帮助我叔家插秧。我叔家有手扶拖拉机，帮我们整地、运庄稼等。水稻和小麦脱粒都是联合起来，按先后次序互相帮助进行脱粒。过去生产队的老式木制滚筒式脱粒机已经跟不上步伐了，几家便联合起来共同购买手扶拖拉机带动的脱粒机，也称“轰拉轰”，既能打稻又能打麦。比如到了麦季，白天收割，夜晚脱粒，脱粒时大人孩子齐上阵，有的在机器后搬麦捆，有的在一边把麦腰子用镰刀砍开往机器里喂，有的在机器前挑麦瓤，有的用木锨堆麦粒，还有的在远一点的地方垛麦瓤垛。用机器打麦多是技术和体力活，紧张还得有序。如果技术不好，麦子喂多了就会把机器噎死，得一点点把拧在机器里的麦子一把把地掏出来。如果搬运麦捆的跟不上，机器就会空转，浪费柴油和时间，总之是容不得人们半点马虎和懈怠的。时间紧任务重，一场麦子打下来，人们已精疲力竭，四肢疼痛，头晕眼花。

把麦子收回家就开始插秧了。每家每户大人孩子都涌向田野各显其能。插秧的农活不仅繁重，而且战线拉得也长，有的便找来亲戚朋友帮忙。插秧不仅考验人的技术，还考验人的体力和毅力。上面毒辣的太阳炙烤，下面的麦茬尖利，人们弓着腰，一棵棵地插，一步步地向后退，汗水顾不得擦一擦，腰疼顾不得直一直，有病有恙也顾不得休息。如果遇到下雨，身披一块塑料布，也得在田间继续插秧。头上淋着雨水，双脚蹚着泥水，浑身都是冰冷的凉水。但这些都是给自己家干的活，不像过去给生产队干活抓工分，可以磨洋工，可以找理由躲避。人们拥有了自己的田地后，浑身有使不完的干劲，你追我赶，早出晚归，光秃秃的田野很快就变成了绿色的海洋。

后来农场又出现了小型播种机和播化肥的机器，人们不用再拉耩子播种或施肥了，体力劳动得到了一些解脱。只是插秧时依然没有机器可以代替人力劳动，就是有，机器也不够科学，不能够正常发挥。

1998 年至 2009 年是农场农业机械迅速发展的阶段。1997 年，农场收获机械有手扶拖拉机组装的割晒机、播种机、耙地机、播化肥机等，也出现了清江 50 组装背负式收割机和浙江三联纵向轴流履带式谷物联合收割机。当时，大型收割机的出现，引起人们的关注和兴趣，观看和等待收割机来自家农田收割成了人们的欢喜与期盼。人们不用再拿镰刀收割了，而是开着机动三轮车，带上口袋，在田间地头等着接干净的金褐色的麦粒，把收割费用按地亩数交给机主。只是当时收割机械太少，不能满足人们的需要，争相排号收割很是紧张，甚至出现为争抢收割机而发生争吵的现象。人们渴望田野里出现更多的收割机来解脱人力收割的繁重劳动。

1998 年，农场开始大批引进全喂入轮式大型联合收割机——新疆二号、福田谷神、东风常柴等，多以收割小麦为主。农场的麦田里，收割机在金色的麦浪间穿梭，人们在田间地头或树荫下悠闲地等待收割机收割自家的小麦。那时也出现了很多运输粮食的农机三轮车，平板车大多退居二线。农忙的紧张一下被轰隆隆的机械代替了，农民得到了解放。收割完麦子紧接着泡田，大型 50 拖拉机开始日夜不停地在水田里翻耕，随后，手扶拖拉机在水田里现身，把水田整治平整，栽插水稻便拉开了帷幕。

2000 年后，农场出现了大批年轻的农机新手，他们自己或联合购买新型的先进的大中型全喂式收割机——雷沃、沃德、洋马等，以收割小麦和水稻为主。本农场的庄稼收割完毕，便到其他乡镇进行跨区作业。

2005 年，党中央开始实施强农惠农政策，购买农机进行补贴，激发了农场职工购买农业机械的积极性。每年购买大、中、小型收割机三十多台。到了 2009 年，全场已有联合收割机二百多台，动力达到了八千五百多马力。2012 年，家家户户几乎都有手扶拖拉机、运输三轮车，如小时风、小五征等，小巧玲珑，操作简单，运输方便。收割、耕种、运输等完全被机器代替。

随着农业机械的发展，农场逐年更新机型，不断增加机械动力。淘汰掉六七十年代的老式拖拉机，处理掉80年代的手扶拖拉机，更换了90年代的新疆二号。大队农机站也在1998年左右废除。大片的麦场也因机械化的发展而消失，被栽上树木或种上庄稼、建上房屋。过去的老农机师也退休回家，年轻的农机新手大批涌现。

农场农业机械的发展造就了一大批操作技术过硬的农机队伍，农机人员由建场初期的几个人发展到现今的近千人。建场以来，为提高机务人员的业务水平，采取请进来派出去、边工作边学习的方法进行技术培训，并且派送一些年轻的有作为的农机热爱者到省市农机校进行专业学习和培训。1980年到1990年开展各种培训班二十多期，近二百人取得优异的成绩，成为优秀的农机技师和耕种能手，为农场现今的农业机械发展奠定了坚实的基础。

2010年至今，随着农业生产的迅速发展，种植效益明显提高，优质、高效、省工、节本成了耕种的主要需求，同时也加快了农业机械化的改造、改革的步伐。首先推广应用适应农业技术的浅旋、少免耕播种机及配套的新农机，改进过去小麦播种、底肥、摸垄三道工序，成为播种、底肥、少免耕一遍成功的种植方式，缩短了种植时间，减少了种植成本，增加了粮食产量。2014年以来，农场收割机已超过七百台。四十吨轻卡、五十吨解放为主的跨区作业运输机械六百多台。在田间地头随机运粮的小时风、小五征等三轮车已六百多台。新式的东风、50、东方红等大型轮式四驱动大马力耕作机械成为田间耕、播的主角。为了环保，戒烧秸秆，液压免耕机、秸秆粉碎机等新型农具也普遍应用了。农场也出现了许多农机村和农机之家，这是农机平稳而迅速发展的结果。人们的劳动因机械化的代替变得轻松愉快，生活水平也不断提高，人们还可以进行第三产业的开发，如养殖、建筑、外出打工。

近年来，农场引进优质水稻，进行大面积的种植，水稻机播真正走上了历史的舞台，彻底改变了农民面朝黄土背朝天的劳苦和疲惫。2010年，农场引进久保田插秧机十八台。2011年，引进洋马、井关插秧机二十三台。2015年，又购买久保田插秧机二十多台。到了2017年，农场共有插秧机一百三十多台。待到本农场的水稻栽插完毕，也像收割机一样跨区作业，不仅提高了本农场的栽插效率，也带动了周边的农业生产。

改革开放四十年来，农场不仅完全实现了农业机械化，而且一批敢想敢干、有智慧、有远见的青年农机手活跃在广阔的沃土之上。他们不怕苦不怕累，熟练地开着农机驰骋在原野中，让农机开拓着致富之路，让农机谱写着青春之歌。他们不仅在家乡描绘着田野的美丽，而且开着农机纵横千里，去湖南、四川，去东北、新疆，去祖国各地进行跨区作业，一路倾洒着欢歌和汗水，奉献着对庄稼、对土地的热爱。

改革开放至今，在农场四十五平方公里的土地上，在耕地面积五万多亩的沃土上，农业机械化的实现彻底改变了农民的命运。农民甩掉了贫穷和落后的帽子，挣脱了苦难和劳累的枷锁，以现代农民的勤劳和智慧开动着各种农机，掀开了农业发展史崭新而繁荣的一页。

改革开放吹绽幸福花

杨 美

夜幕快要降临了，我倚着窗台，眺望着朦朦胧胧的远方，窗外不时传来阵阵风吹麦浪的声音，像一首首动听的交响乐奏唱着丰收的赞歌，我的思绪仿佛又回到了20世纪七八十年代……

70年代到80年代初的麦收季节，那时候没有现代化机器，麦子全靠人力来收割、打捆、装车。人们像牛一样，拉着笨重的装满了麦子的平板车，费力地把麦捆儿一点一点地运到打麦场上，一个个麦垛在平地上高高堆起，像一座座小山，静默着等待脱粒。

没有机器的年代又是怎样给麦子脱粒的呢？

人们先把麦捆儿散开，厚厚地摊在麦场上，然后用石磙在上面一圈一圈地轧着茬，干透了的麦粒儿争先恐后地从麦穗上咕咕噜噜地顺势滚落下来。厚厚的麦秆儿，重重的石磙，没有力气的人是拉不动的。条件好的人家把穿着石磙的木架子套在牲口的身上，使唤着牲口来拉动石磨，主人挥动着牛鞭在后面赶着，在毒辣辣的太阳底下一圈一圈轧着，比起用人力拉着石磨轧麦子要快得多。没有力气又没有牲口的人家，往往就得两三个家庭合伙，大家团结起来互帮互助，一家一家地脱粒，也不在乎谁家先轧谁家后轧了，直到大家都轧完为止。

麦子脱粒以后，把轧扁了的麦秆儿用杈子挑起来，垛起一个大大的麦草垛子，留着做饭烧火用，因此也叫“柴火垛”。

麦子脱粒完毕，一大堆一大堆的粮食初见规模，这时候大家七嘴八舌地议论着，估计着今年的收成，亩产是六百斤还是八百斤？至于答案，那得等到风起时扬场后才能确定。经过扬场后才能把麦子里的杂物清理干净，然后把一袋袋干净的粮食上秤，称出一个确切的数字来，人们伸着头，挤着脑袋，围在一起盯着磅秤上面的数字，此时，丰收的喜悦、灿烂的笑容绽放在一张张淳朴、善良、黝黑的脸上。

麦收季节最怕的就是下雨了，趁着天气晴好抓紧时间抢收、抢种，辛苦劳作的人们白天一心扑在农活上感觉不到累，可一旦到了晚上放松下来时，才发觉浑身都跟散了架似的疲惫不堪，有的回来后就瘫坐在地上，有的随便洗洗不吃饭就睡了，有的吃着吃着晚饭就睡着了，有的吃饭时拿出酒瓶喝两盅解解乏……

第二天黎明，整个村庄早早地苏醒过来，通往麦地的路上，精神抖擞的人们拉着平板车，打着招呼，兴奋地奔向给予他们丰厚回报的土地。

在我的记忆中，70 年代时我们当地是没有种植过水稻的，土地也没有分田到户，人们过着节衣缩食的日子。当改革的号角吹遍了祖国大地，实行了农村联产承包责任制，老百姓干劲更大了，我家也分到了属于自己的责任田，领到了杂交水稻种子，开始种植水稻。

春种时节，布谷鸟叫了，人们撒下水稻的种子，统一培育稻苗。麦收结束以后，经过培育的稻苗也已经长得有近一尺长，青翠欲滴。先用手扶拖拉机把麦地犁一遍再耙两遍，然后再平整土地、挖沟、引水到田里。人们把培育好的稻苗一棵一棵薅下来，扎成一小捆一小捆，用平板车或者肩扛的方式运到上好水的田地里后，就开始插秧苗了。插秧是很辛苦的农活，挑战人的体力和耐心，人弯着腰、蹚着水，手里还得不停地把一棵棵秧苗按照相同的距离和深度插进泥土里，累得腰酸背痛。还得要时刻提防着一种专吸人血的叫作蚂蟥（水蛭）的水虫子。蚂蟥是我小时候最怕的东西，它一旦叮在腿上，很难拽下来，非得把腿拍得通红，才能把它拍下来，腿上伤口的血又会招来它的同伙继续叮咬。如此反复，插秧这活真不好干，又累又怕，苦不堪言。

时间如白驹过隙，夏天一转眼就过去了，水稻也从小小的稻苗走向成熟的季节，开花、结穗，像极了待嫁的新娘。人们挥洒着汗水，雪亮的镰刀上下翻飞，收割着沉甸甸的水稻，然后扎成小捆，从田里扛到路边装满平板车，用尽全力拉着、拖拽着，把一捆捆水稻运到轧麦子的场里整整齐齐地码好。

那时候，农民连一台简单的打稻机都没有，只能双手抱着一小捆水稻，将稻穗使劲地砸向石磙或者大石头。经过撞击的水稻颗粒纷纷掉落，咋看都欢喜；但摔得久了，便只剩下了疲惫和劳累。

我童年的记忆中最难忘的就是摔稻子，有劳动力的人家干活儿也快，晚上都早早地回去歇着了。那时候，父亲在医院上班，家里没有劳动力，母亲便带着我们姊妹仨，将白天收割下来的稻子夜里加班摔出来，天亮再去收割，直到把所有粮食都颗粒归仓。漆黑的夜里，偌大的场上只有母亲和我们，那时，我大概十一岁左右，姐姐、妹妹和我年龄相仿。女孩子本来没有多少力气，白天跟着下田干活，夜里也不能睡觉，还得跟着母亲摔稻子。夜深了，我们姊妹三个又累又困，都打起盹儿，母亲便一遍遍地喊着我们的乳名，提醒我们不要犯困，但往往是喊醒了这个，那个又打起盹来了。在母亲一声声的呼唤、鼓励和催促下，我们姊妹三个坚持了一夜；天亮了，还要继续下地干活。

每当想起当年曾经在太阳底下挥洒汗水、整夜摔稻子的情景，心中便生出无限感慨，我便会加倍珍惜今天的美好幸福生活。

改革开放的春风吹开了人们的幸福花。人们彻底告别了日出而作、日落而息的辛苦劳作，取而代之的是机械化的操作，联合收割机已经使用多年。如今，更高级的收割机可以一边收着粮食，一边把麦子秆儿打成四方形的捆，麦秆儿还能废物利用，麦茬被直接打碎翻进泥土里充当肥料。有了这样那样的机器，以前忙忙碌碌很多天累死累活才能完成的农活，现在半天时间就能完成颗粒归仓啦，既节省了时间又免去了辛劳。插秧也用上了机器，再也不用农民面朝黄土背朝天地去干活了。现在的新式农民管理几十亩、几百亩甚至上千亩地都能轻轻松松地搞定，不但干活轻松了，收成也比以前好多了。

远处联合收割机的轰鸣声打断了我的思绪，月光如水，从窗台照了进来，照在了我满是微笑和幸福的脸上……

兴 业 篇

金猴奋起入画来

徐培晨

自20世纪80年代第一春始画猴，至今已逾三十载。三十载的艺术生涯中，从我对猴产生好感到操笔画出第一只猿猴，再到完成第一张猿猴画，至今已无从计算在我的画笔下诞生多少只猿猴、多少幅猿猴画了。

也许是心仪猿猴的缘故，不经意间我便留成了如今的长发大髯，在外表上和猿猴有诸多相似之处，故周围朋友直呼我为“毛猴子”，我亦被尊称为“猿公”。

儿时的我生活在江苏沛县的一个小村庄，那时的农村条件比较艰苦，娱乐节目很少，耍猴便是当时农村较为流行的一项娱乐节目。每听到外面镗锣一响，村上男女老少便围拢过来，看着猴子被耍猴人牵在手上表演节目。节目多为古装戏，为了增加娱乐性，猴子在耍猴人的强行要求下不断更衣，并做出不同的姿势和高难度的动作，真可谓“才子佳人挥不去，帝王将相一手牵”。当然，猴子是极其不情愿去扮演这些角色的，不过耍猴人挥舞着皮鞭不停地在猴子屁股后面炸响，使得它们本来跑得就快的脚步变得更快，慢吞吞的动作变得异常灵敏。

当然，我内心是最不愿看到自己喜爱的动物被这样非人性化地训练的。在众多的村童中间，我对猴子的兴趣最大，观察也最为仔细，它们的一举一动和丰富的表情都深深地刻在我的脑海中。猴子给我的印象着实是太机灵、太神气、太通人性了！难怪吴承恩在《西游记》中塑造了孙悟空这个光彩照人的形象——能上天，一个筋斗十万八千里；能下海，龙宫借宝，万斤定海神针变如意金箍棒。

20世纪，孙悟空的形象被搬上荧幕，影响了几代中国人和外国人，尤其是儿童。记得当时只要《西游记》的主题曲一响，孩子们便会放下手中所有的事情，围坐在电视机旁，全神贯注地观看，发出一阵阵会心的笑声。喜好集邮的人都知道，那版1980年的猴票，由原来面值上的八分钱，早就涨到了万元以上，猴子的魅力太大，真是了不得！

东胜神州花果山离我的家乡不远，那里的山水、草木皆因生长在孙悟空的老家而充满了传奇色彩。登临此地，会有很多“孙悟空的子孙”盛情欢迎。在那里，人与自然和谐相处，人与猴和谐相处。那里的山长青，水长流，猴长栖，花果飘香，身临此境，可谓赏心悦目。

1981年的春天，我参加了中国教育部在西南师范大学美术学院举办的全国高校青年教师中国画研修班。著名画家李际科带着我们学院的学生赴四川峨眉山写生。我们由报国寺上行至洗象池，正准备登金顶的时候，忽然在我的面前出现了很多猴子。它们很可爱，与人友善，围着我们要吃的、要喝的。我们便把随身携带的花生米、葵花子、水果等拿给这些调皮的猴子享用。它们还趁机爬到我的头上、肩上、手臂上、腰上、腿上，俨然把我当成了树，爬了我满满一身，与我嬉戏。

猴子不怕我，我也对猴子产生了浓浓的爱意。与猴子们的缘分，让我选择了把“猴”作为自己绘画的主攻题材。刚开始的时候，我用的是工笔表现形式。先用细笔单勾出猴子的五官、手脚、臂疣，再视猴身的起伏高下，勾出毛丛，然后渲染多遍完成。中国的工笔画有个好处，画得细，可以深入细致地表现对象。这种表现形式主要运用在我20世纪80年代的作品中，进入90年代后，我的猴画主要以写意的形式表现。写意形式最大的特点是概括，以少少许胜多多许。一笔两笔写出头颅、手臂、胳膊，身体除了五官之外，皆可简约写出，唯五官，尤其是眼睛，须仔细深入刻画。眼睛是心灵的窗户，通过眼睛、神情的表达，可以传递出被表现者的情绪、神采。因此我在表现猴子的灵性时，除了对肢体的抽象表达，更重要的是对五官中眼睛的刻画，虽寥寥几笔，却能生动地表现出猴子机灵、聪颖的天性。

为了画猴，我把中国美术史中所有画过此题材的画家及他们的画法做了详尽的分析、总结和定位，以确定自己在这个题材中所要拓展的领域。宋代易元吉为猿猴画开山鼻祖。限于那个时代表现手法相对单一以及森林中见到的仅有猿、猕猴之类的原因，故其在表现种类和手法上受到很大的局限。而今，随着人类对森林资源的考察，发现的猿猴种类已达两百多种，仅中国就有十八种之多。原始猴类如懒猴，叶猴类如金丝猴、白头叶猴、黑头叶猴、灰叶猴、平顶猴、熊猴、红面猴，长臂猿如黑长臂猿、反掌长臂猿、白眉长臂猿等，它们分布在各名山大川之中。

黄山中著名的孕猴谷聚集着原生的短尾猕猴，为黄山增添了无尽的趣味和无限的生机。我喜欢冬天去黄山，也喜欢画雪中的猴子。冬季到来之时，在食物短缺的情况下，只要当地人一喊，成群的猴子就会从山谷、丛林中蜂拥而出，前来会餐。喂的食物通常为玉米，猴子们你争我抢，各种姿态尽显。

而我这个时候所要做的就是仔细观察，用笔墨去表现它们，在作品中再加上它们赖以生存的山石林泉为背景，一幅幽美的画卷便展现在面前。

河南济源生活着数千只猕猴，我也曾到那里体验荒山野岭、群猴聚栖的野逸生活，深入了解它们的习性，以便在画卷中更细致、深入地刻画它们。真是“不入花果山深处，怎知猿猴如许”。

海南的灵水猴岛也生活着很多猴子。那里山泉很多，猴子可以尽情地嬉戏。它们爬到临泉的树上，往下跳入水中，溅起朵朵浪花。小猴在水里游泳，将身体沉入水中，透过清澈的水可以看到它们如鱼一样在水中行进，姿态万千，非常入画，这些在我的画笔下都有深入、细致的表现。

有一年年初，我与几位画友去西双版纳写生，途经野象谷的时候，看到一对白眉长臂猿悬在离我们只有两米多的树枝上，做各种姿态表情的“表演”。公猴为黑色，母猴为黄色，在浓密的热带雨林中用手臂攀缘，摇曳着树枝，发出“沙沙”的响声。我盯着它们，它们也回视着我，相互做出友好的回应。我们就这样相互凝视了一会儿。看我对它们非常友好，它们便对同伴发出呼唤的叫声。瞬间，森林的上空窸窸窣窣，树枝晃动，像旋风一样，数十只长臂猿骤然而至，每只都发出叫声，组成森林的合唱团，欢迎着我们这些远道而来的客人。其声悠扬激越，弥漫在森林的上空，泠泠不绝。

自20世纪80年代至今，我除了在大学授课，致力于学生的培养以外，其他精力主要集中在猿猴画的创作和研究上，前后出了三十多本专著，办了数十次画展。多年来，我对这一专题用心用力，记录下点点滴滴，积累了一张张作品，日积月累，渐次增多，先后出版了《徐培晨画集》《徐培晨国画猿猴大观》《徐培晨国画猿猴集》《徐培晨画猴百图》《画猴技法述要》《名家画范——徐培晨教你画猿猴》《近现代名家画集——徐培晨卷》等三十余部画册。

“一路走来，用志不纷，乃凝于神”，画猴是我最大的乐趣，我与猿猴之间有着说不尽、道不完的情缘。我能有今天的成就，离不开生我养我的家乡沛县，更离不开我的启蒙老师燕宇，他带我在艺术的道路上刻苦钻研，遨游徜徉，让我能有机会站在国际重要平台上展示当代中国文化的风采，让世界了解中国。

墨彩技艺慰平生

周临溪

平生习画，常感师恩。至今我仍未忘记中小学那些美术教师的名讳李镜秋、郝允哲、李生元、王雪汀、卢玲。其中李生元老师辅导的造型基础课，使我受益匪浅。

我青年时期命运多舛。1963 年应征参军未成。“文革”前任耕读小学教师，其间补课、习画备考美院。1966 年临近考期，又赶上“文革”。

务农时期，在学长王存立家的读书班，得以与乡友王存孝、王敬芬、周临晶及郭志礼诸位畅怀谈心，读书言志，共度时艰。他们先后就业，都鼓励我坚持画画。时任村主任的彭友虎对我护揽不少。

塞翁失马，我虽一度失学失业，但我的画艺却得到磨炼。曾配合画友郭心坦给乡里画画。继而由李生元、赵传龙和景大文诸位老师推荐我到沛城、丰县搞美工画壁画，开始结识周节文、张孝凯和邵明先、杜开泰等良师益友。其中节文先生业务较全面，使我在实用美术方面受益良多。在共同的艺术活动中，我们以强化艺术方面的特长作为优势，找到了自己的存在价值。

县文化馆馆长刘志华、吴干亭、徐荣敏及美术老师李生元、程大利、邱祥坤等，都为抽调我进城跟乡里干部争吵过，后来傅连理馆长诚挚地对我说：“文化馆的大门始终为你敞开着。”至今每忆助我者，无不常怀感恩、歉疚之情。

平素“不把双眉斗画长”，低调做人，无意苦争春，也常遭遇“妆成每被秋娘妒”之忌恨。如版画《丰收场上》（与徐培晨合作）于 1973 年参加省美展后由江苏美术出版社出版，后因种种原因未予发行，而被尘封出版社库房多年。

苍天不负，终因某些条件符合“在省以上刊物发表作品和专项成果突出的社会闲散科技人员”标准，我被省人事局考核录用为国家干部。因经年埋头社会工作，确实把绘画作为业余活动了。虽画艺平平，作品不多，但我坚信所选择的艺术价值观是正确的。

而立之年恰逢改革开放盛世。回顾四十年来，作为改革开放的见证人、受益者，满怀感恩之情，我陆续创作发表了多幅赞美改革开放成果的艺术作品。如版画《春风花雨》（1978），参加了江苏省第一届科普美展。画面近景桃花数丛，春意盎然，寓在柳暗花明之意，中景刻画的是我县生产的现代自行喷灌机实施作业的景象。版画《晓市》（1981年省展，国家省际美展）描绘的是我县新建的当时苏北最大的农贸市场的繁荣景象。以及表现家乡新貌的版画《微山湖渔箔阵》（1983），赞美城市建设成就的水印木刻作品《福地洞天》（1985），等等。当时由于全身心投入日常工作，曾断续搁置美术创作。

退休之后，以画笔讴歌盛世的热情犹在，乘兴改革画风，用我独创的年画技艺绘制人物肖像。而肖像学乃重要绘画专业门类之一。写实人像作品作为最普及的艺术形式美，最能直观地反映人物的气质和精神面貌。新时期的政、商及各界精英人物都是我作画的素材。

我无门户之见，作品题材广泛。更多的是在潜移默化的意境深处，希望与读者分享多元信仰生活中儒家的精进、道家的无为、佛家的解脱和基督的悲天悯人等精神食粮。

在技艺表现形式实践中，我创意地采用传统国画材质，以重彩积染的年画技法，发挥工笔写真的造型实力，加之以色光表现立体感为主、古法笔墨描绘为辅的特技绘制手段，在造型准确、形象肖似的基础上，注重刻画人物的内在气质和优美容貌，以趋达到栩栩如生的效果，更能体现自身的绘画意识、技艺功底和审美素养。

“书画于人，不过是过眼烟云。”吾辈亦如斯。然而艺术是人类的天性，墨彩技艺绘画兴趣几乎承载、慰藉了我整个跌宕坎坷的人生，也始终未因世事的沧桑而放弃。还是用歌德的那首诗作为座右铭：辽阔的世界，宏伟的人生，长年累月，忠诚勤奋，终于守旧，而又乐于迎新……这样又会前进一程！

心存感恩，灵有所悟。手有所作，仍以画笔赞美新时期的改革开放成就；口有所言，祝愿改革开放之树丰茂常青。

回眸展览四十年

张　让

四十年前，信息渠道相对闭塞，不像电子时代的今天“一机在手天下闻”，过去是有文化的读书看报，不识字的听广播，要不然就道听途说、人云亦云。除了报纸广播外，人们获取信息的渠道还有地方兴办的宣传橱窗和展览。

电影迷都记得四十年前的顺口溜：朝鲜电影又哭又笑，越南电影飞机大炮，中国电影新闻简报。说的是当年放电影之前，总要加映黑白片的“新闻简报”，简报由中央新闻电影制片厂拍摄，拍摄完成后进行后期处理，处理好送审，定样后制成拷贝，然后发行全国。黑白电影时代用的是胶片摄影机，胶片摄影是机械革命的产物，成像工序缓慢，大城市观众要等一两个月后才能看到，中小城市要等三四个月，边远地区起码要半年以上。落后的制作技术加上缓慢的发行周期，使新闻成为旧闻，观众看到的都是“反季节”的内容：银幕上大雪纷飞，观众热得汗流浃背；镜头画面稻浪滚滚，农村观众正忙着整田落谷，让人哭笑不得。反而地方兴办的宣传橱窗成为群众喜闻乐见的内容。

地方宣传文化的主阵地——橱窗

改革开放初期，沛县有好多宣传橱窗阵地，较大规模的有县政府橱窗、文化馆橱窗、总工会橱窗、卫生局橱窗和老招待所橱窗等。每一橱窗群都有二十块之多，内容结合单位部门职能，紧紧围绕党委政府中心工作，配合时政做宣传，内容有上级统一编发的新闻图片、地方工农业生产报道、科普小常识、好人好事等，身边的人、身边的事，图文并茂，内容真实可信，吸引着过往的群众、赶集的农民驻足观看。橱窗由单位的宣传干部负责，他们能写会画，摄影、插图、撰文、组稿样样精通，如宣传部的赵传龙、文化馆的吴干亭、卫生局的魏庚先、交通局的邵明先、总工会的张敬民等。

四十年前提倡节约用电，没有“亮化、美化”的概念，夜幕降临前，县百货公司、五金公司、供销合作社等几家大商店早早打烊，只有几家烟酒店和旅馆亮着白炽灯，除了主要街道有路灯之外，整个县城几乎是一片漆黑。而每到夜晚，安装着电灯照明的宣传橱窗灯火通明，成为沛县县城的一道风景，深深地印在人们的记忆之中。

开办新闻橱窗不难，难就难在日常管理上。改革开放初期，“五讲四美”刚刚提倡，社会文明程度、人们的公共意识相对薄弱，因而时有顽皮少年、酗酒醉汉乃至精神病患者损坏橱窗玻璃，让主办单位大伤脑筋。后来，黑白电视、彩色电视走进寻常百姓家，尤其是央视黄金时段的《新闻联播》，成为人们获取官方信息的主渠道。接着纸质媒体渐渐降温，街头橱窗、书摊报亭也冷落下来。伴随着市场经济的深化，人们都知道沿街地段寸土寸金，黄金地段的宣传橱窗都辟为商业用房了。

四十年前以农业展览为主

再说展览。展览分临时展览、长期展览、固定展览和巡回展览多种形式。改革开放后，国家经济发展战略分三步走，首先解决人们的温饱问题，解决温饱问题必须抓好农业，农业是改革开放的突破口。因此，连续十多年中央一号文件都是针对“三农”问题下发的。作为县级党委政府，“三农”工作更是重中之重，每年岁尾年初，县里都要召开三级干部大会，总结部署下一步“三农”工作。为了学习贯彻“三干会”精神，县里往往要筹办一个大型农业展览，配合落实农业发展计划。展览由县委宣传部主办，地点多在文化馆。办展览的步骤大致为“抽调人员，搭建班子，写出布展大纲，绘出布展草图，拿出经费预算，汇总上报领导；车马炮齐后任务分工，责任到人，倒排工期，分步实施，初审整改，复审微调，美工退出，讲解员到位”，展览任务基本上大功告成了。

为了提高展览水平，有时还要组织布展人员外出参观，远处到山西大寨、河南红旗渠，近处到南京江苏省农业展览馆，让布展人员大开眼界，拓宽思路，只有眼高才能手高。四十年前办展览不像现在，打字机、复印机、绘图机一应俱全，打胶喷漆流水作业，百十平方米的版面，一个木工拿着钉枪“啪啪啪”一天齐活。昔日办展览不然，从木工开锯搭龙骨到黑白照放大、美工绘图，基本上全靠手工，仅有的电器工具就是刺耳的电锯和自制的电热塑料割字机。展览隔板用半透明的塑料布张底，一切都显得那么简朴和原生态。展览由图片展览和实物展览两大块构成，观众最爱看的是实物展览和沙盘模型。为了使展览内容真实可信，增加说服力，还要从农村征集一些大棉桃、大稻谷、大红薯、大萝卜等农产品实物，制成一个丰收塔，印证着农业丰收和科学种田的成绩。农业展还需要一个大沙盘，现在制作沙盘很容易，只要你把沙盘内容要求提交给制作公司就行了，过去不然，从购料到制作，一草一木星星点点必须自己动手。沙盘的作用主要是表现一段时期内地方政府在水利、交通、住建等方面取得的成绩，缩微鸟瞰，生动形象。打开开关后，只见沙盘上河流波动，河中行船，公路通畅，路上跑车，街道路灯闪烁发光，尤其是中小学生，到了沙盘前就流连忘返。

县博物馆的历史类展览

1983年至1984年，沛县重修了歌风台，新建了鸿鹄轩，刻塑起甲子碑和汉白玉的刘邦像，成为沛县历史文化的看点和标志。1985年博物馆成立，利用有限场地筹办了一个小型“刘邦胜迹展”，展厅不大，内容充实，展板上有程大利、王智、周节文、孔祥照等诸位画家创作的《大风歌》《刘邦斩蛇图》《鸿鹄歌》等，十分耐看。展橱实物是栖山汉墓出土的陶器、铁器等，这是沛县汉文化展的滥觞。

1996年初，伴随着汉城景区建设的竣工，沛县准备举办首届刘邦文化节，县领导要求在歌风台一楼布展一个常设性的“刘邦胜迹展”。为了把展览办得丰富翔实，县委宣传部特派摄影家赵传龙、汉文化专家马培风、速记员徐培光等，沿着当年刘邦灭秦剪楚的路线节点做了重点采风和实地考察，获得了大量的第一手办展资料。展览分为“名人评说刘邦”“沛庭起义”“共诛暴秦”“楚汉相争”“大汉基业”和“汉风流韵”六大部分，加上汉陶、青铜、兵马俑等200多件橱柜文物，展示了汉高祖刘邦开创大汉王朝四百年基业的英雄人生。2006年，“刘邦胜迹展”进一步提档升级。直到2018年6月博物馆搬迁，歌风台闭馆，该展览才画上了句号。这个展览前后延续了二十多年，为宣传两汉文化、向世人介绍一个真实的刘邦发挥了重要作用。在“刘邦胜迹展”的基础上，经田秉锷先生编撰整理，县委宣传部出版了《大汉寻源》一书，成为汉文化研究的重要文献。

2008年，沛县汉之源暨世界刘氏会馆落成，会馆设有以“刘氏谱牒文化”为主题的“刘氏源流展”，这个展览是歌风台“刘邦胜迹展”的延伸和补充，是对“大汉源小沛，汉后无二刘”这一主题理念的进一步深化。展览使歌风台与刘氏会馆南北呼应，相得益彰。展览由“高祖享堂”“汉皇刘邦”“刘氏源流”“汉风流韵”四个展厅组成，以“刘氏源流”为支柱，全面翔实、图文并茂地展示了刘氏起源、五大源流、刘氏王朝、古今刘氏名人、郡望堂号、楹联格言、历届世界刘氏大会等相关内容，加上一百多部刘氏宗谱、族谱和二十多块汉画像石，构成了蔚为壮观的刘氏宗族文化图阵。很多内容如“世界刘氏交公大系”“三祖训”“传家宝”等，是刘邦研究和汉文化研究的珍贵史料，故而来此参观考察的专家学者很多。

2015年，由文化馆、图书馆、博物馆和影剧院为主体的文化中心落成启用，随着博物馆新馆启用，原有的“刘邦胜迹展”势必提档升级，重新布展。通过法规程序，新馆布展由南京先达公司设计，南京百汇公司施工，徐州与沛县文史博物专家拟定布展大纲，大纲分为“青石隽史”“沛泽源远”“皇皇圣汉”“俊采星驰”“湖畔风云”五大部分，相对歌风台的“刘邦胜迹展”，既延伸了历史的长度，又拓宽了社会的广度，加深了博物馆社会文化的厚度。从表现形式来说，更是沛县展览史上一个“质”的飞跃。具体来说就是采取综合布展的形式，充分展示馆藏文物的文化价值和文物背后的历史内涵。所谓“综合布展”，主要采用了多媒体、艺术品展示和场景模拟等现代表现手法，让原本冰冷的文物有了“温度”，博物展览与时俱进地生动活脱起来。

比如展览介绍，展厅除了传统的版面说明之外，每个展厅都安装了触摸屏，触摸屏里注入了该展厅的主要内容和相关链接，参观者可根据自己的兴趣点击获取相关内容，触摸屏可最大限度地满足不同层次观众的求知需求。为了再现已经消失千年的湖陵古城，展览采用VR技术，让参观者穿越时间隧道，身临其境地“寻访”千年古城。沛县地处黄泛区，县城七次搬迁，用地图投影机可以形象地展现沛县城的沧桑变迁。沛县是武术之乡，通过视频机技术，观众可以了解到沛县传统武术的各大门派。对于馆藏重点文物，则用旋转360度全息展示，让观众全面深入地探知了解。多媒体技术的运用，除了让观众更加深入、更加形象地了解历史文物之外，同时让人感到社会的发展和科学的进步。

艺术品展示就是把油画、国画、漆画、金箔画、铜雕、石雕等艺术表现手法融入展览中来，运用艺术之美表现厚重的文化历史。走进博物馆，艺术品展示随处可见，最成功的就是迎门大型浮雕铜壁画。壁画的主题是“归故乡”，由南京艺术学院副院长张承志教授设计，国家“非遗”传承人、扬州金银细工大师方学斌监制，200多平方米的铜雕壁画堪称全国县级博物馆之最。壁画映衬着4米多高的刘邦铜像，充分展示一代帝王回归故里、邀宴父老、酒酣击筑歌大风的历史画面。无论新老观众，一走进博物馆就被这幅巨幅壁画所震撼，肃然起敬，驻足瞻仰，它给人的视觉冲击力和艺术感染力都是前所未有的。这也许就是“艺术品展示”表现手法的独特魅力吧。

由博物馆综合陈列展览的旗舰引领，文化中心还有“程大利捐赠图书展览”“沛县地方文献展”“《大风歌》书法艺术专题展”和“沛县非物质文化遗产展览”等，以上展览如同“四梁八柱”，支撑起文化中心的价值内涵。这里有必要对沛县“非遗”展做简要介绍。

进入21世纪，社会发展速度不断加快，尤其是新农村建设的推进，古老的村落在消失，人们原有的生活习俗、生产方式、传统礼仪、民间工艺、说唱艺术等日渐萎缩。因此，抢救这些非物质文化遗产引起联合国教科文组织的重视，这项工作提上文化工作者的议事日程。经过普查，沛县先后有“云彩灯舞”等四十八个项目被批准为县级以上“非遗”保护名录。其中，国家级三项，省级八项，市级五项，县级三十二项。在此基础上，沛县文化馆开办了“沛县非物质文化遗产展览”，展览由图片、实物、影像、情景再现四个部分组成。图片按照江苏省“非遗”保护十六类排序并加以文字说明，涵盖美术、音乐、舞蹈、戏曲、曲艺、民间文学、民间工艺等门类，其中“沛县武术”“唢呐”“泥模”“荷叶落子”等为展览重要看点，而传统婚礼的情景再现，则让观众产生无限遐想和回味。展示实物以征集为主，充分体现样品的原貌和真实性；影像以写实的手法，全方位地体现“民间记忆”的保护价值。

书画摄影展览风生水起

论起展览，我们最常见的艺术展是“美术书法摄影展”。1985 年，沛县书画家王智、周节文、孟昭俊和摄影家赵传龙四人联合举办艺术作品展，展览除了在沛县展出外，还应邀到淮安市、徐州市展出，这是沛县本土艺术家首次举办个人联展。1986 年，沛县青年画家李继龄赴宁美术进修一年，结业后回到家乡，在文化馆举办了“李继龄美术作品展览”；1987 年，沛县张庄镇农民画家阎继敏携全家人举办了“阎继敏家庭书画展”；1988 年，沛县老一代书画家张孝恺举办了个人书画作品展。2000 年，东风路图书馆竣工开馆，一段时间内，这里成为沛县展览活动中心。沛县书画摄影家们如吴遮、主承业、蔡敬全、刘杨、马丕秀、李新华、孟凡乐等，也先后举办了个人艺术作品展。这些展览从一定程度上推动了沛县书画队伍建设和艺术水平的提高。

2006 年第六届刘邦文化节期间，沛县举办了“沛籍名人成果展”“沛籍名人书画作品展”“沛人收藏名家书画作品展”和“民间收藏婚书展”，这是迄今为止刘邦文化节期间举办规模最大、种类最多的一次展览。

沛县是远近闻名的书画之乡，走出了一批闻名全国的书画家。自 1984 年沛县举办大风笔会起，冯亦吾、朱焰、蔡敬民、姜舟、姜敦文等先后来沛参加各类艺术研讨展示活动。2007 年 10 月 1 日，张立辰艺术馆开馆仪式暨艺术展在汉城公园举行，潘公凯、程大利、薛永年等四十多位书画名家参加了剪彩仪式，这是沛县历史上艺术水平最高的美术作品展。沛籍书画家先后举办个人书画展、摄影展、收藏展的还有张之、张正渭、赵绪成、魏敬先、踪岩夫、徐培晨、麻凡、刘运君、赵磊、王维友、李厚运等。值得一提的是温州大学美术教授、发绣艺术家魏敬先先生，他为家乡捐赠了四十幅水彩画、两幅发绣作品，沛县博物馆为他开设了专题展厅，面向社会展出，供游人观赏。

其他类展览如火如荼

最常见的临展大多是纪念性节庆主题展览，如“纪念改革开放三十周年图片展”“与祖国同行——庆祝新中国成立六十周年展”“纪念抗战胜利七十周年——韩光友专题收藏展”等。这类展览都是由县委宣传部主办、有关部门积极配合，展览剪彩开幕后，组织有关单位团体按序参观，在一定时期内形成轰动效应和社会关注的热点。

尊师重教、崇文尚武是沛县的文化传统，对于学校来说，继往开来的最好做法就是编好校志，办好校史展览。沛县最早筹办校史展览的是湖西中学，湖西中学是一所具有光荣传统的跨区域中学，前身是湖西抗日干部培训班，与山东省单县湖西中学结为连理。2003 年，沛县初级中学值建校八十周年之际，利用本校省级文物保护单位晓明楼，筹办了一个校史展览。这个校史展览的最大特点是教材实物丰富，从 1949 年前流动中学时期的几何课本到“文革”期间的革命教材，可以说是应有尽有，形成自己的展览特色。沛县职业中学、张寨中学、青墩寺小学等，也有规模不等的校史展览，这些展览已成为学生的爱国主义教育基地和乡土教育的第二课堂。

乘着歌声的翅膀

王宝红

自上海舞蹈学校毕业后，我就一直在基层文化战线工作，一干就是三十三年。回顾这三十多年的历程，其中有苦有乐，有悲有喜，但我一心扑在事业上，任劳任怨，精益求精，为沛县文化事业做出了积极的努力和应有的贡献，组织和人民也给了我施展才华的舞台和莫大的荣誉。作为中国舞蹈家协会会员、徐州市舞蹈家协会常务理事、沛县舞蹈家协会主席、沛县文化馆馆长，我多次担任中国沛县刘邦文化节开幕式大型文艺演出的执行导演和舞蹈编导，创编的作品多次在国家、省、市级比赛中获奖，先后被评为全国“群文之星”、江苏省“群文之星”。撰写的论文《武术与武戏》在省级《文化新世纪》刊物上发表，《小谈举办刘邦文化节的意义》和《汉代乐舞与沛县》在国家级《文化大视野》刊物上发表并获最高奖“优秀论文奖”。

筑梦文艺潜心学艺

兴趣是最好的老师。我出身于革命家庭，父亲是一位经历过解放战争的老革命，我自幼能歌善舞，上小学时就积极参加文体活动，学校里的各类文艺比赛都少不了我的身影。

进入沛中读书时，我师从程于萍老师学习舞蹈，在程老师的悉心指导下，进行系统的基本能力训练。由于勤学苦练肯用功，又被选入沛中校舞蹈队，作为苗子重点培养。后来，程老师调入县文化馆，我又被选拔到县舞蹈队，经常随县舞蹈队到学校、进工厂，在县人民会堂舞台及很多演出的现场给广大师生、干部群众、工人农民进行慰问演出。

1982年，徐州市举办文艺会演，我融入满腔热情，创造性地结合所学所悟，演绎了美轮美奂的独舞《苗》，获得徐州市表演二等奖。此次比赛，我获得了人生第一个奖杯，也因为这件事，我对自己以后的舞蹈之路更加自信和勇敢，相信自己可以走得更远。

1983年，我考上了江苏省戏校舞蹈专业。由于父亲身体不好，需要人照顾，我无奈地放弃了这次学习机会。可是，在我的心里，对舞蹈艺术依然是痴心不改。

1984年初春的一天，县文化馆分管业务的馆长张让告诉我，馆里需要培养一位专职舞蹈教师，想让我担此重任，我听到后特别激动。张让说，要培养本地乡土人才，有能力、能留得住的。如果能考上上海舞蹈学校，馆里可以提供学费，但是，学成要回沛县，要为沛县的文化事业做贡献。我一口答应。

这次谈话后，我就像上紧发条的钟摆，没日没夜地苦练基本功并学习文化知识。一分耕耘，一分收获。1985年，我如愿考取了上海舞蹈学校师资进修班，接受正规系统的专业训练。到校后，我更加坚定信念，不畏艰辛，不辞劳苦，拼命加大训练强度，比其他同学多付出不知多少的汗水，摸爬滚打，身上常青一块紫一块，但我从不叫苦叫累，执着地在学习中快乐地成长着。

我学的是芭蕾舞。芭蕾起源于意大利，兴盛于法国。老师在教课时，用的术语都是法文，这也增加了我学习芭蕾舞的难度。为了学习芭蕾不走样，我就刻苦学习法文，坚持用法文术语做笔记，我常常想，既然选择了舞蹈，就要学精、学透，为将来回到家乡教学打下坚实的基础。就这样坚持理论与实践相结合，不懂就问，不熟就练，从不迟到早退，从不与同学比吃比穿，只比成绩、比学业。经过一年的正规化训练，学成归来，1986年12月进入沛县文化馆工作，成为一名专职舞蹈教师。教授的第一批学生是沛城镇三中舞蹈队，有二十多名学生。我从初一带到初三毕业。其中有位叫赵丽娟的学生，考上了徐州师范学校，入校后被选入舞蹈队，毕业后回到沛县歌风小学，担任音乐舞蹈老师。多年来，我辅导的学生数不胜数。

为了登上更大的舞台，我坚持不断充电学习。1997年，我考入了北京舞蹈学院编导系进行深造，当时我是徐州地区唯一一名。学习期间，中央台《欢聚一堂》节目组曾经找到我编排节目，后来台里的领导很看重我的才华，有意留我在京发展，但为了家乡的文化事业，我谢绝了。

精耕细作唱响时代

幸福是奋斗出来的。在沛县文化馆工作的三十余年里，我几乎担任了县里所有重大文艺演出的舞蹈编导或总导演。最令我难忘的是1996年担任第一届刘邦文化节舞蹈编导的经历。

第一届刘邦文化节的文艺演出场面宏大，共有363名演员，除一名扮演刘邦的舞蹈演员外，其余全部是在校学生和驻军战士，担任舞蹈编导所承担的任务和压力可想而知。为了圆满完成这项工作，我一天要跑四个排练场，几个月下来，脸晒黑了，嗓子喊哑了，体力上的透支更是家常便饭。让我内疚的是，当时丈夫在外地进修学习，孩子只能寄放在姐姐家。有一次，姐姐单位有事回家晚了些，孩子竟趴在楼下的石桌上睡着了，接到姐姐的电话后，我心中一阵酸楚。

第一届刘邦文化节文艺演出圆满成功后，我又执导了沛县第一和第二届大型募捐慈善晚会、“感动沛县”十大新闻人物颁奖暨元旦晚会、“交通之歌”迎春晚会、“校园之春”春节晚会、庆国庆六十周年文艺演出及“拥抱春天”春节晚会，连任第一至十二届刘邦文化节开幕式地方节目编导。作为江苏省唯一一名来自县级基层的文艺工作者，我被选入第十届全运会开幕式担任编导，负责舞蹈节目的排练工作，得到组委会表彰，并获得了“先进个人”荣誉称号。

对群众文化事业的执着与热爱，让我收获了累累硕果，创编的作品频频在国家、省、市级比赛中获奖。《剪窗花》荣获江苏省第四届音乐舞蹈节优秀辅导奖，《咱们学校挂牌啦》荣获第六届中国艺术节少儿专场金奖，《喜庆》荣获江苏省第一届广场乐舞比赛第一名，少儿舞蹈《绿韵》在首届中国阳光健康艺术新人选拔赛（少儿组）比赛中荣获全国总决赛创作金奖，《精武雄风壮古沛》荣获江苏省第二届社区艺术节文艺剧目二等奖，《微山湖畔小武队》荣获江苏省第四届少儿艺术节创作银奖，音乐舞蹈剧《温暖》荣获全国魅力校园文艺会演二等奖并入选全国校园春节联欢晚会。

为此，省文化厅一位领导风趣地说我成了获奖专业户。

由于超负荷的工作和无规律的作息，2012年春节前夕，我终于累倒在了排练现场。在圈内，大家都知道我是“拼命三郎”。我常常忍着揪心的疼痛一遍又一遍指导排练，实在痛得厉害，就吃片止痛药继续工作。有一次，我疼痛发作，瘫倒在办公室，但一想到元旦晚会的排练工作正在紧张进行，硬是忍着剧痛咬牙坚持工作，直到听说元旦晚会因故取消后，我才同意按照医生要求做手术治疗。胆囊摘除拆线的第三天，我又出现在了江苏省“三下乡”演出彩排现场，接着又导演了一台春晚。手术后没能完全恢复，我身体更加虚弱，最终休克在排练场，被学员送进县医院抢救，后又被送到徐州抢救治疗近三个月，原本就不胖的身体因此消瘦了十多斤。

医生嘱咐我今后再也不能超负荷工作，然而当我出院回到单位时，正赶上花费近五年时间打造的作品，也是唯一代表江苏省参加全国“群星奖”决赛的作品《苏北风情》参加总决赛的时候。日期一天天临近，各项排练工作迫在眉睫。为了让《苏北风情》达到金奖水平，我在排练场上连轴转，因疲劳过度，两次心脏病发作，晕倒在排练舞台上。

2013年10月25日晚，山东省威海市国际会议中心剧场内群英荟萃，曲韵流长。各地戏曲“名角儿”齐聚此地，各显神通，为的是争夺中国群众文艺政府最高奖——“群星奖”。这也是第十届中国艺术节的重头戏之一。在我的坚持和努力下，“徐州唢呐《苏北风情》获音乐类全国最高奖‘群星奖’”！沛县群众文化艺术在全国大放异彩！

“唢呐艺术，需要声音、动作、表情相融合，为了让台上十六个孩子每个人都能做到最好，她废寝忘食，为的就是让这场演出在全国舞台上大放异彩。”徐州市文广新局副局长朱世平这样评价我。不熟悉的人都说我是拿命换奖，不值。可我知道，奖项对我来说根本不算啥，我为的是传承唢呐这一文化遗产。

徐州唢呐《苏北风情》作品先后获得市、省“五星工程奖”金奖，获全国吹歌大赛一等奖。提起这个奖项，我觉得这是机遇好，群众文化事业发展的机遇已向我们款款走来，唱好自己的拿手戏，打造沛县的文化品牌，我们将会迎来一个美好的春天。

恪尽职守忘我奋斗

“文化馆是群众的文化馆，文化馆跟老百姓最近，跟老百姓最亲。”这是我在述职报告上的一句感言，我不仅写在了纸上，更记在了心中，落实到行动上。

县文化馆是群众文化工作的最大平台载体，肩负着普及文化知识、开展文化活动、提供精神食粮、满足群众文化需求的重要职责。我在舞台艺术表演、广场文化展示、民俗展演等大型活动中付出了大量的心血和激情。2008 年，沛县文化馆在全市率先顺利通过了国家一级馆验收。多年来全馆共举办各类培训班八十多期，送文化下基层、进社区近千场，举办各种演唱和大型集体创作活动一百余次。

在征得主管部门的同意后，我们在全市率先将非物质文化遗产展示厅、阅览室、舞蹈房、多功能厅等公共空间设施场地免费向公众开放，极大地丰富了市民的文化生活，提升了沛县的城市品位和文化内涵，赢得了广大市民的赞赏。

针对不同年龄、不同层次、不同群体的文化需求，我又主导在县文化馆开设了舞蹈、音乐、美术、器乐、戏曲、文学创作等培训项目，带领十几位专业教师免费为大家授课。在做文艺辅导员的十年里，我经常骑自行车下基层培训，风雨无阻，即使周末也很少休息。结合公共文化事业特点和单位实际，不断拓展服务领域，创新服务手段，充分发挥公益性文化设施的特点和作用，重点加强了对未成年人、老年人等特殊人群的对象化服务，在群众中广受好评。

免费开放公共空间设施、免费开展艺术培训两项举措的实施，为专业文化队伍素质的提升打造了广阔平台，大批年轻的文艺骨干脱颖而出，广大馆员的业务技能和理论水平都得到了提高。为此，徐州市委常委、宣传部部长冯其谱到沛县文化馆视察后说，为民办事，惠民工程，沛县办的是最好的。

同事们常说，进入工作状态的我，态度严谨，追求完美，力求把工作上的遗憾减到最小。为基层文化奔走、为基层百姓谋福利是最有意义的事，再苦再累心里也是甜的。

文化艺术源于生活、源于大众，而文化馆正是维系群众、传播优秀文化、丰富群众文化的重要纽带。作为文化馆馆长，不仅要把一场场精彩的视觉盛宴奉献到大家面前，更要抓好群众文化的普及，丰富群众文化生活，加快发展文化产业，在普及和发展中创作更多的精品佳作。我愿乘着歌声的翅膀，做群众文化的领跑者，为挚爱的文化事业贡献毕生的力量。

击筑而歌的回响

刘洪志

"沛筑"名称的发现与复制成功，可谓是我县改革开放以来文化建设领域取得的重大成就。

汉高祖刘邦荣归故里，与父老同饮，击筑而唱《大风歌》。这一明确有记载的史实世人皆知。《大风歌》已千古流传，而刘邦所击之"筑"为何物，却鲜为人知。很多汉文化研究者也仅知道"筑"是我国古代的一种击弦乐器，形似筝，但均未能详细描绘。因此物年久失传，也并未引起很多人重视。在研读汉史时，我觉得这是汉文化的一个重要物证，应该恢复它的原貌。为了完成这一心愿，十多年来我翻阅了大量的古籍资料，并几乎跑遍了全国重要的汉代出土文物博物馆，查取"筑"的资料，发现"沛筑"的由来，见到"筑"的实物，拍来"筑"的照片，并将这些详细资料提交县政府和有关部门，又参与研制，查询"筑"的演奏方法等，直至沛县复制出"沛筑"的样品。这个漫长的过程，不仅记下了我一个多病缠身的古稀老人与"沛筑"割舍不断的情结，也记下了我奔走全国各地，历尽艰难困苦，并投入大量的财力、物力和付出的艰辛劳动。

一、"筑"相关资料的查找。2004 年 4 月，时任宣传部部长的刘广远同志非常重视我县汉文化的研究、发掘和传承工作，提出要在申报"大风歌碑"为全国重点文物保护单位上有所突破。县博物馆负责人王洪震同志找到我，请我帮助到全国各地查取"大风歌碑"的汉碑资料，为申报工作做准备。我虽知自己已是年老体弱的残疾之身，却不顾家人的担心，毅然答应了下来。当时，没有任何单位和个人预先支付给我外出的经费，但我认为，每个沛县人都有责任为完成全县这一重大课题而尽力。于是我自费出行，先后到了北京、天津、河北、山东、上海、湖南、湖北等线索所在地的二十余个地级市，在查找《大风歌》汉碑依据的同时，重点考证“筑”及酒具的形状，兼顾沛县历史资料的查找。三年来，我多次外出，总计历时七个多月，搜集到了大量有价值的沛县文史资料，但刘邦唱《大风歌》所击乐器——“筑”的资料很难查到。后来，我根据自己查阅的线索，又到北京图书馆、北京大学图书馆、济南图书馆、徐州师范大学图书馆等处反复查找。第一次找到关于“筑”的资料是2007年3月，在徐州师范学院敬文图书馆馆藏的一套《古今图书集成》里，看到关于对“筑”的较为全面的解说和常识资料，包括“筑”的古籍记文、图说、选句以及记事等。经图书馆同意，我将“筑”的内容复印带回。当时我非常高兴，因为在此之前，整个沛县没有人了解“筑”的详细内容。

二、实物“筑”的探寻。我从掌握一些筑的资料，到查到“筑”的实物，其间也经过了一个艰辛的历程。关于“筑”有实物出土的文字信息，我是在济南发现的，在浩瀚如海的资料中有一笔不易发现的记载，文称：“出土首件古筑存湖南省博物馆。”对此发现我如获至宝，并随即以《我县汉文化研究又有新发现》为题在《沛县报》上进行了宣传。2007年9月30日，我直抵长沙，准备观览西汉古墓出土之“筑”的实物。几经辗转，才打听到实物“筑”现存在中国长沙简牍博物馆。因逢国庆假期，保管人请假外出，我只好在长沙等待。这一等就是十一天，这十一天中，我的主要去处是长沙图书馆和武汉湖北博物馆、图书馆，继续查找相关资料。资料和实物均显示，现存长沙简牍博物馆的“古筑”为中国出土的唯一一件较为完好的实用“筑”。这更坚定了我取得这件实用“古筑”资料的信心和决心。等来库房主任，我被告知该实用“筑”已被定为国家一级文物，被称为“天下第一筑”，密藏在库房内，不对外展出。找具体保管者不让看，找办公室主任也不让看，说是必须持省文化部门介绍信才行。我又找到馆长宋少华，当时也被一口回绝，后在我的一再请求甚至哀求下，他们考虑到我如此年龄，本应安享晚年，却还为县政府的工作不辞辛劳，花这么多钱，在长沙苦苦等了十余天，其间生病无人照顾，还丢失了照相机，面对这么一个执着的老人，他们专门开会研究决定，破例准予观看，并仅允许拍照五张。“古筑”是1993年在长沙西汉王室墓出土的原件，木质，虽然已历经两千年，仍然基本完好，仅丝弦断缺。我请来了摄影师，在与工作人员的协商下，做了全方位拍照，共拍摄二十三张，并刻制成光盘。

当得知县里在做《大风歌》群雕的筹备工作，正苦于不知“筑”的形状，我当即以快件方式寄回沛县，为创作单位制作《大风歌》群雕中的“筑”提供了依据，并建议县文体局复制这一古老乐器。关于“古筑”的演奏方法，我也询问了宋所长，他告诉我，可去北京找项阳博士，并为我写下了项博士的单位和电话，后我将项博士的联系方式转交给了县文体局。

三、“沛筑”名称的发现。查找资料是一项艰难而枯燥的工作，没有捷径，就是一卷一卷地翻阅。为继续查找“大风歌碑”及“筑”等相关历史资料，我于2007年10月继续前往四川，20日在四川省图书馆查阅图书二十余卷，在一套《中国古代名录大典》中，收录了中国古代有实物可指的名词四万余条，洋洋九百万言，该大典中明确记载：“沛筑，即谓筑。刘邦平黥布还都，经过故乡沛县，召乡亲会饮，酒酣曾击筑而歌。刘邦起兵于沛，众立为沛公，因而得此称。”面对这份来之不易的资料，我感到十分珍惜和欣喜。这一重要资料的发现，对沛县汉文化的研究有非常重大的意义。沛县从明代有县志以来从未有“沛筑”的记载。至此，我认为凭我所收集到的图文资料，复制“筑”的条件已完全具备，于是当晚我在成都就电话告诉我在县政府机关工作的女儿，向分管文化的副县长胡成彪呈报复制“筑”的书面建议。11月7日，我女儿当面将建议交给了胡县长。从陕西返回后，我立即向县政府建议尽快复制“沛筑”，后围绕“沛筑”积极撰稿，先后分别在《沛县报》《汉皇故里》等书报中加以宣传。从此“沛筑”这个名字、这个古乐器的概念、这种乐器的形体才得以逐渐在沛县传播，乃至在全国宣传开来。

四、“沛筑”的复制。2007年11月、12月，我分别给县政府副县长胡成彪和县长冯兴振写信，建议复制“沛筑”，冯县长批转给胡县长落实。2009年11月23日上午，时任县委书记的冯其谱和宣传部部长胡成彪到刘氏会馆调研，提出开发能代表沛县特色的文化产品，最后敲定了包括复制“沛筑”在内的三大产品，胡部长推荐由鹿楼文化站的郝敬春同志复制“沛筑”，并安排县文体局局长朱勇电话通知我，说县里准备复制“沛筑”，请我将“沛筑”的相关资料送到刘氏会馆，交给郝敬春同志。当天下午，我携带所取得的全部图文资料、实物照片等共八件到刘氏会馆，当面交给了郝敬春，他如获至宝，并告诉我他也曾查过“筑”的资料，但一直没有查到，我们还就“沛筑”复制的相关问题进行了研讨。至此，郝敬春正式介入“沛筑”的复制工作中。12月3日，我又应郝敬春同志请求，为其提供了经过我个人测算、查找所形成的“沛筑”的规格尺寸及演奏方法资料。根据我提供的相关资料，郝敬春同志当月制作了“沛筑”四台，并于沛县2010年春节晚会上首次与观众见面，2010年3月率先在“刘邦文化万里行”中作为文化礼品赠给河南永城等各汉文化联谊地的市县区。2014年3月，“沛筑”在比利时乐器博物馆展出。

“沛筑”作为汉文化的一个组成部分，从地下千年走到阳光下，走到沛县乃至全国全世界人的视野里，知名度越来越高，发挥的作用也越来越大，作为汉文化的传承人，我由衷地感到欣慰。我一个近八十岁的老人，已全无名利可言。对于我所做的工作，县委、县政府给予了充分的肯定，解决了部分外出经费，给了我很多荣誉，我十分感谢。十几年来，为取得“沛筑”的相关资料和复制“沛筑”，我拖着病残之身，独自一人在全国奔波，所经历的窘境和艰难困苦，以及在经济上的付出，我感到值得。我的工作没有白做，是谁的成绩并不重要，重要的是“沛筑”在沛县的首先制作成功，对做好“刘邦击筑而歌大风”这一宣传沛县的品牌，加强文化建设，提高沛县的知名度，促进世界文化交流有着重要意义。这也应该是每一个沛县人义不容辞的责任。

亲历首次沛县县歌征集

解恒宪

2011年，我在沛县县委宣传部文艺科工作，当时，县里一些著名的文学艺术家经常到文艺科来，探讨沛县的文学艺术工作。吴广川、吕继明、季忠义、张让、张劲、孟宪同、高志、陈宪彪等是文艺科的常客。吴广川是中国音乐家协会会员、中国作家协会会员、江苏戏剧家协会会员，副研究馆员，北京《诗刊·子曰诗社》理事，是在全国有影响的词作家、词曲评论家。歌词《炎帝颂》在株洲面向全国的征词中荣获金奖第一名，此歌由吕远谱曲，在株洲被三千人演唱。吴广川积极建议，沛县是千古龙飞地，一代帝王乡，汉文化的发祥地，改革开放以来，经济社会成就巨大也应该举办一场面向全国的县歌征集活动，选出一首沛县县歌传唱，提升沛县的精气神，为改革开放注入强劲的推动力。

吴广川的建议得到了县委宣传部的肯定，当时的县委常委、宣传部部长胡成彪全力支持。胡成彪对文学艺术兴趣广泛，涉猎书法、绘画、诗歌、散文、歌词创作，是中国书法家协会会员、中国音乐家协会会员、中国作家协会会员、江苏省音乐文学学会副主席，尤其是对歌词创作情有独钟。在胡成彪部长的具体指导下，沛县县歌征集活动被写进了2011年宣传部工作计划。2011年2月，春节后上班，文艺科立即着手相关工作的运作。

县歌征集要发广告、请评委、发奖金、发稿费、出版发行，初步算下来也不会低于10万块钱。必须向县委、县政府打报告，征得县领导的支持。当时的县委书记冯兴振对文化工作非常支持，并积极参与文学创作活动，创作的散文《母亲》在全国获得较大影响，被选为徐州市作家协会副主席。冯书记认真听取了宣传部的汇报，对主要事项亲自审定，指示要在全国最有影响的《词刊》上刊发征集广告，才能吸引到全国专业词作家的眼球，才能征集到一批高质量的作品。一等奖一名1万元，二等奖两名共1.2万元，三等奖三名共6000元，佳作奖十名，颁发纪念品和获奖证书。同时，要求应征作品应是新创作的未曾公开发表和演唱的作品。如有抄袭，文责自负。每人限投作品不超过三首。应征作品一律不退稿。对所有征集作品，主办单位有权进行增删取舍和再创作。歌词版权和所有权归主办单位所有，作者享有署名权；如是合作或集体创作，其署名办法由作者自行决定。

联系《词刊》刊登广告，也是吴广川帮助我们联系的，因为吴广川和《词刊》编辑部关系密切，是《词刊》的重点作者，编辑部只是象征性地收了一千块钱就发了一个整版。因为《词刊》初步发行要有个过程，为了让全国的词作者看到沛县征歌的信息，我们决定在网上刊登信息。当时网络刚刚普及，不像现在人人都是网络作者，不会写字的可以发视频、发录音。我便找宣传部宣传科的李成忠帮忙，他注册了几个网站，而且较有影响。李成忠为了吸引眼球，将题目改为“沛县万元大奖征求县歌”，很快引起了网友的重视，不少人打电话来询问有关情况。但是，多是热心的网友，专业歌词创作者不多。2011年《词刊》第三期封页刊登出启事后，得到了全国各地歌词创作人员的高度关注，他们打电话询问沛县的背景信息。不久，我信箱里就收到了寄来的歌词。从此，我上班后的第一件事就是在信箱里下载歌词，并统一编辑、打印。

在一个多月的时间里，共收到歌词五百余首，但沛县本地的作者并不多，不超过十人。让我印象较深的是沛县美女诗人如月的歌词《沛之颂》，歌词优美，音韵流畅，道尽古沛风光之美、英雄才俊。陈忠建的歌词上阕写大运河，千年碧水穿城过，铁马秋风古战场；下阕写大沙河，清水滋润美丽村庄，大风劲歌今犹唱。工整对仗，表现形式完美。英年早逝的赵国强用诗歌的表现形式，洋洋洒洒一曲龙城水乡之歌，展现了艺术才华。王曙光的歌词感情充沛，音律悠扬，具有艺术的独创性，“讲传奇知道这里是龙城，听传唱知道这里大风扬”，让人沉吟在时光的长河，流连忘返。自此之后，王曙光的歌词创作一发而不可收，连续创作了一批有影响的歌词，得到了著名艺术家的关注。赵承沛的歌词内容丰富，倾注了对家乡的深厚感情。龙固中学教师刘运锋虽然用的是散文诗的表现形式，但优美的歌词就像随着悠扬的音乐流淌，是一首大气磅礴的戏歌。

朱寨镇一个普普通通的农民叫燕敦华，了解到征歌的信息后，即兴创作了一首歌词，骑着一辆大架子的老自行车到县政府来送作品。门卫以为他是上访的，不让他进，他便拿出自己创作的歌词读给他们听，门卫心服口服，打电话联系到宣传部求证，才把他送进我们办公室。我细心地读完他创作的歌词，看着他天真朴实的模样，犹豫良久，才给他泼冷水。我告诉他，歌词也是一种文学作品，要写自己的心声，发自内心的语言，要有独创性，而不是把好词好句集合在一起，要转化为你自己心中的东西、自己的语言才能用。他听得似明白似糊涂，不情愿地回去了。过了几天，他把修改过的作品送来了，完整地用别人的好词好句的地方不多了，但内容比较空洞。我先夸了他的进步，直夸到他脸红出汗，才小心翼翼地提出自己的修改意见，并向他保证，只要再改一改，一定是一首好歌。他极不情愿地回去改了。过了约一个星期，燕敦华把他反复修改的作品送来了，是一首《水调歌头·大风新篇》，家乡的因素增多了，又有一定的胸襟和气魄，再加工一下就是一首像样的歌词了。燕敦华没等我说话，就立即声明：我这一次可知道写歌词是个抠脑子的活了。我决不再改了，你看着能用就用，不能用就算了吧。然后就急匆匆地走了。后来他的参选作品结集出版了，我打电话让他来拿书，却怎么也没有联系上他。

沛县唯一入选的获奖作品是煤电公司吴允峰的歌词《生命因你而灿烂》。吴允峰创作手法娴熟，遣词用句功力深厚，创作中举重若轻，信笔写来："泗水日夜流，平原铺无边；春花秋月美，大地知冷暖。文韬武略书写传奇故事，大开大合挥洒胸中波澜。"句句入弦，可歌可唱。

在征歌启事中，我们承诺由沛县县委宣传部组织有关专家组成评委会进行初选，然后将初选的作品提交给国内知名词家进行审阅，最后评出等级奖项。获奖作品在沛县人民政府网站上公布，并在有关报刊上发表。

当时聘请的评委有：晨枫，中国作家协会会员，中国音乐家协会会员，中国音乐文学会常务理事、主席助理，《词刊》杂志社编委；解华，中国音乐家协会会员、中国音乐文学学会常务理事、江苏音乐文学学会主席、《歌迷大世界》杂志总编；赵釜墨，中国音乐家协会会员、著名词作家、《词刊》编辑；梁国华，中国音乐家协会会员、著名词作家、徐州市音协原主席；宋书林，中国音乐家协会会员、著名词作家、徐州市音协副主席；吴广川，中国音乐家协会会员、著名词作家；孟宪同：中国音乐家协会会员、著名作曲家。主任评委胡成彪，中国音乐家协会会员、中国作家协会会员、中国书法家协会会员。

北京、南京、徐州来的评委都住在歌风宾馆，在县委宣传部会议室闭门进行评比。评比历时三天，对全部歌词进行三次精心筛选。先选出可以入书的150首作品，再从中选出50首获奖入围作品，最后从这50首作品中以无记名投票的方式评选出一、二、三等奖及10首佳作。全部获奖作品在2011年《词刊》第七期发表，并在沛县人民政府网站上公布。

为了保证评比的公正，所有评委的作品一律不参加评比，获奖作品评委签字认可。词作家赵釜墨是个美女作家，从北京坐火车来的路上得了风寒感冒，发烧头疼。她坚持吃药治疗，参加了作品评比的全过程。晨枫、解华当时年过七十，却精神矍铄，以艺术家特有的睿智，发掘出参评作品的艺术特色，保证了获奖作品的艺术质量。

在征歌启事中，只是承诺获奖作品在沛县人民政府网站上公布，并在有关报刊上发表。获奖作品在《词刊》发表后，就圆满完成了整个征歌活动。看到大量的参评作品特色鲜明，形式多样，不乏上乘之作，宣传部领导决定，将绝大多数参评作品结集出版。

作品集分评委作品、获奖作品、参评作品、谱曲作品四个部分。评委作品7篇，获奖作品16篇，参评作品206篇，谱曲作品19篇，计248篇。晨枫先生洋洋洒洒写下的两千余字的前言，对沛县的文学创作、征歌活动进行了高度评价，对获奖作品进行了全面的分析，对参评作品质量、意义进行了系统概括，对沛县文学的发展寄予深切厚望。

我们请沛县图书馆馆长马培银设计图书封面，马培银却积极推荐尹成先生设计了富有抽象意义的龙城水乡的封面，使这部歌集在艺术上更加完美。在编辑过程中，朱茂东、赵厚廷、马培封、黄清华、吴广川、宋传恩、孟宪同、付重阳、陈宪彪等均付出了心血和汗水。

作品集取名《龙城水乡之歌——沛县县歌征集作品集》，出版后寄发所有作者，并免费赠送全县各中小学图书馆。

光影掠过三十万公里

马丕秀

2017年12月31日，在县图书馆，我的摄影作品展在沛城摄影界掀起了不小的波澜。《美丽西藏组图》《思》《套马杆》《天鹅》《山下》《海面》《牧归》《火之舞》《榕树下》等八十余幅作品，令众多参观者凝神谛视，遐思迩想，流连忘返。

我是中国摄影家协会会员、中国著作权摄影协会会员、江苏省摄影家协会会员。退休前任建筑公司工程师，由于工作需要，1983年我开始拿起相机，拍摄工程照片以及纪实性的片子。拍摄资料片之余，我又把镜头对准了花花草草和风景人物，可很快我就发现，自己拍出来的照片与专业摄影相差甚远。“为什么同样的相机、同样的角度、同样的灯光条件，照出来的效果却不一样呢?”就这样，持续几年不断摸索，2008年退休后，我正式换了数码相机，到老年大学摄影班系统学习摄影。有了好的相机，我的摄影路才真正开启。当接触和研究越深入，对摄影就越发入迷。在老年大学，我不断虚心向我县众多老摄影家学习摄影技巧，从光圈、速度、构图、用光等摄影基础知识入手，并在刘汉志老师的认真讲解下，了解了拍摄的技巧和手法。有了专业摄影者的指导，我的摄影技艺有了长足的进步，渐渐在风光和人文纪实摄影中崭露头角。

要想拍出好的照片，就要有吃苦的决心。在拿起单反相机的这些年里，我每年外出几十次采风，先后到西藏、新疆、内蒙古、东北、云南、贵州等二十多个省，带回很多祖国大好河山及人文风俗的片子。为了拍下好的风光照片，凌晨两三点起床是常有的事。有时候在大山里等待时机，往往要饥寒交迫很长时间，有时甚至等一整天也不会有收获。记得2014年，在云南弥勒彝族阿细祭火节现场，为了拍摄，我必须躺在地下低角度进行，当时非常拥挤危险，而且地面潮湿，膝盖患有严重滑膜炎的我，挤在一群摄影爱好者中一躺就是一个小时，采风回来后，身心疲惫不堪，膝盖肿了好长时间。1月的内蒙古，山上温度零下二十二摄氏度，为了拍摄日出，我背上至少十公斤重的五个镜头和脚架，拍摄点一天只有一班车，我乘车抵达后要爬近一个小时的山路到达山顶，而且等候拍摄时间一般都要好几个小时，艰苦的条件丝毫没有让我退缩。有的摄影爱好者习惯用连拍，那样比较省事，但我从不，我使用单张拍摄模式，全神贯注地盯住取景框，去捕捉日出的各种天际变换现象，手指冻得不听使唤，也不敢去揉动，甚至屏住呼吸，生怕一动，生动的瞬间就错过了。不管有没有收获，过程都是一件很快乐的事情，因为摄影往往有遗憾，所以我们才有不断追求的动力。

我的西部作品给人一种油画的感觉，这些照片看起来色彩艳丽，线条优美，有很强的图案感和视觉冲击感。大西部的高原，在大家印象中，那里荒凉、缺氧，条件艰苦，但在我眼里却都是有血有肉的，特别鲜活的。甚至可以感触到每个地区人性化的性格，哪儿是像男人一样坚韧的山，哪儿是像女人一样温婉的河。在拍摄的时候，我能感觉到自己的心随着场景的变幻，时而刚毅时而柔软。在整理作品时，我反复思考，要传递给读者一种什么样的思想、意境。

我自认为自己始终是个摄影爱好者，尽管拿起相机到今天已经二十三年了，我始终都像最初入门时一样对这门艺术充满好奇和敬畏。每一次外出采风，我都精心准备，做足功课，青海的玉树、云南的玉龙雪山、西藏的拉萨、新疆巴里坤和内蒙古的古额尔多斯大草原……《牧羊曲》《山里娃》《祭祀》《榕树下》《火之舞》……一幅幅光影变幻丰富、色差浓淡适宜的风光片呈现在了各专业摄影展上。其中，《榕树下》入选《中国摄影年鉴》，《思》被中国摄影家协会图片社收录，《祭祀》被中国摄影家协会图片社收录，《套马杆》《山里娃》《牧羊曲》《天鹅》《山下》《海面》《牧归》《火之舞》《惠安女》等十幅作品在中国平遥国际摄影上展出。这些作品没有刻意放大的摄影语言，我用自己对摄影的理解，将朴素、自然、真实的风格渗透到每张作品之中，我在用镜头传递着一份亲近自然、依恋自然、热爱自然的情愫。

两部相机、多个镜头、多幅奖状与我相伴，诉说着精彩的流年。关于成功的秘诀，我认为成功谈不上，只能是取得成绩。要说秘诀更是无从说起，但可以跟广大摄影爱好者分享的，首先就是爱好，只有发自内心的喜爱才能使自己克服困难做下去。我拿了二十三年相机，现在只要说出去拍片还是兴奋不已。很多朋友都感叹每次花费太高，确实，但因为自己真的喜欢，就会全力以赴去追求。我很感谢家人对我的支持，这么多年我都没能陪家人去旅游去度假，把有限的时间和精力全部投入到了摄影中。其次，摄影需要勤奋。这几乎是尽人皆知的话题，但勤奋不是背上相机跑多少路，是对有关资料的学习，是拿出更多时间观察，是沉下心安静地思考，是怀揣目标耐心地等待……只有这样充分地准备了，才能在最需要的几秒钟里捕捉到精彩的瞬间。最后，就是一点儿运气。遇到好题材，得到朋友一语的点拨、一个展示的机会，就像 2017 年 9 月的平遥国际摄影展，十余幅作品的参展，更坚定了我创作的理念。

在摄影的世界里，光与影是其灵魂，作为光影的忠实记录者，我在追求摄影艺术的道路上，挖掘唯美瞬间……由于对摄影有着与生俱来的执着与喜欢，我人到中年与摄影结下了不解之缘，凭着对摄影艺术的热爱，我拿起相机二十三年，行程三十万公里，走遍祖国的大江南北，把秀丽江山凝聚成一张张精美的照片。

家族沧桑忆古今

刘一麟

我生在农村，成长在农村，小学的时光在五段镇孟庙小学度过。当时家境不太好，上初中之前因为交通不便，城里又没有亲友，所以从来没有到过沛县的县城。县城是个什么模样，在我脑子里一直是个空白，只能凭自己的想象去构思。到了初中才有机会进了城，看看县城的风光，第一次进城的经历给我留下了很深的印象，感觉当时的沛县县城真的很大。时过境迁，四十年后，现在再看看今日的沛城，以前的县城真的又太小。

我从大学毕业后，被分配到人民医院口腔科做医生。性格不安分的我，对于每天从家到医院、从办公室到病房“三点一线”的单调生活感觉不适应。当时新政策出现，允许个人自主创业。2001 年，我毅然选择下海经商，这在当时是很多人难以理解的，因为在正规的医院当医生是许多人的梦想，也是受到许多人羡慕的。

在下海经商的过程中，一个偶然的机会让我接触了刘氏宗亲会，通过刘氏宗亲会，我了解到大汉民族的开拓者先祖刘邦的故事。据老会长刘效君介绍，那个时候还不太主张宗亲集会，只能小规模地在沛城文化站站长刘汉志的办公室里开会，也就是几个热心肠的刘氏老人谈谈如何续修家谱，传承家族文化，搞好家训家风。当时谁也没有想到刘氏宗亲组织以后会给沛县带来那么大的影响。

自从当时的县委书记肖俊和时任县长庄华平同志来沛主政，大力发展以汉文化为主线的旅游经济，以高瞻远瞩的视角，前卫的思想境界，把县城的破旧老窑厂就地改造成汉城公园，修建了汉魂宫、游乐场，到处都有亭台桥榭、曲径通幽的园林景观。北部修建了汉街、歌风台、高祖原庙，清一色的汉砖，呈现出汉代建筑风貌，把一个脏乱差的县城，打造成苏鲁豫皖区域的汉文化研究、汉文化旅游的胜地。

打造沛县新名片，深度挖掘汉文化资源，在县委、县政府的正确领导下，很快又投入巨资修建了汉之源景区和世界刘氏会馆，以吸引全世界的刘氏宗亲来沛县寻根问祖，提升了沛县的影响，也给沛县带来了繁荣的景象。经济搭台，文化唱戏，在1996年在县委、县政府的全民发动下，成功举办了第一届“中国刘邦文化节”，并举办了前所未有的高端经贸洽谈会。文化节期间，商贾云集，让世界了解了沛县，让沛县走向了世界，同时也有力地推进了沛县的经济发展。

自从第一届“中国刘邦文化节”延续至今，世界各个国家和地区的刘氏宗亲来沛寻根溯源，祭拜高祖刘邦也蔚然成风。我进入世界刘氏总会，先后以志愿者、副秘书长、秘书长、副会长的名义联络世界各地刘氏宗亲，从中体会到沛县作为刘氏族人的精神圣地，吸引了越来越多的宗亲回祖籍省亲。原来刘氏以联络退休的干部、老师及老族长为主的格局，演变为如今越来越多的年轻企业家及高级别离退休干部进入刘氏宗亲组织服务。随着信息化的今天，微信、QQ等网络社交手段更加促进了宗亲们的感情联络。宗亲是以血缘关系为纽带的亲情关系，但感情基础薄弱，增加宗亲感情吸引，必须要加强联谊活动。

我进入刘氏宗亲会近五年来，按计划各处走访、联系族人，访遍江苏、四川、重庆、贵州、云南、福建、浙江、江西、广东、广西、河南、河北、北京、上海、山西、吉林、辽宁、山东等23个省市。我亲自考察辽宁省、吉林省、山西省、江苏省、贵州省宗亲组织，组建成立了宗亲联谊会，为沛县积累了人脉和资源。刘氏企业家也络绎不绝地到沛县投资建厂，来自江西省的刘氏宗亲刘芳春就来沛县投资2亿元人民币，在开发区建立了大风食品厂，生产的黄桃罐头出口日本、韩国，年产值2.5亿元人民币，每年为政府创利税1000余万元人民币。南通刘氏宗亲刘国银把南通教育模式引入沛县，与我县联合办学成立了歌风中学如皋办学中心，带领南通当地高级教师60多人到沛县施教。歌风中学2018年高考再创佳绩，有力地促进了沛县的教育改革，为沛县人才辈出打下了坚实的基础。

2016年6月6日，国家体育总局局长在沛县调研体育发展事业的同时，在我们的陪同下，参观了高祖原庙和世界刘氏总会会馆，对沛县县委、县政府打造汉文化基地、弘扬两汉文化，给予了高度赞许。二十多年来，沛县的影响越来越大，刘氏宗亲及外商到沛县投资建厂，如雨后春笋一样拔地而起，有力地促进了沛县物质文明和精神文明的双丰收。

刘氏宗亲组织从无到有、从小到大、从大到强。已经以刘邦文化节为载体，提升了沛县的知名度和美誉度，除西藏、新疆、甘肃、河北、天津五个地区之外，各地都成立了宗亲组织。他们都心向沛县，这是沛县的荣幸，这是沛县的骄傲，这更是沛县的无限风光，这是沛县人对先祖刘邦遗愿的传承。我作为他的第七十代子孙，一定会在党的领导下，一直坚守在生他养他的阵地，在这片生机勃勃的土地上，再一次创造辉煌，为沛县的发展做出自己应有的贡献！

刘氏宗族也在改革开放的春风里发生着举世瞩目的变化。现在，在县委、县政府的指引下，在前几任县领导大力发展文化旅游产业的基础上，更深入地加对大汉文化旅游基础资源的投资和开发，让沛县的天更蓝，水更绿，景更美。

荷叶落子的春天

徐知任

我是非物质文化遗产荷叶落子的传承人，今年七十有三。十三岁那年，父母双亡，我成了一名孤儿，被当时的大屯幸福院收留。后因幸福院停办，我失学去山东沂蒙山拜师学艺。

在沂蒙山我先学评书、渔鼓，后来学荷叶落子。艺成后在沂蒙山区演出。“文化大革命”开始，传统戏曲、曲艺受到很大冲击。我回到了老家沛县，孤身一人生活困难，于是就去了黑龙江省讷河县投奔族家兄弟。后经族家介绍，落户到当时农村。因我能说能唱能写，被当地文艺宣传队接收为演员，演出节目是现代地方戏。在此期间，我编写了山东快书小段《到农村广阔天地闹革命》，发表在《黑龙江日报》，后来又发表了荷叶落子唱词《嫩江平原好风光》、诗歌《女儿拈字教妈妈》等。后因族兄全家回原籍，我便随兄回来。回家后在家当了八年会计，在此期间，我在徐州报上发表了《小油灯下》、荷叶落子唱词《金银恋》。我一生热爱曲艺，特别是荷叶落子是我终生之“恋”。

打倒“四人帮”后，文艺大解放，京剧《逼上梁山》、昆剧《十五贯》、豫剧《花木兰》等在全国各地上演，咱们沛县也在全县公开召集民间艺人。我报名后，因文化部门领导同志对我很了解，于是让我与李永军、黄敬文、闫树民等担任招考老师。后来沛县成立了曲艺家协会，我被选为沛县曲艺家协会副主席，同时徐州市文艺联合会又吸纳我为会员。我一生收了六个徒弟，去年在苏、鲁、豫、皖交界处演出，在观众中有很好的口碑，多次被评为模范曲艺工作者。我创作的歌唱省劳模常智英的荷叶落子唱段被多次播放。香港回归时我创作了邓小平会谈英国首相撒切尔夫人的《智斗》，多次在市、县播放。代表沛县烟草专卖局到徐州烟厂演出的节目《大老郭查烟》获得一等奖和创作奖。我又创作了歌唱农村新风尚新思想的段子《好婆婆》《好媳妇》《模范丈夫张大山》等，受到了大家一致欢迎。

我是共产党养大的，没有共产党，就没有我的今天。我永远热爱党、歌唱党，宣传党的方针政策，为新时代中国特色社会主义思想歌唱。我创作了党的远程教育唱词，创作了宣传党的十九大精神的唱词——《新的时代唱新歌》，在徐州市委宣传部演出获奖，《徐州日报》做了报道。最近我又创作了《人民法官为人民》的荷叶落子唱词，代表沛县法院在徐州中院演出。我现在儿孙满堂，生活幸福，身体健康。在改革开放四十周年的今天，我一个民间艺人，深深感到改革开放就是非物质文化遗产荷叶落子的春天。虽然年过古稀，但壮志仍在。我在党组织和上级文化部门的关怀下，创立了徐庄居文化大院，建立了百姓大舞台、农家书屋、康乐球室、农民舞蹈队等。我们的舞蹈队多次会演获奖。建立了农民综合文化活动室、老年休闲室、麻将室、棋牌室、电视厅，文化大院，文化为民。元旦、春节、中秋晚会和乘凉晚会都在文化大院举办，很受老百姓欢迎。我还不定期为本村群众和敬老院老人演唱荷叶落子。

我觉得改革开放的辉煌成就唱不完，古沛大地的改革成果唱不完。我要为荷叶落子的传承而终生奋斗，让这朵民间艺术小花永远盛开！

供水路上话沧桑

黄志林

“文革”结束以后，中央把工作重点转移到经济建设上来。沛县也开始搞城市建设，把城区供水提上议事日程。1979 年，县领导加大投资，取消一眼井水塔式供水，在城区打深井四处，由财政局负责在东风路的东首建起了自来水站。

从财会学校毕业后，我被分配在县造纸厂工作。1979 年，我从县造纸厂调到财政局公产股，局领导让公产股负责水站，我被安排做水站会计。水站共有十人组成，三位站长，两位会计，四位工人，一位仓库保管员，一位司机。麻雀虽小，五脏俱全，水站面积约有一千平方米，车间、仓库、修理间、办公室，另有八间宿舍。四间仓库里摆满了各种供水管件，修理间存放了一些修理、安装需要的工具，如套丝机、弯管机、电钻、校表台等，另外还有台钻、摇臂钻等。条件虽然简陋，但大家的积极性都很高。供水是个新项目，我们都感到自己肩上的担子很重，大家不分干部、工人，不分工种，一起上马，真叫拧成一股绳。挖管沟全用人力，放线、刨水泥地、掏墙，经常加班加点到夜里 11 点多钟。由于我们的不懈努力，县城用水户逐步已达一百户。

1980 年，我由会计升为副站长，正式接管供水工作。1982 年，县委把房产和水站分出财政局，自来水站归建设局管理，并更名为沛县自来水厂。因沛城地下有煤，经省规划院批准，沛城就地向南搬迁，沛县城市建设便加快了步伐，规划由原来的老城区向南扩大，新县委设在尹庄，并新建一条歌风路，由房产局开发居民住宅楼，并大量扩修道路。供水管网同时进行设计、安装，相继在东风路、正阳路、新沛路、汉台路铺设 DN300mm 的主管道，在歌风路、香城路、城关街、新建路铺设 DN200mm

的主管道，形成城区用水规模。那时我们的主管道材质以水泥管为主，也有铸铁管和聚乙烯塑料管，打井由省专业打井队负责，井深根据水层确定，一般在一百一十米左右。为保证城区供水量，我们相继在城区新打深井六眼，每次打井我和领导们都亲自把关，以确保水质。在水的压力控制方面，每个水井都设有机房，由专人看管压力表以控制水压。在工程设计、预算上，有专门的技术员、预算员，经过实地勘察列出材料单、工程预算单。

1984年12月底，因社会用户和公用供水设施不断增加，用水户已达几千户，水厂的名称已不适应我们的实际情况，徐州市属其他五县及附近外省各县都叫自来水公司。为了方便供水对外对内的生产经营业务管理及对上对下的联系，故申请改名为沛县自来水公司。1985年，申请被批准。在这期间，公司生产经营管理上有了很大的变化，公司人员增加到五十人，并划分了科室，成立生产科（泵房）、财务科、抄表组（兼收水费）、安装修理队科、后勤组。公司的各项制度也逐渐完善，并建立了奖罚制度。由于管理得力和职工们的努力，公司效益非常好，公司职工的福利待遇与其他单位相比也很高，职工们都以单位为荣。

随着国民经济的不断增长，城市建设的步伐日益加快，用水户不断增加，公司开始扩大规模。1987年，公司地址变更为现在的地址——沛县汉台路2号。由于企事业单位职工家属楼不断增加，压力已不能满足要求，按照上级规定，楼房用水应建二次加压设施，有的地方采用二次供水，把地下水用泵打到楼顶的水池里，再从上往下供水。管网不断增加，埋管子的任务也很重，管沟依然靠人工挖掘，主管道的管沟要挖一米多深，有的需要过墙时还要掏墙。挖掘工作多是我们公司工人自己分摊，大家利用班外的时间用铁锹、大镐来挖掘，那种过路管都是夜间操作，汗水湿透了衣衫，依然热情高涨。直到1995年，挖掘机开始使用，职工们才从繁重的体力劳动中解脱出来。

随着国家改革开放的深入，我县房地产开发形成规模，居民住宅楼高耸林立，用水户成倍增长，供水工作任务更加艰巨。但飞速发展的高科技使我们的效率成倍提高，在生产、经营、管理上发生了质的变化。为更好地为广大用户搞好服务，1997年我们设立了二十四小时供水服务热线，用户可以通过拨打热线电话及时和公司联系，解决用水难题。1998年，公司安装远传调度系统，彻底改变了多年来人工看泵手动调控压力的状况。微机工通过网络在微机室内就可以纵览全城二十四眼井的压力，并随时进行压力调控，这一神奇的变化是供水史上一次重大突破。2006 年，又一重大突破应运而生，第一套收费系统调试成功，通过输表器把数据传入电脑，改变了长期以来人工计算收费，我们的抄表经营人员得到了解放。令我们骄傲的是，我们的这些自动调控装置是在徐州六县区中应用最早的，是我们多方参观学习取经，让经营管理上水平，让沛县老百姓及公司员工最早得到实惠所取得的重大成功。

在工程设计安装以及管道维修等方面都有了较大提高，管网维修人员组织分班，通过热线派工，有条不紊地进行抢修，他们冬战三九，夏战三伏，经常是连夜奋战在市政管线的事故现场。因为过去的管网质量差，经常出现爆裂，或者阀门、管接头漏水现象。

长期以来，我县居民生活用水主要来源于地下水。随着城市的快速发展，城市人口的不断增长，地下水水量已不能满足需求，全城二十四眼井日夜不停，二次加压，依然改变不了水压偏低现象，居民生活受到一定影响。根据县委、县政府的决策部署，2006 年荣信集团有限公司、大屯煤电集团和县政府三家合资成立沛县荣信水务有限公司，在郝寨镇境内建起了地表水厂，以微山湖作为取水源。由于种种原因，土建工作完成得有些缓慢，不久又搁浅下来。2011 年，地表水厂工程被县政府收回。此时的自来水公司已属县水利局主管。到 2014 年，自来水公司接到建设地表水厂的任务，在水利局领导的支持下，公司的技术骨干们经过一年多争分夺秒的艰苦奋战，以微山湖为取水源的地表水厂终于建成，并通过省、市、县水质检部门检验，达到生活饮用水卫生标准。

难忘 2015 年 7 月 22 日，位于沛县大屯街道汉景路 1 号的地表水厂，干部职工们一大早就到了各自的岗位，为落实县委、县政府“关闭老井，开阀供水”的批示，忙碌并兴奋着。县水利局领导、公司领导及技术人员共同研究，决策试供水方案。时间在忙碌中一分一秒过去，22 点 58 分，地表水厂上空星光灿烂，鞭炮轰鸣，成竹在胸的总工程师李永带领相关技术人员，迅速地打开通往城区供水的清水管供水阀门以及各套设备，又逐个开启分支阀门，一股股清流很快输送到新城区，再流向人口密集、用水量大的老城区。从地表水厂的位置沛县正阳路末端，到新城区、老城区，行程二十余里。新城区管网畅通无阻，可老城区要面临许多问题，多年来管网老化，漏损严重，压力偏低。面对这种情况，首先要做到的是对通往老城区的清水管上已安装的减压阀门进行降压调试，以免管网爆裂。尽管事前已做了准备，但新的水流涌来，在铁西沛公酒厂以及城东关居民点四巷等地段仍然出现六处爆管。整夜穿梭巡视的维修科人员发现问题或接到报漏后立即进行迅速抢修，保证了试供水的正常进行。

地表水厂的投产是沛县供水历史上的一个里程牌，也是沛县自来水公司事业发展的一个新起点。为推动基础设施和公用事业投融资本体制的创新，提升城乡供水运行效率和服务质量，引进外来先进技术，县委、县政府积极响应国家号召，与四川兴蓉环境集团公司签订沛县供水 PPP 项目合作协议，按照“城乡一体、供排一体、厂网一体”的原则，将沛县城乡供排水业务整体打包，交由沛县兴蓉公司负责实施。作为沛县和兴蓉集团首个 PPP 项目，也是国家、省 PPP 双示范项目，公司计划通过“平稳移交、规范整改、规范运行”三个阶段，全面完成项目投资预期目标。2016 年 11 月，沛县自来水公司正式被沛县兴蓉水务发展有限公司托管，开启了供水管理的新模式。2017 年 8 月，沛县供水 PPP 项目成功入选全国十大示范水务项目案例。短短一年多的努力，沛县兴蓉供水管理已上新台阶，得到县领导和广大用水户的肯定，不仅保证城区供水，还保证了全县大部分乡镇的区域供水。目前水厂二期扩建和水的深度处理工程已在建设当中。

目前我们公司占地面积 13.4 亩，地表水厂占地 140 亩，公司员工达 160 多人。供水已由原来的老城区、新城区到现在的开发区，用水户从原来的 100 余户到现在的 8 万余户。地表水厂每天生产水 6 万多吨，供水量达到 5.5 万吨。小区供水设有二次加压泵站，32 层高的楼房水压稳定，水流畅通。抄表已包给外包公司，新型智能表、远程表直接在微机上显示用水数量。新管道铺设已抛弃原来的水泥管、铸铁管、塑料管，采用使用寿命长、强度大、不易老化的 PE 管、球墨铸铁管，由挖掘机、顶管代替了人工开挖管沟，老管网改造正在进行中。信息技术的应用已涵盖了公司生产、经营管理的各个领域，公司大力提倡和推广计算机技术，完成的信息化项目有：供水业务综合管理系统、公众号查询收费系统、掌上电脑抄表系统、业务报装管理系统、管网 GS 系统。在企业管理方面，公司已建成办公楼局域网络系统。信息化建设将现代先进的信息管理技术融入了公司各项管理工作中，大大提升了公司管理水平和工作效率。

回忆供水四十年的发展历程，我和一些老员工们感慨万千，感恩党中央的英明领导，改革开放四十年，供水事业发生了翻天覆地的变化，许多梦想变成了现实，勤劳智慧的供水人迎来了美好的春天！“水甘于处下，利万物而不争”，这种无私奉献的精神潜移默化地影响着我们每一位供水人，将水的文化深深植根于供水服务当中，自来水的变迁，更是城市文明发展的见证。大家纷纷表示，供水路上将更加团结一致、锐意进取、不忘初心、造福于民，紧跟时代步伐，谱写供水事业的新篇章。

锦绣家园入画来

魏文坦

2011年，当江苏省“美好城乡建设行动”一落地，沛县人便开始努力实现锦绣家园入画来的中国梦。看得见地绿水清，望得见蓝天白云，记得住乡愁，勤劳的沛县人遵守社会与自然和谐发展的理念，用智慧和辛劳，打造出一个个天蓝、水清、地绿、人更好的美好新家园。

走进张寨镇陈油坊村，看到的是一眼望不到边的葡萄架和别致的农家乐风光，宽畅洁净的水泥路。青瓦白墙古朴典雅的农家小院，门前花坛鲜花朵朵，院后果树绿荫成行，一派怡人的田园风光。夜幕降临，“广场舞”的节拍点燃了村庄的激情和律动。谁也想不到，在2011年之前，它还是一个标准的苏北农村。

八年间到底发生了什么？

让我们的视线重回八年前。2011年，省委、省政府提出“美好城乡建设行动”，沛县涉及15个镇、1个农场、1326个自然村，面广量大。村庄街巷、房前房后、田间地头、学校社区，千头万绪，该从哪儿下手？

人民对美好生活的向往就是我们的奋斗目标。2011年9月，沛县“美好城乡建设行动”的集结号吹响。县委书记亲任政委，县长任总指挥，住建、规划、城管及相关部门主要负责人为领导小组成员，各乡镇（场）、村全部纳入了“横向到边，纵向到底”的组织网络。目标任务被细化分解和层层落实，县政府与各镇签订责任状，一场人人参与、针对村庄建设与环境整治的战役打响了。

说是战役，一点不为过。当时的村庄还沿续着几百年来的习惯。建筑垃圾乱堆乱放，生活垃圾随地乱倒，畜禽粪便和生活污水满村遍流，夏天全村臭气熏天。沉疴宿疾非一日之寒，彻底改变也非一日之功。好风凭借力，扬帆正有时。沛县作为全省首批、全市唯一一家村庄建设与环境整治试点县，拿出张庄镇姚楼、张寨镇陈油坊等八个村庄先行先试，谋定后动。在整治行动中，沛县把规划放在最重要位置，只有高起点的规划，才能造就高境界的成果。规划先行，充分考虑当地地形地貌、生态环境和人文景观，因地制宜，科学规划设计出一批各具特色、乡村风情浓郁的村庄，田园风光型、原生态型、乡村旅游型、历史文化型等等，充分彰显汉文化地域特色和历史人文渊源，避免千篇一律、千村一面。

规划的同时，人、财、力保障一一到位。县领导赴村驻点，吃住在村，指导、帮扶、督察，一站式服务，一竿子到底，为民办实事。制度创新大联动，让整个行动更具有执行力。建立多渠道资金投入机制，按照“政府补助、部门扶助、社会赞助、农民自助”的四项原则，2011 年到 2015 年累计投入资金 3. 86 亿元，全部用于农村环境综合整治。

建设美好城乡，重点在农村环境综合整治，难点在村庄卫生及公共基础设施的配套上。自 2011 年开展村庄环境整治工作，到 2015 年，五年间共动用挖掘机、铲车、推土机等机械 11. 7 万台，出动人力 60. 75 万，新修道路面积 151. 57 万平方米，新增绿化面积 154. 28 万平方米，新增密闭垃圾箱 2000 余个，新添置垃圾桶 6162 个。胡寨镇草庙村、沛城镇任庄村等 28 个行政村，村卫生室、幼儿园、文化活动室、便民服务中心、农贸超市等公共服务设施一应俱全，一系列公共设施的“加法”为环境整治提供了“硬支撑”。五年间，全县共清理乱堆乱放 6. 96 万余处，清理垃圾 134. 85 万吨，拆除乱搭乱建 51. 04 万平方米，环境整治的“减法”让曾经的脏乱差成为历史。同时“减法”不仅让各类污染得到有效控制，也让自然资源得到合理保护和集约利用。

家园环境，用热情传播健康理念，用行动诠释文明内涵，共建美好家园，共享品质生活，这已是改革开放的沛县人的新追求。突击整治，大规模的兵团作战可以换来“焕然一新”，如何成为“常态”则是创新之举、长远之计。沛县垃圾收运首先在全省实行了“五定”责任制和“三个 1 元”筹资模式（“五定”：定岗、定人、定时、定路段、定任务；“三个 1 元”：村民每人每月缴纳 1 元垃圾处理费，各镇按每人每月 1 元配套，县财政按每人每月 1 元奖补资金），形成了“组保洁、村收集、镇运转、县处理”的城乡统筹体系；同时，村庄的设施维护、河道管护、绿化养护、环卫保洁等四支队伍的建立，使村庄环境整治管理逐步走上了制度化、规范化、地方化的轨道。此创举被省村庄环境整治办称为“沛县模式”并在全省推广。

从2011年起，沛县从最难的环境卫生入手，从最基本的净化、绿化、美化和道路硬化开始，在规划布点村突出抓好“六整治六提升”，非规划布点村突出抓好“三整治一保障”，确保在全省率先完成村庄环境整治任务。到2015年10月，沛县已打造13个省级村庄建设和环境整治试点村、4个美丽乡村及10个三星级康居乡村，全面完成1326个村庄环境整治任务。沛县人民政府、沛县住建和城乡建设局、沛县村庄环境整治办、张庄镇人民政府、安国镇人民政府先后被评为“美好城乡建设”先进单位。

沛县美好城乡的建设，改变了人们的观念，改变了人们的行为方式，也改变着人们世世代代生活的家园。现在每个村都有自己的特质和个性，都有属于自己独一无二的符号。

果树成行、缀满枝头的是张寨镇陈油坊村、鹿楼镇八堡村。

汉家风韵、古色古香的是张庄镇姚楼村、安国镇六堡村。

返璞归真、原生原态的是沛城街道潘阁村、杨屯镇西姚桥村。

历史遗留、湖畔渔家的是大屯街道安庄村、沛城街道小渔村。

现代气息、新型社区的是胡寨镇草庙村、栖山镇胡楼村、沛城镇任庄村。

咫尺泥泞通向海角天涯

张文华

小的时候，老家发生过一件趣事：两辆迎娶新娘子的手扶拖拉机同时开上一条土公路，可窄窄的土公路却只能通过一辆车，按照农村风俗，谁走在前面谁占上风，为此双方发生争执。其中一位新娘子急中生智，跳下车自己抢先跑进了婆家。这件事过去三十多年了，我至今记忆犹新。

我家在江苏沛县河口镇以东三公里处。那时通往乡里的农村路可以用羊肠小道来形容，宽仅可通过一辆平板车，中间还要经过一段一公里长的漫河洼子。有一年夏天下暴雨，我和同学们只好冒险蹚着齐腰深的河水去上学。那个时候不要说骑摩托、乘汽车，就是自行车也没有福分享受。“晴天尘土飞扬，雨天稀泥咣当”的土路上留下了我深深浅浅的足迹。

20 世纪 80 年代初，农村实行联产承包责任制，自家地里种了一些瓜果蔬菜，我和哥哥用平板车拉着到东部沿微山湖的乡村去卖。头天晚上把车装好，次日早上两三点钟就开始赶路，先在集市上卖，卖不完的还得遛乡去换稻米，每次回到家都是深更半夜。去时拉着上千斤的瓜菜，来时拉着三四百斤的稻米，茫茫夜色里，在崎岖不平的土路上深一脚浅一脚地摸索，又累又饿又困，心里不免暗暗骂道：这是什么鬼地方，什么破路啊！

20 世纪 90 年代，市县公路大改造，土路改造成沙石路，沙石路改造成柏油路，城乡交通基础设施大为改观。但是广大农村依然交通闭塞，镇村、村村之间的道路晴通雨阻，农村经济发展、农民致富奔小康的进程受到很大限制。从 2003 年起，农村“五件实事”开始实施，新一轮公路建设向村头、田头和老百姓的家门口延伸。在修建我们村到河口镇区的公路时，群众表现出空前的热情，几位老党员和退休教师自发组织起来，动员群众清理路面，加宽路基，当起了农村公路建设义务监督员。他们拿着卷尺，一会儿量路面宽度，一会儿量厚度，专人监督原料配比，说实话，干自己家的活也没那么认真过。新路铺好时，乡亲们像对待刚出生的婴儿一样，二十四小时轮班看护，不让有半点损毁。新路开通那天，适逢河口大集，大姑娘小伙子骑着自行车、摩托车，春风满面，哼着小曲，兴高采烈地去赶集。几位上了年纪的老人背着手在路上来回踱步，那表情丰富又复杂。千百年来两腿插在墒沟里的农民一出家门就走上了水泥路，坐上了进城的班车，世代种地的老百姓再也不用跋涉泥泞，再也不因道路艰阻而一脸无奈。看着平顺通畅的公路，老人们饱经沧桑的脸上堆起岁月风蚀的皱纹，露出了灿烂幸福的笑容。

几十年过去了，独轮车、木轮马车、平板车，这些农民最常用的运输工具早已成为历史文物被封存在记忆里，如今在宽阔畅达的公路上穿梭奔忙的是各种豪华的小轿车、宽敞的公交车和多拉快跑的大货车。公路环境优美，车在画中行，人在景中游，便利的交通条件使古老的乡村焕发出勃勃生机与活力。工厂相继安家落户，城乡商铺林立，运输方便快捷，农民养的鸡鸭、种植的蔬菜在路边地头就被各地商贩抢购一空。有雅兴的人们从沛城出发，只需驱车十几分钟就可以到达微山湖码头，乘坐豪华游船，尽赏万亩荷花，遍览微山湖风光，聆听铁道游击队的神奇传说。

2010 年底，贯穿沛县的徐州至济宁高速公路部分建成通车。现在到南京、郑州、济南可以早出晚归，即便到北京、上海、西安，也仅仅半天行程。再看今日沛县，陆路车流如织，运河机声隆隆，列车南北飞驰，商贾云集，货畅其流，百业兴旺，经济繁荣。2011 年底，家乡沛县全面达到小康。想到这里，我由衷地感叹：世界变小了，距离变短了，生活变美了，短短三十年，真是天翻地覆啊！

站在宽敞的马路上，迎面吹来清爽的风，看看匆匆的行客、如梭的车流，我的心里好一阵感动。难忘家乡的路，由窄变宽，由弯变直，由坎坷变平坦，由咫尺泥泞通向海角天涯……

仰望家乡多变化

张 玉

沛县，简称“沛”，因古有“沛泽”而得名，江苏省徐州市下辖县，位于徐州市西北部，是江苏的北大门，独拥千年汉文化、万顷微山湖、百里故黄河，素有“千古龙飞地，帝王将相乡”的美誉。小时候对自己的家乡印象最深的就是，我们沛县是刘邦的故乡，出了一位布衣皇帝。沛县人喜欢喝沛公酒，吃鼋汁狗肉。小朋友最喜欢的公园是汉城公园和泗水亭公园。那时候汉城公园里有马戏团，有小矮人表演，公园设计布局独具匠心，每一个角落都有自己的特色，草坪青翠又柔软，我和小伙伴就喜欢在上面做游戏。那时候虽然自己的零花钱很少，只够买一个面包和一瓶饮料，但对公园特别向往，盼望着周末能去公园游玩。

随着时间的飞逝，我长大了，功课越来越紧张了，很少去公园了，只是过年过节去逛逛，但是一次比一次感慨，儿时的记忆都已不在，只剩下汉魂宫在那里矗立。高中三年忙碌着自己的学业，大学四年我在扬州过得很充实，利用空闲时间在扬州瘦西湖、个园做讲解员，可以说是半个扬州人，对扬州城的历史、人文、旅游资源等等比自己的家乡都了解。大学毕业后，家人希望我回家乡工作，碰巧县事业单位招考旅游管理专业的毕业生，爸妈帮我报了名，也许是运气好，我竟然考进了县旅游局。说实话我是既高兴又失落，毕竟家乡是一个苏北的小县城，暂时还比较落后，旅游产业发展和苏南相差十万八千里。既来之，则安之，我放平心态来到了单位报道，当时的办公环境也是不尽如人意，只能在狭小的打印室办公。第一天报道，局领导发了一本《沛县旅游导游词》和一个光盘《沛县旅游之歌》。当时第一感觉是，我对自己的家乡了解太少了，但很快我便通过这本书对这片土地的旅游资源有了更深的了解。这里不仅有歌风台、大风歌碑、泗水亭、汉魂宫、射戟台、琉璃井、高祖原庙、老子隐居处等众多的历史文化景点，有沛公园、汉城公园、滨河公园、汉之源等多处文化景区，还有微山湖和大沙河两岸美丽多彩的生态文化、民俗文化和自然风光。在这片美丽富饶的土地上，自然景观和人文景观相互映照，展示着沛县历史的厚重、文化的灿烂、风景的美丽和生机的蓬勃。面对如此美丽的家乡，我怎能不好好工作，全力以赴地发挥自己的专业特长？2011年，县旅游园林局机构改革，旅游、园林分家，分别成立沛县旅游局和沛县园林局，我被分到沛县旅游局，从事旅游行业管理工作，负责对星级酒店、旅行社、A级景区的监督管理工作以及A级景区的评定。在此期间，我参与了东北大酒店、金沙大酒店星级评定工作。2014年，经过全局努力，千岛湿地景区获批为国家4A级景区。2015年，我配合安国镇把三诸侯文化园景区成功创建为国家3A级景区。

平时的工作忙碌又充实，一边学习一边工作。2011年，千岛湿地景区在紧锣密鼓的开发建设中，从芦苇荡变成了微山湖千岛湿地度假区，我感慨于政府的招商引资，招来了这么好的一个旅游项目。千岛湿地度假区规划面积17.3平方公里，总投资30亿元，由湿地公园、水上会都、湖西文化园、东原度假村、湖西影视城、安庄渔村、龙湖码头等组成。2012年11月被江苏省政府批准为省级旅游度假区，成为徐州市首家省级旅游度假区和环微山湖首个县级获批的省级旅游度假区。2013年12月又获批江苏省生态旅游示范区。2014年11月，千岛湿地景区获批国家4A级旅游景区。在这里可以在乡间茶寮中，三五相聚，品茗叙旧，抑或“开轩面场圃，把酒话桑麻”；可以漫步在田间小道上，眺望生气勃勃的田园景象；也可以在恬静清幽的池塘边，持竿垂钓，一览无边风月；也可以骑单车或乘坐电瓶车，漫游在田园山水之中；如果你还钟情于生态绿色的饮食，你可以在风情水街里，细细品味充满乡土气息的渔家风味……

转眼间，从大学毕业到现在已经八年了，我也升级为一位母亲，几年间沛县的旅游事业可以说是从小到大、从弱到强的跨越式发展。目前，已拥有国家A级景区九个，涉旅酒店百余家，省四星级乡村旅游点六家，全国休闲农业和乡村旅游五星级示范企业一家，市级农家乐十三家，省级特色景观旅游名镇两家。安国湖湿地获批国家级湿地公园试点。千岛湿地获批省级湿地公园、省自驾游基地、省级旅游度假区，成为环微山湖和地区县级首家省级旅游度假区。“刘邦故里二日游”“大汉之源寻根游”“生态休闲体验游”“醉美乡村一日游”四条特色精品旅游线路日臻成熟，三小时旅游圈逐渐形成，年接待游客量达一百万人次，旅游综合收入达十多亿元。沛县先后被评为中国最佳生态旅游县、最佳历史文化旅游名城、区域休闲旅游目的地城市、长三角最佳慢生活旅游名城、长三角一百个最佳旅游休闲名城。2020 年，沛县将创国家全域旅游示范区。

从刚开始的抵触到现在的热爱、执着，我想用实际行动为家乡的旅游事业贡献自己的一份微薄之力。希望再过几年，随着乡村振兴战略的实施，我们沛县的旅游业能迎来新的机遇，我们的乡村旅游景点都能车水马龙，游客络绎不绝，让老百姓的钱包通过旅游鼓起来。

沛之南看巨变

樊玉鹏

路

本家的叔和婶子都在成都工作，二十多年没回老家了，婶子带着两个弟弟回老家来探亲，在张庄汽车站竟找不到回家的路。

当时，他们乘坐的大客车在车站停下后，售票员喊他们下车。下车后，婶子环视一下四周，着急了，急急跑到车门前，喊道："错了，错了，我们原本是到张庄的，为啥把我们拉到沛县城里来了？"售票员说："你们的票是张庄的，不错吧？"婶子说："不错。"售票员回了句"不错就行"，关上车门就走了。

婶子站着街头，看着伸向远处的马路上车水马龙，宽宽的街道两旁商铺林立，楼房层层叠叠，若有所思。

突然一声吆喝："烤红薯，刚出锅的，又香又甜的热红薯！"

婶子转身凑上去，说："这位大哥，这里是什么地方？"

"张庄，是来走亲戚的吧？买几块红薯带着，在俺张庄你打听打听，俺烤的红薯——"

婶子忙插话："这里可有个庄叫陈场？"

"你问到家了，俺姓张，家住王楼，王楼陈场隔道沟。你找谁，只管问。"

我婶子说出俺叔的名。

"俺和他是小学同学，前后位，他学习好，考上了大学，听说全家都在四川工作。哦，想起来了，你是弟妹吧？”

婶子答应：“对。”

“哎呀，大水冲了龙王庙，真不敢认了。你们要回家，顺这条长江路往西走，二十分钟到庄头。”

“这里还有长江路？”

“咱这里路多了，不光有长江路，还有珠江路、黄河路、运河路、民安路、民福路、民祥路、振兴路、东环西环路、南环北环路。”

他一口气说出了十几条路，婶子和我的两个弟弟听迷了，小弟弟说：“爸爸常说老家是穷乡僻壤，交通闭塞，看来是骗我们的。”

婶子说：“我和你爸爸结婚时就是这样的。”

大弟弟忙拿着相机沿街拍照。烤红薯的老张又将几块热腾腾的红薯塞到小弟弟手里。婶子说：“多照点，给你爸爸传过去，看他还认不认识生他养他的地方，再尝尝家乡的红薯是啥味儿的。”

车

赵家买自行车了。这一消息比大风刮的都快，没出三天，左右东西庄上的人都知道了。

那是70年代后期，自行车在张庄农村还是很少见的，所以俗称“洋车子”。

赵老汉其实那时才四十多岁，因买自行车出了名，也为此出了丑，就不提名姓了。唯一的儿子二十好几了，没相上媳妇，原因一个字——穷。

老汉恼了，谁说我穷？我要赶时髦，于是狠狠心、跺跺脚，卖了两只大肥绵羊和一头半拉子肥猪，专程跑徐州百货大楼买了一辆崭新的上海造永久牌自行车，另外买了一块防震手表。

回到家，儿子跨上车，手脖子戴上表，并把袖子卷得高高的，真是一表人才，别人见了眼圈都红了。没过几天，说媒的找上门来，赵老汉开始挑挑拣拣了。

随后，借东西的人也上门了，这个说：“二大爷，您的车子借我用用，走趟亲戚。”那个说：“他二叔，俺儿子去相亲，车子再忙也得给俺骑骑。”开始时，赵老汉骄傲地一挥手：“骑去。”后来，碍着面子，关系好的人借车，低头哼一声：“慢骑。”再后来，就有点不耐烦了。原因是，车子送来后，赵老汉在擦洗过程中，总发现是旧痕加新伤，甚至还负重运行。他想，这样下去，私车变成公车不说，很快新车就变成旧车了。

赵老汉又恼了，推着车，到徐州城边一家自行车修理铺，找了一把锈迹斑斑没闸没铃的旧车把，叫修车师傅换下新把。修车人说：“人都是好马配好鞍，你是好马套狗头。”坚持了半天，车把还是换了。

车子是新貌换旧颜，青年人嫌出门难看，不来借了，可赵老汉儿子出门时，又把旧把拧下来换新把。更多的人明白了他的心思，再不舍脸借车了，就连说媒的人也不上门了。更可气的是，原来与儿子相看过的人家相继传话：“女儿相不中。”原因再明白不过，人家进了庄打探时，都说：“那家过日子太细。”话里有话，都是自行车惹的祸。

十几年后，赵家相继买过脚蹬三轮车、机动三轮车、摩托车、各式电动车、面包车、小轿车，没人稀罕了，你有我也有，家家有俩仨。

2016年，赵老汉的儿子在南方打工回来，开来了一辆进口宝马车，据说价值四百多万元。村里人也见怪不怪，无所谓的样子，有人跟赵老汉闹笑话：“让你儿子把方向盘换了吧。”赵老汉只是笑笑说：“别提，别提。”

衣

我家大姨住徐州市白云山西侧，有一个表哥、两个表姐。2000年前，在节衣缩食的年代里，大姨家给我们提供了源源不断的物资援助——衣服。

衣服不是新的，都是表哥表姐穿过的，还有大姨邻居家的，都让她老人家收拢来了，有男装、女装、青年装、老年装、童装，还有鞋袜。这些我们都不嫌弃，只要穿上夏日不晒皮，冬天能挡寒，就是好东西，如不是亲戚，谁舍得给你。大姨把衣服都装在布袋或麻皮袋里，只等我去背。

我家兄弟姐妹多，每次我去城里，他们都翘首以待，袋子口解开，像分战利品似的，你挑我抢，欢天喜地。

每次我都庄严地声明：穿多少拿多少，不准库存。

那年月，我们家的人在村里走过，或是赶集上店，穿的衣服从料子到款式都是极其时髦的，人们见了，嘴上不说，心里却是眼热。穿不完的衣服再送给邻居家，人家是千恩万谢。

可是风光不能永存。2000 年后，城里的布料和款式逐渐转移到俺张庄来了，弟妹不愿再穿我费尽体力背来的衣服，说什么那是二手货。

紧接着，缝纫组、缝纫点的生意红火了。但也是风光一时，大家认为，本地的裁缝是土生土长，布料是真材实货，但款式不赶潮流。

男女青年开始出入成衣店，大都市里能买到的款式，那里全有，什么韩流、苏式、民族式，接着服装超市也在张庄镇上开张营业。尤其是儿童服装，更是百花齐放、百家斗艳，是改革开放给祖国的花朵们带来了幸福的今天。连老年人买衣服也是只讲款式和色彩，不讲价格和耐穿。晚上，你到俺张庄汉韵广场的舞池里看一看，那里仿佛在举办服饰展，让你眼花缭乱。

从管管厂到工业园

张庄最早的工厂之一是张庄水利制品厂，是为兴修水利服务的，主要是造洋灰管子，供乡里打井队打机井用，群众称它为管管厂。工人是从各大队抽调来的，生产队里给记一个劳动力的工分，厂里每月给每个工人十五斤大米和十五斤红芋干子。一共十二元伙食费，粮食是用伙食费从粮管所买的水利粮，剩下的才是正式的伙食费，大约还有七元左右。这样的待遇使不少在家干活的青年人都托人进厂。

当时，镇上还有一家工厂，叫农机修配厂，二十多名工人都是从村里找来的木匠、铁匠或会摆弄点机械的能人，主要为生产队修理农机具，为村民维修镰刀、锄头、抓钩等各类物件，也可锯木料或做各种木工活。工资每月三十元，拿出十五元交给生产队里买一个劳动力的工分，吃饭自带馍菜，待遇虽不高，但也算是正式的工人了。

农村实行大包干后，乡里的领导们开始认识到发展工业的重要性，不但能增加财政收入，还能让农民当工人挣钱，于是开始投资办工厂，并成立了企业管理站，组成一套班子专管此事。至 1982 年前后，先后建成了粉末厂、碳素厂、酒厂、五金福利厂、泡花碱厂等十一家企业。由于是集体企业，工人吃大锅饭，厂领导都是村支书村主任转行过来的，外行领导外行，真正能挣钱的厂子很少。不断有厂子出现亏损，亏少了，接着干；亏大了，再换个头头，仍是支书或主任上任。为此，乡镇企业表面上轰轰烈烈，实质上没能为张庄的经济发展做出什么贡献。

1998年，张庄镇第一家私营企业——徐州世奇桑拿设备有限公司成立，产品为光波浴房，并以出口为主，在全镇引起轰动。当时在全国人大任职的费孝通曾来该公司参观并题词：发展医疗事业，提高人民健康水平。私营企业成功的先例，使党委政府做出决定，于2000年对全镇所有镇办企业进行改制，全部转为私有。自此，私营企业大力发展起来。十几年来，张庄的大小工厂、企业已达近百家。

2010年，张庄镇党委政府决定在镇区北部成立工业园区，规划用地面积三平方公里，并经徐州市委批准，成为全市四十四个工业集中区之一。园区内划分为新能源新材料、高端制造、智能家居三个产业园区及一个物流园。区内道路为“六纵五横”，总长度十五公里，现已完成十万平方米的标准厂房建设，道路“两纵两横”，入驻企业三家。

翻看今天张庄工业发展的蓝图，记忆中的管管早已无影无踪。

从羊肠小道到马路通衢

高伟伟

我的家乡是一个只有在沛县地图上才能找到的小村庄。在我童年的记忆里，根本没有见过像现在这样平坦的路，都是一条条的泥巴小路，弯弯曲曲。在晴天时，路面被晒得十分干燥，汽车呼啸而过，后面会扬起好大一片尘土。如果遇上大风天，人们就仿佛置身于“土海”之中，颇有黄土高原的味道。一到下雨天，那就更糟了，路面上冲出一道道的小水沟，有的地方泥水混在一起，走起路来深一脚浅一脚的，头上顶着雨，脚下踏着泥。那时最大的愿望就是村里能铺上一条平坦的柏油路，不用再走这烂泥路。

岁月匆匆，光阴荏苒，随着经济的飞速发展，我的家乡也发生了巨大的变化。昔日的那些泥泞小道，至今还深深地印在人们的记忆深处，几代人出行不便的辛酸和苦痛，每每被人们当作“忆苦思甜”的素材提出。在我上初中的时候，路的结构已是土与沥青混合在一起的了，虽然路是平坦了很多，但因为是沥青和土铺成的，结合不是很好，整日风吹日晒，加上各种车辆不断碾轧，导致它千疮百孔，因而每年都要修补，路面上尽是大大小小的方块补丁，高低不平。特别是下雨后路面更滑，车辆有时都无法通行，骑车上学的时候都要小心翼翼的，如果急速转向或制动，随时都有打滑的可能。如在炎热的太阳下，尤其是在夏天，那种难闻的气味实在让人难受。

经过四十年的改革开放，村民们的观念发生了变化，集体经济有了一定的发展，村民有了积蓄，主动提出要扩修这条路。村委会因势利导，顺势而为。全村男女老少热情高涨，不到半个月的时间，一条平坦的水泥路修好了，路面从村里一段一段地拓宽辐射，路宽也由原来的五米扩宽到十米。道路两旁设计了绿化带，都种上了绿树、红花，互相映衬，好像一幅美丽的风景画。后来，县里按照社会主义新农村建设的要求，不断加大农村公路建设的力量，深化农村公路建设试点，大力实施了“村村通”柏油路工程，村与村之间用柏油路或水泥路相连，使农村的公路建设有了彻底的改观。来来往往中，有摩托车、农用三轮车、拖拉机，还有小汽车。陌生中含着亲切，古老中充满着生机。村里的少男少女们也挣脱了守旧观念的羁绊，纷纷走出家园，去领略外面精彩的世界。昔日“乘车难，路途远”已成为历史，如今的我，有事没事总喜欢回家乡看看，感受一下家乡日新月异的变化。汽车奔驰在笔直的公路上，坐在车里，公路两旁飘来阵阵花香，望着那硕果累累的瓜果园，眼前浮现出一幅幅“大路入云端，江河飞彩虹”的壮丽画卷，那四通八达的公路网上，车水马龙，处处一派欣欣向荣的景象。

伴着我们伟大祖国改革开放四十周年的宏伟钟声，历经沧桑的岁月之路早已发生了天翻地覆的变化。穿梭在条条通往城市的路上，脚下的水泥路现已宽阔了一倍多，而且越发笔直光亮。私家轿车如同当年自行车走进百姓家庭一样，渐渐多起来。大大小小的公共汽车、个体中巴一辆接着一辆。最方便的是通往沛县的专线车，十分钟流水发车，去城里办事非常方便。倘若想出门乘坐出租车，给村里几户有车人打个电话，出租车马上会开到你家门口接你。安步当车的年代一去不复返了。

一条路的变迁总是与它所处的时代特征紧密相关，没有改革开放，就不会有家乡小路的巨变，在这个巨变期，我们这代人只不过是阅读家乡巨变某个篇章的一个逗号。多少次，我透过那宽阔的道路和两旁新盖起的民居楼，看到了内在精神和文化元素的脉动，那是一种成长轨迹和文化气质、生存状态和生活方式的变迁。是的，路的变化只是农村变化的一个缩影。眼前这一条条古老又年轻的路已成为农村城镇化的桥梁。时光飞逝，转眼间来到了2018年，共和国迎来了改革开放四十周年。四十年，我的家乡发生了翻天覆地的变化，回想起来让人心潮澎湃，激动不已，更加感觉到改革开放给农村带来的富民政策。改革开放是一条强国富民之路，是五千多年华夏文明之路的延续，这条路清晰地指明了未来的发展方向。

从检二十四年看变化

孙厚鹏

身为“60后”，我是改革开放四十年整个进程的见证者；从检二十四年，我是检察工作变革一段时期的亲历者。四十年改革开放，检察机关作为改革大背景中的一个环节，其内部办案机制的变革，执法理念的转变，执法水平的提升，执法规范的加强，司法人文关怀、服务大局意识的提高等方面，在我二十四年的工作经历中感同身受。社会在进步，检察工作也在进步。变革就在我们身边的一段段经历、一个个小故事中。

1988年，我从徐州教育学院毕业，分配到湖西农场职业高中任教。虽然离家只有十几里，但大部分是坑坑洼洼的沙石和泥土参半的路段。虽然有一辆大架的长征牌自行车代步，但一旦遇上雨雪天，骑自行车就得变成扛自行车。湖区的土地一旦遇水就非常黏，走在上面，穿的靴子都很难拔出来。光着脚走，走不了几步就会甩出一只“泥鞋”。自行车更是推都推不动。遇到这样的路况，一里长的路需要花上将近一个小时。所以一旦遇上下雨天，将近一周不能回家。

学校没有单独的教师食堂，我们和学生一起吃大锅饭，伙食很差，晚上的饭更是难以下咽，经常是把中午剩下来的炖黄豆芽、冬瓜、萝卜一类的加点水，开锅以后，和上面一煮。一年多下来，我得了严重的胃病。为了照顾一下自己，我买了一个电阻丝盘成的电炉子，偶尔煮些稀饭。这虽然是学校不允许的，但校长张尊训也患有严重的胃病，所以就默许我。我也会多熬些和他一起喝。但晚上停电却是个大问题。有时，一周里边连续几个晚上没有电，稀饭喝不上，只有继续喝那“咸糊涂”。

1990年起，陆续有银行、税务局等单位向社会公开招考工作人员，但却限制教师报考。想往城里调，却没有机会和门路。1991年初，我第一次胃痉挛发作，疼得在床上打滚。1992年，我离开了湖西农场中学，进入一家“红帽子”企业。所谓“红帽子”，实质是挂名集体的个人企业。我在这个企业干了一年多，却连大半年的工资都没领够。但我心想：如果再有类似的招考，我就可以参加了吧。

1994年，县检察院公开向社会招录书记员。那时信息传播基本靠报纸、广播和电视，获取信息的渠道还是很窄的。我当时在彭城电厂施工工地。等家人得知消息时，已经是报名截止的前一天。因为电话无法打到施工工地，家里人就租了辆拉货的小货车，连夜赶到工地把我叫回家。好在赶在报名截止的最后一天报上了名。回到工地，我就开始了两个月的紧张备考。很幸运，我以笔试第二、面试第二的成绩如愿以偿。

上班的前一天，家里放了很大的一盘鞭炮，左邻右舍都来祝贺。我也成了家族里众多年轻兄弟子侄效仿的榜样。四叔家的巍巍上初中时就跟我说：“哥，我也要像你一样！”最后他考入工科院校，目前在常熟一家合资企业担任了中层管理人员。二叔家兵哥的女儿丹丹，是我们家族的第一位女研究生。她考上了徐州医学院，读研后现在上海一家医院工作。自1986年我率先考入大专院校以来的三十多年中，我们家族通过求学走出农村，走向大中城市就业的有二十人之多，留学海外两人。在我之后，进入公务员序列的有五人。小家的变化反映的是整个社会的变化。教育在进步，用人制度更公开、公平、公正，也给每个人带来了更大的公平竞争的发展空间。

说实话，报考前我对检察院仅有的一点皮毛认识也是在应考的那段时间临时堆积的。比如说书记员都干啥，当时还没有电脑，听说就是把别人说的话，用笔全部一字不差地记下来。我当时就蒙了，心想那得多好的记忆力和多快的书写速度啊！不仅我，开始好多人都对检察院不了解。刚上班的时候，我还遇到过到检察院看病的。那天，我在门卫值了一夜班，大清早就听到有人敲击铁门。我出了值班室，发现有人拉着一辆平板车等在门口，说是看病的。上班后，我告诉科里的老同志这件稀罕事，同事嗤鼻道：“这还稀罕，头几年牵着牲口来做检查的都有。”也许就因为这种现象的存在，那些年，我们年轻干警没少上街搞宣传。

我一直很怀念那身“检察绿”。大盖帽上戴着国徽，配有肩章，领花是两把剑的造型，很像将军装。不过都是化纤面料。后来发的冬装变成了

“马裤呢”料的，算是制服中最好的衣料了。检察服是豆绿色的，号称“84 式”检察服，1991 年增了领花。俗话说，人是衣裳马是鞍，那身制服穿在谁身上，都会感到荣光，同时也让我们有幸穿上的感到检察工作的神圣。

随着检察机关工作力度的加大，查处的职务犯罪越来越多，1996 年成立了反贪污贿赂局，编制为检察院下面的二级局，规格比院里的其他科室高半格，社会上习惯简称“反贪局”。反贪局成立之初，一段时间的工作重点是“加大办案力度，坚决遏制腐败现象滋生蔓延”。甚至在陆明德检察长任期里，掀起了全员参与查办职务犯罪的高潮。由此，那一身身豆绿装就不断地出现在厂矿、企业和其他单位中。虽然有一定的震慑作用，但也带来一些弊端。比如我们的制服一旦出现在某个单位，这个单位就会风言四起。于是，不准穿制服开警车进企业、初查一定级别的领导必须向县委汇报等规定逐渐出台。2000 年，检察机关全面换装。“检察绿”被“检察蓝”替代，正式退出了历史舞台。伴随着“检察绿”的退出，一系列刑事司法变革也随之而至，之后进入检察院的人员基本上没有过参加公判大会、参与验明正身和亲临刑场的经历。因为，从此以后就不再允许各地搞公判大会。《刑事诉讼法》也将死刑执行方式由原来单一枪决修改为“死刑采用枪决或注射等方法执行”。徐州市以地区为单位建设了专门的死刑执行场所，死刑在案发地执行的情况成为历史。但像我这样入职较早的人，还是经历过的。

职务犯罪中，很多人是有学历、有水平，甚至有过贡献的。只不过这些人中，有的贪欲过大，有的对法律懵然不知，有的心存侥幸，还有的人煞费心机……写这些人，就是为了在《检察日报》培训时总编说的一句话：“检察写作，就是要化腐朽为神奇，警示世人。”

说起从事反贪工作的六年，最大的感受就是时间由不得自己。查账、调查、取证、审讯、搜查、外调、追逃、出差……1996 年的中秋节我是在辽中过的。等案件办理到一定阶段回到家时，女儿执意留给我的石榴已经瘪了。1997 年的中秋节是在睢宁过的，当别人家团圆赏月时，我的同事陪着我在当地医院打点滴。当然，小的意外也经常发生。1995 年除夕，我们从徐州市北山看守所提审完往回赶，恰逢暴雪。又湿又滑的路面导致车辆来了个 180 多度的大转弯，并撞向路边。1998 年，我连续一个多月在姚桥办案点，几乎没有跨出过那几间审讯室。那时办案人少，审讯、记录、查账、取证、看护全部就靠我们三四个人。不像后来人员多了，分工细了，看护由法警负责了。那时，我们办案几乎是连轴转。一个月下来，身上布满了湿疹。当然，当案件得以突破时，成就感还是满满的。

如果说自侦工作是靠一种激情支撑的日子，那后来的综合业务工作则让我对检察工作有了更深刻的认识。2000年，我竞聘到院法律政策研究室工作，老主任的一句话让我铭记一生。她说："你在反贪局干的工作，只是一个点，到研究室，你会学会从面上看问题，格局更大。"当时的检察长张金辉也对我说："能办案的人不一定能干好综合工作，但能把综合业务工作干好的人，一定也能办好案。"正是在他们的影响下，我才在检察工作的新领域创造了属于我的新天地。很快，我成为《检察日报》第八期通讯员。我的文章陆续出现在《检察日报》、检察论坛、《人民检察》等高层次媒体上，但我始终没明白，什么才是"格局更大"。

后来，我又在办公室工作两年。2008年，院里成立案件监督管理科，我主动请缨。我是第一任案件监督管理科科长，这个科长我一干就是十年。我也是我院最后一任案管科科长，因为在2016年实行员额制检察官改革后，2018年反贪、反渎、预防三个部门又整体转隶到监察委员会。为适应发展需要，检察机关实行了大部制改革。案管科与其他内设部门合并成了检察综合业务管理部。员额制改革主要是突出司法责任制，监察委员会改革着重实现反腐败全覆盖，大部制改革强调诉讼监督职能的发挥。入额后，我们的待遇不再与行政级别挂钩，而是按照检察官级别享受相应待遇。2018年，我被评定为四级高级检察官，享受副处级待遇。

回首检察工作，我有幸成为我院第一任检察委员会办公室主任、第一任人民监督员办公室主任、第一任案管科科长；有幸第一批被评定为江苏省检察专门人才；有幸成为江苏省第一批案件监督管理研讨小组成员、第一届江苏检察文联会员。

在履职的过程中，我有幸依托这些综合业务工作，第一次提起我院第一起类案请示；第一次在全市实现人民监督员"三类案件"齐全；第一次在涉案款物检查中引入人民监督员监督的做法被高检院采用；第一次在案管部门工作中，发现毒品犯罪向农村蔓延的趋势，通过综合研判，引起省政法委书记批示，并引发全省农村毒品问题综合整治。我也因此被徐州市院记三等功一次。在检察机关信息化建设中，我有幸成为统一业务应用系统等八大应用系统的实施推动者。由于在网信应用方面工作较为突出，被江苏省院记三等功一次。

正是通过在综合业务中的太多第一次，我逐渐领会到，检察工作不是独立的，除了办案，更重要的是要将自己的工作融入社会大局。只有不断更新理念，不断规范自己，关注社会，关注民生，检察工作才会有长久的生命力。这或许是老主任说的“格局更大”吧。

二十四年，非常难得，弥足珍贵；四十年，沧桑巨变，感同身受。

法不容情人有情

张　威

说起与司法行政的缘分，现在仔细回想起来其实还是比较早的，但是当时怎么也没想到自己以后会成为一名司法行政人员。

最早缘于中小学时学校的外墙上，还有村委会的墙上，写的好像是推进全民普法之类的宣传标语，这应该是当时开展“一五”“二五”普法时的效应吧。在农田里干活时，农村的大喇叭广播中有时会有关于普法的新闻。在读高中、大学时，政治考试中有时会有关于普法之类的时政题目，老师也整理过相关的知识。

读大学时，坐公交车经过徐州百货大楼南侧路西的徐州市司法局，有学长告诉我律师考试的报名地点在司法局，司法局主管律师考试工作。这应该是我第二次了解司法行政的一点工作职能。

大学毕业后，我回沛县后成为一名教师。无意间得知沛县司法局发布法律基层服务工作者资格考试报名信息，我怀着试试的心情拿着有关证件去报名。当时司法局还在老县委（现在鑫达园小区）院内的一个比较破旧的二层小楼上，孟愚科长热情地接待了我，并认真把我的有关资料进行了审核，我顺利地完成了报名。之后通知我过几天来拿考试证，然后去市里进行了考试。几个月后，我顺利地拿到了法律基层服务工作者资格证，孟愚科长亲自将证书发给我，并欢迎我常来司法局做客。没想到后来我不仅来做客，而且调到司法局从事司法行政工作，与孟愚科长又成为同事，不过这时他已转到人民调解指导科的职位上了。这应该是我第三次了解并接触司法行政工作。

后来进入公务员队伍，对司法局的职能了解越来越多，司法局也由原鑫达园小区搬迁到正阳南路24号，与沛县人民法院相邻，在其南侧。搬迁过的司法局为一座独立院落，主楼为四楼，沿街部分为二层。办公条件较原来有较大改善，不再像原来几间旧屋的小地方。

2011 年底，根据组织安排，我调到司法局工作，这时正值“六五”普法的开局之年，我也有幸真正成为一名司法行政工作人员。到司法局首先分管的是特殊人群管理中的社区矫正人员和刑释人员安置帮教工作。

社区矫正是与监禁矫正相对的行刑方式，是指将符合法定条件的罪犯置于社区内，由司法行政机关及其派出机构在相关部门和社会力量的协助下，在判决、裁定或决定确定的期限内，矫正其犯罪心理和行为恶习，通过思想改造和劳动改造，促进其顺利回归社会的非监禁刑罚执行活动。社区矫正是积极利用各种社会资源，整合社会各方面力量，对罪行较轻、主观恶性较小、社会危害性不大的罪犯或者经过监管改造、确有悔改表现、不致再危害社会的罪犯在社区中进行有针对性的管理、教育和改造的工作。

作为司法改革的重要举措，社区矫正于 2003 年开始试点，2005 年扩大试点。2008 年 10 月，司法部在深入调研、认真总结试点工作经验的基础上，提出了全面试行社区矫正工作的意见。2009 年 9 月，“两院两部”联合下发《关于在全国试行社区矫正工作的意见》，同年 10 月，全国社区矫正工作会议召开，正式启动全面试行社区矫正工作。2011 年 2 月，全国人大审议通过的刑法修正案（八）规定，对判处管制、缓刑和假释的罪犯依法实行社区矫正；2012 年修改后的《刑事诉讼法》明确，对判处管制、宣告缓刑、假释或者暂予监外执行的罪犯，依法实行社区矫正，由社区矫正机构负责执行。这标志着我国社区矫正法律制度初步确立。刑法修改后，司法部联合最高法、最高检和公安部颁布了《社区矫正实施办法》。与实施办法相配套，司法部及时制定了二十种《社区矫正执法文书格式》，印发各地执行。2014 年，《江苏省社区矫正工作条例》经省人大常委会通过，标志这项工作推进法制规范化进程进一步加快。

沛县司法行政的社区矫正工作也伴随着这一进程同步进行。2009 年开始试点社区矫正工作，接收社区服刑人员。始终秉持积极稳妥、依法规范的原则，以夯实基础抓监管、强化措施提质效为目标，强化对社区矫正人员的监督管理和教育帮扶力度，全面提升社区矫正工作水平，最大限度地预防和减少社区矫正人员再犯新罪。

在取得脱管、脱逃、重大违法犯罪率三个“零”战果的同时，涌现了无私捐献骨髓的李洪某、奋勇追击肇事逃逸司机的周长某、勇抓入室盗窃分子的沈从某、常年到敬老院做义工的梁均某、取得发明专利的李亚某等一批改造典型。无私捐献骨髓的李洪某因重大立功，成为江苏省缓刑类社区服刑人员减刑第一人。他们的先进事迹先后被《江苏卫视》《法制日报》《江苏法制报》和法制网、凤凰网等多家新闻媒体报道，为经济社会发展营造一个安定和谐的良好环境做出了贡献。社区矫正工作科在2016年被省司法厅、省人力资源与社会保障厅联合表彰为先进单位。社区矫正中心也被省市县多部门进行表彰。

借助矫正工作的开展，县司法行政工作注重队伍能力培养，结合工作实际，建立了四支队伍，即社区矫正执法工作者队伍、专职社工队伍、基层联络员队伍、帮教志愿者队伍。制定印发了《沛县社区矫正日常工作考核办法》《沛县社区矫正专职社工考核细则》等文件，强化制度管人、管事，避免人为因素，规范了社区矫正工作开展。着力无缝对接，监管基础更加扎实。强化调查评估机制建设，把好入口关。通过认真调研，制定《沛县社区矫正调查评估办法》，对评估程序、内容和评估纪律等进行明确。规范移交接收，把好衔接关。确保人员、文书移交“双到位”，对下落不明的，及时按照有关程序提请公安机关进行网上追逃，有效防范了脱漏管现象的发生。社区服刑人员矫正期内全程实施重新犯罪风险评估工作，依据评估结果，及时完善矫正方案、调整管理级别，使监管工作更具针对性。

经过近十年的发展，社区矫正工作从无到有，从简单粗放管理到精细化、科技化管理，社区服刑人员由最初的几十人，到最多时同时管理对象近七百人，再到现在稳定在四百人左右。社区服刑人员顺利解除矫正，对涉及的每个家庭的和谐有着极其不同的意义。社区服刑工作也成为沛县司法行政工作刑罚执行职能标准化、规范化的样本。

刑释人员安置帮教工作是司法行政工作的另一项重要工作，我县每年刑满释放人员平均五六百人。做好沛县籍在监服刑人员的帮教工作，是司法行政工作维护社会稳定的重要任务。对刑释人员的安置帮教工作，也由原来简单的核查信息进一步实战化，成为多方位管理帮扶这类特殊人群的平台，实施了精准化的帮扶措施。对家庭经济条件不好的或者确有困难的人员，采用了免费的远程会见系统，使家人在沛县就可以与在监狱服刑人员视频会见，减少了来回的周折。同时对重点刑满人员采用“必接必送”的方式，这也极大限度地降低了再犯罪风险。对有职业需求的刑释人员，与有关部门联动，协助其再就业。对服刑人员的未成年子女，采用摸排建档，发挥政府职能并推动社会力量，联合帮扶。

随着单位内部人员的调整，我又分管了法制宣传工作及社区戒毒和社区康复工作。我县的普法工作，在上级指导与部门配合下，呈现出普法形式的多样化，也呈现出了一些亮点工作。在“六五”“七五”普法中，除了传统的发传单、讲课程之外，还推出了新媒体普法，利用广播电视等传媒播放动漫、视频，普法手段更易于接受。在普法宣传活动中，县人大、县政协多次对普法工作进行视察，并提出了指导意见和建议，极大地促进了普法水平的提升。并在全县范围内深入开展了“谁执法、谁普法”的活动，发动各执法部门极力开展普法活动，充分利用各自资源与优势，开展法律进社区、进机关、进企业、进农村、进校园等活动，普法活动各具特色，法治宣传和法治文化阵地不断扩大。县司法局每年利用“12·4”宪法宣传日，组织开展大型普法活动。自2011年以来连续举办了七届“全县中小学法治书画展”，调动中小学生学法的积极性、创造性。我县被评为徐州先进普法县区，县司法局被省宣传部、省法制宣传领导小组、省司法厅表彰为先进单位。我自己被中宣部、司法部表彰为全国“六五”普法工作先进个人，这也是我县历史上第一次获此表彰。目前普法形式更为快捷，通过微信、微博、客户端等方式，建立公众号、公众群，除了有普法功能，还有咨询服务功能，可以在线咨询、在线找律师，群众对法律获得的途径更为方便。

社区戒毒和社区康复工作是政府交给司法行政部门的一项新的工作，也是从无到有的一项新职能。2016年，徐州市委市政府两办的文件将社区戒毒社区康复工作交由司法行政部门与公安部门联合开展。司法行政部门负责日常监管工作，公安部门负责处置处罚，两家单位分工合作。2017年3月，通过招考，招录了25名社区戒毒和社区康复工作人员，负责日常管理工作。同时建立了县级社区戒毒和社区康复工作站，各镇建立了相应的工作分站。到2018年6月，司法行政部门接受了160多名社区戒毒与康复人员，整个工作管理有序。

2013年10月，随着县行政中心迁往新城区，县司法局部分科室也跟随迁往新城县行政中心，原办公地址仅保留社区矫正和刑释人员安置帮教。后又统一搬迁到汉邦路人防地面指挥中心大楼位置。

随着新的一轮大部制的改革，法制办职能和全县依法治县办职能，也将并入司法行政职能中。虽然目前我在司法行政工作仅有七年左右的时间，但是司法行政整体职能在不断增强，力量在不断壮大。司法实战化的水平也在增强，执法标准化、科技化也得到极大提升。我有充分的理由相信，司法行政工作即将迎来新的发展机遇。

从小贩到法官

夏 巍

那一年，失利的高考和党的十六大

9 月，因为一时的高考失利，我没能走进心目中的校园，再加上家庭突发的变故，我没有选择复读，而是在亲友们的质疑声中，踏进了沛县电大的校门。那时候我们学校的学风还不是特别严谨，看着身边的同学整天混日子，我对未来的前途也渐渐失去了信心。

11 月，党的十六大胜利召开，江泽民同志的《全面建设小康社会，开创中国特色社会主义事业新局面》的报告在全国人民中引起强烈反响。面对这次世纪盛会，我心潮澎湃，深受鼓舞。它点燃了我的梦想，让我明白想要收获就要有付出。自那时起，我就成了班里的“异类”，每天早晨六点准时到校，晚自习上到十点半。辛苦的付出总会有回报的，第二年，我顺利通过专升本考试，进入了徐州师范大学法律政治学院法学专业。

那一年，毕业季梦想和党的十七大

怀揣着当法官的梦想，我第一次参加了江苏省公务员考试，但理想和现实总是存在差距，虽然笔试成绩优异，面试准备的不足还是让我铩羽而归。或许是这些年的成长，让我很快从低落中走出，收拾好心情，在距离司法考试还有两个月的毕业季，向它发起了冲刺。但老天似乎要和我开一个悲伤的玩笑，明明已经很努力，却仍没能换来好的结果。

接连的打击让我跌到了人生的低谷，告别了亲切的校园和现代化的城市，我带着匆匆收拾的行李回到了沛县，和家人一起住在租金比较便宜的老式两居房，风一吹便满屋的寒气，让我的心更加悲凉。为了生活，我不得不放下所谓大学生的尊严，成为一名公共汽车上的售票员，一天十几个小时在车上奔波，渐渐地也治好了我晕车的毛病。但售票员些许的工资显然不足以维持家用，于是我利用晚上下班时间在县城的夜市上摆起了小摊，从开始的薄脸皮不出声，到后来的使劲吆喝，和客人讨价还价。每每被相熟的人认出来，指指点点地说原来大学生也就是摆摊的命，心里总不是滋味，但放下了心中的清高，原来生活也并非无可救药。那时的小区管理不严，基础设施也落后，每次晚上回家行走在漆黑的小巷，担心害怕之余却更激起了上进之心。

10月，党的十七大带来了全国快速科学发展的新风向，也为我带来了新的机遇。通过几个月的准备，我顺利考上了沛县人民法院聘任制书记员岗位。

那一年，人生的转折和党的十八大

法院的工作大大开阔了我的眼界，也更加坚定了我当上法官的信念。也许是工作让我接触的法律法规渐多，又或许是能静下心来备考两个多月，我终于如愿通过了司考。但因为面临着结婚生子，我忍痛辞去了书记员的工作，婚后到了一家律所上班，但我始终没有忘记当初的梦想，坚持每年备考公务员，只为能有穿上法袍的一天。

2012年，通过层层考验，我终于有幸考进了沛县人民法院。先是在民一庭做书记员，后来被分配到了全国十佳法庭大屯人民法庭。当时母亲身体不适，孩子又小，法院工作的压力很大，因法庭离家很远，中午不能回家，无法照顾生病的母亲，又生怕孩子受了委屈，再加上逐渐增大的办案压力，有一段时间，真的感觉要撑不下去了。正在此时，党的十八大胜利召开，新一届领导班子德才兼备、年富力强，给我们党增添了活力，给广大中国人民带来了新的期望，也给我的法官生涯打上了一针强心剂。

那时法庭积压案件太多，我被庭长委以诉前调解的重任，从一个月只调解几件开始慢慢积累经验，到调解二三十件。也是从那时起，加班就成了我生命中不可或缺的代名词。辛苦的付出并非为了名和利，而是为了心中最初的梦想。2014 年，我被任命为代理审判员，每年的结案数均在全院名列前茅。

那一年，情系法官梦和党的十九大

2017 年 3 月，我离开工作了几年的大屯法庭，带着基本解决执行难的使命来到执行局。刚到执行局，仿佛看到了几年前刚接触办案的我。早出、晚归，在执行过程中执行受阻、遭遇恶劣天气都是常事。我们靠的是"万众一心，众志成城"的决心和"基本解决执行难"的信念！

不忘初心，牢记使命。十九大的号召在沛县法院每一个干警心中回响。在这个崇尚梦想的时代，在这个金钱与权力至上的年代，有太多胸怀远大梦想的人，也不乏为梦想追逐的人，可缺乏的是为梦想坚持的人和当梦想照进现实的时候，守得住那份平淡与寂寞的人。在辛苦与劳累的背后，有一张张温暖的笑脸相迎，有一声声感谢做伴。我们每天奔赴在为当事人服务的路上，我们没有华丽的言语，没有在法庭上槌起槌落的威严，但我们实实在在地践行着一个法官的诺言，尽最大努力维护着人民的利益。

回首这些年，我从毕业时的青涩，到成为熟练办案的执行法官，人在变，环境更在变。拥挤的街道变得宽敞通畅，杂乱的棚户区被整齐的高楼小区替代，乡村也早早通上了公路和公共汽车。无人售票机普及，也不必再似我当年坐在车头吆喝着卖票。太多太多的改变，昭示着沛县的蓬勃发展，而我虽已过而立，却仍有一颗最诚挚的初心在侧，希望能为沛县的发展贡献一份薄力！

安监工作十年

张　静

时间过得真快，一转眼，我到沛县安监局已有十多个年头，回想过往，可以说是酸甜苦辣啥都有。

记得2005年刚到安监局的时候，我还是个刚从大学毕业的小姑娘，“安监”在我脑海里还是个陌生的概念，只知道这是一个新成立的部门。投身安监工作之后，我才知道，美好愿望背后的现实并非全然美好。单位的大部分人员都是从原发改委分过来的，全局十几个人，没有办公场所，租用一个简陋的宾馆临时办公。缺乏安全专业知识，没有安全监督管理经验，更没有安监执法车辆，很多企业还不知道安监局是个什么单位，跟他们有多少关系。

我的第一位科长姓朱，快五十岁了，非常和蔼。到单位的第一天，朱科长拿给我一本《危险化学品名录》让我看。刚毕业的我非常认真，居然把每个化学品的分子式一一标注出来，现在想想，当时化学学得还是不错的。熟悉了工作，跟着朱科长开始各乡镇地跑，越是寒冬酷暑，越要去企业检查工作，慢慢地，陌生的乡镇我全跑熟了，每家企业的工艺流程都了如指掌。那几年，跟着朱科长学会了很多东西。再后来，我拿了驾照，自己开车带着朱科长到企业检查，不亦乐乎。

2006年，安监局终于搬家了，政府在原粮食局的院里给安排了一栋两层的小楼房，我们满怀憧憬，但令人失望的是，办公室没有空调，窗户玻璃是单层的，也不密封，冬天风呼呼地吹过来，冷得后背都是鸡皮疙瘩。上班后我第一次穿上了厚底大棉鞋，穿上了棉袄，再外加一件羽绒服，看着对面粮食局楼道的暖气哧哧地往外冒，那个羡慕啊。

在这种环境下我们坚持了两年。2008年，安监局又迎来了第二次搬家，搬到了政府大院，终于有了自己的办公用房，都配有空调，冬天不冷了，夏天不热了，甭提多高兴了，更激发了我们的工作热情。

2011 年 5 月，在县委统战部和组织部的安排下，作为一名无党派人士，我有幸到沛县经济开发区挂职锻炼，挂职主任助理，负责开发区的现代服务业工作。这项工作和这个岗位对我来说都是全新的体验，我真正得到了锻炼。开发区的工作很烦琐，不仅需要联系县直各部门，更要深入到居委会这样的最基层，我第一次感到力不从心。我不断总结经验，也开始思考人生。在打造经济开发区电子商务产业园时，从设计、装修到企业入驻、产品展示及广告宣传，我和同事们不知道加了多少班，投入了多少精力。园区的企业那么多，如何选择企业？我们分析了每家企业产品的特点，了解企业的发展思路，综合考虑后选择六家园区企业发展电商，并通过宣传，引进二十余家电商入驻。接下来的产品展示也是煞费苦心，好马配好鞍，为了达到展示效果，我们几乎跑遍了全县的所有装饰公司，从款式、颜色、材料上入手，选择最合适的那个。我对广告宣传的要求也很高，比如一个颜色，为了达到满意就要调很多遍，字体也反复地修改了无数次，可谓精益求精。通过我和同事们的不断努力，克服了重重困难，电子商务产业园终于成功运营了，不少市县领导莅临参观指导，对园区的管理高度认可。

在开发区工作的时候，我也一直关注着安监局的状况。安监工作是一项比较杂的工作，安监局担当着多管局的角色，各个领域都能涉及安全生产工作，因此安监工作进入了混乱期。国家总局安监总厅管四〔2014〕29号文件正式下发，明确了安监局的安监责任，行业监管正式施行，安监工作进一步理顺。

2016 年省局下发文件，加强全省乡镇（街道）安监机构能力建设，县局及部分乡镇安监站创建达标，省局均给配备了专用执法车辆，局里又陆续配备了安监器材，统一了执法服装，安监工作逐步走上正轨。

在开发区工作了六年，2017 年我又重新回到安监局，任安监大队的大队长，这时安监局已经历了第三次搬家，在新城区办公大楼，办公条件更好了，还有了自己的会议室、器材室。我们安监力量也在增强，全局已经三十多人。但是人增加了一倍，工作量却增加了十倍，安监任务更加艰巨。安监大队人员分配在各个科室，大队也只有两人，面对各种棘手的问题，我们在摸索中前进，在前进中摸索，反复总结经验，不断解决一个又一个难题，逐渐提高工作效率。

任大队长的两年里，我又一次收获了很多。作为全市唯一的女安监大队长，我能扛住压力，胜任这项工作，我为自己有这样的勇气和毅力感到自豪。我们每周一都有例会，调度本周工作情况，每周五要上报一周的总结和下周的计划。我们大队的人员几乎每天都泡在企业，反复进行安全检查、处罚、复查等工作。

今年夏天天气异常热，三十八摄氏度的高温下，我们要到纺织企业检查，一进车间，一股热浪袭来，顿时好像蒸汽涌出，无情地喷在脸上、身上，好想退回去，但是不能，这是我们的责任，我们还是咬牙坚持往里冲。在车间里走上一圈，全身都湿透了，每天干了又湿，不知道多少次，真的很感谢我的同事们对我工作的支持和帮助。

我们这样拼命地工作，仍是避免不了事故的发生，担心的事还是来了。4 月 29 日上午 11 时左右，大家都沉浸在假日的欢乐中，我突然接到单位电话，说开发区一家企业出事故了，抓紧时间过去核实情况。我顿时感觉不妙，挂了电话，拿起车钥匙就往那边去了。到了那边，开发区的工作人员已经在了，受伤人员已经送到医院。我查看了现场情况，拍了照片，并嘱咐企业负责人全力抢救伤员。下午医院传来消息，一个重伤人员死亡了，领导高度重视，晚上县政府就成立了事故调查组，我彻夜加班写了情况报告。我真正感觉到了害怕，那两天我都没有回家，一直在加班，心里五味杂陈……

2015 年至 2018 年是江苏省安全生产执法年，最近三年安监局开始加大执法力度，经济处罚量逐年增加，企业真正意识到安全生产工作的重要性，全县安全生产事故起数明显降低。

从事安监工作的这些年里，我没有睡过一个好觉，每天精神都是紧绷的，时刻做好应对紧急情况的准备。安监工作不同于其他行业，稍有差错，付出的可是鲜血和生命！安监工作责任重大，在今后的工作中，我依然要和同事们一起，坚守这方阵地，累并快乐着。

两代六人的军装演绎

袁巍然

在我儿时的记忆里，常听父亲讲述我家光荣的革命史，这也许是对年幼的我进行的一种特殊的红色教育吧。我的伯父在中华民族最危难的时刻挺身而出，参加了共产党的抗日队伍，不幸在解放战争初期壮烈牺牲。正是由于出生在这样的革命家庭，我们兄弟六人中有四人相继参军报国，这在当地实属罕见。正是在我们的影响下，我的三个侄儿也相继参军。而且巧合的是，其中兄弟三人和三个侄子的参军时间正好都在改革开放的年月里。

出生在20世纪70年代的我也许是耳濡目染的缘故，自幼便有一种浓浓的军装情结，对军营充满好奇与向往。

当时的物质条件匮乏，我正好赶上三哥哥（1977年冬季参军）退役下来的旧军装，成了我御寒的必备衣物。我俩相差十余岁，哥哥的军装对于瘦小的我来说根本不合体，既肥又大，但是我依然感觉很自豪，还不忘向小伙伴们炫耀说哥哥是军官。那时的军装面料和款式很单一，红五角星帽徽的软军帽，绿军装全棉布料，干部服与战士服的主要区别在上衣口袋上，战士服只有上边两个口袋，干部服下边多了两个口袋。

又过了两年，我四哥也参军到了云南边防陆军某部，穿的是跟三哥一样的绿军装。

光阴荏苒，岁月如梭，转眼间我也长大成人了。20世纪80年代的最后一个初春，时值国家征兵工作改革，一改往年冬季征兵变成春季征兵。我毅然放弃高考，偷偷报名参军，结果如愿以偿。我始终记得自己第一次真正拥有军装时的情景。

接到入伍通知书的那天上午，我兴高采烈地从人武部将崭新的军装领回来，便迫不及待地从头到脚把自己“武装”起来。新军服已经发生很大变化，因为全军已经重新实行了军衔制。我领取的就是“87式”服装的一部分。这套服装除分为礼服、常服、作训服外，还特别设置了文工团团员用的演出服和军乐团、仪仗队的礼宾服。另外，还有地勤服、迷彩服、防化服、坦克服、航空服等近十种特种服装。到了部队的第二年，又配发了“87式”制式米黄色衬衣，并佩戴“一拉得”领带，还有了大檐帽。用“87式”系列军服装备部队，是我军军服史上的一个重大突破。

转眼间，一二年的军营生活过去了，衣服换了四五套，军装也慢慢穿出了些味道。这时才明白，最美的军装并非是没被穿过的崭新之时，而是在它无数次被士兵的汗水浸泡，经过一遍遍洗涤，逐渐褪色变旧之时。

上军校那会儿，正好遇到部队将原来校官以上干部才有的“马裤呢”冬常服配发至尉官。穿着笔挺、帅气的“马裤呢”回家探亲，更是一会儿都不舍得脱下，走亲戚访朋友都穿着，肩上红艳艳的学员肩章更是招惹人眼。军校毕业到老连队后，除了将成色较新的几套士兵常服送给排里战士们外，还专门把那套从新兵起就跟随着我、早已洗得发白的冬常服压在了箱底。那可是自己整个士兵青春的最好见证，我必须好好珍藏起来。

在香港回归的前一年，我的大侄子到陕西陆军某部服役，且赶上军服改革。我军开始研制面向21世纪的新一代“97式”军装。新一代军服保留了“87式”服装的优点，吸取了国际上先进国家军服的长处，与“87式”军服相比，在结构、用料、颜色、服饰及配套方面均有较大的改善。尤其是样式更为美观、大方，颜色更加协调，形成了陆军以棕绿色为主色调、海军以白色和藏青色为主色调、空军以蔚蓝色为主色调的三军颜色体系。“97式”军服共分礼服、常服、作训服和工作服四大系列，与“87式”服装相比，主要增加了礼服、夹克常服、毛衣、体能训练服、战士皮鞋、作战靴及国际通用的贝雷帽等品种，新增了绶带、军种胸标、姓名牌、臂章等服饰标志。

铁打的营盘流水的兵。就在“97式”服装即将全面配发部队的时候，我离开了部队，一直为未能穿上更加漂亮的礼服而遗憾。令我欣慰的是，我的遗憾在侄儿的身上得以弥补，第二个侄子也在21世纪到来之际来到山东海军某部服役，接过我手中的钢枪。

2004年底，全军士官、士兵更换仿毛料冬服。新式士兵常服采用全里、全衬的毛料服装制作工艺。不论是男兵还是女兵服装，在设计上尺寸都比原先的缩小了，这样更能凸显男兵的阳刚之气，更能体现女兵的倩丽身姿。正是这些以厘米为单位的微小变化，使新式士兵常服一改以往拖沓、肥大的旧样式，显得威武精干、生气勃勃。

全军从2007年起又换发了“07式”服装。这次是我军历史上最大规模的换装，涉及礼服、常服、作训服和标志服饰四个系列，共计六百余个品种。又过了三年时间，我的第三个侄子参军到了安徽空军某部服役，一身行头都是最新款式。陆军军服颜色调整为松枝绿，海军军服调整为深藏青色和白色，空军军服在深蓝灰色基础上做了适当加深。大檐帽调整了翘度，军官增加了帽檐花；夏常服为束腰式，陆军、空军和海军白色春秋常服为猎装式，使体形更显修长；增加了级别资历章、国防服役章、臂章等，重新设计了三军统一的帽徽、领花，体现了军人荣誉，强化了军服美感。国旗、军旗、长城、天安门等中国军队的传统重要标识，简洁地融入臂章、领花、胸标等标志服饰上。

现在两个侄子仍在部队服役，一个已是陆军上校。今年“五一”期间我的一个侄女结婚，两个在部队的侄子都回家探亲并穿上新礼服护送着出嫁，亲朋们说跟仪仗队似的。他们每次探亲回来，我们叔侄都有交流不完的话题，因为部队的变化太大了。就拿军装来说吧，几乎每隔二三年，部队服装都在悄然变化，品种和功能日益丰富，变得越来越美观，越来越舒适，越来越实用，越来越耐用，越来越与国际接轨，充分吸收借鉴国际军服发展的有益经验，体系更加完整配套，造型更具时代特色，用料质量明显提高，标志服饰搭配协调，穿着尽显军人威武之气和飒爽英姿。这既是我军军队正规化建设发展变化的一个缩影，也是国家综合国力日益提升的具体体现。

我骄傲！我自豪！因为我是沐浴着改革开放的春风成长进步的。四十年的改革历程，我是最好的见证人，也是最大的受益者。我及家人的亲身经历，使我深深地感受到伟大祖国的日益强大和繁荣富强，国防建设的飞跃发展。一家两代六人的军装演绎，虽然只是改革开放中的一个缩影，但是足以印证改革开放在不同方面不同领域所取得的巨大成就。

心有信仰行有力量

张立春

六十多年前，我与战友一道跨过鸭绿江。那年，我二十二岁。抗美援朝、保家卫国，我凭着一挺高射机枪，击落敌机三架，击伤四架。我的事迹在志愿军中广为传颂。复员回家后，我悄悄将荣誉封存，过着平凡的生活。

我今年八十四岁，出生于沛县胡寨朱阁村，兄妹九人。1930 年出生时，正值动荡的年代。

苦难的童年，对于我来说，刻骨铭心。

淮海战役的炮火刚刚停息，江淮大地上的敌人基本消灭。在全国解放在即之时，湖西地委响应党中央的号召，发布征兵令。为同国民党反动派斗争到底，保卫人民胜利果实，我参加了人民解放军。

1950 年，朝鲜战争爆发。

“雄赳赳，气昂昂，跨过鸭绿江！……”1952 年 9 月，我和战友们高唱《中国人民志愿军军歌》，开赴抗美援朝战场。

回忆起那段往事，我至今历历在目。当时，经过鸭绿江一处断桥，部队首长让我们停下来，全体向后转，立正向祖国宣誓。那时，我热血沸腾，激情满怀，内心发誓：一定奋勇杀敌，为祖国争光！

进入朝鲜后，冒着敌人的炮火向朝鲜阵地腹部前进。公路、铁路全被炸断，每位志愿军战士都负重前行，身背五十多斤重的物品。经过一个多月的行军，才到达朝鲜东海岸王木里与 20 军换防。

1952 年 12 月，我所在的部队从元山向“三八线”开拔。1953 年 1 月，部队进入一线阵地。我所在的高机连任务是白天防空，晚上封锁敌人碉堡。疯狂的敌人一次又一次向我军发起进攻，但一次又一次被击退，战斗十分激烈。

1953 年 2 月 15 日下午 4 时左右，一架敌炮兵校正机向我阵地飞来，指挥炮兵猛烈轰击我军阵地。因敌机腹部装有盔甲，所以有恃无恐，大摇大摆，在我阵地上低空盘旋。我看在眼里，恨在心里，紧盯敌机航向不放，当敌机进入有效射程时，立即用苏式单管高射机枪对准敌机，三个点射，正中敌机头部，敌机拖着一股浓烟栽了下来。

首战告捷，我荣立三等功，军部通令嘉奖。

1953 年夏季，为配合停战谈判，面对美军王牌第七师，我军决心打好石砚洞北山这一仗，我军在炮火配置、坦克连队、火箭炮群等方面，都做了充分准备。

7 月 10 日，天晴云散，敌 F－94 机四架，在地面炮火掩护下，从东南方向俯冲过来，因对着阳光，看不清目标，我全神贯注，寻找战机。当敌机拉起返航时，机会来了，我迅速瞄准，一阵短点射，第三架敌机被击中，冒着黑烟栽了下去。其余三架仓皇逃窜。紧接着敌 F－86、F－94 混合编队六架，又向我阵地扑来，这时二枪手负伤，被抢救下去，只剩我一人。我单膝跪地，一手握把，一手扳瞄准器，对准敌机，连续几个点射，第二架 F－86 佩刀式敌机中弹，又拖着黑烟栽了下去。接着，第四架亦被击中，拖着黑烟逃走。

四十五分钟的激战，我击落敌机两架、击伤一架。从入朝作战到战争结束，共击落敌机三架、击伤四架，荣立一等功，并获得朝鲜民主主义人民共和国一级战士荣誉勋章。

在我家中的橱窗里，陈列着一枚枚勋章，和一张张记录历史的黑白照片。

这些照片里，有 1955 年我出席在北京召开的全国青年社会主义建设积极分子代表大会，与毛主席、周总理等中央首长的合影；有 1958 年 3 月，志愿军胜利回国，金日成亲自送行，与我握手的照片；有 1958 年 10 月 29 日，毛主席、周总理在北京怀仁堂接见志愿军归国代表团的合影……

一张张老照片，诉说着那段历史，见证着那份荣耀。虽然年逾八十，但我思维清晰，只是布满皱纹的脸上写满沧桑。当年掌控机枪的大手，如今显得消瘦，满是老茧。

每当我翻阅这些照片时，总是心潮澎湃，激动不已。因为在朝鲜战争期间的表现，我作为封面人物，刊登在1960年6月1日出版的第11期《解放军画报》上。

2011年1月，我接到中央电视台的邀请，被请去录制《道德观察》特别节目《相逢》，在节目中我与一别近六十年的老战友们相聚在一起。

回忆起见面的场景，我仍然激动万分。像我们这些人也可以说是幸运的吧，根本就没想到还能过上这样的好生活，更没敢想我们战友还能见面，还能重逢。见面时，我们老战友拥抱在一起泪流不止。

作为一级战斗英雄，我在复员时，婉拒国家安排的优越的工作岗位，回到了家乡，过上了平淡的生活。我从未向外人炫耀自己辉煌的过去，在周围人的眼里，就是一位普普通通、慈祥善良的老人。

如今，我已是儿孙满堂。

至于为什么把自己的荣誉尘封起来，我这样解释：许多战友牺牲在战场，而我能有现在的幸福生活，已经足够了。改革开放四十年，我们伟大祖国发生了翻天覆地的变化，经济建设日新月异，社会稳定祥和，人们安居乐业，我们能享受到这样的太平盛世，甚是欣慰。

我把拥军当事业

张 浩

我是朱寨镇广播电视站站长，二十年间，我把拥军当事业，累计投入的资金高达一百多万元。我努力创新拥军形式和拥军载体，先后深入到西藏高原、南疆海岛、东海前哨的边海防驻守部队进行“新闻拥军”“文化拥军”，特别看望了千余名家乡子弟兵，深受部队欢迎和社会好评，成为全省有地位、全国有影响的拥军活动品牌，被中央电视台、人民网、《解放军报》等中央级新闻媒体誉为“全国新闻拥军第一人”“全国文化拥军排头兵”。众多网友留言，点赞我真情、真诚、真心拥军，是感人至深的“最美拥军人”。先后荣获江苏省委、省政府、省军区授予的“江苏省双拥工作先进个人”，江苏省双拥工作领导小组、省委宣传部、省文明办、省民政厅和省军区政治部授予的“江苏省军民共建社会主义精神文明先进个人”，徐州市委、市政府和市双拥工作领导小组授予的“徐州市拥军优属模范”，以及“徐州市关心国防十佳公民”“徐州市第二届精神文明新人”等称号。近期，又被中国关工委、中国社会福利基金会授予“全国学雷锋先进个人”荣誉称号，获“全国弘扬雷锋精神贡献奖”。2017 年，又在徐州市委市政府主办的双拥四十年“感动徐州十大双拥人物”评选中光荣当选。

我真情拥军，是源于一辈子都解不开的爱军情结。在我心中，那些流血牺牲为人民守护安宁与幸福、报国奉献的军人，不讲任何条件，不计任何回报，是最可爱最可敬的奉献者。正是怀着这种美好的情结和感恩的心，我一直坚持把对军人的热爱化作为办好事的实际行动，总是尽己所能为军人送温暖献爱心。在武警沛县中队搬进新营房的那一年，由于远离城区，有线电视一时不能统一施工进入。得知情况后，我便自己投入两千元购买了电视线缆等器材，专门协调网络工程单位架设了一条专线，又拿出两千多元购买了一台电视机相赠，终于让武警战士看上了一直盼望的有线电视节目。

多年来，每逢“八一”节、中秋节和春节，我都要购买面粉、食用油、水果等两千多元的礼品，随同县民政局领导看望慰问这些军人和军属。特别是对全县年龄较大的十多位参加过抗日战争的老革命军人更是关心备至。这些老军人都为革命胜利和现在的幸福生活做出了很大的牺牲和奉献，是有功之臣，理应让他们在有生之年感受到社会更多的温暖与关爱。一次，得知沛县籍现役军人张传震在徐州市儿童医院为患重症的儿子治病遭遇困难，我就专门去探望并送了两千元现金，春节时又带着玩具、慰问品和给孩子的六百元压岁钱到张传震家中看望，让军人全家感动不已。还有一位沛县籍现役军人胡存刚，在他父亲因病去世时，由于正在执行重要军事任务，强忍悲痛守军令。而千里之外的老家沛县丰乐村，我陪同胡存刚的母亲祭扫了胡父之坟，并把祭扫的录像和一封长信寄给了胡存刚。在信中，我这样写道：“存刚，你能建功军营，是父亲的期望，也是母亲的寄托。有你们这些优秀儿郎守边防，就是守卫着母亲和家乡……你在部队怎么想，我就在家里怎么做，前方后方，我们都同在追逐强军梦的路上!”真挚的拥军情，让胡存刚及所在连队官兵无比感动，也更加激发了胡存刚爱军精武的干劲，成为部队一等功臣，并荣获“全国百名好班长新闻人物”称号，受到习主席的亲切会见。后来，当我又得知胡存刚的母亲在家生活比较困难时，就又每月给她汇三百五十元生活费，从四年前一直坚持到现在。

我常说，国门就是营门，营门连着家门，没有军人守国门，哪有家门的安宁和幸福。我一腔真情地拥军，牵挂着那些在艰苦边关保家卫国的子弟兵，常想着为他们解难排忧。那一年，沛县人民的五十名优秀儿女听从祖国的召唤，成为首批进藏兵，远赴雪域高原戍边卫国。由于对高原环境的不适应及家人对高原环境的不了解，远在万里之遥的战士特别想家，家中的亲人也格外挂念。这就更让我感到了一种责任、一种担当。于是，我当时做出一个非常有意义的决定，借助电视摄像机为军人军属搭一条沟通亲情、相知相见的桥梁，让边关子弟兵和家乡亲人跨越万里“隔空相见”，使“双担心”变为“双放心”。我毅然拿出当时能在县城买一套房子的三万元积蓄，购置了一整套电视摄像器材，跑遍全县各个乡镇的五十名进藏战士及他们的一百多个亲戚朋友家中，逐户摄录家庭状况、亲人赠言以及家乡新貌，制作成一盘盘录像带。然后，只身一人义无反顾地踏上了万里拥军路。我辗转奔波于西藏的拉萨、山南、日喀则等地，深入到每一所驻守有沛县籍战士的军营哨所看望慰问，为每一位沛县籍战士送去家庭录像和家乡亲人的关怀与问候。一段段录像，一声声嘱托，久违的乡情、乡音，温暖和感动着每一位沛县籍战士的心，面对电视屏幕上不期而至的父母那熟悉而又陌生的面庞，战士们流出了惊喜的泪水，他们真的就像回了一趟家一样，减轻了满腹的牵挂。

与此同时，我还扛起笨重的摄像机，坚持现场采访和拍摄战士火热的军营生活。在经过一个多月的极度辛劳，返回之后，我又带着部队生活录像走访了一部分战士家庭，为思儿心切的兵妈妈、兵爸爸们，带回边关儿女平安和进步的喜讯。同时，还编制成专题新闻节目，提供给县电视台播放，让全县人民都能了解到边防军人的情况，从而激发了全县的拥军热情和青年应征边防部队的热潮，促使沛县荣获江苏省双拥模范县“七连冠”。从此之后，我每年都要挤出一段时间，采用同样的方式，上高原、下海岛，跑遍了青藏高原、南海岛礁等边防哨所，以“新闻拥军”的形式慰问家乡子弟兵，累计行程十万多公里。

我真心拥军，总是思考着拥军的方式应该紧随时代，不仅在物质层面，更应在精神层面上做些实事。出于对书法艺术的爱好，我深知优秀书法作品宣传教育和艺术感染的精神力量，这可是文化拥军的最好载体。向来说干就干、雷厉风行的我首先自筹一笔资金作为活动费用，便马不停蹄地连续数月奔波于北京、南京、西安等地，多方联络，数次登门，历经辛劳，终于邀聘到八十幅名人名家的主题书作，其中有中央军委原副主席迟浩田上将、张万年上将，解放军总后原政委周克玉上将，南京军区原政委方祖岐上将等书法造诣深厚的军队高级将领的亲笔题词；还有中国书协副主席胡抗美、申万胜、言恭达等书法名家的艺术佳作。2011 年“八一”建军节，我历时十个月筹办的“文化拥军万里行——全国特邀名人名家主题书法作品拥军巡展”，正式在武警沛县中队隆重举行启动仪式和首展，徐州市双拥办、武警徐州支队及沛县县委、县政府有关领导出席并剪彩。由此，拉开了我个人所发起的大型拥军行动的序幕，无论是活动规格还是规模，堪称国家级水准。在接下来的这几年时间里，我不辞劳苦，勇于前行，已陆续进入武警徐州市支队、山东金乡王杰家乡驻军、青州市所驻火箭军某部等四十所军营及地方举办拥军书法展。这些平时难得一见的书法力作的“精、气、神”，强烈感染和激励着每一位参观展览的战士，特别受到部队官兵的欢迎和热捧，被称为是送进军营的“文化盛宴”和“精神大餐”。新闻媒体高度关注，人民网、中新网等全国各大网站均予以宣传报道。在纪念“向雷锋同志学习”五十周年时，我又出资八万元，在北京定做复制了中国军事博物馆展出的全套雷锋事迹原创摄影图片，还整理出自己全国寻访的雷锋事迹图文资料，一并将它们与拥军主题书法作品在部队展出，更使此项文化拥军活动真正成为军民共筑“强军梦”的强大正能量。

正是与部队官兵接触得多了，我更了解部队官兵的所想所盼，在当前强军战歌唱响军营的同时，备战苦练的官兵们更是盼望能听到社会上的拥军好歌，来传递一份温暖和力量。我个人也深感当下缺少广为传唱的、紧跟强军鼓点的新时期拥军歌曲。于是，大家又把拥军真情融入优秀音乐艺术，先期出资二十万元发起和筹办了“全国征集拥军好歌送军营”活动，要把最美的歌献给最可爱的人。

歌词征集于2014年10月启动后，到2015年2月28日征稿截止，共收到各类参选作品1681首，是全国相似类型征集活动收到应征作品最多的一次。3月24日在北京的评审会上，当一首首应征作品摆在专家评委的面前时，大家深为震动和惊喜。中国音乐家协会副秘书长、《歌曲》杂志副主编田晓耕对征集活动大加赞扬，他说：“这样主要以个人之力、重金在全国征集和高规格打造拥军歌曲、用音乐艺术来拥军的公益活动，无论是从音乐文化史上还是从拥军史上来讲，在全国都是首创之举，难能可贵，意义非凡。”当时，八十五岁高龄的全国著名词作家、剧作家阎肃曾欣然应聘为活动总顾问，并亲笔题词“拥军歌声，唱满军营”。

目前，我正在抓紧把征集评选出的十五首优秀拥军歌词做成歌曲录制，专门出资聘请著名作曲家谱曲并邀请歌唱家首唱，要把全国第一张由拥军百姓征集和制作出版的拥军歌曲专辑光碟捐赠给全军部队，把最美的歌献给最可爱的人，让嘹亮的拥军歌声化为战斗的豪情、强军的力量，这也正是一位“拥军人”的最美“强军梦”。

老兵永不退伍

郝大学

我是一名退役军人，现在是大屯矿区中大注浆工程有限公司董事长，同时还是沛县蓝天救援队党支部书记。我无偿提供救援车辆、设备及场地供救援队使用，多次参与蓝天救援活动，同时鼓励自己公司的员工积极加入蓝天，服务蓝天，为家乡父老撑起一片蓝天。

勇当先锋 退伍不褪色

携笔从戎献身国防，热血男儿矢志从军。1976 年，当时我只有十九岁，积极响应祖国的召唤，怀着对军旅生活的美好憧憬，兴高采烈地步入军营，正式成为一名空军战士。在部队，我始终坚持艰苦奋斗的优良作风，表现突出，获得多项荣誉。然而在一次执行任务时，我的身体不幸落下残疾，便退伍回乡。

回到家乡后，我先后在郝寨大队担任团支部书记、治保主任等，由于思想先进、乐善好施，1998 年被郝寨镇大张庄村村民公选为村党支部书记。在上任那一刻，我便将“委任一方，造福于民”铭记在心，带领村干部扶贫济弱，开展基础设施建设。短短两三年的时间，大张庄村就发生了翻天覆地变化，为此村民还自发向我赠送了一面题有“大学好支书，为民办实事”的镜子。

1998 年的大张庄村，村集体经济相对薄弱，村内基础设施年久失修，破损严重，极大地影响了群众的生产生活。看到这一状况，我认真梳理村里迫切需要解决的民生问题，制订工作计划，明确干部职责，带领村民掀起基础设施建设热潮。搞建设最大的困难就是资金，虽然镇里拨付了一部分，但资金缺口仍然较大。为此，我先后自筹资金七万余元捐赠给村里，保证了各项工程的顺利实施。

施工中，我带领村班子成员吃住在现场，先后铺设水泥道路十几公里，翻新小学一所，修建水渠数十座，添置农业水利抗旱设施数套……一系列的基础设施建设大大改善了村民的生产生活现状，受到村民的一致好评。作为一名基层党员干部，为老百姓办点好事、实事，是分内的事，也是义不容辞的责任。

诚信创业　小作坊做出大产业

奉献社会，服务人民，光有满腔热情是不够的，要想更好地奉献和服务，必须有强大的经济基础做支撑。我苦苦地动脑筋思索，寻找着商机。当时正是煤矿开采生产最红火的时候，矿山设备维修生意非常好，1989 年我创办了一家矿山机电设备维修公司，凭借诚信，业务量逐年增加。为进一步把企业做大做强，以另一种方式为家乡做贡献。2003 年，我辞掉了村党支部书记之职，注册成立大屯矿区中大注浆工程有限公司，目前已发展为 180 多名员工，业务发展矿山设备维修、矿山注浆堵水、铁路公路采空区治理等数十种，在江苏、山东、安徽、内蒙古等省市赢得了不错的口碑。公司在矿山注浆工程技术开发方面更是发明了“含水沙层的井壁注浆方法”，申请了国家专利，在行业内拥有较高声誉。公司发展过程中，我始终关注着退伍军人、困难群众，先后安置下岗职工 11 人，安置退伍军人 23 人、残疾人 2 人、社会就业人员 100 多人。

矿山抢险救援是公司的一项重要业务内容。2017 年，山东省某矿出现井筒井壁透水喷沙事故，许多专家教授勘察后，认为透水喷沙已经超过几千立方，下井抢险十分危险，建议放弃并回填。我凭着多年的抢险经验，认为抢救还有希望，如果不抢治，矿上将损失十几亿元，不应该放弃。

经过再三商议、论证，专家与矿领导层采纳了我的建议，我挑选了六名技术人员下井抢险，在井深 483 米处。临下井前，我向公司的赵经理敬了一个标准的军礼，并告诉他带好队伍，善待弟兄们，当时我们二人泪水“唰”地流了下来，相互明白对方的心情。说实话，当时我的心情十分复杂，抢救有希望，但更有风险，这次下去有可能再也上不来，但是兄弟们还是争着抢着跟我下井，我当时非常感动，很感谢他们对我的信任和支持，没有任何理由不善待兄弟们。

经过十个多小时的连续奋战，终于把水封住了，解除了险情，当我们拖着疲惫不堪的身躯，全部回到地面的那一刻，所有等待在井口的人们，期待的眼里噙着激动的泪花，欢呼着，蜂拥向前，紧紧地抱住我们。这时已分不清是你还是我，满身的泥浆，只能看到两行热泪和一口白牙。我们相拥而泣，专家们也竖起大拇指连连点头称赞，矿领导像迎接胜战归来的勇士，也顾不上我满身泥浆，一把搂住我的脖子激动地说："好兄弟，好兄弟，是你们救了这个矿，你是我们的大功臣！"

不忘初心　闯出志愿服务新路子

不管是担任村支书，还是做企业，我都本着不张扬、不骄傲的心态，踏实做人，勤奋做事。多年来，我努力践行着自己的这份初心，积极投身社会公益事业，用爱心感动着社会。

我的公益之路最早可追溯到 1981 年，刚退役时决定将部队每年发放给我的伤残补助金全部捐出，用以帮助社会上的弱势群体，如今这一捐款已经持续三十九年。2014 年夏，我到甘肃出差，救助一名因车祸昏迷的老太太，不仅开车送其去医院，还帮助老太太垫付医药费 4000 元；2016 年，家住郝寨的王先生被查出患有白血病，因家境贫困无钱救治，我以个人名义向其捐款 1 万元，同时以公司名义捐款 4 万元；2017 年春节，我在微信朋友圈看到山东一家庭经济特别困难，不仅给其送去一车御寒衣物、生活用品，还送上 2000 元慰问金……这些年来，我参与车祸救助 30 多起，参加助学、助困、助残等公益活动 100 多次，捐资捐物近百万元，被多家公益组织授予"爱心大使"等称号，先后被评为"江苏好人""徐州市学雷锋志愿者服务先进典型""沛县优秀志愿者"。

2017 年，我牵头组建了沛县蓝天救援队。这是一群热心公益救助事业的人，由最初的几个人，现在已经发展到了 200 余人的队伍。

蓝天救援队是政府应急的辅助力量，协助配合政府应急体系完成各科灾难事故救援任务。7 月 9 日下午，栖山石楼村一名两岁男孩意外掉进枯井中，我蓝天救援队与猎鹰救援，协助消防队将男孩安全救出。2019 年我蓝天救援队已生命救援 17 次。为了给蓝天救援队助力，我购置了价值 600 多万元的抢险救援车辆、宣传车和救援装备，在公司专门安排了办公场所，并把自己的健身俱乐部提供给救援队作为训练基地。我还让公司 56 名年轻力壮的员工参加了救援队的专业培训，一旦需要，可以立即奔赴救援现场。

我愿做一个永不退伍的老兵，时刻准备着，奉献社会，服务人民。

脱下军装还是兵

序守文

1977 年 1 月出生的我，现任沛县供电公司安全监察质量部应急及综合安全管理专职。我于 1994 年 12 月入伍，在武警江西九江支队服役，1997 年 12 月退伍。1998 年 7 月底主动奔赴原服役部队参加抗洪，参加九江市新洲镇抢险救灾，先后救出群众 27 人。我被洪水卷走十多公里，获救后又带病参加九江大堤决口保卫战。

中央电视台 1998 年 8 月 4 日、8 月 8 日《新闻联播》连续播发我的事迹。同年 11 月，我出席中央军委四总部在北京召开的抗洪表彰大会，被授予“抗洪先进个人”称号，并受到党和国家领导人的亲切接见。

老班长回来了

1998 年 7 月 30 日，我从《新闻联播》节目中看到九江遭受了比 1995 年还要大的洪涝灾害，而且到 7 月底，战友们还在抗洪一线与洪魔殊死搏斗。1995、1996 年连续两年参加过抗洪抢险并两次受嘉奖的我，很快明白了今年抗洪形势的严峻和任务的艰巨。我急忙准备了 900 元路费，收拾好了衣服行李，向父母表明赴九江支援抗洪抢险的想法。父母劝我不要操这份心。我告知父母九江抗洪情况，往年的抗洪都在 7 月中旬结束，现在到 7 月底了，部队还在抗洪，而且水位比 1995 年的最高水位还高得多，我放心不下，一定要去帮帮留队的战友，为曾经养育我三年的第二故乡尽一份力。父母依了我，为了便于联系，还专门给了我一部手机，嘱咐我每天至少和家里联系一次。

7 月 31 日，我上了沛县到徐州的汽车，而后乘火车到南京。在南京，我想乘船直奔九江，可因长江水大封航，我乘火车转道南昌再转九江，于8月2日中午12时到达直属五中队。当时战友们见到我，欢呼雀跃，奔走相告“老班长回来啦”。

军装永不褪色

当天下午3点，中队接到命令，九江县赛城湖垦殖场大堤告急，湖水超过警戒水位3.68米，超最大抗洪极限0.91米，12万亩水面的湖水漫过堤顶，情况万分危急，直接威胁着垦殖场7000名职工、6000亩厂区和九瑞公路，严重威胁着长江永安大堤和永安、白华两乡的3万亩棉田和4万多名人民群众生命财产的安全。指挥员简短的动员让我顾不得连日坐车转道的疲劳，立即和部队一起登车出发，在大堤上，抢险十分紧张，大堤岌岌可危，湖水依然以每小时2.5厘米的速度上涨，随时有决口崩堤的危险。我和支队300多名官兵一道，立下“水高堤高，人在堤在”的誓言。铲土、装袋、运送、垒基，我和战友一样，争分夺秒、争先恐后，在500多米长没过脚背的烂泥路上奔跑，官兵们身上泥水、汗水、雨水交织在一起，迷彩服变成了“泥彩服”。我连续摔了好几跤，身上的衣服没有一处没泥，战友们都劝我休息一下，可我依然和以前在部队时一样，顽强地和同志们战斗在一起。我连续在堤上抢险十三个小时而未喝过一口水，与官兵一道抢运土石800立方，加固加高险段2000余米，及时保住了大堤的安全。回到营区精神稍稍松弛后，才发现自己的肩膀肿了，手磨破了，双脚连走路都很疼。

8月4日晚9时30分，九江县长江新洲围堤决口，奔腾汹涌的江水张开血盆大口吞噬着江洲镇6.6亩耕地，4.3万群众被洪水围困。灾情发生后，九江支队奉命于晚11点乘火车赶往营救。我再次参加战斗行列。面对波浪翻滚的洪水，我主动向支队长周林请缨：“支队长，我会水性，1996年也到江新洲抗洪过，情况熟悉，请让我参加救人!”

随后，我和战士们一道登上冲锋舟，摸黑挨家挨户搜索着救人，一船、两船、三船，共将29名群众转移到安全地带。约凌晨2时，当救至第四船时，由于水急浪高，冲锋船连碰两处水下障碍物后，翻入江中。我与船上3名官兵、10名被救群众掉入水中。水深浪急，我很快抓住一棵树枝，正在向上攀时，一股急流冲来，碗口粗的树被连根拔起，我再次被卷入激流中。我被波浪压在水下，不管怎样用力往上蹬，就是浮不出水面，当时我心慌了，我意识到了死亡，恐惧袭上心头。不能放弃！我告诫自己，懂水性的我赶紧调整一下呼吸，并将裤子和鞋袜脱掉，人终于露出了水面。由于天黑，在一片汪洋中我只好凭借救生服的浮力，任其漂流。在漂流了约 8000 米后，遇到一棵被水冲倾斜的梧桐树，我赶紧爬上去，等待救援。在水中浸泡了近两个小时的我，饥寒交加，等到天空露出一线亮光时，我已无力发出呼救的声音，只好用手将黄色的救生服在水面徐徐摇动，直到 8 月 5 日晨 7 点被救上岸。

堤岸上，被救的群众夹道欢迎我们归来。稍事休整后，我们又投入了营救群众的战斗。

脱下军装还是兵

1999 年 11 月，我在沛县供电公司参加工作后，始终把安全作为工作的核心，在安全管理中保持清醒的头脑，以勤勤恳恳、踏踏实实的态度来对待本职工作，并时刻告诫自己，脱了军装还是兵。

在施工现场，我时刻要求每个员工要相互监督和相互提醒、相互检查，查找漏洞和薄弱环节，防止不安全因素存在；杜绝事故隐患，坚持从小事做起，点点滴滴汇集在一起，构筑起一道坚固的安全大堤。同时，在自身的工作岗位上，我积极主动向身边的同事宣传安全知识、安全程序，在原则问题上不让步，既敢于管理又善于管理。在安全管理中，我有一张铁面孔；在与同事相处时，我有一副热心肠。在平时的工作中，积极主动为公司领导分忧。每次出工前，总会提前来到班组的材料库和工具间，认真仔细检查施工的工具、材料是否准备充分，检查各种工具是否安全可靠。我的执着和坚守，赢得了全体人员的认可。多次被供电公司评为安全生产先进个人、季度之星。

树人篇

亲历沛县教育改革发展十年

贺　伟

2007年至2016年，我在县政府工作，在我分管沛县教育的这十年间，亲身参与全县教育的改革，亲眼见证着教育的发展。十年历程，经过全县上下共同努力，沛县教育从理念、目标、思想、体系以及学校布局上都发生了巨大的改变，其中的酸甜苦辣我体会很深。值改革开放四十周年之际，我仅撷取十年间不可忘却的点滴记忆，讲述自己亲历的沛县教育事业改革发展。借此向全县广大教育工作者和关心支持教育工作的同志们谨表敬谢之意。

一、教育的硬件投入和布局调整

教育的每项工作都离不开党委政府的重视和人民群众的支持，这是教育发展的前提。教育发展的基础是投入，核心是体制机制。2007—2016年这十年，应该是沛县教育投入最大的十年，印象最深的有四次大的投入和调整。

第一次是推进校舍安全工程建设。我县对校舍安全非常重视，每年都投入大量的资金用于校舍的改造，这项工作一直贯穿于我分管教育的十年中。特别是2008年四川汶川地震发生后，扎实推进校舍安全摆上了更加重要议事日程。当时全县共有学校153所，其中普通高中6所、中职2所、初中24所、九年一贯制8所、完全小学112所、特殊教育学校1所，另有小学教学点15个。这些学校大部分分散在农村，虽然经过多年的改造，但是还有相当一部分是七八十年代建设的教室，标准不高。2008年，我们组织教育、房管、建设等部门用三个月的时间在全县进行拉网式排查，摸清底数后，分出级别，先急后缓，不论学校大小，首先尽快消除在用危险教室，这种情况多在农村偏远地方，特别是教学点普遍存在。经过三年的努力，先后投入学校建设资金2.9亿元，彻底消除了在用危房。又经过三年，把各镇中心校和农村初中从最差校舍开始，到较差校舍改造了一遍，全县办学条件取得了翻天覆地的变化，彻底消除了D级危房。这一次的改造主要在农村。印象较深的一件事是杨屯镇西安庄小学在采煤塌陷区内，姚桥矿告诉我们五年内沉陷，而校舍属于D级危房，需马上拆除重建。是异地新建还是原地重建？问题摆在我们面前。原地重建需要政府投入200多万元，五年后废弃，校舍沉入水下，但孩子上学方便；而异地新建离村庄很远，要校车接送，五年的费用至少150万元（包括购买车辆），还存在安全隐患。经反复论证后决定原地重建。现在八年过去了，校舍还在用，想想心里很安慰。

第二次调整是沛县第二中学和沛城中心校、正阳小学的迁扩建。这件事是基于沛师撤销的基础上实现的。沛县师范学校、沛县第二中学、沛城镇中心小学、沛县初级中学四校紧邻。沛县师范学校始建于1958年，隶属于市教育局，学校占地面积113亩，1998年顺利通过江苏省中师办学条件标准化评估验收。2005年4月，学校升格为徐州高等师范学校沛县分校，即江苏教育学院徐州分院。数十年来，学校秉承优良办学传统，为国家输送了两万多名优秀毕业生，不少毕业生走上了各级领导岗位，有的成为教授、特级教师、名教师，更多的成为教学骨干。但由于我国高等教育迅速发展，中专学校已经不能满足当前迅猛发展的时代要求。同时由于全面取消分配制度，学校吸引力大幅下降。面对这种情况，市政府充分认识到沛县师范学校发展前景受限，为进一步盘活沛师教育资产，决定撤销沛师。县委、县政府审时度势，县财政拿出2600万元补偿金给市教育局，市教育局把沛师的资产交给沛县，但明确学校资产必须用于沛县教育事业。2010年，我代表县政府与市教育局进行了交接。交接后，县委、县政府对沛县师范学校资源进行了再分配。一方面全力完善沛县第二中学创建省四星级高中的硬件，将原沛师所属体育场、宿舍楼、食堂、家属院、湖田等资产划归二中，同时又拿出4000多万元将二中西南角一并拆除，拆迁家属院，住户安置在龙城国际，同时补缴了企业职工的养老保险金，使二中的占地面积由原来的34亩扩大到121亩。为了确保成功创建四星级高中，2012

年在体育场东侧投资 2500 万元新建体育馆 5560 平方米，年底建成并投入使用，投入 1000 余万元建设综合楼。同时建设了含标准 400 米塑胶跑道的操场。校内重新规划，老校门成为副门，原沛师大门作为主门。2015 年，二中在普通高中星级评估中顺利通过四星级学校验收。另一方面扩大小学容量。由于种种原因，2009—2010 年，城区小学生源激增，班额很大，群众反映强烈。沛城镇中心小学在沛师西北角，规模很小，房屋质量差，操场在校外，中间有道路相隔，很不安全。借撤销沛师之际，于 2011 年 9 月将沛城镇中心校搬迁至原沛师校园。原沛师资源的补给，扩大了沛城镇中心小学规模。原沛城镇中心校的八棵高大的法桐树移至大风歌广场。2013 年 6 月 30 日更名为沛县曙光小学，划为县直小学。另外当时县城县直小学中，实小和歌风没有扩大的空间，树人小学在铁西，只有正阳小学东部正在动迁，但土地已经售出。为了进一步扩大小学容量，经过和开发商反复艰苦沟通，投入 4680 万元从开发商手中回购土地，使正阳小学往东扩 20 米，增加近 15 亩，重新规划校园，投入 1549 万元加盖一所综合楼，操场变成标准二百米跑道，并开北门，减轻了正阳路的交通压力，扩大了正阳小学规模。经过这一轮的改造，县直小学扩大至五所，县直小学班额大的压力暂时得到缓解。

第三次是县城四所学校搬迁。沛县城区当时有县直小学五所（实验小学、歌风小学、正阳小学、树人小学、曙光小学），县直初中三所（沛初中、五中、三中）。歌风小学占地 18 亩，规模较小，周围是住宅，很难就地扩大。三中和歌风小学门对门，每逢上下学时交通严重堵塞，很难管理，群众意见很大。三中和五中是沛县城区初中，都位于城区南部，且距离很近，确定施教区较为困难，而东部没有初中，城区东部孩子上学特别不方便。体育中学位于县城东部，主要是培养体育专长的学生，生源充足，而学校训练馆、宿舍等远远不能满足需要，需征地扩建；而徐州安保学校占地 123 亩，建设投入大、硬件好，但生源不足，专业和体育中学类似。为了使县城学校布局更为合理，扩大学校规模，解决义务教育阶段班额大的问题，促进学校资源有效利用，同时解决一些现实问题，我们在充分调研的基础上，于 2014 年初提出歌风小学、三中、体育中学和安保学校四校整体搬迁方案：歌风小学整体迁入三中，三中迁入体育中学，体育中学搬迁至安保学校，安保学校扩建并进行内部调整。方案一提出，社会反响强烈。当时只有歌风小学迁入三中，歌风小学没有意见，其余学校坚决反对，包括所在学校的教师、家长。后经过调研发现，部分教师、家长确实有一些实际困难：一是因教职工、学生多数住在原校区附近，搬入新校后离学校远，生活不方便；体育中学原来从城区中心搬到城东郊一次，现在又要搬到相对偏远的地方。二是安保学校、体育中学、三中均要维修改造，且教学设备搬迁的数量大，三校从维修改造到搬入不足一月时间，搬迁时间紧、任务重。三是拆迁居民数十户，投资几千万元，补偿资金数额巨大。但大家还是普遍认可该方案，认为这样调整是对的，这大大增强了我们调整的决心。于是我们就在原来的基础上对方案进行了完善，制订了两年实施计划。比如三中，当年九月一日开学要到三中上初一的学生到原体育中学对面的沛中去上学（沛高中教室富余，可专门拿出来一栋完全封闭的教学楼供三中学生、教师使用），对开学上初二初三（当时上初一初二）的学生采取自愿原则，实行自愿选择，可选择在现在的三中上学，直至毕业；也可选择去沛高中上学，对确实有困难的教师适当照顾。为便于管理，调整三中的校长为沛中的班子成员，负责初中学生的管理和与沛高中的协调，同时把体育中学、原工商局、原文化馆合并，整体移交给沛县第三中学，并投入2300万元拆迁安置学校西南角几十户居民。投资1380万元为新三中建一幢5000平方米的高标准教学楼，把学校内的道路全部整修一遍，新建了车棚，同时将学校大门改在西面，方便学生进出，消除安全隐患。学校总的占地面积由43亩扩大到90亩，建筑面积增至近40000平方米，学生规模由12轨增至20轨，成为沛县硬件设施一流的初中学校。2016年8月，三中搬迁工作全面完成。2014年6月，县委召开常委扩大会议，研究决定体育中学迁入安保学校，实现两所学校资源共享，共同发展。体育中学于2015年8月迁入安保学校。学校搬迁之初，遇到很多困难，安保学校担心被体育中学合并掉，而体育中学担心自己的经费被均摊挪用，市体育局也担心搬迁会不会影响体育中学的发展，还有许多家长、老师不理解不配合搬迁等等。为顺利开展工作，我们同样做了大量教职工及学生家长的思想工作，并加大硬件投入：一是在安保学校高标准建设武术馆、综合训练馆、体育场，同时拆迁部分村庄，规划建设学生宿舍楼和教师公寓。武术馆投资1871万元，建筑面积5779.22平方米，看台座位1920个，设两个展厅分别介绍沛县武术的发展历史和沛县武术十二门派的情况。综合训练馆投资4600多万元，建筑面积12000平方米，划分出蹦技馆、技巧馆、武术馆、跆拳道馆、散打馆、拳击馆等6个场馆。现代化设施一应俱全，满足各种训练要求，成为国内体育界样板建筑；操场为高标准400米塑胶跑道；学生公寓建设标准高，可满足国家技巧队集训，也可接待高水平运动队来沛交流；面向两校教师建设2幢192套教师公寓，大大改善教师的居住条件；投入近2000万元处理原安保学校建设遗留问题。经过各方面的努力，顺利完成了体育中学迁入安保学校。歌风小学在原三中的基础上高标准重新规划。投入近亿元在原三中操场上规划建设教室，一层架空作为学生的自由活动空间，操场规划到原三中的西部，同时加开北门，使歌风小学的面积由18亩变成72亩，建筑面积由原来的10498平方米增至40460平方米，硬件达到相当高的水平。经过两年多的努力，四校调整完毕，没出任何问题。四校调整之后，县城学校布局更加合理，歌风小学、三中、体育中学、安保学校校园更宽阔，教学设备更齐全，现代化水平更高。同时又解决了很多实际问题，这些都为沛县教育的发展打下了坚实的基础。

第四次是新（扩）建四所学校。一是新城实验学校的建设。2011年，县委、县政府为了解决新城区子女就学问题，缓解老城区就学压力，满足人民群众对优质教育的需求，提早谋划布局新城区学校，决定在新城区新建一所九年一贯制公办学校。学校位于沛县县政府北侧、沛公园南侧，占地面积71亩，建筑面积23400平方米，投资13200万元，设计规模为90个班，于2014年建成并投入使用。办学体制采取名校带新校的方式，沛县新城实验学校的幼儿园和小学部由沛县实验小学承办，初中部由沛县第五中学承办。其新老校区统一配备师资，统一管理，统一考核。这种办学模式也为以后全面开展集团化办学积累了经验。为了方便学生，学校还专门统一配备午餐。经过两年的努力，办学效益非常好。为了更好地利用现有资源，降低成本，经过认真论证，2016年底又在学校的西部新增40亩土地，扩建操场和教室，专门规划建设了地下一层停车位。二是树人小学的扩建。树人小学在县城西部，规模很小，六个年级每个年级从一个班到三个班不等。并且随着城镇化的加快和开发区的发展，树人小学远远不能满足西部的需求。学校周围环境也极差，学校西部和南部有近百年的老坟地群，为县城西南部好几个居委会的公坟地，非常乱，到处是荒草，没有规划，没有道路，非常难走，下雨更是泥泞不堪，白天站在那里都有种毛骨悚然的感觉。重新规划改造成为当务之急。坟地的规划选址就是个头痛事，我们先选了几个地方，都被种种原因否定了，最终选在沿河南部与丰沛铁路北部狭长地带，高标准规划了公墓。迁坟也碰到了很多困难，好多人不愿意迁。有一位老干部，他爷爷奶奶的坟在搬迁之列，刚开始老干部不理解，经过充分沟通协商后，他带头搬迁，很让人感动。原树人小学共有三栋两层教室，其中有一栋是2004年建成的，校舍面积1380平方米，使用才十几年，刚开始我们不舍得拆，但不符合现在的教室要求，需加固，加固费用和新建差不多，而且加固周期长，加固质量不敢保证，且房屋的层高和现在的也不一致。我们再三权衡，决定拆除。经过各方努力，学校顺利建成，更名为歌风小学树人校区，为一所九年一贯制公办学校，位于沛县东风西路沛公酒厂东侧，工程总投资约1.77亿元，占地面积80亩，校舍建筑面积约32200平方米。学校按10轨九年一贯制标准建设，实施集团化办学模式，小学部由沛县歌风小学管理，初中部由三中管理，各校选派优秀教师任教。2016年暑假后，学校全面招生。三是孔庄小学的建设（正阳小学南校区）。孔庄小学位于县城东南部，属于原沛城镇的小学，虽然是徐州市市级实验学校，但规模很小，学校面积16.7亩，建筑面积1900平方米，已远远不能满足社会发展需求。在改造双靛池地块时，高标准规划了12轨72班的小学。2016年4月18日，正阳小学南校区正式开工，经过四个月的努力，2016年8月18日，教学楼主体封顶。学校占地面积52325.75平方米，建筑面积达26217.9平方米。四是新实验小学的建设。沛县实验小学是一所老校，占地约30亩，在县城的中心位置，始终苦于规模太小，班额太大。为解决这一问题，结合东风路居民点棚户区改造，决定在实验小学东部规划新建一所实验小学，该学校占地76亩，规划总建筑面积2.68万平方米，是一所高标准现代化的12轨制72班小学，配备教学楼、综合楼、实验室、图书馆、风雨操场等建筑设施。2017年7月26日开工，2018年6月竣工交付。现在看到四所学校就读的孩子，想到学校布局调整蓝图已变成现实，且得到社会各界的认可，心里还是有满满的成就感。

二、中小学教育教学体制改革

如果说学校硬件的投入是基础，那么教育体制的改革才是教育全面提升的关键。

随着经济社会的快速发展，人们对教育质量提升的呼声越来越高。面对时代的新变革与新挑战，必须转变教育理念，我们紧紧抓住教育教学体制改革这条主线，推动“德·心”教育向质量教育转变，以教育教学改革提高教学效益，以教学效益的提高推动教育质量的提高。始终坚持加大投入、改革创新、科学评价、教育公平、办学方向不动摇。给我留下深刻印象的改革共有四件事。

第一件事就是推行义务教育阶段，学校校长末位淘汰制。学生学习的过程应该是一个逐步积累的过程，小学影响初中，初中影响高中。而我们高中录取分数比兄弟县平均低几十分。由于种种原因，部分义务教育阶段学校校长从教育理念到学校内部管理，跟不上时代发展的要求，经过综合考核，发现问题多、成绩差的学校，校长的考核也基本上排在末位。为此，县委、县政府决定加大考核力度，考核办法由教育局组织所有初中校长、部分中心小学校长参与制定。根据学年初全县初中、小学的考核办法，年终组织考核，运用考核结果，兑现奖惩，对排名后三位的学校校长予以免职。该制度于2012年开始实施，实施了三年，共免去九名初中校长，三名中心小学校长、常务副校长，六名村小校长，对十八名中小学校长诫勉谈话。被免职的校长，取消其所在学校所有校干津贴；被诫勉谈话的校长，其所在学校所有校干的津贴减半。

实行校长末位淘汰制，促进校长（教干）优胜劣汰，最大限度地激发校长、教师抓教育教学质量的积极性。校干危机意识日益增强，竞争氛围逐渐浓厚。

第二件令我印象深刻的是试点合作办学。怎样重振沛县教育，沛县教育的出路在哪里？这是我们一直在思考的问题。众所周知，南通市是教育发达地区，素有“全国教育看江苏，江苏教育看南通”之说。2012年4月6日到10日，我和贺磊局长率领教育局班子全体成员、四所高中校长、三所县城初中校长和部分优秀农村初中校长一行二十多人，分别到盐城、术阳、南通（海门、如皋、如东）、南京、邳州等地考察学习，四天七地，白天学习，晚上开会，谈认识，谈感想，回来后每人交一份书面报告。目的是看到差距，找准方向，统一思想。最后形成一份调研报告提请县委、县政府研究，报告的核心建议是请进来合作办学。经县委、县政府研究决定，同意与南通如皋市合作办学。2012 年 5 月 19 日上午，沛县和如皋两地合作办学签字仪式在沛县新城区会议中心如期举行。如皋方选派 1 位校长、2 位副校长、25 位教师，沛县将沛高中的老校区作为校址，选派 1 名副校长，原歌风中学的 104 位教师由如皋方选择 76 位，落选者由教育局统一再分配。主要办学方向为高考补习班，每年办十个应届高一班，以此促进沛高中的发展。

歌风中学（如皋办学）的“活动单导学”和“高效课堂”推动了沛县的教育教学改革，激活了我县的高中教育，提高了全县高中教育的综合实力和品牌档次，初步形成各高中学校良性竞争、共同发展的格局，在沛县教育中起到了引领示范作用。

由于办学效益好，社会认可度高，2014、2015 年两年暑假期间，我们又从如皋市聘请了三位优秀校长，分别担任沛县中学校长、分管教学的副校长和分管德育的副校长，努力提升沛县中学的教学和管理水平。2015 年暑假期间，我们还从如皋市教研室聘请了一位业务骨干，担任我县教研室常务副主任，带领指导我县教育教学工作。县教研室多次组织人员到如皋市参加集体备课、教学研训等活动，有效提升了我县教研室的教科研能力和水平。同时，我县和如皋全面推行学校一对一对口帮扶，各中专、初中、小学、幼儿园也都选派校干、教学骨干等，多次到如皋市结对学校挂职学习。几年来，先后派 380 多人次交流学习，多次邀请如皋市知名校长、教研室教研员和骨干教师来沛讲学、上公开课，促使办学效益得到充分发挥。沛县中学和歌风中学的教师、学生作为“如皋市第九中学”纳入如皋市教育质量管理考核体系中，参与如皋的所有教学活动，两地高中学段，实现了“四统一”（统一教研、统一教学内容安排、统一考试阅卷、统一考核评价），歌风中学先后有 20 余名年轻教师到如皋进行为期一年的跟岗实习。合作办学使沛县教育完全融入如皋优质教学中，沛县教育的方方面面都得到了大幅提升。

实践证明，合作办学如“一石激起千层浪”，促进了高中学校之间的竞争，特别触动了沛县中学。先进教育理念和方法带动了全县各级各类学校教学质量提高。以前我县中小学的很多优秀学生都会选择到外地就读，现在不少在外地借读的沛县籍学生开始返乡入学。

第三件印象深刻的事情是学校体制改革。这件事是从沛中开始的。沛县中学创建于1923年，是江苏省首批省重点中学，现为省四星级高中。沛县中学在沛县乃至徐州市教育历史上曾有过高考九连冠的辉煌历史，也一度成为优质教育的代名词。但近年来由于种种原因，沛县中学教育教学质量逐渐下滑，高考成绩多年在低位徘徊，老百姓对沛县中学的教育质量很不满意，许多优质生源纷纷外流。特别是2010年沛中教师、学生罢课事件，更引起教育部门深思。为了破解这一难题，经过充分调研，2015年暑假，县委、县政府决定对沛县中学教育教学体制进行大刀阔斧的改革。一是改革学校领导班子。借鉴外地经验，推行扁平化的管理模式，打破现有校干框架，实施校委会领导下的年级主任负责制。分管教学的副校长兼任教务处主任，分管德育的副校长兼任德育处主任，分管后勤的副校长兼任总务处主任。通过民主推荐、组织考查，推选出三位年级主任、三位年级副主任，赋予年级主任更大的责任和权力。三位年级主任兼任教务处副主任，负责本年级全面工作，侧重于教学和教师管理，在待遇上享受副校级待遇；三位年级副主任兼任德育处副主任，协助年级主任工作，待遇上享受中层正职待遇。这样极大地压缩了管理层级，强化了校长意志的执行力和创造力，优化了管理效能。另外，所有中层正职干部一律为副职主持工作，突出了年级主任、副主任的地位。设办公室副主任1人、教科室副主任2人、总务处副主任2人，没有设置位置的中层干部身份自动取消。改革后的校干队伍大大“瘦身”，由原来的36人锐减为15人。二是实施教师选聘制度。由年级组按岗位设置聘用教师。年级主任、副主任根据近三年教师教育教学绩效考核结果，根据教育教学管理需要，综合平时表现，选聘任课教师，自主组建本年级的教师团队。三个年级共选聘253位任课教师，65位专任教师落聘分流。后勤、教辅岗位共有23人，通过选聘共有6位教辅、后勤人员留任，其余17人被分流。对于被分流人员，本着以人为本、各取所需的原则，通过双向选择、整体协调，妥善安置到缺编的城区初中和小学，以岗定员，精简高效。三是辞退临时聘用教师。2002年前后，由于生源多，规模扩大，教师缺乏，沛中临时聘用了一批代课教师。其间有些代课教师通过县统一招考入了编，有些代课教师自动离职，还有临聘教师19名。学校为这19名教师每年支出工资70余万元。由于近几年生源减少，出现了教职工严重超编、人浮于事的现象，并且高中择校费也取消了，学校经济状况越来越难以支付临聘教师的工资。经过慎重考虑，依法对19名临聘教师予以解聘。经过综合改革，沛中压缩了管理机构，精减了管理人员，优化了教师队伍，减轻了学校负担，消除了“机构臃肿、人浮于事、效率低下”的现象，为以后的发展注入了久违的活力和动力。沛县二中、张寨中学、湖西中学三所高中也依照沛中一并顺利完成改革。全县四所高中共分流在编教师135名，在编工勤人员35人，依法解聘临聘教师76名。

针对特教中心学生少（共有学生121名）、教师富余（在编教师50名）、专业教师不足（特教专业10人）的现状，我们于2016年5月对特教中心也进行了综合改革。一是合理设置竞聘岗位；二是制定竞聘办法；三是做好宣传发动；四是进行干部推荐和组织报名；五是组织考试及聘用，并在特教中心进行公示。竞聘后上岗教职工30名，15名教师分流到其他学校，1名理顺关系，4名到龄人员办理退休，校干人数减少4名。

校长末位淘汰制、试点联合办学和学校管理体制改革三步棋有效激活了沛县教育，教师们精神面貌焕然一新，教育教学质量不断提高，老百姓对沛县教育的满意度不断提升。沛县高考二本上线率连续三年每年递升3个百分点。从2012年的10.24%，到2016年24.24%，提升了14个百分点，连续两年有学生被清华大学录取（领先周围县区）。

第四件印象深刻的事情是县教育局局属事业单位改革。由于种种原因，县教育局从学校借调了很多教师，致使人员超编严重，同时由于近年来教育教学改革，一线教师压力大，对借调到教育局的教师依然享受一线教师待遇意见很大。面对这种情况，2015年下半年，县委、县政府决定对教育局局属事业单位进行改革，主要是在县教育局局属事业单位实行“岗位管理、竞聘上岗、以岗定薪、岗变薪变”的人事制度改革，理顺县教育局工作人员的人事关系、工资关系，提高教育教学管理效益。凡竞聘到专业技术岗位的人员，按专业技术岗位核定、按岗位职称兑现工资待遇；凡竞聘到管理岗位的人员，按管理岗位核定、兑现工资待遇。同时整合教师进修学校、教研室、教科所、电教馆的职能和资源，组建县教师发展中心，为教师专业成长搭建平台、搞好服务。

首先，成立了以县政府县长为组长的教育局局属事业单位改革领导小组，制定了《沛县教育局局属事业单位竞聘上岗实施意见》。其次，召开了动员大会，公布了竞聘方案，组织民主测评、班子测评。对科室负责人进行推荐，同时对推荐出的候选人进行了面试，从中确定了10名科室负责人。第三，组织了竞聘报名，共有87名同志参加了竞聘报名，24位同志放弃竞聘，要求到学校工作。第四，对报名竞聘人员进行了考试，报考教师发展中心岗位的专技人员还进行了专业技能考试，同时，对所有参加竞聘人员进行了应知应会的知识考试。第五，进行考核及资格审查，最后确定上岗人选。从竞岗职务的申报到考试考核再到任职资格审查，最后按照考试考核成绩从高分到低分确定岗位人选等，全局共有122名同志符合竞聘条件，竞聘72个岗位，10名干部被录用为中层正职，61名符合竞聘条件，考试考核优秀的同志被录用到相应的岗位，11个岗位因考试考核等原因暂无合适人选而空岗，对51名工作人员进行分流安置。2016年2月，顺利完成教育局局属事业单位改革。

三、创新集团化办学体制，建立教育共同体

经过新城区实验学校的实践，我们深深体会到优质资源的带动和引领作用。《中国教育改革和发展纲要》指出，要深化办学体制改革，进一步办好普通中学和扶助薄弱学校，充分发挥名校的资源优势，搞活教育内部运行机制。我们在全县中小学实施集团化办学和教育托管办学。以名校为龙头，以多种形式组建"教育共同体"，输入名校品牌、办学理念，以强扶弱，以城带乡。名校教育集团主要体现为"四个一体化"：人员一体化、管理一体化、教育教学一体化、后勤保障一体化。当时主要建立了城区集团（汉源中学是沛初中的"新城校区"）、城乡集团（鹿湾中学是第五中学的"鹿湾校区"、马元小学是实验小学的"马元校区"）和农村学校集团（王店中学是栖山中学的"王店校区"）。各集团运转取得了积极成效。2015年，集团化办学不断探索新模式：沛县新城实验学校由实小和五中联合管理，组建名校集团；15个镇教办并入各镇中心小学，组建镇级教育集团，充分发挥中心小学管理、引领示范作用。2016年，树人小学扩建为九

年一贯制，由歌风小学和第三中学共同管理，组建名校集团。通过集团化办学，搭建了一个交流和融合的平台，由名校带动薄弱学校共同发展，在集团化发展的构建中，由“一枝独秀”走向“春色满园”。

教育是国计，也是民生；教育是今天，更是明天。教育的魂在“以人为本”“育人为本”。“以人为本”主要体现在两个层面。一是在理念层面要坚持“三个为本”：坚持以学生的生命存在为本；坚持以学生的人格尊严为本；坚持以奠基大多数学生终身可持续发展为本。二是在价值层面上要强调“三个不能”：学生的生命健康和快乐不能超越；学生的人格尊严不能超越；学生在智力发展上的个性差异不能超越。“育人为本”的重点在于全面服务学生，服务学生的关键在于促进学生自主发展（包括学生的自己发展、自由发展、自然发展、自觉发展）。一要追求“三个公平”：追求以“有教无类”促进“起点公平”；追求以“因材施教”促进“过程公平”；追求以“人尽其才”促进“结果公平”。二要突出“三个一切”：突出“一切为了学生”，提供合适多样的优质教育；突出“为了学生一切”，提供相互衔接的全面教育；突出“为了一切学生”，提供面向全体的公平教育。三要实现“三个更加”：以德育为先，引领学生走向更加高尚；以能力为重，引领学生走向更加聪明；以挖潜为要，引领学生走向更加富有。

法国文学家雨果说：“孩子的真正名字是什么？那就是未来。”所以，培养孩子就是培养未来。国外某知名教育家倡议把“为贡献社会的教育”变为“为贡献教育的社会”，号召全社会支持教育，他认为“育人”正是打开所有问题的希望。

改变从来不会自动发生，那一定是过去的人和现在的人共同努力的结果。有多少荣光就有多少磨砺，有多少成功就会经历多少困难。教育是培养走向未来的人，教育改革永远在路上。

记忆老年大学

纪 名

2007 年 7 月，我任沛县老年大学专职副校长，协助韩大俭校长管理校务。当时，我是从沛县县委办副主任兼教育局党委副书记、副局长的位置上“退二线”的干部，韩大俭是从沛县人大常委会主任退下来的县领导。县委、县政府对老年大学的领导班子专门行文，任命校长、副校长，在沛县老年大学的历史上还是第一次。而且当时的县委书记王昊、县长冯兴振还名列文首，任名誉校长。我心中顿生一股暖流，一种崇高的光荣感和责任感。特别是与韩大俭主任一起共事，真是“天赐良缘”。面对圆圆的夕阳，冥冥之中，我又感到一种“天命”——我年轻时曾当过民办教师，老了又回归了“原点”，回到了教育，还当上了“大学”的副校长。我想，一定要把这人生的句号画好、画圆。

沛县老年大学自 1985 年创办，已经走过了三十四年的风雨历程，其间大致分为起始创建、维持徘徊、提速发展三个阶段。

顺势而为的起始创建阶段

1983 年 9 月 17 日，全国第一所老年大学——“山东省红十字会老年大学”在济南成立。1985 年，中央充分肯定了山东创办老年大学的做法，在北京隆重召开经验交流会。此后，全国兴起创办老年大学的热潮。

1985 年 8 月，紧张的“四夏”已结束，广袤的田野上又布上了新绿，沛县人在享受着新的政通人和、物阜民丰。新启用的县委、县政府机关大院（县城歌风路 11 号）一派新的气象，迎门而立的政府楼和右出前置的县委楼交错比邻，昭示着权力的威严和时代的嬗变。

一天上午，时任中共沛县县委书记吴明铎到县政府二楼我的办公室，习惯地喊了声“继明”，紧接着就向我介绍他身边的一位长者：“这位是宋老，宋长生，我的老师。宋老想办老年大学，你帮他安排安排。”又转身给宋老介绍：“这是办公室吕主任，喊‘继明’就行，有啥事，叫他办！”我招呼宋老坐下，吴书记随即告辞，算是把他老师的事全权委托给了我。我恭听着宋老的讲述，打量着这位中等身材、精神矍铄、儒雅而和善的老人，深为这位老干部、老教育工作者的热诚所感动。我第一次听说“老年大学”这个名词，知道了它的性质、意义、内涵与外延；知道了国内的动向和上层的意向；知道了宋老的设想和目前状况，以及需要我办理的事项。

不几日，我应约来到县城南农场的脱粒场间，看望宋老，看望在这里开设的老年大学（实际上是老年人自娱自乐培训班）。几台古筝横卧在三间空荡荡的大屋，宋老介绍着，设想着。场间，麦穰垛一个挨着一个，雨淋的烂麦秸散发着酸臭，我顿时感到创建的困境，感到宋老这位老教育工作者退而不休、奉献社会的执着精神和高尚品德。我遵宋老所嘱，与农场负责人协调，场房长期借用，不要收费，室内适当地布置一下，最起码要遮风挡雨。以后，每逢外出演出，宋老总是提前告知我，给派个客货两用车，一是拉人，二是拉乐器。

1986年夏，县老龄办成立，老年大学总算有了依托，有了名正言顺的婆婆，办学地点移至汤沐公园（今汉城公园之前身）内。1988年，我调到县委办工作，宋老还是常常来找我，让我帮着办些实事，其中包括跟有关部门、单位要点钱，添置些设备。这时候，王诗亮、徐显扬、朱思礼，还有沛城煤矿的魏副矿长等热心的老干部也积极参与进来，向县领导汇报，争取点资金，办一些修桥铺路、传授农林果（食用菌）等栽培技术方面的事。课程设置主要是园艺（花木栽培）、古筝演奏、棋艺、交谊舞等。1990年6月，我到张寨乡任党委书记，与宋老的联系渐少。1991年4月，张寨乡举办“桃花节”的时候，宋老专门来看我，交谈之间，感慨良多。1993年7月，我又回县机关工作，常常见到宋老的儿子（宋志民，在县计经委工作），顺便问到宋老，知道了岁月不饶人，知道了老年大学的窘境……

举步维艰的维持徘徊阶段

2003 年 4 月，徐州市人大常委会主任王希龙兼任彭城老年大学校长。同年 11 月 28 日，王希龙兼任徐州市老年大学协会名誉会长，同日通过并颁发《徐州市老年协会章程》。2004 年 6 月 18 日，中共徐州市委书记徐鸣任彭城老年大学董事会名誉董事长。2005 年 4 月 1 日，沛县县政府副县长胡成彪出席老年大学开学典礼并讲话。同年 12 月 14 日，徐州市教育局、老干部局等四部门联合发布《徐州市创建市级老年大学示范校实施办法》。2005 年 11 月 29—30 日，中国老年大学协会第三次会议在天津召开。同年 12 月 27—28 日，江苏省老年教育交流会在镇江召开。2006 年 7 月 10 日，沛县老龄办向县政府报告，申请成立沛县老年大学。

徐州市人大常委会主任王希龙兼任彭城老年大学校长，对沛县是一个很大的启示。沛县老龄办乘势而上，主动作为，依照市里的做法，在县领导人中物色老年大学校长。在退下来的县领导中，翟老（翟居中）应是最合适的人选，他年轻时曾当过老师，从政后经验丰富，人脉广泛，有思想，有办法，当年的沛县戏校就是他白手起家，一手操办起来的。从县政府顾问的位置上退下来后，翟老一直在文化圈子里献计献策，发挥余热，老年大学也是他经常光顾的地方。2003 年 9 月，翟老披挂上阵，出任沛县老年大学校长。

其时，校址已从汉城公园迁至县老干部局（老龄办）院内（县汉城中路南段东侧）。两间教室，窗明几净。常年开设的专业班有戏剧、音乐、棋艺、摄影、盆景、养生保健等。教师有赵传龙（摄影）、丁霞（音乐）、姬俊卿（戏曲）、王振宇（象棋）、叶怀德（盆景）、苗向阳（养生保健）等，都是德高望重的专家型人才。学员逐渐增至 180 多人。师生们因陋就简，克服困难，积极开展校外活动，创作摄影采风作品 100 多幅；举办了跨行业的象棋比赛；排演节目 50 多个，参加了五场全县的乘凉晚会，并慰问驻沛部队和社区居民。2004 年 11 月 3 日，在市老年大学协会的年会上，沛县老年大学介绍了“适应老年人特点，办好老年大学”的经验，引起了领导和同行们的关注。2005 年 4 月 1 日，在新学期、新年度的开学典礼上，县政府副县长胡成彪出席并热情鼓励。县财政划拨经费也由开始时的

几千元逐年增加到4万元/年，由老龄办代管。（见《沛县老年大学档案》）

对于“老年教育”“老年大学”，外部环境逐步升温，特别是徐州市的一系列举措，对沛县影响很大，震动很大。翟老历来是一位不甘人后的人，他与我同住一个小区（鑫达园），时常聊到老年大学的话题，依然是信心满满，对老年大学的困难与问题，他也坦率直言。2006年，在周边老年大学迅速发展的形势下，沛县明显地落伍了。一是教室少；二是教学设备差；三是专业设置少；四是经费少；五是师资队伍不稳定。至2007年上半年，专业班减至五个，学员已不足百人。好强的翟老无可奈何。原县农业局副局长、县农技推广中心主任、在这里代盆景课的老师叶怀德，是我多年的朋友，一次在县城，在春光明媚的“花市”偶遇，交谈中，一句“稀稀拉拉”“半死不活”概括了老年大学的现状。究其原因，他怅望长天，笑而不答。

春风得意的提速发展阶段

2007年7月17日，中共沛县县委发文《关于成立沛县老年大学校务委员会的通知》；2007年7月27日，徐州市人大发布《徐州市老年教育条例》；2007年11月19日，沛县政府印发《关于沛县老年大学第一次校务委员会议的会议纪要》。2013年5月，沛县老年大学获“市级示范校”称号；2015年12月，获“省级示范校”称号。是年底，举办沛县老年大学建校三十周年校庆活动。

2007年7月17日，县委发文成立“沛县老年大学校务委员会”，从邳州调来任县委书记的王昊、新提任县长的冯兴振二人任名誉校长；刚从县领导岗位上退下来的原沛县人大常委会主任韩大俭任校长，我任专职副校长。十多天后，《徐州日报》公布了《徐州市老年教育条例》。2007年11月19日，分管教育的副县长胡成彪主持召开沛县老年大学第一次校务委员会议，并印发了会议纪要，明确了老年教育的性质与地位、目标与任务、主管部门与协管部门的职责等。

以上三个文件，对老年教育、对沛县老年大学做了明确的定位，或者说很高的定位（县委书记、县长任名誉校长，组织、宣传、教育、财政、广电、民政、农林、卫生、文体、科技、老干部等部门主要负责人任校务委员），特别是原县人大常委会主任韩大俭出任校长，凭借着他的影响力、推动力，老年大学步入了有法可依、规范运行、多方支持、快速发展的轨道。

自2007年至今，已届十二个年头。其发展轨迹大体可分为两个时期，即2007年7月—2012年7月，维持原址（县老干部局、老龄办院内）时期；2012年7月至今（2019年7月），迁于新址（原县政府院内）时期。

第一时期，老年大学遵循三个文件，上下联动，各方配合，主动作为，强势推进。2008年9月30日，沛县老年大学与沛县广播电视局、老龄办联合举办“2008年迎国庆、庆重阳”文艺演出。沛县电视台以两个频道于重阳节当晚播出，连播三天，为老年大学广泛宣传，强劲造势。特别是11月10日在沛县召开的徐州市老年大学协会第二届七次理事会，在某种意义上可以说是给沛县的领导层们“加温”“上课”“提神”“鼓劲”。原市委书记、人大常委会主任王希龙以徐州市老年大学校长的身份到会，沛县人深感这个“老”字号会议的分量，热情接待，积极应对。新继任的县委书记冯其谱热情致辞，肯定了沛县老年大学“教、学、乐、为”的办学宗旨，赞扬老年大学已经成为老年同志联系社会的纽带、奉献余热的阵地、文明建设的窗口。县委组织部部长、宣传部部长，县人大、政协分管领导也同时参会，陪同参观。沛县老年教育持续升温，至2008年，老年大学已开设书法、美术、音乐、舞蹈、戏曲、摄影、二胡、古筝、电子琴、葫芦丝、计算机、养生保健、象棋、文学欣赏、地方文化讲座等15门学科，20个教学班，学员800余人；同时有晨练、晚练等社会活动站点百余处。在此后每年的七一、国庆、元旦、重阳节等重大节庆期间，举办书画摄影展和广场舞展演；参加了县委宣传部举办的暑期“乘凉晚会”，产生了积极广泛的社会影响。在全市老年大学庆祝新中国六十华诞文艺会演中，荣获一金、二银、二铜的成绩，同时获组织奖；创作录制了校歌《我们还年轻》（胡成彪词），编纂了校刊。在全市老年大学协会每年举办的年会、研讨会上，“特色办学”“走进社区”等经验引起了兄弟学校及上级领导的重视，教学成果享誉周边。国家级刊物《老年教育》（2012年7月号）重点推介了沛县老年大学“有为有位，服务服从”的办学经验，引起了国内外同行的广泛关注。

第二时期，老年大学的校址从县老干部局（老龄办）院内，迁至原县政府院内，原县新闻中心、统计局、安监局等几家单位的联合办公楼，四层，计2400平方米，全部交由老年大学使用。蜷曲的腿脚伸开了，躬着的腰杆挺直了，老年大学的师生们扬眉吐气，笑着，乐着，规划着新的发展、新的未来。老年大学从此走上了“既抓规模扩张，又抓内涵管理”的路径。把原来单位的会议室整饬成了八间教室；新添置了电脑、电子琴、古筝等教学设备；新建了档案室、校史室、学员作品展室、图书室、地方文化研究室等；与北京中国老年网校建立了长期的合作关系，美术、摄影等学科开通了远程教育；书法、电子琴、古筝、文学等专业配备了投影仪，实现了电化教学；20多位老师也都有了相对安稳的办公室。办学环境焕然一新，教学管理井然有序，办学规模迅速扩张，在校学员当年就增加到1200多人。2013年5月，高分通过审评验收，获“市级示范校”称号；2015年12月，又获“省级示范校”称号。一年一大步，三年两大步。市里又指定邳州、沛县两家创建“国家级示范校”，新的目标指引着沛县老年大学，照耀着沛县老年大学，策动着沛县老年大学。至2019年7月，学校有管理人员6人，教师22人；开设23个专业、44个教学班，在校学员1600人（次）。另有艺术团、剧社、文学社、管乐队等8个校内团队，场馆、社区等20多个校外活动站（点）。建立健全了班委会、学委会，创建了由30多位副科级以上干部组成的参事会，逐步形成了以“两委一会”为主要支撑的自我管理机制和规范高效的运行机制，逐步形成了积极向上的校风和团结和谐的学风。沛县老年大学已成为老年朋友的精神家园，文明沛县的重要窗口，幸福沛县的显著标识。

沛县老年大学已过而立之年，确实，它已立在了沛县的大地上，立在了沛县的文化领域、教育领域和养老领域，立在了沛县人们的心里。

——在海内外发行的《老年教育》杂志上，重点推介了沛县老年大学“有为有位，服务服从”的办学经验：“围绕中心，服务大局，在‘老有所为’上大做文章；走进社区，融入社会，在‘构建和谐’中扩大影响；着眼长远，主动作为，在‘特色优势’上树立形象。”

——在市老年大学协会的年会上，连续推出了“沛县经验”：“选开特色专业课，传承地方戏曲艺术”“打造‘老’‘大’品牌，办好老年大学”“组建名师团队，提高教育质量”“‘以人为本’抓管理，共谋发展上水平”“‘三抓’‘一展示’，‘强基’上水平”“开辟第三课堂，丰富学员生活”“发挥示范指导作用，创建镇村老年学校”……实践基础上的理论，理论指导下的实践。沛县老年大学的榜样、示范和引领作用，令兄弟学校跂而望之、敬而叹之。

……

——在沛县老年大学建校三十周年电视纪录片《璀璨的夕阳》中，他们自豪地歌颂道：徜徉在老年大学的校园，最为人称道的是“名师团队”和“品牌专业……走进老年学员们的精神世界，最使人们敬仰的是他们潜能的释放和个性的张扬……放眼校园内外，最使我们感动的是他们“围绕中心，服务大局”的意识和“老有所为，奉献社会”的精神。

——在《沛县日报》主任记者魏恒涛为沛县老年大学建校三十年所撰写的发展纪实中，作者由衷地赞道：“昔日的梦想在这里实现，学习的乐趣在这里蕴发，人生的价值在这里彰显……”

——在沛县电视台百姓生活的荧屏上，毛翼臣老师的太极拳出神入化；学员张永田、谭香云夫妇的《打金枝》（豫剧选段）有板有眼；苗素云的舞蹈流光溢彩；李艳玲的葫芦丝婉转悠扬；燕素华的剪纸巧夺天工；姚桂凤的花鸟画形象逼真……更有那年过七旬的宋传英八年来兼学了音乐、二胡、电子琴、葫芦丝、文学欣赏等五门学科，她在老年大学“又获第二生命”“重回青春梦想”的感受，使人动容。

——在老年大学的讲坛上，戏曲老师王艳玲字正腔圆，不减当年；计算机老师王书峰亦真亦幻，洋洋大观；国学老师马培封、黄清华通今博古，妙语连珠；音乐老师陈宪标、冯玉香声情并茂，如痴如醉。

……

历史将书写，沛县老年大学历经三十四年的风雨兼程、阳光雨露和累累硕果；历史将铭记，创建者的开拓、维持者的执着、发展者的功德……青山依旧，春水长流，捧着虔诚与美好，我们真诚地祝福，沛县老年教育，天地不老，日月常新；真诚地祝愿，沛县老年大学，老树新枝，叶茂花繁。

我的教育故事

孙厚玉

时间回到1990年，当新年的烟花接近尾声，初春的雪花漫天飘舞之际，我被调到教育局工作。时间如白驹之过隙，至今已近三十个年头。三十年间，我编过教育志，做过秘书，担任过职教科长、基教科科长等。三十年，在时空的长河里仅是浪花一朵，但在人生教育岁月里已是风雨兼程，有付出也有收获，有汗水也有成果，对我来说更是一段有痕的岁月。

90年代初，教育的重点工作是“两基”。“两基”就是基本普及九年义务教育和基本扫除青壮年文盲，是国家提高整个民族素质的奠基工程。当时农村还处在一种贫穷状态，乡镇只有镇驻地中心小学和中学有教学楼和简陋的教学设施，其他村小和教学点多是低矮平房，学生的课桌凳也是从自家带来的，高低参差不齐，教学设施设备几乎为零，老师仅靠着书本和粉笔上课，学校图书架上摆放的是字典、词典、报纸和杂志。在“人民教育人民办”的教育管理体制下，老百姓及当地干部对“两基”工作认识不够，工作不得不干，多数是处在得过且过的状态。特别是农村村民，对子女上不上学总抱着无所谓的态度，“读书无用”的思想根深蒂固；再者因学生厌学跟不上、家庭贫穷等原因造成辍学较多等，这些都为实施“两基”工作带来很大的困难和障碍。

为提高广大干群对实施“两基”工作的认识，我和同事们骑着自行车下到各乡镇学校，广泛宣传《义务教育法》及实施“两基”工作的重要意义，把“两基”工作的深远意义以及惠及子孙后代千秋大业的道理向村民讲深讲透，并印发宣传提纲。

在普及九年义务教育工作中，重点抓好控辍保学工作，为提高入学率、巩固率，我们采取了“四书”制，即学校向其父母或其他法定监护人送达入学前的义务教育入学通知书、入学时的控辍保学协议书、辍学时的复学通知书、不复学的控辍保学违约处罚书。

一年春天，我们几位同事到沛县西边一个乡镇去检查“两基”工作，教委办主任带领我们到了一所偏远村小，其中一个年级竟有十几个学生因学困或贫穷辍学，严重影响了全县的“两基”工作。怎么办？我们同教委办同志一起，走村串户、挨家逐个苦口婆心说服家长和学生，让其返校复学。其中有个姓孟的学生，学习较好，但因家里姊妹多，拿不起学费，父母也都坚决不同意该生再上学。于是，我们同去的每人捐了二十元钱，帮助该生解决了学杂费问题，最终使学生返校复学，这样的例子在其他学校也屡见不鲜。

在学年初报表时，只要出现“四率”不达标的学校，我们就立即下到学校督促使其整改，并想方设法帮助解决困难。

最难的还是扫盲，可以说举步维艰，农村青壮年劳力白天干一天农活，已累得精疲力尽，晚上再组织他们学习文化，十分不情愿。根据现实情况，有时我们吃住在乡下，调查摸底，做耐心细致的宣传教育及思想工作，每每都是讲一箩筐大道理，可是我们走后他们又不到校学习，怎么办？我们最后采取谁学习奖励谁的办法，激励学员学习。这一招对于贫穷的村民还是有效的，为了奖励，他们都能自觉地到校学习文化知识，通过考试都能达到小学文化程度。

只要功夫深，铁杵磨成针。1994 年，沛县提前两年完成“两基”任务，顺利通过省政府验收，教育的春天温暖了沛县大地。

2001 年以来，国家对县镇以下的中小学进行了较大规模的撤并。究其原因，主要是人口出生率下降，学龄儿童数减少，城镇化快速发展，城镇入学需求增加，农村教育发展步子减缓，教育投入长期偏低，农村办学经费严重匮乏，农村中小学师资力量薄弱，办学条件差，城乡教育差距拉大。

当时的沛县农村村村有小学，偏远地区还存在一至二年级的“麻雀”学校。据统计，全县小学 670 余所，初中 70 余所。根据国家、省、市《关于中小学布局调整意见》要求，一万人口保留一所小学，三万人口保留一所初中，十万人口保留 1 所高中。是年沛县 118 万人口，按规定保留小学 118 所、初中 39 所、高中（含职业）11 所。学校数量之大，布点之分散，再者农村村民思想观念陈旧，撤并学校存在重重困难。

我和同事们搞调查、摆盘子、分任务、出简报，一周一调度，一月一汇报，半年一总结，一年一大会。布局调整前期工作还算顺利，“麻雀”学校顺利撤并，但后期工作非常艰难：保留的学校难以容纳下撤并的村小，因校舍不够、师资不足、办学条件简陋、学生上学路途遥远等等。为解决布局调整中存在的困难，县政府出台扶持政策，给保留学校增扩土地、新建教学楼、添置教育教学设备，办学条件得到改善。旧的矛盾解决了，新的矛盾应势而生，被撤并的学校村民心里不平衡：为什么撤并我们的学校，保留他们的学校？为什么建设他们的学校，不建设我们的学校？我们的学校面积及校舍比他们的学校还大还好，建校历史比他们还长。一连串的问题，一时间上访的络绎不绝，人民来信纷至沓来，村民闹到教育局甚至县政府，布局调整工作处于停滞状态。怎么办？我们采取“先冷却，慢处理”方法，层层召开会议，走访村支书及群众代表，耐心细致地做思想工作等。很长一段时间形成僵持、缓和，缓和、僵持，来来回回，拉锯式前进的局面。

几年来，我和同事们奋战在布局调整工作上，也算是酸甜苦辣的一场风雨，顺利也好，困难也罢，经过几年坚持不懈的努力，至2006年，全县有小学118所、教学点64所、初中33所、高中8所，顺利通过省政府验收。布局调整利弊兼有，在当时的背景下，教育的发展确实向前迈了一大步。2008年，沛县启动教育现代化县创建工作，我和同事们又迅速转入教育现代化的创建工作中。

教育现代化工作是一项纵到底线横到边的系统复杂工程，包括教育普及度、教育公平度、教育质量度、教育开放度、教育保障度、教育统筹度、教育贡献度、教育满意度等，涉及幼儿教育、义务教育、高中教育、职业教育、社区教育等方方面面。

面对这么庞大的复杂工程，我们基教科在创建教育现代化工作中担当了重要角色，总共16项指标，我们竟承担了9项指标。我们依据9项指标与各股室及学校对接。工作量大，事务繁杂，时间紧，任务重，但我们没有退缩，想方设法，迎难而上。我和同事们白天下到学校督促指导工作，全县所有的幼儿园和中小学，我们跑了无数遍，有的学校跑的遍数已记不清，通往学校的每一条路都是我们熟悉的，每一所学校的校长、主任甚至老师的名字都记得详熟，每一所学校都留下我们工作的印记；晚上回办公室后还要加班做材料，有时加班到深夜。尽管累，可是没有怨言。同事们的工作敬业精神使我深为感动，驾驶员张伟同志的妻子生孩子坐月子，他没能单独照料妻子一天；吴中志同志的母亲病故，料理完丧事没休息就上班；刘敏同志的女儿结婚前两天还到乡镇幼儿园指导工作。所有的同事都在努力地工作，都在尽力把工作干好，都不怕吃苦受累，我还有什么话可说呢？我还有什么理由不以身作则呢？不只是我们，全县各中小学、教育局各股室人员都在这样做，没有消极怠工的，没有敷衍塞责的，人人都在追逐教育现代化的梦，教育工作者的教育情结、教育情怀是发自内心的，是职业的召唤和良知的感应！

同心山成玉，协力土变金。终于打赢了一场教育现代化的攻坚战，2011 年 12 月，沛县顺利通过江苏省教育现代化县验收，是徐州市第一家通过省教育现代化县评估验收的县。我们走起路来内心里都有一种喜悦和自豪感。

随着社会经济的飞速发展，教育也迅速驶向时代发展的快车道，2012 年，又吹响了“全国义务教育发展基本均衡县”进军号。

近几年，学生入学成了社会关注的热点问题，关注弱势群体，学生入学机会达到均衡化是一项民生工程。我们基教科的同事不辞辛苦下到各街道、镇、村，对外来务工以及残疾儿童进行调查摸底，核准实数，确保外来务工子女接受教育。

有一家人在汉街北门开了烧烤店，他的女儿该上初一，男主人到基教科找我要求女儿上学。根据条件符合到三中上初一，可男主人就是不同意，说：“我距离沛初中近，距离三中远，就是不去。”我向他解释：“学校总不能在圆心上吧，划分施教区也只能以路、河为界，本地孩子能去上学，你的孩子也应该能去，况且三中也不远。”好说歹说怎么都不行，非上沛初中不可，甚至有打架态势。在这种状况下，我找到沛初中校长说明原委，校长深明大义，欣然接收。我如释重负，高兴地告诉男主人孩子到沛初中报到的日期，男主人很感激，为表感谢送到办公室两盘烤羊肉串。

龙固姚楼村一男孩有智力缺陷，可家长就是不愿意让孩子到沛县聋哑学校上学，原因怕影响孩子以后的名声，可学校根据学生病情又不愿意接收学生，双方相持不下，找到基教科。我出于对家长的理解，找到龙固镇的学校，与校长商量该生的病情及入学的情况。最后达成一致，先随班就读一学期，如真不行，再劝回到聋哑学校上学。当我通知家长到校报到上学时，家长流下了既感激又无奈的眼泪。

我也很有感触，孩子就是家长的天啊！作为基教科长的我，在规范原则情况下，处理不规范不原则的特殊问题，深感有愧职责，但我确实解决了一些棘手的困难问题，心里很坦然。

全体教育人勠力同心，通过努力，办学条件达到均衡化，城乡教育达到均衡化，学生入学机会达到均衡化，教育经费达到均衡化，办学水平达到均衡化。2013年11月，沛县顺利通过国家级“全国义务教育发展基本均衡县”达标验收。

三十年来，我身临教育第一线，见证了教育的发展，同时代共逐教育梦，教育“路漫漫其修远兮”，永远是在前进中发展，在发展中前进，“梦”永远在路上。

沛县初级中学改革再出发

季　李

光阴如梭，沧桑嬗变。1923年建校的沛县初级中学在风雨雷电、上下求索中奋然前行，迄今已近百年大寿。建校伊始，学校只有初中，1956年招收高一后易名为沛县中学，为沛县最高学府。1978年拨乱反正，恢复正常教学秩序，同年被定为徐州地区重点中学，1980年被省指定为江苏省首批办好的重点中学之一，全校共三十个班。因规模不断扩大，原有校舍已无法容纳，县委、县政府研究决定，在现正阳南路兴建高中部。1991年暑假，县政府决定高初中分设，高中部迁新址，初中部留原址，复名沛县初级中学。

20世纪60年代，我曾在沛中就读。1991年分校时，我由教育局调任沛初中副校长，后他调。1997年暑后又调任校长。回到母校我倍感亲切，感到责任重大，决心不负组织的信任、群众的期望，带领教职工在教育改革的大潮中劈风斩浪、锐意进取。

分校时，校舍破旧不堪，校内积存住户百余家，教室均为20世纪五六十年代所建平房，时有漏雨。老师们有的住集体宿舍，有家属孩子的四五口挤在一间低矮的平房里。操场多年未整修，杂草横生，雨天积水严重，几天不能上操。不破不立，不拆不能建。1992年至2000年，先后拆除校内所有住户。建于1972年的“沛中会堂”完成它的历史使命，也于2000年拆除。拆迁涉及千家万户，触犯了每家每人的切身利益。为了能使拆迁工作顺利进行，我带领领导班子逐户排查，确有极个别“钉子户”，轮番做思想工作，一拆到底。从此师生与几十年的旧平房挥手告别，坐进宽敞明亮的教室，心情舒畅地从事教与学。

教学条件改善了，教师们的居住条件也亟须改善，自1995年至2003

年，相继建教工家属楼五幢。老师们安居了，安居方能乐业，方能全身心地投入到教育教学中。至2004年底，学校基本建设总投资1913.8万元。

教学楼建设中困难重重。一是缺资金，全靠自筹。全校上下心往一处想，劲往一处使。能省则省，节衣缩食；能借则借，拆东墙补西墙。二是时间太紧。精勤楼开工时间为6月10日，必须赶在9月1日开学前完工，否则两千学生何去何从。因此只能敦促施工队日夜施工。为保证质量，对子孙后代负责，学校领导成员轮流值岗，二十四小时盯住不放。盯住每一灌泥浆的搅拌，水泥一钱不能少；盯住每一根钢筋的捆扎，少一捆也不行；盯住每一面墙的砌垒，一丝一毫不敢马虎。正值暑期，工人们一身水，我们也一身湿。特别是在校内施工，绝不能影响正常的教学秩序，水泥浇铸均为周日或夜间进行，我们也和工人们一起，克服各种困难。记得一次夜间施工，正赶上我值班，模糊的灯光中见一小轿车驶入工地，时任分管教育的副县长朱志杰同志从车上下来，我连忙激动地迎上去紧紧握手。一位副县长夜间视察一所学校的建筑工地，实属少见。第二天，我把经过告知大伙，并告诫大家要更加认真地监督施工。

改善教学条件的同时，我们也精心美化、绿化校内环境。1998年5月，改造晓明楼周边小花园，建煦园、筑假山、挖水池、栽花木、植草坪900平方米。建小桥，旁设小亭，取名鸿鹄亭，亭两侧书写校长撰写的对联："今日锥骨悬梁事学业，明朝腾云展翅振中华。"2002年9月整修大操场，重铺跑道，其内侧新置上下水道。四片篮球场和两片羽毛球场地，均高标准全面硬化。

关于晓明楼不得不说一说。1907年西方传教士建天主教堂，1919年建神职人员办公楼，即现晓明楼。设地下室，共两层。平面呈曲尺形，建筑面积1522平方米。外立面为柱廊拱券样式，清水墙面，外墙角包砌蘑菇石。屋面分别为庑殿顶和歇山顶，饰脊吻兽，"翻毛鸡"覆瓦，房檐饰如意滴水瓦当。晓明楼造型古朴典雅，结构精巧别致，功能完备齐全，体现了东西方建筑的完美结合。加之东侧两排平房，2002年10月被江苏省人民政府公布为"省级文物保护单位"，为我县仅存三处省文物保护单位之一（另两处系大风歌碑和阎尔梅墓）。据相关专家讲，该楼为我省苏北唯一留存的近现代优秀建筑群。关于晓明楼的建筑时间，因相关资料在"文革"中被付之一炬，无从查找，现人说法不一。幸2004年揭盖大修时拆出笆砖，多块上刻有“民八”图案，才佐证为1919年。我们依“修旧如旧”之原则，延请山东曲阜古建筑队修缮一新，辟为校史馆，馆名由著名书法家赵绪成（时任省国画院院长）、程大利（时任中央美术出版社社长）分别题写。

教育教学质量是学校工作的生命线，对学生的思想教育工作，我们一改过去单一的说教方式。针对学生年龄和心理生理特点来寓教于活动、寓教于乐，细化、具体化、潜移默化，通过各种载体达到目的，如专题报告、主题演讲会、青年志愿者活动、公益劳动、文化讲座、艺术欣赏、各种竞赛等丰富多彩。每年一次的校园艺术节最让师生们点赞，我校是沛县中小学中第一所，也是唯一一所举办此节的学校。节日里举校欢腾，数十种节目与活动同时展现，师生各自大显身手，徜徉在欢乐的海洋里。最后一场盛大的文艺会演更把艺术节推向最高潮。扎实有效、生动活泼的思想政治工作必然结出累累硕果。1991年起至2003年底，学校获市、县各类表彰八十三次。

奋斗就是幸福，荣誉是全校师生共同倾心血、洒汗水奋斗出来的，也激励着全校师生砥砺前行。改革就是创新进取，学校认识到只有不断进行教学改革，才能提高办学质量，获取前进的巨大动力。越是改革，老师们的热情就越高，潜能越能被挖掘。我们紧扣改革开放的时代脉搏，开展了一系列教学改革试验。一是数学自学辅导教学试验，共进行三轮；二是数学自学辅导，开发潜能课题试验，为市设立项课题；三是初中语段阅读分层次教学模式研究，为省教科所确定的省级科研立项课题；四是为适应新课程，历史科教师向社会科教师转型研究，结果形成专著《历史科教师的转型》印刷出版；五是关于体育目标教学与学生自主学练能力关系的研究，课题组所编武术操在全国推广；六是关于目标教学研究实践，主要在语文、数学、外语三科中推广；七是关于优化课堂教学，实施素质教育，其核心内容是先学后教、当堂训练，是从泰州洋思中学引进来的。正是由于不断改革、不断创新、不断进取，各科教学均取得了骄人的成绩，教学质量得以全面提高，教师、学生在各级各类竞赛中成绩辉煌。

体育比赛也成绩斐然，每年的全县中小学运动会上，我校是无任何悬念的第一名。在徐州市举行的同类运动会上，我校也屡获佳绩。1996年10月，获全市初中组第一名，2000年再次夺冠。

不能单纯追求升学率，不能让学生死读书、读书死、读死书，但没有升学率的学校肯定不是好学校。我校的升学率逐年攀升，2003年中考全市前10名，我校占3人；全县前10名，我校达7人。喜讯传来，老师们欢呼雀跃，燃放鞭炮，拉出大横幅庆贺。

学校是优是劣，人民是否满意，老百姓心里有杆秤。每至暑假末，全县各处家长千方百计把孩子往学校送，递条子的、上门找的络绎不绝，我不得不四处躲难，无招架之力。暑前领导班子开会研究招生等工作，在学校根本开不下去，我不得不带着大伙到县武装部会议室等地进行，一次还拉着一班人到徐州市一家宾馆住下来悉心商量。因之学校也呈井喷式发展，1991年全校26个班，学生1594人；1997年全校44个班，学生3003人；2001年全校50个班，学生3961人；2003年全校62个班，学生5419人；2004年已达6200余人，不堪重负。

2004年底，我已五十六岁，便恳请组织批准后与学校依依惜别，是非功过任由评说。但母校毕竟是我生活工作了十几年的地方，是我当时人生的近四分之一，因之我也无时无刻不在关注着学校的改革发展变化。

2006—2007学年度，作为省示范初中，学校的教育教学质量迈上了新台阶。是年中考，全县前10名中，我校占4人；全县前20名中，我校占10人；全县前30名中，我校占16人；全县前100名中，我校占43人。同时由于学校注重素质教育，注重学生的全面发展，因而本校升入高中的学生展现出素质高、潜力大、发展空间广的优势。2007年的高考中，本校毕业生考取北大、清华4人。

全校教师紧紧地围绕教学质量这条生命线，发扬严谨、探索、团结、奉献、勇于创新的精神，做爱岗敬业、勇挑重担的典型，做任劳任怨、爱生如子的模范。老师们一心致力于教学改革，“教学合一，学练结合”，坚持向教科研要质量，向课堂45分钟要质量，不加重学生的课业负担，因而深受社会及广大家长的好评和赞誉。

2014年9月，为充分发挥名校效应，发挥沛初中的带头、示范与辐射作用，县政府决定实行集团办学，将汉源中学纳入沛县初级中学统一管理，取名沛初中新城校区。从老校区选调校干，又从实验小学选调一名副校长管理小学部，形成了坚强的领导班子。在新老校区间大规模交流教师，选调大批骨干教师到老校区任教，同时也抽调大批新校区教师到老校区工作，促进两个校区教师队伍的大整合、大融合、大发展。教育教学上实行一体化管理，制定“七统一合”的教学管理制度。仅用两三年时间，一所人们认为的差学校一跃翻身，2015 年 4 月，高分通过江苏省现代化标准学校验收，2016 年教育教学质量综合考核跃居全县前三名，同年新校区被评为徐州市德育先进集体，2017 年又被评为徐州市教育先进集体。随着声誉鹊起，学校规模急剧扩充，至 2018 年暑后已有 86 个教学班、学生 6400 名；加之本部校区 60 个班、学生 3900 人，两校共 10300 余人，为超大学校。

2006 年至 2018 年，学校获得县市级各类表彰 176 次、省级表彰 8 次、国家级表彰 4 次，成为名副其实的苏北名校。

沛县教育发展历程回眸

刘升灿

“历史，总是在一些特殊年份给人们以汲取智慧、继续前行的力量。”2018年，就是这样特殊的年份！

1978年，在中国共产党的领导下，中国开始了改革开放的历史征程。全国人民焕发出巨大的活力。“四十年众志成城，四十年砥砺奋进，四十年春风化雨，中国人民用双手书写了国家和民族发展的壮丽史诗！”习近平总书记在博鳌亚洲论坛上的主旨演讲，对中国改革开放四十年做了最精辟的总结和概括。

四十年改革开放，规模空前宏大，影响前所未有。我国GDP从1978年的0.3645万亿元增长到2017年的82.7万亿元，增幅达226.88倍。高等教育全国入学率从1977年的4.8%（1977年恢复高考，全国报考人数为570万，录取27.3万人），到2017年的74.46%（2017年全国报考人数为940万，录取700万人），增长达15.51倍。火红的数字折射出四十年的伟大成就和沧桑巨变。作为改革开放四十年的亲历者，目睹四十年的伟大成就，我感到无比骄傲和自豪，胸中涌动着对党深深的感谢和对伟大祖国满满的热爱。

四十年沧桑巨变，办学条件大大改善。1971年至1977年，我在朱寨中学工作了七年。1971年朱寨中学仅有三间平房教室，没有围墙和大门，在赵呈义校长带领下，师生自力更生，借用生产队马车，完全靠人力，每天往返七十里到李集码头拉石头，老师驾辕子，学生拉梢子，拉回石头打地基，自己和泥挑墙，建成了一百多米长的泥围墙和几间草房子，作为男生宿舍。晚上老师们改作业用的是煤油灯，办学条件何等简陋艰苦。看现在，沛中所有教室内有空调，有教学一体机，宿舍是单元式的，网络全覆盖。所有乡镇中学全都是高楼大厦，窗明几净，设备现代化，办学条件与几十年前不可同日而语。党和人民政府对教育的投入逐年加大，义务教育全额拨款，全县中小学都建成花园式学校，再不是“黑屋子，土台子，里面坐着泥孩子”了。

四十年沧桑巨变，人民受教育程度快速提高。1972 年，各公社相继成立高中，沛县中学规模仅有 18 个班，其中初中 12 个班，高中 4 个班。至 1977 年，沛中高中发展为 12 个班。1980 年，沛中被省教委确定为首批办好的省重点中学，至 1990 年，基本上形成 8 轨 24 个班的规模，现在稳定在 20 轨 60 个班。沛中的发展壮大是沛县四十年教育发展的缩影。现在，全县早已实现了九年义务教育，实小、歌风、正阳、沛初中、五中、三中越办越好，小学、初中入学率巩固率达 100%。而在 1978 年，初中生辍学情况特别严重，我的老家丰县冯屯，一个侄子的五个子女没有一个读到初中毕业的。近年来，政府为学生提供了最佳学习条件和环境，做到多措并举，控制辍学率，确保学生初中毕业。

四十年沧桑巨变，教师学历水平极大提升。1978 年，县教育局曾做过一个统计，全县 8000 名教师中本科学历仅 108 人。现在全县高中教师全是本科学历，还有近百人为研究生学历。小学、初中老师学历全部达标，初中教师中本科学历的也不少。学历高低是教师教学水平的一项重要标志，高学历加上多钻研、勤学习，才能胜任繁重的教育教学任务。教育是百年大计，四十年来，国家对教师队伍建设极为关注，设立了教师节，提高了教师的社会地位。从 1988 年起，进行了职称评定，沛县已有数千位老师评上了中级、高级职称，还有数十人成为特级教师。1988 年，我在鸳楼中学被破格评为中学高级教师，1989 年又被国家教育部、人事部评为“全国优秀教师”，是党的政策给老师们带来了荣誉和幸福。

四十年沧桑巨变，教师地位和生活水平极大提高。改革开放之前，中小学教师“三低”现象十分普遍：学历低、工资低、地位低。当时，教师的收入与地位远远低于供销社营业员。老师购买手表、自行车、电扇等需要去供销社挂号排队，买糖、买煤球、买一些生活必需品有时也要找营业员走后门。1975 年，我在朱寨中学工作时，亲耳听到一位公社干部在全体教师学习大会上讲道：“老师们，好好干，干好了我提拔你们到供销社当营业员！”那时人们认为教师是“臭老九”，教师社会地位之低令人唏嘘。

教师工资待遇低，我有亲身体会。从1967年8月至1986年7月整整二十年，我的工资总额是11806元，比2018年两个月工资还要少。1968年11月至1971年7月，我和南京师院、江苏师院（现苏大）等十位大学生在沛县蚕桑场劳动锻炼（当时所有的大学毕业生都要先参加劳动锻炼才能分配工作）。一次我们几个人去鹿楼，在路上同行的马培封兄（南师大毕业，在县政协退休）对我们几位说："等我们退休时，能和甄老师的工资一样，我们就心满意足了。"当时甄老师的工资是全县教育系统最高的，每月73.5元。能拿到每月73.5元的工资，是我们当年的理想。改革开放四十年，随着国家的强盛，人民生活水平的提升，教师的工资也从每月几十元提高到现在每月数千元，增长达一百多倍。在当年，每月数千元工资是我们做梦也不敢想的。生活水平的提高还体现在物价上。改革开放之初，许多工业品价格昂贵。1980年，我买了一块"钟山"表，40元（当时月工资59元）。1982年买了一辆自行车，200元，用去三个多月的工资。1987年买了一台黑白电视机，732元，以至于当时手头十分紧张，加上老家有多家亲戚需要资助，我向人借钱也要帮助他们，所以直到90年代初才还清债务。现在物质产品极大丰富，生活必需品琳琅满目，再也不用为买一辆自行车而用光三个月工资了。与退休的老同事闲聊，他们都感到十分幸福，无不异口同声地说："改革开放好！党的政策好！"我一位在鸳楼中学工作的同事动情地说："如果不是党中央在1977年恢复高考的好政策，我们这些'老三届'哪里有这样的机会。"

我是1991年从鸳楼中学调入沛中的，2002年2月退二线，2005年退休，至今仍在沛中工作着、奋斗着。为什么会如此执着？就是因为心中深深的感恩之情。感恩时代，感恩人民，感恩国家，感恩伟大的党，也感恩沛中的校领导和同事们。

二中校门的变迁

纪认振

今年是二中建校四十周年，作为二中人，我有幸成为学校发展史上这一重要里程碑的经历者和见证者。工作之余，走进校史馆，留意翻阅校史、校志等档案资料，发现了几张不同时期的珍贵的大门照片。

看着这些或黑白、或彩色、或模糊、或清晰的照片，心底泛起阵阵涟漪。它们不仅仅是几张图片，通过它们，我仿佛看到一代代二中人怀揣着梦想从校门走进，又激扬着情怀从校门走出；我更是读懂了二中人四十年来与祖国改革同行、初心不改、坚韧不拔的奋斗史和高歌猛进、芬芳盈怀的发展历程。

二中第一个大门建于 1978 年。此时，历经劫难的华夏大地百废待举、教育复苏，改革开放的春潮漫过苏北大地，沛县二中应运而生。建校初期，占地十余亩，瓦房数十间，设施简陋，设备短缺，一个初一班，四个高一班。在校师生二百余人，他们既是学习者、教育者，也是学校基础建设的有力参与者，师生们一起和泥搬砖，肩扛手推，苦乐相随。校门也极为简单朴拙，整体呈暗灰色调，大门四五米宽的样子，两旁小门仅能容一人而过，主门垛高不过三米，两扇推拉门由钢管焊接而成。但正是这道门，见证了流淌着创校者们无尽泪水与汗水的火热年代，也正是这道门，推开了二中人砥砺前行、创新创造创建的康庄大道。

20 世纪八九十年代，学校粗具规模，初高中分离后成为县直独立高中，办学条件随之改善，生源质量逐步提高，学校规模稳定在六轨十八个班，高考连创佳绩，从而奠定了二中在全县教育界和全县人民心中的位置。

2004 年，有着二十六年历史的沧桑校门推倒重建，原址上竖立起一道电动伸缩门，门垛和主门高低相错，色调黄红白相间，颇具现代气息。这道门是进入21世纪后，二中驶入高速度、高质量发展轨道的生动符号。学校相继七次征地，占地面积、办学规模不断扩大。原有平房拆除，三幢教学楼、两幢学生宿舍楼、一幢综合楼及多功能餐厅先后拔地而起，塑胶操场高标准兴建，办公条件持续改善，教育环境逐步优化，教学质量稳步提高，先后顺利通过江苏省二星级、三星级普通高中验收。

2011年，沛县县委、县政府高度重视沛县二中的发展，把二中加快发展、创建省四星级学校列入“为民办实事”的重点工程，并乘沛县师范学校撤并之机，将其部分土地、校产划拨二中。校园重新规划，老校门成为副门，而原沛师大门成为主门。这道门虽非二中原建，却是二中人抢抓机遇、励精图治、乘势而上的有力见证。自筹划创建省四星级普通高中伊始，二中就瞄准省四星级高中的硬件建设指标，高标准，严要求，大力投入，大胆创新，同心协力，群策群力，努力推进教育现代化建设，促进师生发展，提升管理境界，凝练办学特色，塑造学校精神与文化。学校的办学水平、办学内涵和办学品位得到了进一步提升，在改革和发展、传承与创新中迈上了新的台阶。2015年4月，二中以全省第三名的优异成绩高规格通过了省四星级普通高中的评估验收，实现了历史性跨越。

2018年6月，一座大气庄严而又不失灵动的三层校门，巍然屹立于沛城主干道东风路北侧，总高13.9米，总长27.7米，外墙是灰色调的大理石，大厅顶部是装饰性的白色围栏、绛红色的校徽、知名画家徐培晨先生题写的镏金校名。门两旁“寓教于乐、教学相长、言行合一、行胜于言”的隶书大字，融合了东风路汉文化格调，统一于不对称式的整体造型，给人以强烈的视觉冲击力。这座地标式校门，是二中牢牢抓住晋升四星的契机，强化发展意识、争先意识，高起点规划、高品位思维、高标准运作、高效率达成的印证。由于种种原因，二中近年的生源质量不甚理想，但二中人不甘人后，负重拼搏，用爱岗敬业书写杏坛佳话，以呕心沥血托举莘莘学子。各类竞赛捷报频传，各级考试成绩喜人，尤其是高考，三年三大步，文化类、艺体类均全面超额完成县教育局下达的指标，取得了质量和数量的双丰收。学校也先后被授予江苏省绿色学校、徐州市唯一的省级优质课程基地、徐州市五一劳动奖状等诸多荣誉；因课改突出、示范性强，被评为徐州市“一师一优课、一课一名师”先进学校，被徐州市教育局确定为“学讲计划”实验学校（全市仅有五所学校），成为江苏师大课改项目实验学校，成功主办、承办徐州市“学讲计划县县行”高中研讨活动、江苏师大课改项目研讨活动。

走进如今的二中，松柏似盖，绿草如茵，石凳小道静雅有致，喷泉回廊相映成趣，柏油干道厚实平阔，体育馆气势恢宏，科技楼设备先进，图书馆藏书丰富，学生食堂干净整洁，日晷广场古朴厚重，校园明珠峻拔高耸，仁爱园意蕴丰厚，汉韵亭、栖心亭、飞梦亭幽静怡然，无不给学生创造了良好的成长空间。洁净宽敞的教室里传来学子们的琅琅书声，生机勃勃的绿茵场映照着青春少年的龙腾虎跃，校本课程丰富的学生发展指导中心留下了学生探求实践的串串足迹。整个校园呈现着绿树成荫、风景秀丽的生态之美，洋溢着规范管理、特长发展的和谐之美，展示着“进步二中、卓越二中、幸福二中”的人文之美。

建校四十年，二中校门四度变迁，每一道新大门的出现，都是二中人一个新的起点、一种新的考验；每一道校门也都镌刻着二中从无到有、从小到大、由弱变强的成长烙印，在飞跃与巨变中见证了二中人激扬的情怀和不朽的传奇。一代代二中人仿佛接力般地用他们的热情与热血守卫着教育热土，今天，这条接力的路还在延伸。

我随体育中学一路走来

赵米青

1993年秋天，我到沛县体育中学担任校长。学校在县体委所属体育场院内，房顶露天，窗户没有玻璃，用塑料薄膜替代，建筑面积不足1200平方米。全校二十一名教职工挤在一间办公室里，全校学生不足百人，黑板、讲桌、课桌凳破烂不堪。

学校的办学条件虽然艰苦，但课堂上同学们听课专注、发言踊跃，训练场上生龙活虎的情景却让我深受鼓舞。我决心甩开膀子，大干一场。我走进课堂，和同学们一起听课，深入训练场观看同学们训练，业余时间和师生促膝谈心。渐渐地，一个全新的体教结合的学校管理方案在我的脑海里清晰起来。全校教职工大会上，大家争先恐后为学校的管理和发展建言献策。之后，一项项管理制度相继出台，学校的面貌焕然一新，体教结合的办学模式初步形成。

1994年至1998年是学校值得骄傲的几年，学校代表队参加省级比赛共获个人金牌15枚、团体金牌1枚。学校输送的运动员冀方新、孟爱国、崔文华、赵楠等四人分别登上世界技巧、举重的冠军领奖台。1997年，学校被国家体委授予“群众体育先进集体”称号。频传的喜报，使全县人民为之自豪，为之振奋。

1999年4月，沛县教育布局调整，学校搬进新校区。校园是教育局每年出资20万元租赁的老党校，校舍共150间，训练场是借用沛城镇中学的操场，办学条件极为简陋。布置教室，安排宿舍，召开全校师生大会鼓舞士气，大家都忙得不亦乐乎。

学校的各项工作都走上正轨之后，我深入思考了学校下一步的发展规划。在随后召开的校委会会议上，我提出的组建蹦床队、举重队，散打队升为市散打队的建议，得到了大家的一致赞同，大家对学校的前景充满了信心。

目标定下了，就要雷厉风行、全力以赴去做。很快，两套蹦床和教练抵达学校，蹦床队员开始训练。为散打队升级的事，我三次去市体育局协商。经充分准备，8 月 10 日，校举重队正式成立。

在办学过程中，我们遇到了部分未被输送的初三毕业生继续训练和升学的问题。经学校研究、申请，教育局批准，2000 年 9 月开始开设高中班，为初三毕业生解除了后顾之忧。至此，我校成为十二年一贯制的学校。

搬入新校区以来，我校更是喜事连连。2002 年 5 月，苏、鲁、豫、皖武术、散打擂台邀请赛，我校代表队获团体冠军。2003 年 2 月，我校武术队获沛县第十九届武术散打团体冠军。2004 年 5 月，省级田径比赛中，我校代表队获金牌 4 枚。

2000 年 11 月，我校输送运动员刘峰、刘会峰在第十七届世界技巧锦标赛中获团体、单项金牌 3 枚。赛后学校举行了冠军报告会，两位冠军的报告使同学们深受教育和鼓舞。县四套班子领导黄继鹏等接见他们，并表示了热烈的祝贺。2001 年 1 月，江苏省体育局授予学校“江苏技巧运动杰出贡献”奖。在之后的两年间，刘峰、刘会峰又在全国技巧锦标赛、全国技巧冠军赛、全国体育大会技巧比赛等比赛中夺得了金牌 14 枚。

在体育方面取得的成绩，很快引起了社会的广泛关注。2000 年 9 月 27 日，《徐州日报》刊登了文章《沛县体育中学被誉为“冠军的摇篮”》，介绍了沛县体育中学近十年来的发展成绩。2004 年 5 月 7 日，国家武协摄制组来我校拍摄专题片《风雨体育四十年——记沛县体育中学》，专题片一经播出，在体育界产生了很大的反响。

随着学校的不断发展壮大，原有的硬件设施已经不能满足教学和训练的需要，下一步学校如何发展？我的脑海里产生了迁建新校的构想。写申请报告，一次次地去教育局、文体局、县政府。终于功夫不负有心人，2001 年 5 月，经县政府同意，县计划和经济委员会批准立项，迁建沛县体育中学。消息传来，全校教职工奔走相告。

项目批下来了，建设资金却存在巨大的缺口。开弓没有回头箭，我找县教育局、县政府有关领导协调，争取无偿划拨土地、免收所有规费、劳务性收费减半的优惠政策。2002年1月，经人介绍，我与香港勤利达服装贸易有限责任公司董事长林镇铭先生结识，得到了林先生的资金捐助。2002年2月，我又与中煤第五建设公司第一工程处取得了联系，经县政府同意，县教育局与中煤第五建设公司第一工程处达成协议，第一工程处为学校建设提供了一些资金。几年间，我往返于沛县与南京，争取到了省财政的部分拨款，同时又自筹了一部分资金。

2003年8月，在沛城镇东关征地75.4亩。2004年3月，沛县体育中学建设领导小组和建设工程指挥部成立，我成为建设领导小组的成员和建设工程指挥部的副总指挥。教学楼、宿舍楼开工建设，我起早贪黑，往来于学校和建筑工地，节假日在施工现场一忙就是一天，深深尝到了个中的甘苦。

经过一年多的紧张施工，位于沛县汤沐路66号、由同济大学建筑设计院设计、沛县建筑公司承建的沛县体育中学落成，我们的愿望终于实现了，大家无不欢欣鼓舞。这时的学校教职工已增加到120人，学生1800人，管理这么大的学校是我面临的新课题。校委会确立了办学的指导思想，以“教体结合”为办学模式，坚持“以人为本，读训并重”的办学理念，以“创名校，出名师，育明星”为奋斗目标；严格依法办学，以德治校，不断改善办学的条件，打造具有一定社会影响力的名牌教练员和名牌训练项目，为国家培养更多高水平的体育后备人才，把我校办成一个特色鲜明、人才辈出、效益显著、全国一流的体育特色学校。我们把这一指导思想落实到了教学、训练的各项工作中，完善了一系列规章制度，构建了严格、规范的校园管理文化，制定了“诚信、文明、务实、拼搏”的校训，形成了“团结、奋进、明理、求真”的校风。从此，我校驶上了发展的快车道。

仅仅两年的时间，我校就走在了全省同级体校的前列，得到了省体育局的肯定。2006年11月，我校被江苏省足球委员会命名为“江苏省培养足球后备人才重点学校”；2006年12月，被江苏省体育局命名为“江苏省高水平体育后备人才单项训练基地”“江苏省青少年奥林匹克体育俱乐部”。2006年4月17日，中央电视台《见证·亲历》栏目组来校制作节目，对我校的发展做了全面的报道。2007年3月，我校被江苏省体育局评为“江苏省体育系统先进集体”。

2007年，我校大力开展了课题研究活动。12月份，我主持的省级课题“12名世界冠军成长机制及其规律的研究”获得立项开题，该课题为江苏省教育学会“十一五”重点立项课题，之后又被滚动为中国教育学会国家级课题“13名世界冠军的成长机制及规律的研究”。2010年，该课题又被徐州市政府选为“振兴徐州老工业基地”徐州百题研究之一。课题研究活动为体育人才的培养提供了理论支撑。

2008年初，按照省市体育局的部署，开展了“国家高水平体育后备人才基地”的创建工作。创建工作时间紧，任务重，没有经验可以借鉴。为做好这项工作，学校成立了创建工作领导小组，我带领大家逐条研读“基地”的要求，分工到人，倒排时间。我们多次请评审小组的专家亲临我校指导工作，请徐州市体育局的领导查找我们存在的问题。暑假里，我带领全体创建人员远赴常州市体校学习。我们听取了常州市体校创建工作的经验介绍，咨询了创建工作中的一些问题，查看了他们的创建资料，受益匪浅。年底，“国家高水平体育后备人才基地”评审小组来我校评审验收，评审专家对我校的师资建设、硬件配备、教学训练管理、人才的培养输送、大赛成绩等方面，给予了高度评价，认为我校的各项指标完全符合基地的要求。2009年2月，学校被授予“国家高水平体育后备人才基地”。在江苏省国家高水平体育后备人才基地创建总结大会上，我做了典型发言，赢得了台下的阵阵掌声。也是在这一年，我被徐州市教育局授予了“徐州市名校长”的称号。2012年2月，我们再一次被国家体育总局认定为“国家高水平体育后备人才基地”。

2009年的下半年，我校又顺利通过了“江苏省四星级体育学校”和“江苏省教育现代化达标学校”的验收。2012年11月，经江苏省星级体校评审专家组认定，我校晋升为“江苏省五星级体校”，成为苏北唯一一所五星级体校。

2004年到2015年，是我们值得骄傲的几年。我校各训练队在省市级比赛中，取得了辉煌的成绩。田径、足球、网球、篮球、跆拳道、蹦床、举重、武术、散打等项目共获金牌500多枚。特别是我校着力打造的技巧队成绩更是骄人，作为唯一一支县级代表队参加全国技巧锦标赛、冠军赛，共获金牌73枚。

这几年，也是我校输送的运动员为国家体育事业做出突出贡献的几年。2006年3月，我校输送的运动员韩晓鹏在都灵冬奥会上，顽强拼搏，技压群雄，一举夺得自由式滑雪空中技巧冠军，实现了我国在冬奥会自由式滑雪空中技巧项目上零的突破，震惊了世界体坛。此外，邱森、齐广璞、张鑫分别荣获了世界杯、世锦赛自由式滑雪空中技巧冠军；赵玉超、韩友亮、王磊、唐建、张腾、周家槐、夏芝梦分别荣获了技巧世界杯、世锦赛冠军；张凯在第十一届世界武术锦标赛中勇夺冠军，他成为江苏省武术史上的第一个世界冠军。

这几年，我校获得了更高的荣誉。2013年8月，被国家体育总局评为“全国群众体育工作先进集体”。2014年9月，被人社部、教育部评为“全国教育系统先进集体”。同时，我校也得到上级领导的高度重视，成了对外交流的窗口、体校的榜样。国家体育总局局长刘鹏、副局长于再清，江苏省省长李学勇、副省长张桃林、教育厅厅长沈健、体育局局长殷宝林，徐州市委书记曹新平、教育局局长强国，沛县县委书记冯兴振、县长李晓雷等国家、省、市、县领导先后来校视察、指导工作。中国作联作家代表团、中国电影表演艺术家协会代表团、徐州市委党校市委组织部组织的全市青年干部考察团、妇女干部考察团等多个团体前来考察。泰国、德国、日本体育友好交流团等多个体育团体来校交流。宿迁市体育考察团、淮安市体育运动学校、连云港市体育运动学校、安徽蚌埠马桥中学等来我校参观学习。

2015年9月，我校又站到了新的起跑线上。学校由沛县汤沐路66号迁到了汉源大道7号。新校区位于沛县花园式新城区的中心地段，占地150亩，建筑面积40000平方米。优美的校园环境、现代化的设施、高水平的师资队伍，同学们在这样的学校里学习、训练、生活，感到无比快乐。

2016年12月，我校以各项指标总分名列前茅的优异成绩，再一次被国家体育总局命名为“国家高水平体育后备人才基地”。2017年6月，我校成为全国首批唯一一个“中国蹦床与技巧协会项目高水平后备人才培养基地”。

2017年11月，我校输送的运动员张阔，在第32届蹦床世锦赛中，一举夺得了金牌，他是徐州市蹦床项目诞生的第一个世界冠军。2018年2月，张鑫在韩国平昌举办的冬奥会上，荣获了自由式滑雪空中技巧亚军。

这是继韩晓鹏之后，我校输送的运动员再一次在冬奥会上获奖。2018 年 3 月，孙欢在国际雪联举办的滑雪比赛中，一路过关斩将，斩获了金牌，成为中国首个获得单板滑雪平行回转项目冠军的选手。

一路砥砺前行，我与体校一起走过二十多个春秋，回首往事，感慨万千。二十多年间，沛县体育中学乘着改革开放的春风，欢唱着新时代的大风壮歌，逐步发展壮大，造就了一大批中国和世界体坛的精英，谱写了震惊当代体坛的华章。今后，我们将牢记使命，不忘初心，把体育中学打造成全国一流的体校，让更多的高水平体育后备人才从沛县体育中学出发，冲出亚洲，登上世界冠军的领奖台。

红色课堂为党员干部“强筋壮骨”

刘沛生

2011年3月，我和沛县党校的同事参与了县委开展的党性教育课程，当时开设的课程主要是中共党史和沛县革命史，教学方式是传统的讲授式，就是教师在台上讲，学员在台下听。课后在与一些学员闲谈的过程中，了解到一些学员对这次培训内容还是很满意的，但由于大部分学员没有接触到直观性的史料，所以普遍感受不深，特别是20世纪80年代以后出生的年轻党员干部，距离革命时代遥远，而且出生时就赶上了改革开放的好时代，物质条件较好，对新旧社会翻天覆地的变化缺乏对比，对我们党领导人民进行艰苦奋斗的历史缺乏系统了解，对党的理论探索和实践成就缺乏深刻认知。甚至一部分年轻党员干部受历史虚无主义的不良影响，无法相信革命时期的艰难生活，对革命先烈的事迹与精神持严重怀疑的态度。

后来，我与几位教师在培训总结座谈会上交流时，都提到了党员干部特别是青年党员干部党性不强，对党史缺乏深入了解的现象，大家一致认为，之所以会出现这种现象，主要原因是课程吸引力不够，学员学习积极性不高。党史教育本来就是党性教育的重要组成部分，在教学过程中要坚持用党的伟大成就激励人，用党的优良传统教育人，用党的成功经验启迪人，用党的历史教训警示人。要让广大党员干部尤其是青年党员干部认识到，中国革命的胜利是党领导人民历经千难万险取得的，党的崇高伟大的革命精神是党领导人民长期奋斗牺牲培育形成的，如今的和平盛世是无数英烈模范用鲜血和生命换来的，中华民族的复兴是需要继承革命传统、继续英勇奋斗才会实现的。

而要实现这一教学目标，必须改变教学形式，特别是要充分挖掘我们身边的红色资源，用我们身边的人，用我们身边的故事开展党性教育。因为红色教育资源蕴含着革命先辈的崇高理想和坚定信念，凝聚着党的优良革命传统和集体智慧，是新时期干部党性教育的优质资源。依托红色资源开展党性教育，可以使党员干部在与历史事件、革命人物、革命精神的对话中，不断进行触及思想、深入灵魂的反思与感悟，实现心灵的震撼和精神的蜕变，不断增强党性教育的针对性和实效性。

在其后的几年间，我看到了沛县党校不断创新载体手段、改进方式方法，微党课、党员身边小故事等形式多样的课程，让党员干部愿学、会学、乐学、善学。与此同时，在校领导的安排下，我和其他几位教师深入挖掘沛县重要历史资源，建立本地红色资源教学基地。

我们先后依托青墩寺小学、鸳楼革命烈士陵园和王成启红色博物馆三个红色教育实践基地，结合实际开设了重温入党誓词、聆听革命故事、参观革命遗迹等内容的“红色课堂”。通过将现场变成课堂、讲解变成互动、素材变成教材、讲授变成体验的总体思路，打造了“红色课堂”系列党性教育课程，为加强党员干部党性修养开辟了新阵地，提供了新平台。

2012 年，我们将青墩寺和鸳楼革命烈士陵园列为党校教育基地。张寨镇青墩寺小学是沛县第一个党支部诞生地，它的历史是沛县宝贵的精神财富，是弘扬革命光荣传统的红色教育基地。1928 年，中共沛县第一个特别党支部在此成立，孟昭珮任特别支部书记。从此，沛县革命斗争有了坚强的组织者和领导者。郝中士、张光中、郭影秋、鹿渠清、李公俭等一大批仁人志士都在这里以教师身份从事党的秘密工作，他们在长期的革命斗争中谱写了可歌可泣的英雄赞歌。沛县革命烈士陵园位于江苏省沛县城西的鹿楼镇鸳楼村东，是为纪念在 1941 年 1 月 22 日张堤口战斗中英勇牺牲的八路军七十二名指战员而建。始建于 1967 年 8 月，将张堤口战斗中英勇牺牲的八路军英烈集体迁葬园内。2009 年 8 月，全县散葬的革命烈士逐渐搬迁到烈士陵园安葬。沛县革命烈士陵园的建立，是继承湖西革命英烈精神的具体体现，为教育子孙后代继承先烈遗志、弘扬革命传统提供了良好载体。

在 2012 年 3 月的入党积极分子培训班上，我们先后组织了三百多名入党积极分子到青墩寺小学和革命烈士陵园开展缅怀革命先烈、重温入党誓词等形式多样的主题教育活动，旨在利用青墩寺小学和革命烈士陵园独特的革命传统教育资源，帮助入党积极分子充分了解沛县革命斗争的光荣历史，感悟沛县革命先烈艰苦奋斗、不怕牺牲的革命精神，自觉传承党的优良传统和作风，让党员干部更好地接受革命传统教育和党性党风教育。

2017年10月，我们把王成启红色博物馆作为党校党员党性教育基地。沛县张寨镇陈油坊村村民王成启，三十五年来矢志不移，钟情于红色文物的收藏，利用自己的近八万件藏品办起了乡村红色博物馆。馆内许多藏品闪耀着党性的光辉，是强化党性教育的鲜活教材。利用红色博物馆和红色藏品在党性教育中传承红色记忆，发扬我党我军的优良传统，总结出属于沛县的独特的红色记忆，形成党性教育的重要形式。

最近几年，我欣喜地看到，沛县的党性教育从单纯的课堂教育，逐步发展为现今的主题鲜明、特色突出、感染力强的以红色教育基地为依托的“红色课堂”。沛县党校依托于红色教育基地的红色课堂，建立起历史与现实联系的通道，在给党员干部带来强烈思想震撼的同时，使党性教育在他们心灵深处留下深深的烙印。

走进沛县革命的摇篮

丁西林　李令杰

在沛城南十三公里处偏僻的农村有一所小学，它犹如镶嵌在古沛大地上的一颗明珠，熠熠生辉，又如一株奇异的花草，给人以耳目一新、清新脱俗之感。它就是中国共产党沛县第一个特别支部的诞生地——青墩寺小学。这是一所有着百年厚重历史的文明古校。它既有光荣的革命史，又有着辉煌的教育史。它是沛县的党建基地、革命摇篮，也是沛县近代教育的发源地，沛县新式学堂的先河从这里开启。

青墩寺原是一座千年佛教古刹。相传建于汉、兴于明、盛于清，曾名“万福寺”“玉皇殿”。寺庙规模宏大，占地百余亩，殿堂错落有致，庙宇成群。佛像庄严，钟声悠扬，梵音袅袅，香火鼎盛，名闻百里。1905 年，深富才情的乡绅朱才全老先生借用寺内闲置的庙舍始设私塾。翌年，先生自筹资金，扩大校基，增修校舍，创办高、初两等学堂，开沛县教育之先声，成为沛县新式学堂的滥觞。民国初年，定为市立第一国民学校。由于设施先进、名师云集、管理有方，成绩位居徐州八县之首，吸引了周边数省、县的莘莘学子前来求学，一时名闻遐迩、驰誉千里，留下了“江南燕子矶、江北青墩寺”的美誉。

青墩寺小学是沛县革命的摇篮。1928 年夏，孟昭珮在青墩寺小学以任教为掩护，秘密宣传马列主义和共产党的政治主张，成立了中共沛县第一个特别支部。此后的数十年间，青墩寺小学曾遭受过战火的摧毁，也曾经受过数次运动的洗礼；有过令人瞩目的辉煌，也遭受过毁灭性的破坏，甚至经历过数次被拆迁的厄运。然而，每次浩劫，青墩寺小学都如同一位饱经沧桑的老人，任凭风雨如磐，风霜雪剑，仍傲然挺立，岿然不动，默默地守护着这方圣土。

1978年，改革开放的号角吹响了，青墩寺小学也整装待发，踏向了新的征程。师生精神焕发，斗志昂扬。连续几年在张寨、唐楼高中的招生考试中，青墩寺初中部的毕业生成绩都名列榜首。输送到这两所学校的学生品行、成绩都令人称颂，很受校领导和老师的欢迎，一提起是青墩寺走出去的学生，常常令人竖起大拇指称赞不已，一时传为美谈。

1983年，在时任县委书记李鸿民的亲切关怀下，沛县人民政府将青墩寺小学列为“县重点文物保护单位”，并拨专款整修。同时创建了青墩寺联中。1994年，由县委组织部、党史办、宣传部、原唐楼乡党委政府在青墩寺小学创建了“德育教育基地”，利用学校古建筑“大佛殿”“三圣宫”“中山堂”，开辟“中共沛县党史”“沛县人民革命斗争史”“青墩寺学校校史”三个展室。全县干部、群众、学生纷纷前来参观学习。青墩寺小学更是利用得天独厚的德育资源，开设校本课程，将参观革命展室，激励师生奋发有为作为必修课。

2008年秋，县委书记冯其谱莅临青墩寺小学视导工作，指示要对这所有着光荣革命历史的百年老校重点建设。接着，县教育局推行复建青墩寺小学德育基地的举措，学校紧抓这次机遇，向社会各界发出复建青墩寺小学德育基地的倡议。一呼百应，师生、干群踊跃捐助，各级领导精心布局规划，掀起建设青墩寺小学的历史性高潮。至今，共投资三百多万元新建仿古式教室、仿古式建筑群、仿古式围墙、仿古式厕所，改建学校大门为仿古式门楼；新建党建纪念碑亭、国旗台；新建两个标准化篮球场、一个排球场及二百米标准化的环形跑道；建游园广场，塑英烈像，立校碑；铺设“中山堂”青石板地面，铺设生态砖地面，硬化地面，整修放生池；种植各类花草，栽种各类树木……校容校貌焕然一新，呈现勃勃生机。

走近青墩寺小学，首先映入眼帘的是一座高大雄伟的歇山重檐门楼，沿门楼两侧蜿蜒起伏的古典式围墙，就像两条巨龙守卫着饱经风霜的百年古校，给这座美丽的校园增添了一份厚重的文化内涵。走进门楼，迎面是一个修建精美的池塘，池塘中间荷叶田田，莲花朵朵，真个是“出淤泥而不染，濯清涟而不妖”；门楼的正北方，是民国时期为纪念孙中山先生而建造的“中山堂”，它外形庄严古朴，蔚为壮观，铭记着青墩寺曾经的辉煌。穿过门楼，但见门楼两头各有三面醒目的展示牌。东侧简要介绍了学校的历史沿革，展示师生的风采；西侧介绍了学校红色文化建设的思路和开展情况，展示了各级党政领导、党团组织、兄弟学校师生来校视导工作、参观学习活动剪影。放眼望去，池塘西侧，新旧各异的石碑和德育园里的革命英烈群雕塑像，便可一一进入你的视线，那一双双炯炯有神的眼睛里，充满着温和慈祥，仿佛正与天真烂漫的莘莘学子叙说着历史，感悟那铁马金戈、人间正道。在雕塑正北方十余米处，又是一道独特的景观，1945 年为纪念抗战胜利，由村民自愿集资建造的两层小门楼，青砖灰檐，古朴端庄，上面题写着当年的校训“闻鸡起舞”，与后院的“大佛殿”“三圣宫”“鲁班祠”等古建筑群遥相呼应，铸就了青墩寺小学独特的校园文化。池塘东侧，是为纪念沛县党组织诞生八十周年的党建纪念碑亭。纪念碑亭南侧，是宽敞的游园广场、综合器械区，东侧是标准化二百米环跑操场，彰显了青小 21 世纪现代化学校的时代魅力。

2010 年以来，在县委各级领导的重视下，青墩寺小学分别被县委、县政府、县委宣传部、沛县教育局、徐州市关工委授予“沛县党员教育基地”“沛县社会主义核心价值观教育实践基地”“沛县中小学爱国主义教育基地”“小海燕社会实践教育基地”等称号，2014 年被列为“江苏文化遗产解读工程”。各级党团组织多次在此举行活动，使青墩寺小学的红色氤氲之气温润着人们的心灵，发挥了它烛照人心、教育后人的历史使命。

目前的青墩寺小学形成了一支“敬业奉献、主动探索、充满活力、和谐进取”的青年教师队伍，涌现了一批青年骨干教师和教学能手。学校先后获得了县“文明单位”“优秀学校”、徐州市“百佳校园”“平安校园”“绿色校园”等荣誉称号，在教学质量上更是获得了“县教学质量奖”等殊荣。这个红色传统的教育阵地激励着青墩寺小学的师生们不断地进取前进，相信在时代强音的指引下，在先进教育体系的指导下，在红色教育的引领下，有传统教育的铺垫，这里将会是沛县教育最具特色的教育基地。

四十年的风雨兼程，青墩寺小学滋兰树蕙，春华秋实，一路弦歌。青墩寺的树木花草都是不同于其他地方的，那百年苍松翠柏下的太阳花，在冬天依然鲜艳夺目，小小的身躯在经历了严寒后，用顽强的生命力，陪伴师生们不忘初心，牢记“闻鸡起舞”的校训，开拓创新，砥砺奋进，铿锵前行，共同续写青墩寺小学壮丽豪迈的诗章，铸造耀古烁今的辉煌。

汉城国际学校创建始末

季传民

2006年3月18日，沛城北那庄村前人头攒动，鞭炮齐鸣。时任县长孟铁林挥锹掘起第一锹土，民办沛县汉城国际学校基本建设的大幕拉开了。

2004年底，我退居二线后，被教育局返聘编写《沛县教育百年》。2006年，县政府招商引资筹办沛县汉城国际学校，经多方推荐选拔，我被聘为学校首任校长，开始了艰苦的创业。

时间紧，开工之日到开学仅有五个来月的施工时间，教学楼、宿舍楼、能容纳五千人就餐的餐厅、操场等同步施工。来自改革开放前沿的沭阳人，在沛县这块古老神圣的大地上开始创造汉城国际速度，通宵达旦，机器轰鸣，地基打好后一周一层。当时的新城区尚无一处大型建筑，沛公路尚未修好，在人们惊讶的目光中，数栋大楼拔地而起。

建楼的同时，汉城国际人开始了聘师招生工作。招生人员走街串巷，进村入户，早出晚归，顶烈日，冒酷暑，苦口婆心地宣传自己的办学理念：树立讲规则的事，塑就有信仰的人。特别是宣传自己的办学模式：全封闭、寄宿制，小学、初中、高中十二年一贯制。这一敢为人先的全新办学模式在沛县教育原本平静的水面上搅起了冲天浪花。办学模式再好，必须得到群众的认可，为此，学校利用各种媒体、多种方式向社会宣传，向家长宣传，向学生宣传。因为我在教育局工作过，和下面的校长多数认识，大家很给面子。记得当时带人去李集小学，虽多次宣传，家长们还是不为所动，于是我亲自进班宣讲，又向校长打听哪些家庭对孩子教育有更高的期望和需求，然后有针对性地一家家上门宣传。功夫不负有心人，我们的办学理念终于得到了越来越多的家长认可。就这样，一校一校，一家一家，一个一个，渐渐地，家长们纷纷送子女报名入学。

8月8日，工程尚未完全竣工，我毅然决定学校筹建领导小组进驻工地新楼办公，向施工队施加压力，促其抓紧收尾工程。8月18日上午，新招的初、高中学生已列队集合在操场上。时任分管教育的副县长胡成彪同志庄严宣布：沛县汉城国际学校军训开始！县人武部部长亲自带队，几十名军训教官雄姿英发，学生统一着迷彩军服，开始了紧张的军训生活，口号、军令响彻天空。8月27日上午，闭营仪式结束后，为向全县人民汇报展示军训成果，已具汉城国际学校特质的师生们在教官的带领下，雄赳赳，气昂昂，彩旗猎猎，喊声阵阵："走进汉城国际，相约灿烂明天！"顺汉源大道南下，经东风路、正阳路、沛公路，全程跑步返回学校。队伍军容整齐地行进在人流集中的沛城主街道，轰动全城，市民们纷纷驻足观看，震动、好奇、惊讶、艳羡，这所异军突起的民办学校一炮打响！

至9月1日开学前，先行投资2129.12万元，建筑面积达23698平方米的一期工程顺利竣工并投入使用。开学后小学9个班294人，初中21个班980人，高中6个班334人，计36个班1608名学生如期入班就读。在县委、县政府、县教育局的全力支持下，学校从沛高中、沛初中、三中、五中、正阳小学、歌风小学等县直学校及部分农村中小学聘来的部分优秀老师也开始了正常的支教工作，实现了汉城国际学校迈开的第一步。

学生招进来了，但学生中留守儿童多，家庭教育背景特殊的孩子多。且其中多为薄弱生，有的甚至是双差生。如何把这些学生教好，让家长放心满意，是摆在全校教师面前的难题。学校首先根据国家有关教育法规，结合本校实际情况建章立规，制定一系列规章制度。经过反复推敲、反复实践、反复修改，最后汇编成册。《制度汇编》共32项，着眼于师生共同发展，共塑汉城国际学校个性化行为规范，全方位、全覆盖、全天候地对师生的衣、食、住、行、教、学、练等诸方面都做了明确的可操作性的规定，教职工人手一册，入职必读。每学年开学前安排专门时间对老师做制度规范培训，军训体训之余，新生在班主任的带领下逐项逐条逐字学习、讨论、领悟。

规章制度健全了，关键是如何执行和落实。学校紧紧抓住执行和落实两个关键环节做足了功课。实施程序化管理，注重五环节，即文化引领、制度规范、程序推进、表格落实、结果验证。具体落实在一是全员管理，学期初学校将全体教职工分组编排，由一位领导带队组成检查组，人人佩戴轮值胸卡参与检查，让汉城国际人人都是管理者和被管理者；二是全天候管理，早、中、晚一日三查，随时记录；三是全方位检查，课内、课外、卫生、做操等无所不查；四是咬尾式评价，当天查，第二天早上发通报，既张贴，又通报各部、各年级组，即时咬尾整改，让问题导向在人人、层层、事事、时时都烙在心上。学校还辅以“139”学生自主管理模式强化执行落实，针插不漏地监督检查，促使学校的各项规章制度得到全面落实。

辛勤的汗水必定结出丰硕的果实。学校很快得到了沛县教育界同人们的首肯和社会、家长的初步认可。2007 年暑后，全校已扩充至 52 个教学班，学生 2807 人。9 月，沛县县委、县政府联合授予学校“教育工作先进集体”殊荣，汉城国际学校实现了第二个目标——站起来！

小胜只是万里长征的第一步。汉城国际人不骄不躁，埋头苦干，认真总结经验教训，狠抓教育教学质量的稳步提高。在教学管理上，学校踏着大教育的时代节拍，也实行了大胆的改革与尝试。实行“301515 +5”课堂教学模式，即教师讲授一般不超过 30 分钟，当堂提问学生人数不少于 15 人，当堂练习时间不少于 15 分钟，还有“ +5”即一节课不少于 5 人上黑板演练。

简洁的教学流程，“301515 +5”课堂教学模式旨在返璞归真，通过构建简洁的课堂教学结构和流程，通过构建一种行之有效的简便的操作方法，将少讲多学、少讲多练、少讲多问教学方式和学习方法应用到课堂教学中去，将新课程的理念固化为教学规范，转化为课堂具体的教学行为，力避将学习复杂化、流程复杂化。这个切实可行的操作方法，就是学、讲、问、练；就是自学、精讲、善问、多练；就是学在前，讲在后，以学定教，问在前，讲在后，问题牵引，讲练结合，练为主线。

课堂教学改革充分调动了教师“教”和学生“学”的两个积极性，使得老师的教学水平和素质普遍而稳步地提高与升华。据统计，2009—2018 年，学校教师在县教育主管部门主办的基本功、备课、优质课、教案评选、教学能力、教育教学科研论文等比赛中共获奖 846 人次，获市级奖励 91 人次，省级奖励 29 人次，国家级 5 人次。又据不完全统计，全校学生在县、市、省、全国各级教育主管部门举办的各科各类竞赛中获奖 793 人次（仅统计单人奖奖项）。

小学部成绩骄人，2012—2018 年，县教育局主办的六年级语数外抽测中，我校均当之无愧地夺冠；2016—2018 年，四年级、五年级全科抽测也取得全县第一名。

初中部成绩惊人。2010 年中考起，我校九年级学生在全县毫无悬念地蝉联了九连冠。特别是 2018 年沛中首办教改班，面向全县选拔 40 人，我校被录取 10 人。更加令人欣慰的是，我校学生各科得分率、优分率、及格率等五率均远高于县区周边同类学校。

随着发展的需要，我们不断加大投入，2011 年建成教学综合楼，2012 年学校想教师所想，急教师所急，经政府批准，兴建教工宿舍楼两栋，让乐业者能安居，解决了一大部分老师住校管理难的问题。自 2012 年后，全校总体规模保持在 85 个教学班，学生在 4200—4500 人之间。至 2015 年，学校建设总面积达 56489 平方米，总投资达 7423. 4 万元。招生工作由开始的入户招生，到静候学子主动报名，再到现在的生源爆满，生源质量持续优化。处在当前，限于条件，学校已是一铺难求、一桌难安，不得不把大量有迫切需求的学生和家长挡在门外，实现了汉城国际学校办学的第三步——火起来！

据多年统计，自建校以来，我校的生源中，留守儿童或家庭残缺学生一直占比三分之一，教育好这部分学生从来都是教育工作者义不容辞的责任。本着对社会、家长、学生高度负责的准则，我校一直坚持平民化、低收费，让这类学生上得起、上得好，坚持做平民化教育的守望者。民办学校也应依法保障受教育者权利，更应是教育改革的先行者和实践者，更多层面地为有特殊教育需求的孩子与家长创造独具特点的教育机会。长期以来，我们充分发挥封闭式、寄宿制管理模式优势，为处教育困境的学生开拓了更适合他们发展的教育平台，让已然落后的甚至已经迷失方向的他们豁然开朗，顺利走出人生的迷途。

十二年来，各级政府、领导是我们最暖心、最强大的后盾，他们也给了我们充分的肯定。2014 年春，我给时任县委书记李晓雷同志写了一封信，反映学校发展中遇到的困惑，并提出些许要求。没有想到的是，没几天县委办来电通知，李书记要到学校来调研，现场办公帮助解决问题。4 月 18 日上午，李书记带领三位常委和分管教育的贺伟副县长、教育局贺磊局长等一行十余人来到学校，视察后在校会议室开座谈会。一开始，李书记还开玩笑地跟我说："你这一封信，把我们都叫来了。"座谈中，李书记认真听取学校及部分教师代表的发言，现场协调解决办学难题。就学校下步发展，李书记要求，要面向未来，坚定信心，充分认清和把握城镇化发展将为民办教育带来巨大市场需求的重大机遇，大力提升教育教学水平，以良好的办学声誉赢得社会各界的认可，为学校的发展壮大争取更广泛的支持。李书记要求教育部门和相关部门要落实、创造各方面的优惠政策，高标准规划民办教育发展，形成公办和民办教育公平竞争的良好态势，共同推动我县教育事业的发展。

领导的亲切关怀、倾心扶持，更让汉城国际学校人扬鞭奋蹄，不断为我县教育创造可圈可点的骄人业绩。自办学起，学校先后获县、市、省各类集体表彰 78 次。2018 年 9 月，徐州市人社局、教育局又授予我校教育先进集体称号。汉城国际学校人必将始终不忘初心，再接再厉，继续奋力拼搏，把学校办得特色更鲜明、管理更规范、质量更上乘，为沛县人民的教育事业争立新功、再创辉煌！

甘做园丁育新苗

刘方舟

在这片生我养我的土地上，我已经从教三十年，纯朴美丽的乡村、种种求学教学沉甸甸的记忆，如打开的闸门，随我的思绪翻滚。

70 年代的孩子，普遍上学较晚，八九岁上学是寻常事。当时农村根本就没有幼儿园，记得我当年就在本村上的小学一年级，教室就是一个大约有十平方米的低矮的土墙草房子，墙上挂了块用漆涂黑的木板，屋里挤了一堆的人，课桌是用几个长条的木板凳拼起来的。教我们的老师是位临时代课老师，记得好像是初中毕业，在农村算是文化人。之后，我们村的同学又辗转到另外两个学校上完了小学和初中一二年级。条件有所改善后，我们开始在比较宽敞明亮的教室里上课，长条凳也换成了连桌椅，但教我们的老师还是民办或代课教师比较多，正式科班出身的老师相当少。那时从初二升初三，根据考试成绩来淘汰学生。为了顺利考入初三，初二年级就开始上灯课。当时我们那片农村还没有电，当然就没有电灯。最时髦的是汽灯，要烧油、打气、换泡子的那种，灯泡只要烧了一次就极易碎烂，我还帮老师买过几次灯泡呢。

原先在下面村里的同学考上初三就转到了乡里继续上学。从 1981 年开始有了初三，初中上完三年才能初中毕业。就在上初三那一年，我们在乡里的学校用上了电灯，感觉很是新奇。这时的老师大多是科班出身，学校条件相对又好了一些，在学校也能吃上饭了，虽然是在家拿了馍馍到学校蒸着吃。那时白面馍馍是很少的，杂面卷子就是相当不错的了。

也是在上初三的那一年，生产队开始分田到户了，实行了联产承包责任制，极大地调动了人们的生产积极性，生产效益明显提高，生活也逐渐好了起来。当时考小中专比较热门，对于农村的孩子来说，考上中专就相当于提早吃上了“皇粮”，毕业分配后一辈子的铁饭碗就端定了。所以有不少人就是留级也要考小中专，一直延续了很多年。

我有幸考上高中，考上了大学，条件也越来越好，毕业后回到了初中时的母校教学，与老师成了同事。我认认真真向老师学习，向同行请教。离开几年的时光，学校也从一排排的平房，换成了气派的三层教学大楼，而且用上了当时比较先进的幻灯机、录音机。

教育形势大好，学生越来越多，我也调入新建的联中任教，一去十年，更加贴近乡村的生活。因为字写得比较好，文笔还可以，当时的刻印、通知、上报材料等工作几乎让我包了，后来又负责业务。因为住校的缘故，水电等后勤也帮忙干起来了，还帮助后面小学看校的老人修理过电视。学校驻地所在村的宣传工作有时也让我帮忙，我与周围百姓也更熟悉起来。当时所在的联中教学成绩很突出，为农民培养了很多的人才，就连当时的县重点高中都曾到那里招生。离开联中多少年了，遇见了村里人感觉还是那样亲切，依依不舍。

联中十年，正是整个90年代，改革开放的步伐加快了，学校安上了电话，教师到校外参加培训的机会也增加了不少。我也赶了个潮流，到县百货大楼花了大约一个月的工资买了一台小霸王学习机，游戏没怎么玩，编程也没学会，但是练就了我打字的本领，而且是五笔打字。学习让我开阔了视野，这也为后来学习先进的多媒体技术、运用现代化手段教学打下了一个良好的基础。

斗转星移，转眼进入21世纪，由于学生少的缘故，包括我所在的学校有三个联中先后并入了乡中学，学校得到进一步的发展。县里要求学籍管理电子化，当时会电脑的人不多，我又进入教务处工作，从管理学籍到做教科研，各种纷繁复杂的工作也锻炼了我各方面的能力，在县公推公选中当上了中学的校长。我结合学校实际，大胆改革，努力建设教导型组织，调整教师任课，对有进取心的老师和校干大力鼓励和扶持，初三年级一举摆脱了在全县后几名徘徊的状况。为了改善办学环境，根据学校长远发展的需要，把原本设计两层的教学楼经过不懈努力进行了重新设计，建成了宏伟的四层教学楼，基本能满足中学发展的需要。鼓励老师以教科研为抓手，提升学历，促进教学效率的提高，学校近年来有多位教师被评为中学高级教师。又根据学校地势低洼积水严重的状况，申请了塑胶跑道、附属工程，后续的这些工程在继任校长的精心组织下，已全部完成。学校还为每个班级都配齐了多媒体设备，老师再也不用整天端着电脑上课了，教育现代化水平进一步提高，学校面貌焕然一新，现在已是副镇区一张亮丽的名片。几十年风风雨雨，学校为祖国各条战线培养了大批的人才，真可谓乡村桃李满天下，改革开放贡献大。

短短四十年，人生一瞬间，教育已经发生了翻天覆地的变化，乡村教育的条件越来越好。从最初的土草房到平房，再到现代化的教学大楼拔地而起；从一支粉笔写天下，到课堂教学技术的现代化；从教育的投入不足到教育经费的不断增长；从民办或代课教师教学占主流，到学历高、职称高的老师引领学校的发展；从教师的工资待遇不断提高，到中央政策不断提出教育优先发展；从少数学生能接受高中教育，到大批的学生走进大学的校门……农村教育的水平已不可同日而语，改革春风吹大地，乡村教育遍地花。

民办教师圆梦记

刘良军

1976年的父亲，怎么也没有想到自己会成为一名民办教师。恰同学少年，风华正茂，毕竟他初中毕业即以优异的成绩考上了师范学校，成为新中国成立后，我们村第一个跳出农门的“泥腿子”。

但在那么一个特定的历史时期，知识不值钱，知识分子是“臭老九”。纵然父亲想认真学习下去，也是“非不为也，是不能也”，只得在学校停办后，一脸郁闷地回到家里，随后听从大队党支部书记的召唤，成为一名民办教师。

子在川上曰，逝者如斯夫。估计今天的人提及民办教师，很多都会一头雾水，不知其所以然。通俗地讲，就是农民的身份，干着“传道授业解惑”的正经活。

如果对于这样的解释，理解起来还是费劲，那不妨就用我父亲自己的话来形容。当他在课堂上引领学生进入“两岸猿声啼不住，轻舟已过万重山”的忘我意境时，猛地低头，才发现未来得及放下的裤管下，那裸露的小腿上分明沾有早晨犁田时溅落的泥巴。而当他下午放学后赶回家，仍旧进行田间劳作时，还需不时提醒自己，明天上午该给孩子们讲解什么是奇数、偶数，什么是最大公约数、最小公倍数。

民办教师待遇差，这是不争的事实。譬如当时在我们家，我母亲出工一天，可挣十五到二十个工分，而父亲仅能拿全村平均工分，也就八到十二个工分的样子。尽管如此，每每听到母亲的埋怨、数落，父亲总是相当地乐观：“一来孩子们需要我，我也喜欢和孩子们待在一起；二来劳动光荣，知识宝贵，我相信国家不可能让我们这种爱岗敬业的民办教师一直吃亏下去。”

父亲的“二来”在当时我们无法判断，但“一来”则使我们没法驳斥。用时任大队党支部书记的话来说，我们村如果有哪个村民不认识刘老师，那他一定不是我们村的人。不仅如此，好多家庭的两三代人都是从我父亲这里接受的启蒙教育。父亲到底是师范肄业，不仅教语文，也教数学、美术、音乐，不仅教小学一二年级，也照样对三四五年级的课程耳熟能详，信手拈来，完全不在话下。

事情的转机在1979年10月的某天下午，父亲早早地骑了半新不旧的飞鸽牌自行车回到家里。看着母亲已将饭菜上桌，欲招呼一家老小动筷子时，父亲神秘兮兮压低了声音说：“告诉你们一个好消息，党要给我们这样的民办教师落实政策了。”“落实什么政策？”母亲见怪不怪，“你看隔壁老王，责任田也种了，还在镇上开了一家餐馆，已经成万元户啦。”父亲“喊”了一声，索性不再言语。只有我那时心想，父亲如此兴高采烈，一定有他的道理，说不定一旦落实政策，就比万元户出彩多了。

没想到等来的不是出彩，而是出局。父亲竟然被村小学辞退了，理由是生源减少，村小合并，不再需要那么多民办教师了。这就是所谓的落实政策？我母亲一下子也急了，翻箱倒柜地拿出一大摞证件证书，全是父亲这些年的先进工作者称号、大专本科自修函授文凭、继续学习深造教育证明等等。母亲说：“你看你，除了教书你还能干啥？而且你教书有口皆碑，不比人家差，为什么要先从你开刀呢？”一向只会关起门来在家里发狠的母亲，当天下午就去镇上找了教育组的干事，留下父亲在家里长吁短叹。

原来落实政策不假，就是将一部分优秀民办教师转成公办教师，同时也辞退一部分不合格民办教师。但据事后的调查，父亲自然优秀，只是时任校长嫉贤妒能，暗中做了手脚，让父亲的政策落实南辕北辙。基于当时法治不健全，我们那里又山高皇帝远，最终的协商结果是，父亲回到教学岗位，只是仍然是民办教师身份。

天若有情天亦老，人间正道是沧桑。1992年8月，国家出台《关于进一步改善和加强民办教师工作若干问题的意见》，我们市里明确指出，像父亲这样早年师范学校就读，因历史原因中途辍学，且又一直没有离开教学岗位的民办教师，可以无条件转为公办教师。我记得消息传来的那天晚上，父亲喝醉了。之后，父亲比以前更敬业了，用他的话来说，春天来了，不勤奋干活，岂不辜负了大好时光？

新时代呼唤新气象，要求呈现新作为。尤其十八大以来的这五年，党更是将农村中小学教师队伍建设置于重中之重的位置，使广大农村中小学教师的获得感、幸福感、安全感得到大幅度提升。就拿父亲来说，2015年制定实施的《关于深化中小学教师职称制度改革的指导意见》，彻底打破了中小学教师职称评定的既有格局，进一步畅通了上行通道，让他得以顺利地评上副高职称。又如中央印发《关于全面深化新时代教师队伍建设改革的意见》，明确提出“确保中小学教师平均工资收入水平不低于或高于当地公务员平均工资收入水平”，进一步造福父亲，使他深感身为人民教师享有至高荣誉、无限荣光的社会地位。

四十年弹指一挥间，是改革让我国从赶上时代到引领时代，推动中国特色社会主义进入新时代。也正是通过改革，我国教育教学教师面貌焕然一新，从教育大国走向教育强国。尤其对于有我父亲这样经历的农村中小学教师，由彼时险些被开除教职的民办教师，终于实现了在岗位上有幸福感、事业上有成就感、社会上有荣誉感的新时代教师美好生活梦想。改革无穷期，圆梦正当时。

沛县正阳小学初创纪实

张晓芹

1988 年，我在沛县实验小学任教，那时沛县县直小学只有实小、城小、附小，再加上刚刚建立的铁西树人小学，城东南部的孩子上学困难。沛县教育局为让适龄儿童就地入学，在居民点的南端扩建一所小学，暂命名为实小二部。沛县实验小学派出四位老教师，由主任张洪熠率领我和周继珍、李纯善、秦永堂，拉开了正阳小学的序幕。

那时只有几间教室，招收一年级两个班，条件虽然简陋，但我们的教学热情高涨，神圣的使命感驱使着我们倾力打造超越实小水平的学校。很快，在全县不断进行的统考和竞赛中，学生们脱颖而出。学校工作得到了教育局领导的充分肯定。两年后，县教育局批示，实小二部独立为正阳小学，刘洪荣任校长，在原来小学的南端扩建一所教学楼。征地、建房，在刘校长、张主任的艰辛奔波下，两年以后，一所全县独有的框架结构教学楼拔地而起，成为沛县教育界一道崭新的风景。当鲜艳的五星红旗高高飘扬在正阳小学的上空时，我们二十多名教职员工心潮起伏，眼含喜悦的泪花，开启了循循善诱、教书育人的征程。短短的几年里取得了可喜的成绩，首届学生吴炎代表学校在徐州市朗读比赛中获奖，后来考入北京大学，他的弟弟吴昊是第三届学生，后考入清华大学。张主任辅导、率领的鼓号队，以盛大的规模，成功出演了第一届刘邦文化节开幕式，并首创了少儿艺校，培养了一支优秀的少儿书法队伍。

孩子们一年年增多，校园一次次扩建，十年以后，我们一批老教师相继退休，以贾理平校长为首的第二代领导和教职员工们将学校的优良传统发扬光大，开创学校教育新局面。2004 年，学校被省教育厅命名为“江苏省实验小学”。2011 年，姚恺等第三代领导班子诞生，将科学、环保完美结合，将正阳小学打造成一座真正的省级示范学校。

当我再次迈入这座清新雅洁、充满书卷气的校园，立刻被学校精致、独特的面貌所吸引。沐浴着校园五月的花香，看整齐的教学楼高耸林立，正德楼、正思楼、正本楼、正心楼、正阳楼，一个“正”字把学校的养正教育理念和宗旨彰显出来。学校还建成了汉文化长廊、名人雕塑林。教学楼的中央，悬挂着中外名著的放大仿真本，这是学校刚刚举办的读书节活动。读万卷书，行万里路，这独具匠心的艺术创意，营造浓厚的读书氛围，激励孩子们博览群书，将来成为社会的有用人才。高高的升旗台，红色的大操场，展现着孩子们天真活泼、坚定勇敢的正能量。

现在的正阳小学在建立完善了各种制度的基础上，教学方式不断创新，形成了科学化、系列化、规范化、精细化的管理模式，提高教学质量，营造尊重、和谐、赏识、激励的氛围，以科学的办学理念，激发学生的学习兴趣和学习动机，教师们勤勤恳恳、敬业奉献。先后被评为德育工作示范学校、徐州市模范学校、平安校园、省绿色学校、市德育工作先进学校、市书画教育特色学校等四十多项县级以上荣誉，并成为江苏文联书画考级培训基地，徐州市小公民道德建设实践活动示范基地，市环境教育基地，县教研室数学、艺术教学活动基地。它始终以昂扬的姿态，走在全市课改的前列。

日月如梭，学校已走过三十年的历程。三十年的探索，三十年的巨变，正阳小学现占地面积已达31.72亩，建筑面积13506平方米，拥有学生5700人。学校师资雄厚，教师289名，本科及大专以上学历教师占96.67%，其中高级教师15名；发表教育论文20多篇，创新课题10余次。教师们携学子多次夺得省市级奖项，以习惯教育为中心，培养出一个个品学兼优的学生，让学校成为县直学校的佼佼者。

2016年，正阳小学被授予“国家基础课程改革实验学校”称号。同时，正阳小学扩建南校区，2017年投入使用。南北校区遥相呼应，第三代领导班子将两区齐抓共管，倾力打造正阳品牌，打造阳光校园。相信他们不会辜负社会各界的殷切希望，不忘老一辈的重托，胸怀大志，牢记使命，不忘初心，砥砺前行，为正阳小学的明天谱写出更加美好的篇章。

喜看幼教新变化

贾轶群

20 世纪 70 年代，沛县县城仅有一家幼儿园，叫机关幼儿园，并不是所有的家庭都能享受这样的待遇，能进幼儿园的孩子，父母必须都是国营企业的双职工，而且还需要单位批准。那时，不管在企业还是在机关的工作人员，白天要上班，晚上还要开会学习，下班到幼儿园接孩子也很晚。

当时幼儿园的设施非常简陋，两架秋千和一个铁架子焊接、大理石做滑道的滑梯，尽管如此，孩子们还要排队并乐此不疲。

1976 年，县城增设商业、工业幼儿园，收费很少，这也是企业给职工提供的福利。幼儿园的老师也不是专业学校毕业的，多是从单位抽调过来的年龄稍大的女职工。娱乐设施很简单，园内有一台脚踩的风琴已是很不错了。大多教室是水泥墙面、油漆黑板、双人课桌、老式板凳，尘土飞扬的操场上，唯一的运动器材是单双杠。教学内容也非常单一无趣，每次上课，大家都乖巧地坐在小板凳上，把手背在身后，不允许交头接耳，全班出现的是整齐的读书声或者歌声。

在饮食上，因为物资匮乏，一周最多吃一次肉，更别说水果、饼干了，老师能给每个孩子发块糖，孩子们就特别开心了。

1980 年下半年，沛县成立托幼办公室，隶属县妇联，具体负责全县的托幼工作。这一年是沛县幼儿教育转折的一年，幼儿教育事业引起各级党委政府的重视，各乡镇亦普遍办起幼儿园。1981 年，县城办起城镇、厂矿、企业、街道幼儿园四处，农村二十一个乡镇各办起中心幼儿园。同时，县教育局发出《关于配备合格的专业幼儿辅导教师的通知》，要求各乡镇配备合格的专职幼儿辅导教师。1984 年，县政府拨专款 5 万元支持幼教事业，至年底，全县28个乡镇全部建起中心幼儿园，小学全部附设学前教育幼儿班。

1986年开始，县财政每年为幼教事业拨款7万元。县、乡幼儿园普遍建有活动室、玩具棚，购置各种儿童娱乐设施。同时，全县使用国家统编的幼儿园教材，除对儿童进行日常生活习惯及思想品德教育外，并开设体育、语言、常识、计算、美术、音乐等课程。

1995年，沛县实验幼儿园建立，这是我县建筑面积最大、保教设施最齐全、教学最规范、管理最科学的一家幼儿园。建园开始，有15个班级，经过二十多年的发展，现有25个班级、1100余名幼儿。99名教职工，其中大专学历已达到100%，本科学历占80%。在这些教师中，市级学科带头人15名，县青年名教师、优秀骨干教师18名。

走进园内，三季有花，四季常青。幼儿园保教设施设备齐全，有多功能室、专用活动室、公共活动区角，供幼儿自主游戏活动。班内配有钢琴、空调、电视机、计算机、多媒体等现代化设施。为促进幼儿园教育现代化，幼儿园先后投资600余万元，进行硬件设施的改造和教学设备的添置。校园监控、院内整体塑胶、改造下水道、更换厨具用具等，进一步完善了办园条件，优化了育人环境。

这时的特色艺术教育也蓬勃发展，在幼儿中开展讲故事、绘画、游戏、早操、智力、体能、大合唱系列活动。每年承办县春节晚会、乘凉晚会、庆“六一”文艺专场演出。2005年，创办由鞠萍姐姐提名的“龙娃艺术团”，与县文化局联合创办了“晨光合唱团”。幼儿系列主题画《我的家乡》获国家级团体一等奖；根据歌曲《美丽的沛县》创编的舞蹈《沛县娃》获省一等奖。2011年创编的舞蹈《快乐龙飞鸭》获全国第十届魅力校园金奖，并参加中央电视台少儿春晚演出。2014年与县电视台联合举行“龙城宝贝才艺秀”活动，给孩子们提供了一个展现自我、树立自信、显露潜能的舞台。组织幼儿社会远足实践活动，定期与县计生局联合举办独生子女全家乐运动会、家庭文化才艺作品大赛，开展系列亲子活动，如讲故事、包饺子、游戏同乐、服装秀等活动，促进幼儿园和谐发展。

对孩子来说，童年是一条彩色的，梦幻般的，涌动着信心、激情、勇气、纯真的河流，是一生幸福和创造的源泉，是自我形成的根基。幼儿园还根据幼儿的性格、爱好等特点，科学制定了“幼儿发展水平评价表”，对幼儿的生活、学习、社会、情感、能力等各个方面进行全面评价分析，全面关注幼儿发展的整体水平。同时，尊重幼儿发展的个体差异，了解每个幼儿的发展状态，在教育活动中有针对性地因人施教，对任性、调皮、好动、有自闭症、语言发展迟缓、体弱、肥胖等幼儿及时调整教育方案，促进幼儿发展水平在原有基础上逐步提升。幼儿园运用多种形式建立幼儿成长档案，真实、全面地反映幼儿个性化的生活、学习与发展情况。建立幼儿保健档案和幼儿生活学习影像图片档案，利用照片、录像定期记录幼儿的生活、学习、游戏、各种活动情况，记录幼儿成长发展的变化。

为了提高教师专业化成长的意识和能力，促进教师由业务型向研究型、专家型发展，幼儿园开展师德师风爱岗敬业评比、争创学科带头人、五项全能评比、“四乐”（乐学、乐思、乐研、乐教）评比、创新经验交流会等系列活动，提高了教师的教育教学能力、管理班级能力和教科研能力，全面提升教师的整体素质。在保育中开展保教知识竞赛、保健知识竞赛，提高保育员的整体素质。

为提高后勤服务质量，幼儿园建立了各项安全制度和安全保障措施，责任到人，并设立专职保安员，校园、班级、食堂、财务室安装了监控并与公安 110 联网，确保孩子的人身安全。科学合理安排幼儿的一日生活；严把幼儿入园体检关，保健人员每天认真做好入园检查，做好晨检记录，按时给病儿喂药、量体温；建立幼儿健康档案，对多发病、传染病幼儿及时隔离。幼儿园严把食品质量关、数量关，购买的食品要求有质量合格证，出入库有记录。制定科学的带量食谱，并定期做营养分析，做到膳食营养均衡。幼儿园还根据园内的实际情况，制订教科研计划、园本培训计划，每周二组织园本教科研和园本培训活动，开展优质课、说课、活动案例、论文、观察记录等评比活动，并对活动进行总结、反思、讨论。定期邀请幼教专家来园指导，提升教师的教科研水平。教师人人参与课题研究，有观察记录，有实践成果。目前已结题省级课题 2 项、市级课题 4 项。省级课题论文《家园合作对 3—6 岁幼儿行为习惯的培养》在北京举办的教育家大会上交流研讨，并获省科研成果二等奖。国家级科研立项课题“利用本土资源开发园本课程”正在研究中，园本教科研成果显著：有 650

人次获省、市、县级优质课、说课、活动设计、论文一二三等奖；教师在国家、省、市级发表论文1000余篇。

二十年来，沛县实验幼儿园以崭新的面貌，验证了几十年来改革开放的历程，这也是沛县幼教事业发展的必然结果，相信随着改革开放的深入，孩子们成长的天地将会更加灿烂辉煌。

四十年前我参加高考

孙尊斌

四十年前参加的那次高考，再一次扭转了我的人生命运，让我永生难忘。

事情还得追溯到 1966 年的 6 月底，我正在读高二，大家都憧憬着一年之后的高考，心中充满着希望。但谁也没有料想到，“文化大革命”突然袭来，第一个大浪就把我打进了泥底，我从此绝了考大学的愿望，默默地回家做了一个很不合格的农民，这样的生活一直持续了十一年。

1977 年，我得到恢复高考的信息时已经很晚，根本来不及系统地复习准备。那时我虽然担任民办教师，但精神上的创伤仍然十分深刻，自卑感很重；再加上我已到了而立之年，又背负着养活一家五口人的生存压力，所以我的活动范围只是在学校和家之间，基本不和外界接触，消息的闭塞那是很自然的。

记得有一天，小学校的校长突然问我为什么不准备迎考，我还不知道他说的什么意思。校长催促我赶快复习，可是我从哪儿着手呢？我没学过高三的物理、化学和数学，理科是不能报的，但高三的数学又是一定要考的，于是先钻研数学。可是我自己对高三的解析几何无论怎么用心都理解不了，更不要说记得住。有人建议我去听一位老师的复习指导，地点就在崔寨公社院内的会堂里。老师在前面讲得津津有味，下面听讲的学生也很活跃，只有我一点儿也听不懂，如坐针毡。这时恰好有一群小孩子在会堂的门旁和窗台上往里看，他们很快发现了我，指指戳戳，说这个人这么大年纪还来听课，一种自卑感更让我无地自容。所以听了这一次，我就再也不去了。那时我对自己的信心是十分不足的。考试过程中，整体还比较顺利，但是作文写得很不咋样，脑子像一盆糨子，硬是理不出个头绪。我知道这与我当时僵化的头脑和萎靡的精神状态有着直接的关系。后来到底考得怎么样，我连打听一下的想法都没有。至于是什么时候录取的，有哪些人考上了，我一点儿也不知道，好像也没有关心。

1978年的高考信息，也是我的老同学易光柱兄找到我时，我才知道的。那时我正在大队学校教初二的课，光柱找到我，问我去不去参考，我还说不想去。他问我为什么，我说，咱们年龄都过了三十了，人家真会要咱们吗？光柱兄说了一句很顶用的话：不管真要还是假要，咱们还是有枣无枣打一竿儿吧。就是这句话，使我下定了再次参加高考的决心。

虽然时间已经很紧迫了，但我却不敢大张旗鼓地复习，因为我所带的班马上面临升高中考试（初中还是二年制），这个班成绩很差，我如果公开地准备自己的高考，学生考不好肯定会说是我光顾自己不顾学生造成的。所以直到送走学生，我才正式着手复习。

由于学校新来的校长好像很不能体谅我的现实处境，老是安排我去做这做那，不能沉下心去，于是我就借故回家复习。在家里，妻子天天要去参加生产队的劳动，三个孩子就老是在我旁边闹，我还是不能集中精力。只有晚上他们都睡下了，我才能拉一个案板，点上煤油灯，在昏暗的灯光下和酷热的气温里自己复习。这时的蚊子像打锣似的轰轰响，我只得一手拿着扇子赶蚊子，一手拿着书看。

大概光柱兄也有了同样的困扰，于是他又来找我，说咱们还是找个僻静的地方复习去吧。哪儿僻静呢？想来想去只有魏庙中学最好。那里有我们上初中时的老师，连伙房的师傅也都熟悉。于是我们找到了校长，说明了来意，校长答应了我们，伙房的几位师傅也很热情。于是我们每人背了一袋子面粉交到伙房，另外再交菜钱和炭钱。每天开饭时，我们就和老师、学生一样领饭，十多分钟就能吃完，洗刷一下再去复习。由于离考试还有半个多月，时间已经很紧迫了，考虑到在校应届生的复习都是在老师有计划的指导下进行，我们插进去不合适，于是我们两个就自己复习。我们住在学生宿舍里，每天天不亮就起来，到平时几乎没有人去的校园南墙跟看书，一直到傍晚看不见为止。有时是各人看各人的，有时互相提问，一点儿时间也不敢放松。在不到半个月的时间里，我们把地理、历史、政治三门课大致通了一遍；语文用的功较少，因为难以把握复习的头绪；高三的数学几乎没看，因为有上次的教训，没学的内容再看也理解不了。

很快就到了开考的时间，光柱的考场就在魏庙中学，我是在张寨中学考的。这次考得也很顺利，特别是作文，是一篇缩写，一看到题目我紧张的心情就放松下来了。结果，我以总分 392.5 的成绩被徐州师范学院中文系录取。

高考过后，我得了一种怪病——再也不能看到书本，看到就头痛，而且持续了好长时间。这是我人生中唯一的一次怕见书的怪症，大家都说我是这一段时间的高度紧张和用功造成的。实际上，参加这次高考确实是一场不屈不挠的舍了命的拼搏。

每当想起参加高考的这段历程，我就会百感交集。这次高考，并不只是给自己争得了增长知识的机会，更重要的是实现了自己命运的大转折，尤其是它给我解除了精神的枷锁，使我恢复了自信心，恢复了追求人生事业的勇气，也使我实现了为国家为社会贡献力量的愿望。恢复高考，是党中央做出的英明决策，是国家改革开放的先声。没有改革开放，我的人生绝对与高考永远无缘。改革开放的红利首先被我享受到了，四十年中，无论我对国家社会做出多少贡献，都不足以表达我对党中央、对国家改革开放政策的感激之情。

半个世纪婆媳情

张公兰

2009年9月20日，第二届全国道德模范评选表彰颁奖仪式在北京举行。璀璨的颁奖台上，我手持奖杯分外抢眼，我当选的是“全国道德模范”中的“全国孝老爱亲模范”，这一类别全国共有十人。

当年八十岁的我，与一百零五岁的婆婆相依相扶整整六十四年。这期间，婆婆两度丧子，年近八十又因车祸高位截瘫，卧床二十八年。而不管是承受家庭遭遇的种种不幸，还是为全家人的生计劳苦奔波，都没有影响我孝敬侍奉婆婆，撑起整个家庭，走过了半个多世纪的漫长岁月。

一段往事：那日子可真难啊

1930年出生的我，祖籍山东省微山县西平乡东明村，父母都是老实巴交的农民。当年，父母的孝顺在周围十里八乡是出了名的，二老的言传身教，使得我自幼心里就种下了孝老爱亲的种子。我虽没有读过几年书，却常听村里的老人们念诵《劝孝歌》：“人不孝其亲，不如禽与畜。慈乌尚反哺，羔羊犹跪足。人不孝其亲，不如草与木。孝竹体寒暑，慈枝顾本末……”

1944年，我经人介绍，与大屯镇大屯村青年唐金成结成夫妻。那一年，我十六岁。

我跨进的是一个一贫如洗、命运多舛的家庭。婆婆唐伊氏年轻守寡，丈夫去世时肚子里正怀着三个月大的二儿子唐金松，手里则牵着两岁的大儿子唐金成。她独自吞下无数难以言说的心酸与苦难，将两个儿子抚养成人。婆婆含辛茹苦地拉扯两个孩子的艰辛与坚强，让我打心眼里佩服。婚后，作为大儿媳的我主动帮婆婆承担起持家的责任。以前的事不能提，那日子可真难啊。那些年，为了养家糊口，我和男人一样，高卷裤腿到微山湖破冰捕鱼、捞虾挖藕，常被蚂蟥咬得鲜血直流，手被芦苇刺得伤痕累累。夜里，我就纺棉织布，白天扛到附近的集镇上卖了，挣一些零钱……渐渐地，家境一天天地好起来，我不仅成了婆家的主心骨，还让心灰意冷的婆婆鼓起了生活的勇气。至今，提起那些往事，婆婆仍念念不忘我的好：没有俺这个儿媳妇，我这把老骨头早就入土了。

天有不测风云。1953 年，我年仅二十二岁的小叔子唐金松染病身亡，撇下妻子李尚云和三个年幼的孩子。小叔子的病逝对早年丧夫的婆婆是一个沉重的打击。身为长媳和长嫂的我忍着悲伤，一面劝妯娌李尚云想开点，带着孩子朝前奔；一面安慰婆婆，人死不能复生，一定要保重自己的身体。在我的再三劝慰下，婆婆和妯娌渐渐走出悲恸的阴影。从那时起，养活一家老小十口人的重任就落在了我们夫妻的肩上。20 世纪 60 年代初闹饥荒，我和丈夫带着大女儿和二儿子去河南逃荒。因为买不起车票，一家人只好趁夜里偷爬运煤的火车，在车顶一趴就是几个小时，冻得浑身发抖。我们挨门挨户讨过饭，给人打过工，翻地锄草、脱坯和泥的活，我样样能干。在外暂时能填饱肚子，我却时刻想着家里的婆婆，回来时捎回平时攒下的半袋杂粮和一些干山芋叶，把一家人乐得像过年似的。

一句承诺：你的娘就是我的娘

日子像水一样缓缓流过，无声无息。孰料，1977 年春天，不幸再次降临——丈夫因身体不适就医，被确诊为胃癌。初闻丈夫患病的消息，我如遭雷击一样，呆立了良久才悠悠地哭出一声："俺的娘呀，俺这是啥命呀！"在丈夫患病到去世的一年里，我东奔西走，四处寻医问药，求亲告友、砸锅卖铁筹钱给丈夫看病。最让我作难的，是如何瞒住婆婆，不让婆婆知道丈夫的病情，我不忍心在老人布满伤痕的心上再插上一把刀。在婆婆面前，我像什么事都没发生一样，有说有笑；背过脸去，眼泪却扑簌簌地直往下流。无数个夜晚，一想到丈夫无望的病情和前景黯淡的日子，我都是以泪洗面。一边是五个儿女，一边是年迈的婆婆，老的老，小的小，我不知道今后的路该怎么走。而丈夫唐金成对自己的病情虽了然于心，却装作浑然不知，忍受着病痛的折磨，默默地配合着医生和家人吃药、打针、吃饭。随着病情的一天天恶化，唐金成脸上的笑容越来越少，他意识到了自己已时日无多。一天晚上，当屋里只剩下他和我的时候，唐金成禁不住泪流满面。他拉着我的手说："公兰呀，看样子我是难躲过这一关了……你就别再为我费心了。娶了你这样知冷知热、知老知少的媳妇，俺这辈子知足了。咱俩缘分浅，下辈子再做夫妻吧。"听着丈夫的话，我心里像有千万把尖刀划过，我低着头一句话也说不出来，只是不停地流泪。顿了顿，唐金成又说："我这一走，咱这一家子可全靠你了……我最放心不下的就是咱娘，看在夫妻一场的分儿上，你替我在她老人家床前尽孝吧。照顾好老娘和咱这几个孩子，再苦再难，你也要咬牙撑着，来世，我当牛做马报答你……"丈夫微弱的却字字是血、声声是泪的托付，像刀剜一样刺痛着我的心，那一刻，我再也无法控制自己的情感，扑在丈夫床前失声痛哭。

哭罢，我擦擦眼泪，一字一顿地说："金成，你放心。你的娘就是我的娘，有我在一天就不让咱娘受一点委屈，有我一口饭吃就有咱娘一口饭吃……"我们二人相拥而泣，一夜无眠。

纸里终究包不住火。婆婆看着家里人进进出出神情低落，就觉得不对头，感到大家有事瞒着她，于是把年幼的二孙子叫到跟前问个究竟。可孩子只是扑在奶奶怀里流泪，什么都不肯说，只说娘不让讲。婆婆又急又怒，吓唬他说："你再不说我就不要你了！"情急之下，孩子说了一句："我爹他不行了！"闻听此言，婆婆当即昏厥在地，不省人事。半晌，苏醒后的婆婆满脸泪水，两眼呆直，一把抓住我的手哽咽着说："我的儿呀，老天咋就对咱唐家这样不公平呀！金成若是走了，咱娘们儿的日子该咋过呀，你就让我也死了吧……"见婆婆哭得死去活来，我也心如锥刺，我"扑通"一声跪倒在地，泣不成声地说："娘，金成走了，不是还有我吗？您就是我的亲娘，我就是您的亲闺女，我给您端茶倒水，我给您养老送终！"

一声回答：俺高兴伺候您

为丈夫治病，不仅花光了家中的全部积蓄，而且欠下了一堆债务。料理完丈夫的后事，在超常的毅力支撑下，我带领全家老小艰难度日。忙完灶前忙灶后，忙完家里忙田里，做饭、刷碗、洗衣、打药、锄草、扬场样样都干。我还在村头开起了茶馆，卖大碗茶，每碗茶两分钱，去掉炭火成本，一天的收入仅几毛钱。但我很快乐，钱虽然少，毕竟是收入啊。我时常对儿女们说，没有过不去的火焰山，只要咱们自己争气，老天爷都会帮咱。几个孩子很懂娘的话，也深知娘的一片苦心，个个能吃苦肯干事，虽没有大富大贵，但小日子过得也算舒心。看到几个孩子衣食无忧，我心里很欣慰。不想，四年之后，不幸又一次降临到这个家庭。1981 年 6 月，婆婆被一辆外地货车碾在车轮下，送到医院救治，经拍片检查，右腿粉碎性骨折，必须立即截肢，否则生命危在旦夕。坎坎坷坷的人生，一个又一个的打击，给婆婆的身心造成了极大的伤害。看着饱尝人间悲苦的婆婆眼睛里绝望的目光，我心如刀绞，想起当初对丈夫的承诺，我噙着泪对婆婆说："娘，您老不用担心，只要您儿媳妇我有一口气，就不会让您受着……"

接受截肢手术后，婆婆完全丧失了生活自理能力。平时，只能手扶凳子一步一步地挪着走，吃饭、穿衣、上厕所完全靠我照料。为使婆婆过得舒服点，我费了很多心思。怕席子硬硌着婆婆，我给婆婆的床铺上松软的海绵。夏天蚊虫多，我专门缝了一顶大大的蚊帐，又跑到集市上买来两把芭蕉扇，天一黑，就守在婆婆的床前，扇凉驱蚊。为让婆婆坐得舒服点，我用汽车内胎自制了一个座椅。婆婆喜欢吃糖，我隔三岔五就买冰糖，茶水里放着，嘴里含着，床头边摆着，让婆婆吃个够，一年四季没断过。

2002 年的一天，我像往常一样，一件一件给婆婆穿上衣服，扣上扣子，系好腰带，搀扶着婆婆下了床。婆婆也像往常一样，自己手扶着板凳，一步一步地向屋外挪步。上午 11 点左右，我正在灶房里给婆婆做饭，忽然听到院子里"哎哟"一声，我冲出灶房一看，婆婆身子斜倒在凳子旁。从那天起，婆婆再也不能下床，也不能挪步。医生说，是摔倒时触碰了神经所致。

早上伺候婆婆吃完饭，接着就洗上一大堆的尿布，这是婆婆瘫痪以来，我每天都要做的。婆婆常年卧床，大小便都要在我的照料下进行。婆婆爱喝水，小便多，有时一晚上要十几次，我从不嫌烦，无论冬夏，随叫随起。有时候，我这边刚端起饭碗，婆婆却在那边叫着要小便，我总是搁下碗筷就去伺候婆婆。有时婆婆大便困难，我就用手去抠。婆婆长期卧床，怕她长时间一个姿势躺着难受，我就常把婆婆揽在怀里，给她按摩。婆婆觉得难为了媳妇："儿呀，我一躺就是多少年，你这样做，不是长法儿!"但我依旧搂着婆婆，不嫌不弃。

为了让婆婆吃得舒适，我变着法子调理饮食。荤素稀稠搭配，饭菜做得有滋有味。婆媳一双筷，吃一口喂一口。稀的用勺子喂不方便，我就让大儿子找来一节粗芦苇，打通关节后在锅里煮了消毒，自己含到嘴里试试合适再交给婆婆用。稀的让婆婆自己吸，稠的用汤勺喂，简便易行。我省吃俭用，几年舍不得买一件衣服，但是对婆婆吃喝却毫不吝惜。刚上市的瓜果梨桃贵得吓人，我都舍得买。西瓜专拣中间的好瓤，用汤勺一勺一勺地挖给婆婆吃。吃苹果、梨时，怕婆婆嚼不动，总是先切成薄薄的片，先放在温开水里浸一浸，再一片一片地送到婆婆嘴里。

二十八年的艰难时光，面对高位截瘫的婆婆，我用孝心创造了生命的奇迹。婆婆虽年过百岁，看上去却像是七八十岁的老人，面色红润，神志清醒，用邻居的话说是"身体倍儿棒，吃吗吗香，平常连个头疼脑热都少有"。我一有空便陪婆婆唠家常，帮她续燃生活的希望。婆婆常常含泪抱怨："老天咋不让我死了呢，让你跟着我受这样的罪。"我总安慰她："娘，有您这样一百多岁的老人家，是俺的福分，俺高兴伺候您，每天能和您拉拉呱，俺觉得日子有奔头……"

去北京领奖，是我这辈子走得最远的地方。我看了我这辈子做梦都想看到的天安门广场，看了毛主席纪念堂，逛了颐和园。开心之余，我却有几分魂不守舍。到北京的第一天晚上就迫不及待地打电话对大儿子说，我想你奶奶了！你奶奶吃得咋样？睡得踏实不？一天中午，我吃饭的时候，竟然不自觉地"哎"了一声，同行的人问我怎么回事，我说，平常这个时候，都是俺娘喊俺给她换尿布的时候。俺刚才一恍惚，以为她喊俺了呢。

面对生活中的艰难，我灰心过，抱怨过，退缩过。一个女人领家过日子，作的难无数。家里活地里活都要干，一家人吃喝拉撒、柴米油盐都要操心，孩子上学穿衣、老人生病、亲朋行个来往都得花钱，有时候看着孩子们这边哭那边叫，鸡鸭猪鹅都要着吃，心里不知道有多烦。也不止一次地抱怨过自己的命咋这么苦，老天爷待俺咋这么不公，恨不得撒手去了图个清静。可是又一想，一家子老的老、小的小，我要是散了架，那这个家也就散了。想想老人，看看孩子，怎么忍心不管他们呢？俺不懂啥家国大义，但是俺知道，当国家领导人的得把国家治理得繁荣富强，当老百姓的要维持好小家庭。俺是当家人，就要把家带好，带得和和睦睦，带得幸福美满。人家不是说嘛，“家和万事兴，家齐国安宁”。

孝心无界

刘庆超

在沛县纱厂西有三间临时过渡房，我赡养着三位病重的老人，我的母亲和我的岳父岳母。岳父患有老年痴呆，母亲半身不遂，岳母脑血栓，生活不能自理。我和妻子挑起生活的重担，独自抚养三位老人，日子过得相当清苦。虽然我是沛县党校教研室副主任、高级讲师，在教坛上侃侃而谈，但每当面对三位老人时，我总是眼睛湿润。

2000 年 6 月，我的母亲患有脑血栓住进医院，出院后先后被接到大哥、二哥家住。我看到大哥长年患有类风湿关节炎，给老母亲翻身都很困难。二哥、二嫂工作又太忙，而母亲时时需要照顾，一刻不能离开人。暑假期间，我决定将半身不遂的母亲接到城里，让妻子把生意停了，由我们夫妇俩照顾母亲。对于年迈的母亲，我考虑最多的是要尽到应尽的义务。在我上大学时，父亲突然发病离开人世，“子欲养而亲不待”时时扣打着我伤痛的心，我要让母亲在自己身边安享晚年。母亲每当看到儿子把饭端到面前用汤匙喂自己时，便强提精神，争着拿汤匙自己吃。天下的爹娘哪有不疼爱儿女的，母亲是想让儿子多休息一会儿，少操劳一点，她觉得儿子每日太辛苦了。可我觉得只要有母亲在身边，再辛苦都觉得温暖幸福。

2004 年初，我得知家住吉林省和龙市的岳父脑萎缩病情加重，瘫痪在炕，而岳母又多年患有高血压、心脏病。为让瘫痪在炕的岳父渡过难关，我先让妻子赶赴吉林照顾老人，又将读小学三年级的儿子从江苏转入吉林借读。暑假刚开始，我将岳父得病的消息告诉哥嫂们，请求帮助。二哥得知内情后把母亲接回家，我便风风火火地坐上火车赶到吉林。岳父的另两个子女一个在外地打工，一个有精神病，家庭状况都不好。我则承担起照顾岳父的重任，每天为老人洗衣做饭、擦拭身体，生怕老人身上长了褥疮，一个多月过去了，我丝毫没有回乡的念头。岳母看着开学的日子近了，便多次催促我一家人回沛县，怕耽误了女婿的工作和外孙的学业。暑假后，我们一家人回到沛县，由于牵挂两位老人，我们夫妇经常跟他们通电话，了解岳父的病情。为了接济岳父家的生活，我每月从微薄的工资中挤出二百元寄给老人。

2005 年 3 月的一天，我又像往常一样给远在吉林的岳母打电话，打了半个小时的电话却始终没人接听，此时的我心急如焚，我通过妻子打通了岳母邻居家的电话，才知岳母得了脑血栓，已半身不遂。父母都不能动，这样的日子怎么过？妻子夜夜哭醒。把两个老人接过来！我劝着妻子。妻子开始不同意，说我们家的条件也不好，家里还有个不能走的老母亲，再把俺两个不能动的岳父母接来，以后的生活将会更加清苦。“别再犹豫了，我把老人从吉林接过来!”我对妻子动情地说。第二天，我向党校领导请了假，又邀了一个年轻力壮的好友一同踏上去吉林的列车。两天两夜的车程，等晚上七点多拖着疲惫的身体赶到岳父家里时，我被眼前的一幕惊呆了：岳父躺在炕上，见到女婿想动却不能动，嘴里只能发出“啊啊”的声音；岳母蓬头垢面，好像多日没有洗漱，屎尿味弥漫着整个房间。

“爸、妈，我明天就把你们接回沛县。”“孩子，我们不能连累你，这千里迢迢的，我们又不能动，怎么去你家?”“就是背，我也要把你们背回家。”话没有落空的，在返回途中，我背着老人踏上火车，并辗转于汽车中转站之间。当时，我只想着自己有力气，把老人带到车上就好办了，可是两个老人都大小便失禁，从家背上出租车时，司机说什么也不愿意拉人，原因是这两个老人的屎尿味太浓，我好话说了半天，并多付了车费才将老人接到延吉火车站。火车进站，我气喘吁吁地将老人背上火车，按理说可以休息一会儿了，可是老人身上的气味又招致卧铺车厢里人的非议，我又赶紧用湿毛巾为老人擦身子，把“尿不湿”垫好，还得向周围的旅客说好话。为怕老人从卧铺上摔下来，我彻夜不眠地守候。当列车到达吉林市后，我背着老人换乘到宁波的火车，然后途经徐州，转乘汽车回到沛县。两天两夜，奔波九千余里，等两位老人安全到家后，我悬着的心这才放下。到家后，我给老人重新擦洗身子，妻子为老人置办了新衣、被褥和日用品。当时我家住在五楼，房间很小，到处悬挂的都是两个老人的尿片。为能更好地照顾老人，我又和妻子商定，再借钱买一个大点的平房，方便把老人推到院里晒晒太阳，呼吸新鲜空气。一个月后，我东挪西借了六万元，在纱厂家属院买了个院落，一家人搬到平房里生活。

岳父母的事安排妥当后，我又将母亲从哥嫂家接回家。照顾老人不容易，照顾三个不能动的老人更难。每逢连续阴雨天气，尿片没法晒，我便用火炉烤，放在床边、桌椅上晾，一天洗三桶尿片，尿片摆满了家里的角角落落。尿片洗得多，人不怕超负荷，机器超负荷却不听使唤。我家六年用坏了三台洗衣机，就连专门为老人粉碎食物用的料理机也用坏了两个。岳父母由于平时缺少锻炼，遇到硬食难咽常打饱嗝，为了避免在饮食上出问题，我每天要将饭菜打成细汁，用针管给岳父母喂饭。哥嫂们见我忙得像个陀螺，便要求接母亲去自家住，可我坚持要尽孝心，我和哥嫂们商定，母亲在每家住四个月，大家轮流照顾母亲。岳母的病情两次复发后加重成了植物人，老人吃饭的事更是难上加难。我用针管给岳父喂饭后，再喂岳母。岳母每吃下一口都要再将其抱起来，这样可以把饭向下送一送，不然老人就会被噎着。岳父母都已不能说话，只能用眼泪表达。

2011年3月10日，岳母去世，我一手操办了岳母的后事。丧事办完后，我把从外地赶来的妻姐、内弟约在一起，将老人在吉林留下的四间房产全部给了他们。其实，按照岳母生前的安排，这些房产属于我，可我考虑到妻姐、内弟的实际困难，我“违背”了岳母的遗愿。办完岳母的后事不久，纱厂家属院的平房拆迁，政府考虑到我的实际困难，为我盖了临时过渡房，一家老小五口人挤在过渡房里，条件虽说苦点，可我没让老人受一点委屈。

我在孝敬老人上尽到了责任，却有愧于儿子。有一次，我发现儿子的成绩直线下降，便追问原因。儿子哭着说，你们只知道照顾老人，早把我忘了。儿子的话深深地印在我的脑海里，我一时难向年幼的儿子说明白，养儿为防老，而老人真正到老时，又有多少的无奈和辛酸。每当我到各单位做报告时，妻子总说：“你买一件像样的衣服吧，别老穿一件打铁似的衣服。”其实，我也想穿得体面点，可是一想到背负着几万元的外债，又要照顾几个老人，我舍不得啊！多年来，我为了家庭超负荷运转，人显得苍老了许多。党校领导知道我家庭困难，给了我很多关怀，这更坚定了我干好工作的信心和决心。我在工作上积极主动，在教学和科研上以身作则，每次干部培训，我都要承担繁重的教学任务，从没缺过一节课。我先后四次荣获省、市优秀教师；两次获得省级教学三等奖，一次市级教学一等奖；多次被评为县宣传思想工作先进个人；还被评为沛县“十大孝亲敬老新星”。这些荣誉的取得，离不开领导和同事们对我的支持，我也打心眼里感谢他们。这些年来，我们家的生活条件也在不断改善，孩子们也很争气，各自有了比较理想的工作岗位，我们的日子越过越舒心。

苦菜花开

谢长玉

我的命很苦，自小灾难就汹涌般地砸向我，生活的重担常压得我喘不过气来，那种艰难就连大人也难以承受。由于家庭的贫困、父亲的癫痫病，在我不到一岁时，母亲就离家出走。失去母爱，本该享受父爱的我又常遭到病情发作时、头脑不清醒的父亲的暴打，有时频繁到一周内三至五次，直让爷爷奶奶揪心，让邻居心疼。那时家里虽有好心人常来照顾，但终不能给我一个安全温暖的家。年迈的爷爷、奶奶时常把我揽在怀里，哭泣着："我可怜的孙女！"这让我年幼的心灵始终不能舒畅，让我生活的天空始终不能晴朗。年迈的爷爷视我如珍如宝，但爷爷终究还是没能熬过2007年那个春节，撒手而去。爷爷的离去，让年仅十岁的我第一次尝到了生死离别之苦。那年，我悲恸欲绝，还三天两头感冒发烧，昏迷不醒；那年，我稚嫩的肩膀上又多了份重担。屋漏偏逢连阴雨，和我一起扛家的奶奶在一次车祸中被撞断了双腿。面对又一次的苦难，我长大了，我没有哭，没有泪，用一份坚毅和勤劳安慰奶奶。家境贫困的叔叔也默默伸出援助之手，照顾奶奶，看护孩子，给我们这个阴霾的家庭送来些许阳光。但是叔叔的帮助是有限的，一切还得靠自己。

父亲长期患病，奶奶腿被撞，花去了家里仅有的积蓄。为了给父亲、奶奶治病，我顶酷暑捡饮料瓶，一分一分地攒钱，求医问药；为了读书学习，我批发馒头，一毛一毛地积攒。我知道生活的艰辛，为了一毛钱望着热腾腾的馒头而饿得发昏；为了补贴家用，我央求别人带我去拾棉花。因为我年纪小，有些人怕麻烦不愿带我，我锲而不舍地缠着人家，但这只是季节活，不长远。风雨中的我，什么法子都想了，什么挣钱的路子都试遍了，但是所有收入对于多难家庭来说，也只是杯水车薪。

穷人孩子早当家，我选择了坚强。记得我七岁那年的一天，偶尔听到邻居与卖馒头的聊天，得知卖馒头也能挣钱的事，我兴奋了好几天。我想，如果卖一个馒头能挣一毛钱的话，一天就是卖十个也能挣一元钱呢。一元钱就够自己买几个作业本的了，十天挣的钱也够买斤肉改善家里的伙食呢。于是，我就打算卖馒头。首先，我偷偷地学骑自行车，当时不知摔了多少跟头，身上经常青一块紫一块的。虽然学会了骑自行车，但爷爷奶奶一致反对我到沛城，他们认为对一个小孩子来说，骑车来回五十里路做馒头生意太艰辛了。可我一旦决定了的事情就很难改变。我先是从别人那里批发馒头，然后再卖。人家赚一毛，我就赚五分。后来，批发给我馒头的中间人王师傅得知我的情况后，义务为我批发馒头，不赚我一分钱。十岁那年，我偷偷地骑车到县城一家馒头店，挑选了好几个品种的馒头回家卖。我觉得，靠人家捎馒头，一是数量少；二是品种花样不多；三是等接到馒头再卖到顾客手里，馒头不热也不新鲜了。我从县城批发馒头后，就在沿路村庄叫卖，等回到家时，馒头也卖得差不多了。几年下来，我靠卖馒头也挣了二三百块钱，为贫弱的家庭积蓄了微薄的力量。

有段时间，我找到邻庄斜庙大队棉花种植大户，要求打工挣钱，但该大队二十五亩棉花全承包给了别人打理。我又几经周折找到承包人，央求人家。承包人被我的精神打动，破例收下这个还不如棉花棵高的小女孩。我干的是给棉花整枝打杈的活。为了多挣几元钱，我经常在酷暑天里跟着大人干活。刚开始干的时候，我追不上大人，常常落单，碰到大块坟头或蛇、老鼠之类的，吓得直哭。那时的我一天下来常常是汗流浃背，身上全是被棉花枝拉伤的伤痕。奶奶看到这些，常伤心得一整夜睡不着觉。但我觉得值，虽然这活累点，一天下来却有十几元钱的收入，比卖两天馒头挣的钱还多呢！有时我还会在梦中因为想着每天能挣那么多的钱而笑醒呢！可这毕竟是季节活，这样挣钱多的日子一年也就十几天。我常常为这些挣钱“多”的日子太少而惋惜。

我知道，只有学习才是出路，是让奶奶过好日子、让家庭脱贫致富的唯一出路。我抓紧一切时间看书学习，课前课后，我勤学好问，打零工卖馒头时也带上课本。干活间歇休息时，别人聊天，我则用心学习，看不懂时就问路人。有次沿村卖馒头累了，我到村口的大树下歇息，因看书入迷竟然忘了回家。等我发觉时，太阳已经落了，而离家还十多里路呢，等我回到家时，已经晚上九点多了。爷爷奶奶正急着请邻居帮忙四处寻找呢！有人问我怕不怕，我心有余悸地说怕，但一想到家里需要钱、自己需要学习时就不怕了。家庭虽然困难，生活虽然艰苦，我还是不忘帮助比我更困难的同学。我总是把自己的学习用品让给更需要的同学，遇到同学学习困难时，耐心讲解。曾有个同学，每次考试总是倒数几名，老师和家长就用我的故事激励他。我知道后，每天抽时间帮那位同学温习功课，讲解难题。一学期下来，那位同学竟然前进了十几个名次，得到老师和家长的赞扬。这样的事例很多，学校多次奖励表彰我，由于我家庭过于困难，政府还免除了我的学杂费。老师不止一次地说，这孩子就是这样，得到别人一分帮助，就帮助别人三分。我物质上匮乏，精神上却富有；我付出了很多，但收获更多。学习中，我成绩始终名列前茅，小学升初中时，我在所有新生中，成绩第二名。学校曾开展过向我学习的活动。看到这些，家人常夸我懂事，为了我的将来，就是再难也要把我培养好，成为有用的人。

我受到越来越多的关注和帮助，感受到集体的温暖，感受到社会大家庭的关怀！2009 年 9 月，我被授予“首届沛县道德模范”荣誉称号；2011 年 5 月，又被评为“徐州市第二届美德少年”。

执着的守望者

张悍华

我出生在江苏沛县鹿楼镇高彭庄，今年八十三岁。十五年来，一直默默做着一件一般人难以理解、理解以后又十分敬佩的事：风雨无阻地守护着沛县革命烈士陵园，与英魂忠骨长相厮守，深情相伴。

沛县革命烈士陵园原名鸳楼革命烈士陵园，2009 年 8 月更名为沛县革命烈士陵园并开始扩建。其间，我每日在工地上奔波，几乎参与了其中大大小小所有的施工，大家看到我总是满头汗水、满脸欣慰……

经过十一个月的扩建、修缮，沛县革命烈士陵园隆重开园，陵园内整洁有序、庄严肃穆。2010 年 7 月 1 日上午，县委书记冯兴振同志冒雨视察陵园，专门走到我跟前，紧紧握住我的双手，感谢我十五年如一日默默守护革命烈士陵园，并要求新闻部门大力宣传我。

深情守望的执着，源于我童年的记忆。谈起革命战争年代亲历的故事，我总是热泪盈眶，没有先烈们抛头颅洒热血，哪有咱们今天安稳的日子？我们永远不能忘记长眠在这块土地上的英烈……

时隔六十九年，提起那场战斗，我心情依然难以平复。每当闭上眼睛，发生在张堤口村那场激烈、残酷的战斗场面就会浮现在眼前。1941 年农历十二月二十五日，八路军黄河支队特务连在张堤口村遭到日军围攻，战斗从凌晨一直持续到下午五点多钟。在装备精良的大批日军强攻下，八路军战士经过十几个小时的奋力抵抗，最终只突围出去四十八人，其余七十二人全部壮烈牺牲。由于战场距离高彭庄很近，战斗打响后村里一些群众偷偷跑到村前的土台子上观看，看到八路军损失惨重，群众无不扼腕痛哭。当时人群里就有年仅十一岁的我，虽然不时被大人蒙上眼睛，但是透过指缝，我还是将战争的残酷一览无余，惨烈的战斗场面在我心里刻下了深深的烙印。战斗结束后，我和大人一起将牺牲的战士们悄悄埋葬在村旁。

1942年，我参加了当地的儿童团。在艰难困苦的抗战环境中，我逐渐成长起来。1948年，我进入姬庄小学念书，后又以优异的成绩考入运河师范学校和南京师范学院（现南京师范大学）。1958年，我大学毕业回到沛县工作，在张寨中学任教并入了党，先后任张寨中学政教主任、校长。后调任栖山中学校长、朱王庄中学校长。

1967年，鸳楼革命烈士陵园建成，烈士们的遗骨被迁至陵园。每年的清明节，我都要早早来到烈士墓前，向烈士纪念碑三鞠躬，对烈士们说一句"我来看你们了"。1983年，我退休后回到老家。1995年得知鸳楼乡（现鹿楼镇）党委招聘一名烈士陵园管理员，我便主动请缨。此后，我每天早上八点钟之前就会出现在烈士陵园里，打扫卫生，管理花草。

作为徐州市革命教育基地，陵园经常接待一些中小学校、机关单位、社会团体前来参观和扫墓的人，每次我都会主动上前给他们讲张堤口战役，讲烈士们的英勇事迹，告诉他们今天的幸福生活是先烈们用鲜血和生命换来的，要珍惜现在的美好生活，要发愤图强，建设好我们的国家。

守护陵园十五年来，我精心呵护着陵园里的一草一木。最初，陵园里面除种植了一些松柏外，大片土地闲置，杂草丛生。我承担起了陵园的绿化工作，清除杂草、垃圾，开荒种植花木。由于陵园地势低洼，每年雨季，烈士陵园内常常有大量积水，园内的许多花草植被会遭到破坏。每次遇到这种情况，我总是自掏腰包花钱买来苗木补上。房屋砖瓦毁坏了，我就从自家搬来梯子，然后慢慢爬上屋顶，仔细检查修补。这已经融入了我的生活，似乎和吃饭睡觉一样自然。如果哪一天无事可做，我反而觉得好像少了点啥。

作为一名教育战线的老兵和鹿楼镇关工委副主任，我十分关心少年儿童的成长。我常说，让后辈们记住那段历史，就是提醒我们发奋努力。我定期到各镇的中小学校去做革命传统教育的报告，孩子们都爱听我讲革命故事，每次我一上讲台，大家都报以最热烈的掌声。这些年来，我已记不清做了多少次报告，讲了多少遍英烈们的壮举。我不遗余力地宣传爱国主义革命传统的举动感动了很多人，一些机关单位和学校常常尽可能地在一些活动中予以支持帮助。有一次，我想办革命烈士陵园的图片展览，鸳楼中学的领导得知此事，立即拿出一千元钱予以支持，并安排美术老师协助收集详细资料，制作图片，成功地把展览办了起来，吸引了全县中小学校的师生前来参观，取得了很好的社会效果。

也有一些人对我的行为表示不理解："一个体体面面的退休校长，为啥去给人家守陵?""退休了不在家享清福，折腾啥?"对于别人异样的眼光，我从不主动为自己辩解什么，始终觉得这些都是自己应该做的。能为用鲜血换取我们今天幸福生活的先烈们做些事情，我心里觉得踏实。

因为对烈士的敬仰，我默默地在陵园义务守护了十五年，还会坚持把爱国主义传统教育进行下去。2012 年 1 月，我被评为 2011 年沛县"十佳好人"暨第二届道德模范，又光荣入选"中国好人榜"。

我的文明家庭

张景宏

我叫张景宏，家住沛县阳光小区，在魏庙医院工作。近年来，我家相继被评为“全国文明家庭”“全国最美家庭”“全国五好文明家庭”和“全国五好文明家庭标兵”；我个人获得了“中国好人”“中华孝亲敬老楷模提名奖”“全国孝亲敬老之星”“江苏省道德模范”“感动徐州十大人物”等二十多项荣誉称号。2015年9月3日，我和丈夫赵本正受到全国妇联邀请，赴京参加纪念抗战七十周年阅兵庆典。2016年12月12日，我家又被评为“全国文明家庭”，我受到“党和国家领导人”习近平总书记的亲切接见。我知道这些荣誉的分量，不仅是我家庭的荣誉，也是所有文明家庭、最美家庭的荣誉，更是百万沛县人民的荣誉。

很多人知道，我的家庭是一个由三口之家“扩编”成八口人的特殊家庭。我和丈夫有一个儿子，另外五个侄子、侄女是三个哥家的孩子。二十六年前，我和丈夫赵本正结识，他家七年间连出四次殡事，祖母、父亲和两个年仅三十岁的哥哥相继去世。大哥留下一儿一女，二哥留下一个两岁半的儿子。接着三哥和姐嫂五人下岗，三哥有一对双胞胎女儿，下岗后身体不好。母亲也体弱多病，连续的打击让老人失去了生活的信念，整天以泪洗面。

我丈夫排行老四，他那时在乡下工作，一月只有二百多块钱的工资，我在魏庙医院工作，工资也不高，两个人的工资合起来支撑这个家很困难。我和丈夫旅行结婚后，先把婆婆和两个已故哥哥的三个孩子接到身边，租房子一起生活。我儿子出生后，五弟从部队复员回来，也吃住在我家，那时家里的负担更重了，我俩要同时照顾四个孩子、一个老人，每天八九口人吃饭。考虑到一家老小要吃、要穿、要交房租交学费，还要给婆婆看病，月月借钱也不是办法。我和丈夫商量暂时放弃工作，借钱在路边先开个电话亭，每天有二十多块钱的收入。接着，我又接下了搬运工、送报纸的零活，每天早上五点钟起来做饭，然后送侄子、侄女上学，接着送报纸、带儿子看电话亭。中午做好饭来不及吃，啃着馒头去做搬运工，当时搬一箱方便面一分钱，一箱矿泉水三分钱，这样一天还能多挣一二十块钱。这种苦力活，很多男人都不愿干，我当时体重不到九十斤，每天干完活累得腰酸背痛、两腿抽筋，经常用火酒洗腿消肿，后来落下病根，做过两次手术。到了晚上，我要给婆婆打针、吃药，为孩子们洗衣、做饭，十二点前从没睡过安稳觉，有时累得偷偷流眼泪，总觉得过得太快，时间不够用。

后来，大哥的儿子、女儿先后考入河南、南京建校，这本来是个喜事，但对我家来说要交上万元的学费真的很困难，当时侄女不想上学了。可是，我觉得他们从小就没有了父亲，再把学业失了，这在孩子的心里会留下阴影。为了不让孩子留下一辈子的遗憾，我便用贷款做生意的钱，拿来供他们上学。假期里，我买些好吃的给孩子们补补身体，开学时，再给他们添置一些新衣服，带上生活费。有一次，儿子问我："妈妈，我是不是你亲生的？你总是让哥哥、姐姐穿新衣服，让我拾他们的旧衣服穿，到底为啥？"我愣住了，不知道怎么向不懂事的儿子说清楚。

二哥的儿子是我从三岁拉扯大的，那时，我们结婚没有新房，也没有新床，我在单人床旁边加张木板，让侄子跟着我们一块儿住，又买张沙发床让婆婆用。平时，我经常带着侄子到街上走走，知道小家伙爱吃，便给他买一些零食，看到好看的衣服就给他买一件。每逢去上班，他便哭闹着不让我走，有时拗不过去，只好让他跟我到单位住几天。刚开始，同事们不知内情，还以为我嫁的是二婚。这个孩子从小就心气高，上学后总怕别人知道他是苦孩子。有一次，婆婆想到学校说明情况，他却哭闹着不让去。我怕伤了孩子的自尊心，便以"妈妈"的身份接送着"儿子"。直到大学，这个孩子的学籍里一直把我写成他的"妈妈"。

三哥的两个女儿下学后，我考虑到孩子在家没事做，便把她们接到我身边，帮着她们学电脑、学开车，掌握一技之长。当时，家里没有电脑，我便买了台"小霸王"，让她们白天外出学电脑，晚上回家背字根练习打字，几个孩子每天排着队进行打字比赛。空闲时，我教她们学买菜、学做饭，经常进行炒菜比赛，让她们在欢乐中成长。这两个孩子工作后，她们学着哥姐的样子，用第一个月的工资不仅给我买衣服，还做了一桌子饭。两个孩子有钱后，花钱开始大手大脚，几个月下来姐儿俩手头所剩无几。我教育她们："不当家不知柴米贵，以后花钱要学会节省，把钱用在刀刃上。父母把你们抚养大不容易，平时把钱攒下来帮帮他们，也算尽了孝心。"我给她们立规矩，让她俩把工资除留下零花钱外存下来，将存折交给我保管，不够时再支取。这一招挺管用，两个丫头的钱存下了。这些年，我就像拉扯自己的孩子一样教育她们，她们也把我当成了自己的妈妈。

我家的孩子多，生活也很困难，为给孩子增加营养，我平时爱煮些骨头。当时，羊骨头是一斤一块五，牛骨头是五毛，我经常买点牛骨头，把大骨砸开煮，把油撇出来炒菜，用骨头汤下面条，孩子们吃得有滋有味，他们对骨头产生了很深的印象。后来，二哥的儿子工作后，误认为我最爱喝牛骨头汤，他用第一个月的工资给我买了个高压锅，说是方便以后熬骨头汤，却不知那时是买不起牛肉，只能煮骨头喝汤。

我和婆婆共同生活了十五年，我们娘俩从未红过脸。婆婆有时看到我做好饭，自己却顾不上吃，总是劝我爱惜身体，她说："如果你累倒了，咱这个家可真没指望了。"有一天，我刚做好午饭，搬运工们打电话约我去帮着搬货，当时我只想着多挣点零花钱，便啃着馒头急忙往外走，直到下午三点多才回家。到家后，我看到婆婆面色不好，中午炖好的一只鸡丝毫没动。婆婆板着脸说："你光知道挣钱，顾了这家顾那家，却从来不会顾自己，今天不把这只鸡吃了，就别再去干活了！"我不知道婆婆为什么发火，只能含着眼泪把鸡吃了。

这时，婆婆笑了，老人以独特的方式心疼着我。她不再沉浸在痛苦中，对我说想买辆三轮车到外边散心，我满足了老人的小心愿。后来，三轮车竟成了婆婆为我送饭的工具，我这才明白婆婆真正的用心。每当看着婆婆佝着身子送饭时，我便含着泪迎过去："娘，你别给我送饭了，这样我吃不下去。"婆婆的举动让我很受感动，所以这些年我不能提到婆婆，每次提起她老人家，我都控制不住自己的眼泪。

婆婆七十三岁时病情加重，医院下了病危通知书，我按照婆婆的要求陪她回到乡下老家，哥嫂们都想为老人做些可口的饭菜，婆婆却只爱吃我做的饭，她觉得吃起来可口。我每天忙着做饭、打针、擦屎端尿，成了婆婆的专职护士。

一个月后，婆婆的身体又逐渐恢复，能开始下地走动。邻居们知道老太太又好了，每天来好几批人陪她说话，有的村民十多年没见，看着老太太白白胖胖的，都说摊上了好儿媳。婆婆的身体稍有好转便胃口大开，好像得了饥饿症似的，每天要吃七八顿饭。后来大便不通了，打开塞露、吃药不起作用，有人提出灌肠，我考虑老人撑不住就用手去抠，大便通了，一家人悬着的心又落了下来。在老家伺候婆婆的日子，姐弟们都围在老人身边想尽些孝心，不肯离开。一直在农村的二姐，由于经不起母亲的几番折腾，原本虚弱的身体支撑不住了。我一边给母亲打针，一边还要忙着照顾二姐，每天休息三四个小时，眼圈黑了，人也消瘦了一圈。

婆婆临走那天的精神特别好，也特别能吃，一天八顿饭没有重样，她一边吃，还不时地坐起来笑着安排后事，让我们记下亲戚们的姓名、如何穿送老衣、如何节俭办丧事，她就像操办别人的后事一样，让人很难想象这是位将要离世的老人。深夜十二点，婆婆又吃过六个元宵后，催促我和丈夫去休息，让其他姐弟留下来照顾，在婆婆的一再催促下，我们回房休息了。连日的劳累，我只觉得两眼发黑，耳朵发鸣，这时我听到了哭声，婆婆微笑着离去了，那丝笑容深深地印在我脑海里。操办完母亲的后事，我紧绷的心松下来，精神和身体一下子垮了，常常被梦中的婆婆叫醒。

为尽快从伤痛中解脱出来，我又去做了搬运工，想从繁忙的劳动中忘记痛苦，但无论怎样忙碌，总像丢了魂一样脑子里空空荡荡，我终于撑不住病倒了。尽管如此，我仍强撑着给孩子们做饭、洗衣服，给自己输水补充体力。那时，我丈夫也因失去母亲的缘故，加上忙碌的工作，感到手足发麻，需要输水，每天晚上我总是先给丈夫输上水，再给自己打吊针。有一次，丈夫单位加班，回来晚了，等打上针已十点多钟，刚开始两个人互相看针，我看他发困便劝他先睡，后来我看着针睡着了。等我们醒来后，发现两个人的针管里都回了好长一段血，我们没有互相责怪，起针后相互一笑，泪水流了出来。

多年来，我和丈夫相敬如宾，我们过得虽然清苦，但是一家人都很开心，家里每天充满了笑声。六个孩子逐渐长大，有两个侄子光荣入党，他们都很感恩，知道孝敬老人、帮助别人、回报社会。周围的邻居也很羡慕我们，有的亲戚还把我家当成了培训班，专门将他们的孩子送到我家接受教育。

2012年春天，我静脉栓塞动手术住院期间，侄子、侄女们抢着去照顾，不让谁送饭都不乐意，他们每天守在病房里，我身边充满了笑声。病友们羡慕地说："这些年，你把他们拉扯大，没少操心，现在看起来也值了，这些孩子都孝顺，以后就等着享福吧！"

当年秋天，我又因膝盖半月板损伤在徐州二院进行修复手术，几个侄子侄女听说后，连夜从上海、南京赶来，争着在床前照顾。大哥的女儿婚后在徐州居住，她每天做好饭先给我送来，自己回到家再吃剩下的，每顿两个不同的菜，连续多天不重样。她说："以前您是这样照顾奶奶的，现在我学着您的样子照顾您。"很多病友都说我有福气。

就在我住院期间，二哥的儿子又代表堂兄妹五人报名参加了《向幸福出发》"温暖中国"海选赛，他们的心愿是在全国人民面前喊我一声"妈"。临出院时，我们接到中央电视台邀请。我出院后，带着几个孩子上了中央电视台《向幸福出发》"温暖中国"特别栏目，晒出了我家的幸福生活。央视三套、《人民日报》《农民日报》《新华日报》、江苏卫视等二十多家媒体进行了报道，我们一家得到了社会各界的关心、关注。

改革开放四十年，我们亲历了风雨，亲历了沛县日新月异的变化。如今，我的六个孩子大学毕业了，他们有了各自的事业和家庭，并投入党的怀抱。2017年10月，江苏卫视《德行天下》栏目录播了我家的新变化，但唯一不变的就是德孝长存、孝行天下。我觉得孝敬老人、抚养孩子、关爱他人是我们的传统美德，更是我们的责任和义务。

残躯写大爱

张兴亚

我出生于沛县经济开发区郝寨大董庄村，因为三岁时患小儿麻痹，下肢重度残疾，出行靠双手向前挪，是一个需要别人帮助的人。但我乐于助人，一次次帮助别人渡过困境。我既是沛县残疾人创业扶贫基地负责人、沛县爱心互助蔬菜种植专业合作社理事长，又是沛县残疾人创业基地创始人之一。

我的少年时代是在贫穷和痛苦中度过的。1969 年突发高烧后就再也没站起来，快乐的奔跑留在我浅浅的记忆里。我的童年是在亲人的叹息和邻居爱怜的目光中度过的。原本想通过考大学改变命运的我，只结束了初一课程，便因身体的重度残疾弃学在家。

在我童年的记忆里，虽然身体残疾，但同学、老师和社会都没有嫌弃我，每当放学或上学的路上，都是由同学们轮换着背，从没缺过一节课。我计算过，学校离家两公里，如果中午放学没有同学们的帮助，我从学校挪到家就已经到了下午上课的时间，要挪两个小时。那时我就暗下决心，等自己有能力的时候一定要多回报社会，帮助更多需要帮助的人。

身残磨炼了我的意志。弃学后，我没有气馁，以一种与年龄不相符的成熟和稳重坚强地接受了一切，乐观地面对现实。我让妈妈借来了邻居家小孩用过的旧课本，进行自学，后来又学会了画像、划玻璃。1989 年，在家人的帮助下，在家门口开了一个玻璃加工店勉强度日。在开玻璃店期间，我经常遇到邻居购买玻璃时差十元八元钱，我总说“没关系，不要啦”。有时遇到贫困户或五保老人，我干脆只收成本。村里人有的说我“憨”“死心眼”，这事不久传到了母亲耳朵里，母亲到店里大闹了一场，指责我不会做生意，早晚会把家赔个精光。面对母亲的指责，我一笑而过，依然我行我素。

2011年腊月二十七，对于沛城镇王楼村村民梁艳美来说是个不幸的日子，这天她用于取暖的电热毯因短路引起了大火，重度烧伤，造成高位截肢，无法行走。梁艳美心情非常沮丧，认为前途及生活一片迷茫。但梁艳美又是幸运的，我了解情况后，带头捐资600元。在我的带动下，其他残疾人也纷纷慷慨解囊，不到两天的时间捐款达5000元。等梁艳美情绪稳定后，我与她进行了一次长谈，以亲身经历进行开导。在我的帮助下，身体康复后，梁艳美就到沛县残疾人创业扶贫基地工作，月收入在800元左右。她的脸上又出现了久违的笑容。

我在事业有成后，始终不忘众乡亲。近几年因身体残疾，一直在享受低保，2012年初，我专门回了一趟老家，到村委会找到村干部说自己愿意放弃享受低保的权利，把机会让给更需要它的家庭。

2009年6月，沛县残联在朱寨镇建立了残疾人创业基地，为残疾人创业就业搭建平台，吸收有创业精神的残疾人进驻基地。听说这个消息，我把经营四年的桃园交到哥哥手中，毅然来到沛县残疾人创业基地，承包了四十个大棚，吃住在基地，工作在大棚。我和县农科站的八位专家交上了朋友，专家们也被我的精神所感动，不管自己有多忙，对我咨询的种植技术问题总是有求必应。功夫不负有心人，我种植的第一茬西瓜就获得了成功，亩效益万余元。

为了打开市场，我南下北上，火车上带着轮椅，调查市场，疏通销售渠道。2011年10月，我一路北上，济南、石家庄、天津、北京，找市场下订单，风尘仆仆，走过一城又一城。二十八天，我完成了2012年的全部订单。在北京，我住在地下室改造的小旅馆里，由于连日奔波，身心疲惫，体质下降，染上了感冒，突然高烧39.5℃。身在异乡，亲人远离，高烧让我自己起来买药的力量都没有，迷迷糊糊中，想念妻子孩子，挂念我的基地。高烧一夜，第二天我买了一点退烧药，又去市场了。在北京，我拿下2012年的最大一笔订单。

我认为一枝独秀不是春，百花齐放春满园。为了让更多的残疾人受益，我到县残联找来残疾人名单，挨个打电话，甚至登门，田间地头、家中炕沿，我几乎联系到了沛县每一个残疾人。已经记不清多少次摔倒在路边的沟里，多少次顶风冒雨地艰难行进。2011年6月的一天，在去探访栖山镇胡楼村一王姓残疾人时，行到途中，大风突起，大雨如注，路上没有一个行人，前不着村后不着店。我在风雨中独行，路一滑，连人带车跌落到河里，车子压在我的身上，划破了我的后背，河水慢慢上涨，一会儿的工夫，水就齐胸深了，风雨声压倒了我的呼叫声，河水眼看就要淹没了我，我奋力地挣扎着，一手抓住自己的车子，一手抠地，一寸一尺，艰难地爬行，全身上下分不出哪是雨水、哪是汗水、哪是泪水。一个多小时，我才爬到路上，坐到我的三轮车上继续前行。在我的不懈努力下，到2011年底，“沛县爱心互助种植专业合作社”社员达到192人，192名残疾人全部实现了“人均一亩棚，户均过万元”可喜成绩。也就是在这一年，我被县残联任命为沛县残疾人创业基地的负责人。

为了让身边的残疾人都能参与到蔬菜种植中来，我采取“合作社+残疾人+基地”的经营模式，以一批残疾人种植能手为骨干，参与股份，实行自我管理、自我经营、自我发展。

在紧邻沛县残疾人创业基地南侧有一个蔬菜大棚，基地种什么他种什么，基地打药他打药，基地施肥他施肥，被人戏称为“编外基地”。该大棚的主人名叫韩方利，是基地附近村民。韩方利以前因身体残疾整天无所事事，家人想让他学一门手艺，可他总是朝三暮四，一事无成。自从他进驻基地，特别是第一年见效后，韩方利天天到基地缠着我，要拜我为师，学习种植技术。我一点也不吝啬，把自己掌握的技术全部传授给他。现在家人看韩方利的眼神发生了变化，他由家庭累赘变成一名致富能手、摇钱树。

在基地学习种植技术的人群中，有一对残疾人夫妇，家住魏庙镇，距基地二十五公里，丈夫名叫季电永，在外务工期间被电击中造成上肢体残疾，妻子名叫徐芳芳，患有精神病。季电永一直做农资销售，后来听说我在基地做得很好，夫妻俩就把农资店铺交给亲戚代管，自己跑到基地学习西瓜种植技术。学到种植技术后，2012年初，他回到自己的家乡成立了“沛县爱心互助种植专业合作社魏庙分社”，走上了自主创业的路子。像季电永一样，在我的帮助下，全县成立了近二十个残疾人分社。产前种苗供应、产中技术指导、产后销售服务，全部由合作社提供，他们放心大胆地一路高歌猛进。

我的残疾人创业基地成功模式，得到国家、省、市、县领导的肯定。

2011年9月，全省残疾人扶贫工作现场会在沛召开。来自全省十三个地市的近百人与会观摩了“沛县爱心互助种植专业合作社”，推广了沛县的“扶贫模式”。2012年6月，“沛县爱心互助种植专业合作社”生产的208斤太空南瓜成为第四届全国残疾人职业技能大赛的亮点，得到了张海迪主席和王新宪理事长的关注与赞誉。2009年，我经营的沛县残疾人创业基地被江苏省残联评为“全省残疾人创业基地”。2012年，被国务院扶贫开发领导小组授予“全国残疾人扶贫开发先进集体”，被中残联和国家扶贫办表彰为“全国残疾人扶贫开发先进集体”，荣获市残联和沛县县委、县政府创新奖。我本人于2012年4月当选为“沛县双月榜好人”。

甘做新时期的“活雷锋”

张兴良

我1970年参军入伍，在部队时入了党，先后荣立二、三等功，被誉为“活着的雷锋”。转业回乡后，我仍坚持向雷锋学习，为群众办实事做好事，主动担任几所中小学的少先队校外辅导员。1988年退休后，我用一生积攒的十几万元修建了书房，购买了图书、名人字画、花卉等，自费创办了全县第一所校外辅导站。免费开办书画培训班，举办书画、菊花展览，每年举办多次大型的主题教育活动，吸收了附近大批中小学生，并向在校学生寄发鼓励信三万多封。我多次被评为市、县“关心下一代先进个人”，2011年荣获江苏省“关心下一代先进个人”称号，被评为2012年度沛县“十佳好人”。

说起办小海燕家庭式校外辅导站的缘由，是因为当时看到村里的孩子双休日、节假日不是在街上打闹就是三三两两泡游戏厅、网吧，长久下去会毁掉孩子的一生。于是，我顶住家人的误解、唠叨，拿出多年积攒的十万元钱，自费创办了全县第一所校外辅导站。我是烈士的后代（父亲是在解放战争中英勇牺牲的），也是一名共产党员，我觉得这是我应该做的。

辅导站办起来后，吸收了附近大批中小学生，免费开办书画培训班，不定期举办书画展览，每次展览都有煤电公司和沛县的名家作品，也有我和学生们的作品。书画展不仅吸引学生前来参观，还吸引了周边的书画爱好者、工人，辅导站图书室内收藏了我写的多本日记，记录了我五十多年来的学习和工作体会。凡是到小海燕辅导站看书学习的学生都能看到我的日记。退休干部闫兴邦看到我的日记感慨地说：“兴良写的日记不仅是学生学习的好资料，而且还有很高的收藏价值。”在我的影响下，不少学生养成写日记的好习惯。

在辅导站，我向参加活动的青少年讲述了英雄模范人物的故事，对他们进行德育教育。朱金金上小学时，母亲就去世了，在郝寨中学就读时奶奶病重，家庭的变故对她的学习造成很大的影响，成绩曾一度下降。我知道后，就到她家里给她讲四川汶川抗震救灾的英雄故事，还从口袋里拿出仅有的两百元现金交给朱金金，让她买些学习用品，并让她节假日常来小海燕家庭辅导站读书学习。在我的帮助下，朱金金打起了精神，顺利考取了大学。

我把全部精力都用在校外辅导站上，除利用双休日和节假日，吸纳未成年人接受教育外，每年还要举办多次大型的主题教育活动。2009 年，我以新中国成立六十周年为契机，开展大型活动十余次。我还被县机关工委聘任为“五老”宣讲员，先后到大屯中学、郝寨中学、花园小学等周边十多所学校做“祖国在我心中”的主题报告，向孩子们讲述新中国成立以来，尤其是改革开放三十年取得的辉煌成就。我的演讲深深打动了孩子们的幼小心灵。

在“建设美好家乡，争做新一代沛县人”的读书演讲会上，大屯镇郝寨西校六年级学生朱洪治所做的题为“脱离网吧，重做新人”的演讲，赢得阵阵掌声。朱洪治的妈妈流着眼泪对我说：“您举办的演讲会，拉回了我儿子的心。”

朱思成在上小学二年级时，爸爸去世，妈妈出走，奶奶已病故多年，年幼的他承担起伺候爷爷的重担。小学四年级时，爷爷又不幸病故，他跟精神不正常的伯母生活，孤独无助，成绩很差。我听说后，主动给他讲自强自立的故事，并给他买书、日记本，鼓励他广泛参与活动，积极与同学交流。在日记中，朱思成写下这样的话：“辅导站给了我温暖，辅导站就是我的家。”

从 1998 年起，我开展报告会、故事会等活动两百多场次，受教育青少年十万人次；救助贫困生二十多人，各类捐助、救助资金近两万元，捐赠书籍一千多本；到辅导站参与活动、接受教育的青少年达八万人次。

我还布置了古色古香的园艺庭，院内的报香亭、望景山、香魂碑、睡莲池、太阳能温室等占地面积一千八百平方米。春夏花涛如海，秋来金菊飘香，使青少年和前来参观的人不仅受到思想教育，还受到美的熏陶。三年来还向周边地区干部、群众、学生赠送花木、苗种三万多棵，培训养花科技人才三百多人。

投资办家庭式校外辅导站资金不小，我们老两口一点也没有含糊。但在生活上，却一直保持着共产党人艰苦朴素的生活作风，从退休到现在没添过一件新衣服。为了让孩子们健康成长，我把自己平时节约下来的一万多元钱购买了图书、学生字典八千多本，三千多份报刊，让学生读书学习。我的事迹传遍古沛大地，并先后被《人民日报》《新华日报》《徐州日报》《老年周报》《小海燕报》等十多家媒体报道，我连续多年被评为市、县“关心下一代先进工作者”，小海燕家庭式校外辅导站被评为“江苏省优秀校外教育辅导站”、市级“文化中心”“科技示范户”。

惠 民 篇

医者仁心唯本色

吴德沛

作为一名优秀共产党员、全国政协委员、苏州大学附属第一医院血液科主任的我，用精益求精的医术和无私奉献的精神兑现自己的承诺。从医四十载，始终奋斗在临床一线，开创了骨髓移植治疗白血病的“苏州模式”，建立了享誉海内外的苏州骨髓移植中心，移植数量居全国第二、全球前五，疗效达国际领先，获得国际骨髓移植大奖。

立志为良医　勤学打下扎实基础

1958 年 10 月 20 日，我出生在连云港赣榆县一个教育家庭，父亲是赣榆县中学教导主任，两个叔叔是中小学教师，爷爷也曾是一位乡村私塾教师。

我在沛县大王庄小学、张寨中学分别完成了小学和中学的学业，于 1975 年高中毕业。当时的大学招生，要从有实践经验的工农兵中推荐上学，十七岁的我不符合条件，只能回乡务农。

1977 年，全国恢复高考的喜讯传来，我准备迎考。高考前，复习时间也就两个月不到吧，当时条件很艰苦，挑灯夜战，上厕所也要摸着一本书。

苦心人，天不负，1978 年 3 月，当我拿着录取通知书，背着简单的行囊，从徐州坐火车来到苏州医学院（2000 年苏州医学院并入苏州大学）报到时，才知道全国闻名的血液学科是苏医重点学科，有许多著名教授。苏医的附属医院博习医院，原来是美国人 1883 年办的教会医院，有许多知名医生。初入校门的我，牢牢记住了“血液学科、博习医院”八个字。我暗下决心，一定要努力学习，将来毕业就到附属医院工作。

临床医学专业学习任务重。我上课认真做笔记，课后复习、预习功课。为了加深记忆，我和同学们经常互设问题，你问我答，学习氛围非常浓厚。有时在学校附近的工人文化宫看场电影，就是难得的放松了。

1982 年，我大学毕业，以优异成绩留校，分配至苏州医学院附属第一医院从事临床工作。在大内科各临床专科及急诊室轮转三年之后，我选择了血液科，夙愿得偿。

定科之后，我深感自己对血液诸多方面疾病的知识匮乏，萌发报考硕士研究生的想法。我和本院工作的两位医生一起住在一间朝北的集体宿舍里，在仅九平方米的房间里睡上下铺。晚上学习时，为了不影响同室医生休息，我从药剂科找来一个大纸板箱，将台灯和课本放在里面，一头钻进大纸板箱内复习功课。

1985 年 9 月，我被苏州医学院录取为硕士研究生，师从著名血液病专家林宝爵教授和薛永权副教授。1988 年 7 月，我获得硕士学位。1992 年 8 月，我被医院派往法国南特大学附属医院血液科，学习先进的血液病诊治“法国方案”。在法国，我废寝忘食地勤奋学习，三个月过后，基本能用法语与医护人员及患者交流。半年之后，我从独立管理一个床位的病人，发展到独立管理六个床位的病人。我吃住在医院，二十四小时随叫随到，对每个骨髓移植病人病程、治疗方法都认真记录在案，并对法国先进的科室管理也格外关注。

学成回国后，我将学到的先进方法和吸取的经验，运用到自己临床实践中，成为省内外小有名气的年轻血液病医生。1995 年 9 月，我又考取苏州医学院博士研究生，继续师从著名血液学专家林宝爵教授，攻读内科血液病学；1998 年 7 月，获得博士学位。2007 年，我飞赴美国 M. D. Anderson 癌症中心，进修造血干细胞移植技术三个月。

五年本科，三年硕士，三年博士，两年赴法学习，三个月赴美学习……在医学殿堂里，我师从名医，不断学习和“充电”。严格规范的学术训练、科学有序的临床工作实践，为我今后的医学之路打下扎实的医研基础。

勇做医疗先锋　为患者解燃眉之急

在我看来，医生的本领有大有小，病人的病情没有大小，关乎生命的事情都是大事。作为科主任，我深感肩负的责任重大。对整个科室和学科而言，带出一个优秀的医疗团队极其重要。我期盼人人都是个人冠军，团队是集体冠军。

在诊治病人的过程中，我的治疗理念是“诊疗方案兼顾身心”。不仅科学规范、体现治疗最新进展，而且充满对病患的人文关怀。在我看来，控制了躯体上的疾病，仅仅是延长了生命，而帮助病患实现精神上的康复，才是真正的痊愈。

有一位大学在读二十一岁的女患者，外院确诊 Ph 阳性急性淋巴细胞白血病，为求异基因移植，辗转来到苏州大学附属第一医院血液科。我在查房中仔细查阅患者病史，认为该患者对靶向药物的反应较为理想，且具备接受自体移植的条件。考虑到异基因移植对未来生育的可能影响，以及急慢性排异对容貌、生活质量的可能影响，建议患者先行自体移植，移植后继续服用靶向药物。移植后若监测到疾病进展，再考虑异基因移植。患者采用上述治疗方案，疾病控制良好，不久后就重返大学继续完成了学业。

2012 年 11 月，苏州一位年轻学子在加拿大留学期间，在当地医院检查血常规时，白细胞高出正常值十余倍，提示白血病可能。他慕名联系苏州大学附属第一医院，即刻乘飞机回国，到医院血液科住院治疗，经我精心治疗康复出院。其祖父是著名书法家郁宏达先生，闻听孙子康复出院，心怀感激，泼墨挥毫，写下“德心佑天下，沛泽惠江东”的藏头楹联，赠送给我。

我上门诊看病，总是认真倾听每一位患者及家属的诉求，耐心细致地问诊、解答，以求尽快解除他们的痛苦、尽早施以有效的治疗，甚至还会帮他们联系多方资源，有时还会为患者解决燃眉之急、一时之困。

医生是很有幸福感和成就感的职业。当一个病人生命垂危的时候，你把他拉了回来，这种成就感和幸福感是任何事情都无法企及的。2001 年 6 月 13 日，作为主治大夫，我为江苏女孩陈霞成功移植了台胞志愿者捐献的骨髓，这件事让我一度活跃在媒体的视线中。在我眼中，这个案例意义重大：一是对整个血液科团队来说，提振士气和精气神，有力促进了学科发展；二是为广大人民群众上了一堂生动的移植科普课，促进中华骨髓库的迅速扩容，给更多需要骨髓移植的白血病患者带来了生的希望。

“关乎生命事体大”，是我坚持的理念。然而，我对自己的身体却无暇顾及，经常是忙得吃一口盒饭的时间都没有。门诊、查房、会诊、讲座连轴转，甚至在进行了膝盖手术后，我也放弃了休息静养，坚持拄着拐杖出门诊。病人的生命远大于自己的健康，花甲之年的我，超负荷的工作已是司空见惯。

我四十一岁担任血液科主任，仅仅半年，巨大压力和繁忙工作就让我的血压攀升，需要服降压药，到后来甚至需要联合两种降压药治疗。我总笑着说：“我现在是高血压、高血脂、高血糖‘三兄弟’常伴左右了。”幽默背后，是一个医生的艰辛和无奈。

因为心系患者、忘我工作，自然对家庭就难以顾及。早出晚归的我常自嘲地说：“家，成了我睡觉的旅馆，吃饭的食堂。”我舍小家为大家，深受同事和病患的感佩。

2018 年 3 月，在中央文明办、国家卫生健康委员会主办的“中国好医生、中国好护士”网上推荐评议活动中，我获选“中国好医生”。

瞄准国际前沿　医研相融结硕果

2017 年 1 月 9 日，国家科技进步奖颁奖典礼在北京人民大会堂隆重举行，习近平总书记为获奖者颁奖。苏州大学附属第一医院血液科的“恶性血液肿瘤关键诊疗技术的创新和推广应用”项目荣获国家科技进步二等奖，我作为学科带头人登台领奖。

被问到为何能取得如此成就时，我想到了两个词：一是基础好，二是运气好。

基础好是指众多的老一辈专家学者共同构建了血液学科发展的厚实基础。20 世纪 50 年代末，我国血液病学奠基人之一陈悦书教授，由上海第一医学院奉调苏州医学院，开创了血液科，各项研究和治疗领跑全国。中国工程院院士阮长耿教授领军的江苏省血液研究所，创立了国内第一个血栓与止血研究室。

运气好源于厚积薄发。1999 年，血液科的老主任退休，需要选出新的团队带头人。我当时立下军令状，如果在任期内不能带领学科发展，就自动辞职。十八年来，我站在“巨人肩膀”上薪火传承，继往开来，带领团队聚焦科研，取得了学科建设的新飞跃，在全国发布的多个学科排名榜单上，苏州大学附属第一医院血液科的全国影响力都稳居全国第四。我们递交的获得国家科技进步二等奖的申报书厚达二十八页，那是长达二十二年心血凝聚的结晶。我们发现了三类可以导致白血病的遗传基因，填补了白血病研究的空白，大大提高了白血病的诊断效率和诊断水平，建立了规范的诊疗体系，优化了造血干细胞移植的关键技术……这些成果向全国推广，在临床上挽救了无数病患的生命。

我主持编写了中国第一个《MDS 诊断与治疗专家共识》，让过去这种千差万别的疾病在国内有了标准规范的诊疗方案。而寡克隆白血病概念的提出，获得了国际公认，推动了世界卫生组织（WTO）对白血病诊断标准的改进。

我认为，成果和荣誉对我们学科来说，既是对过去工作的一种肯定，更是对未来工作的一种鞭策。

不待扬鞭自奋蹄。正因如此鞭策，我带领团队攻坚克难，建成了享誉海内外的苏州骨髓移植中心，形成了“精准移植”的苏州模式，迄今累计移植 2500 余例，不仅推动了国内血液病学的发展，而且在世界医学舞台上发出了中国声音。

2015 年，世界首例自体骨髓移植发明者、国际实验血液学学会前主席、法国圣安东尼医院血液科主任 Gorin 教授，在 730 个病例同样标准配对比较研究中发现：苏州大学附属第一医院骨髓移植存活率为 72%，而欧洲骨髓移植存活率为 61%。在法国巴黎召开的第三届中法血液学高峰论坛上，我和我的团队被授予年度“圣安东尼—EBMT（欧洲血液与骨髓移植协会）成就奖”。

近年来，我带领的苏州大学附属第一医院血液科团队，在众多国际舞台上，频繁进行学术报告和讲学授课，深受国内外同行的赞誉。我喜悦地说：“以前参加国际会议，我们是坐在观众席上的旁听者，但现在，我们的技术与水平与国际接轨，我们更多的医生走上讲台，让世界分享我们的成果与经验!”

三十多年来，我主持国家科技支撑计划等省部级科研项目27项；获得国家科技进步二等奖2项，其他各级奖项34项，专利2项；主编专著6部，发表SCI论著71篇，国内外核心期刊论著260篇；连续多年被选为卫生部《内科学》统编教材编委。我还培养了87名硕士和博士研究生。

我的科研成果和医术，赢得了医学界的敬重和认可。2013年10月，在北京第九届中华医学会血液学分会投票选举中，我竞选副主任委员得票数第一。中国工程院院士阮长耿颇为欣喜，当场对我脱口而出：“下一届，你一定要竞选候任主委!”话语殷切，寄托厚望。2016年10月，我不负众望，当选为中华医学会血液学分会第十届委员会候任主任委员。

医者仁心是本色　履职为民是使命

2018年初，我当选第十三届全国政协委员，赴北京人民大会堂参加新晋政协委员培训班。我感到既激动又光荣，担任全国政协委员不只是一种荣誉，更多的是一种责任和担当。

春节期间，部分省市叫停互助献血，再次引发社会对用血紧张问题的担忧。我对此问题关注已久。我建议，继续加大宣传，进一步壮大无偿献血志愿者队伍，完善应急预案，建立全国无偿献血网络。我长期工作在血液科，对用血问题也比较了解。提案我要写得再细一些，内容再实在点，可操作性再强一点。临床用血紧张问题一直存在，特别是在大城市，可以说这是个顽症。我希望在五年履职期间，能通过提案等形式，努力去推动解决这个问题。

在全国“两会”期间，我向大会提交了《关于缓解临床用血紧张的提案》，引起相关部门的重视。提案中，我建议消除取消互助献血对临床用血可能造成的短期影响，进一步加强无偿献血的宣传力度，巩固和壮大无偿献血志愿者队伍。我列举了在巩固和壮大无偿献血志愿者方面，江苏有不少好的做法，值得在全国推广。例如，获得无偿献血相关荣誉的献血者，享受免费乘公交等“三免”政策。我同时建议，要进一步提升无偿献血的便利度，增加固定、流动采血点（车）的建设和配置，合理确定献血场所数量，按照标准进行建设。

党给予我机会，培养我成长，我唯有竭尽全力回报党和人民。我从党员思想生活、支部文化建设、帮扶困难群众入手，构筑了一个坚强的战斗堡垒，血液科医生党员占60%以上，涌现出一批批岗位能手、医德标兵。

2001 年，我成功实施江苏首例非血缘骨髓移植，有力地推动了中华骨髓库的建设，使其一跃成为全球最大的华人骨髓库。为满足患者需求，我使血液科床位从 36 张增加到 278 张，病区从 1 个扩大到 9 个，在江苏省内开设首个日间病房，同时将建成国内规模最大的血液 ICU 病房。

择一事，终一生。我以数十载光阴呵护生命，甘于奉献救死扶伤，获得赞誉无数，唯有“本分”二字。学医、行医、研医、传医，无怨无悔扬帆奋进，我永远在路上……

见证和受益

——一位无腿残疾人“走”过的四十年

张言海

我是一个双下肢运动功能丧失的残疾人。在我的人生历程中，是改革开放和一系列党和政府的扶残助残的优惠政策，使我走上创业致富路，并拥有了一个完美幸福的家庭。我与改革开放共同成长，共同脉动，共同见证，共同受益，切身体会到了这前所未有的巨大变革。我既是改革开放成就的亲眼见证者，也是改革开放巨变的幸福受益者。

虽然我没有正常行走的双腿，但我在县残疾人联合会领导的关怀及亲人的呵护和陪伴下，走出了自己不一样的人生。

四十年前：四方小凳挪着走

1971年6月，我出生在沛县张庄镇代桥村的一个普通农民家庭。来到人间的一年多时间里，我是健康活泼、人见人夸的男孩，可是在两岁时不幸患上了小儿骨髓炎，因为病情延误发展成为小儿麻痹，双腿失去了站立和行走的功能。从记事起，我心里就蒙上了自卑的阴影。

因为我平时只能坐着，懂事后看着小伙伴们奔跑追逐，除了羡慕，也有嫉妒。我平时只能靠爬行来挪动身体，那个时候爷爷去镇上赶集，总要背一个崭新的小板凳回来，这个情景是幼时最真切的记忆。我用这个小凳子慢慢学会了向前“走”，小凳子就成了我“走路”的工具，我坐在地面上，蜷曲着的双腿交叉放在身前，侧面看，我整个人像一个L形直角。我使尽全力用两只手按住凳子的一侧，一左一右地轮换抬起、挪动凳子完成前行的动作。

小板凳充当了我的“行走”工具。由于长期用手抬起自己，手臂得到了一定的锻炼，上肢练得结实有力。下肢的情况可就越来越糟糕了。由于不能正常伸屈，肌肉萎缩，骨骼变细，双腿根本无法支撑上身的重量，常年都是将双腿交叉着盘起。为了不依靠旁人的帮助，能让自己“走动”，小板凳子开始陪伴我走上漫长人生路。由于臂力得到锻炼，使用凳子“行走”的技巧不断巩固，我“行走”的速度也越来越快，有时看小伙伴们踢球，我竟然也能挥舞着方凳加入其中。一对小凳子使用的时间随着我的年龄增长成反比，有时一个多月小方凳就散了架，所以，爷爷去赶集时常要买两个小凳子回来。

由于只能用双手撑起整个身体向前挪动，臀部时常磨得血淋淋的，有时都露出骨头，疼痛难忍。随着年龄的增长，看到同龄的孩子尽情地释放自己的天性，再看看自己弯曲变形的双腿，心灵上的创伤产生的痛苦感、焦虑感与无助感愈加严重，面对不幸我只有选择坚强。在亲人的帮助下，我勇敢地走出了家门，面对一些异样的眼光，大胆地参加他们简单的体育活动。时间一长，同龄的孩子们也接收我参加他们的队伍，共同玩起了杀羊羔、藏马猴、砸纸壳等游戏。

我有时候也庆幸，虽然我是双腿残废，但我还有一双手，这双手能让我自己一笔一画地学写字，能自己吃饭拿东西，还能帮助父母做家务，喂猪放羊。只是在寂静的无法入睡的夜间，我感受到最深的孤独不是眼前的一片黑暗，而是你只能看到自己。听着父母唉声叹气，我会从心底产生一种常人没有的烦恼，恨自己无法站立起来。不过，我知道面对困难，哭泣和逃避是没有用的。我还有双手，我相信将来自己一定能养活自己。

1979 年，我们国家的改革开放在艰难的环境中起步。那个时间我也正用小方凳艰难学走路，看着同龄的孩子背着书包进了学校，我心里如同针扎般地难受，幻想着有一天，自己也能像他们一样进入学校读书。

三十年前：平车轱辘滚着走

当改革开放的号角响彻神州大地的时候，我最大的愿望就是踏进学校的大门去读书。强烈的求知欲望让我时时刻刻缠着父母去上学，让他们找学校收留我。说来，这几十年来我一直对时任代桥小学校长的王永昌心存感激之情，是他同意我入学读书。他当时说，能读到几年级就读到几年级，因为村里小学只能上到四年级，高年级只有到四里路外的黄寺学校去上。按王永昌校长的意思，因为我的腿不能走路，读完四年小学就不可能再去几里外的学校读书了。

就这样，不管刮风下雨还是酷暑严寒，我都用小板凳支撑着身体，用双手替代双腿往返于学校与家之间，尽管行走十分艰难，五年的风雨求学路我顽强地坚持“走”了下来。接下来，去外村上五年级成了极大的困难。黄寺学校离我家有四里多路，按说这段路对身体健康的孩子来说算不了什么，可是对于用板凳当双腿的我来说就相当遥远了，但我依然顽强地坚持着，每天比其他同学早起半个多小时，就拄着板凳嘎嘎嗒嗒地向学校方向“走”去，小板凳撞击地面的声音，也成了乡亲叫醒我同学的定时钟。

一个偶然的机会，我看到了邻居家的平板车轱辘，就试着趴在车轴上，用双手按着地面，滚动着走了一段路，速度非常快，飞起来的感觉让我惊喜不已。因为车轴是转动的，很难掌握平衡，稍有不慎就会掉下来。尽管危险，我还是尝试滚着车轱辘去上学。开始都是父母亲一路保护着，后来就有同学用木棍拉着我坐在车轱辘上行走，再后来我就慢慢地“单飞”了，也有几次因为速度快，失去平衡掉在路沟里，都是同学喊来村里的大人把我拉上来的。

四年的黄寺学校的时光在有痛苦也有欢乐中很快过去了。我不向命运低头、笑对人生的生活态度感染了周围的同学和老师，赢得了大家的赞誉和帮助。初中毕业后，我又坚定信心继续读高中。高中是在十几路外的张寨镇，求学的路更长、更远。于是在代桥通往张寨的乡间小路上，又出现了我趴在平车轱辘上“划”动的身影，这期间，我还去了三十多里外的敬安中学补习英语。就这样，在平车轱辘上我以优秀的成绩“滚”出了高中毕业证书。

也是在这段时间里，改革开放的春风吹绿了神州大地。

二十年前：手动轮椅摇着走

伴随着改革开放的步伐，我也一天天地长大成人。在1997年的春节前夕，县残联的理事长韩德备等一行人走进了我家。这时候我才知道残联是我的“娘家人”。他们不但给我带来一台质量很好的轮椅，还给我带来正确面对生活的勇气。打那以后，有了轮椅方便多了，就好像自己有了腿，长了翅膀一样。与此同时，我与残联的领导和工作人员结下了不解之缘，我只要去城里，一定要到残联去看看。

高中毕业后，我还想继续上大学，但是因为身体的残疾，面对的困难很多。谁也没想到，为了圆大学梦，我揣着一百元钱，摇着轮椅就进了北京。我要到国家残联去给邓朴方反映情况。我在北京住的是地下室，吃的是最便宜的饭。苦苦等待了五天，国家残联的领导热情地接待了我，耐心听了我的倾诉，让我安心回家等待消息。从北京回来后，可能由于通信地址的原因，没有收到北京的消息。我的大学梦至此也破灭了。不过，让我欣慰的是，以后的残疾考生在教育制度的改革中迎来了改变人生的春天，不但普通大学，就连名牌大学都为品学兼优但患有不同残疾的考生提供了学习机会。

正确的人生态度，总要从不抱怨开始。我没有因为自己有读书潜质没能上大学而抱怨，虽然我的轮椅没能摇到大学的校园，可是摇进了农村的学校和村民的庭院里。为了顺应改革开放的潮流，教育制度也进行了改革，由于我的学习成绩好，我如愿应聘担任了黄寺中学的英语老师，实现了从台上听课到上台讲课华丽的人生嬗变。我尽最大的努力把自己学到的知识传授给每个学生。正是我的身体残疾但仍刻苦学习的精神，于无形中鼓励着学生努力学好每一个英语单词，上好每一节英语课，班级学生的英语成绩一直遥遥领先。

1999 年 10 月，在代桥村委会换届选举大会上，我意外地当选为村民委员会的副主任。为了履行职责，我又把轮椅摇到了田间地头和家家户户。村委会的工作是异常繁杂的，不管是大事还是小事，不管是白天还是黑夜，村民有事都会来找你解决。我认为，村民能找到我，就是对我的信任，相信我能为他们排忧解难。尤其是调解村民之间的矛盾时，当我摇着轮椅三番五次地去做工作，许多村民看到我摇着轮椅上门，都被感动了，矛盾自然也得到了化解。对此，我也感受到了群众对残疾人的尊重和理解，从群众的信任中，我找到了归属感。在村委会副主任的位置上，我一干就是十年。

在这里不能不说的是发生在我身上的一个感人的爱情故事。爱情，对于高度残疾的我而言，一直是可望而不可即的。但是在黄寺学校当老师的时候，端庄文静的女老师朱海燕出现在了我的视线里。由于我们两人都是教英语的老师，接触的机会多了起来，一有空闲，海燕就会来找我聊天。我的英语教学水平和乐观态度及对未来美好生活的憧憬，让她从心底对我产生好感。在后来的接触中，海燕对我的特别关爱和热情，让我很快明白了她的一片苦心。面对她的表白，我多次让她慎重考虑，毕竟这是一辈子的终身大事。没想到海燕并没有被我劝退，而是更加坚定了要跟我在一起的决心。

"从今往后，我就是你的腿!"海燕对我的"痴心"理所当然地遭到了她父母的反对。对此我也很理解，不会有哪个父母愿意把自己的心肝女儿嫁给一个残疾人的。2001 年的五一节，我与朱海燕登记结婚，她的父母见女儿对我一片"痴心"，加之我们两人相亲相爱，生活也越来越好，发自内心的幸福感常常写在女儿的脸上，她的父母也就渐渐接受了我这位不能行走的女婿。我和海燕很快有了爱情的结晶——一对健康活泼的儿女。

认识和了解我们家庭的人都说我很幸运遇到了海燕，而我却说，是改革开放让我发挥了自己的聪明才智，没有改革开放我根本娶不上媳妇，更别说娶上德容兼备的海燕了。因为在改革开放的大潮里我们相识相爱，翱翔的海燕，她是我生命中最重要的人。

"也许在别人眼里张言海是个不能行走的残疾人，可是在我心里，他却是肢体健全、完美无缺的人。"海燕也经常说，这辈子她会一直背着我走下去。她的态度，与我们在改革开放的道路一直走下去的意志一样坚定。

十年前：机动三轮载着走

人生只有走出来的成功，没有等出来的辉煌。

婚后有了孩子，把生活的甜蜜冲淡了许多。小家庭有了欢乐，也有了沉重的负担。为了生活，我还要跳出命运的旋涡，以男子汉的担当，不当被改革开放列车甩出去的人。我要用双手撰写自己的创业故事——《无腿走出生活路》。

经过反复考虑，我决定在村子开一个小商店，一是服务于村民，二是增加些日常收入。资金是东借西凑来的，房子是家中原有的靠近大路的，经过简单的筹备，小商店终于开张了。开业那天，乡亲们都过来造势。我记得全村的村民都来买了点东西，当时路上人多，有一辆轿车堵在路上过不去，司机下车打算买一瓶矿泉水，可听说是残疾人开的商店，一下子就买走两箱装在车上。商店开业忙碌了一天虽然有点累，但当我和爱人在晚上清点一天的收入时还是挺开心的。

开商店最大的问题是进与销。进货对我来说是最大的难题，销货的问题不是太大，爱人和家人都可以接待顾客。为了进货，我购买了一辆机动三轮车，三天两头天不亮就向四十里地外的沛县城里跑，在商都、新庄路和七彩街进了货，然后以最快的速度赶回家，到家后还要动手卸货，分类上架。

村里的小商店从不起眼到引人关注，生意也逐渐红火起来。因为有了点名气，邻近的姜庄村一名想创业的残疾人找到我，希望能得到我的帮助。我说，干我这行就可以啊！我给他介绍了投资情况，还把自己的供货资源也给了他，甚至把家里的一些闲置货架也送给了他。因为资金不够，我还主动去农村信用社为他担保贷款，去城里进货时还为他代捎货物。我的生意取得了小小的成功，我还想用自己的经验帮助更多人。当时我希望以后能够办一个残疾人福利企业，帮助更多和自己一样身体不方便的人。这样的想法是源于我得到太多素不相识的人对我这个残疾人的帮助。

一次偶然得到的素不相识的热心人的帮助，让我意识到即使肢体残疾也可以去帮助别人。那是2003年冬天，我小心翼翼地驾车行驶在刚下过雪的路上，三轮车突然在前不靠村后不靠店的地方熄火了。正当我无助的时候，一辆经过我身边的残疾人的车停了下来。那位热心的残友拄着双拐下了车，帮助我查找故障。发现我的车没有油了，他二话不说，用塑料瓶在他的车上放了一瓶油灌在我的车里。我的车顺利发动起来，那位热心的残友开车便离开了。我当时心里非常感动，却没来得及对他说声谢谢。打那以后，我隔三岔五就摇着轮椅为村里行动不便的孤寡老人送去日用品，不管是在哪儿，只要遇到有难处的残疾人，或因病因灾因贫陷入困境的群众，我和家人都会伸出援手。

凭借我和海燕的努力，我的乡村小商店门庭若市。乡亲们都爱聚拢在商店前谈天说地，我就利用视频播放法制知识和文艺节目。就这样乡村小商店成了守护乡村平安的“安全岛”，调解家庭矛盾的“律师所”，失学少年的“辅导站”，孤寡老人的“敬老院”。打拼数年后，随着销货量的增加和消费者的增多，手中有了一些周转资金，我又把目光放在批发业上。我的机动三轮越开越远，生意也越做越大。为了能获得更多的利润，我竟然开着机动三轮车跑到百里之外徐州南郊的淮海食品城，将食品和水果批发运输回来，及时转手批发给其他经销商。

经历风雨才能得见彩虹。我的创业梦正酣正甜时，一个更大的梦想在我心中酝酿：靠双手走出困境，凭热心感恩社会。我要向公益事业发展，办为老弱病残的人服务的福利企业，给他们提供更多的健康服务，让更多人有就业的平台！

现如今：新型轿车开着走

我热爱家乡这方热土，更热爱给我帮助的父老乡亲，我要用爱去回报社会。由于我是残疾人，我一直思量着做健康行业才是最有意义的。我虽然失去了健康，但我要让更多的人获得健康。我摇着轮椅四处考察，2009年我创办的康亦健健康坊，在城区最为繁华的东风路租用了四百多平方米的营业场地，设置了免费理疗中心。健康坊主要是为中老年人提供身体健康理疗和心理健康疏导，每一位老年人都可以免费前来理疗，并有专门的技术人员进行指导。新型的体验式营销，只体验，不卖货，这对于白手起家的我来说是一个不小的考验，房租、工资、水电费，每一项开支都让我犯愁，第二年，健康坊就出现了严重的亏损，跌到了低谷。

我却咬紧牙关一直在坚持，到处筹钱，四处取经。看到我一天天憔悴，头上的白发一天天增多，妻子看在眼里，疼在心里。她几次劝我放弃，还是回老家开批发部，但我却不以为然，付出了超乎正常人十倍百倍的努力，终于有了收获。我推荐的产品逐渐得到了体验者们的认可，不少人开始争相购买，我开始尝到了体验式营销所带来的甜头。这时候健康坊的产品和我本人又成为争议的焦点，我坚信自己在做的不仅仅是一门生意，更是一项有意义的事业，老人们既可以在这里缓解病痛的折磨，又能在这里找到快乐，这也正是康亦健健康坊的存在与发展的真谛。

为了丰富前来理疗的老年人的精神文化生活，我经常邀请县老年大学和梆子剧团的老艺人为老人献上精彩的地方戏和文艺演出，请富有经验的心理辅导师为老人授课，让走进健康坊的每一位老人充分感受到家的温暖和亲人的关爱。

为了跑得更快，跑得更远，扩大营销范围，我通过系统的驾驶技术学习，顺利拿到了C5汽车驾驶执照，并购买了新型轿车，业务开始向周边地区拓展，先后在丰县、徐州市区及山东、安徽多地开办了十多个服务点，吸纳了一百多人就业，也为更多的人群送去了健康和快乐。作为一名残疾人企业家，在自己的财富慢慢积累的时候，我时刻不忘社会上还有一群需要帮助的人，扶困济贫，捐资助学，也成为我的另一项事业。

每年的中秋与春节，我都会带着过节用的食品和慰问金回到老家的姚楼、田楼、代桥、朱庄等村庄看望十多户贫困家庭；每当六一节来临，我都要到县曙光小学、特殊教育学校为贫困学生送上学习用品和助学金；每当祖国发生重大灾难，我都第一时间赶到红十字会捐款；当我得知晓鸣寺重病大学生宁丽莎、杨屯卞庄生病学子欧阳广远、只身抚养三个大学生的魏玲等人遇到困难时，我也是毫不犹豫地尽自己所能来援助他们……

我用自己的爱对社会、对老人、对弱势群体倾注了无限的爱。我的身残志坚、热心慈善、真情助贫行动也得到了优厚的回报，先后被县委、县政府评为“最美沛县人”和“沛县十佳好人”。没有改革开放，就没有我的事业上的成功和家庭的幸福，更没有这些荣誉，是改革开放让我实现了人生、事业的双双腾飞。

四十年来，我的双“腿”“走”出一系列的变化：20世纪80年代，我的一家人解决了温饱，我可以在小板凳上寻找简单的快乐；20世纪90年代，我们一家不仅可以衣食无忧，我还在轮椅上开始了艰难的创业之路；在21世纪到来的时候，我又开着机动三轮车走上致富路；这几年我又驾驶着轿车外出谈生意，去旅游，还开着轿车进北京，坐在了人民大会堂参加会议。这么多年来，我一直怀着感恩的心。感谢残联，感谢那些帮助过我的好心人，感谢我的老师和我的学生，感谢我的爱人，是他们让我在最困难的时候不再感到孤独，也不再绝望，社会和亲人的关爱像一双双温暖的手臂，为我擎起了一片晴朗的爱的天空。

我是志愿者，我自豪

黄　涛

我是大屯街道办郝寨村三组村民，现在沛县经济开发区一铝厂工作。多年来，我坚持无偿献血，积极参加无偿献血志愿服务，加入中国造血干细胞库和中国人体器官捐献志愿登记，我说服了家人，捐献了因病去世的女儿的器官。

第一次献血是在2005年5月，当时二十二岁的我在昆山一台资企业打工。有一次，我在昆山市区看到无偿献血的宣传车，我很好奇，不知不觉地走进了献血车，挽起袖子第一次捐献了200毫升。我觉得能用自己捐献的鲜血挽救人的生命，很有意义，很值得做。后来，我把献血的事情告诉了父母，父母都支持我。2006年的一天，我正在上班，突然收到了昆山血站发的一条信息，说血站急缺O型血。我赶忙跟主管请了半天假，跑到昆山献血屋献了300毫升。

我每年都坚持献血，不光自己献血，还动员同事去献血。在昆山四年，我捐献了七次累计2000毫升。2008年，我获得昆山市人民政府颁发的2002—2007年度昆山市无偿献血铜奖。2012年，我又获得昆山市人民政府颁发的昆山市2008—2011年度无偿献血银奖。

2009年回到家乡沛县后，我继续在家乡献血。从最初的百货大楼门前的献血车，到如今的爱心献血屋，经常有我献血的身影。有次献血中，当我得知现在医院缺少血小板后，我便自费坐车到徐州血液中心捐献血小板。

2005年以来，我已累计捐献全血7600毫升，血小板3个单位，共计8200毫升。2016年，我获得了国家卫生和计划生育委员会、中国红十字总会和中央军委后勤保障部卫生局联合颁发的2014—2015年度全国无偿献血奉献奖铜奖。2017 年 12 月，我获得了首批江苏省无偿献血荣誉证（俗称“三免卡”）。

我自愿加入了徐州市无偿献血志愿服务总队沛县分队，成为一名无偿献血志愿者，同时积极参加爱心献血屋的各种活动，大力宣传无偿献血的好处。我不仅在现场参加献血志愿宣传和志愿服务，同时还在沛县论坛等网络发表宣传无偿献血的帖子，呼吁更多的人加入无偿献血队伍中。在我的带动下，妻子和弟弟也都参加了无偿献血。为了更好地宣传志愿献血，我加入了众多的献血微信群及 QQ 交流群，经常和献血志愿者进行相互学习，丰富献血知识。

2017 年 5 月，二女儿小鹅走路蹒跚及肢体共济失调，我赶紧带她去徐州儿童医院。经过核磁共振检查，诊断为儿童脑干胶质瘤。这个诊断结果对我来说真是晴天霹雳，怎么也不会想到五岁的孩子竟然得了这个危险的恶性肿瘤，我在网上疯狂地搜索治疗此病的帖子，并下定决心就是砸锅卖铁也要给孩子治疗。5 月 11 日，我带着孩子去了国内治疗这个病最权威的北京天坛医院，经该院多位专家会诊，孩子的诊断结果不变，且专家们一致认为：手术风险极大，孩子年龄小，如果冒险进行开颅手术，可能导致非常严重的后果。经过再三权衡，我们决定放弃手术。当时有位专家还说：孩子小，不要告诉她病情，只要让她开开心心度过每一天就好。于是，我和妻子带着女儿去天安门，女儿已经不能走路了，我抱着或背着她，在天安门前留下了孩子生前最后一张珍贵的照片。

回家后，全家尽量以一种不打扰的方式陪伴小鹅度过每一天。虽然白天在孩子面前，我总是微笑着照顾她，可作为父亲，我心中却是万分痛苦。只要听说有类似的民间偏方，我总是想方设法找到，并咨询了很多中医，最终还是没有办法来治疗孩子的病。我对家人说：咱们能想的办法都想了，最好的医院最好的专家也看了，还是治不了孩子的病，眼看着孩子的病情越来越重，把孩子有用的器官捐献，给孩子换种方式活在人间吧。刚开始家人都不太理解，没有听说过这种事情。有多年的献血经历的我，知道器官捐献可以挽救别人的生命，孩子的生命还可得以延续，孩子的部分器官依然能活在人间。最终，我说服了家人。

7 月 21 日上午，我和岳父到沛县红十字会填写了小鹅的人体器官捐献意愿书，沛县红十字会工作人员很受感动，说我是沛县红会成立以来，第一位为孩子报名登记器官捐献的填表者。

7月21日下午五点左右，小鹅突然呼吸困难，高烧不退。7月23日，孩子转院到南京医科大学附属逸夫医院进行抢救。此后，在南京的这段日子里，孩子因肿瘤在不断地变大，脑部出血，身体左半侧没有意识，不能言语。看着孩子越来越受罪，我和妻子终日以泪洗面。那时，我非常痛苦和无助，如果要是能用自己的命来换孩子的命，我会毫不犹豫。

2017年9月30日，女儿小鹅又突发高烧，然后陷入深度昏迷状态，被紧急送到高危病房进行抢救。10月1日上午，江苏省卫计委委派了三名医学专家联合对小鹅检查，确认孩子已脑死亡，在医学上已没有抢救和治疗的余地了。按照我给孩子生前签署的器官捐献意向书，南京市红十字会派员全程见证了捐献的全过程，小鹅最终捐出两个肾脏和一个肝脏，为三人送去生的希望。小鹅也成为南京市2017年度第27位也是累计第133位器官捐献者。

孩子在南京火化后，我抱着孩子的骨灰盒回到了家乡，把小鹅安葬在徐州第二公墓——一座专为器官捐献者建造的花坛墓葬。

事后，我从江苏省人民医院得知，小鹅的一个肾脏移植给了浙江金华的十三岁男孩，另外一个肾脏移植给江苏无锡的九岁女孩，肝脏移植给安徽宿州的四十八岁成人。因为捐献方和受捐方实行“双盲原则”，互不知道对方的信息，我只能在心里默默地为受捐方祈福，祝他们早日康复，并希望好好珍惜孩子的器官。

以后，我还会一直坚持无偿献血，用自己的热血去挽救更多需要帮助的人。我相信，只要人人都献出一点爱，世界将变成美好的人间。

十年带出一支义务献血队

褚庆峰

我1962年6月出生，1979年入伍，1982年复员到沛县供电公司工作，现为沛县供电公司变电站值班员，2015年当选“中国好人”。

从2005年，我第一次踏上沛县中心血站设在商业区的采血车，就与无偿献血结下了不解之缘，我的妻子刘雪锋、女儿褚楚先后加入献血行列。十年来，我们全家无偿献血近20000毫升。在我们全家的感召下，亲戚邻居、朋友同事，就连和刘雪锋一起跳广场舞的“辣妈们”也都走到献血队伍中，一支近300人的献血志愿者服务队自发形成，让沛县这座小城大爱充盈、热血沸腾。2015年，我先后当选“中国好人”“江苏好人”“徐州好人”。

回首如何走上献血之路，我的思绪回到了20世纪80年代。1981年，从对越自卫反击战战场归来的战友给我们讲了战争的残酷，讲了战地医院用血调血的困难，我第一次知道了“血可以救命”。我没有机会去战场，但我的血可以挽救战友的生命。我在部队开始了人生第一次献血。1982年，我复员到沛县供电公司工作。由于当时地方无偿献血的机制不健全，我的献血梦搁浅了。此后有单位组织的两次献血机会，我因为出差在外地，都错过了。

2005年，沛县街头出现了中心血站的采血车，我欣喜若狂，中断了一年的献血梦，终于梦想成真。当时，沛县的无偿献血工作才刚刚起步，人们对献血还存在偏见。面对无偿献血宣传，部分人还有抵触情绪。“献血会折寿的”“献血就是抽人家的血卖钱自己花”“你们这些人就是在骗人献血”……每次遇到这样的情况，我就现身说法。我多了个心眼，特意穿着印有“沛县供电”工作服参加献血宣传，几次以后，人们就知道有个供电局的老褚是位献血积极分子。2006年，妻子刘雪锋也走进采血车，加入献血行列，我们一次次伸出手臂献出热血的时候，同时也献出了我们的爱、希望、梦想和对生命的尊重。每次去献血，我们都带着女儿去，希望她能感受那份温情，将来做一个有爱心的人。2008年，正在读大学的女儿褚楚，十八岁的成人仪式就是踏上采血车，献出充满青春意义的400毫升血液，这个仪式神圣得令人肃然起敬。从此以后，我们一家三口经常全家出动去献血。

在我们全家献血初期，亲戚和朋友都很反对：你一人献血也就算了，还把老婆孩子搭上。都说这一家是傻子。但是，我们用自己的实际行动证明了无偿献血对身体没有任何坏处，证明了无偿献血也是一种为人民服务的“雷锋精神”，也是需要有人挺身而出的。除了感觉身体更加健朗之外，更重要的是精神得到了升华，性格变得开朗，心胸也更加开阔了，后来亲戚和朋友也逐渐理解了这份爱心。

血液可以再生，生命却只有一次。既然献血无损身体健康，还可以拯救生命，又何必吝啬自己的血液呢？捐献人体承受范围内的剂量血液，既救了他人之急，又有利于自己的新陈代谢和身体健康，同时还为自己和家人储存了应急血液，可是件两全其美的好事，何乐而不为？我们全家便把献血当成了生活中的习惯，坚持定期或不定期地献血。为了献出合格的血，我们每逢临近献血日，总是特别注意保持良好的生活习惯，几天前就不饮酒、不吃肥肉。特别在中秋节、春节等节假日，当别人大鱼大肉大饱口福的时候，我们全家人更是注意口味清淡，保持良好的血液品质。我和妻子都是AB型血，而AB型血只占全人口血型的9%，尤为珍贵。2008年，汶川大地震，当我们在电视上得知缺少AB型血时，尽管夫妻俩离上次献血不足三个月时间，我们还是向汶川伸出了温暖的手臂。因为工作不能到抗灾现场，但我们总能做点力所能及的事。

一个人的血挽救不了几个人的生命，大家都来献血才能挽救更多人的生命。我和妻子更是把无偿献血知识带给了同事、邻居和周围的朋友，只要有机会就会向他们宣传无偿献血知识。我得到了所在单位沛县供电公司的大力支持，公司把我请上了“道德讲堂”的讲台，用身边的人，讲身边的事。现在沛县供电公司坚持常年定期献血的达200多人，雪锋所在的沛县墙体改革办公室有40%的职工加入到常年定期献血的行列。

妻子是个文艺爱好者，唱歌跳舞样样精通，萨克斯吹得也是有板有眼。近年来，广场舞兴起让她有了更多的机会进行无偿献血的宣传和推广工作。她把“献血有益健康，只需小小勇气”的条幅带到广场舞的活动地点，现身说法，用自己的亲身经历动员更多的人参与无偿献血。为了更好地消除人们对无偿献血的疑虑，妻子会随身携带一本笔记本，记录平日里遇到但却回答不了的与无偿献血有关的问题，然后再请血站的医生详细为自己解答。久而久之，她也成为一名资深的无偿献血宣传员。在妻子带领的广场舞活动点，有符合献血条件的50余人参加了献血，20余位年龄偏大的“辣妈”也不甘落后，当起了义务宣传员。每逢节假日，血站组织开展大型献血活动，我就会带着供电系统的志愿者和妻子带领的广场舞的“辣妈”们，走街串巷地发放宣传单。女儿褚楚给我们分别命名，爸爸带的是“霹雳”小分队，妈妈带的是“玫瑰”小分队。

作为献血志愿服务队的组织者，我经常带领志愿者们活跃在沛县无偿献血点，协助工作人员登记、引导、咨询、答疑解难、维持秩序。对人们献血、用血中出现的疑问，我都耐心解释，热情鼓励人们消除忐忑心理，勇敢地走上采血车参加献血。有人问我：没有报酬，为何这么卖力？我总是笑着说：为了让更多的人了解无偿献血，适应无偿献血，热爱并参与无偿献血，自己辛苦点算不了什么，能为营造温馨的献血环境做点贡献也是一名无偿献血志愿者应该做的。

一滴水可以折射阳光的色彩，一滴血可以筑起生命的长城，也可以铸就厚重的人生。因为无偿献血，我这个充满爱心的家庭赢得了大家的尊重和社会的广泛赞誉。我们这一支自发形成的无偿献血志愿者服务队，让人们感受到爱、希望、梦想和对生命的尊重，让沛县这座千年小城大爱充盈、热血沸腾。

乡村医疗卫生“三步曲”

王牧天

从最初看病的“老三样”听诊器、血压计、体温表，到如今B超、血液检测、CT，样样俱全；从只会打针看病的“赤脚医生”，到时刻要下基层服务百姓的乡村医生……从事近五十年村医工作的我，亲历着农村医疗卫生事业的发展变化。

一个时代的符号——“赤脚医生”

当年，我曾是安国乡汪塘村卫生室的“赤脚医生”。农村合作医疗制度、农村三级医疗预防保健网、赤脚医生制度，曾被世界卫生组织称为中国农村卫生工作的“三大法宝”。

说起早年给人看病，我有一堆故事可以讲。听诊器、血压计、体温表，虽然看病的地方简陋，工具也是简单的“老三样”，但“赤脚医生”在当时的农村颇受乡里乡亲的欢迎。在农村，疟疾、地方病盛行时，我们背着药箱挨家挨户登门问诊，送药到手、看服到肚、不咽不走，最终让那些流行病销声匿迹。

到了20世纪90年代，原来的“赤脚医生”陆续通过培训自学进修提高医疗水平，我也不断学习、不断进步，取得了江苏省乡村医生证书。同时，一批经验丰富的“赤脚医生”在村里开起卫生所，他们有一个统一的名称——乡村医生。作为国家医疗卫生体系的“网底”，在多年的基层卫生建设中发挥过不可替代的作用。

那个年代，没有医疗保障体系，乡村医生解决了大部分村民看病的难题。村诊所、乡镇卫生院比较受欢迎，村民们生病首先去诊所，治不了就送去乡卫生院。以阑尾炎手术为例，乡卫生院治疗费是36元，县医院费用是100多元，所以碰到一些需要手术的大病，都是村民们轮流背着往乡卫生院送。

随着经济的发展，村民的收入提高了，各方面的医疗保障也跟了上来，“赤脚医生”、乡村医生退出了历史舞台，但村卫生室依然深得村民的信任。当时最多的一天看了100多个病号，邻居们有不舒服的，也经常半夜到家来找我，从外科包扎缝合到内科诊断，那时的我就是一名“全科”医生。

城乡居民基本医疗保险——基本覆盖农村居民

2005年8月，我开始担任安国卫生院周田社区卫生服务站站长。

那个时候，每个镇、街道都有卫生院、社区卫生服务中心，每个村居也成立了村卫生室、社区卫生服务站，一律实行零利润药价。国家加大补贴，我们基层乡村医生没有了后顾之忧。老百姓看病减轻了负担，这主要还是体现在国家惠民的医疗政策上。虽然我们提供的只是小服务，但体现的却是社会的大民生啊。

如今，村民看病不再难，不再贵了。每次看完病，我都会问患者家里还有什么药，有治疗的药就不配了，从来不叫村民多花冤枉钱。

2016年，我县农村新型合作医疗保险和城乡居民基本医疗保险全面并轨，城乡居民医保待遇不分农村和城镇。村民生病除了正常的医疗报销以外，如果是建档立卡户还可以再提高10%的报销比例；如果得了大病还可享受最高70%的大病救助。这些倾斜报销政策，有效降低了城乡参保居民因病致贫和返贫的风险，成为实实在在的民生工程、惠民工程。

全面启动家庭医生签约服务——家庭医生的新职责

2015年，我县把推广家庭医生签约服务作为医疗卫生改革的主抓手，统筹县、镇、村三级医疗卫生资源，建立起县二级医疗卫生机构、镇卫生院、健康管理团队指导下的村卫生室分工协作、上下联动的“三位一体”签约服务体系，形成了每个家庭签约一名家庭医生，连接一个健康管理团队，依托一个二级医疗卫生机构中三到四个科室、四到六名专家和一个签约服务机构的家庭医生签约服务格局。

2016年，我县家庭医生签约服务创新方法被市卫计委作为“沛县模式”在全市推广，2017年10月被省卫计委评为2017年江苏省家庭医生签约服务十大创新举措。目前全县常住人口111万人，重点人群33万人，共组建健康管理团队210个。以村级为单位，全县家庭医生签约服务覆盖率达100%，其中重点人群签约服务率达到63.5%，签约群众满意度达到90%。

村级卫生室是家庭医生签约服务的前沿阵地。我在健康管理团队的指导下负责签约对象的居民健康档案、健康教育、履约通知、随访服务、完善文书、信息录入等日常健康管理及与其资源能力匹配的诊疗和其他签约事项服务工作，独立做好特需服务包的签约、履约工作。

“有了家庭医生上门服务，我心里踏实多了!”安国镇周田村村民刘大娘每次见到我，都要拉着我说上半天。村里很多老人的子女都在外地打工，要是身体突然不舒服，村卫生室医护人员来得比亲人还快。

谈到签约服务，在这里我要多说几句，因为我有一群忠实“粉丝”，目前服务管理签约居民1559人。作为一名从医近五十年的社区医生，我熟悉每位村民的身体状况，谁患过哪些慢性病，谁对哪些药过敏，都一清二楚。

从早上六点不到出门，晚上八九点还在为预约居民做随访，我的身影穿梭于卫生服务站、居民家中，白天门诊边看病边签约。当乡村医生，辛苦是肯定的，但干了这么久，也得到了村民对我的称赞，大家都很尊敬我，这我就很满足了。

故乡的味道

赵宏杰

故乡的美食，是一种酶。无论我走得再远，总走不出那些香香醇醇的记忆。时间愈久，则愈浓。我知道，那是乡愁的味道。

——题记

不上席的狗肉

从戎多年，逢战友问及籍贯，答曰：“徐州沛县。”每每此时，提问者多半会做惊讶状：“沛县？沛县狗肉很有名的！”而且，不论品尝过还是未品尝过的，口中往往还伴以“啧啧”声，以示对这美食的熟悉程度或神往已久的心情。

沛县狗肉，亦名鼋汁狗肉，至今已有两千一百多年的制作历史。在我的老家，不论男女老幼，讲起这道美食的来历，几乎个个耳熟能详。相传，汉高祖刘邦平时喜食狗肉，当泗水亭亭长时常去樊哙的狗肉铺吃白食。为躲刘邦，樊哙将肉摊迁至河东。刘邦过河遇阻，忽见一只大鼋迎面游来，遂跃上鼋背，渡到对岸。樊哙恼鼋，杀之与狗肉同煮，不料狗肉更香。狗肉售完，继续以此鼋汤煮狗肉，异香不减。“鼋汁狗肉”便以此得名。

传说归传说，但沛县狗肉的做法的确比较独特。至今仍沿用鼋汁煮肉的办法，以丁香为主，按比例辅以肉蔻、草果、凉姜、砂仁、白子、桂皮等十五味调料，并且使用传说特技，适时适量下硝，以排出腥气和潜存的污秽，使肉质洁净，气味纯正。煮肉时先以大火猛烧，继之以小火焖炖，以利烂肉保香。煮好上市的狗肉呈棕红色，色泽鲜亮，气味浓香，味道鲜美，入口韧而不挺，烂而不腻，既有很高的营养价值，又有助消化的药用功能。

沛县狗肉的特别不仅在制作上，包括在吃法上，也是与外地迥然不同的。外地狗肉一般是煮熟切成块趁热吃，而沛县狗肉却恰恰相反，煮熟了的狗肉不能用刀切，要用手撕，且必须等放凉了吃才最香。每逢秋冬，村夫野老围坐一桌，大碗筛酒，大块撕肉，自有一番两汉遗民的豪放风格。而历代名人，如北周庾信、南宋文天祥、明武宗朱厚照等过沛，也入乡随俗，皆以品尝“狗肉佐美酒”为乐事。

沛县狗肉虽然名声在外，但可能是封建社会出于对卖浆屠狗者流的轻视，在家乡沛县一直有“狗肉不上席”之说，始终不能登上传统宴会的大堂。仔细想来，也许正应了“美食出自民间”的俗语，这种没有被各种红案、白案进化改良过的小吃，正是因为长期蛰居乡间，反而使它的淳朴鲜美和原汁原味得以保留至今吧。

近几年，有厂家专门将狗肉制罐、装袋销往全国各地，外地人来沛，临行时也多会购上两包带走。但我总认为这种经过高压锅煮沸、冷冻处理过的食品，早已失却了沛县狗肉的固有风味，远不如街上樊记、王记等狗肉店来得原真实在些。

当兵两年时第一次探亲，归队前专门到王记老字号砍下一只狗腿，足有六七斤重，辗转七八个小时带回部队，全排战友大快朵颐，吃得那个香啊！

朴实的东贺羊肉

徐州人爱吃羊肉，那是出了名的。走进彭城市区，除了大大小小的羊肉串外，随便哪条胡同小巷，都不时地会冒出几家羊肉铺子来，那形式各异的牌子上一律大大咧咧地写着火烧全羊、羊肉汤、羊肉馍等等。这些羊肉小吃，味道大都辛辣异常，却又醇香异常，端的十分诱人。

徐州羊肉做得好的虽然有这么多家，但每一位老彭城都知道，真正做得最地道的却不在闹市区，而在远离市区十余公里的一个小村——大庙镇东贺村。

那是一位真正懂得酒香不怕巷子深的老板。饭店就是普普通通的一个门面，几个清清爽爽的房间，几张木桌木凳，门口也没有任何的招牌和广告。为了照顾其他同行的生意，老板刘老爷子还规定自己只在每天中午这个时段开张，且对经营数量也做了限制，每天时间一到、数量一满，便不再开张。如果看到顾客点的菜明显吃不了，刘老爷子或其他服务员还会及时提醒你少点一些。独特的烹制方法和厚道的经营理念，为店里带来了一批批回头客。不管是周末还是工作日，一临近午饭时间，那些城里的各种各样的车子，就一辆接一辆地停到店门前。

等坐定下来，不多时，那一盆盆羊肉菜肴就端上来了。到底是怎样的美食呢?

不管是烧羊肉、烧羊眼、烧羊肚、烧羊腰、烧羊球、烧羊脑还是烧羊杂，统统都是一个铝盆满满当当地盛着，红红的辣油晶亮亮的，肉多而汤浓，明显没怎么加水。就着那腾腾直冒的氤氲热气，只闻上一闻，便觉胃口大开，馋涎欲滴。急匆匆连汤带肉，紧舀几勺入口，顿感神清气爽，全身通泰，无数香味在肠胃中不停浸润、缠绕、升腾。

十多年前，在驻在东贺的一个部队教导队参加集训。两个月的时间里，每天都是五公里越野、四百米障碍和投弹、器械等魔鬼式训练，体能消耗非常大。每次午饭之后，常约三两战友，躲过队干部的眼睛，悄悄从围墙边上溜出去，跑到斜对过的东贺羊肉馆，慰劳一下青春蓬勃、油水缺乏的肚皮。

近年来，徐州市政府顺应民众意愿，专门将每年的七月中旬设为伏羊节，集中宣传吃羊肉的种种益处。届时万人千巷，大吃特吃羊肉，自是一番热闹景象。其中，东贺羊肉馆的生意更是十分火爆。爱吃羊肉的各位吃货们，真是有福了。

散落在民间的羊肉串

爱吃羊肉的徐州人，当然不肯放过享受这诱人美味的任何一个时机。如果说中午和晚饭时，羊肉美食经营是以正餐类的羊肉馆为主导，到了晚饭之后的徐州街巷，则完全是一片羊肉串排档的海洋了。一般是从晚上八九点钟后，遍布全城的羊肉烧烤摊点纷纷开张，一般要到凌晨两三点钟才结束，有生意好的甚至会通宵营业。这些也正好实现了与羊肉馆在经营时间上的无缝衔接。

作为一个资深的羊肉串爱好者，这些年，徐州大大小小数百个羊肉烧烤摊子，先后吃了不下二十多家，其中二姐和胖姐的羊肉串尤其难忘。

二姐羊肉烧烤，可以说是在整个徐州市名气最响的一个烧烤品牌。对想吃地道徐州烧烤的朋友，当地人多半会向你推荐这一家。经过三十多次实地品尝，我感觉二姐烧烤之所以这么多年在食客中口碑这么好，最根本的应该就是两个词：实在、好吃。说它实在，就是这家烧烤的材质都是纯正、新鲜的羊肉，一只当天宰杀的整羊挂在店前，根据顾客需要现割现烤，全程透明，童叟无欺，让人放心。不像个别无良的羊肉烧烤店，喜欢在羊肉串中夹杂一些猪肉。说它好吃，体现在这家的羊肉串烤出来后，相对来讲，那圆嘟嘟的肉串上泛出的油汁总是比别家多一点，那烤羊筋、烤羊腰、烤鱿鱼、烤青椒、烤茄子等花样品种总是比别家全一点，那各种调料的味道搭配总是比别家劲道一点。这所有的"一点"加在一起，换来的便是口口相传、经久不衰的好生意。

好到什么程度？可以用来衡量的一个场景就是——你正在店里埋头吃烧烤，等烧烤的熟人却在邻桌看你。羊肉温暖了你的肠胃，你温暖了别人的心情。

我就有过多次在这店里碰到朋友甚至是领导的经历。熟人相见，共吃烧烤，同侃大山，亦是一乐。那次，与三个战友来到二姐烧烤店，一个人负责在桌上的小炉上烤羊肉串，一个人负责调节火势，一个人负责倒扎啤，体现了真正的自助精神。我也没有闲着，主要负责技术含量相对多些的工作——撒调料。别看只是一碟辣椒粉、一碟盐巴、一碟孜然粉，想要随着火候，把这几种调料撒得又均匀又及时，也确非易事。由于实战经验多一些，熟能生巧，别人打字是"盲打"，咱撒调料则是"盲撒"——一边别着头和旁边的人说话，一边手上还能不停动作，将调料撒得恰逢其时，恰到好处。

战友几个正围坐在一起吃得痛快，突然门口帘子一拉，闪现出两人。定睛一看，竟然是我所敬重的一位军职领导。这位领导平素喜欢吃烧烤我是知道的，没想到今晚在这里巧遇。此刻将军身着便服，站在门口笑眯眯地看着我们，不等我"首长"两字出口，就连忙摆手止住。遂相邀首长入座。首长也不客气，一屁股坐在小凳上，和我们继续就着扎啤，热烈地“烧烤”起来。酒过数巡之后，我们到前台结账，方知早已被首长带来的干事给付了，些许尴尬之余，更多的是温暖和感动。

关于胖姐的羊肉烧烤，结识得则比二姐烧烤更早一些。2000 年前后的一个夏天，还在安徽部队工作的我到徐州出差，几个一起入伍的战友拉着我到徐师大附近的胖姐烧烤吃羊肉串，第一次遇到纯朴憨厚的胖姐和她老公。比起二姐烧烤来，胖姐的店面小了不少。她老公负责烤制，胖姐是服务员兼收银员。一位战友酒量很大，那天喝了十斤扎啤，仍意犹未尽，叫胖姐继续上酒。胖姐看我们喝得高兴，又听说我在外地服役，非要送我们两扎啤酒不可。她给大家杯中一一满上，自己又重新取了一扎过来敬我们，满满一扎啤酒，一饮而下，其豪放之势，不让须眉。胖姐抹了把嘴角的酒水，摸着水桶似的腰身，不好意思地说：因为身材的先天优势，喝啤酒后只会上厕所，从来就没醉过。我们几位战友全被胖姐的率真可爱逗得大笑起来。遂齐整整地回敬胖姐和其老公一大杯，祝她生意兴隆、孩子学业有成。然后带着微醺的醉意，各自施施然散去。

多年后，我也调到徐州部队工作。胖姐的羊肉烧烤店恰好搬到了部队不远处。虽然这两年考虑到烧烤这种食物对身体的诸多不益，不再像过去那样频繁地光顾烧烤店，但每隔一两个月去一次胖姐或二姐的店面还是有的。一边津津有味地品尝着这久违的民间美味，一边听着本桌或邻桌幽默风趣地“摆古”、闲侃，一种朴实的人间烟火气随着氤氲缭绕的烧烤香弥漫开来。

美丽的胡辣汤

俗话说：“宁可食无肉，不可饭无汤。”汤在中国饮食中的地位不言而喻。

是的，在这组文字的最后，我是打算用“美丽”这个字眼来形容胡辣汤的。对于她——请注意，我这里用的是“她”而不是“它”，就如同对待一位美丽多姿的女子，实在是让人喜爱有加。

胡辣汤，顾名思义，是主要由胡椒和辣味为调味品的一种汤饮。这种汤原名雉羹，相传是由我国第一位职业厨师、徐州的老祖宗彭祖所创制，至今已有四千多年的历史。胡辣汤煮的时候，除了放上胡椒、生姜之外，还要放上鳝鱼丝、鸡丝、面筋、肉丁、菠菜等食材，并用盐、酱油、味精等来勾调，如此一来，自然会色泽缤纷、口味浓郁，可谓色、香、味俱全，既养神悦目，更养胃暖心。煮沸之后，在汤中再加少许香油，则更加美味可口。

徐州各个县市的胡辣汤有着各种风味，包括徐州附近的河南、山东部分地区，胡辣汤也比较受欢迎。单就徐州市区而言，比较著名的就有两来风、一品居、老锅台等处的胡辣汤。像马市街“啥汤”的做法，和普通的胡辣汤又有所不同，由于添加了谷物，去掉了油腻，汤的味道相对柔和了些。同时，这个汤由于乾隆南巡时曾品尝过，知名度更广一些，也可视作胡辣汤的一个重要分支了吧。

上学时，在一个离小镇十余里的地方读高中，吃食堂，伙食是极其不如意的，想美美喝上一碗辛辣爽口的胡辣汤，基本上是不可能实现的奢望，唯有寄希望于周末回家时才能满足口福。

我这人本是个十足的懒人。周末放学回家，晚上喜欢挑灯夜读，早晨往往起得晚。但为了街上那一碗胡辣汤，却禁不住诱惑，不管晚上是多迟才睡，六七点钟就爬将起来，匆匆来到早点铺子，要上满满一大碗胡辣汤、一小笼包子、一碟陈醋，美滋滋地吃喝完毕，然后再打道回家，接着补个“回笼觉”。那日子，感觉做个神仙也不过如此了。

多年以来，我一直近乎执拗地认为，这美丽的胡辣汤中，就好像盛放着虽然看不见摸不着，但却真实可感、勾人魂魄的一种酶。我勤勉忠厚的祖辈们一直爱她；我的兄弟姐妹们一直爱她；常年当兵在外，我行旅辗转的梦中也依稀有她。

乡情甘醇，乡愁醉人。每当端起一碗色香俱全、五味杂陈的胡辣汤，许多时候，已不仅仅是在单纯地喝汤了，更多的是品味一种心情、一种生活、一种记忆。一如寻常那些平平淡淡、循环往复的居家日子，诸般滋味，直抵心头，酸甜苦辣，唯有自知。

方寸四十年

张建设

作为一名“50后”，我可以说是完整地经历了改革开放四十年的沧海桑田，切身感受到了社会的快速发展和过去四十年里人民生活发生的翻天覆地的变化。四十年的岁月沧桑，唯有将历史定格在方寸之间的老照片，见证了一个家庭和社会的发展和变迁，见证了改革开放的伟大成就。

一张军装照 记载新开端

1978年12月召开的党的十一届三中全会，开启了改革开放的伟大历程，全会确立了解放思想、实事求是、团结一致向前看的指导方针和把工作重点转移到社会主义现代化建设上来的战略决策。当时我在上海的南市区征集新兵，在接兵大队干部学习全会公报时，时任接兵大队政委的侯再龙同志在谈及自己的体会时就说，他预感到我国将进入一个全力发展的新时代，对改革开放充满了信心和期待。

虽然离开部队多年，但二十年的军旅生活历历在目，一直通过各种方式关注着我所在部队的变化和动向，在电视、报纸和画报中时常看到老部队频频在重大演习中亮相，武器装备总在不断地更新换代，越来越先进，科技含量越来越高。近期，在央视上又看到老部队的官兵出现在东海前哨的海岸线上，部队以前装备的老式高炮、雷达和车辆早已被红旗-7系列防空导弹和各种牵引高炮武器系统所替代。在电视画面中看到数十架防空火炮霸气外露，官兵士气昂扬，在防空反导和制空作战中成为打得赢、过得硬的“制空猎手”。

一张全家照　春风送温暖

在部队每年都要回家探亲，为了能买到一张火车座位票，不得不从镇江坐车到南京，换乘公交到中山码头，然后再乘轮渡横渡长江到浦口火车站，在浦口住上一夜，第二天早上坐浦口到连云港的始发车到徐州，到徐州后还要等上好久才能坐上到沛县的大巴车。五百公里的路竟然折腾整整两天才能到家。现如今高铁四通八达，高速公路通到家门口，一天时间内就可以往返镇江和沛县之间，在慨叹千余公里翩然而过的交通快捷和便利的时候，也不得不为四十年来交通的变化而欢欣鼓舞。

当年，全家人欣喜若狂地团聚，父亲带领我们来到城区唯一的“沛华”照相馆，拍下了那个时代简单幸福的全家福。清楚地记得当我们走出照相馆的时候，父亲说：全家照，十年一张，坚持照下去！对于父亲的话我过了好多年才明白，父亲选择拍照片的时间，恰恰是国家改革开放的年份，也是祖国逢十年大庆的年份，通过每十年一张的全家福，看我们家庭的生活改善，来印证改革开放的成就以及祖国的繁荣和强大。

一张结婚照　见证大变迁

老照片，承载的是家的牵挂，展现的是家的变化，留住的是家的芳华。四十年前的沛县城区，超过三层以上的楼房寥寥无几，百货大楼、拐角楼和向阳楼是主要商业中心，不过也就是经营日常生活用品。城区的范围很小，没有什么景区和景点，当时我们结婚更是俭朴，两人骑上自行车到了煤电公司再返回来，就等于旅行结婚。用借来的135胶卷相机在家门口的水塘边拍下了我们的结婚照。没有人相信，照片中典型的偏僻落后的农村景象，低矮的平房、杂乱的水塘、泥泞的小路和破败的拱桥，让人难以置信这竟然会是四十年前沛县城区最为繁华的地段。如今沛县城区最繁华的汉城国际花苑二期就坐落在这里，真是车水马龙，高楼林立。

“三转一响”（自行车、缝纫机、手表和收音机）是结婚用品的标配，当时我在上海托人花了420元买了一台12寸“星火”牌黑白电视机。这个稀罕物引起了轰动，每天晚上家里挤满了前来看电视的邻居，《排球女将》《上海滩》吸引着他们，每天都要看到屏幕上出现“再见”才逐渐散去。当时沛县电视还是差转站，只有七个频道播出，覆盖范围两三公里，每天播出的电视节目还受到沿河北岸一家塑料厂热合机的镜像干扰，热合机只要一加热，电视机就是一阵噪声，屏幕上一片雪花，即使是这样，大家观看电视的兴趣依然不减。1980 年前后，日本三洋牌黑白电视机登陆沛县，此后两三年，日本索尼和国产金星彩电陆续在五金公司、百货大楼和侨汇商场上架，当时的一张彩电购买票，足以让一个人感受到当明星的感觉。

四十年前，“楼上楼下，电灯电话，电视机挂上墙，电话机随身带”曾是几代人的终极梦想，然而在改革开放的进程中，许多梦想成真，有线电话飞入寻常百姓家，城乡很快掀起了装电话的热潮，很多家庭安装电话后，时刻盼望电话铃声响起来，体验打电话的乐趣。随后，模拟信号的摩托罗拉“大哥大”时兴没几年，很快被数字信号的全球通手机所替代，没有人能预料到，改革开放四十年后，我那八十七岁的老母亲能用智能手机在微信上与远在福建的孙女视频聊天。

一张全家福　生活更美满

过去的四十年，是一个充满着改变的时代。或许，只有如今步入暮年的人，才能称为这个时代的见证人。算来我是幸运之人，成为这四十年巨变的见证者。因为对生活的热爱和对摄影的兴趣，不管是在军营还是在地方，总是在许多人羡慕的眼神中用镜头和胶卷，真实地记录了那些最纯真的回忆。这让我和家人及后代有机会用双眼在方寸之间，感受那个时代生活的艰辛，同时也看到了四十年的历程中人民生活的巨大变化，当然也让后人看见了父辈的记忆。

20 世纪 80 年代初期，拍张照片在农村还是很奢侈的事，尤其是青年人的同学聚会、同学入伍、小孩满月和百日，一般就会走进照相馆，拍张照片留念。后来在乡村出现了拍照的摄影师上门拍照，满足了群众的需求。1985 年前后，差不多与彩电同时期，彩色胶卷出现在生活中。虽然彩色胶卷价值不菲，按动一次快门都要犹豫再三，生怕拍出废片，造成浪费。彩色照片也如同黑白照片一样需要冲印，相对昂贵，但不管怎么说，还是步入了我们的生活，让人们的生活变得丰富多彩起来。

2000 年是一个划时代的年份，数码技术日新月异，手机和电脑不断更新换代，照相机的发展更是让人目不暇接，从 CMOS 到 CCD 镜头，从数码卡片到单反相机，功能越来越强大，技术越来越尖端。我从青年时代就喜欢摄影，在部队也从事与摄影相关的工作，这些年来，相机买了一台又一台，摄影器材也有一大堆，全家人相聚的机会也挺多，我们的全家福还要继续拍下去，这是对逝去的父亲的纪念，也是对改革开放的记录。

眼前的这些老照片，从模糊的黑白照到鲜艳的彩色照，再到高清晰的数码照，图像越来越清晰，外表越来越美观。这些老照片人物的表情，也从满目愁容、深沉思考到喜笑颜开，从饱含艰辛到充满香甜，日子越来越红火，心情越来越舒畅。在这小小的方寸之间，时空流转的相纸中容纳了数不尽的信息，其中不仅有对逝去亲人的深深怀念，更有这四十年来我们一家人跟随着祖国改革开放的脚步，风雨历程，沉浮几度。不管是欢笑还是泪水，国与家都在发展中前进，我们都在前进发展中享受着改革开放的成果。

那些年那些壶

高宪忠

壶是我们家庭生活的必备物品之一，也是最能反映我们时代变迁的老物件之一。我从小接触的有竹皮暖壶、铁皮暖壶，都是保存热水用的。烧水用的则经历了铝壶、不锈钢电水壶、快烧壶的不同年代。

暖壶，也叫热水瓶。买新壶时，老辈人的经验是，挑选新壶的时候要拢音的那种，即对着壶嘴轻轻吹气，然后听来有金属瓮声回音的那种，品质是较好的，保温效果也没得说。有的竹皮暖壶可以用上五六年甚至十多年，也不是稀罕事儿，其间不用换暖瓶胆，照样用着挺好的。有的则不然，只用了一年半载的，保温效果就差了，只能换个新暖壶胆。这里面还时常有不确定的因素存在。有一年我爷爷生病住院，我拿个暖壶去医院水房子打水，暖壶塞忘塞了，由于室内外温差较大，当时我也没当回事儿，敞着壶嘴，走出老远。结果到了水房子，水还没开，又在室外的冰天雪地里等了半天，水开时，暖壶胆早已经冻透了，我也没先少接点开水上下"咣当咣当"预热一番，就直接大流量地接滚沸的开水，眨眼间暖壶胆就爆裂了。好在当时我闪开了身子没烫着，也算万幸了。从那以后，我就特别注意，有空的凉暖壶灌开水之前，都要先倒入少量的热水预热，再灌开水也就不怕炸了。

20 世纪 80 年代，改革开放初期，家里开始用煤球炉子做饭取暖，烧水用铝壶，装得多，盛得满，烧一壶开水，能灌一暖壶。最幸福的时候，是母亲用壶给我煮鸡蛋吃，我在旁边看着，感觉很温暖，炉子的温暖，铝壶的温暖，热水的温暖。

时光进入 20 世纪 90 年代，邻家姐姐出嫁时，家里陪送了一对鸳鸯铁皮彩绘暖壶，引来了众人羡慕的目光。那暖壶漂亮而时髦，龙凤呈祥，喜气洋洋。

进入 2000 年后，家里条件也好多了，这时开始用不锈钢电水壶烧水，就是里面带个电热圈的那种，省事又省心，插上电，水开就鸣响，你听见再去断电，用着感觉挺不错。

最近几年，家里电器一应俱全了，液晶彩电、电脑、电冰箱、洗衣机、电磁炉、电饭煲……烧水用的快烧壶，还用上了食品级不锈钢的，由温控器直接控温，不到一百度不跳闸，更加健康、安全、卫生、方便。

从铁壶到铝壶，再到电壶。这是改革开放打造了烧水壶的“华丽转身”，让我们在这“华丽转身”中有了幸福生活的不断升华。回顾壶的变迁，正是我们国家改革开放四十年变化的缩影。欣逢新时代，临窗沐春风，杨柳依依，草绿花红，我们安然享受着改革开放给我们带来的各种成果，这是在改革开放中，我们自己奋斗的成果，我们社会前进、国家奋进的成果。

改革开放让“壶”的故事变成了我们幸福拼搏的故事，变成了我们时代不断创新进步的故事。我们坚定改革开放，我们在改革开放中奋进、搏击，我们的生活必然更加美好。

从一家之变体味社会发展

赵　芬

我出生于20世纪70年代初的沛县农村（鸳楼乡，现已与鹿楼合镇）。父母都是地地道道的农民，养育了三个哥哥和我共四个孩子。为了这个家，他们一年到头地忙碌着，无论春夏秋冬，也无论白天黑夜，总有干不完的农活。当时庄稼的收种全靠人力，平板车拉、肩扛，有些可以在晚上干的农活就放在晚上来干，经常需要我们这几个孩子打打下手，帮点小忙，干些力所能及的活。每年的收成还要交公粮，每家每户要按人口交大家都用平板车拉着粮食送到乡镇粮管所，排队上交，有时一天交不上需要在那里过夜。

我记得家里用上电灯是在1982年，那年我上小学二年级，40W或者功率更低的白炽灯在当时已使得我们兴奋不已。刚用上电，电路还不太正常，停电现象是常事，所以煤油灯是家家必备的。上小学时，由于我们家离乡较近，所以我在乡中心小学（姬庄小学）读书。按理说中心校的硬件设施应该是比较好的，但在20世纪80年代初，我们的课桌是用水泥板架在砖头上的，板凳需要自己从家里带，在破旧的土房子教室里留下了我们琅琅的读书声。直到小学三年级，我们才用上了连桌椅，当然现在已见不到了。去上学的路要走至少两公里，包括地头、沟里，当时是早上起来就去学校，每天三个来回。冬天经常天还没亮就出门了，所以往往要与小伙伴们一起去上学。由于家里没有时钟，根本不知道时间，曾经有多次早上到校后漆黑的校园里根本没人，要等好久才天亮。由于当时经济条件的限制，我们用的书包是母亲自己用布做的，大家都一样，没有觉得异常。衣服一年到头也穿不上一件新的，真的是“新三年，旧三年，缝缝补补又三年”，谁要是穿了件新衣服，马上会吸引来许多羡慕的目光。

1988年，改革开放第十年。很幸运，我考入了沛县中学，又赶上新校区投入使用（即现在的歌风中学），崭新整齐的校舍给我们创造了优美的学习环境，我和来自整个县的优秀学子们在这里埋头苦读，聆听着老师的谆谆教导和鼓励。日复一日，年复一年，我们努力学习，备战高考。当时的宿舍是满满当当地放四张或六张床，上下铺，中间有个过道，自己仅有的几件衣服叠放在一个纸盒子里，放在床头就够了。没有阳台，宿舍中间的过道上方拉个绳子，洗的衣服用衣架挂上就可以了。食堂里几个简单的大锅菜，味道不必提了，仅仅为了填饱肚子而已。去上学的路程有四十多公里，自己骑个旧自行车，带上被褥和生活必需品，和临近的同学就一同去了。那时一周才休息一天，骑车来回也是挺辛苦的。从县城通往各乡镇的车辆很少，同学们绝大多数是骑车的。那时的农村基本采用拖拉机耕地了，实现了少部分的机械化。农民们依然是一年到头地忙，种地和收获仍然相当麻烦，耕地、平地，直到把地弄得平平整整，没有大的土坷垃才把承载着希望的种子种下去。像剥花生、脱玉米粒这样的农活都是放在冬天农闲的时候来干，全靠人手一点点地剥，所以基本要忙整个冬天，而且全家人穿的冬衣都要一针一线地缝制，家庭主妇们真的是非常辛苦！有些较为明智的人已经相当重视孩子的教育问题了，那时的高考仍然是“千军万马挤独木桥”，尽管如此之难，我们家也出了三个大学生，成了远近闻名的“大学生之家”。父母从心底感到满意，但谦虚低调的个性使得他们从不在人前炫耀，他们依然每天过着“面朝黄土背朝天”的生活。当然每到假期，我们都会帮着一起做农活。

1998年，改革开放第二十年。我大学毕业后到大屯煤电公司上班。哥哥们和我陆续成家立业，父母没有了经济负担，但勤劳善良的他们依然在努力地劳作。农民们已不再种着单一的农作物（麦子、玉米、花生），温饱问题都已基本解决，正在向小康迈进。有些农民开始种植蔬菜大棚，让西红柿、芹菜、西瓜等提前上市，虽然辛苦，但换来的是满满的“钱袋子”。那时候，大屯煤电公司到沛县的路又窄又颠簸，经常需要坐农用三轮（上面加个棚子），而正好有沛屯到徐州的小火车，所以大屯公司的人去徐州购物、买新衣服已是常事。从2004年起，为了不让农民吃亏，国家从粮食风险金中拿出钱来直接补贴给种粮农民。自2006年1月1日起废止《农业税条例》，意味着我国沿袭两千年之久的这项传统税收退出了历史舞台，取消这个传统的农业税更多是为了减轻农民的负担，提高农民的收入，同时促进农业的发展。这十年，农业已基本实现现代化，富裕起来的农民已不再满足于地里的收成，逐渐进城打工，补贴家用。

2008 年至 2018 年，最近十年的变化更是有目共睹。沛县的新城区已初步形成，周边的道路四通八达，方便的交通和实惠的物品使人们纷纷前往，大屯公司的职工已基本上到沛县消费。这样的确实现了双赢，既满足了大家的消费需求，又带动了沛县的经济发展。随着互联网的普及，好多人已不仅仅在实体店购物，网购的热潮逐渐兴起，以前想都不敢想的事情变成了现实。在网上点点鼠标，竟然就完成了购物过程。随着经济的发展，不要说买衣服了，各种各样的用品随心所欲地买买买，大到汽车和家用电器，小到平板电脑、手机，几乎家家有、人人有。农业已实现了现代化，收种不再是那么麻烦的事情了，都用机器完成，大家只要做好平时的管理就可以了。农村基本看不到青壮年了，他们大多来到城市，凭着自己的技术或力气努力工作，一年到头收入倒也不少。家里就剩下一些老人和孩子，有的把孩子带到县城或打工所在地，在那里上学，既改善了孩子的学习环境，也弥补了孩子感情的缺失。现在的学校，教室宽敞明亮，冬天有暖气，夏天有空调，现代化的教学设施一应俱全，孩子们在这样的环境里幸福地学习和成长。公共交通的发展也使得孩子们上学的路途更加方便、快捷和安全，解决了家长的后顾之忧。

衣食住行话改革

孙厚岭

自1978年改革开放以来，已四十年过去了，其间变化之大，真可谓日新月异，沧海桑田。

衣

人们常说："不看吃的看穿的。""吃是真精，穿是威风，不吃不穿是憨熊。"可见穿是人们日常生活中非常重要的一个方面。

改革开放之初，在农村还有一些人穿家织布，这是农家自己纺线、用老式木织机自己织成的，俗称"粗布"，然后再染成青色（黑色）或蓝色，也有使用本色的。化纤布是在20世纪70年代初在沛县开始出现的，改革开放时已开始流行，有的确良、涤纶、腈纶、氯纶等。化纤布耐用好洗，大受欢迎，时人以能穿上化纤做的衣服为荣。当时的城市居民则多已穿上机织布和化纤布。当时的供销社设有布匹柜专售机织布，80年代后便有私人拉着板车或赶着毛驴车在集市上设摊销售机织布了。当时已有毛线衣问世，多是女孩子或妇女买了毛线自己织，织的多是上衣和围巾之类的。

在制作方法上，农村大多还是自己裁剪、手工缝纫。一个村里也有一两户有缝纫机的，一般对外加工，可以付钱，也可以扣工分的形式付酬。成品衣在乡村还很少出现。

进入20世纪末21世纪初，随着社会进步和纺织科技的发展，各种面料的成品衣大量面世。不管是乡村还是城里，人们不仅没有谁再劳神费力地去自己裁制，就是缝纫机也基本失去昔日的作用，只退居修修补补的地位，需要衣服了就去商场买。当时沛县的成衣都是到南通、常熟、上海去贩，沛县的衣商每隔几天就雇一辆大客车专程去苏南、苏中、上海，回来时则大包小包的一大车。有些做小本生意的则到徐州去批发。衣服的质量，这时不论是面料还是制式，还不算太高，大众化的较多。较好质量的衣服则在大商场里设有专柜，是专营的，多是名牌，价格较高。此时衣服式样繁多，应有尽有；童装女装，内衣外衣，不胜枚举。不管是春衣、夏衣还是冬衣，有的人有好几套，经常替换。

到了改革开放四十年后的今天，人们的衣装早已是今非昔比了。面料讲究质感、美观、大方；体量上讲究紧身、清爽、苗条；功能上讲究冬温夏凉、防水、防寒、保暖；式样上讲究漂亮、时尚、引人注目。人们也开始比较注重衣饰方面的保健了，纯化纤的衣服已不受欢迎，也很少有人穿了，而是崇尚纯棉或混纺的衣物。当然，今天的棉布已不可与昔日同日而语了，而是精纺细做的，对皮肤无刺激，平整柔软而又挺括。

食

"民以食为天。""食色，性也。""仓廪实而知礼节，衣食足而知荣辱。"这些古圣先贤的名言，道出了饮食的基本属性和对社会文明的重要作用。手中有粮，心中不慌。食乃命之源，实人生中首要之事。

20 世纪 70 年代，沛县已经进行了旱改水，可以有白米吃了。但改革开放初期，我们的生活还不富足。当时种植的作物有水稻、小麦、玉米、山芋和小杂粮，但产量都不是太高。水稻主要是杂交稻，品质欠佳。因此人们只能在过年过节或来客时吃些白面，日常以粗食为主。城市居民还是凭粮证供应，因公出差必须有粮票才能吃饭。在副食品方面，农村的畜禽还是一家一户地散养，生猪养大了都是卖给公社食品站。当时猪肉 0.72 元一斤，羊肉 0.68 元一斤。买猪肉时大家都想买肥的，因为肥肉能炼油、能烧菜；猪下水很紧缺，过年时有一挂"连肝肺"就足够待客的了。蔬菜都是农民自留地里种的。乡民平时以蔬菜为主，谁家也不舍得随便宰只鸡鸭，鸡蛋也是拿到集上去卖，换些吃盐打油的钱。城市居民则凭肉票供应，当然有经济来源者可以到集市上去购买。机关和企事业单位都有自己的食堂，多半是做一锅菜，一人一份打来吃。

20 世纪 90 年代前后，由于农业科技的进步，粮食产量大增，农村也出现了个体养殖场，在县城周围和北部的大屯煤电公司附近，以及较大镇区的龙固、敬安等地出现了蔬菜大棚，人们的生活得到了较大的改善。这时逐步取消了票证供应，城乡居民不仅可以一年四季吃上白面，也可随时吃到新鲜的肉食和蔬菜。南方的果蔬也通过徐州七里沟批发市场的中转，贩运到沛城，南方的甘蔗、香蕉、橘子等水果也渐次上市。家里来了客，也可以准备四个以上的菜了，有鸡有鱼有肉，有炒有炖，丰盛而体面，但还是很少有人到饭店去。

进入21世纪，由于物质的极端丰富，此时家里来客，都是领到饭店，要上一大桌，没有谁再费力劳神自己去炒烹；有时过年过节，一家人也是男女老少齐到饭店里去。如今随着互联网的发达，外卖逐渐在城市兴起，许多人懒得做饭，动不动就叫外卖，于是穿着闪光服、戴着头盔、骑着电动车的“美团”“饿了么”的外卖小哥，便穿梭般地遍布沛城的大街小巷和居民小区间。

住

改革开放之初，沛县城乡房舍除沛中的教堂外，均属硬山式建筑。城里的民居和乡村的民居，还有不少是土墙屋，土墙下有的铺一层石块或垒三层以上砖“践”（基础，均是单数），个别也有垒砖至窗下沿的，再以上便是用土坯的了。个别者有用砖包窗、包门的，或用砖封山、封垛的；有两侧山墙上用瓦覆盖的，多是两趟瓦，称“瓦金边”。在农村还有许多用泥柱和篱笆墙混造的房屋，篱笆墙抹上草料泥。个别尚存纯篱笆墙的房屋。房前屋后，大多有一个或两个小园圃，种些时鲜果蔬。人家鸡犬相望，邻里和睦相处；夜不闭户，路不拾遗。

公用建筑多是纯砖或砖混结构的。当时的县政府在现在的“鑫达园”小区处，由窄矮的两层楼和平房组成。这还是新中国成立后的老址，后来经过了逐步改善。在清末民国时这里原是老“黉学”，县大院的许多建筑就是拆了老黉学盖的。当时县里最高的建筑大概就是百货大楼了，是两层拐角楼，地址就是现在东风路与汉城路交口的西南角，现在两层以上的高度是后来又接上去的。

20世纪80年代后至90年代间，公用设施和居民建筑都有了较快的发展。农村多数人家有了混砖的房屋，多是三开间，但建筑质量不高，粘砖的灰都是用的淤泥浆。1985 年，县政府搬进歌风路新址，主体建筑是四层楼房，窗明几净，宽敞宏大，配套齐全。1996 年，沛县举行第一届刘邦文化节，这一年县城落成了“十大建筑”，有歌风台、汉城公园、高祖原庙、汉街、汉城商场、城雕、农行大楼等。农行大楼是徐州市农行筹建的，是当时沛县城里最高的建筑。

进入 21 世纪以来，沛县的城乡建设突飞猛进，日新月异，居民住房得到较大改善。农村房屋面积都向宽敞高大方面发展，建筑质量不断提高。许多村庄，特别是乡镇驻地，都先进行道路规划，然后分批次建成排房这样便利了交通和居民生活，提高了生活质量。2008 年汶川大地震后，为提高防震强度，县城商品房全部改用整体浇铸，同时开始出现商品楼的高层化。

2000 年，县人民政府初步整理沿河，修筑了河两侧大堤上的步道，栽植树木花草，城区居民生活环境得到进一步改善。2008 年，县人民政府在沿河南旧城区改造完工后，在北门外的沿河上新建了“舞阳桥”，使城南城北全线贯通，向北直至大风歌广场。在此前后，将沿河北夹河子的荒地和散户改造成“御景龙湾”居民小区，同时在汉城路东新建了占地 135 亩的汉之源景区。

2008 年以来，以原挖工庄河为轴心，新建了占地六平方公里的沛公园，南至萧何路，西至汉源大道，东至八里屯村南。东南门建有刘邦宴父老的大风歌群雕。该公园十分宏大，场面开阔，有现代仿古建筑，也有充满野趣的水泽芦渚，春柳夏荷，秋蒲冬雪，四时景色宜人，方便了沛人节假日踏青游赏。沛县人民政府于 2011 年 5 月落成的新办公楼区，前建有大型土山和大风歌广场，后辟有鸿鹄园，宽广宏敞，视野开阔，亦是游赏休闲的好去处。

行

改革开放之初，那时自行车在农村还不普通，属于高档消费品。出远门则坐长途汽车，当时从沛县县城到部分公社有长途汽车通行，一般是一天两班，错过时间则只能等下班或第二天。这些班车大多是通往邻近县城的，是省道或国道，只在沿途公社才停靠，一些偏僻的公社尚未通汽车。

20世纪90年代前后，自行车得到普及，一般人家都有了一辆或两辆自行车，女孩子出嫁也多陪嫁有自行车。当时的自行车以上海产的“凤凰”“永久”和天津产的“飞鸽”较著名。在乡间或城里打工的人，多备有摩托车，来去快捷方便。大部分乡镇都开通了长途汽车，每天班次有限，只有通往邻县或邻省的汽车班次才多些。

90年代中后期，沛县首开县城到煤电公司的公交车，终点站是煤电公司火车站，后逐步向西延伸到张双楼煤矿，后又开通了到煤电公司的东线，终点站是姚桥煤矿。县城到各乡镇间，出现了私营的小面包车，车况较差，密封不好，尘土常呛到车厢里。但这些小面包车却方便了群众，随叫随停，有时还为客人在车后挂捎自行车。

随着城乡间机动三轮车大量涌现，乡村人家及县城的小商小贩多购买敞厢式的，可以拉运货物，外出也可以代步；从事客运的，则多购买封闭式的，以便防雨、防晒。

2010年以来，交通更加方便，出行方式更加多样。在此之前，沛县汽车站发往徐州的班次就已增加，每20分钟一班，分快慢两种，快者直达，慢者沿途停靠，后又开通了直达徐州高铁站和白云机场的专车。近几年县内公交事业发展很快，县城内各主要道路均通行公交车，各乡镇场也实行了公交车运营，多是20分钟一班，现可以刷卡或刷微信、支付宝上车。

四十年的岁月，对每个人来说都是一个不短的时日。以上所述衣食住行的变化，多是凭记忆为之。大的变化和时段，自可查相关史志，但这种民风、民俗的细微处，却会随着时光的流逝而逐渐被湮灭的。其或许有裨于风教。倘有误记，敬请正之；婆心之言，敬请谅之。

濉溪访旧话沛县

吕丕江

我的爷爷是1941年生人，早年是炮兵，1965年服从组织安排，转业到安徽濉溪财税局预算科任职，干了十七年返乡，退在张寨镇财政所。

我父亲在六个兄弟姐妹中排行老二，上面一个姐姐，作为被特别寄予厚望的长子，得以跟随爷爷左右，在濉溪有过一段中学留学经历。再往下，我是长子长孙，我儿子小鱼是长重孙，可谓兴旺。

前些天，我们一行七口四世同堂开着商务车去扬州探秋，旅途欢畅。返程时，爷爷提出去濉溪一游，说有二十年没去过了，即便寻不到故人，看看发展也是很好的。我得令左打方向，由新杨上盐洛高速，往濉溪开去。

行近濉溪下了雨，远远望去，这座淮北平原大地上的古城，正是犹抱琵琶半遮面，景色空蒙雨亦奇。入了城区，雨势竟通人性，渐渐式微，如烟如尘，自悠悠碧空而下，往亭亭草木而去，落了片白茫茫天地真干净。又行片刻，这雨愈加淅沥，我减缓车速，放下车窗，雨丝便拘谨地浸进来。

爷爷平时是相当从容的人，尤其不多发慨叹，无论从部队到濉溪，还是从濉溪返沛县，在个人进退流转上表现得都比较静默，而此时此刻，竟感觉有些踟蹰。我们常言，近乡情怯，爷爷在这里奉献了可谓最美好的年华，当算半个此乡人了吧。父亲饶有兴致地望向窗外打量起来，运用几十年的工作经验，从城建、交通、产城融合等分析判断，这个城市发展进程比沛县还是要缓一些。

在导航的指引下，我们找到一家老字号饭店。坐定之后，爷爷点了一瓶口子窖，取了一只小酒杯，自斟自酌，说这濉溪有两大宝，一是酒，二是煤，因此素有“酒乡煤城”之称。我们刚才走过的迎宾道，当年是一条运煤路，尘土飞扬，能有现在的景象已经不错了。

午饭后爷爷要去财政局看看，这是自然的。但爷爷很有信心地执意说不必使用导航，令我们沿着他脑海中二十年前的濉溪地图一路摸索，所幸彼时彼景依稀可辨，这让我们在寻路得遂的欣喜外另添疑惑。要知道，我国城镇化率已逼近60%，数十年就走过了发达国家上百年才走完的路，这一路大拆大建、沧海桑田，我们早已习惯，反而哪个地方没有“日新月异”才是怪异呢。但当我们将车停到财政局大门口时，心头涌动的岂止是疑和怪，简直是震与惊：低矮砖墙围出独院里边儿两栋三四层高的办公楼，都是南半边外墙布满斑驳而另一半较新，中间夹了条不加修饰上下贯通的接缝，仿佛二十年时光从这里碾过时稍作停留，踩下了一个深深的脚印。门口，如果没看错的话，孑然伫立着几间公共厕所。我忙向爷爷确认这是不是他工作过的地方，得到肯定答复，这里不但确确实实是，而且原原本本是。我心想这可是财政局啊。当然，也要考虑多种可能性，未必是发展慢了，或许是境界高呢？如同前些年报道的某地县委、县政府“最破办公楼”一样，坚持把更多一点的资金让给学校、医院或其他民生工程，这是可敬的。不过后来那个县的县委书记涉嫌严重违纪违法，在办公室被捕，给判了死缓，还是挺尴尬的。

门卫同志看我们逡巡许久，上前了解情况，听闻来意，热情地将我们引进院里。又是一番流连后，我父亲说记得办公楼后是家属院，建议爷爷寻一寻故友。我们便出了门，转入一条湿滑的石板小巷，几经唐突敲门，竟真的见着了二十年前的预算科科长。老爷子给我们开门时，着了件单衣，靸了双布鞋，一副精神矍铄的样子，该有的皱纹也有，该有的劲头也有。初识不敢相认，但很快聊开了，尤其看到爷爷带着重孙子来，特别兴奋，滔滔不绝向我们介绍这些年来濉溪的改革发展。

濉溪因煤而建，缘煤而兴，有“煤城”之称。然而，随着资源的枯竭、销量的下滑、价格的走低，严峻的煤炭形势对濉溪冲击很大。濉溪县委、县政府着力卸下能源基地包袱，破题产业转型升级，也做了大量的工作，取得了理想的成绩。总的看，可喜的是，经济实力持续增强，去年地区生产总值上了三百亿元；可贵的是，在发展的同时没有把环境搞坏，反而摘了国家园林县城的牌子；可巧的是，也和沛县一样走了从煤到铝的路子，并把铝产业作为一张名片来打造，这是顺应发展规律和立足自身实际的。

爷爷骄傲地向老科长介绍他的大孙子，称我已成长为一名供职于县委办的笔杆子，并让我说说沛县的发展。我赶紧自谦说自己只是一支小铅笔头，出于工作要求，沛县的情况一定是要了解一点，但讲不全说不深谈不透，只能描绘个全景，刻画不了特写。重点说了说沛县与濉溪在资源禀赋、发展轨迹上的极相似之处，以及近年来沛县如何稳增长促转型、综合实力不断提升的，如何抓创新推改革、发展活力明显增强的，如何提品质优生态、城乡融合全面提速的，如何惠民生补短板、人民生活持续改善的，如是云云。在听到沛县的 GDP 比濉溪翻一番还要多一点，在全国县域经济基本竞争力百强县中跃居第 46 位，全国县域经济与县域综合发展百强县中位列第 33 位，特别是沛县将依托珀然铝轮毂项目打造亚洲最大的轻量化新型铝材产业基地时，老科长露出了羡慕之色，他说如果濉溪能如此，或许就咬咬牙也把县直机关集中办公的大楼建起来了，政府更高效，百姓也方便，还能腾点地。爷爷一改平日淡然神色，不无得意地安慰老科长。随后，老科长留我们吃了晚饭，两位老人又在觥筹交错间就沛濉两地发展前景交换了寄望。

返沛途中，爷爷反复交代我要不枉青春、多做贡献，把沛县建设得更好，让他下次再回濉溪时还这么有面子。我做了很好的表态发言，又透过后视镜看了眼在我父亲怀里熟睡的小鱼，心想：小家伙，再过二十年，可就要看你的了。

总有些温暖的果实喊你回头

沈化中

1978年我十岁，不到二百个平方的宅基地上，住着我和叔父全家共十六人，显得有些拥挤和嘈杂。

一棵两个成年人才可搂抱过来的粗壮且高大的梧桐，荫蔽着东西朝向的堂屋，左右各三间的土块堆积的土屋近乎咫尺相对，屋顶由湖草、麦穰苫盖，为这两个分支的家庭遮风蔽雨。

总感觉那几年的风有些野蛮，特别到冬天的时候，风拧着劲地旋上屋顶，总能薅下大撮的茅草逃之夭夭，使屋里在狂风过后雨雪倾下，骤然阴冷而潮湿。

作为顶梁柱的父亲，时常爬上屋顶修补。

父亲是老大。地方风俗，东边为上首，东屋便是我家。两间主房，一间为做饭的厨房。

两间主房好像宽不足三米，长约六米，中间隔着约二米高且秫秸相连的房箔隔断，上接屋梁。北间屋做卧室，南边一间便当作屋当门。

哥哥大些的时候便和叔父的孩子一块儿住在爷爷面南背北的主堂屋内。那时，奶奶早已过世。

那个年代的一日三餐，基本是在计划粮的供养下艰难度日，未成年人月平均粮食二十斤左右，成年人三十五斤。我弟兄四个和一个姐姐，四个男孩正是成长阶段，吃起饭来是“狼吞虎咽”，计划中的粮食很难吃到月底。七八岁的时候，总是能听到早起的母亲在叹息声中，拿着一杆小秤和一个葫芦切开的面瓢，东磨西借。在别人的鄙视和冷眼中，一个瘦削的身影显得如此形单影只，隐约之中也透出一种生活的无奈。

母亲，我的母亲，我时常感觉欠您一个大大的拥抱。

只能吃不能干的境况，无形之中加大了父母及姐姐的沉重负担。农业上吃“大锅饭”，意即在农业生产上共同劳作。

一块废弃的犁铧就挂在队长家门口的树上，到点敲钟上工。

父亲总在天蒙蒙亮的时候就开始坐在门口，腰扎麻绳，脚蹬绳棍（约二十厘米），一把把绑扎笤帚，以换取额外的收入，买些价格低廉的红薯干当作主粮，和凑齐大哥五毛钱的学费。

六月麦收的季节，父母、姐姐还有众多的乡亲，淹没在一片金黄的麦浪之中，镰刀飞舞，好像一场竞技，一不小心便时常割破鞋子直透脚趾或脚背，让这样的日子总感觉有些伤口，在记忆里还在叫疼。紧张的劳作和高温，让豆大的汗珠顺着脸颊滴落进泥土，无一点声息。感觉人的生命就是在这样的磨损中一点点苍老。

把麦子收割进打谷场，群体性的人工插秧开始啦，二十岁上下的姐姐从不落人后，打着补丁的花色上衣，在夏风的吹拂下，拖动着姐姐在清水荡漾的田水中，如一只低飞的燕子，慢慢地把油绿的秧苗铺展向天际。

父亲则跟随在运秧苗的队伍中，把“秧把”均匀地撒在待栽插的稻田。

农忙的时候，大人们一般不回家吃饭，队里就在田间的路上支一口大锅，往往烀一锅土豆和细粉。和我一样大的孩子们纷纷从家里挎上馍篼放上碗筷，陪在田间干活的大人一块儿吃饭。所谓的“吃大锅饭”，也就比成为大人们常提起的话题。

转眼间，就开始秋收啦，一粒粒金黄的稻谷闪烁其间。

那时，比稻棵略高一些的我，跟随在母亲身后，搬动些细少的稻捆，运于田头码好，待队里用马车一摞摞运至场间。直到霜雪渐浓，多数社员在秋高气爽的日子会戴上套袖和头巾，以防在打稻时那些弥漫的稻毛会随时钻进肌肤刺痒难耐。

长二至三米的木制滚筒，两边至中间，似有三至四个的铁制圆盘横钉着十根左右的木方，木方宽约五厘米，上面镶满了 N 形的钢条，在一台老式柴油机的带动下滚筒飞转，后面坐着几个不断拿起稻把脱粒的我的乡亲。

在后面运稻把的，前面挑穰子、推戗杈的，搭垛的、踩垛的，几十个人在机器的轰鸣声中，在稻尘飞舞的场间，匆忙穿梭。这场景让诗句都变得苍白，让歌唱不再动人。

打稻的劳作，往往一直持续到冬天雪落。我犹记得，沈姓本家的队长化民哥在冬天半夜的时候，喊我大哥替班打稻，当时，我和哥就睡在宅基边上的茅草庵子里，梦里香甜，细心的化民哥顺便摸了一把，破旧的被盖下究竟铺了什么？苇子编织的凉席上两个破烂不堪的麻包片，铺向床的两头，队长哥怎么也想不到我和大我六岁的哥哥，要如此度过整个冬天。

灰白阴冷的天空里，细小的雪花仍旧不顾人间的冷暖，一点点吐露寒意。

没过几天，有可能是在队长哥的授意下，队里给我家送来了可做一床被子的棉花。

尽管如此，到年底村里决算的时候，由于劳动力少，我家欠队里一百多元，姐姐知道后，坐下来大哭，就像冲决的大堤。

姐姐好像也就在那一年出嫁到邻村。

我也是在去上小学的路口上，眼望着拉姐姐的马车，上面扎着拱形的红色苇席，贴着盘大的“喜”字，渐渐地走出了我的视线。

开始上学识字，又给了我更多想象的空间。

上学的第一天，细雨绵绵，我上身穿着一个透着棉絮的夹袄，脚穿一双宽大且有些裂口的胶靴；左手挎着一个用两根铁钉、三个木块楔制而成的简易矮凳，高约二十厘米；右手拿着从二哥的写字本里撕下的一张草纸，蹒跚地走在离小学不远的路上。脚一滑，板凳和那张唯一的草纸掉落在泥泞里。我赶紧把这张纸贴近温热的幼小躯体，到学校的时候，几近暖干，用手轻轻摩挲着上面的泥土，让它变得细小，便于被我轻轻吹去，还不至把纸张戳破。

幼小的心灵里，读了几篇课文，才知道在自己生活的空间之外，还有更远的远方，住着不一样的群体，怎样才能让远方的人们知道在这个小小角落里，还有一个更小的我存在？

夏天的时候，我开始和别的孩子们一样，喜欢悄悄地捕捉停在园子上、小树杈上的蜻蜓，尽管身子晒得黝黑发亮，满头大汗，可还是乐此不疲。

与别人不一样的是，我用一根细细的丝线，一头拴在蜻蜓的尾部，一头系上写有我名字的字片，双手放飞，抬眼望着这轻盈的小小生命，是如何带着我的信息，跨越千山万水，向更高远的天际飞翔……

1980 年 11 月，为了打破这种死水一样平静的日子，在大哥身体合格的基础上，父亲还是托了关系，让大哥远去大连当兵。

父母不再找别人写信，总是让我歪歪扭扭地写上三言两语：大哥，近来好吗？饭食增加吗？父母想你，还有你几个小弟。

这种特殊的机械性问候，却昭示着一个特殊时代，有关生存的深层思考和清贫的日子里亲情该如何维系。

尽管 1978 年改革开放的会议召开，可对于一个在博大国土上，位置偏远、人口稀少的小小农场，感觉改革的春风只是徐徐吹来。直到 1983 年，农场开始分地，那时是按组，有至亲的没出五服的家庭相互结合。

因姐出嫁，哥当兵，母亲体弱多病，没人愿意和我家共同包地。

一个家庭的生存，再一次走到了生死抉择的十字路口。

那时做生意开始变得自由。父亲毅然找到和他要好的李木匠，打了一个特大的平板车，买了三个白色酱油桶，经常带着我和二哥去王岭村北的大堤处，一个叫五七干校的地方批发酱油。

母亲总是早起把烙馍做好，用细软的白布包好，放置包内，挂在车把上。

每到星期天，我便随着父亲去各村叫卖，就这样全家人度过了最艰难的时期。

又过了两年，再次分田到户的时候，我家分了十多亩地，种棉花、种田菜，最主要的是农场繁育稻种。由于市场经济不断拓展，农产品价格高，种植技术提升，百姓收入在不断增加。

1985 年，电器开始进入每家每户，十四英寸的黑白电视，给封闭的乡村带来了一束束光亮。

白天的时候听《岳飞传》，晚上看《霍元甲》。情趣、娱乐，加之收入增长，电视机也如雨后的春笋，由黑白到彩电，好像一夜间汹涌至大江南北。

置放在场机关及大队部的手摇电话，随着时间的推进，进入90年代，出现了程控拨号电话。因固定不可携带，1994年BP机开始盛行，像一只蛰伏在腰间的“蛐蛐”，在不经意间会有人造访。随之而来的“大哥大”“砖头块”也开始拿在手里。

以农业为主的这片土地，收割、运输、脱粒，终于在1997年后，丢掉了镰刀、平板车和脱粒机，由蓬头垢面的狼狈不堪，变成了站在田头只点钞票的雇主。全场近五百台大型联合收割机，在麦浪中，风卷残云呼啸着把麦子收尽。

又是一年插秧季。

波光粼粼的田块，再也没有了姐姐、我及妻子和父辈们面朝黄土背朝天的栽插，再也没有了妻子因长时间的泥水浸泡指甲发黑几近脱落，再也没有了长时间站在水中，脚趾沤烂的水毒。

2011年农场率先秸秆还田，机械插秧。几百亩的田块，一个个飞针走线的“织女”把油绿的地毯写满希望，供那些明亮的稻谷在秋季栖息。

解放出来的劳动力量，有了更多外出打工的机会，收入在逐年递增。

自行车、摩托车、电动车、轿车，在改革开放的几十年里，如此众多的代步工具成了这个时代的轿子。

农场人没有懈怠。2017年农科所上半年开始试搞“稻虾共养区”400余亩。2018年，农场开始在四分场扩大稻虾共养规模10000多亩。立体种养技术的应用让传统的稻麦两季变成了现在一季稻两季龙虾的收获，亩产纯利润4000元左右。走在稻虾共养区的田埂上，走在荷塘观光的栈道上，鱼虾的蹦跳和游走，无不触碰着荷叶，荷花开心地花枝乱颤。

1000多亩的美国薄壳山核桃采摘区，分布在苏北大堤两旁，那抽动的绿叶，沿枝条“唰唰”作响，涌动的春水汇成一条汹涌澎湃的希望之河。核桃，一颗颗坚硬的音符，在风的吹动下，总有些金属之音撞击而来。

2017年7月，江苏恒胜集团在农场中心区黄金位置，承建集超市、幼儿园、洗浴中心为一体的综合市场，建筑面积15000平方米，投资5200万元，结束了农场几十年来使用马路市场的历史。不远的河流和绿树环抱，让此建筑俨然成了一颗璀璨的明珠；附近那些遍野的葵花，已把灿烂的笑容撒满田园，撒进游客“咔咔”响的相机中，通过微信向世界传播。

世界在变，中国在变，湖西农场在变，改革开放的脚步从未停止。世界文明的洪流，从海上来，从机器的轰鸣中来，从农民的汗水中来，从键盘的敲击声中来，从学生琅琅的读书声中来，从天空那些翱翔的翅膀上来。我们把希望播种成繁星，闪闪涌动着太阳，一颗金黄的头颅，顶着硕大的秋天，挂果累累！

是的，总有些果实会喊你回头。

家的变迁

江迎娣

家是什么？答案万万千千。诗人说，家是心灵栖息的港湾；哲人说，家是精神皈依的圣殿；游子说，家是浪子远方的牵挂……家烙在我们每个人的心上，挥之不去抹之不灭，在静静流淌的岁月之河上，开出了一朵朵永不凋零的花。

20世纪80年代，我的父母只有一间不足四十平方米的小屋，几件简单的家具。在我模糊的记忆中，那个经不起风吹雨打的小屋便是我童年的家。

家庭联产承包责任制的春风吹到家乡后，父母看到了致富的希望。但是，他们仍要看天吃饭，一旦收成不好，母亲就不得不节衣缩食，精打细算。我记忆中的童年，总是喜忧参半。严父慈母虽然干活苦累，但对生活始终抱着乐观的态度。父亲经常说，再过几年我们家也一定能过上“楼上楼下、电灯电话”的好日子。当时，我曾对父亲这种不切实际的“大话”表示怀疑，因为对我们这个庞大的六口之家来说，温饱尚不能完全解决，“楼上楼下，电灯电话”更是看得到却摸不着的空中楼阁。

父母是最勤劳最能干的人，不但种地还养猪养鸡、放牛放羊，靠勤劳的双手，我们家终于盖起了三层新楼房，楼上楼下全部安装了电灯和电话。告别了小屋，搬进了“大高楼”，那一晚我们兴奋了一整夜，住新楼的感觉真好啊！

随着我和弟弟相继上学，家里的负担又开始变得沉重，父母发现仅靠种地的微薄收入根本无法供我们上学，生活的难题又一次摆在他们的面前。当时，个体经济如雨后春笋般茁壮成长。父母东拼西凑，凑足两万元钱在镇里买了一间门面房开始做生意。2001年，我们举家从村里搬到镇里。由于父母待人热情，生意越来越好，不仅供我们姐弟上学，后来又添置了许多家具和家电。记忆中的年少时光无忧无虑，天真烂漫，新家是我们致富奔小康路上的一个重要见证。

十年，又是弹指一挥间。

我们计划走出农村，在城市安家。我们在县城买了一套大房子。那是个花园式的小区，有花有草，有水有阁，足够一家人其乐融融住在其中。我们按照最现代的装修风格设计，和以往的家完全不同。记得母亲第一次去看新房时，激动得热泪盈眶。她不停地问自己是不是在做梦。我们笑着回答她："妈，您不是在做梦，是您梦想成真了。"

三次搬家，横跨三十载。岁月的变迁，让我们一步步迈向小康，梦如花开。我们有幸成为时代前进的亲历者、见证者。在时代的足音中，我们还将见证伟大复兴的中国梦的实现！

奶奶的幸福像花儿开放

胡小卫

奶奶今年九十五岁了。可是，她腰不驼，眼不花，能吃能喝，走路飞快，脸色红润，精神抖擞。这一切，奶奶说应该感谢改革开放。

奶奶出生于一个贫农家庭，十八岁那年嫁给了开小店铺的爷爷。那时，她的嫁妆是十担谷子。新中国成立后，因为家庭人口多，日子过得紧巴巴的。

好日子是从1978年开始的。那一年，党的十一届三中全会召开了，改革开放拉开了大幕。由此，一幕幕好戏上演了。

先是分田到户，推行家庭联产承包责任制，当年谷子大丰收，仓库里满满当当的，家里再也不愁没口粮了。再接着，爸爸在公社承包了小客车，一年就成为“万元户”。家里就在公社对面的小山上建了一幢红砖房，三出五间，墙壁雪白雪白的。爷爷奶奶随我家搬进去时，笑得合不拢嘴。

更令奶奶高兴的是，我家买了电视机。虽然是黑白电视机，但却是村里第一户。每到晚上，全村的人都早早吃了晚饭，齐齐到我家电视房里来“抢占”有利位置。有时，挤得连我都没有立脚的地方。

奶奶却很高兴，不论任何人来，她都是很热情地招待，倒茶倒水，搬来板凳，拿来凉扇。有时，还拿来瓜子、花生，让大家边吃边看。

当时，电视里播放的是《霍元甲》《上海滩》。奶奶说：过去中国贫穷落后，总受洋人欺负。霍元甲虽然英勇，但却孤手难敌双拳，最后惨死在日本人手里。现在共产党建立了新中国，这才使中国人民站起来了。后来，又看电视连续剧《长征》，奶奶更是热泪盈眶，因为中国工农红军长征时，经过了奶奶的老家。

奶奶亲眼看到，那些个头矮小的小红军，是如何懂道理，不骚扰老百姓，不拿群众一针一线。用了门板，次日就还上。买老百姓东西，总是付钱。奶奶就说，现在的幸福生活，都是那些红军付出鲜血才得来的啊，要珍惜哦。

再后来，村里的人搞副业搞养殖，还有的人开始到沿海打工，渐渐富起来了，家家户户都买得起电视机了，有的还买了彩电。奶奶呢，更加高兴，也不眼红别人。她说，大家富起来，才是真正的富。一户人富不算富，先富的要带动后富的。

那时，我父亲因为跑运输，家里有些积蓄。有些邻居及亲戚来借钱。我的母亲有些犹豫，怕他们还不起。奶奶就做工作，说乡里乡亲的，只要能帮上忙，就尽量帮吧，谁家没有为难的时候呢。

于是，那些人顺利地借到了钱，做起了生意。后来，他们也都还上了钱，发了财，还与我家成为好朋友。我想，这与奶奶的大度与远见是分不开的。

20 世纪 90 年代初，我国的改革开放事业遇到了一些困难。

那时，正好电视上放《西游记》，奶奶一集不落地看下来。她又对我们说：要做一件事，不容易啊。你们看唐僧带着三个徒弟，跋山涉水，走了那么远的路，经过了那么多的国家，历受九九八十一难，这才取得真经，修成正果。这说明，只要不怕敢闯，什么事都能够成功。

当时，我的叔叔洗脚上田，到城里打工了。他把全家都接到了城里，还开了一家水果店。起初生意惨淡，奶奶就去帮忙，她还鼓励叔叔不要怕，年轻就要闯。叔叔起早贪黑，诚信经营，薄利多销，渐渐地生意有了起色，后来还在城里买了房，买了车。我想，这也有奶奶的一份功劳。

改革开放四十年，国家发生了翻天覆地的变化。而除了生活的改善，更让奶奶骄傲的是，她与堂爷爷交往的故事。

堂爷爷是我祖爷爷的侄儿，新中国成立前去了台湾，为这我家受了不少牵连。1990 年，堂爷爷回来了，当时他给我家送来了收音机、电子手表，还有现金。我的奶奶只收了电子手表，没要其他的，因为她好强。

奶奶告诫我们，不能要别人的东西，不要等靠要，要自强奋斗。90 年代，我的弟弟随堂爷爷去他开的厂子打工，也是靠自己本事当上了主管。再后来，我的弟弟又自己开了同样的厂子，与台湾的堂爷爷平起平坐了。

后来，堂爷爷的厂子在 2008 年的金融风暴中倒闭了，反倒是我弟弟开的厂坚持了下来。现在，堂爷爷的几个孙辈给我弟弟打工了。这可谓是三十年河东，三十年河西。

从给别人打工，到自己开厂当主人，这也是足以让奶奶高兴的事情。

堂爷爷现在也不敢小看我们一家，常说祖国大陆的人真是厉害，富起来了，还说共产党真是有本事。

奶奶前些年还去了台湾旅游，与堂爷爷聊起了家常。

堂爷爷说了一句话，让大家都乐了。

堂爷爷说："唉，要是四十年前，台湾地区也跟着大陆一起搞改革开放就好了，现在就不会落在大陆后面了。"

从一书难求到坐拥书城

如　月

我的书房是什么样的呢？我说不清楚，你更听不明白。没有清风明月，没有茶韵袅袅，但有绿萝枝繁叶茂的缠绕，有几条热带鱼在玻璃缸中四季畅游。有鲜红的证书闪耀着金色的大字，有奖杯晶莹剔透。更有中外名著，以及许多文学刊物排列在书柜中。

小时候，家里穷困，没有电灯，一盏小小的煤油灯是我用墨水瓶制作的，放在床头的枣红木箱子上，看书，写作业，这也算是我童年的书房吧。那个小木箱没有锁，里面整整齐齐地摆放着我从一年级到五年级的课本，还有一封没留落款的信。课本虽被翻阅无数遍了，仍然很新。有一次，我把仅有的二十多块钱藏在箱子里书底下，五分的、二分的、一分的，攒了许久的钱。我以为没有人会像我这样喜欢那些书，不会有人动我的小木箱，可是我错了，没几天，钱被洗劫一空，书被翻得不堪入目，书信也不知去向，那是让我最痛心的一次。

房间里有我的床榻，有三个存放粮食的水泥缸，还有一些杂物、画报和老照片。然而，就是这个小小的书房，对我来说也是奢侈的。后来煤油涨钱了，一毛三一斤，奶奶不再让晚上看书，所有的事，包括作业，都要在天黑之前做完。可是每天放学后的事一大堆，放羊、拔草、拾柴，很多事占据了写作业看书的时间。晚上我会用一块布，或是旧衣服挡住窗户，不让灯光泄露出去，偷偷地写作业，或是看会儿书。乡村的夜晚沉寂安宁，伴着蛐蛐的欢叫声，非常适合读书。

其实在那种情况下，我并没有什么课外书可看，生活拮据，哪来的闲钱买书呢。我总是把课文看了一遍又一遍，所以我的语文成绩很好，每篇课文都能流利背诵。甚至老师才教到一半时，我竟能把整本书都背诵下来。几十年过去，至今我仍能清楚记得那些喜爱的课文，《八角楼上》《杨家岭的早晨》《手术台就是阵地》《再见了，亲人》等等。

成家后，住进矿区，条件虽有所改变，但一家人住在三四十平方米房子里，也没有独立书房，看书要靠在床头，或是趴在餐桌上。但有书看的感觉真好，缺的就是时间了，每天既上班又要带孩子，永远有做不完的家务。写作的事一搁便是许多年。

时代在发展，家庭条件也在逐渐改变。前几年我们买了大房子，三室两厅，一百多平方米，终于有了独立的书房。装修后又不惜花了上万块钱买了一套书柜、写字台、转椅和摇椅，还有一套茶具，但茶具只是摆设，不常用。先生是个读书之人，也是个爱写作之人，书房里、柜子里、桌子上、地上，到处堆满他喜欢的书。他把大把时间放在书房里，不是坐在电脑前，就是坐在摇椅上，有时捧着书本，有时捧着手机，恣意得很。也就是说他霸占了书房。想拥有一个独立的、属于自己的书房一直是我的梦想。

人到中年，我有幸到图书馆工作，有了与书相伴的美好时光，这是天上掉馅饼的事。楼上楼下，几十万册书，诗歌、散文、小说，应有尽有。我有了坐拥书城的感觉。这就是我的书房，硕大的书房，是上天给予我的恩赐，每天工作之余煮字疗饥，饱览群书。闲暇书写自己喜欢的文字，偶尔在报刊上发表一下，感觉非常充实和惬意。

每天早早来到单位，整理好卫生，忙完手头的工作，坐在电脑前，面对满眼书籍，幸福感油然而生。窗外是淋漓的雨，如丝如弦，在树木上、在花草上沙沙作响。我手捧诗书，坐在窗前，远离喧嚣，空气中弥漫着墨香，奔波的我瞬时变成了优雅女子，风声雨声伴着翻动书页的响声，这是多么幸福的事儿。一时间浮想联翩，沉浸在精彩的章节中，沉浸在静美的环境中。

晴天，阳光从落地玻璃窗斜射进来，照着每一本书，也照耀着我。我能感受到阳光在每一本书上轻轻挪动的声响，缓慢的，细碎的，像岁月，也像精灵。那些文字滋生的情感印满我的脑海。我守着书本，守着四季，守着跌宕起伏的情节，守着花开花落，守着溢美之词的绽放，一种美好的感觉呈现出来。

我最喜欢飘雪的日子，纷纷扬扬的雪在玻璃窗外描绘天地之美，我坐在窗前看书，心生安宁，看一群欢喜的文字，看主人公的命运和曲折的历程，透过文字揣测作者的内心世界。偶尔抬头看看窗外，白茫茫一片，一个银色的世界、童话的世界呈现在眼前，让我充满喜悦。“书山有路勤为径”，我不是勤快之人，但真的很喜欢这种独处书中一隅的感觉，轻松惬意。

好多朋友都羡慕我在图书馆工作，可以近水楼台先得“阅”。每天饱览群书，接受文化熏陶，在淡淡墨香的氤氲中，和天真可爱的孩子们共同成长，忙碌着，快乐着，与书为伍，坐拥书城，收获人生最美的风景。

时光芬芳，墨染流年，岁月拾级而上，拥有书房不再是梦想，而是现实，我能感受到别人艳羡的目光。谁说“唯有美食和工作不可辜负”？其实应该再加上一条，那就是好的书籍也不能辜负。周末出行，不忘记带上放松的心情，更不会忘记带上一本喜爱的书，伴着山清水秀、鸟语花香，在大自然沃野丰饶的书房里，独享清欢，惬意人生。

那些算过的岁月

悠 然

父亲自幼聪颖过人，深得曾祖父宠爱。1949 年，我们村有了第一所小学。曾祖父推着独轮车送八岁的父亲去上学，站在校门口迎接他们俩的是身着中山装的祖父。沉默寡言的祖父是小学数学教师，还写得一手隽秀的小楷。祖父送给父亲一把算盘，开始了对父亲的数学启蒙。那把精巧的小算盘成了父亲学习数学的好帮手，点拨几下，无论多么复杂的运算都迎刃而解。

父亲回忆起当年的学习生活，兴致盎然："那时上课很有趣，老师在黑板上出道题，教室里是急如快板的算珠撞击声。几分钟后，又戛然而止，煞是有趣。"学校常常举行珠算比赛，父亲数次取得了前三名的佳绩。

父亲工作后，单位给他配了一把大算盘。那把大算盘有着黄色的边框，黑亮的算珠游动起来，声音清脆悦耳。父亲的手指白皙修长，娴熟地弹拨算珠，如奏乐器。年轻的父亲，因为勤奋敬业，深得同事敬重。

1978 年之后，父亲的单位业务拓展，父亲的工作量增加了许多，常常工作到深夜。算珠在父亲的指尖磨出了老茧。父亲为庞杂的工程数字感到头疼，下班回到家，常常让当时还扎着羊角辫的我为他按摩头部，缓解工作的疲劳。

一次到外地出差，父亲发现同行开始用电子计算器了。一个巴掌大的物件，一点一摁，数字即刻显示，而且小数点也不差分毫。这个发现让父亲欣喜不已，他托人买了一个黑色的卡西欧牌计算器。计算器小巧，易于携带，但在使用中也不是尽善尽美，比如加减运算就不如算盘来得方便。所以，当年父亲的办公桌上左手边是算盘，右手边是计算器，两种计算工具平分秋色。

1990年，父亲因为业务出色被调到审计股。随着会计电算化的日益普及，审计手段在由传统的手工审计向计算机辅助审计过渡，只有熟练掌握了计算机技术，才能更好地适应审计工作的发展。单位添置了电脑，但会用电脑处理审计事务的人几乎没有，更多的人还是依赖算盘和计算器。

如何成为适应一个新时代要求的审计工作人员？父亲做出了一个与时俱进的抉择，用积蓄买了一台组装的电脑。可是，除了开机、关机，父亲只是对着电脑发呆。父亲一度为自己不会电脑而苦闷。他买来了几十本有关计算机的学习教材，从理论到实践操作，一点一滴学习。有时，他为一个小技术反复操作，晚上休息仍在思索，睡到半夜，忽然顿悟，披衣起床，打开电脑，豁然开朗。慢慢地，他学会了打字，学会了使用邮箱、搜索资料、设计Excel，自如地运用审计软件，甚至自己也能编制一些简单程序，工作效率大幅度提高。

如今，七十九岁的父亲是电脑高手，退休后被聘到市里工作，还拥有了一部三星手提电脑，工作游刃有余。老人家常言："工欲善其事，必先利其器。"

新中国成立七十年来，父亲的工作用品历经变迁。父亲的书房里除了新潮时尚的笔记本电脑，还珍藏着一把算盘和若干款式各异的计算器。如今，精巧的算盘已淡出人们的生活，被列入国家非物质文化遗产名录；计算器还在发挥着配角的功能；电脑则书写着信息时代的精彩。可是，那些与算盘和计算器亲密接触的温馨岁月，又怎能忘记呢？

用爱托起祖国明天的太阳

季天舒

2018年，是我国改革开放四十周年。这一年，无论是对国家和民族，还是对家庭和我个人来说，都注定是不平凡的一年。这一年，二十年未闻婴儿啼哭之声的我们家迎来一个新生命的诞生，我亲爱的弟弟如期而至，为我们的小家点燃新的希望。这一年，初出校门的我通过教师公开招聘成为一名光荣的幼儿教师，实现了当年毕业、当年就业的求职梦想。一年多来，回首备战入职的激烈竞争和进入职场的磨合转型，感慨良多，感恩更多。作为改革开放时期出生和成长的年青一代，我打心眼里感恩这个伟大的时代，感恩这场伟大的变革。

一、公开招聘，“推开人生第一扇门”

2018年4月，我以学前教育应届毕业生的身份，报了学前教育岗，这个岗位因为连续几年没有公开招考，往届毕业生积压较多，是应届生考编难度最大的一次。全县拿出500个教师岗位公开招考，幼儿教师只有30个岗位，其中有9个职位专为定向培养的免男预留。我作为一个女孩子报考的幼教岗位，可以说是火线中的火线，前沿中的前沿，竞争十分激烈。我仍然怀着无限的希望和憧憬在网上买了资料，认真学习，积极备战。

我选的这个岗位属北片，招10人，却有近300人报考。没有指定教材，范围非常广，内容非常深。笔试内容涉及幼儿教育专业、公共基础知识。笔试时间是6月10日上午，地点在沛县高级中学。试卷发下来，我才发现题量非常大，时间非常紧，根本没有时间构思。按1∶3比例，最终前30名进入面试。不久笔试结果公示，我以第八名的成绩入围。

但是，笔试初战告捷的希望很快被浇灭。一些热心的“过来人”提醒我，面试有猫腻，需要拉关系，找熟人。那段时间我和妈妈压力都很大。一向正直、不会求人的爸爸却不信邪，带着我找钢琴老师、舞蹈老师接受辅导，还找一些有丰富幼教经验的老师给予专业指导。经过一段时间的集中学习淬火，终于迎来公开招聘的最后一关——面试和专业技能测试。

7月7日一早，我来到沛县第五中学报到，7点入场，手机资料都收了。我发现进入面试的往届生和社会人员居多，应届生很少。通过抽签确定入场顺序，我抽到第27号。从早上7点多一直等到下午4点多钟，才轮到我上场。面试就是模拟上课，自定领域和年龄班。我抽讲的是“地图”。封闭备课30分钟后，我大方地登上讲台模拟上课15分钟。讲得很自信、很从容，也很流畅，效果较好。最后的专业技能测试有两项：一是现场演奏钢琴并自唱。我现场弹唱的曲目是《长城谣》。由于当时过度紧张，抑或是指法不够熟练，演奏过程中出现了瞬间的停顿，造成曲目的节奏把握不够连贯，影响了成绩。二是自选曲目，自编自舞。我编选的舞蹈是维吾尔族舞，我忍着关节错位的疼痛完成了测试，舞蹈的形体语言和节奏把握整体较好。成绩出来后，笔试、面试、专业技能三项占比分别为30%、30%、40%。我一打听别人的分数较高，感觉自己没戏了，哭着给妈妈打了个电话，她劝我第一年考上考不上没关系，早点回家。

8日凌晨，成绩公示，本来已经不抱希望的我，忽然在公示名单上找到了我的名字。我的成绩分别为65分、78.60分、88.64分，最终成绩78.54分，排名第六。考上了，我欣喜若狂，连忙将这一喜讯告诉给每一个对我给予关爱和帮助的亲人和老师，让他们也分享我的成功和喜悦。

2018年8月24日，我接到通知，参加县教育局统一组织为期一周的岗前培训。通过公平竞争，经过连续四个多月的努力，一路过关斩将，我终于成为幼教战线上的一名新兵，到安国镇中心幼儿园任教。

二、初执教鞭，“系好人生的第一粒扣子”

初登讲坛，我就下定决心用青春和热血去浇灌广袤农村大地上的理想之花。乡村孩子周围的资源很缺乏，因为大部分幼儿都是留守儿童，情感的缺失更大。我努力去做他们的知心姐姐，尽量给幼小的他们带来阳光、自信和爱。鼓励他们自己鼓励自己，自己帮助自己，成为自己的主角，做自己人生的主人。

幼儿处在价值观形成和确立的早期，正确的价值观的养成，对国家、社会、家庭和幼儿本身都至关重要。这就像穿衣服扣扣子，如果第一粒扣子扣错了，剩余的扣子都会扣错。人生的扣子从一开始就要扣好。对于幼儿该如何“系好人生的第一粒扣子”，我尝试适应幼儿的年龄和特点，让幼儿做到“记住要求、心有榜样、从小做起、接受帮助”。

单位和家相距近三十公里，我每天往返就要花去近两个小时的时间。工作和生活节奏变得非常紧张，甘苦冷暖唯有自知。我作为小班年级组长和小一班的班主任，认真学习、研究、探索教学经验和班级管理经验，和孩子们打成一片。通过教与学的亲身实践，我总结到对待不同的孩子要灵活运用不同的策略，不断向老教师请教。只有掌握了一些有效的教学工作方法和较高的业务技能，才能使孩子们成为最优秀、最完美的自己。最难忘的是，在一次文艺活动中，我表演钢琴独奏，几个流畅的琶音之后，一首歌的旋律响起：我和我的祖国，一刻也不能分割……我那时看到，孩子们一个个睁大了眼睛，流露出惊讶和欣喜的目光。我看到，有个女孩子的眼角，甚至有晶莹的泪珠。

三、倾注爱心，托起祖国明天的太阳

低班的小朋友，他们才刚刚入园，面对陌生的大集体，或许有许多的不适应，需要认真给予引导和鼓励。我很注重他们良好行为习惯的养成教育，希望他们快乐成长，让时刻怀有童心的我也觉得，自己也正和他们一样，一同成长进步。工作中也有过一个逐步适应、慢慢学习、逐渐提高的过程。我曾为幼儿的自律意识弱、自理能力差而担忧，抑或是为自己缺乏教学经验，特别是班级管理经验而感到困惑，但我很清楚，这是成长之路每一个人都无法摆脱的坎，都会通过自身坚持不懈、逐步克服，成为人生和事业的宝贵财富。

我认真备课，钻研教材，力求准确把握重点、难点，并注重参阅各种资料，制定符合幼儿认知规律的教学方法，认真编写教案，精心设计课堂教学，上课时注重孩子主动性的发挥。我尽量兼顾到各层面的孩子，了解他们的健康状况、学习情况，使每个幼儿玩有所乐、学有所得。适度、适量安排孩子开展各种活动，每一次活动我都亲自参与组织开展，发现问题及时纠正，并有针对性地指导和辅导，受到家长们的交口称赞。在我的不断努力下，我班的孩子不断进步，孩子的自律意识、自理能力不断增强。

我也顺利实现了由学生向教师角色的成功转型，真正适应了教育教学生活，融入了幼儿园这个大家庭。教学管理工作逐渐步入了正轨，教学能力、学习能力和专业水平都得到了明显提升，被评为安国镇优秀教师。2018 年 11 月，在镇幼儿园早操比赛中获一等奖；2018 年 11 月，在全镇幼教工作观摩会中，我主持幼教讲座，受到镇教委领导和同行们的一致认可和好评；2019 年 1 月，在县里组织的春节联欢晚会上，我一连参加演出了三个舞蹈节目，受到了县领导的高度评价；2019 年 4 月，我主持镇幼儿园教研活动，在全县幼教工作培训会中受到县教育局领导的点名表扬；2019 年 5 月，在安国镇教育系统文化艺术节上，我表演的舞蹈节目《离人愁》，荣获一等奖；2019 年 6 月，我代表安国镇中心幼儿园参加全县幼儿教师基本功大赛，荣获一等奖；2019 年 7 月，我在全县幼儿园教师业务能力测试中，荣获一等奖；2019 年 9 月被评为“庆祝新中国成立七十周年群众歌会”先进个人；2019 年 11 月被评为“我和我的祖国”沛县首届歌风英才优秀辅导教师……

四、重新出发，让奋斗成为青春的底色

我出生在和平发展的好时代，成长在改革开放的新时期，现在又步入了社会主义新时代。我深知：正是有了党的坚强领导，有了改革开放，才有了国家的繁荣富强，才有了我家的家兴业旺，才有了通过公平竞争、进入职场的自己。从事教育工作，更加坚定了我对党的热爱与忠诚，这将是我今生无悔的选择。做一名优秀的幼儿教师是我毕生的理想与追求。从初出校园的迷茫，到初入职场的努力，从选择岗位的困惑，到忠诚履职的担当。一年很快，让人历练成长；时间虽短，却丝毫没有懈怠彷徨。

奋斗是奋斗者永远的座右铭。这是一个伟大的时代，更是一个奋斗者的时代。涓滴努力都在向着大海涌流。民生的改善、法治的昭彰、社会的保障，为教育工作提供了有力支撑和更加广阔的平台。但美好的梦想，终

究要靠奋斗才能实现；生命的辉煌，也只有通过奋斗才能铸就。我一定会在我们这个伟大民族的筑梦之路上，守初心、担使命、敢担当、有作为，体味奋斗的况味，把握奋斗的脉动。

奋斗，是对祖国最深情的告白，也是对人生最好的告慰。奋斗应该是青春的底色、生命的本色。“现在，青春是用来奋斗的；将来，青春是用来回忆的。”青春的底色，永远是奋斗。只有在年轻的时候奋斗过、拼搏过、奉献过，那才是真正的青春无悔。我清醒地知道：唯有奋斗，才能把幼教工作写在自己生命的历程里；唯有奋斗，才能把教育事业写在祖国辽阔的土地上；唯有奋斗，才能把中国梦想写在一个国家、一个民族光辉的未来中。

跋

值新中国和人民政协成立七十周年之际，沛县政协文化文史委征集编纂的《亲历沛县改革开放40年》一书的付梓，无疑是向祖国献上的一份最佳贺礼。

四十年岁月峥嵘，四十载沧桑巨变；四十年风雨兼程，四十载家国辉煌。作为改革开放的亲历者，是一种历史的幸运，也是人生的机遇。让亲历者追忆细节，让见证者感悟得失，让思想者升华经验，让实践者感受成果，目的是真实、生动、具体地再现改革开放的辉煌成就。用饱含深情的文字，书写带有温度的历史，用丰富的历史经验和丰硕的建设成果，激励后人与时俱进，开拓创新，建设经济强、百姓富、环境美、社会文明程度高的新沛县。为推进中国特色社会主义伟大事业，实现中华民族伟大复兴的中国梦汇集磅礴力量。

初心不渝，使命高悬。本书的征辑出版，既是历史际遇，更是时代担当。本书全面系统地收集沛县改革开放四十年来各方面人士的“三亲”史料，包括经济建设、政治建设、文化建设、社会建设和生态文明建设等各个方面的发展成果。作为改革开放的亲历者有更多、更直接、更实在的获得感、幸福感、安全感。广大作者不忘初心、牢记使命，开启尘封的记忆，在文字中相约，再现激情燃烧的岁月。本书政治性和艺术性兼顾，纪实性和文学性统一，史料性和趣味性交融，不失为一本有品位、有分量的时代大书，无愧于这场伟大的变革！

四十载惊涛拍岸，九万里风鹏正举。改革开放激情永在，改革开放境界常新。推开新时代的大门，从中央到地方大刀阔斧的改革智慧、斩钉截铁的改革决心、念兹在兹的改革情怀，接续催生着广大人民奋斗的激情。人民政协必须坚守与党和国家同心同德、同向同行的光荣传统，必须坚守植根人民、服务人民、与人民同甘共苦的不变初心，必须坚守担当历史使命、与时代同前进的社会责任。这是新时代的呼唤，也是人民政协工作的方向所在、力量之源。

回眸来路，放眼前程，越是历经风雨洗礼，我们越是信心百倍。我们深知，只有坚定“四个自信”，锐意改革创新，勇于担当作为，才能为文化文史工作开辟更为广阔的蓝海。新时代、新征程，人民政协以守正创新唱响奋进凯歌，以担当作为凝聚团结力量，必将为实现中华民族伟大复兴的中国梦不断做出新的更大贡献。

揭月华

2019年10月

图书在版编目(CIP)数据

亲历沛县改革开放40年 / 政协江苏省沛县委员会编
. — 北京 : 中国文史出版社, 2020.1
ISBN 978 - 7 - 5205 - 1872 - 7

Ⅰ. ①亲… Ⅱ. ①政… Ⅲ. ①改革开放 - 成就 - 沛县
Ⅳ. ①D619.534

中国版本图书馆CIP数据核字(2019)第273787号

责任编辑: 牟国煜

出版发行: **中国文史出版社**
社　　址: 北京市海淀区西八里庄69号院　邮编: 100142
电　　话: 010 - 81136606　81136602　81136603 (发行部)
传　　真: 010 - 81136655
印　　装: 廊坊市海涛印刷有限公司
经　　销: 全国新华书店
开　　本: 720 × 1020　1/16
印　　张: 35.5　　　字数: 558 千字
版　　次: 2020年1月第1版
印　　次: 2020年1月第1次印刷
定　　价: 168.00元